Lexikon der Päpste und des Papsttums

Lexikon für Theologie und Kirche kompakt

Auf der Grundlage des
Lexikon für Theologie und Kirche, 3. Auflage

begründet von
Michael Buchberger

Herausgegeben von
Walter Kasper
Konrad Baumgartner
Horst Bürkle
Klaus Ganzer
Karl Kertelge
Wilhelm Korff
Peter Walter

Lexikon der Päpste und des Papsttums

Redaktion: Bruno Steimer

2001
Herder · Freiburg · Basel· Wien

Die Deutsche Bibliothek – CIP-Einheitsaufnahme

Ein Titelsatz für diese Publikation ist bei Der Deutschen Bibliothek erhältlich.

Alle Rechte vorbehalten – Printed in Germany
© Verlag Herder Freiburg im Breisgau 2001
Herstellung: Freiburger Graphische Betriebe 2001
ISBN 3-451-22015-6

Inhalt

Vorwort

Das Papsttum als geschichtliche Ausgestaltung des Petrusdienstes ist heute von katholischer wie ökumenischer Seite zur Reform und Überprüfung seiner geschichtlichen Gestalt und zur Diskussion seines theologischen Gehalts im Licht des biblischen und altkirchlichen Ursprungs aufgerufen. Vor diesem Hintergrund bedarf es der Kenntnis der gewachsenen Strukturen und seiner geschichtlichen Träger, um sich als mündiger Katholik und Christ an der Diskussion beteiligen zu können.

Der vorliegende Band eröffnet die lose Reihe *LThK kompakt* als erster lexikalischer Auszug des elfbändigen „Lexikon für Theologie und Kirche" (3. Auflage, Freiburg 1993–2001). Aus den 26 000 Stichwörtern des LThK werden die jeweils für ein bestimmtes Thema relevanten Artikel ausgewählt; in einer gegenüber dem LThK teilweise veränderten Anordnung werden auch neue Stichwörter aufgenommen; Karten, gegebenenfalls auch Übersichten, Listen sowie zum Weiterstudium anreizende bibliographische Angaben wollen dem Benutzer rasche und leicht verständliche Orientierungshilfe bieten.

Dem Titel entsprechend, setzt sich das „Lexikon der Päpste und des Papsttums" aus zwei Teilen zusammen: Ein Personenteil enthält Artikel zu allen Päpsten und den Gegenpäpsten der Kirchengeschichte; in einem sich daran anschließenden Sachteil kommen auf das Papsttum bezogene geographische (z. B. „Rom"), kirchenrechtliche („Papstwahl"), organisatorisch-institutionelle („Römische Kurie") und systematisch-theologische („Unfehlbarkeit") Realia hinzu. Darüber hinaus werden historische Sachverhalte dargeboten, wenn sie sich auf einen fassbaren Gegenstand beziehen („Goldene Rose") oder bis in die Gegenwart von Bedeutung sind („Heiliges Jahr"). Historische Sachverhalte mit Ereignischarakter (z. B. Abendländisches Schisma) bleiben dem in der gleichen Reihe erscheinenden „Lexikon der Kirchengeschichte" vorbehalten.

Das „Lexikon der Päpste und des Papsttums" bietet die überarbeitete Fassung der im LThK erschienenen Artikel, die zum überwiegenden Teil von den Professoren Ernst Dassmann, Odilo Engels, Klaus Ganzer und Heribert Schmitz als Fachberater betreut worden sind. Die Abkürzungen des Hauptwerks wurden weitgehend aufgelöst und die Texte den neuen Regeln der Rechtschreibung angepasst. Die Literaturangaben wurden vielfach durch jüngst erschienene Titel (Monographien, Aufsätze ...) ergänzt.

Als historisch- und systematisch-theologisches Personen- und Fachlexikon referiert der Band den neuesten Stand der Forschung zu Päpsten und Papsttum.

Freiburg, März 2001   *Bruno Steimer*

Mitarbeiter des Lexikons der Päpste und des Papsttums

Lexikon-Redaktion Verlag Herder:

Fähndrich, Jochen, Dipl.-Theol., Dipl.-
    Cartiaswiss.
Herkel, Wolfgang, Dipl.-Theol.

Nebor, Evelyn, Mag. art.
Steimer, Dr. Bruno
Weitzel, Johannes, Dipl.-Theol.

Autoren:

Alberigo, Dr. Giuseppe, Prof.
Albert, Dr. Marcel OSB
Ammer, Dr. Josef
Angenendt, Dr. Arnold, Prof.
Arens, Dr. Herbert
Aubert, Dr. Roger, Prof.

Bayer, Axel, Mag.Art.
Becker, Dr. Alfons, Prof.
Beinert, Dr. Wolfgang, Prof.
Benz, Hartmut
Berger, Dr. Klaus, Prof.
Berger, Dr. Rupert
Binder, Dr. Dieter A., Prof.
Blumenthal, Dr. Uta-Renate, Prof.
Böhm, Dr.Dr. Thomas
Brandenburg, Dr. Hugo, Prof.
Breuer-Winkler, Christoph
von den Brincken, Dr. Anna-Dorothee, Prof.

Colombo, Dr. Domenico
Conzemius, Dr. Victor, Prof.

Dahlhaus, Dr. Joachim
Dannecker, Klaus Peter, Lic.theol.
Di Berardino, Dr. Angelo, Prof.
Diederich, Dr. Toni, Prof.
Dijk, Dr. Rudolf van
Dombrowski, Dr. Damian
Dückers, Peter, Dipl.-Theol.
Dümler, Bärbel, Dipl.-Theol.
Dumont, Stephen D.
Dünzl, Dr. Franz, Privatdozent

Eberhard, Dr. Winfried, Prof.
Engels, Dr. Odilo, Prof.
Esch, Dr. Arnold, Prof.

Farina, Raffaele SDB.
Freitag, Dr. Josef, Prof.
Frenz, Dr. Thomas, Prof.

Ganzer, Dr. Klaus, Prof.
Gatz, Dr. Erwin, Prof.
Gelmi, Dr. Josef, Prof.
Gessel, Dr. Wilhelm M., Prof.
Girgensohn, Dr. Dieter, Prof.
Goez, Dr. Elke
Goez, Dr. Werner, Prof.
Görich, Dr. Knut, Privatdozent
Grohe, Dr. Johannes
Groten, Dr. Manfred, Prof.

Haering, Dr. Stephan OSB, Prof.
Hantos, Dr. Theodora, Prof.
Hartelt, Dr. Konrad, Prof.
Hehl, Dr. Ernst-Dieter, Prof.
Heid, Dr. Stefan
Heim, Dr. Manfred, Prof.
Heinz, Dr. Andreas, Prof.
Helmrath, Dr. Johannes, Prof.
Herbers, Dr. Klaus, Prof.
Herde, Dr. Peter, Prof.
Hermesdorff, Benedikt OSB
Herrmann, Dr. Klaus Jürgen
Hillengaß, Eugen SJ
Hirnsperger, Dr. Johann, Prof.
Hülskamp, Martin, Lic. theol., Lic. iur. can.

Jaitner, Dr. Klaus
Jenal, Dr. Georg, Prof.
Johanek, Dr. Peter, Prof.

Kalb, Dr.Dr. Herbert, Prof.
Kalde, Dr. Franz
Kappes, Dr. Michael
Kertelge, Dr. Karl, Prof.
Kessler, Dr. Stephan Ch. SJ
Kiesewetter, Dr. Andreas
Koch, Laurentius OSB
Köck, Dr. Franz Heribert MCL, Prof.
Köhler, Dr. Oskar, Prof.
Koller, Dr. Alexander
Kölzer, Dr. Theo, Prof.

Kortüm, Dr. Hans-Henning, Prof.
Krämer, Dr. Peter, Prof.
Kreuzer, Dr. Georg, Prof.
Kriegbaum, Dr. Bernhard SJ, Prof.

Laudage, Dr. Johannes, Prof.
Leonardi, Dr. Claudio, Prof.
Listl, Dr. Joseph SJ, Prof.
Lößl, Dr. Josef
Lotter, Dr. Friedrich, Prof.
Lupi, Dr. Maria, Prof.

Maleczek, Dr. Werner, Prof.
May, Dr. Georg, Prof.
Melville, Dr. Gert, Prof.
Meyer, Dr.Dr. Harding D.D., Prof.
Müller, Dr. Heribert, Prof.

Neumann, Dr. Josef N., Prof.

Petersohn, Dr. Jürgen, Prof.
Petke, Dr. Wolfgang, Prof.
Plank, Dr. habil. Peter
Poggi, Dr. Vincenzo SJ, Prof.
Prinzing, Dr. Günter, Prof.
Pütz, Wolfgang
Puza, Dr. Richard, Prof.

Raspe, Dr. Martin
Rees, Dr. Wilhelm, Prof.
Reinhard, Dr. Wolfgang, Prof.
Reinhardt, Dr. Heinrich J.F., Prof.
Repgen, Dr. Konrad, Prof.
Retterath, Marc, Dipl.-Theol.
Riedel-Spangenberger, Dr. Ilona, Prof.
Rigotti, Dr. Gianpaolo
Rist, Dr. Josef
Ritt, Dr. Hubert, Prof.
Ritter, Dr. Johannes O.
Röseler, Dr. Peter-Frank, Prof.
Rudolph, Gerald

Satzinger, Dr. Georg, Prof.
Saxer, Dr. Victor, Prof.
Schatz, Dr. Klaus SJ, Prof.
Schick, Dr. Ludwig, Prof.
Schieffer, Dr. Rudolf, Prof.
Schimmelpfennig, Dr. Bernhard, Prof.
Schmidt, Dr. Tilmann, Prof.
Schmidt, Dr. Ulrich
Schmitz, Dr. Heribert, Prof.
Schmitz, Dr. Rudolf Michael
Schmucker, Dr. Robert
Schnitker, Dr. habil., Thaddäus A.
Schnizer, Dr. Helmut, Prof.
Scholten, Dr. Clemens, Prof.
Scholz, Dr. Sebastian
Schulz, Dr.Dr. Winfried, Prof.
Schwaiger, Dr. Georg, Prof.
Schwendenwein, Dr.Dr. Hugo, Prof.
Seibert, Dr. Hubertus
Speigl, Dr. Jakob, Prof.
Sieben, Dr. Hermann Josef, Prof.
Spinelli, Dr. Mario, Prof.
Steimer, Dr. Bruno
Stritzky, Dr.Dr. Maria-Barbara von
Stürner, Dr. Wolfgang, Prof.
Syndikus, Dr. Candida

Thaler, Dr. Anton, Prof.

Uthemann, Dr. Karl-Heinz, Prof.

Vones, Dr. Ludwig, Prof.

Walf, Dr. Knut, Prof.
Wehr, Dr. Lothar, Privatdozent
Weier, Dr. Joseph
Weigand, Dr. Rudolf, Prof.
Wiedenmann, Dr. Ludwig SJ

Zeillinger, Dr. Kurt, Prof.
Zimmermann, Dr.Dr. Harald, Prof.

Abkürzungsverzeichnis

Allgemeine Abkürzungen

Art.	Artikel	Jh.	Jahrhundert
Bd., Bde.	Band, Bände	n., nn.	Nummer, Nummern
bzw.	beziehungsweise	nC.	nach Christi Geburt
c., cc.	Canon, Canones	s.o., s.u.	siehe oben, siehe unten
d.h.	das heißt	u.a.	und andere, unter anderem
ed. v.	ediert von	u.ö.	und öfter
ebd.	ebenda	usw.	und so weiter
ep., epp.	Epistula, Epistulae	v.a.	vor allem
f./ff.	die folgende/beiden folgen-	vC.	vor Christi Geburt
	den Seite/n	vgl.	vergleiche
fol.$^{(r-v)}$	Folio, Folia (recto – verso)	z.B.	zum Beispiel
FS	Festschrift	z.T.	zum Teil
Hg.	Herausgeber	z.Z.	zur Zeit
hg. v.	herausgegeben von/vom		

Handbücher, Quellenwerke, Lexika, Reihen und Zeitschriften

AAS Acta Apostolicae Sedis 1 (Rom 1909) ff.

ACO Acta Conciliorum Oecumenicorum, hg. v. E. SCHWARTZ, Serie I: 4 Bde. Berlin 1914–84; Serie II: ebd. 1984ff.

ActaSS Acta Sanctorum, hg. v. den Bollandisten (S. BOLLAND U.A.), Originalausgabe, 70 Bde. Antwerpen 1643–1770, Tongerloo 1794, Paris 1875–87, Brüssel 1780–1944; Neudruck Bd. 1–43 Venedig 1734–70; Neudruck Bd. 1–60 Paris 1863–70; Nachdruck der Originalausgabe Bd. 1–60 Paris 1966–71.

AHC Annuarium historiae conciliorum 1 (Paderborn 1969) ff.

AHP Archivum historiae pontificiae 1 (Rom 1963) ff. (darin: Bibliographia historiae pontificiae).

ANPONT Annuario Pontificio. Rom 1912ff.

ASS Acta Sanctae Sedis 6–41 (Rom 1870–1908) (bis 5 [1869]: Acta ex iis decerpta quae apud Sanctam Sedem geruntur in compendium opportune redacta et illustrata) (ab 1909: AAS).

BBKL Biographisch-bibliographisches Kirchenlexikon, hg. v. F.W. BAUTZ, Bd. 1ff. Hamm 1975ff.

BERTOLINI O. BERTOLINI: Roma di fronte a Bisanzio e ai Langobardi. Bologna 1941.

BIBLSS Bibliotheca Sanctorum, hg. v. Istituto Giovanni XXIII, 12 Bde. und Index-Bd. Rom 1961–70; Prima Appendice. ebd. 1987.

BORGOLTE M. BORGOLTE: Petrusnachfolge und Kaiserimitation. Göttingen 1989, ²1995.

CASPAR E. CASPAR: Geschichte des Papsttums von den Anfängen bis zur Höhe der Weltherrschaft, 2 Bde. Tübingen 1930–33.

CATH Catholicisme. Hier – Aujourd'hui – Demain, hg. v. G. JACQUEMET U.A., 15 Bde. Paris 1948–2000.

CCEO Codex Canonum Ecclesiarum Orientalium.

CIC Codex Iuris Canonici.

CPL Clavis Patrum Latinorum, hg. v. E. DEKKERS. Steenbrugge 1951, ²1961, ³1995.

DACL Dictionnaire d'archéologie chrétienne et de liturgie, ed. v. F. CABROL– H. LECLERCQ, 15 Bde. Paris 1907–51.

DBI Dizionario biografico degli Italiani. Rom 1960ff.

DDC Dictionnaire de droit canonique, hg. v. R. NAZ, 7 Bde. Paris 1935–65.

DH H. DENZINGER: Enchiridion symbolorum, definitionum et declarationum de rebus fidei et morum. Kompendium der Glaubensbekenntnisse und kirch-

	lichen Lehrentscheidungen. Lateinisch-deutsch, übersetzt und hg. v. P. Hü-NERMANN. Freiburg [37]1991.
DHGE	Dictionnaire d'histoire et de géographie ecclésiastiques, hg. v. A. BAU-DRILLART U.A., Bd. 1ff. Paris 1912ff.
DizEc	Dizionario ecclesiastico, hg. v. A. MERCATI – A. PELZER, 3 Bde. Turin 1953–58.
DMC	Dictionarium morale et canonicum, hg. v. P. PALAZZINI U.A., 4 Bde. Rom 1962–68.
DSP	Dictionnaire de Spiritualité. Ascétique et Mystique; Doctrine et Histoire, hg. v. M. VILLER, 16 Bde, Register-Bd. (Tables). Paris 1932–95.
DTHC	Dictionnaire de théologie catholique, hg. v. A. VACANT – E. MANGENOT, fortgesetzt von E. AMANN, 15 Bde. Paris 1903–50; 3 Register-Bde. ebd. 1951–72.
EC	Enciclopedia Cattolica, 13 Bde. Rom 1949–69.
GKG	Gestalten der Kirchengeschichte, hg. v. M. GRESCHAT. Stuttgart u.a. 1978ff.
HCMA	Hierarchia Catholica medii (et recentioris) aevi, begründet von K. EUBEL, Bd. 1–3 ed. v. L. SCHMITZ-KALLENBERG. Münster 1898–1910, [2]1913–23; Bd. 4 ed. v. C. GAUCHAT. ebd. 1935; Bde. 5–8 ed. v. R. RITZLER. Padua 1952–79.
HDRG	Handwörterbuch zur deutschen Rechtsgeschichte, Bd. 1ff. Berlin 1971ff.
HKG	Handbuch der Kirchengeschichte, hg. v. H. JEDIN, 7 Bde. Freiburg 1962–79.
HKKR	Handbuch des katholischen Kirchenrechts, hg. v. J. LISTL – H. MÜLLER – H. SCHMITZ. Regensburg 1983, [2]1999.
LACL	Lexikon der antiken christlichen Literatur. Freiburg 1998, [2]1999.
LMA	Lexikon des Mittelalters, 9 Bde. München – Zürich 1980–98; Studienausgabe Stuttgart 1999.
LP	Liber pontificalis, hg. v. L. DUCHESNE, 2 Bde. Paris 1886–92; Nachdruck ebd. 1955; Bd. 3 hg. v. C. VOGEL. ebd. 1957.
MANSI	J.D. MANSI: Sacrorum conciliorum nova et amplissima collectio, 31 Bde, Florenz – Venedig 1759–98, Neudruck und Fortsetzung hg. v. L. PETIT – J.B. MARTIN, 53 Bde. Paris 1901–27.
MGH	Monumenta Germaniae Historica inde ab a. C. 500 usque ad a. 1500; Indices von O. HOLDER-EGGER – K. ZEUMER. Hannover – Berlin 1826ff.
MGH.AA	– Auctores antiquissimi. 1877–1919.
MGH.CAP	– Capitularia regum Francorum. 1883–97.
MGH.CONC	– Concilia. 1893ff.
MGH.CONST	– Constitutiones et acta publica imperatorum et regum. 1893ff.
MGH.EP	– Epistolae. 1887ff.
MGH.ES	– Epistolae selectae. 1916ff.
MGH.LL	– Libelli de lite imperatorum et pontificum saeculis XI et XII conscripti. 1891–97.
MGH.PL	– Poetae latinae medii aevi. 1880ff.
MGH.SRG	– Scriptores rerum Germanicarum in usum scholarum ex Monumentis Germaniae historicis recusi (separatim editi) (Oktav-Reihe). 1826–1913; Neue Serie – Nova series (Oktav-Reihe). 1922ff.
MGH.SS	– Scriptores. 1826–1934.
MKCIC	Münsterischer Kommentar zum Codex Iuris Canonici unter besonderer Berücksichtigung der Rechtslage in Deutschland, Österreich und der Schweiz, hg. v. K. LÜDICKE. Essen 1985ff. (Loseblattwerk).
NBD	Nuntiaturberichte aus Deutschland nebst ergänzenden Aktenstücken, I., III. und IV. Abteilung hg. v. Deutschen Historischen Institut in Rom, II. Abteilung hg. v. Österreichischen Historischen Institut in Rom. – I. Abteilung (1533–59), Bd. 1–12. Gotha – Berlin 1892–1912, Nachdruck Frankfurt (Main) 1968; Bd. 13ff. Tübingen 1959ff.; Ergänzungs-Bd. 1 und 2 (1530/31 und 1532). ebd. 1963–69. – II. Abteilung (1560–72), Bd. 1–8. Wien – Leipzig 1897–1939, Graz – Köln 1952–67. – III. Abteilung (1572–85), Bd. 1–5. Berlin 1892–1909, Nachdruck Turin 1972; Bd. 6ff. Tübingen 1982ff. – IV. Abteilung (17.Jh.), 3 Bde.

	(ohne durchgehende Bandzählung). Berlin 1895–1913, Nachdruck Turin 1973; weitere Bde. in Vorbereitung.
NBD(G)	Nuntiaturberichte aus Deutschland nebst ergänzenden Aktenstücken, hg. v. der Görres-Gesellschaft (ohne durchgehende Bandzählung). – I. Abteilung: Die Kölner Nuntiatur, 2 Teil-Bde. (Bd. 1 und 2/1) (1585[84]– 90). Paderborn 1895–99, Nachdruck ebd. 1969; Teil-Bd. 2/2ff. (1590–1630). München u.a. 1969ff. – II. Abteilung: Die Nuntiatur am Kaiserhofe, 3 Teil-Bde. (1585[84]– 1592). Paderborn 1905–19.
NCE	New Catholic Encyclopedia, ed. v. W. J. McDONALD U.A., 15 Bde. New York u.a. 1967.
PASTOR	L. VON PASTOR: Geschichte der Päpste seit dem Ausgang des Mittelalters, 16 Bde. Freiburg 1885–1933, Nachdruck 1955–62.
PL	Patrologia Latina, hg. v. J.P. MIGNE, 217 Bde. und 4 Register-Bde. Paris 1841–64.
PLS	Patrologia Latina, Supplement-Bde. 1–5, hg. v. A. HAMMAN. Paris 1958–70.
PuP	Päpste und Papsttum, Bd. 1ff. Stuttgart 1971ff.
QFIAB	Quellen und Forschungen aus italienischen Archiven und Bibliotheken 1 (Rom 1897) ff.
RGG	Die Religion in Geschichte und Gegenwart. Tübingen 1909–13, ²1927–32, ³1956–62, Register-Bd. 1965, ⁴1998ff.
RICHARDS	J. RICHARDS: The Popes and the Papacy in the Early Middle Ages 476–752. London 1979.
RQ	Römische Quartalschrift für christliche Altertumskunde und Kirchengeschichte 1 (Freiburg 1887) ff.
RPR(J)	Regesta Pontificum Romanorum ad a. p. Chr. n. MCXCVIII, hg. v. PH. JAFFÉ. Leipzig 1851, 2 Bde., hg. v. S. LÖWENFELD U.A. ebd. ²1881–88, Nachdruck Graz 1956.
RPR(P)	Regesta Pontificum Romanorum inde ab a. 1198 ad a. 1304, hg. v. A. POTTHAST, 2 Bde. Berlin 1874–75, Nachdruck Graz 1957.
RPR.GP	Regesta Pontificum Romanorum: Germania Pontificia, hg. v. A. BRACKMANN, Bd. 1ff. Berlin 1911ff.
RPR.IP	Regesta Pontificum Romanorum: Italia Pontificia, Bd. 1–8 hg. v. P.F. KEHR. Berlin 1906–35, Bd. 9 hg. v. W. HOLTZMANN. Berlin 1962, Bd. 10 hg. v. D. GIRGENSOHN. Zürich 1975.
SCHMIDLIN	J. SCHMIDLIN: Papstgeschichte der neuesten Zeit, 4 Bde. München 1933–39 (Fortsetzung von PASTOR).
TRE	Theologische Realenzyklopädie, hg. v. G. KRAUSE – G. MÜLLER. Berlin – New York 1976ff.
VatL	Vatikanlexikon, hg. v. N. DEL RE, deutsche Bearbeitung von E. BORDFELD. Augsburg 1998 (italienisches Original: Mondo Vaticano. Rom 1995).
ZIMMERMANN J	H. ZIMMERMANN: Das dunkle Jahrhundert. Graz 1971.
ZIMMERMANN PA	H. ZIMMERMANN: Papstabsetzungen des Mittelalters. Graz u.a. 1968.
ZIMMERMANN PT	H. ZIMMERMANN: Das Papsttum im Mittelalter. Eine Papstgeschichte im Spiegel der Historiographie. Stuttgart 1981.
ZIMMERMANN PU	Papsturkunden: 896–1046, bearbeitet von H. ZIMMERMANN, 3 Bde. Wien 1988–89 (durchgehend paginiert).
ZIMMERMANN REG	Papstregesten 911–1024, bearbeitet von H. ZIMMERMANN (Regesta Imperii 2, 5). Wien ²1998 .

Auswahlbibliographie*

G. **ARNALDI** (Hg.): Enciclopedia dei Papi. Rom 2000.

G. **BARRACLOUGH:** The Medieval Papacy. London 1968, Nachdruck ebd. 1979.

R. **BARTH:** Taschenlexikon Päpste. München 2000.

P. **BREZZI:** Roma e l'impero medioevale (774–1252). Bologna 1947.

G. **BUCHHEIT:** Das Papsttum. Von seiner Einsetzung bis zum Pontifikat Pauls VI. Neuenbürg 1962.

M.E. **BUNSON:** The Pope Encyclopedia. An A to Z of the Holy See. New York 1995.

G. **CASTELLA:** Papstgeschichte, 3 Bde. Zürich ²1966 (französisches Original: Histoire des papes, 3 Bde. Zürich 1944–45).

G. **CASTELLA:** Illustrierte Papstgeschichte, 3 Bde. Zürich 1999.

O. **CHADWICK:** A History of the Popes 1830–1914. Oxford 1998.

A. **CIACONIUS:** Vitae et res gestae Pontificium Romanorum et S.R.E. Cardinalium, 2 Bde. Rom 1601–02; fortgesetzt bis Clemens VIII. von A. **VICTORELLI U.A.** Rom ²1630; fortgesetzt bis Clemens IX. von A. **OLDOINI**, 4 Bde. ebd. ³1677; fortgesetzt bis Clemens XII. von M. **GUARNACCI**, 2 Bde. ebd. ⁴1751, Bd. 7, ebd. 1787.

F.J. **COPPA:** The Modern Papacy since 1789. London 1998.

F.J. **COPPA:** Encyclopedia of the Vatican and Papacy. London 1999.

H.E.J. **COWDREY:** Popes and church reform in the 11th century. Aldershot 2000.

G. **DENZLER:** Das Papsttum. Geschichte und Gegenwart. München 1997.

E. **DUFFY:** Die Päpste. Die große illustrierte Geschichte. München 1999 (englisches Original: Saints and Sinners. New Haven 1997).

C. **FALCONI:** Storia dei papi e del papato, 4 Bde. Rom–Mailand 1967–72.

CH. **FICHTINGER:** Lexikon der Heiligen und Päpste. Gütersloh 1980, Frankfurt (Main) – Berlin 1995.

R. **FISCHER-WOLLPERT:** Lexikon der Päpste. Regensburg 1985, ²1988.

A. **FRANZEN – R. BÄUMER:** Papstgeschichte. Das Petrusamt in seiner Idee und seiner geschichtlichen Verwirklichung in der Kirche. Freiburg 1974, ³1982, aktualisierte Neuausgabe ebd. 1988.

H. **FUHRMANN:** Von Petrus zu Johannes Paul II. Das Papsttum: Gestalt und Gestalten. München ²1984.

H. **FUHRMANN:** Die Päpste von Petrus zu Johannes Paul II. München 1998.

J. **GELMI:** Die Päpste in Lebensbildern. Graz 1983, ²1989.

M. **GRESCHAT:** Das Papsttum, 2 Bde. Stuttgart 1985, Nachdruck ebd. 1993.

M. **GRESCHAT–E. GUERRIERO:** Storia dei papi. Mailand 1994 (deutsch: Das Papsttum [überarbeitet]).

M. **GUERRA GOMEZ:** Los nombres del Papa. Estudio filológico-teológico de varios nombres del Papa en los primeros siglos del cristianismo. Burgos 1982.

B. **GUILLEMAIN:** Les papes d'Avignon 1309–76. Paris 1998.

J. **HALLER:** Das Papsttum, 3 Bde. Stuttgart 1934–45; 5 Bde. ebd. ²1950–53, Nachdruck Esslingen 1962.

Y.-M. **HILAIRE:** Histoire de la papauté. 2000 ans de mission et de tribulations. Paris 1996.

CH. **HOLLIS** (Hg.): Urbi et orbi. Das Papsttum und seine Geschichte. Bern u.a. 1964 (englisches Original: The Papacy. London 1964).

J.N.D. **KELLY:** Reclams Lexikon der Päpste. Stuttgart 1988 (englisches Original: Oxford Dictionary of Popes. Oxford 1986).

---

* *Die hier aufgeführten Gesamt- und Teildarstellungen werden in den Artikeln in der Regel nicht einzeln zitiert.*

H. KÜHNER: Lexikon der Päpste: Kirchengeschichte, Weltgeschichte, Zeitgeschichte. Von Petrus bis heute. Zürich 1956, Wiesbaden 1991 (aktualisiert).

PH. LEVILLAIN (Hg.): Dictionnaire historique de la papauté. Paris 1994.

A. LOPES (Hg.): Die Päpste. Ihr Leben im Laufe der 2000jährigen Geschichte. Rom 1997.

M. MACCARRONE (Hg.): Romana ecclesia, Cathedra Petri, 2 Bde. Rom 1991.

J. MATHIEU-ROSAY: La véritable histoire des papes. Du royaume des cieux aux royaumes terrestres. Paris 1991.

B. MONDIN: Dizionario enciclopedico dei Papi. Storia e insegnamenti. Rom 1995.

C. MORRIS: The Papal Monarchy. The western church from 1050 to 1250. Oxford 1989.

M. PACAUT: La papauté, des origines au concile de Trente. Paris 1976.

I.S. ROBINSON: The Papacy 1073–1198. Continuity and innovation. Cambridge 1990.

K. SCHATZ: Der päpstliche Primat. Seine Geschichte von den Ursprüngen bis zur Gegenwart. Würzburg 1990.

M. SCHELLHORN: Der heilige Petrus und seine Nachfolger: Eine Geschichte der Päpste (1958), fortgeführt bis Johannes Paul II. von K. FRIEDRICH. Wien–München 1982.

B. SCHIMMELPFENNIG: Das Papsttum von der Antike bis zur Renaissance. Darmstadt 1984, [4]1996.

G. SCHWAIGER: Papsttum und Päpste im 20.Jh. von Leo XIII. zu Johannes Paul II. München 1999.

F. X. SEPPELT: Geschichte der Päpste von den Anfängen bis zur Mitte des 20. Jahrhunderts, 5 Bde. (Bd. 4 und 5 neu bearbeitet von G. SCHWAIGER). München [2]1954–59.

W. ULLMANN: Kurze Geschichte des Papsttums im Mittelalter. Berlin 1978 (englisches Original: A Short History of the Papacy in the Middle Ages. London [2]1974).

M. WALSH (Hg.): Das Papsttum von seinen Anfängen bis zur Gegenwart. Stuttgart–Zürich 1998 (englisches Original: The Papacy. London 1997).

CH. WEBER: Genealogien zur Papstgeschichte, 2 Bde. Stuttgart 1999.

G.L. WILLIAMS: Papal Genealogy: the families and descendants of the popes. Jefferson (North Carolina) 1997.

A.D. WRIGHT: The Early Modern Papacy from the Council of Trent to the French Revolution, 1564–1789. London 2000.

A. WUCHER: Von Petrus zu Paul. Eine Weltgeschichte der Päpste bis Johannes Paul II. Frankfurt (Main) [3]1991.

G. ZIZOLA: Les papes du XXe siècle. Paris 1996.

Papstliste

Petrus	–67?	Felix II. (III.)	483–492	Konstantin II.*	767–768
Linus	67?–79?	Gelasius I.	492–496	Philippus*	768
Anaklet I.	79?–91?	Anastasius II.	496–498	Stephan III.	768–772
Clemens I.	91?–101?	Symmachus	498–514	Hadrian I.	772–795
Evaristus	101?–107?	Laurentius*	498–507	Leo III.	795–816
Alexander I.	107?–116?	Hormisdas	514–523	Stephan IV.	816–817
Sixtus I.	116?–125?	Johannes I.	523–526	Paschalis I.	817–824
Telesphorus	125?–138?	Felix III. (IV.)	526–530	Eugen II.	824–827
Hyginus	138?–142?	Dioskur	530	Valentin	827
Pius I.	142?–155?	Bonifatius II.	530–532	Gregor IV.	827–844
Anicet	155?–166?	Johannes II.	533–535	Johannes (VIII.)*	844
Soter	166?–174?	Agapet I.	535–536	Sergius II.	844–847
Eleutherus	174?–189?	Silverius	536–537	Leo IV.	847–855
Victor I.	189?–198?	Vigilius	537–555	Benedikt III.	855–858
Zephyrinus	198?–217?	Pelagius I.	556–561	Anastasius III.*	855
Calixtus I.	217?–222	Johannes III.	561–574	Nikolaus I.	858–867
Hippolyt*	217?–235	Benedikt I.	575–579	Hadrian II.	867–872
Urban I.	222–230	Pelagius II.	579–590	Johannes VIII.	872–882
Pontianus	230–235	Gregor I.	590–604	Marinus I.	882–884
Anterus	235–236	Sabinianus	604–606	Hadrian III.	884–885
Fabianus	236–250	Bonifatius III.	607	Stephan V.	885–891
Cornelius	251–253	Bonifatius IV.	608–615	Formosus	891–896
Novatian*	251–258?	Adeodatus I.	615–618	Bonifatius VI.	896
Lucius I.	253–254	Bonifatius V.	619–625	Stephan VI.	896–897
Stephan I.	254–257	Honorius I.	625–638	Romanus	897
Sixtus II.	257–258	Severinus	640	Theodor II.	897
Dionysius	259?–268?	Johannes IV.	640–642	Johannes IX.	898–900
Felix I.	268?–274?	Theodor I.	642–649	Benedikt IV.	900–903
Eutychianus	274?–282?	Martin I.	649–653 (655)	Leo V.	903
Gaius	282?–295?	Eugen I.	654–657	Christophorus	903–904
Marcellinus	296?–304	Vitalianus	657–672	Sergius III.	904–911
Marcellus I.	307?–309?	Adeodatus II.	672–676	Anastasius III.	911–913
Eusebius	309?–310?	Donus	676–678	Lando	913–914
Miltiades	310–314	Agatho	678–681	Johannes X.	914–928
Silvester I.	314–335	Leo II.	682–683	Leo VI.	928
Marcus	336	Benedikt II.	684–685	Stephan VII.	929–931
Julius I.	337–352	Johannes V.	685–686	Johannes XI.	931–936
Liberius	352–366	Konon	686–687	Leo VII.	936–939
Felix (II.)*	355–358	Theodor*	687	Stephan VIII.	939–942
Damasus I.	366–384	Paschalis*	687	Marinus II.	942–946
Ursinus*	366–367	Sergius I.	687–701	Agapet II.	946–955
Siricius	384–399	Johannes VI.	701–705	Johannes XII.	955–964
Anastasius I.	399–402	Johannes VII.	705–707	Leo VIII.	963–965
Innozenz I.	402–417	Sisinnius	708	Benedikt V.	964
Zosimus	417–418	Konstantin I.	708–715	Johannes XIII.	965–972
Bonifatius I.	418–422	Gregor II.	715–731	Benedikt VI.	973–974
Coelestin I.	422–432	Gregor III.	731–741	Bonifatius VII.	974–985
Sixtus III.	432–440	Zacharias	741–752	Benedikt VII.	974–983
Leo I.	440–461	Stephan (II.)*	752	Johannes XIV.	983–984
Hilarus	461–468	Stephan II.	752–757	Johannes XV.	985–996
Simplicius	468–483	Paul I.	757–767	Gregor V.	996–999

Johannes XVI.*	997–998	Innozenz III.	1198–1216	Pius III.		1503
Silvester II.	999–1003	Honorius III.	1216–27	Julius II.		1503–13
Johannes XVII.	1003	Gregor IX.	1227–41	Leo X.		1513–21
Johannes XVIII.	1003–09	Coelestin IV.	1241	Hadrian VI.		1522–23
Sergius IV.	1009–12	Innozenz IV.	1243–54	Clemens VII.		1523–34
Benedikt VIII.	1012–24	Alexander IV.	1254–61	Paul III.		1534–49
Gregor VI.*	1012	Urban IV.	1261–64	Julus III.		1550–55
Johannes XIX.	1024–32	Clemens IV.	1265–68	Marcellus II.		1555
Benedikt IX.	1032–45	Gregor X.	1271–76	Paul IV.		1555–59
Silvester III.	1045	Innozenz V.	1276	Pius IV.		1559–65
Gregor VI.	1045–46	Hadrian V.	1276	Pius V.		1566–72
Clemens II.	1046–47	Johannes XXI.	1276–77	Gregor XIII.		1572–85
Damasus II.	1048	Nikolaus III.	1277–80	Sixtus V.		1585–90
Leo IX.	1049–54	Martin IV.	1281–85	Urban VII.		1590
Victor II.	1055–57	Honorius IV.	1285–87	Gregor XIV.		1590–91
Stephan IX.	1057–58	Nikolaus IV.	1288–92	Innozenz IX.		1591
Benedikt X.	1058–59	Coelestin V.	1294	Clemens VIII.		1592–1605
Nikolaus II.	1059–61	Bonifatius VIII.	1294–1303	Leo XI.		1605
Alexander II.	1061–73	Benedikt XI.	1303–04	Paul V.		1605–21
Honorius II.*	1061–72	Clemens V.	1305–14	Gregor XV.		1621–23
Gregor VII.	1073–85	Johannes XXII.	1316–34	Urban VIII.		1623–44
Clemens III.*	1084–1100	Nikolaus V.*	1328–30	Innozenz X.		1644–55
Victor III.	1086–87	Benedikt XII.	1334–42	Alexander VII.		1655–67
Urban II.	1088–99	Clemens VI.	1342–52	Clemens IX.		1667–69
Paschalis II.	1099–1118	Innozenz VI.	1352–62	Clemens X.		1670–76
Theodorich*	1100–01	Urban V.	1362–70	Innozenz XI.		1676–89
Albert*	1101	Gregor XI.	1370–78	Alexander VIII.		1689–91
Silvester IV.*	1105–11			Innozenz XII.		1691–1700
Gelasius II.	1118–19	*Abendländisches Schisma*		Clemens XI.		1700–21
Gregor VIII.*	1118–21	*(Rom, Avignon, Pisa)*		Innozenz XIII.		1721–24
Calixtus II.	1119–24			Benedikt XIII.		1724–30
Coelestin (II.)*	1124	Urban VI. (R)	1378–89	Clemens XII.		1730–40
Honorius II.	1124–30	Bonifatius IX. (R)	1389–1404	Benedikt XIV.		1740–58
Innozenz II.	1130–43	Innozenz VII. (R)	1404–06	Clemens XIII.		1758–69
Anaklet II.	1130–38	Gregor XII. (R)	1406–15	Clemens XIV.		1769–74
Victor IV.*	1138	Clemens VII. (A)	1378–94	Pius VI.		1775–99
Coelestin II.	1143–44	Benedikt XIII. (A)	1394–1417	Pius VII.		1800–23
Lucius II.	1144–45	Clemens VIII.*	1423–29	Leo XII.		1823–29
Eugen III.	1145–53	Alexander V. (P)	1409–10	Pius VIII.		1829–30
Anastasius IV.	1153–54	Johannes XXIII. (P)	1410–15	Gregor XVI.		1831–46
Hadrian IV.	1154–59			Pius IX.		1846–78
Alexander III.	1159–81	Martin V.	1417–31	Leo XIII.		1878–1903
Victor IV.*	1159–64	Eugen IV.	1431–47	Pius X.		1903–14
Paschalis III.*	1164–68	Felix V.*	1439–49	Benedikt XV.		1914–22
Calixtus III.*	1168–78	Nikolaus V.	1447–55	Pius XI.		1922–39
Innozenz III.*	1179–80	Calixtus III.	1455–58	Pius XII.		1939–58
Lucius III.	1181–85	Pius II.	1458–64	Johannes XXIII.		1958–63
Urban III.	1185–87	Paul II.	1464–71	Paul VI.		1963–78
Gregor VIII.	1187	Sixtus IV.	1471–84	Johannes Paul I.		1978
Clemens III.	1187–91	Innozenz VIII.	1484–92	Johannes Paul II.		seit 1978
Coelestin III.	1191–98	Alexander VI.	1492–1503			

Personenteil

Adeodatus I. (zuerst *Deusdedit I.*) (19.10.615–8.11.618), heilig (Tag 8.11.), Römer; Sohn eines Subdiakons Stephanus. Bevorzugte, im Gegensatz zu seinen Vorgängern, in Kirchenämtern wieder Kleriker statt Mönche. Den Exarchen Eleutherius von Ravenna empfing er ehrenvoll in Rom während dessen Befriedungszuges gegen Neapel. Unklar bleibt die Nachricht: „Hic constituit secunda missa in clero" (LP). Beigesetzt in Rom.

▓ Quellen: LP 1, 319f.; RPR(J)² 1, 222; 2, 698 739.

▓ Literatur: LMA 3, 738; VATL 4f. – CASPAR 2, 517–523; BERTOLINI 300ff. *Georg Jenal*

Adeodatus II. (11.4.672–17.6.676), Römer; war Mönch des Erasmusklosters in Rom. Allgemein als gütig beschrieben; sonst ist kaum mehr als seine Gegenerschaft zum Montheletismus und die Förderung einiger Klöster (Rom, Tours, Canterbury) von ihm bekannt.

▓ Quellen: LP 1, 346f.; PL 87, 1141–46.

▓ Literatur: LMA 1, 149; VATL 5.

Bernhard Kriegbaum

Agapet I. (Mai 535–22.4.536), Sohn des römischen Priesters Gordianus, Archidiakon Johannes' II.; nahm kirchlichen Einfluss in Gallien, Illyrien und Nordafrika. Vom König der Ostgoten wegen der drohenden Rückeroberung Italiens nach Konstantinopel gesandt, festigte Agapet das kirchliche Bündnis mit Justinian: Anerkennung des Chalcedonense, Absetzung des Anthimus, Weihe des Menas und durch eine Synode Verbannung der Severianer. Plötzlich verstorben, wurde Agapet nach Rom überführt.

▓ Quellen: LP 1, 287ff.; RPR(J)² 1, 113ff.; 2, 694; ACO 3, 5.

▓ Literatur: DHGE 1, 887–890; VATL 6f. – CASPAR 2, 199f. 221–229; W. ENSSLIN: Papst Agapet I. und Kaiser Justinian I.: Historisches Jahrbuch 77 (1957) 459–466, J. HOFMANN: Der hl. Papst Agapet I. und die Kirche von Byzanz: Ostkirchliche Studien 40 (1991) 112–132. *Jakob Speigl*

Agapet II. (10.5.946–Dezember 955); Römer, abhängig von Alberich II. förderte er die Klosterreform, stärkte die päpstliche Autorität, bewilligte 947/948 die Gründung von Bistümern in Dänemark (Schleswig, Ripen, Aarhus) und im Ostelberaum (Brandenburg, Havelberg), bestätigte 948 die Metropolitanrechte Hamburgs über nordische Länder, entschied 949 den Streit um das Erzbistum Reims für Artold gegen Hugo von Vermandois, versagte Otto I. 952 den Einzug in Rom und die Kaiserkrönung, genehmigte jedoch 955 die Errichtung des Erzbistums Magdeburg und einer Kirchenorganisation in den Ostgebieten.

▓ Quellen: LP 2, 245; ZIMMERMANN PU 1, 191–249; MGH.CONC 6, 128–202.

▓ Literatur: DHGE 1, 890ff. – W. KÖLMEL: Rom und der Kirchenstaat im 10. und 11.Jh. Berlin 1935; ZIMMERMANN J. *Friedrich Lotter*

Agatho (27.6.678–10.1.681), heilig (Tag 10.1.), aus Sizilien stammend.

Da Kaiser Konstantin IV. den Monotheletismus aufgab, wurden zwischen Rom und Konstantinopel friedliche Beziehungen hergestellt. Agatho konnte die päpstliche Autorität in England (Unterstützung Wilfriths von York; Entsendung des römischen Archikantors Johannes), Ravenna (Minderung der Autokephalie) und Mailand festigen. Veranlasste ein einmütiges Bekenntnis der Westkirche zum Dyotheletismus und Dyenergismus in Christus gegen die Monotheleten (römische Synode 679; Synode von Hatfield [England] unter Vorsitz Theodors von Canterbury; römische Synode im März 680). Mit einer ansehnlichen Legation war er auf dem allgemeinen Konzil in Konstantinopel 680–681 vertreten, das die Lehre von den zwei Willen und Wirkungsweisen in Christus – in Übereinstimmung mit dem päpstlichen Lehrschreiben – feststellte und mit Zustimmung der päpstlichen Legaten auch Honorius I. verurteilte.

Quellen: LP 1, 350–358; RPR(J) 1, 238ff.; 2, 699 741; A. POTTHAST: Bibliotheca historica medii aevi, Bd. 1. Berlin ²1896, 26.

Literatur: DHGE 1, 916ff.; VATL 8. – CASPAR 2, 588–608 684ff.; G. KREUZER: Die Honoriusfrage im Mittelalter und in der Neuzeit. Stuttgart 1975, 76–94; A. ANGENENDT: Das Frühmittelalter. ebd. 1990, 251.

Georg Schwaiger

Albert, Gegenpapst, Bischof von Sabina, 1084 von Clemens III. zum Kardinalbischof von Silva Candida ernannt; Ende 1101 nach der Vertreibung seines Vorgängers Theodorich in der römischen Basilika Santi XII Apostoli ohne Beteiligung König Heinrichs V. zum Papst gewählt, mit Hilfe von Bestechung an die Partei Paschalis' II. ausgeliefert und zur Klosterhaft in San Lorenzo in Aversa verurteilt.

Quellen: RPR(J) 1, 773.
Literatur: C SERVATIUS: Paschalis II. Stuttgart 1979, 52f. 71 339; J. ZIESE: Wibert von Ravenna. ebd. 1982, 104. *Odilo Engels*

Alexander I. (107?–116?), heilig (Tag 3.5.), nach der ältesten römischen Bischofsliste (Irenaeus von Lyon, Adversus haereses III, 3, 3) fünfter Nachfolger Petri, der nach (unhistorischer) Berechnung des 3./4. Jh. etwa zehn Jahre die römische Gemeinde als Bischof geleitet haben soll. Über Herkunft, Leben und Wirken ist nichts Sicheres bekannt. Da sich der Monepiskopat in Rom nicht vor der Mitte des 2. Jh. voll ausgebildet hat, ist eine führende Stellung im Leitungsgremium der Presbyter (Episkopen) anzunehmen. Die Überlieferung seines Martyriums könnte auf Vermengung mit einem römischen Martyrer gleichen Namens an der Via Nomentana beruhen.

Quellen: LP 1, XCI f. 127; 3, 72 239; Quellen zur Geschichte des Papsttums und des römischen Katholizismus, begründet von C. MIRBT, hg. v. K. ALAND, Bd. 1. Tübingen ⁶1967, 15.

Literatur: P. VON WINTERFELD: Neues Archiv der Gesellschaft für Ältere Deutsche Geschichtskunde zur Beförderung einer Gesamtausgabe der Quellenschriften deutscher Geschichten des Mittelalters 26 (1901) 751–754 (Translation nach Freising); CASPAR 1, 8–16; R.M. HÜBNER: Die Anfänge von Diakonat, Presbyterat und Episkopat in der frühen Kirche: A. RAUCH – P. IMHOFF (Hg.): Das Priestertum in der Einen Kirche. Aschaffenburg 1987, 45–89; J. HOFMANN: Die amtliche Stellung der in der ältesten römischen Bischofsliste überlieferten Männer in der Kirche von Rom: Historisches Jahrbuch 109 (1989) 1–23; N. BROX: Der Hirt des Hermas. Göttingen 1991.

Georg Schwaiger

Alexander II. (30.9./1.10.1061 – 21.4. 1073), vorher *Anselm*, * um 1010/15 als Sohn des Mailänder Capitans Ardericus von Baggio; besuchte die Mailänder Domschule, 1056–73 Bischof von Lucca, einer der bedeutendsten Päpste des 11. Jh. Seine Wahl ging auf die Reformpartei im Kardinalskollegium zurück und traf auf erbitterten Widerstand. Schon am 28.10.1061 erhob eine Koalition von Stadtrömern, Lombarden und Deutschen in Cadalus von Parma einen Gegenpapst (Honorius II.), erst auf der Synode von Mantua (1064) wurde Alexander auch vom deutschen Königshof anerkannt. Sein Pontifikat war für die Gregorianische Reform von großer Tragweite: Ausbau des Legatenwesens, Reform der Palliumsvergabe durch Aufforderung zum persönlichen Erscheinen des neuen Erzbischofs vor dem Papst und Leistung eines besonderen Treueids, verstärkter Kampf gegen Simonie und Nikolaitismus, Unterstützung der Mailänder Pataria, Reform der Kanoniker am römischen ⁄Lateran, Verteidigung des Prinzips der kanonischen Wahl gegen die Besetzungspraktiken des deutschen und französischen Königs, Bündnis mit den Normannen in Süditalien und mit England, erste Kontakte zum mozarabischen Spanien. Alexander wurde damit zu einem der wichtigsten Wegbereiter Gregors VII.

Quellen: RPR(J)² 1, 566–592; PL 146, 1279–1430.

Literatur: DBI 2, 176–183; TRE 2, 235ff.; LMA 1, 371f.; VATL 18f. – W. GOEZ: Papa qui et episcopus. Zum Selbstverständnis des Reformpapsttums im 11.Jh.: AHP 8 (1970) 27–59; T. SCHMIDT: Die Kanonikerreform in Rom und Papst Alexander II. (1061–73): Studi Gregoriani per la storia della Libertas Ecclesiae 9 (1972) 199–221; C. MORTON: Pope Alexander II and the Norman Conquest: Latomus 34 (1975) 362–382; T. SCHMIDT: Alexander II. (1061–73) und die römische Reformgruppe seiner Zeit. Stuttgart 1977; F.-J. SCHMALE: Synoden Papst

Alexanders II. (1061–73): AHC 11 (1979) 307–338; R. SCHIEFFER: Die Entstehung des päpstlichen Investiturverbots für den deutschen König. Stuttgart 1981, 84–110; J. LAUDAGE: Priesterbild und Reformpapsttum im 11.Jh. Köln–Wien 1984, 251–291.

Johannes Laudage

Alexander III. (7.9.1159–30.8.1181),

vorher *Rolando Bandinelli*, * 1100/05 Siena; Kanoniker in Pisa, Magister in Bologna, 1150 Kardinaldiakon von Santi Cosma e Damiano, 1151 Kardinalpriester von San Marco, 1153 Kanzler der römischen Kirche, Legat und wichtiger Berater Eugens III. und Hadrians IV., die das abendländische Kaisertum im Gegensatz zu Friedrich I. als vom Papst verliehenes Amt definierten und die „regalia beati Petri" als freies Eigen der römischen Kirche reklamierten. U. a. diese Auffassungsunterschiede führten 1159 zum Papstschisma. Eine Zweidrittel-Mehrheit der Kardinäle entschied sich für Alexander III., der Rest den kaiserfreundlichen Kardinal Octavian de Montecello (Victor IV.). Dieser schien zunächst die Oberhand zu gewinnen. Obwohl Alexander im Westen und Süden Europas allgemein anerkannt wurde, erklärten sich die kaiserlichen Konzilien von Pavia (1160) und Lodi (1161) für Victor. Alexander musste Ende 1161 nach Frankreich fliehen. Hier kam es 1162 zu deutsch-französischen Verhandlungen über die Beendigung des Schismas, die jedoch ebenso scheiterten wie spätere Bemühungen des Kaisers, sich den Streit um Thomas Becket zunutze zu machen und Heinrich II. von England auf seine Seite zu ziehen. Alexanders Stellung festigte sich seit 1168. Seine Koalition mit dem Lombardenbund und Wilhelm II. von Sizilien nötigte den Staufer zu Friedensverhandlungen, die 1177 in Venedig zum Abschluss kamen. Die Frage der Petrusregalien wurde dabei nicht gelöst, doch wahrte Alexander den päpstlichen Rechtsstandpunkt, so dass sich Urban III., Coelestin III. und Innozenz III. bei ihren Rekuperationsforderungen auf ihn berufen konnten. Innerkirchlich ist Alexander v. a. als Dekretalengesetzgeber und Veranstalter des Lateranense III (1179) hervorgetreten. Zwar beruhte die normgebende Kraft seiner Entscheidungen zum großen Teil auf ihrer Rezeption durch die Kanonistik des 12. und 13. Jh., aber sie waren von Anfang an generalisierend angelegt. Besondere Bedeutung besaß ein Dekret von 1179, das die ∕Papstwahl ganz in die Hände der ∕Kardinäle legte und das Zweidrittel-Mehrheitsprinzip einführte (Conciliorum oecumenicorum decreta 211 c. 1). Alexander war ein theologisch und kanonistisch versierter Verfechter des römischen ∕Primats, darf aber nicht mehr als Verfasser einer *Summa* zum Decretum Gratiani und Autor dogmengeschichtlich bedeutsamer *Sentenzen* betrachtet werden.

▓ Ausgabe: LP 2, 397–446; PL 200; Epp. Pontificium Romanorum ineditae, ed. v. S. LOEWENFELD. Leipzig 1885, Nachdruck Graz 1959, nn. 237–348; Corpus Iuris Canonici, ed. v. E. FRIEDBERG. Leipzig 1881; Conciliorum oecumenicorum decreta, ed. v. G. ALBERIGO u. a. Bologna ⁴1991, 205–225.

▓ Literatur: TRE 2, 237–241. – H. REUTER: Geschichte Alexanders III. und der Kirche seiner Zeit, 3 Bde. Leipzig ²1860–64; W. HOLTZMANN: Die Register Papst Alexanders III. in den Händen der Kanonisten: QFIAB 30 (1940) 13–87; M. PACAUT: Alexandre III. Paris 1956; M.W. BALDWIN: Alexander III and the Twelfth Century. Glen Rock (New Jersey) – New York 1968; R. FOREVILLE: Lateran I–IV. Mainz ²1970; T.A. REUTER: The Papal Schism, the Empire and the West 1159–69. Oxford 1975; J. T. NOONAN: Who was Rolandus?: Law, Church and Society. FS S. Kuttner. Philadelphia 1977,

21–48; W. MADERTONER: Die zwiespältige Papstwahl des Jahres 1159. Wien 1978; F. BARLOW: Thomas Becket. London 1986; Miscellanea Rolando Bandinelli papa Alessandro III., hg. v. F. LIOTTA. Siena 1986; J. LAUDAGE: Alexander III. und Friedrich Barbarossa. Köln 1990; G. VITI: La canonizzazione di San Bernardo di Clairvaux tra politica e religiosità: Vivens homo 10 (1999) 53–78. *Johannes Laudage*

Alexander IV. (12.12.1254–25.5.1261), vorher *Rainald,* Sohn des Grafen Philipp von Ienne (bei Subiaco); 1219 Magister und „domini pape subdiaconus", 1227 durch seinen Onkel Gregor IX. Kardinaldiakon von Sant'Eustachio, 1227–31 päpstlicher Kämmerer, vor dem 11.8.1231 Elekt von Ostia und Velletri, blieb aber Kardinaldiakon bis Anfang 1235 und empfing erst vor dem 5.5. 1235 die Bischofsweihe. Der schon in verschiedenen Legationen erprobte und mit der staufischen Sache vertraute Kardinal wurde als Nachfolger Innozenz' IV. in Neapel per compromissum gewählt; Konsekration am 20.12. Die Ablehnung der Vormundschaft für den verwaisten Konradin, die Exkommunikation Manfreds (25.3.1255) und die gleichzeitige Anerkennung der Investitur Edmunds von England zum König von Sizilien (9.4.1255) machten alle Hoffnungen zunichte, mit Alexander (vgl. die Namenswahl) einen Kandidaten erhoben zu haben, der einen Ausgleich zwischen der kurialen Rechtsposition und den Interessen der staufischen Seite herbeiführen könnte. Die unsicheren Verhältnisse im Süden zwangen Alexander, in ∕Viterbo Zuflucht zu suchen. Ungeachtet seiner kirchlichen Strafen gegen Manfred und dessen Anhänger (1259–60) verschlechterte sich die guelfische Position. Im deutschen Reich aber blieb er gegenüber den Thronkandidaten des Interregnums unentschlossen und kam vorübergehend Richard Rufus von Cornwall, der 1261 gleichzeitig mit Manfred Senator der Stadt Rom wurde, entgegen. Die großen kirchenpolitischen Themen seiner Zeit konnte Alexander nur unzureichend aufgreifen. Dennoch sind zumeist wenig erfolgreiche Versuche zu vermerken: die Union von lateinischer und griechischer Kirche, das Zusammenleben zwischen Lateinern und Griechen auf Zypern, Kreuzzug, Widerstand der Christenheit gegen die Tatarengefahr und Hierarchie (Einsetzung eines maronitischen Patriarchen in Antiochien, Erhebung Rigas zum Erzbistum). Darüber hinaus bemühte er sich um die Behebung offensichtlicher Missstände: eine Frist von nur sechs Monaten zwischen Wahl und Weihe, Pflicht zum ∕ Adlimina-Besuch durch die Konstitution *Execrabilis* unter Aufhebung aller allgemein gefasster Dispense Einschränkung der Vergabe von Provisionen, durch die Bulle *Licet ecclesia* (9.4.1256) Zusammenfassung zahlreicher eremitisch geprägter Gruppen zum Orden der Augustiner-Eremiten. 1255 hatte er bereits den Servitenorden bestätigt. Langjähriger Kardinalprotektor der Franziskaner und der Klarissen (de facto seit 1227), behielt Alexander als Papst seine Vorliebe für die Bettelorden bei, erweiterte den Spielraum der Inquisition, ließ Klara von Assisi heilig sprechen, wandte sich gegen die Seelsorgebeschränkungen für diese Gruppen, indem er Bestimmungen seines Vorgängers durch die Bulle *Nec insolitum* (22.12.1254) außer Kraft setzte und unter Abweisung heftiger Angriffe das Recht der Mendikanten sicherstellte, an der Pariser Universität lehren zu dürfen

(Bulle *Quasi lignum vitae* vom 14.4.1255). Gleichermaßen verurteilte er aber den attackierten „Liber Introductorius" des Gerardo di Borgo San Donnino (23.10.1255) und verbot die Disputationen zwischen Laien und Häretikern (Corpus Iuris Canonici VI⁰ 5, 2, 2).

▨ Quellen: C. BOUREL DE LA RONCIÈRE U.A.: Les Registres d'Alexandre IV, 3 Bde. Paris 1895–1959; RPR(P) 2, 1286–1473 2124–29. ▨ Literatur: DBI 2,189–193; LMA 1,373. – F. TENCKHOFF: Papst Alexander IV. Paderborn 1908; G. BARRACLOUGH: The Constitution ‚Execrabilis' of Alexander IV: The English Historical Review 49 (1934) 193–218; E. DUPRÉ THESEIDER: Roma dal comune di popolo alla signoria pontificia. Bologna 1952, 34–86; S. SIBILIA: Alessandro IV. Anagni 1961; S. ANDREOTTA: La famiglia di Alessandro IV e l'abbazia di Subiaco. Rom 1962; Registro degli atti e delle lettere di Gregorio da Monte Longo (1233–69). ebd. 1965; TH.T. HALUSCYNSKYJ–M.M. WOJNAR: Acta Alexandri P.P. IV. ebd. 1966; L. PELLEGRINI: Alessandro IV e i Francescani. ebd. 1966; P. LINEHAN: The Spanish Church and the Papacy in the Thirteenth Century. Cambridge 1971; W.R. THOMSON: The Earliest Cardinal-Protectors of the Franciscan Order: Studies in Medieval and Renaissance History 9 (1972) 52ff.; A. PARAVICINI BAGLIANI: Cardinali di curia e ‚familiae' cardinalizie dal 1227 al 1254. Padua 1972, 41–60; G.F. NÜSKE: Untersuchung über das Personal der päpstlichen Kanzlei 1254 bis 1304 [I]: Archiv für Diplomatik, Schriftgeschichte, Siegel- und Wappenkunde 20 (1974) 39–240; I. RODRÍGUEZ DE LAMA: La documentación pontificia de Alejandro IV. Rom 1976; H. HÉNAFF: Les conservateurs apostoliques et les décrétales d'Alexandre IV: Revue de droit canonique 35 (1985) 194–221; F. LIOTTA: I papi Anagnani e lo sviluppo del diritto canico classico: AHP 365 (1998) 33–47; M.K. WERNICKE: Die Bulle ‚Oblata nobis' Alexanders IV. vom 20.4. 1256: Analecta Augustiniana 63 (2000) 51–57. *Ludwig Vones*

Alexander V. (26.6.1409–3.10.1410), vorher *Petrus Philargis* (auch *Philaretus* oder *Petrus von Candia*), erster Papst der Pisaner Oboedienz im Abendländischen Schisma, * 1340 Kreta, † Bologna. Seit 1357 Franziskaner; nach Studien in Padua, Oxford und Paris dort und in Pavia Lehrtätigkeit, wobei er als Theologe von hohem Rang galt. Durch Förderung der Visconti Bischof von Piacenza (1386), Vicenza (1388) und Novara (1389); 1402 Erzbischof von Mailand, 1405 durch Innozenz VII. Kardinal. Als solcher v.a. diplomatische Tätigkeit. Hatte maßgeblichen Anteil am Konzil von Pisa, das ihn zum Papst wählte. Alexander wirkte mit Erfolg für die Anerkennung der Pisaner Oboedienz. In der Italienpolitik wandte er sich Ludwig II. von Anjou zu, der ihn dafür bei der Eroberung des ⁄Kirchenstaates unterstützte.

Literatur: DBI 2, 193–196; Dictionary of the Middle Ages, ed. v. J.R. STRAYER, Bd. 1. New York 1982, 147f. – F. EHRLE: Der Sentenzenkommentar Peters von Candida. Münster 1925; A. TUILIER: L'élection d'Alexandre V, pape grec, sujet vénitien et docteur de l'Université de Paris: Rivista di Studi Bizantini e Slavi 3 (1983) 319–341; TH.E. MORRISSEY: Peter of Candia at Padua and Venice in March 1406: Reform and Renewal in the Middle Ages and Renaissance. FS L. Pascoe. Leiden 2000, 155–173.

Johannes Grohe

Alexander VI. (11.8.1492–18.8.1503), vorher *Rodrigo de Borja* (Borgia), * wohl 1.1.1431 Játiva bei Valencia; wurde durch seinen Onkel Calixtus III. 1456 Kardinal und 1457 Vizekanzler. Inneres Gleichgewicht und Einflussbeschränkung der Großmächte bezüglich Italiens sowie seine Familienpolitik standen im Vordergrund des Pontifikats. 1495 erzwang er zusammen mit der Heiligen Liga den Rückzug Karls VIII. von Frankreich, näherte sich aber 1499 Ludwig XII. an. Nach früheren Vorbildern belehnte er 1493 Kastili-

en mit den neu entdeckten Ländern und bestätigte 1494 im Vertrag von Tordesillas die Aufteilung spanischer und portugiesischer Expansionsinteressen. Mit seinen Kindern betrieb er eine zielbewusste Dynastiepolitik, mit Hilfe seines Sohnes und Condottieres Cesare Borja die Zentralisierung des ⁄Kirchenstaates (Romagna). Er begünstigte strenge Ordensrichtungen; Girolamo Savonarola geriet mit ihm erst wegen der Frankreichpolitik in Konflikt. Alexanders offen unmoralischer Lebenswandel wurde von Zeitgenossen v.a. aus politischen Gründen attackiert.

Literatur: DBI 2,196–205; TRE 2, 241–244; LMA 1, 374; 8, 873f.; VATL 23f. – A. BARAGONA: La polemica storiografica sulle bolle alessandrine relative alle grandi scoperte: Miscellanea di storia delle esplorazioni, Bd. 2. Genua 1977, 29–47; F.A. YOUNG: Fundamental changes in the nature of the cardinalate in the fifteenth century and their reflection in the election of Pope Alexander VI. Dissertation. University of Maryland 1978; M. BRION: Les Borgia. Paris 1979; S. SCHÜLLER-PIROLI: Die Borgia-Päpste Kalixt III. und Alexander VI. München 1980; CH. SHAW: Alexander VI., Cesare Borgia and the Orsini: European Studies Review 11 (1981) 1–23; S. POESCHEL: Alexander Maximus. Das Bildprogramm des Appartamento Borgia im Vatikan. Weimar 1999.

Winfried Eberhard

Alexander VII. (7.4.1655–22.5.1667), vorher *Fabio Chigi*, * 13.2.1599 Siena. Dort philosophische, juristische und theologische Studien. 1628 in päpstlichem Dienst: 1629 Ferrara (Vizelegat), 1635 Malta (Inquisitor), 1639 Köln (Nuntius, 1644–49 als Mediator des Westfälischen Friedens in Münster), 1651 Staatssekretär. Persönlich frommer, erfahrener Diplomat mit literarischen Interessen und Verbindungen, als Kandidat der politisch unabhängigen Kardinäle gewählt. Schwerer Prestigeverlust im Streit mit Frankreich (demütigende Friedensbedingungen von Pisa, 12.2.1664), nicht aufgewogen durch die Aufhebung des venezianischen Jesuitenverbots (Paul V.) als Preis für die päpstliche Hilfe gegen die Türken. Als Staatssekretär beseitigte er die Protektionswirtschaft Innozenz' X. und verlegte das Schwergewicht in die ⁄Kongregationen; er kehrte trotz anfänglicher Ablehnung wieder zum ⁄Nepotismus zurück, wenn auch ohne wesentlichen Einfluss der Nepoten auf die Geschäfte. Die kirchlich wichtigsten Maßnahmen seines Pontifikats waren: 1) Dekret der Propaganda-Kongregation zugunsten der chinesischen Jesuitenmission (23.3.1656); 2) zwei Konstitutionen gegen den Jansenismus (16.10.1656, 15.2.1665); 3) zwei Verurteilungen des Laxismus (24.9.1665, 18.3.1666). Seine Förderung von Kunst und Wissenschaften lebt besonders fort in den von ihm gegründeten Bibliotheken Chigi und Alessandrina (⁄Vatikanische Bibliothek) und in Meisterwerken Giovanni Lorenzo Berninis (⁄Sankt Peter).

▨ Werke: Philomathi Musae Juveniles. Köln 1645, Antwerpen 1654, Paris 1656, Amsterdam 1680, hg. v. H. Hugenroth. Köln 1999.

▨ Quellen: Bulletino Romano 16 und 17. Turin 1869; J.A.F. Orbaan: Bescheiden in Italië omtrent nederlandsche kunstenaars en geleerden. Bd. 1. Den Haag 1911; G. Hoogewerff: ebd., Bd. 3. ebd. 1917; G. Brom: Archivalia in Italië, Bd. 3. ebd. 1914; V. Kybal – G. Incisa della Rocchetta: La Nunziatura di Fabio Chigi (1640–51), Bd. 1/1 und 2. Rom 1943, 1946; A. Legrand – L. Ceyssens: La correspondance antijanséniste de Fabio Chigi. Brüssel – Rom 1957; V. Borg: Fabio Chigi, Apostolic Delegate in Malta (1634–39). Vatikanstadt 1967; Diarium Chigi 1639–51, bearbeitet von K. Repgen (Acta Pacis Westphalicae III C 1/1). Münster 1984.

▨ Literatur: Eine moderne Biographie fehlt;

zeitgenössisch (Torso): S. Pallavicino: Della vita di Alessandro VII libri cinque. Prato 1839–40. – Dthc 1,730–747; Dbl 2, 205–215; Vatl 24ff. – Pastor Bd. 14/1; K. Repgen: Die römische Kurie und der Westfälische Friede, Bd. 1/1–2. Tübingen 1962–1965; R. Darricau: Louis XIV et la papauté de 1661 à 1670: Revue d'histoire diplomatique 84 (1970) 165–172; M. Albert: Nuntius Fabio Chigi und die Anfänge des Jansenismus 1639–51. Rom 1988; K. Repgen: Salvo iure Sanctae Sedis? Die Zessionsbestimmungen des Westfälischen Friedens für Metz, Toul und Verdun als Konkordatsrechts-Problem: Fides et Ius. FS G. May. Regensburg 1991, 527–558. *Konrad Repgen*

Alexander VIII. (6.10.1689–1.2.1691), vorher *Pietro Ottoboni* (Familie 1646 geadelt), * 22.4.1610 Venedig; Jurastudium in Padua, seit 1630 im kurialen Dienst, 1642 Rotaauditor, 1652 Kardinal, 1654–64 Bischof von Brescia, seither venezianischer Kardinalprotektor, 1667–69 Datar. Als unabhängiger Zelante gewählt, erstrebte er durch äußerste Nachgiebigkeit eine kirchlich-politische Aussöhnung des Papsttums mit Ludwig XIV.; nachdem sie scheiterte, verurteilte er das Staatskirchenrecht der vier gallikanischen Artikel, zuvor bereits dogmatisch 31 jansenistische Sätze. Der politische Annäherungsversuch an Frankreich bedingte eine Abkühlung der Beziehungen zum Kaiser. Bei Truppenbewegungen im Kirchenstaat für Venedigs Türkenkrieg kam es 1690 zu Unruhen, trotz erleichternder Steuer- und Wirtschaftspolitik. Mit Alexander kehrten die Päpste zum Nepotismus zurück. Für die ⁄Vatikanische Bibliothek kaufte er große Teile der Bibliotheken Christinas von Schweden. Grabmal in Sankt Peter. Eine Biographie fehlt.

▨ Werke: Decisiones sacrae rotae Romane. Rom 1657; Bulletino Romano 20. Turin 1870.

▨ Literatur: Dthc 1, 747–763; Dbl 2, 215–

219; HCMA Bde. 4 und 5. – PASTOR Bd. 14/2; M. LANGLOIS: Madame de Maintenon et le Saint-Siège: Revue d'histoire ecclesiastique 25 (1929) 33–72; L. CEYSSENS: Les jugements portés par les théologiens du Saint-Office sur les 31 propositions rigoristes condamnées en 1690: Antonianum 56 (1981) 451–467; A. MENNITI IPPOLITO: L'eresia di Santa Pelagia, Pietro Ottoboni e la politica del S. Ufficio: Rivista di storia e letteratura religiosa 26 (1992) 298–305.

Konrad Repgen

Anaklet I. (Anenkletos) (79?–91?), heilig, wohl unter Domitian Martyrer; nach der ältesten römischen Bischofsliste (Irenaeus von Lyon, Adversus haereses III, 3, 3), nach Eusebius von Caesarea (Historia ecclesiastica III, 13) u. a. zweiter Nachfolger Petri. Die Reihenfolge Linus, Anaklet, Clemens ist die ursprüngliche, die Reihe Linus, Clemens, Anaklet (Catalogus Liberianus) vor dem 4. Jh. nicht bezeugt. Das einfachere Cletus wurde offenbar schon früh dem Namen Anaklet als Abkürzung beigeschrieben. Die Aufspaltung fand Eingang in den römischen Festkalender (Cletus 26.4., Anacletus 13.7.). Der Name Anenkletos begegnet öfters unter Sklaven der Zeit, was auf die soziale Herkunft (ein Freigelassener griechischer Herkunft?) deuten könnte. Der Monepiskopat war in Rom noch nicht ausgebildet. Eine führende Stellung unter den Presbytern (Episkopen) der römischen Gemeinde darf als sicher gelten, Näheres ist nicht bekannt. Die Berechnung von zwölf Regierungsjahren geht auf das 3./4. Jh. zurück und ist unhistorisch.

■ Literatur: LP 1, Introductio 122 125; 3, 241 268; Quellen zur Geschichte des Papsttums und des römischen Katholizismus, begründet von C. MIRBT, hg. v. K. ALAND, Bd. 1. Tübingen ⁶1967, 10 33 f.; VATL 29.

Georg Schwaiger

Anaklet II., Gegenpapst (14./23.2. 1130–25.1.1138), vorher *Petrus* (aus der ursprünglich jüdisch-römischen Adelsfamilie der) *Pierleoni,* *um 1090; zunächst Mönch in Cluny, 1112 Kardinaldiakon (Santi Cosma e Damiano), 1120 Kardinalpriester von Santa Maria in Trastevere und Legat Calixtus' II. Hochgebildet und von untadeligem Lebenswandel, repräsentierte er eine cluniazensische Spiritualität, die angesichts des raschen Aufstiegs der Vita-apostolica-Bewegung zum Niedergang verurteilt war. Diese Situation führte 1130 zum Papstschisma. Dass Innozenz II. dabei trotz einer Wählermehrheit für Anaklet die Oberhand behielt, ist v. a. dem Einfluss Bernhards von Clairvaux, Norberts von Xanten, Lothars III. und des römischen Kanzlers Haimerich zuzuschreiben. Anaklets Oboedienz beschränkte sich im Wesentlichen auf das normannische Süditalien, den späteren Kirchenstaat und Schottland; maßgeblich für den Sieg Innozenz' II. war u. a. die Betonung der jüdischen Herkunft seines Rivalen.

■ Quellen: RPR(J)² 8370–8432; PL 179, 687–731.
■ Literatur: LMA 1, 568 f.; VATL 29 f. – H.-W. KLEWITZ: Das Ende des Reformpapsttums: Deutsches Archiv für Geschichte des Mittelalters 3 (1939) 371–412; P.F. PALUMBO: Lo scisma del 1130. Rom 1942; F.-J. SCHMALE: Studien zum Schisma des Jahres 1130. Köln–Graz 1961; J. DEÉR: Papsttum und Normannen. Köln–Wien 1972; M. STROLL: The Jewish Pope. Leiden–New York 1987; G. KNIGHT: Politics and pastoral care: Papal schism in some letters of Peter the Venerable: Revue bénédictine 109 (1999) 359–390. *Johannes Laudage*

Anastasius I. (27.11. [?] 399 bis 19. [?] 12. 402), heilig (Tag 27.4.), Römer, Sohn des Maximus; nahm wiederholt gegen origenistische Irrtümer Stellung (ohne dass man in Rom genauere Kenntnis der östlichen Streitigkeiten hatte) und ermahnte die afrikanischen Bischöfe zum Einschreiten gegen die Donatisten. Seine Freunde Hieronymus und Paulinus von Nola sprechen mit hoher Achtung von ihm.

▨ Quellen: LP 1, 218f.; 3, 83; RPR(J)² 1, 42f.; 2, 691f.

▨ Literatur: DHGE 2, 1471ff.; VATL 30f. – CASPAR 1, 285ff. 291f. 600 (Chronologie).

Georg Schwaiger

Anastasius II. (24.11.496–17.11.498), Römer, Sohn des Presbyters Petrus. Sein Pontifikat fiel in die Zeit des Acacianischen Schismas und in die frühen Jahre der Ostgotenherrschaft unter Theoderich dem Großen in Italien. Versöhnlicher als seine Vorgänger Felix II. und Gelasius I., bemühte er sich um Frieden und Verständigung in der Reichskirche (Legation zum byzantinischen Kaiser Anastasius I.), untersagte aber, Acacius und dessen Nachfolger in den Diptychen der Liturgie zu nennen. Die Versuche, das Schisma beizulegen, riefen die Gegnerschaft eines Teils der römischen Kleriker hervor und trugen ihm später den (unbegründeten) Vorwurf der Häresie ein, so bei Dante (Divina Commedia, Inferno XI, 8f.). Die Krise der römischen Kirche führte nach seinem Tod zum Schisma des Symmachus und Laurentius. Sein angebliches Glückwunschschreiben zur Taufe des Frankenkönigs Chlodwig ist eine Fälschung des 17. Jahrhunderts.

▨ Quellen: LP 2, 258f.; 3, 87; RPR(J) 1, 95f.; 2, 693; E. SCHWARTZ: Publizistische Sammlung zum Akazianischen Schisma. München 1934, 226–230.

▨ Literatur: DHGE 2, 1473ff. – I. DÖLLINGER: Papstfabeln. Stuttgart ²1890, 146–153; CASPAR 2, 82–87; H. RAHNER: Die gefälschten Papstbriefe aus dem Nachlaß von J. Vignier. Freiburg 1935; Das Konzil von Chalkedon. Geschichte und Gegenwart, hg. v.

A. GRILLMEIER – H. BACHT, Bd. 2. Wien ²1979, 66–70; RICHARDS 67ff.

Georg Schwaiger

Anastasius III. (vermutlich Anfang September 911 – Ende Oktober 913), Römer; genaue Daten sind ebenso wie Einzelheiten seiner Amtszeit unbekannt. Anastasius' Epitaph besagt, er habe seinen Pontifikat in angenehmer Weise geführt. Er soll damit wohl gegen die unruhigen Amtszeiten seiner Vorgänger abgehoben werden. Patriarch Nikolaus I. von Konstantinopel und der byzantinische Kaiser Alexander richteten im Tetragamiestreit Briefe an Anastasius, auf die er nicht antwortete.

▨ Quellen: Epitaphium Anastasii III.: MGH.PL 4/3, 1026; RPR(J)² 1,448; 2, 706.

▨ Literatur: P. FEDELE: Ricerche per la storia di Roma e del papato nel secolo X: Archivio della Società Romana di Storia Patria 34 (1911) 393–423; ZIMMERMANN J.

Sebastian Scholz

Anastasius III., Gegenpapst, (auch *Anastasius Bibliothecarius*), * vor 817 Rom, † um 879 ebd.; wahrscheinlich in einem römischen Kloster griechischer Mönche ausgebildet, 847 durch Leo IV. Kardinal von San Marcello, 850/853 wegen Opposition gegen ihn exkommuniziert und laisiert. Von August bis September 855 Gegenpapst zu Benedikt III., von diesem begnadigt, von Nikolaus I. zum Priesteramt wieder zugelassen, Abt von Santa Maria in Trastevere, zunehmende Tätigkeit in der päpstlichen Ostpolitik. Durch Hadrian II. Bibliothekar der römischen Kirche und so mit der päpstlichen Korrespondenz befasst. Als Beauftragter Kaiser Ludwigs II. Teilnehmer am achten ökumenischen Konzil in Konstantinopel (durch ihn sind die Konzilsakten bekannt). Als Gegner des Photius und Förderer der

Slawenapostel Cyrillus und Methodius weniger Einfluss unter Johannes VIII. Schriftstellerisch am /Liber Pontificalis bis auf die Vita Nikolaus' I. nicht beteiligt, hauptsächlich (zuverlässiger?) Übersetzer aus dem Griechischen (siebte und achte Sessio der Konzilsakten, Heiligenviten mit eigenen Prologen); zusammen mit Johannes Diaconus Hymmonides aus griechischen Vorlagen kompilierte *Chronographia tripartita;* zu den Übersetzungen der Schriften des Dionysius Areopagita und Maximus Confessor durch Johannes Scotus Eriugena eigene, an Karl den Kahlen geschickte Kommentare.

▦ Werke: Epp. sive Praefationes, ed. v. E. PERELS-G. LAEHR: MGH.EP 7, 395–442; Konzilsakten: PL 129, 9–512; Chronographia tripartita, ed. v. C. DE BOOR: Theophanis Chronographia II. Leipzig 1885, 31–346; Übersetzungen von Viten, vgl. Listen bei C. LEONARDI: Hagiographie, cultures et sociétés, IVᵉ–XIIᵉ siècles. Paris 1981, 471–490; U. WESTERBERGH: Anastasius Bibliothecarius, Sermo Theodori Studitae de Sancto Bartholomeo apostolo. Stockholm 1963; P. DEVOG: Analecta Bollandiana 83 (1965) 117–187; P. CHIESA: Studi Medievali 28 (1987) 879–903 (heiliger Amphilochios).

▦ Literatur: DBI 3, 25–37; LMA 1, 573f. – E. PERELS: Papst Nicolaus I. und Anastasius Bibliothecarius. Berlin 1920; P. DEVOS: Anastase le Bibliothécaire: Byzantion 32 (1962) 97–115; D. LOHRMANN: Das Register Papst Johannes' VIII. Tübingen 1968, 239–257 u.ö.; DERSELBE: Eine Arbeitshandschrift des Anastasius Bibliothecarius und die Überlieferung der Akten des 8. Ökumenischen Konzils: QFIAB 50 (1971) 420–431 (Konzilsakten); A. LAPÔTRE: De Anastasio Bibliothecario sedis apostolicae: Études sur la papauté aux IXᵉ siècle. Paris 1985; C. LEONARDI: Anastasio Bibliotecario e l'ottavo concilio eucumenico: Studi Medievali 12 (1987) 60–192 (Konzilsakten); M.W. HERREN: The Sacred Nectar of the Greeks. London 1988; G. ARNALDI: Anastasio Bibliotecario, Carlo il Calvo e la fortuna di Dionigi l'Areopagita nel secolo IX: Giovanni Scoto nel suo tempo. Spoleto 1989,

513–536; K. HERBERS: Leo IV. und das Papsttum in der Mitte des 9.Jh. Stuttgart 1996, 214–224; B. NEIL: Anastasius Bibliothecarius' Latin translation of two Byzantine liturgical commentaries: Ephemerides liturgicae 114 (2000) 329–346.

Claudio Leonardi

Anastasius IV. (12.7.1153–3.12.1154), vorher *Konrad von Suburra,* Römer; 1128 Kardinalbischof von Sabina, im Schisma von 1130 Vikar Innozenz' II. in Rom. Erst in hohem Alter zum Papst berufen, einigte sich Anastasius mit Friedrich I. Barbarossa über die Erhebung Wichmanns zum Erzbischof von Magdeburg und verlieh diesem wie Erzbischof Wilhelm von York das von Eugen III. verweigerte Pallium. Schweden begann damals mit der Zahlung des /Peterspfennigs.

▦ Quellen: LP 2, 388; RPR(J)² 2, 89–102.

▦ Literatur: DBI 3, 24f. – B. ZENKER: Die Mitglieder des Kardinalkollegiums von 1130 bis 1159. Dissertation. Würzburg 1964, 46–48; P. CLASSEN: Zur Geschichte Papst Anastasius' IV.: QFIAB 48 (1968) 36–63; A. POPPE: Die Magdeburger Frage. Versuch einer Neubewertung: Europa Slavica – Europa Orientalis. FS H. Ludat. Berlin 1980, 297–340.

Johannes Laudage

Anicet (155?–166?), heilig (Tag 17.4.); nach der ältesten römischen Bischofsliste (Irenaeus von Lyon, Adversus haereses III, 3, 3) zehnter Nachfolger Petri, elfter in der römischen Bischofsliste, nach dem /Liber Pontificalis Syrer aus Emesa. Mit ihm hat sich offenbar der Monepiskopat in der Leitung der römischen Gemeinde durchgesetzt. Unter Anicet kamen Hegesipp und Polykarp nach Rom; hier wirkten auch Justin und die Häretiker Valentinus u. Marcion. Die Verhandlungen mit Polykarp über die Feier des Osterfestes brachten keine Einigung, aber auch keinen Bruch. Sein Martyrium ist unsicher.

▦ Quellen: LP 1, 58f. 134; 3, 73 244; Quellen

zur Geschichte des Papsttums und des römischen Katholizismus, begründet v. C. MIRBT, hg. v. K. ALAND, Bd. 1. Tübingen ⁶1967.

▓ Literatur: J. HOFMANN: Die amtliche Stellung der in der ältesten römischen Bischofsliste überlieferten Männer in der Kirche von Rom: Historisches Jahrbuch 109 (1989) 1–23; P. LAMPE: Die stadtrömischen Christen in den ersten beiden Jahrhunderten. Tübingen ²1989; N. BROX: Der Hirt des Hermas. Göttingen 1991. ⁄ Alexander I.

Georg Schwaiger

Anterus (21.11.235–3.1.236), heilig (Tag 3.1.); Nachfolger des Pontianus, der am 28.9.235 verzichtete; nach seinem Namen und nach LP Grieche. Seine kurze Regierung fiel in die Christenverfolgung durch Kaiser Maximinus Thrax, er selbst darf jedoch kaum als Martyrer gelten. Anterus wurde als erster Papst in der Papstgruft der Calixtuskatakombe beigesetzt; große Teile seines griechischen Epitaphs wurden dort 1854 aufgefunden.

▓ Quellen: EUSEBIUS VON CAESAREA, Historia ecclesiastica VI, 23, 3; 29, 1–4; LP 1, 95f. 147; 3, 74 244; Quellen zur Geschichte des Papsttums und des römischen Katholizismus, begründet von C. MIRBT, hg. v. K. ALAND, Bd. 1. Tübingen ⁶1967, 62.

▓ Literatur: DHGE 3, 520f.; BIBLSS 2, 51f. – J. WII PERT; Die Papstgräber und die Cäciliengruft in der Katakombe des heiligen Kal listus. Freiburg 1909, 16f. Tafel II; CASPAR 1, 43f. 48ff.

Georg Schwaiger

Benedikt I. (2.6.575–30.7.579), Römer. Der nachrichtenarme Pontifikat war von schwerer Langobardennot geprägt (Belagerung Roms 579). Byzanz konnte die von Benedikt und dem römischen Senat erbetene Hilfe (wegen der Perserkriege) nur völlig unzureichend leisten. Benedikt weihte 21 Bischöfe, darunter den Römer Johannes zum Erzbischof von Ravenna.

▓ Quellen: LP 1, CCLV CCLXI 308; RPR(J) 1, 137; 2, 695f.
▓ Literatur: DHGE 8, 7ff.; DBI 8, 324f. – CASPAR 2, 350f.; RICHARDS 165f.; S. GASPARRI – P. CAMMARASANO (Hg.): Langobardia. Udine 1990.

Georg Schwaiger

Benedikt II. (26.6.684–8.5.685), heilig (Tag 7.5.), Römer. Nach der Wahl (Anfang Juni 683) verzögerte sich die Weihe um ein Jahr, da die Wahlbestätigung in Byzanz einzuholen war. Im Zeichen des Friedens zwischen Byzanz (unter Kaiser Konstantin IV.) und Rom sollte künftig wieder der Exarch von Ravenna die Papstwahl bestätigen und die Autokephalie von Ravenna wurde (nach dem Monotheletenstreit) aufgehoben. Benedikt wirkte für die Anerkennung des sechsten ökumenischen Konzils (Konstantinopel 680/681) im Westen, besonders in der selbstbewussten westgotischen Kirche, restaurierte römische Kirchen und setzte sich (vergeblich) für Bischof Wilfrid von York ein.

▓ Quellen: LP 1, 363ff.; RPR(J) 1, 241f.; 2, 699.
▓ Literatur: DHGE 8, 9–14; DBI 8, 325–329. – CASPAR 2, 614–617 674ff. 687; J.M. LACARRA: La Iglesia visigoda en el siglo VII y sus relaciones con Roma: Settimane di studio del Centro Italiano di Studi sull'Alto Medioevo 7/1 (1960) 378–384.

Georg Schwaiger

Benedikt III. (29.9.855–7. [nicht 17.] 4.858), Römer. Nach dem Tod Leos IV. (17.7.855) wurde Benedikt sogleich gewählt, brauchte aber zur Weihe die Zustimmung Kaiser Ludwigs II. Eine einflussreiche Gruppe verweigerte die Anerkennung und erhob mit Unterstützung der kaiserlichen Gesandten den von Leo IV. exkommunizierten Anastasius Bibliothecarius zum Gegenpapst Anastasius III. Dieser ließ Benedikt einkerkern, stieß aber auf offene Ablehnung. Benedikt, ein gebildeter, auf Ausgleich bedachter Mann, wurde am 29.9.855 mit Zustimmung der kaiserlichen Gesandten in Sankt Peter geweiht. Die Wirren boten Anknüpfungspunkte für die spätere Fabel von der Päpstin ⁄Johanna. Benedikt ließ gegen Anastasius Milde walten, bemühte sich um Frieden zwischen Ludwig II. und seinen Brüdern und konnte die päpstliche Autorität gegenüber dem Patriarchen Ignatius von Konstantinopel, Erzbischof Hinkmar von Reims und in England festigen. Der LP rühmt sein Verdienst um römische Kirchen.

Quellen: LP 2, 140–150; RPR(J) 1, 339ff.; 2, 703 744.

Literatur: DHGE 8, 14–27; DBI 8, 330–337. – ZIMMERMANN PA 82f.; K. HERBERS: Leo IV. und das Papsttum in der Mitte des 9.Jh. Stuttgart 1996. *Georg Schwaiger*

Benedikt IV. (Mai/Juni 900–Juli/August 903), Römer; zur Partei des Papstes Formosus gerechnet; hielt 900 eine Lateransynode ab; krönte im Februar 901 Ludwig III. zum Kaiser, der schon 902 seinem italienischen Gegner König Berengar unterlag. Das Papsttum drohte in den wüsten Parteikämpfen des so genannten „Saeculum obscurum" zu versinken.

Quellen: LP 2, 233; RPR(J) 1, 443f.; 2, 705.

Literatur: DHGE 8, 27–31; DBI 8, 337–342. – ZIMMERMANN J. *Georg Schwaiger*

Benedikt V. (Ende Mai–Ende Juni 964). Der gelehrte römische Scholaster und Diakon *Benedictus Grammaticus* wurde nach dem Tod Johannes' XII. anstelle des vertriebenen Leo VIII. gegen den Willen Kaiser Ottos I. von den Römern gewählt, dann aber dem Rom belagernden Kaiser ausgeliefert und auf einer Lateransynode vor Leo und Otto förmlich abgesetzt. Er starb in Hamburg am 4.7.965, angeblich knapp vor seiner von den Römern erbete-

nen Restitution. Seine Leiche wurde 988 auf Befehl Ottos III. nach Rom überführt.

Quellen: ZIMMERMANN REG.

Literatur: DBI 8, 342ff.; LMA 1, 1858; VATL 69. – ZIMMERMANN J. *Harald Zimmermann*

Benedikt VI. (19.1.973–Ende Juni 974); Sohn eines Hildebrand Monachus aus der subkapitolinischen Region Roms; war (Kardinal-)Diakon von San Teodoro, ehe er wohl schon im September 972 gewählt wurde. Die Inthronisation erfolgte erst nach Eintreffen des kaiserlichen Konsenses. Nur wenige Papsturkunden sind erhalten; verloren ist u.a. die Bestätigung des Bistums Prag. Durch eine Revolte der Crescentier gestürzt, wurde Benedikt im Juli 974 trotz Intervention eines kaiserlichen Missus auf Befehl Bonifatius' VII. in der ⁄Engelsburg ermordet.

Quellen: ZIMMERMANN REG; ZIMMERMANN Pu Bd. 1.

Literatur: DBI 8, 344ff.; LMA 1, 1858f.; VATL 69. – ZIMMERMANN J. *Harald Zimmermann*

Benedikt VII. (Oktober 974–10.7. 983). Der Vetter des römischen Fürsten Alberich II. und Bischof von Sutri wurde im Beisein eines Missus Ottos II. gewählt. Aus seinem auf Kooperation mit dem Kaiser ausgerichteten, durch Bonifatius VII. und dessen Anhang gestörten Pontifikat sind viele Urkunden erhalten, u.a. die Bestätigung des deutschen Primats für Mainz 975. Eine mit Otto veranstaltete Lateransynode verdammte 981 die Simonie. Wichtige Kontakte gab es auch mit Spanien.

Quellen: ZIMMERMANN REG; ZIMMERMANN Pu Bd. 1.

Literatur: DBI 8, 346–350; LMA 1, 1859. – ZIMMERMANN J. *Harald Zimmermann*

Benedikt VIII. (17.5.1012–9.4.1024), vorher *Theophylactus;* als zweiter

Sohn des Grafen Gregor von Tusculum und als Laie zum Papst erhoben, konnte er sich gegen Gregor (VI.) durchsetzen und wurde am 21. Mai konsekriert. Suchte im Gegensatz zu seinen Vorgängern Kontakte zum deutschen Königshof, die am 14.2. 1014 zur Kaiserkrönung Heinrichs II. führten. Gemeinsam gingen beide 1014 auf einer Synode in Ravenna u. a. gegen Simonie vor. Als der von Benedikt unterstützte Aufstand mit normannischen Söldnern gegen Byzanz in Apulien im Oktober 1018 zusammenbrach, trafen sich Kaiser und Papst Ostern 1020 in Bamberg. Im gleichen Jahr Erneuerung des Privilegium Ottonianum. Der Feldzug in Süditalien im Sommer 1022 verlief weitgehend erfolglos. Am 1.8.1022 setzten beide die Reihe der Konzilien in Pavia mit Bestimmungen gegen die Klerikerehe fort. Verbindungen Benedikts zu Reformkreisen um Abt Odilo von Cluny bestanden seit 1014. Im Frühjahr 1016 besiegte Benedikt mit Hilfe Genuas und Pisas Piraten vor Sardinien; in deutsche Streitigkeiten hat er sich, außer in die Hammersteiner Eheaffäre 1023/24, nicht eingemischt. Sein Pontifikat ist gekennzeichnet durch enge Zusammenarbeit mit dem Kaiser und dem Bemühen um Stärkung des Papsttums.

▨ Quellen: LP 2, 268; RPR(J) 1, 506–514; ZIMMERMANN REG; ZIMMERMANN PU 2, 464–549.

▨ Literatur: LMA 1, 1859. – P.G. WAPPLER: Papst Benedikt VIII. Leipzig 1897; K.J. HERRMANN: Das Tuskulanerpapsttum. Stuttgart 1973; H. WOLTER: Die Synoden im Reichsgebiet und in Reichsitalien von 916 bis 1054. Paderborn 1988.

Klaus Jürgen Herrmann

Benedikt IX. (21.10.1032–1.5.1045), vorher *Theophylactus;* Neffe seiner beiden Vorgänger Johannes XIX.

und Benedikt VIII., mit Hilfe seines Vaters Alberich III. von Tusculum in jugendlichem Alter (nicht als Kind) als Laie zum Papst erhoben. Hielt vorsichtige Distanz zum deutschen Königshof; unterstützte im Streit Konrads II. mit Erzbischof Aribert von Mailand den Kaiser erst 1038 nach einer Zusammenkunft in Spello; entschied in der Auseinandersetzung zwischen Grado und Aquileia 1044 zugunsten Grados gegen deutsche Interessen. Über verwandtschaftliche Beziehungen und geschmeidige Politik gegenüber Byzanz gelang ihm der Ausbau der lateinischen Kirche in Süditalien; es sind Kontakte zu Reformkreisen in Italien und Frankreich nachweisbar. Durch eine Adelsrevolte im September 1044 aus Rom vertrieben, verdrängte er den Gegenpapst Silvester III.; verzichtete am 1.5.1045 gegen Geldabfindung für seine Parteigänger zugunsten Gregors VI. Von Heinrich III. am 24.12.1046 in Rom abgesetzt, erneuerte er nach dem Tod Clemens' II. seinen Pontifikat, musste aber am 16.7.1048 Damasus II. weichen; ein erneuter Versuch im April 1054 schlug ebenfalls fehl. Benedikt starb als angeblicher Büßer im Kloster Grottaferrata zwischen dem 18.9.1055 und dem 9.1.1056.

▨ Quellen: LP 2, 270ff.; RPR(J) 1, 519–523; 2, 709, 748ff.; ZIMMERMANN PU 2, 598–623.

▨ Literatur: LMA 1, 1859f. – S. MESSINA: Benedetto IX. Studio critico. Catania 1922; ZIMMERMANN PA 120–139; K.J. HERRMANN: Das Tuskulanerpapsttum. Stuttgart 1973; F.J. SCHMALE: Die ‚Absetzung' Gregors VI. in Sutri und die synodale Tradition: AHC 11 (1979) 55–103; H.WOLTER: Die Synoden im Reichsgebiet und in Reichsitalien von 916–1054. Paderborn 1988.

Klaus Jürgen Herrmann

Benedikt X. (5.4.1058–April 1060), vorher Bischof *Johannes von Velle-*

tri, wohl nicht identisch mit Bischof Benedikt von Velletri, der 1057 im Kreis der Reformkardinäle genannt wird; nach dem Tod Stephans IX. vom römischen Adel unter Führung der Tusculaner erhoben, aber von den Reformkardinälen nicht anerkannt, die im Dezember 1058 in Siena Nikolaus II. wählten. Benedikt wurde im Januar 1059 auf einer Synode in Sutri exkommuniziert, aus Rom vertrieben und in Galeria mit normannischer Hilfe zur Unterwerfung gezwungen. Von der Lateransynode im April 1060 der geistlichen Würden enthoben, starb er unter Gregor VII. (nach 1073) in einem römischen Kloster.

▩ Literatur: LMA 1, 1860. – G. TELLENBACH: Die westliche Kirche vom 10. bis zum frühen 12.Jh. Göttingen 1988, 134.

Tilmann Schmidt

Benedikt XI. (22.10.1303 – 7.7.1304), selig (1736; Tag 7.7.), Dominikaner (1257), vorher *Niccolò di Boccassio,* * 1240 Treviso, † Perugia; vielleicht Studium in Mailand (1262–68), Lektor für Theologie in Venedig und Genua, Provinzial der Lombardei (1286–89, 1293–96), 1296 Generalmagister; da er 1297 den Orden auf die päpstliche Position verpflichtete, Mitglied einer Gesandtschaft zu den Königen von Frankreich und England, 1298 Kardinal von Santa Sabina, 1300 Kardinalbischof von Ostia. Nach weiteren, eher mäßig erfolgreichen Legationen (Ungarn, Wien) 1303 nach einem kurzen, vom bonifatianischen Kardinal Matteo Rosso Orsini dominierten und von Karl II. von Anjou massiv beeinflussten Konklave einmütig zum Papst gewählt, fünf Tage später gekrönt. Setzte die politische Linie seines Vorgängers Bonifatius VIII. nicht fort, sondern seine Nachgiebigkeit gegenüber den Colonna und der Druck Frankreichs

zwangen ihn zur Flucht nach Perugia (April 1304) und ließen ihn die meisten Maßnahmen seines Vorgängers bis hin zur Generalabsolution zurück- oder ihnen zumindest die Schärfe nehmen (Aufhebung der Exkommunikation Philipps IV. von Frankreich und seiner Familie; Bulle *Clericis laicos*). Einzig die direkt Verantwortlichen für das Attentat von Anagni Bonifatius VIII., Guillaume de Nogaret und die Colonna, wollte er zur Verantwortung ziehen (Bulle *Flagitiosum scelus*), starb jedoch vor der Promulgation des strafverschärfenden Kontumazurteils gegen die Gebannten. Die Bulle *Super cathedram* Bonifatius' VIII., durch die die Pastoraltätigkeit der Mendikantenorden eingeschränkt worden war, setzte er außer Kraft. Das Kardinalskollegium ergänzte er um drei dominikanische Kardinäle, da der Orden fast seine einzige Stütze war.

▩ Literatur: DBI 8, 370–378; LMA 1, 1860f.; VATL 72. – H. FINKE: Aus den Tagen Bonifaz' VIII. Münster 1902, 275ff.; C. GRANDJEAN: Registres de Benoît XI. Paris 1905; A.M. FERRERO: Benedetto XI, papa domenicano. Rom 1934; T. SCHMIDT: Der Bonifaz-Prozeß. Köln – Wien 1989, bes. 88ff.

Ludwig Vones

Benedikt XII. (20.12.1334 – 25.4.1342 Avignon), Zisterzienser (Boulbonne), vorher *Jacques Fournier,* * um 1285 Saverdun bei Toulouse; Studium in Paris (Magister theologiae), 1311 Abt von Fontfroide, 1317 Bischof von Pamiers, 1326 von Mirepoix; führte Inquisitionsverfahren gegen die Katharer durch, 1327 Kardinal und theologischer Ratgeber Johannes' XXII. (den unter diesem ausgebrochenen Streit um die Visio beatifica sollte der erfahrene, jede Form der Häresie ausmerzende theologische Gutachter 1336 durch die dogmatische Bulle *Benedictus*

Deus beenden). Nach seiner Wahl begann der zu Sittenstrenge neigende Papst ein umfassendes Reformprogramm, in dessen Mittelpunkt neben einer Kurienreform mit Bekämpfung von Korruption, ∕Nepotismus und administrativen Missständen (Versuche der Neuorganisation kurialer Behörden; Schaffung besserer Verwaltungs- und Arbeitsinstrumente für das Buß- und Supplikenwesen; umstrittene Einschränkung des Pfründenwesens, Verbesserung der Kandidatenauswahl durch Examination) v. a. eine Reform des Ordenswesens stehen sollte. Die Widerstände verhinderten bei den Dominikanern durchgreifende Maßnahmen von Beginn an, so dass außer den allgemeinen Regelungen gegen umherschweifende Mönche und gegen Übertritte in andere Orden (1335) nur wenig wirksame Konstitutionen zur Disziplin und Organisation für die Zisterzienser (*Fulgens sicut stella*, 1335), Benediktiner (*Summi magistri*, 1336), Franziskaner (*Redemptor noster*, 1337) und die Regularkanoniker (*Ad decorem*, 1339) erlassen werden konnten. Benedikts Bemühungen um die Neuordnung des ∕Kirchenstaates waren vielversprechend, seine Eingriffe in politische Belange meist ohne Erfolg (Verfahren gegen Ludwig IV. den Bayern; Haltung der deutschen Kurfürsten, Rhens 1338).

▨ Literatur: DBI 8, 378–384; LMA 1, 1861f. – E. BALUZE – G. MOLLAT: Vitae paparum Avenionensium, Bd. 1. Paris ²1914, 194–240; J.-M. VIDAL: Benoît XII. Lettres communes. ebd. 1903–11; G. DAUMET: Benoît XII. Lettres closes … se rapportant à la France. ebd. 1899–1920; J.-M. VIDAL – G. MOLLAT: Benoît XII. Lettres closes … intéressant les pays autres que la France. ebd. 1913–52; B. GUILLEMAIN: La politique bénéficiale du pape Benoît XII. ebd. 1952; J. DUVERNOY: Le registre d'Inquisition de Jacques Fournier, évêque de Pamiers, Benoît XII (1318 à 1325) 3 Bde. Toulouse 1965; G. MOLLAT: Les papes d'Avignon. Paris ¹⁰1965, 72–88; B. GUILLEMAIN: La cour pontificale d'Avignon. ebd. ²1966: B. SCHIMMELPFENNIG: Zisterzienserideal u. Kirchenreform. Benedikt XII. als Reformpapst: Zisterzienser-Studien 3 (1976) 11–43; DERSELBE: Benedikt XII. und Ludwig der Bayer: Archiv für Kulturgeschichte 59 (1977) 212–221; L. BÖHM: Papst Benedikt XII. als Förderer der Ordensstudien. FS N. Backmund. Windberg 1978, 281–310; G. MELVILLE: Quellenkundliche Beiträge zum Pontifikat Benedikts XII: Historisches Jahrbuch 102 (1982) 144–182; F.J. FELTEN: Benoît XII, Arnaud de Verdale et la réforme des chanoines. Le monde des chanoines. Toulouse – Fanjeaux 1989, 309–339; Aux origines de l'État moderne. Le fonctionnement administratif de la papauté d'Avignon. Rom 1990; F.J. FELTEN: Le pape Benoît XII (1334–42) et les Frères Prêcheurs. La papauté d'Avignon et le Languedoc (1316–42). Toulouse 1991, 307–342; DERSELBE: Die Ordensreformen Benedikts XII. unter institutionengeschichtlichem Aspekt: Institutionen und Geschichte, hg. v. G. MELVILLE. Köln u.a. 1992, 369–435.
  Ludwig Vones

Benedikt XIII. (28.9.1394–26.7.1417), vorher *Pedro de Luna*; *1342/43 Illueca aus aragonesischem Adel; Professor des Kirchenrechts in Montpellier, 1375 Kardinal; beim Ausbruch des Abendländischen Schismas dasjenige Mitglied des Kardinalskollegiums, dem Clemens VII. seine Anerkennung in Frankreich und den spanischen Reichen wesentlich verdankte. Als Papst bestand er kompromisslos auf seiner Rechtmäßigkeit, die er, hochgebildet und literarisch breit interessiert, in mehreren Werken begründete. Zur Lösung des Schismas bevorzugte er die Eroberung Roms mit gewaltsamer Beseitigung des gegnerischen Papstes. Um Benedikts Abdankung zu erzwingen, belagerten die Franzosen 1398–1403 den Papstpalast in ∕Avignon. Rücktrittsverhandlungen mit Gregor XII. scheiterten 1408, Benedikt musste aus Italien in den Schutz des Königs von Aragón fliehen. Die Konzilien von Pisa und Konstanz setzten ihn am 5.6.1409 bzw. 26.7.1417 als Schismatiker und Häretiker ab. Sein Leben endete unbeachtet in Peñíscola, wahrscheinlich am 29.11.1422. Zu Nachfolgern wurden strittig Gil Sánchez Muñoz (Clemens VIII.) und Bernard Garnier (Benedikt XIV.) gewählt.

■ Literatur: LMA 1, 1862ff. – S. PUIG Y PUIG: Episcopologio Barcinonense. Pedro de Luna. Barcelona 1920; D. GIRGENSOHN: Ein Schisma ist nicht zu beenden ohne die Zustimmung der konkurrierenden Päpste: AHP 27 (1989) 197–247; M.-H. JULLIEN DE POMMEROL–J. MONFRIN: La bibliothèque pontificale à Avignon et à Peñíscola, 2 Bde. Rom 1991. *Dieter Girgensohn*

Benedikt XIII. (29.5.1724–21.2.1730), Dominikaner (1667, Ordensname: *Vincenzo Maria*), vorher *Pietro Francesco Orsini*, * 2.2.1649 Gravina di Puglia; 1672 Kardinal, 1675 Erzbischof von Manfredonia, 1680 Bischof von Cesena, 1686 Erzbischof von Benevent; politisch unerfahren, als Papst bereits altersschwach, bestätigte Benedikt 1725 die Bulle *Unigenitus* und erließ 1727 die Bulle *Pretiosus*. Vorwiegend mit seelsorgerlicher Tätigkeit und Kanonisationen beschäftigt, überließ er die Geschäfte weitgehend dem skrupellosen Kardinal Nicola Coscia.

■ Werke: Opere tutte Latine ed Italiane, 3 Bde. Ravenna 1728–34.
■ Literatur: DBI 8, 384–393; VATL 73f. – B. NEVEU: L'oracle Romain au risque de l'interprétation. Benoît XIII et l'ordre dogmatique: Papes et papauté au XVIIIe siècle. Paris 1999, 121–144. *Georg Schwaiger*

Benedikt XIV. (17.7.1740–3.5.1758), vorher *Prospero Lambertini*, * 31.3. 1675 Bologna. Er verband Begabung, juristische Ausbildung und freundliches Wesen mit gutem Gespür für politische Realität und die Erfordernisse der Zeit. Seit 1701 in kurialen Diensten, 1727 Erzbischof von Ancona, 1728 Kardinal, 1731 Erzbischof von Bologna; fähiger, beliebter Seelsorger, daneben Verfasser bedeutender, v. a. kanonistischer Werke; am Ende eines sechsmonatigen Konklaves überraschend gewählt. Als Papst erfolgreich auf zeitgemäße Reformen und auf Vergleich mit den Mächten bedacht (Übereinkommen mit Neapel 1741, Spanien 1753, Österreich für Mailand 1757; Anerkennung der preußischen Königswürde). Als verfehlt erwies sich seine Entscheidung im Ritenstreit. Neben den Verwaltungsreformen im /Kirchenstaat und der Förderung von Kunst und Wissenschaften steht seine Wirksamkeit im Bereich des Kirchenrechts: Reformen in den Bereichen von Liturgie, Bußpraxis, Eherecht, Orden, Kurialbehörden sowie des /Index der verbotenen Bücher. Die Enzyklika *Annus qui* (1749) veranlasste die Weiterentwicklung der Kirchenmusik. Seine Werke über Selig- und Heiligsprechungen (*De servorum Dei beatificatione et beatorum canonisatione*, 4 Bde. Bologna 1734–38) und über die Diözesansynode (*De synodo dioecesana*. Rom 1755) wurden in Rechtstheorie und -praxis grundlegend. Benedikt war der bedeutendste Papst seines Jahrhunderts und einer der gelehrtesten aller Päpste.

■ Literatur: DBI 8, 393–408; TRE 5, 531ff. – R. REINHARDT: Zur Reichskirchenpolitik Papst Benedikts XIV.: RQ 60 (1965) 259–268; T. BERTONE: Il Governo della Chiesa nel pensiero di Benedetto XIV. Rom 1977; A. CASIERI: La perfezione cristiana in Benedetto XIV. Rom 1979; J. HERMANS: Benedictus XIV en de liturgie. Brügge 1979; M. CECCHELLI (Hg.): Benedetto XIV (Prospero Lambertini). Covegno Internazionale di studi storici, 2 Bde. Cento 1982; F. BOES-

PFLUG: Dieu dans l'art. Paris 1984; J. GELMI: Die Minutanten im Staatssekretariat Benedikts XIV.: Papsttum und Kirchenreform. FS G. Schwaiger. Sankt Ottilien 1990, 537–561; N. SCHÖCH: Die Frage der Reduktion der Feiertage bei Benedikt XIV. Eine rechtshistorische Untersuchung. Rom 1994; D. BIAGI MAINO: Benedetto XIV e le arti del disegno: Convegno Internazionale, Bologna 1994. Rom 1998; E. GARMS-CORNIDES: Storia, politica e apologia in Benedetto XIV: Papes et papauté au XVIIIᵉ siècle. Paris 1999, 145–161 ; D. LIGOU: La réception en France des bulles pontificales condamnant la franc maçonnerie: ebd. 205–217.

Georg Schwaiger

Benedikt XV. (3.9.1914–22.1.1922), vorher *Giacomo della Chiesa,* * 21.11.1854 Genua aus altem genuesischem Adel; wurde enger Mitarbeiter des Nuntius (Madrid) und Kardinalstaatssekretärs Mariano Rampolla; durch Pius X. (als Mitarbeiter Rampollas) praktisch kaltgestellt; 1907 Erzbischof von Bologna, erst 1914 Kardinal. Sein Pontifikat leitete nach den schweren diplomatischen Fehlgriffen und innerkirchlichen Verstörungen (Integralismus, Modernismus, Reformkatholizismus) unter Pius X. eine Zeit nötiger Konsolidierung ein, stand aber völlig im Schatten des Ersten Weltkrieges und seiner Folgen. Im Krieg zielten Benedikts Bemühungen auf politische Neutralität, Herbeiführung eines gerechten Friedens und Linderung der Not (Hilfswerke für Gefangene, Vertriebene, Notleidende). England und die Niederlande errichteten noch 1914 diplomatische Vertretungen beim Heiligen Stuhl, da Italien (wegen der ungelösten Römischen Frage) und Frankreich (seit der Trennung von Kirche und Staat 1905) keine offiziellen Kontakte mit dem Vatikan unterhielten. Die Unabhängigkeit des Vatikans wurde von Italien respektiert, von Bene-

dikt zur Verbindung mit den Mittelmächten eine Art Außenstelle in Lugano eingerichtet. Die früh einsetzenden päpstlichen Friedensbemühungen sind nur zu verstehen im Rahmen der komplizierten, vielfach nebeneinander laufenden und sich kreuzenden Vermittlungsaktionen der Mächte und einzelner Personen, gipfelten nach außen in der Friedensnote vom 1.8.1917, blieben aber erfolglos. Benedikt blieb von den Friedensverhandlungen ausgeschlossen, wie die Alliierten Italien im April 1915 zugesagt hatten. Benedikt betrachtete den Vertrag von Versailles als rachsüchtiges Diktat. Er forderte Gerechtigkeit auch für die Besiegten und bemühte sich um Aussöhnung und innere Befriedung Europas, wozu auch die notwendige kirchliche Konsolidierung in den alten und neuen Staaten gehörte. Unterstützt von Kardinalstaatssekretär Pietro Gasparri wurde die Lösung der Römischen Frage und die staatlich-kirchliche Neuordnung durch Konkordate vorbereitet. Neben der Beruhigung nach der Modernismuskrise waren die innerkirchlich bedeutendsten Ereignisse die (von Pius X. vorbereitete) Herausgabe des CIC (promulgiert 1917, in Kraft seit 1918) und die Missionsenzyklika *Maximum illud* vom 30.11.1919 mit dem in die Zukunft weisenden Programm katholischer Weltmission.

Literatur: DBI 8, 408–417; TRE 5, 533ff. – SCHMIDLIN 3, 179–339; F. HAYWARD: Un Pape méconnu, Benoît XV. Paris 1955; W.H. PETERS: The Life of Benedict XV. Milwaukee 1959; E. KOVÁCS: Papst Benedikt XV. und die Restaurationsbemühungen des Kaisers und Königs Karl von Österreich: AHP 27 (1989) 357–399; N. THEVENIN: La note de Benoît XV du 1ᵉʳ août 1917 et les réactions des catholiques français: Revue d'histoire diplomatique 103 (1989) 285–338; V. CÁRCEL ORTÍ: Benedicto XV y el catolicismo social español:

Analecta Sacra Tarraconensia 63/64 (1990) 7–152; G. RUMI (Hg.): Benedetto XV e la pace – 1918. Brescia 1990; DERSELBE: Benedetto XV. Un epistolario inedito. Rom 1991; V. CÁRCEL ORTÍ: Benedicto XV y los obispos españoles: AHP 29 (1991) 197–254, 30 (1992) 291–338; D. STEVENSON: The Failure of Peace by Negotiation in 1917: Historical Journal 34 (1991) 65–88; P. CHRISTOPHE: Les ‚silences‘ de Benoît XV durant la grande guerre: Mélanges de science religieuse 52 (1995) 25–64; R. MOROZZO DELLA ROCCA: Benedetto XV e il nazionalismo: Cristianesimo nella storia 17 (1996) 541–566; F.M. REQUENA: Benedicto XV, un papa entre dos mundos: Anuario de historia de la iglesia 6 (1997) 61–76; J.F. POLLARD: The unknown pope. Benedict XV and the pursuit of peace. London 1999; J. LENZENWEGER: Papstwahlen 1914 und 1922: In factis mysterium legere. FS I. Rogger. Bologna 1999, 187–194; A.A. GIOVAGNOLI: Roma e Pechino. La svolta extraeuropea di Benedetto XV. Rom 1999.

Georg Schwaiger

Bonifatius I. (29.12.418–4.9.422), heilig (Tag 25.10.). Nach dem Tod des Zosimus wählte ihn die Mehrheit der römischen Presbyter am 28.12. 418 gegen den am 27.12. von den Diakonen gewählten Eulalius. Das Schisma wurde 419 durch Kaiser Honorius beendet: Eulalius wurde verbannt, Bonifatius als rechtmäßiger Papst anerkannt. Er bemühte sich um den unter Zosimus gestörten Kirchenfrieden und die Stärkung des päpstlichen Primatsanspruchs. Im Appellationsstreit mit der afrikanischen Kirche unterrichtete die karthagische Synode vom 25.5.419 den diesbezüglich zurückhaltenden Bonifatius über ihre Beschlüsse und verbat sich die römische Einmischung; Bonifatius seinerseits stellte die alte Metropolitanordnung in Gallien, die unter Zosimus zugunsten von Arles geändert worden war, wieder her. Dem Versuch, das Illyricum der päpstlichen Jurisdikti-

on zu entziehen, trat er mit Hilfe des Honorius entgegen.

Quellen: LP 1, 227ff.; RPR(J) 1, 51–54; CPL 1576–1591 1648f.

Literatur: Augustinus-Lexikon, hg. v. C. MAYER, Bd. 1. Basel u.a. 1986, 655–658 (M. Wojtowytsch); VATL 81. – CASPAR 1, 360–368 373–383; W. MARSCHALL: Karthago und Rom. Stuttgart 1971, 161–203; O. WERMELINGER: Rom und Pelagius. ebd. 1975, 238–244; M. WOJTOWYTSCH: Papsttum und Konzile von den Anfängen bis zu Leo I. (440–461). ebd. 1981, 254–257 267–283 300ff.; P.J. CAREFOOTE: Pope Boniface I, the Pelagian controversy and the growth of papal authority: Augustiniana 46 (1996) 261–289. *Peter Dückers*

Bonifatius II. (22.9.530–17.10.532), romanisierter Gote; zuvor römischer Archidiakon. Bonifatius wurde vom sterbenden Felix III. zum Nachfolger designiert; die Mehrheit des Klerus erhob jedoch den Diakon Dioskur zum Papst, dessen Tod (14.10. 530) das Schisma allerdings schon bald beendete. Bonifatius zwang seine Gegner zur Rekonziliation, scheiterte aber mit dem Versuch, seinerseits den Diakon Vigilius als Nachfolger zu bestimmen. Bonifatius bestätigte die Beschlüsse der zweiten Synode von Orange 529 und suchte den römischen Jurisdiktionsanspruch über das Illyricum zu sichern.

Quellen: LP 1, 281–284; RPR(J) 1, 111f.; 2, 694 737.

Literatur: DBI 12,133–136; VATL 82. – CASPAR 2, 193–198 206–209. *Peter Dückers*

Bonifatius III. (19.2.–12.11.607), Römer; unter Gregor I. Defensor, Diakon und päpstlicher Apokrisiar in Konstantinopel. Erwirkte von Kaiser Phocas ein Dekret, das die römische Kirche als Haupt aller Kirchen bestätigte. Regelte die /Papst- und Bischofswahl neu: Nachfolgebestimmung zu Lebzeiten des Vorgängers verboten, erst drei Tage nach der Bestattung sollten Klerus und Söhne der Kirche eine freie Wahl abhalten.

▦ Quellen: LP 1, 316; MGH.EP 1, 39 Anmerkung 3 und 287 Anmerkung 2.

▦ Literatur: DBI 12, 136f. – RICHARDS 257–263. *Sebastian Scholz*

Bonifatius IV. (15.9.608–8.5.615), heilig (Tag 25.5.), * in der heutigen Provinz L'Aquila; unter Gregor I. Diakon und Schatzmeister. Kaiser Phocas überließ ihm das Pantheon in Rom, das er in eine Kirche umwandelte (Santa Maria ad Martyres); befasste 610 eine Synode mit Fragen des Mönchslebens und der englischen Kirche. Im Dreikapitelstreit von Columban aufgefordert, deren Verurteilung durch seine Vorgänger zurückzunehmen.

▦ Quellen: LP 1, 317; BEDA VENERABILIS, Historia Ecclesiastica 2, 4; MGH.EP 3, 170–177.

▦ Literatur: CASPAR 2, 517–522; RICHARDS 256–264; F. MICHETTI: San Bonifacio IV e il suo pontificato. Rom 1969, Avezzano 1992. *Sebastian Scholz*

Bonifatius V. (23.12.619–25.10.625), Neapolitaner; förderte die englische Kirche und stärkte die Stellung des Klerus in Rom. Den Akolythen verbot er, bei Reliquienerhebungen oder Taufen zu amtieren.

▦ Quellen: LP 1,321f.; BEDA VENERABILIS, Historia Ecclesiastica 2, 7 10f.

▦ Literatur: DBI 12, 140ff. – RICHARDS 263f. *Sebastian Scholz*

Bonifatius VI. (April 896), Römer; als Subdiakon und als Presbyter abgesetzt, nach der zweiten Absetzung nicht restituiert. Seine Wahl erfolgte durch die Formosusgegner in einem Volkstumult; starb nach nur 15-tägigem Pontifikat.

▦ Quellen: LP 2, 228; MANSI 18A, 224.

▦ Literatur: DHGE 9, 899f.; DBI 12, 142f. *Sebastian Scholz*

Bonifatius VII. (Ende Juni 974–Ende Juli 985). Der in einer Revolte der Crescentier anstelle des inhaftierten Benedikt VI. erhobene römische Diakon *Franco Ferrucci* wurde schon im Sommer 974 durch einen kaiserlichen Missus aus Rom vertrieben und von einer Synode Benedikts VII. für abgesetzt erklärt. Im Sommer 980 zurückgekehrt, floh er im März 981 mit dem Kirchenschatz vor Otto II. Mit byzantinischer Hilfe verdrängte er Ende April 984 den dann im Kerker ermordeten Johannes XIV., ehe er selbst gestürzt und ermordet wurde. Schon Zeitgenossen nannten ihn „Malifatius".

▦ Quellen: ZIMMERMANN REG.

▦ Literatur: DBI 12, 143–146; LMA 2, 414. – ZIMMERMANN J. *Harald Zimmermann*

Bonifatius VIII. (24.12.1294–11.10.1303), vorher *Benedetto Caetani*; * um 1235 Anagni aus einer kampanischen Adelsfamilie, zu deren Aufstieg er den Grund legte; in Todi und Spoleto im römischen Recht ausgebildet, juristisches Studium in Bologna, 1264 päpstlicher Kapellan, 1276 päpstlicher Notar, 1281 Kardinaldiakon von San Nicola in carcere Tulliano, 1291 Kardinalpriester von San Martino ai Monti, nachdem er sich auf einer Legation nach Frankreich bewährt (1290–91), den Frieden von Tarascon in der Sizilienfrage vermittelt (1291) und in Paris im Bettelordensstreit gewirkt hatte (1290). Als ursprünglicher Wähler Coelestins V. nach dessen Resignation (13.12. 1294) weder der Orsini- noch der Colonnapartei angehörend, wurde er in Neapel einstimmig zum Papst gewählt; Krönung am 23.1.1295. Setzte sofort sämtliche administrativen Maßnahmen seines Vorgängers mit Ausnahme der Kardinalsernennungen außer Kraft; dessen baldiger Tod (19.5.1295) wurde ihm angelastet. Schnell wachsende Opposition, die sich verdichtete, als sich die kirchenpolitischen Auseinandersetzungen um die Sizilienfrage (1303 Anerkennung Friedrichs III. zum Nachteil der Anjou), um die seine Legitimität bezweifelnden Colonna (1297 Exkommunikation und Zuflucht in Frankreich) und König Philipp IV. von Frankreich entspannten. Zentrale Bedeutung kam dem Kampf mit dem französischen König zu, dem der Papst ursprünglich wohlgesinnt war. Nachdem Bonifatius durch die Bulle *Clericis laicos* (1296) die Besteuerung des Klerus ohne Zustimmung der Kurie untersagt und Philipp IV. sein Einlenken erzwungen hatte (Bullen *Ineffabilis*, 1296, und *Etsi de statu*, 1297, mit Freigabe der Besteuerung des Kirchengutes bei staatlicher Notlage), war der Konflikt nur vorübergehend entschärft (1297 Heiligsprechung Ludwigs IX.), um umso heftiger zu entbrennen, als der Erfolg des ersten ∕Heiligen Jahres (1300) den monarchischen Anspruch des Papsttums (Änderung der ∕Tiara, Ehrenstatuen des Papstes) zu stärken schien. Die Missachtung der kirchlichen Gerichtshoheit durch den König im Fall des Bischofs Bernard Saisset von Pamiers bot den äußeren Anlass zur Zurücknahme der königlichen Privilegien durch die Bulle *Salvator mundi* (1301), zur Ladung des Königs vor eine römische Synode (*Ausculta fili*, 1301), zu einem Propagandafeldzug des Königs gegen den Papst, zur Äußerung des Häresieverdachts und zur Appellation durch eine französische Ständeversammlung an ein Konzil, schließlich seitens des Papstes zur Drohung mit einem Absetzungsverfahren. Gleichzeitig begründete der Papst theoretisch seine hierokratische Position durch die Bulle *Unam sanctam* (18.11.1302,

allerdings wohl erst im Sommer 1303 publiziert), in der er seine Ansicht, ein weltlicher Herrscher sei ihm „ratione peccati" verantwortlich, ohne über die herrschende Auffassung der Kanonisten hinaus neue Gesichtspunkte einzubringen dahingehend ausbaute, dass die „plenitudo potestatis" die Überordnung der geistlichen über die weltliche Gewalt bedeutet, die „spiritualis potestas" diese einsetzen („instituere") und sie richten könne, falls sie sündige. Als Bonifatius eine Hinwendung zum deutschen Königtum vollzog und bei der (nicht unumstrittenen) feierlichen Bestätigung der Wahl Albrechts I. seinen neuen Standpunkt verdeutlichte, der französische König sei dem Reich „in temporalibus" untertan, weiters einen Eid der Gesandten ratifizierte (*Patris eterni filius,* 1304) und die Absicht durchblicken ließ, den König und die ungehorsamen Bischöfe zu exkommunizieren, reagierte Philipp IV. mit erneuter Anklageerhebung wegen Häresie gegen den Papst und appellierte an ein Generalkonzil, vor das ihn sein Rat Guillaume de Nogaret laden sollte. Verschärfende Konstitutionen, die bevorstehende Bannung des französischen Königs unter Lösung der Treueide (*Super Petri solio* vom 8.9.1303) und der Kontakt zu dem radikalen Adligen Sciarra Colonna bewogen den Gesandten, Bonifatius am 1.9. in ∕Anagni gefangen zu nehmen („Attentat von Anagni"), um die Publizierung des Schreibens zu verhindern. Obwohl am 9.9. wieder befreit, starb Bonifatius kurz nach seiner Rückkehr in Rom. An seiner übersteigerten hierokratischen Haltung und seiner Auffassung von der päpstlichen „plenitudo potestatis" im (kirchen-)politischen Kampf gescheitert, fanden jedoch seine kirchlichen Reformmaßnahmen zum Verhältnis zwischen Mendikanten und Weltklerus (*Super cathedram*, 1300), zum Benefizienwesen, zur Ausbildung des Pfarrklerus *(Cum ex eo)* und zur Verwaltung des ⁄Kirchenstaates ebenso wie seine Bemühungen um den Kreuzzug ein weites Echo. Seine Erweiterung der Dekretalensammlung Gregors IX. um den *Liber Sextus* sollte zu einer wichtigen Ergänzung des Kirchenrechts werden. ▨ Literatur: DBI 12, 146–170; TRE 7, 66ff.; LMA 2, 414ff. – G. DIGARD U.A.: Les registres de Boniface VIII, 4 Bde. Paris 1884–1939; J. MULDOON: Boniface VIII's Forty Years of Experience in the Law: Jurist 11 (1971) 449–477; G.F. NÜSKE: Untersuchungen über das Personal der päpstlichen Kanzlei 1254–1305: Archiv für Diplomatik, Schriftgeschichte, Siegel- und Wappenkunde 20 (1974) 39–240, 21 (1975) 249–431; R.-H. BAUTIER: Le Jubilé romain de 1300 et l'alliance franco-pontificale au temps de Philippe le Bel et de Boniface VIII: Le Moyen-âge. Revue d'histoire et de philologie 86 (1980) 189–216; T. SCHMIDT: Libri rationum camerae Bonifatii papae VIII. Vatikanstadt 1984; G. DE ANDRÉS: ‚Speculum Pontificale' de Juan Ignotus. Poema sobre la vida del papa Bonifacio VIII: Revista española de teología 45 (1985) 155–199 (und Hispania Sacra. Revista de historia eclesiástica 44 [1992] 745–787); T. SCHMIDT: Papst Bonifatius VIII. und die Idolatrie; QFIAB 66 (1986) 75–107; DERSELBE: Ein Studentenhaus in Bologna zwischen Bonifatius VIII. und den Colonna: ebd. 67 (1987) 108–141; TH.M. IZBICKI: The Problem of Canonical Portion in the Later Middle Ages: The Application of ‚Super cathedram': Proceedings of the Seventh International Congress of Medieval Canon Law, hg. v. P. LINEHAN. Vatikanstadt 1988, 459–473; T. SCHMIDT: Der Bonifatius-Prozeß. Köln – Wien 1989; P. HERDE: Ein Plan, Benedikt Caetani zum Kardinalbischof zu erheben (1291): Ius et Historia. FS R. Weigand. Würzburg 1989, 181ff.; TH.M. IZBICKI: ‚Clericis laicos' and the Canonists: Popes, Teachers, and Canon Law in the Middle Ages. Ithaca – London 1989, 179–190; A. SOMMERLECHNER: Die Darstellung

des Attentats von Anagni: Römische Historische Mitteilungen 32/33 (1990/91) 51–102; B. ARNOLD: Die Erwerbung des Kastells Sismano durch Kardinal Benedikt Caetani (Bonifatius VIII.) im Jahre 1289: QFIAB 71 (1991) 164–194; T. SCHMIDT: Papst Bonifatius VIII. als Gesetzgeber: Proceedings of the Eighth International Congress of Medieval Canon Law, hg. v. S. CHODOROW. Vatikanstadt 1992, 227–245; P. HERDE: Die Wahl Bonifaz' VIII. (24.12.1294): Cristianità ed Europa. FS L. Prosdocimi, Bd. 1,1. Rom 1994, 132–153; Boniface VIII en procès. Articles d'accusation et dépositions des témoins (1303–11), hg. v. J. COSTE. Rom 1995; A. BARTOLOMEI ROMAGNOLI: Le bolle di Celestino V cassate da Bonifacio VIII: AHP 37 (1999) 61–83; L. HÖDL: Der Jubiläumsablaß Papst Bonifaz' VIII. 1300 – der Ernstfall der Buße: Wissenschaft und Weisheit 62 (1999) 292–308; C. FRUGONI: Due papi per un giubileo. Celestino V, Bonifacio VIII e il primo Anno santo. Mailand 2000; Bonifacio VIII e il suo tempo, hg. v. M. RIGHETTI TOSTI-CROCE. ebd. 2000.

Ludwig Vones

Bonifatius IX. (2.11.1389–1.10.1404), vorher *Pietro Tomacelli,* * um 1350 aus neapolitanischem Adel, 1381 Kardinal. In seinem durch das Abendländische Schisma bestimmten Pontifikat zeigte er eine glücklichere Hand als sein Vorgänger Urban VI.: Behauptung der römischen Oboedienz gegen den avignonischen Papst, Sicherung des bedrohten ⁄Kirchenstaates, endgültige Niederwerfung des aufsässigen Roms. Doch waren die bedenkenlos eingesetzten Mittel fatal. Das Umwerben der Christenheit in Rivalität mit dem Gegenpapst führte zu unwürdigen Konzessionen. Die finanziellen Einbußen (halbierte Einnahmen aufgrund des Schismas, zunehmende Abhängigkeit von Florentiner Bankiers [Aufstieg der Medici]) wurden allzu erfindungsreich kompensiert (Verkauf von Ablässen, Ämtern, Vorzugsklauseln usw.). Der kompakte Clan neapolitanischer Adelsfamilien, der sich in diesen Bedrängnissen unentbehrlich zu machen verstand, wurde durch unerhörten /Nepotismus gefördert und hintertrieb seinerseits jeden Kompromiss in der Unionsfrage: Bonifatius ging auf keine der „viae unionis" ernsthaft ein. All dies ließ den vordergründig erfolgreichen Pontifikat dieses ungeistlich veranlagten Papstes schon den Zeitgenossen zum Symbol für die Reformbedürftigkeit der Kirche werden.

▨ Literatur: DBI 12, 170–187; LMA 2, 416f. – M. JANSEN: Papst Bonifatius IX. und seine Beziehungen zur deutschen Kirche. Frankfurt (Main) 1904; J. FAVIER: Les finances pontificales à l'époque du grand schisme d'Occident. Paris 1966; A. ESCH: Bonifatius IX. und der Kirchenstaat. Tübingen 1969.
Arnold Esch

Calixtus I. (Kallistos) (217?–222), heilig (Tag 14.10.); Hauptinformant ist sein Gegner Hippolyt (Refutatio omnium haeresium 9, 11 f.; 10, 27). Der Herkunft nach ist Calixtus Sklave. Seine Geschäfte mit Depositengeldern scheitern und münden in einen Konflikt mit einer Synagoge. Im anschließenden Prozess unter Fuscianus wird Calixtus 188 zu Bergwerksarbeit nach Sardinien verbannt. Nach Begnadigung durch Kaiser Commodus setzt ihm Victor I. eine monatliche Pension aus und schickt ihn für etwa zehn Jahre nach Antium. Unter Zephyrinus wird Calixtus wohl als Diakon Verwalter des Gemeindefriedhofs an der Via Appia („San Callisto"). Als Bischof hebt er die unstandesgemäßen Verbindungen senatorischer Frauen aus der Unverbindlichkeit und erkennt sie als kirchliche Ehen an. Mehrmals Verheiratete lässt er als Amtsträger zu, duldet die Eheschließung Geweihter und lässt Mil-

de bei der Aufnahme der Häretiker in die Kirche walten (keine Verbindung zum „Edictum peremptorium": Tertullian, De pudicitia 1, 6); schwer einzuordnen ist die Angabe, er habe eine zweite Taufe eingeführt. Obwohl er Sabellius exkommuniziert, beschuldigt ihn Hippolyt des Patripassianismus. Nach LP 17 führt Calixtus drei Sabbate als Fasttage ein. Calixtus stirbt vielleicht als Martyrer (Depositio martyrum von 354: Grab in Trastevere), die Passio (Bibliotheca hagiographica latina antiquae et mediae aetatis 1523 ff.) ist legendär, zwei Briefe in den Dekretalen Pseudo-Isidors sind unecht.

▨ Literatur: VATL 98f.; RGG⁴ 2, 13f. – O. BARDENHEWER: Geschichte der altkirchlichen Literatur, Bd. 2. Freiburg ²1914, 636ff. (Briefe); CASPAR 1, 22–28 37–40; J. SCHÜMMER: Die altchristliche Fastenpraxis. Münster 1933, 153–158; B. POSCHMANN: Paenitentia secunda. Bonn 1940, 348–367; J. GAUDEMET: La décision de Calixte en matière de mariage: FS U.E. Paoli. Florenz 1955, 333–344; H. GÜLZOW: Christentum und Sklaverei. Bonn 1969, 144–172; I. GOLDHAHN-MÜLLER: Die Grenze der Gemeinde. Göttingen 1989, 369f.; R.E. HEINE: The christology of Callistus: Journal of Theological Studies 49 (1998) 56–91; H.J. VOGT: Die Trinitätslehre des Papstes Kalixt I.: Theologische Quartalschrift 179 (1999) 195–209.
Clemens Scholten

Calixtus II. (2.2.1119–14.12.1124), vorher *Guido*; Sohn Graf Wilhelms von Burgund, 1088 Erzbischof von Vienne; suchte diesem Sitz in Konkurrenz zu Arles einen Primat zu verschaffen, den er als Papst bestätigte; trat als päpstlicher Legat auf und leitete 1112 die Synode von Vienne, die gegen das von Heinrich V. erpresste Investiturprivileg von 1111 protestierte. Von den beim Tod Gelasius' II. in Cluny anwesenden Kardinälen gewählt und am 9.2.1119 in Vienne gekrönt, führte

Calixtus in Mouzon Investiturver-
handlungen mit dem Salier, die an
der Frage der Temporalien scheiterten und in erneuter Bannsentenz der
Synode von Reims mündeten (Oktober 1119). 1120 in Rom (Inthronisation am 3.6.); besiegte 1121 den Gegenpapst Gregor VIII. und festigte
bis 1123 die Lehnshoheit über die
Normannen. Neue Verhandlungen
mit Heinrich V. führten am 23.9.1122
zum Wormser Konkordat. Das Lateranense I „duldete" den Friedens-
schluss und erließ wichtige Reformdekrete. Grab im Lateran in Rom.

Quellen: U. Robert: Bullaire du pape Calixte II, 2 Bde. Paris 1891; LP 2, 322–328;
RPR(J) 1, 780–821.

Literatur: Dhge 11, 424–438; Dbi 16, 761–
768; Lma 2, 1397f.; VatL 99f. – U. Robert:
Histoire du pape Calixte II. Paris 1891; Th.
Schieffer: Nochmals die Verhandlungen
von Mouzon: FS E.E. Stengel. Münster–
Köln 1952, 324–341; S.A. Chodorow:
Ecclesiastical Policies and the Ending of
the Investiture Contest: The Papal Election
of 1119 and the Negotians of Mouzon: Speculum. Journal of Medieval Studies 46
(1971) 613–640; M. Minninger: Von Clermont zum Wormser Konkordat. Köln–Wien
1978, 176–209; R. Somerville: The Councils of Pope Calixtus II: Reims 1119: Proceedings of the Fifth International Congress of
Medieval Canon Law. Vatikanstadt 1980,
35–50; M. Stroll: New Perspectives on
the Struggle between Guy of Vienne and
Henry V: AHP 18 (1980) 97–116; dieselbe:
Calixtus II. A Reinterpretation of His Election and the End of the Investiture Contest:
Studies in Medieval and Renaissance History 3 (Lubbock 1980) 1–53; B. Schilling:
Guido von Vienne – Papst Calixt II. Hannover 1998.   *Johannes Laudage*

Calixtus III. (8.4.1455–6.8.1458), vorher *Alonso de Borja*, * 31.12.1378
Canals bei Játiva (Valencia); studierte und lehrte beiderlei Recht an der
Universität Lleida. In Diensten König Alfons' V. von Aragón-Neapel
bewog er den Gegenpapst Cle-

mens VIII. 1429 zum Verzicht (Ende
des Großen Schismas); zum Dank
verlieh ihm der König das Bistum
Valencia. Weil er den König von der
Partei des Restkonzils in Basel trennte, ernannte ihn Eugen IV. zum Kardinal (1444). Seitdem an der Kurie,
geschätzt aufgrund seiner Rechts-
kenntnis, diplomatischen Erfahrung
und schlichten Lebensführung. Als
Papst sah Calixtus die Hauptaufgabe
im Kampf gegen die Türken, weniger
als Propagator der spanischen Reconquista. Aber seine Begeisterung
stieß bei den Fürsten auf Gleichgül-
tigkeit und Ablehnung. Die aufstrebenden Nationalstaaten ließen sich
zu keinem gemeinsamen Vorgehen
mehr bewegen, die päpstlichen Mittel und Rüstungen allein waren zu
schwach. Deshalb konnten Einzeler-
folge gegen die Türken nicht aus-
genützt werden, so der Entsatz Belgrads 1456 (Johannes Hunyadi) und
die Siege von 1457 (durch Skanderbeg von Albanien in Tomorniza; Sieg
der päpstlich-aragonesischen Flotte
bei Metelino unter Kardinal Ludovico Scarampo). Als Calixtus weder
das Reich noch die westeuropäischen
Königreiche zur wirtschaftlichen und
militärischen Unterstützung gewinnen konnte, stützte er sich v.a. auf
Skanderbeg und König Alfons von
Aragón-Neapel. In der Förderung
von Kunst und Wissenschaften blieb
Calixtus hinter seinem Vorgänger Nikolaus V. weit zurück, was ihm Anfeindungen der Humanisten eintrug.
Sein Bild wird stark verdunkelt
durch Nepotismus großen Stils, der
die Borja nach Italien brachte, unter
ihnen seinen Neffen Rodrigo de Borja (Alexander VI.). Nach dem Tod
des Papstes entlud sich der Hass in
Ausschreitungen gegen die Borja
und die übermäßig bevorzugten
„Katalanen" im Kirchenstaat. In
Deutschland wuchs die antikuriale

Strömung an. Sie fand u. a. Ausdruck in den „Gravamina der deutschen Nation" des Frankfurter Fürstentages (1456).

■ Literatur: DHGE 11, 438–444; DBI 16, 769–774; LMA 2, 1398f. – HCMA 2, 11f.; F. MARTORELLI: Biblioteca di Callisto: Studi e Testi 41 (1924) 166–191; J. RIUS I SERRA: Catalanes y Aragoneses en la Corte de Calixto III: Analecta Sacra Tarraconensia 3 (1927) 193–330; P. PASCHINI: La flotta di Callisto: Archivio della Società Romana di Storia Patria 53–55 (1930–33) 177–254; A. SERRA: Relazioni del Castriota con il Papato nella lotta contro i Turchi: Analecta Sacra Tarraconensia 114 (1956) 713–733; J. RIUS I SERRA: Regesto ibérico de Calixto III, 2 Bde. Barcelona 1948–58; P. BREZZI: La politica di Callisto III: Studi Romani 7 (1959) 31–51; M.E. MALLETT: The Borgias. London 1969; E. PITZ: Supplikensignatur und Briefexpedition an der römischen Kurie im Pontifikat Papst Calixtus' III. Tübingen 1972; S. SCHÜLLER-PIROLI: Die Borgia-Päpste Kalixt III. und Alexander VI. München 1980; P. HERDE: Johann III. von Grumbach, Bischof von Würzburg (1455–66), und Papst Kalixt III.: Abhandlungen zur fränkischen und bayerischen Kirchengeschichte und zu den christlich-jüdischen Beziehungen, hg. v. DEMSELBEN. Würzburg 1996, 169–192.

Georg Schwaiger

Calixtus III., Gegenpapst (kurz nach 20.9.1168–29.8.1178), † 1180 oder später; ehemals Abt *Johannes von Struma* bei Arezzo; von Victor IV. zum Kardinalbischof von Albano erhoben und nach dem Tod Paschalis' III. zum dritten Gegenpapst gegen Alexander III. gewählt, fand Calixtus bis zum Frieden von Venedig (1177) die Anerkennung Friedrich I. Barbarossas; verlor danach fast die gesamte Oboedienz, floh von ↗Viterbo in die Burg Monte Albano und resignierte 1178 in Tusculum; Alexander III. ernannte ihn dann zum Rektor von Benevent, wo er bis 1180 bezeugt ist.

■ Quellen: RPR(J) 2, 429f.

■ Literatur: DBI 16,768f.; LMA 2,1398. – J. LAUDAGE: Alexander III. und Friedrich Barbarossa. Köln 1990.   *Johannes Laudage*

Christophorus (September 903 – Januar 904), Römer; stürzte als Presbyter seinen Vorgänger Leo V. und machte sich selbst zum Papst. Wurde durch Sergius III. abgesetzt und zu Klosterhaft verurteilt oder ermordet.

■ Literatur: E. DÜMMLER: Auxilius und Vulgarius. Leipzig 1866, 60f. 135; ZIMMERMANN PA 63.   *Sebastian Scholz*

Clemens I. (Clemens von Rom) (91?–101?), heilig (Tag 23.11.) Den ältesten Zugang zur Persönlichkeit von Clemens bietet der ihm schon von Hegesipp und Irenaeus von Lyon zugeschriebene erste Brief an die Korinther (erster Clemensbrief, vor 100). Hier erscheint er als friedliebender, im Namen der römischen Kirche mit Autorität sprechender Christ. Irenaeus zufolge hat er die Apostel Petrus und Paulus gekannt, mit ihnen verkehrt, ist ihnen als dritter Bischof von Rom gefolgt (Adversus haereses III, 3, 3). Origenes erblickt in ihm den in Phil 4,3 genannten Clemens (Commentarii in Iohannem 6, 36), was hypothetisch ist, obschon von Hieronymus u. a. wiederholt. Die so genannten Clementinen bringen ihn in die Verwandtschaft des Kaiserhauses, so dass er schließlich in der neueren Literatur mitunter fälschlich mit dem Konsul Titus Flavius Clemens identifiziert wurde. Erst gegen Ende des 4. Jh. entsteht die Legende seines Martyriums am Schwarzen Meer. Infolgedessen steht er in Martyrologien, Kalendarien, in den römischen Sakramentarien sowie im Konstantinopler Synaxarium.

Für das 4. Jh. ist in Rom ein „dominicum Clementis" bezeugt, das Hieronymus als Kirche bezeichnet

(De viris illustribus 15). Eine in der stadtrömischen Kirche San Clemente gefundene und aufbewahrte Inschrift ist einem Martyrer geweiht, dessen fehlender Name von dem Archäologen Giovanni Battista de Rossi mit Clemens ergänzt wurde. Am römischen Konzil von 499 nehmen zwei Priester des „titulus Clementis" teil, der dann im Konzil von 595 „titulus sancti Clementis" genannt wird. Der Titelpriester von San Clemente, Mercurius, errichtet unter Papst Hormisdas (514–523) in der Kirche einen Altar; als Papst Johannes II. (533–535) schmückt er die Kirche mit den noch erhaltenen und mit seinem Monogramm versehenen Chorschrankenplatten aus. Ein Hagiograph aus dem 6. Jh. fasste verschiedene Kult- und literarische Elemente in einer erweiterten Fassung der Legende zusammen, zu der man Ansätze im ⁄Liber Pontificalis und in anderen römischen Legenden findet. 867 wurden von den Slawenaposteln Cyrillus und Methodius die Reliquien des heiligen Clemens aus Cherson (Krim) in die römische Kirche überführt, was den Anlass zur italischen Cyrillus-und-Methodius-Legende (Bibliotheca hagiographica latina 2073) und zu dem in der Unterkirche von San Clemente erhaltenen und Cyrillus gewidmeten Freskenzyklus bildete. Cyrillus, bald darauf in Rom gestorben, wurde in San Clemente beigesetzt. Die Unterkirche bestand bis ins 11. Jh. und wurde danach durch die heute darüber stehende ersetzt. Die Ergebnisse der im 19. Jh. vom Dominikanerpater Joseph Mullooly durchgeführten Ausgrabungen sind heute von denen Federico Guidobaldis als überholt zu betrachten. Danach ist die Geschichte des Titulus wie folgt nachzuzeichnen: Nach dem Stadtbrand von 64 nC. entstand ein zwei-

stöckiges Handelshaus, an das westlich eine ebenfalls zweistöckige Dienstwohnung angrenzte, deren unterirdisches Geschoss als Sommeraufenthalt diente und im 3. Jh. als Mithraeum eingerichtet wurde. Im selben Jahrhundert wurde im ersten Stock des Kontors ein viereckiger Langsaal, vielleicht z. T. ungedeckt, eingebaut, dessen Zweck wegen der kaum erhaltenen Wandteile und des ganz verschwundenen Fußbodens unbestimmt bleiben muss, so dass die Frage nach einem eventuellen „domus ecclesiae" (Hauskirche) unbeantwortbar ist. Sicher ist nur, dass der Saal um die Mitte des 4. Jh. für den christlichen Kult eingerichtet und im 5. Jh. auf der westlichen Schmalseite mit einer Apsis versehen worden ist.

▨ Literatur: DACL 3, 1872–1902; CATH 2, 1183ff.; EC 3, 1809–15; DHGE 12, 1089–93; TRE 8, 113–123; LACL 131f.; VATL 121f. – M. TADIN: La légende intitulée ‚Translatio corporis S. Clementis'. Paris 1955; P. MEYVAERT: Autour de Léon d'Ostie et de sa ‚Translatio S. Clementis'. ebd. 1956; A. VON HARNACK: Geschichte der altchristlichen Literatur, Bd. 1. Leipzig ²1958, 39–47; 2, 251–255; H. DELEHAYE: Étude sur le Légendier romain. Brüssel 1968, 96–116; P. LAMPE: Die stadtrömischen Christen Roms in den ersten beiden Jahrhunderten. Tübingen 1987; F. GUIDOBALDI: San Clemente. Gli edifici romani, la basilica paleocristiana e le fasi altomedievali. Rom 1992; DERSELBE–C. BARSANTI–A. GUILIA GUIDOBALDI: San Clemente. La scultura del VI secolo. ebd. 1992; J. HOFMANN: Unser heiliger Vater Klemens. Ein römischer Bischof im Kalender der griechischen Kirche. Trier 1992; D. HOFMANN: Die Legende von Sankt Clemens in den skandinavischen Ländern im Mittelalter. Frankfurt (Main) 1997; H.E. LONA: Der erste Clemensbrief. Göttingen 1998; M. VIELBERG: Klemens in den pseudoklementinischen Rekognitionen. Berlin 2000.   *Victor Saxer*

Clemens II. (24.12.1046–9.10.1047), vorher *Suidger*; aus sächsischem

Adel, Domkanoniker in Halberstadt, 1032 Kaplan Erzbischof Hermanns von Hamburg-Bremen, 1035 Hofkaplan, 1040 Bischof von Bamberg; nach den Synoden von Sutri und Rom von Heinrich III. zum Papst nominiert, krönte diesen unmittelbar nach der eigenen Inthronisation zum Kaiser (25.12.1046). Behielt als Papst sein Bistum bei, veranstaltete im Januar 1047 eine Reformsynode mit wichtigen Bestimmungen über die Simonie und begleitete den Kaiser nach Unteritalien; starb – wohl auf der Reise nach Deutschland – im Thomaskloster am Aposella bei Pesaro, vielleicht an den Folgen einer Vergiftung. Seine Bedeutung für die Gregorianische Reform ist umstritten; sein Ornat blieb erhalten. Sein Grab im Bamberger Dom ist das einzige Papstgrab nördlich der Alpen.

▩ Quellen: RPR(J) 1, 525–528; E. VON GUTTENBERG: Die Regesten der Bischöfe und des Domkapitels von Bamberg. München – Wien 1963, 99–108.

▩ Literatur: LMA 2, 2138f. – K. HAUCK: Zum Tode Papst Clemens' II.: Jahrbuch für fränkische Landesforschung 19 (1959) 265–274; W. SPECHT: Der Tod des Papstes Clemens II.: ebd. 261–264; S. MÜLLER-CHRISTENSEN: Das Grab des Papstes Clemens II. im Dom zu Bamberg. München 1960; W. GOEZ: Papa qui et episcopus: AHP 8 (1970) 27–59; H. BEUMANN: Reformpäpste als Reichsbischöfe in der Zeit Heinrichs III.: FS F. Hausmann. Graz 1977, 21–37; G. ZIMMERMANN: Bischof Suidger von Bamberg – Papst Clemens II.: Sorge um den Menschen. FS J. Schneider. Bamberg 1980, 125–135; H. WOLTER: Die Synoden im Reichsgebiet und in Reichsitalien von 916–1056. Paderborn 1988, 379–404; G. ZIMMERMANN: Bambergs Zeichenhaftigkeit für die Reichskirche des 11.Jh.: Historischer Verein Bamberg für die Pflege der Geschichte des Ehemaligen Fürstbistums 133 (1997) 83–92; L. GÖLLER – A. DECHANT: Clemens II., der Papst aus Bamberg. Bamberg 1997.

Johannes Laudage

Clemens III. (19.12.1187 [Pisa] – 28.3.1191), vorher *Paolo Scolari*, Römer. Nachfolger Gregors VIII.; unter Alexander III. päpstlicher Subdiakon und Erzpriester von Santa Maria Maggiore, 1179 Kardinaldiakon von Santi Sergio e Bacco, 1180 Kardinalpriester von Santa Pudenziana, 1181–87 Kardinalbischof von Preneste. Schon bald konnte Clemens in Rom einziehen, wo er am 31.3.1188 mit dem Senat einen Vertrag abschloss, der das Verhältnis zwischen Papsttum und Stadt regelte. Offensichtlich unter dem Eindruck des bevorstehenden dritten Kreuzzugs verfolgte Clemens gegenüber Friedrich I. Barbarossa eine Politik der Verständigung, lenkte im Trierer Bistumsstreit ein und erhielt durch den Straßburger Vertrag (April 1189) den besetzten /Kirchenstaat zurück, jedoch unter Vorbehalt der Reichsrechte und gegen das Versprechen, Heinrich VI. zum Kaiser zu krönen. Nach dem Tod Wilhelms II. von Sizilien (18.11.1189) und der Erhebung Tankreds von Lecce zum neuen König (Januar 1189) unterstützte er angesichts der drohenden Umklammerung des Kirchenstaates (Unio regni ad imperium) Tankred gegen die Ansprüche Heinrichs VI., ohne jedoch mit dem Staufer zu brechen.

▩ Literatur: DBI 26, 188–192; LMA 2, 2140f. – J. PETERSOHN: Der Vertrag des Römischen Senats mit Papst Clemens III. (1188) und das Pactum Friedrich Barbarossas mit den Römern: Mitteilungen des Instituts für Österreichische Geschichtsforschung 82 (1974) 289–337; P. ZERBI: Papato, Imperio e ,Respublica Christiana' dal 1187 al 1198. Mailand ²1980; V. PFAFF: Papst Clemens III. (1187–91): Zeitschrift der Savigny-Stiftung für Rechtsgeschichte. Kanonistische Abteilung 56 (1980) 261–316; J. PETERSOHN: Kaiser, Papst und Praefectura Urbis zwischen Alexander III. und Innozenz III.: QFIAB 60 (1980) 168–181; CH. REISINGER: Tankred von Lecce. Köln 1992, 246ff. *Kurt Zeillinger*

Clemens III., Gegenpapst, vorher *Wibert von Ravenna*, * zwischen 1020 und 1030 Parma aus einer mit den Markgrafen von Canossa verwandten Adelsfamilie, † 8.9.1100 Civita Castellana. Clemens wurde wohl unter Bischof Cadalus von Parma (Honorius II., Gegenpapst) Kleriker. Seit 1054 am deutschen Hof; auf Wunsch der Kaiserin Agnes 1058–61 Kanzler für Italien; wahrscheinlich an den Verhandlungen mit Nikolaus II. über das ╱Papstwahl-Dekret von 1059 beteiligt. Bis zum Tod Honorius' II. dessen Parteigänger, erhielt Clemens 1072 von Heinrich IV. das Erzbistum Ravenna und leistete dafür Alexander II. den Oboedienzeid. Clemens' Beziehungen zu Hildebrand-Gregor VII. brachen ab, als er sich der romkritischen Haltung der lombardischen Bischöfe anschloss. Wegen der Parteinahme gegen Gregor VII. 1076 zunächst suspendiert, auf der Fastensynode 1078 mit Thedald von Mailand gebannt und abgesetzt. Auf der Synode von Brixen (25.6.1080) zum Gegenpapst nominiert, am 21.3.1084 in Rom auf Betreiben Heinrichs IV. gewählt und von den dazu nicht berechtigten Bischöfen von Modena und Arezzo inthronisiert; Namenswahl wohl eher nach dem ersten deutschen Reformpapst Clemens II. als nach Clemens I. An Ostern (31.3.) krönte er Heinrich IV. zum Kaiser. Nach zeitweiliger Flucht vor den Normannen konnte sich Clemens, gestützt auf die Mehrheit der Kardinäle und des stadtrömischen Adels, die längste Zeit in Rom halten; 1091/92 Synode gegen Nikolaitismus und Simonie. Clemens behielt das Erzbistum Ravenna als Papst bei und förderte es nach Kräften, auch mittels gefälschter Urkunden. Während der Organisation des Widerstandes gegen Paschalis II. starb Clemens. Auch die

Gegner erkannten seine persönliche Integrität und seinen Reformeifer an. Im Streben nach Erweiterung seiner Oboedienz (England, Dänemark, Portugal, Ungarn, Kroatien, Serbien, Kalabrien; Verhandlungen wegen Union mit der russischen Kirche; Versuche der Reaktivierung der Beziehungen zu Byzanz) trat Clemens aus dem Schatten Heinrichs IV. heraus, den er zeitlebens unterstützte. Unter Clemens wurde Ravenna zu einem publizistischen Zentrum der kaiserlich-antirömischen Propaganda; die so genannte kaiserliche Fassung des Papstwahldekrets ist allerdings wohl nicht dort entstanden. Eine von Clemens verfasste Streitschrift gegen Gregor VII. ist verloren und nur aus der Gegenschrift des Anselm von Lucca erschließbar (MGH.LL 1, 519–528).

▨ Quellen: RPR(J)[2] 1, 649–655; MGH.LL 1, 621–626; 2, 169–172; F. LIEBERMANN: Drei Briefe an Lanfranc: The English Historical Review 16 (1901) 328–333; W. HOLTZMANN: Brief an Basileios von Reggio: Byzantinische Zeitschrift 28 (1928) 59f.; P. KEHR: Urkunde für Erzbischof Petrus von Doclea: Nachrichten der Gesellschaft der Wissenschaften in Göttingen (1900) 148ff., n. 7; MGH.CONST 1, 541–546, n. 383 (vgl. H.-G. KRAUSE: Das Papstwahldekret von 1059 und seine Rolle im Investiturstreit. Rom 1960, 271–275); P. KEHR: Zur Geschichte Wiberts von Ravenna: Sitzungsberichte der Preußischen Akademie der Wissenschaften. Philosophisch-Historische Klasse. Berlin 1921, 355–368 973–988.

▨ Literatur: LMA 2, 2139f.. – O. KÖHNCKE: Wibert von Ravenna. Leipzig 1888; J. ZIESE: Wibert von Ravenna. Stuttgart 1982; I. HEIDRICH: Ravenna unter Erzbischof Wibert (1073–1100). Tübingen 1984; K.G. CUSHING: Anselm of Lucca and the Doctrine of Coercion: The Catholic Historical Review 81 (1995) 353–371. *Elke Goez*

Clemens IV. (5.2.1265–29.11.1268), vorher *Gui Foucqois; * um 1200

Saint Gilles; Rechtsstudium in Paris, juristischer Berater Raimunds VII. von Toulouse, später Alfons' von Poitiers und König Ludwigs IX. von Frankreich. Wiederholt mit Enquêten in der Languedoc betraut, kam er in Kontakt mit den dort tätigen Inquisitoren. Daraus entstanden die *Quaestiones quindecim ad inquisitores,* ein um 1260 verfasster juristischer Leitfaden für das Inquisitorenamt. Anfang 1255 (nach dem Tod seiner Frau) Kleriker, 1257 Bischof von Le Puy, 1259 Erzbischof von Narbonne, 1261 Kardinalbischof von Sabina. Trotz Scheiterns einer Legation nach England (1264) 1265 in Perugia zum Papst gewählt. Sein Pontifikat stand unter dem Druck der Lösung der Nachfolge im Königreich Sizilien. Er setzte gegenüber Karl I. von Anjou härtere Lehensbedingungen durch als Urban IV. Obwohl seine Sizilienpolitik mit der Belehnung des Angevinen (28.6.1265) von Erfolg gekrönt war, musste er Rückschläge hinnehmen, da Karl die Vereinbarungen häufig nicht einhielt und seine Herrschaft auf Rom und die Toskana auszudehnen suchte. Bedeutsam für die innerkirchliche Stärkung des Papsttums war Clemens' Konstitution *Licet ecclesiarum* (1265) (Reservation aller vakanten niederen Pfründen für den Papst). Er starb in /Viterbo, wo er den berühmten Papstpalast hatte erbauen lassen.

▓ Literatur: DBI 26, 192–202; LMA 2, 2141f. – Les registres de Clément IV (1265–68), ed. v. E. JORDAN. Paris 1945; Y. DOSSAT: Gui Foucois, enquêteur-réformateur, archevêque et pape (Clément IV): Cahiers de Fanjeaux 7 (1972) 23–57; P. HERDE: Karl I. von Anjou. Stuttgart 1979; ; M. THUMSER: Zur Überlieferungsgeschichte der Briefe Papst Clemens' IV.: Deutsches Archiv zur Erforschung des Mittelalters 51 (1995) 115–168.

Andreas Kiesewetter

Clemens V. (5.6.1305–20.4.1314), vorher *Bertrand de Got;* * wohl um 1250 Vilandraut (Gironde). Nach Rechtsstudium in Bologna und Orléans erwarb er verschiedene Pfründen in der Gascogne. 1285 Prokurator Eduards I. von England im Pariser Parlament, durch Protektion seines Bruders Berard 1289 Generalvikar des Erzbistums Lyon, 1294 Kaplan Coelestins V., 1295 Bischof von Comminges, 1299 Erzbischof von Bordeaux. Verfolgte während der Auseinandersetzungen zwischen Bonifatius VIII. und König Philipp IV. von Frankreich eine Politik der Neutralität; im Konklave von Perugia (1304/05) von der antibonifatianischen Partei zum Papst gewählt (Krönung 14.11.1305). Seine wiederholt geäußerte Absicht, die Kurie nach Rom zurückzuführen, konnte aufgrund seiner angeschlagenen Gesundheit nicht realisiert werden; er wechselte häufig seinen Aufenthaltsort in Frankreich, bis sich eine Vorliebe für /Avignon als Sitz der Kurie herausschälte. Der Bonifatiusprozess, das Vorgehen gegen den Templerorden und ein /Nepotismus bisher unbekannten Ausmaßes prägten seinen Pontifikat. Schon früh geriet er in bedenkliche Abhängigkeit von Philipp IV. (fast ausnahmslos Kreierung französischer Kardinäle). Den 1310 eröffneten Bonifatiusprozess führten die Franzosen aus prozessrechtlichen Gründen nicht zu Ende. In der Templerfrage musste Clemens nach anfänglichem Widerstand dem französischen König freie Hand lassen, sanktionierte im Herbst 1307 nachträglich die Arretierung der Templer und löste am 3.4.1312 auf dem Konzil von Vienne den Orden auf. Zahlreiche seiner Verwandten machte er zu Kardinälen oder Bischöfen und bedachte sie später testamentarisch aus dem Papstschatz. Gegenüber

Kaiser Heinrich VII. schwenkte Clemens nach anfänglicher Unterstützung auf Druck Philipps und nach Ausbruch des Konfliktes zwischen Heinrich und Robert von Anjou auf eine härtere Linie um. Gleichzeitig verfiel die Autorität des Papstes im Kirchenstaat und in Reichsitalien völlig. Erfolgreicher war seine Tätigkeit auf kulturellem Gebiet und als Gesetzgeber: zahlreiche Universitätsgründungen und der Erlass der Clementinen auf dem Konzil von Lyon. Clemens starb vermutlich an Krebs in Roquemaure (Gard).

▨ Quellen: Regestum Clementis Papae V ..., 11 Bde. Rom 1885–1957.

▨ Literatur: DBI 26, 202–215; LMA 2, 2142f.; VATL 125ff. – G. MOLLAT: Les papes d'Avignon. Paris ¹⁰1964, 27–38; T. SCHMIDT: Der Bonifaz-Prozeß. Köln – Wien 1989; A. LUTTRELL: The hospitallers and the papacy, 1305–14: Forschungen zur Reichs-, Papst- und Landesgeschichte. FS P. Herde. Stuttgart 1998, 595–622; J. SEILER: Die Aufhebung des Templerordens nach neueren Untersuchungen: Zeitschrift für Kirchengeschichte 109 (1998) 19–31; A. GILMOUR-BRYSON: L'elezione di Bertrand de Got (Clemente V) e l'incontro a St. Jean d'Angely: Rivista di storia della Chiesa in Italia 53 (1999) 407–455. *Andreas Kiesewetter*

Clemens VI.   (7.5.1342–6.12.1352), vorher *Pierre Roger,* Benediktiner (1307), * 1290/91 Burg Maumont (Corrèze) aus wenig begüterter Adelsfamilie; trat in La Chaise-Dieu ein; nach Studium in Paris (Doctor theologiae) Prior von Saint-Pantaléon, Savigny (Diözese Lyon), und Saint-Baudil (Diözese Nîmes), 1326 Abt von Fécamp, 1328 Bischof von Arras. 1329 Erzbischof von Sens und 1330 von Rouen, gleichzeitig als Vertrauter König Philipps VI. von Frankreich Mitglied der Chambre des Enquêtes, Präsident der Chambre des Comptes, ohne königlicher Kanzler zu werden. Als Kardinal-

priester von Santi Nereo e Achilleo (seit 1338) wegen seiner hohen Begabung als Prediger und Theologe zum Papst gewählt. Seine prachtvolle Hofhaltung, eines Renaissancefürsten würdig, sein hemmungsloser Nepotismus, sein Ausbau des kurialen Fiskalismus bzw. Pfründenwesens (Provisionen, Exspektanzen) und seine prononcierte Unterstützung der französischen Politik sowie seine übermäßige Stärkung des französischen Anteils im Kardinalskollegium brachten ihn in Verruf. Dennoch große kirchenpolitische Bedeutung im Kampf gegen Ludwig den Bayern (Absolutionsprozess, Förderung Karls IV.), die Franziskanerspiritualen und Cola di Rienzo, folgenreich der Erwerb ⁄ Avignons und der Grafschaft Venaissin, der Ausbau des Papstpalastes, die wegweisende Ausgestaltung des Jubeljahres 1350.

▨ Quellen: E. BALUZE – G. MOLLAT: Vitae paparum Avenionensium, Bd. 1. Paris ²1914, 241–308; E. DÉPREZ – J. GLÉNISSON – G. MOLLAT: Lettres closes, patentes et curiales se rapportant à la France. ebd. 1901–61; E. DÉPREZ – G. MOLLAT: Lettres closes, patentes et curiales intéressant les pays autres que la France. ebd. 1960–61; T. GASPARINI LEPORACHE: Le suppliche di Clemente VI. Rom 1948.

▨ Literatur: DBI 26, 215–222; LMA 2, 2143f.; VATL 127ff. – G. MOLLAT: Les papes d'Avignon. Paris ¹⁰1965, 89–103; B. GUILLEMAIN: La cour pontificale d'Avignon. ebd. ⁷1966; J.E. WRIGLEY: Clement VI before his Pontificate: The Catholic Historical Review 56 (1970) 433–473; DERSELBE: The Conclave and the Electors of 1342: AHP 20 (1982) 51–82; D. WOOD: Clement VI. The Pontificate and Ideas of an Avignon Pope. Cambridge 1989. *Ludwig Vones*

Clemens VII.   (20.9.1378–16.9.1394), vorher *Robert von Genf,* * 1342 Burg von Annecy als Sohn Amadeus' III., Graf von Genf, und der Mathilde von Boulogne; mit dem französischen Königshaus sowie fast allen europäischen Fürstengeschlechtern verwandt; Förderung seitens seines Onkels Kardinal Gui de Boulogne, früh ein führender Kirchenmann und Kardinal („Kardinal von Genf"). Nach Studium des kanonischen Rechts in Paris (zugleich Kanoniker von Notre-Dame) päpstlicher Notar, 1361 Bischof von Thérouanne, 1368 von Cambrai, schließlich Kardinalpriester von Santi XII Apostoli (1371) mit großer Pfründenausstattung, unter Gregor XI. päpstlicher Legat für Romagna und die Marken (1376–78) mit Verantwortung für das Massaker von Cesena (3.2. 1377), zugleich Herr der Burgen Beauregard, Gaillard (vielleicht getauscht gegen Cruseilles) und Morex. Seine Wahl in Fondi durch jene Kardinäle, die sich von Urban VI. losgesagt hatten, löste das Abendländische Schisma aus. Nach Scheitern seiner Politik in Italien und im /Kirchenstaat, wo er sich trotz Unterstützung Frankreichs und Ludwigs I. von Anjou gegen Urban VI. nicht durchsetzen konnte, kehrte er nach /Avignon zurück (1379) und begründete die avignonische Oboedienz mit eigener Kurie, vollständigem Kardinalskollegium und unter Ausbau der Finanz- bzw. Pfründenwirtschaft. Clemens wehrte alle Versuche zur Beilegung der Kirchenspaltung (Universität Paris, Katharina von Siena) ab. Er war ein kluger Taktiker, der es verstand, v. a. die westeuropäischen Königreiche auf seine Seite zu ziehen und traditionelle Rivalitäten sowie politische Allianzen des Hundertjährigen Krieges zu nutzen. Er hatte nur wenig Raum für eine kontinuierliche Papstpolitik, aber seine Förderung der Universität Avignon und der Ausbau der Stadt sind hervorzuheben.

■ Quellen: Repertorium Germanicum, hg. v. Deutschen Historischen Institut in Rom,

Bd. 1. Berlin–Tübingen 1916; Documents relatifs au Grand Schisme, 3 Bde. Brüssel–Rom 1924–34; Acta pseudopontificum Clementis VII. ..., ed. v. A.L. TAUTU. Rom 1966; ■ Literatur: DBI 26, 222–237 ; LMA 2, 2144f. – J. FAVIER: Les Finances Pontificales à l'époque du Grand Schisme d'Occident. Paris 1966; H. DIENER: Die großen Registerserien im Vatikanischen Archiv (1378–1523): QFIAB 51 (1971) 305–368; DERSELBE: Rubrizellen zu Supplikenregistern Papst Clemens' VII.: ebd. 591–605; R.C. LOGOZ: Clément VII (Robert de Genève). Sa chancellerie et le clergé romand au début du Grand Schisme. Lausanne 1974; Genèse et débuts du Grand Schisme d'Occident, 1362–1394. Paris 1980; M. HARVEY: Solutions to the Schism. Sankt Ottilien 1983; J. SERRA ESTELLES: Los registros de súplicas y letras pontificias de Clemente VII de Aviñón (1378–84). Estudio diplomático. Rom 1988; DERSELBE: Un registro especial de súplicas dirigadas a Clemente VII ...: AHP 33 (1995) 7–39.
Ludwig Vones

Clemens VII. (19.11.1523–25.9.1534),

vorher *Giulio de' Medici*, * 26.5. 1478 Florenz als illegitimer Sohn des Stadtherrn Giuliano de' Medici; durch seinen Vetter Leo X. 1513 Erzbischof von Florenz und Kardinal; als Kandidat der kaiserlichen Partei zum Nachfolger Hadrians VI. gewählt. In schwerster Krise der Kirche agierte Clemens vorwiegend als italienischer Renaissancefürst für den /Kirchenstaat und die Medici mit den Mitteln einer verschlagenen, unglaubwürdigen Diplomatie in allen Bereichen. Sein Versuch, im Bund mit dem französischen König Franz I. (der mit den Türken gegen Kaiser Karl V. konspirierte) und Venedig die kaiserliche Vorherrschaft in Italien einzudämmen (Heilige Liga von Cognac 1526), führte 1527 zur Verwüstung der Heiligen Stadt im Sacco di Roma und zu seiner Gefangennahme. Die folgende Annäherung an Karl V. (Friede von Barcelona 1529; Kaiserkrönung in Bologna 1530) brachte keine päpstliche Hilfe in den deutschen Reformationswirren (Reichstag von Augsburg 1530), da Clemens der Konzilsforderung stets auswich. Die Schwäche seines Charakters trat auch in der hinhaltenden Behandlung der Eheangelegenheit Heinrichs VIII. von England und gegen die skandinavischen Reiche zutage. Während seines Pontifikats trennte sich ein Drittel des Abendlandes von der Kirche (weite Teile Deutschlands, England, Skandinavien u. a.). Deshalb „wohl der unheilvollste aller Päpste" (Leopold von Ranke). Der Ausbau der Hierarchie in Lateinamerika und sein Mäzenatentum konnten diese Verluste nicht ausgleichen.

▨ Literatur: DHGE 12, 1175–1224; HKG 4, 246–250 693; DBI 26, 237–259; TRE 8, 98–101; VATL 129ff. – S. EHSES: Die Politik des Papstes Clemens VII. bis zur Schlacht von Pavia: Historisches Jahrbuch 6 (1885) 557–603, 7 (1886) 553–593; J. FRAIKIN: Nonciatures de France. Clément VII, 2 Bde. Paris 1906–26; T. PANDOLFI: G.M. Giberti e l'ultima difesa della libertà d'Italia negli anni 1521–25: Archivio della Società Romana di Storia Patria 34 (1911) 131–237; PASTOR Bd. 4/1 und 4/2; HCMA 3, 18–22; E. RODOCANACHI: Les pontificats d'Adrien VI et de Clément VII. Paris 1933; S.E. REISS: Cardinal Giulio de' Medici as a patron of art (1513–23). Princeton 1992. *Georg Schwaiger*

Clemens VIII. (30.1.1592–5.3.1605),
vorher *Ippolito Aldobrandini*, * 24.2. 1536 Fano aus angesehener florentinischer Familie; Studien in Padua, Perugia und Bologna; unter Pius V. und Sixtus V. hervorragender Jurist der Kurie; 1585 Kardinal; Clemens entsprach weitgehend den Idealen der Katholischen Reform. Politisch gelangen die Aussöhnung mit Frankreich (Absolution Heinrichs IV. 1595), die Kirchenunion von Brest, Vermittlung zwischen Frankreich und Spanien (Friede von Vervins

1598) und Wiedergewinnung Ferraras für den ⁄Kirchenstaat. Erfolglos blieben die päpstliche Hilfe gegen die Türken in Ungarn und gegenreformatorische Erwartungen in England und Schweden. Im Gnadenstreit traf Clemens keine Entscheidung. Er sorgte für die Neuausgabe liturgischer Bücher (Pontificale Romanum, Brevier, Missale), der Vulgata Sixtus' V. und des ⁄Index der verbotenen Bücher. Clemens verschärfte das Vorgehen der Inquisition (Feuertod Giordano Brunos 1600). Im tragischen Mordprozess der Cenci (drei Hinrichtungen vor der Engelsburg) milderte er die Strenge der geltenden Gesetze nicht. Auch wenn Clemens nicht den großen Reformpäpsten zuzurechnen ist, konnte er doch die päpstlich geleitete Reform festigen und von neuem politische Unabhängigkeit (besonders gegen Spanien) gewinnen. Grab in Santa Maria Maggiore (Cappella Borghese).

▨ Literatur: DHGE 12, 1249–97; DBI 26, 259–282; VATL 132ff. – PASTOR Bd. 11; HCMA 4, 3–8; K. JAITNER: Die Hauptinstruktionen Clemens' VIII. für die Nuntien und Legaten an den europäischen Fürstenhöfen, 2 Bde. Tübingen 1984; DERSELBE: Il nepotismo di papa Clemente VIII: il dramma del card. Cincio Aldobrandini: Archivio storico Italiano 146 (1988) 57–93; S. ANDRETTA: Das Papsttum, die Christenheit und die Staaten Europas 1592–1605. Forschungen zu den Hauptinstruktionen Clemens' VIII. Tübingen 1994; R. ZAPPERI: Der Neid und die Macht. Die Farnese und Aldobrandini im barocken Rom. München 1994; C. ALONSO: Una embajada de Clemente VIII a Persia (1600–09): AHP 34 (1996) 7–125; DERSELBE: Una visita de Clemente VIII al Convento Romano de San Agustín: Analecta Augustiniana 60 (1997) 341–356.
Georg Schwaiger

Clemens VIII., Gegenpapst (10.6. 1423–26.7.1429), vorher *Gil Sánchez Muñoz y Carbón*, * 1369/1370

Teruel (Aragón), † 28.12.1446 Mallorca; Doctor decretorum; im Dienst der Kurie in /Avignon, Vertrauter Benedikts XIII. (Avignon); Propst von Valencia. Benedikt XIII. ernannte kurz vor seinem Tod (23.5. 1423 oder wahrscheinlich bereits 29.11.1422 Peñíscola) vier neue Kardinäle. Drei von ihnen wählten am 10.6.1423 Clemens. Er hatte nur wenige Anhänger, wurde aber von König Alfons V. von Aragón-Neapel als Druckmittel gegen Papst Martin V. benutzt. Verzichtete am 26.7. 1429 in Peñíscola; von Martin V. danach zum Bischof von Mallorca ernannt.

■ Literatur: DHGE 12, 1245–49; LMA 2, 2145f. – F. EHRLE: Martin de Alpartils Chronica actitatorum temporibus domini Benedicti XIII. Paderborn 1906; D. GIRGENSOHN: Ein Schisma ist nicht zu beenden ohne die Zustimmung der konkurrierenden Päpste: AHP 27 (1989) 197–247, besonders 236–239. *Georg Schwaiger*

Clemens IX. (20.6.1667–9.12.1669),

vorher *Giuglio Rospigliosi*, * 28.1. 1600 Pistoia; Studium in Pisa; Aufstieg an der Kurie unter Urban VIII.; 1644–53 Nuntius in Spanien; 1657 Kardinal; Staatssekretär Alexanders VII.; Literaturfreund und Dichter religiöser Melodramen. Clemens konnte politische Spannungen abbauen, vermied /Nepotismus, ordnete die kirchlichen Verhältnisse Portugals (nach Anerkennung der Unabhängigkeit durch Spanien), bemühte sich um den Frieden von Aachen 1668 zwischen Frankreich und Spanien; eine französisch-päpstliche Expedition zur Unterstützung Venedigs konnte den Verlust Kretas an die Türken nicht verhindern. Im Streit um den Jansenismus brachte der „Clementinische Friede" nur vorübergehend Stillstand.

■ Literatur: DHGE 12, 1297–1313; DBI 26,

282–293. – A. CAUCHIE: La paix de Clément IX 1668/69: Revue d'histoire et de littérature religieuse 3 (1898) 481–501; CH. TERLINDEN: Clément IX et la guerre de Candie. Löwen 1904; DERSELBE: La diplomatie pontificale et la paix d'Aix-la-Chapelle de 1668: Bulletin d'Institut Historique Belge de Rome 27 (1952) 249–268; G. CANEVAZZI: Papa Clemente IX poeta. Modena 1910; HCMA 5, 3ff.; D. ROMEI: Il papa ,comico'. Sui melodrammi di Giulio Rospigliosi (Clemente IX): Paragone 41/n. 482 (Florenz 1990) 43–62; M. FAGIOLO – S. ROBERTO: Un' opera berniniana per Clemente IX: Palladio n. 5 (1990) 63–90; P. BLET: Louis XIV et les papes aux prises avec le Jansénisme: AHP 32 (1994) 65–148; M.L. RODEN: Cardinal Decio Azzolini and the problem of papal nepotism: AHP 34 (1996) 127–157.
Georg Schwaiger

Clemens X. (29.4.1670–22.7.1676),

vorher *Emilio Altieri*, * 12.7.1590 Rom aus römischem Adel; nach juristischem Studium in Rom Auditor der polnischen Nuntiatur; 1627–66 Bischof von Camerino; 1644–52 Nuntius in Neapel; 1669 Kardinal; nach über vier Monate langem, von französisch-spanischen Gegensätzen bestimmtem Konklave gewählt. Clemens übertrug die Geschäfte dem Adoptivnepoten Kardinal Paluzzo Paluzzi degli Albertoni. Schweren Konflikt gab es mit Ludwig XIV., der die Regalien beanspruchte. Päpstliche Unterstützung erhielt der polnische König Jan Sobieski im Türkenkrieg. Clemens nahm ungewöhnlich viele Kanonisationen vor.

■ Literatur: DHGE 12, 1313–26; DBI 26, 293–302; VATL 136f. – CH. BILDT: Christine de Suède et le conclave de Clément X. Paris 1906; M. DUBRUEL: La cour de Rome et l'extension de la régale: Revue d'histoire de l'Église de France 9 (1923) 163–176; HCMA 4, 34f. 131; 5, 6–9; S. DE DAINVILLE-BARBICHE: Correspondance du nonce en France Fabrizio Spada 1674–75. Rom 1982.
Georg Schwaiger

Clemens XI. (23.11.1700–19.3.1721), vorher *Gian Francesco Albani*, * 22.7.1649 Urbino aus umbrischem Adel; seit 1677 im Dienst der Kurie, 1687 Brevensekretär, 1690 Kardinal; einflussreich unter Alexander VIII. und Innozenz XII. Gegner des Nepotismus, aber den politischen Schwierigkeiten nicht gewachsen. Sein Pontifikat war überschattet vom Spanischen Erbfolgekrieg. Clemens erstrebte Neutralität, neigte aber zu Frankreich und erkannte zunächst den Bourbonen Philipp V. als spanischen König an. Die Spannungen zu Kaiser Leopold I. verschärften sich unter Kaiser Joseph I. 1708 zum Krieg in Italien mit Teilbesetzung des ⁄Kirchenstaates. Clemens musste 1709 Frieden schließen und den Bruder des Kaisers als Karl III. von Spanien (den späteren Kaiser Karl VI.) anerkennen, was zum Bruch mit König Ludwig XIV. und dessen Enkel Philipp V. von Spanien führte. Im Frieden von Utrecht 1713 und dem von Rastatt 1714 sowie in späteren Länderverschiebungen blieben die päpstlichen Oberlehensrechte über Sizilien, Neapel (Monarchia Sicula), Sardinien, Parma, Piacenza u. a. außer Acht. Der Protest gegen den Königstitel des Kurfürsten Friedrich von Brandenburg (1701 König in Preußen) blieb wirkungslos. Clemens unterstützte 1715–18 den Kaiser und Venedig gegen die Türken, doch hinderten Intrigen des Kardinals Guido Alberoni die Ausnützung der Erfolge. Auf Drängen Ludwigs XIV. erließ Clemens gegen den Jansenismus die Bullen *Vineam Domini* (1705) und *Unigenitus* (1713). Clemens förderte Kunst und Wissenschaften, bemühte sich um Missionen und die orientalischen Christen. Im Ritenstreit entschied er gegen die Jesuiten.

Literatur: DHGE 12, 1326–61; DBI 26, 302–

320. – HCMA 5, 17 22–32; Committenze della famiglia Albani. Note sulla Albani Torlonia. Rom 1985; L. CEYSSENS: Autour de l'Unigenitus. Recherches sur la genèse de la constitution. Löwen 1987; L. CEYSSENS: La bulle ‚Vineam Domini' et le jansénisme français: Antonianum 64 (1989) 398–430; C. BURNS: Pope Clement XI. and the British Isles: Ecclesiae memoria. FS J. Metzler. Rom 1991, 41–85; S. ÅKERMAN: Queen Christina of Sweden and her circle. Leiden 1991; L. CEYSSENS: Le sort de la bulle Unigenitus. Löwen 1992; CH.M.S. JOHNS: Papal art and cultural politics. Rome in the age of Clement XI. Cambridge 1993; S. TABACCHI: Tra riforma e crisi. Il ‚buon governo' delle comunità dello Stato della Chiesa durante il pontificato di Clemente XI: Papes et papauté au XVIIIᵉ siècle. Paris 1999, 51–85; J. SGARD: Le pape dans les ‚Nouvelles ecclésiastiques': ebd. 195–204.

Georg Schwaiger

Clemens XII. (12.7.1730–6.2.1740), vorher *Lorenzo Corsini*, * 7.4.1652 Florenz aus florentinischem Adel; Studien in Florenz, Pisa und Rom; 1690 Titularerzbischof von Nikomedien, 1691 Nuntius in Wien (wegen Spannungen nicht realisiert). Gewählt nach schwierigem Konklave, war Clemens für sein Amt zu alt und seit 1732 zudem völlig erblindet. Er versuchte, die schwierige Hinterlassenschaft Benedikts XIII. (Orsini) auszuräumen, regelte das Konklave (Constitutio *Apostolatus officium* 1732; mit Beschränkung der Kardinalsrechte in der ⁄Sedisvakanz). Er vermochte jedoch weder den Verfall der politischen Macht des Papsttums aufzuhalten (so im polnischen Erbfolgekrieg) noch seine Ansprüche auf Parma und Piacenza durchzusetzen; den Bruch mit Spanien (Konkordat 1737) konnte er nur mühsam vermeiden. Erfolglos blieb der Versuch, durch Anerkennung der Säkularisationen von Kirchengut in Kursachsen (Bulle 1732) die Rekatholisierung zu fördern. Clemens exkommunizierte Bischof Theodor van der Croon von Utrecht und verbot 1738 die Zugehörigkeit zur Freimaurerei (Bulle *In eminenti*). Große Verdienste erwarb er sich um die Missionen im Libanon, um Kunst (Fassade und Corsinikapelle der Lateranbasilika; Kapitolinisches Museum) und Wissenschaften (Bibliotheca Corsini; Astronomie).

Literatur: DHGE 12, 1361–81; DBI 26, 320–328; VATL 139f. – HCMA 5, 24 288; 6, 3–9; L.P. RAYBAUD: Papauté et pouvoir temporel sous les pontificats de Clément XII et Benoît XIV. Paris 1963; F. TAGELL: Relació de la mort de Climent XII i de l'elecció de Benet XIV (1740), hg. v. J. MASCARÓ. Barcelona 1971; E. GARMS-CORNIDES: Päpstliche Friedenspolitik und italienisches Gleichgewicht. Zu einigen Vermittlungsversuchen der Kurie im Polnischen Erbfolgekrieg: Römische Historische Mitteilungen 28 (1986) 303–338; D. LIGOU: La réception en France des bulles pontificales condamnant la franc maçonnerie: Papes et papauté au XVIIIe siècle. Paris 1999, 205–217.

Georg Schwaiger

Clemens XIII. (6.7.1758–2.2.1769), vorher *Carlo della Torre Rezzonico*, * 7.3.1693 Venedig; nach Studien in Bologna, Padua und Rom seit 1716 im Dienst der Kurie, 1737 Kardinaldiakon von San Nicola in Carcere, 1743 Bischof von Padua. Zum Papst gewählt nach französischer Exklusive gegen Kardinal Carlo Alberto Cavalchini Guidobono. Der gesamte Pontifikat war schwer belastet von der Jesuitenfrage. Clemens und sein Staatssekretär Kardinal Ludovico Torrigiani, beide ausgesprochene Jesuitenfreunde, konnten die beginnende Vertreibung der Jesuiten durch die politischen Mächte nicht mehr verhindern, ausgehend von Portugal unter dem Premierminister Marquês de Pombal 1759, fortgesetzt in den Bourbonenstaaten Frankreich 1762/64, Spanien 1767, Neapel und

Sizilien 1767 sowie Parma-Piacenza 1768. Starres, diplomatisch ungeschicktes Festhalten an den Kirchenstrafen der Abendmahlsbulle (letzte Fassung von 1627) verschlimmerte die Lage und verstärkte das gemeinsame politische Handeln der Gegenmächte; die kirchenstaatlichen Gebiete Avignon mit Venaissin, Benevent und Pontecorvo wurden besetzt. In Deutschland drohten Gefahren durch die konfessionspolitischen Auswirkungen des Siebenjährigen Krieges und erneut durch Säkularisationsprojekte. Clemens suchte der Aufklärung, dem Gallikanismus und Episkopalismus entgegenzuwirken und verurteilte 1764 den Febronianismus; weitere Indizierungen trafen Claude-Adrien Helvétius, Jean le Rond d'Alembert, Denis Diderots „Encyclopédie", Jean-Jacques Rousseaus „Émile" und François-Philippe Mésenguy. Die Enzyklika *Christianae reipublicae salus* (1766) verwarf alle Publikationen, die nicht mit dem katholischen Dogma übereinstimmten. – Clemens förderte Kunst und Wissenschaften, namentlich Anton Raphael Mengs, Giovanni Battista Piranesi und Johann Joachim Winckelmann, ließ die Blößen bei Statuen und Gemälden (Sixtinische Kapelle) bedecken.

Literatur: DHGE 12, 1381–1410; HKG 5, 626–631; DBI 26, 328–343; VATL 140f. – PASTOR Bd. 16/1; HCMA 6, 8 19–24 330; E. NOÉ: Rezzonicorum cineres: Rivista dell'Istituto Nazionale d'Archeologia e storia dell'arte 3 (1980) 173–306; J.T. LUKOWSKI: The Papacy, Poland, Russia and Religious Reform, 1764–68: Journal of ecclesiastical history 39 (1988) 66–94; P. ZOVATO: La soppressione della Compagnia di Gesù: Atti del XII Convegno Fonte Avellana. Urbino 1989, 55–81; M. MÜLLER: Die Opposition von Papst Klemens XIII. und des gallikanischen Episkopats gegen die Unterdrückung der Gesellschaft Jesu in Frankreich 1761–65, 2 Bde. Marburg 1996. *Georg Schwaiger*

Clemens XIV. (19.5.1769–22.9.1774), vorher *Giovanni Vinzenzo Antonio Ganganelli*, Minorit (1723, Ordensname: *Lorenzo*), * 31.10.1705 Sant'-Arcangelo bei Rimini; 1746 Konsultor des Heiligen Offiziums, 1759 Kardinal; ursprünglich jesuitenfreundlich, dann Gegner der Politik Clemens' XIII.; gewählt nach dreimonatigem Konklave, das ganz von der Jesuitenfrage beherrscht war. Man erwartete von Clemens die Aufhebung der Gesellschaft Jesu, ohne dass er eine bindende Zusage gegeben hätte. Er versuchte zunächst, durch große Konzessionen an das Staatskirchentum Frieden mit den bourbonischen Staaten zu erlangen. Deren Druck verschärfte sich bis zum angedrohten Schisma, wobei Spanien die treibende Kraft war. Die Habsburgerin Maria Theresia erklärte schließlich, sich einer päpstlichen Entscheidung gegenüber neutral zu verhalten. Nach langem Zögern und vorbereitenden Schritten verfügte Clemens die Aufhebung des Jesuitenordens durch das Breve *Dominus ac Redemptor noster* (21.7.1773). Frankreich und Neapel räumten daraufhin die besetzten Gebiete des ⁄ Kirchenstaates. Die Lage der Reichskirche war durch die Koblenzer Gravamina 1769 und den Salzburger Kongress der bayerischen Bischöfe (1770–77) gekennzeichnet. Finanz- und Wirtschaftsreformen im Kirchenstaat hatten kaum Erfolg. – Clemens machte sich verdient um Kunst (Museo Pio-Clementino) und Wissenschaften. Grab seit 1802 in Santi XII Apostoli.

Literatur: DHGE 12, 1411–23; DBI 26, 343–362; VATL 142f. – HCMA 6, 22 25–28; PASTOR Bd. 16/2; A. GALLASSI: La malattia e morte di Clemente XIV: Rivista di storia delle Scienze 41 (1950) 153–165; W. MÜLLER: Die Aufhebung des Jesuitenordens in Bayern: Zeitschrift für bayerische Landesgeschichte 48 (1985) 285–352; G. PARISCIANI: Gianvincenzo e Lorenzo Ganganelli ‚figli' del convento di Urbino. Ancona 1988; C. SCHMITT: La fusione degli Osservanti con i Conventuali di Francia decisa da Clemente XIV a Roma nel 1771: Studi francescani 87 (1990) 265–282; K. FRAMMELSBERGER: ‚Dominus ac redemptor': Geist und Leben 63 (1990) 373–388; F. CHAMPARNAUD: Sade et le pape: Papes et papauté au XVIIIe siècle. Paris 1999, 107–119; S. PAVONE: Il paradosso dei Gesuiti: ebd. 219–238; P. RETAT: La mort de Clément XIV: ebd. 261–263. *Georg Schwaiger*

Coelestin I. (10.9.422–27.7.432), heilig (Tag 6.4.); bekräftigte die Ablehnung des Pelagianismus, stellte sich gegen Nestorius (Briefe, römische Synode 430, Legaten 431 auf dem Konzil von Ephesus), wirkte für Kircheneinheit nach dem Konzil, koordinierte die Mission in Irland und Britannien, unterstützte die Rechte der Ortskirchen bei der Bischofswahl (ep. 4), erfuhr Widerstand der afrikanischen Kirche gegen Appellationen nach Rom.

Quellen: Briefe: PL 50, 417–558; ACO I/1, 7 125–137; I/2, 5–101.

Literatur: DACL 2, 2794–2802; DHGE 12, 56ff.; BIBLSS 3, 1096–1100; VATL 143. – O. WERMELINGER: Rom und Pelagius. Stuttgart 1975, 244–253; J. SPEIGL: Die Päpste in der Reichskirche: GKG 11, 53f. *Jakob Speigl*

Coelestin (II.) ⁄ Honorius II.

Coelestin II. (26.9.1143 – 8.3.1144), vorher *Guido de Castello*; Kanoniker am regulierten Domstift in Città di Castello, dem er seine Privatbibliothek von 56 Büchern vermachte; frühestens 1127 Kardinaldiakon von Santa Maria in Via Lata, 1133 Kardinalpriester von San Marco. Seit 1130/31 in engster Umgebung Innozenz' II., wiederholt als Legat tätig. Mehrfach als Magister bezeichnet, galt er als gelehrt und fromm. Ihm widmeten Gerhoh von Reichersberg den „Libellus de ordine donorum Sancti Spiritus" und der Kanoniker Benedikt von Sankt Peter den „Liber politicus". Sein Studium bei Abaelard, den er 1131 in Morigny getroffen hatte, und von dem er zwei Werke besaß, ist nicht sicher bezeugt. Sein kurzer Pontifikat fiel in die Zeit des Aufstands der nach Selbstregierung strebenden römischen Kommune. Das 1142 über Ludwig VII. von Frankreich verhängte Interdikt hob er auf. Coelestin zögerte die Neubelehnung Rogers mit Sizilien gemäß dem Abkommen von Mignano (1139) hinaus, musste aber kurz vor seinem Tod in Verhandlungen mit dem König eintreten. Gestorben in Rom, Grab in der Lateranbasilika.

▓ Literatur: DHGE 12, 59–62; DBI 23, 388–392; LMA 3, 4. – W. BERNHARDI: Konrad III. Berlin 1883; L. MIROT (Hg.): La chronique de Morigny. Paris ²1912; A. WILMART: Les livres légués par Célestin II à Citta-di-Castello: Revue bénédictine 35 (1923) 98–102; W. MALECZEK: Das Kardinalskollegium unter Innozenz II. und Anaklet II.: AHP 19 (1981) 58f. *Wolfgang Petke*

Coelestin III. (10.4.1191–8.1.1198), vorher *Giacinto* bzw. *Hyacinthus Bobone,* * um 1105/06 aus römischer Adelsfamilie; 1138 wohl Prior subdiaconorum, Studium bei Abaelard in Paris, wo er auch Arnold von Brescia nahe gestanden haben dürfte. 1143/44 Kardinaldiakon von Santa Maria in Cosmedin, als solcher hervorragender Diplomat, mit politisch wichtigen Legationen betraut. Seine Wahl zum Papst soll der Hochbetagte nur angenommen haben, um ein Schisma zu verhüten. Reform der kurialen Verwaltung (Anlage des ╱ Liber censuum) und des ╱ Kardinalskollegiums. Gegner der staufischen Sizilienpolitik, schloss Coelestin mit Tankred von Lecce, den er mit Sizi-

lien belehnte, das Konkordat von Gravina (Juni 1192). Nach Verwirklichung der Unio regni ad imperium (Eroberung Palermos durch Heinrich VI. im November 1194) glaubte der Kaiser, durch einen Kreuzzugsplan zu einer Verständigung mit dem Papst kommen zu können, doch lehnte Coelestin den damit in Zusammenhang stehenden Erbreichsplan und ein im Zuge dramatischer Verhandlungen ihm anscheinend unterbreitetes Angebot ab, dem Kaiser in Bezug auf das Reich die Investitur zu erteilen. Coelestins Abwehrhaltung gegen staufische Expansionsbestrebungen bildete eine wesentliche Voraussetzung für die späteren Erfolge seines Nachfolgers Innozenz III.

▓ Literatur: DBI 23, 392–398; LMA 3, 4–7. – V. PFAFF: Papst Coelestin III.: Zeitschrift der Savigny-Stiftung für Rechtsgeschichte. Kanonistische Abteilung 47 (1961) 109–28; G. BAAKEN: Die Verhandlungen zwischen Kaiser Heinrich VI. und Papst Coelestin III. in den Jahren 1195–97: Deutsches Archiv für Erforschung des Mittelalters 27 (1971) 457–513; V. PFAFF: Die innere Verwaltung der Kirche unter Papst Coelestin III.: Archiv für Diplomatik 18 (1972) 342–398; P. ZERBI: Papato, Impero e ‚Respublica Christiana‘ dal 1187 al 1198. Mailand ²1980; W. MALECZEK: Papst und Kardinalskolleg von 1191–1216. Wien 1984, besonders 68ff.; K. ZEILLINGER: Konstantinische Schenkung, Kaisertum und Papsttum in salisch-staufischer Zeit (1053–1265). Wien 1984, Manuskripte 78–102 und 173–186; K. BAAKEN: Zu Wahl, Weihe und Krönung Coelestins III.: Deutsches Archiv zur Erforschung des Mittelalters 41 (1985) 203–211; C. REISINGER: Tankred von Lecce. Köln 1992, 146ff. 246ff. *Kurt Zeillinger*

Coelestin IV. (25.10.–10.11.1241), vorher *Goffredo Castiglione;* * aus der Mailänder Familie Castiglione, kein Verwandtschaftsverhältnis zu Urban III.; 1223–26 Kanzler im Erzbistum Mailand, 1227 Kardinalpriester von San Marco, von Frühjahr 1228 bis Herbst 1229 Legat in der Toskana und Lombardei, im Frühjahr 1238 Kardinalbischof von Sabina. Coelestin ging aus dem Schreckenskonklave im römischen Septizonium (∕Papstwahl) als Papst hervor und starb vermutlich, ohne gekrönt zu sein.

▓ Literatur: DBI 23, 398–402; LMA 3, 7. – K. WENCK: Das 1. Konklave der Papstgeschichte. Rom, August–Oktober 1241: QFIAB 18 (1926) 101–170; A. PARAVICINI BAGLIANI: Cardinali di Curia e familiae cardinalizie dal 1227 al 1254, Bd. 2. Padua 1972, 407–416.   *Andreas Kiesewetter*

Coelestin V. (5.7.–13.12.1294 [abgedankt]), heilig (Benediktiner (vor 1230), vorher *Pietro de Morrone,* * 1209/10 Molise (wohl Sant'Angelo Limosano) als Bauernsohn, † 19.5. 1296 Castello di Fumone (Frosinone); Eintritt in Santa Maria di Faifula, um 1231 Eremit, ab etwa 1235–40 im Morrone-Gebirge bei Sulmona, wo er einen Eremitenverband organisierte, den Gregor X. 1275 in den Benediktinerorden integrierte. Seit etwa 1240–45 wurde Santo Spirito a Maiella neben Santo Spirito di Sulmona Hauptsitz der Kongregation, die Pietro nach dem Vorbild des Zisterzienserordens organisierte. Er erwies sich, obwohl ohne formale Bildung, als guter Leiter und erwirkte viele Schenkungen; sein Verband breitete sich von den Abruzzen bis nach Rom und Apulien aus. Pietro stand bald im Ruf der Heiligkeit, war an der Kurie und am angevinischen Königshof in Neapel bekannt. Nach langer Vakanz Papstwahl „per inspirationem" in Perugia, von Karl II. von Anjou ins Spiel gebracht. Weihe und Krönung am 29.8. in L'Aquila. Geriet unter den Einfluss Karls II., dem er im Oktober nach Neapel folgte. Coelestin war seinem Amt nicht gewachsen. Of-

fenbar unter dem Eindruck joachimitischer Spekulationen erhob er am 18.9. zwölf neue Kardinäle, darunter viele Mönche, als wollte er das mönchische Zeitalter des Heiligen Geistes einleiten. An der Kurie herrschten Chaos und Korruption. Bald nach seiner Ankunft in Neapel erwog Coelestin unter Gewissensqualen seine Abdankung, die nach kanonistischer Lehre möglich war. Korrekt beraten von Kardinälen (darunter Benedikt Caetani), vollzog er sie am 13.12.1294 vor dem Kardinalskollegium, das wegen der extremen Situation bereits am 24.12. Benedikt Caetani zum neuen Papst wählte (Bonifatius VIII.). Pietro-Coelestin, den Bonifatius wegen der umstrittenen Abdankung unter Aufsicht halten wollte, floh im Januar 1295 auf dem Weg von Neapel nach Rom zunächst in seine Zelle Sant'Onofrio bei Sulmona, später nach Apulien, von wo er sich wie die umbrischen Franziskanerspiritualen, denen ein eigenen Status eines Verbandes gegeben hatte, nach Griechenland begeben wollte. Er wurde aber gefangen und im Juni 1295 zum Papst nach ∕Anagni gebracht, der ihn im Kastell von Fumone in lockerer Haft hielt. Auf Betreiben seiner Mitbrüder, eines Teils der Spiritualen und der französischen Gegner Bonifatius' VIII. am 5.5.1313 von Clemens V. in ∕Avignon heilig gesprochen (jüngst aus dem Festkalender gestrichen). Der einfache Eremit mit z. T. auch harten Charakterzügen wurde bald als endzeitlicher Engelpapst Objekt eschatologischer Spekulationen und wird heute besonders zur Alternativgestalt gegenüber einer erstarrten Kirche stilisiert. Zu einer Reform war er in Wirklichkeit unfähig, und seine Abdankung bewahrte die Kirche vor ⋯⋯⋯⋯ Schlimmerem.

■ Literatur: DBI 23, 402–415. – F. BAETHGEN: Der Engelpapst. Leipzig 1943; P. HERDE: Coelestin V. Stuttgart 1981; Centro Celestiniano. Sezione storica, L'Aquila, Atti del 1° (–5°) Convegno storico internazionale ..., bisher 5 Bde. L'Aquila 1987–91; J.R. EASTMAN: Giles of Rome and Celestine V: The Catholic Historical Review 76 (1990) 195–211; P. PALAZZINI: San Pietro Celestino e la rinuncia al Papato: Apollinaris 67 (1994) 841–846; R RUSSO: La sofferta canonizzazione di Celestino V. Sulmona 1995; P. GOLINELLI: Il papa contadino. Celestino V e il suo tempo. Florenz 1996; A. RIPA: Celestino V e Angelo Clareno: Temi e immagini del medio evo. Gedenkschrift R. Manselli. Rom 1996, 93–113; Celestino V. Dalla rinuncia alla cattura. Atti del Convegno Ferentino, 1995, hg. v. B. VALERI. Frosinone 1997; F. ACCROCCA: ‚Querebat semper solitudinem': AHP 35 (1997) 257–187; A. BARTOLOMEI ROMAGNOLI: Le bolle di Celestino V cassate da Bonifacio VIII: AHP 37 (1999) 61–83; C. FRUGONI: Due papi per un giubileo. Celestino V, Bonifacio VIII e il primo Anno santo. Mailand 2000.

Peter Herde

Cornelius (März 251 – Juni 253), heilig (Tag 16.9.), Römer, Sohn des Castinus; Papst Fabian starb am 20.1.250 als Martyrer der Verfolgung des Kaisers Decius. Nach Abklingen der Verfolgung in Rom wählte die Mehrheit den römischen Presbyter Cornelius zum Nachfolger (Cyprian, ep. 55). Gegen den rechtschaffenen, in der Bußpraxis die mildere Richtung vertretenden Cornelius erhob die strengere Minderheit des römischen Klerus den begabten Novatian, der in der langen ∕Sedisvakanz großen Einfluss ausgeübt hatte, zum Gegenbischof; doch konnte sich Cornelius, unterstützt von Cyprian von Karthago und Dionysius von Alexandrien, auch in der Gesamtkirche durchsetzen. Im Herbst 251 wies eine von 60 Bischöfen besuchte römische Synode die Beschuldigung der Novatianer zurück, Cornelius sei Libellaticus oder halte Gemeinschaft mit Libellatici (Eusebius von Caesarea, Historia ecclesiastica VI, 43); seine mildere Bußdisziplin, die den in der Verfolgung Abgefallenen nach Bußleistung Verzeihung gewährte, wurde von der Synode gebilligt, Novatian mit Anhang ausgeschlossen. Cornelius sandte verschiedene, meist das römische Schisma betreffende Briefe nach Alexandrien, Antiochien (Syrien) und Karthago; nur zwei Briefe an Cyprian sind erhalten (in dessen Briefsammlung ep. 49 und 50), dazu ein Brieffragment an Fabius von Antiochien (Eusebius VI, 43, 11), in dem die Gliederung des römischen Klerus erwähnt wird: 46 Presbyter, sieben Diakone, sieben Subdiakone, 42 Akolythen, 52 Lektoren, Exorzisten und Ostiarier, dazu 1500 Witwen und Hilfsbedürftige, woraus sich auf etwa 30 000 Gemeindemitglieder insgesamt schließen lässt. Als Kaiser Gallus die Verfolgung wieder aufnahm, wurde Cornelius nach Centumcellae (Civitavecchia) verbannt, wo er bald „cum gloria" (wohl nicht als Martyrer) starb; Cyprian qualifizierte ihn als Martyrer. Cornelius wurde in der Lucinagruft der Calixtuskatakombe beigesetzt; bis zur Aufklärung besonders im Rheinland als einer der heiligen Marschälle viel verehrt (Mittelpunkte: Saint-Corneille-de-Compiègne, Kornelimünster, Sankt Severin zu Köln).

■ Quellen: LP 1, CCVIII f., 4–6, 150ff.; RPR(J) 1, 17ff.; 2, 690; Quellen zur Geschichte des Papsttums und des römischen Katholizismus, begründet von C. MIRBT, hg. v. K. ALAND, Bd. 1. Tübingen ⁶1967, 62–72.
■ Literatur: DHGE 13, 891–894; Dizionario patristico e di antichità cristiane, ed. v. A. DI BERARDINO, Bd. 1. Casale Monferrato 1983, 786; LMA 3, 242f.; LACL 139; VATL 150. – J. WILPERT: Die Papstgräber und die Cäciliengruft in der Katakombe des heiligen Kallistus. Freiburg 1909, 26f. 32f.; P. FRANCHI

DE' CAVALIERI: La persecuzione di Gallo a Roma: Studi e Testi 33 (1920) 181–210; CASPAR 1, 66–70; L. REEKMANS: La tombe du pape Corneille et sa région cémétériale. Vatikanstadt 1964. *Georg Schwaiger*

Cyriacus, Papstname in der Ursulalegende. Der Deutzer Mönch Theodericus Aedituus zitiert um 1164 einen angeblichen Grabtitulus des Cyriacus. Nach den Visionen Elisabeths von Schönau war Cyriacus von Geburt Brite und legte sein Amt nieder, um der heiligen Ursula ins Martyrium zu folgen. Sein Nachfolger soll Anterus (235–236) gewesen sein. Eine Ende des 12. Jh. entstandene Rezension der Legende nennt als Geburtsnamen des Cyriacus Donatus und macht ihn, um das Ursulamartyrium mit dem Hunnenzug zu verbinden, zum Vorgänger des Hilarius (Hilarus; 461–468).

Literatur: I. DÖLLINGER: Die Papstfabeln des Mittelalters. München ²1890, 53ff.; W. LEVISON: Das Werden der Ursulalegende. Köln 1928, 140–157; C.M. CUSACK: Hagiography and history: The immense panorama. FS E.J. Sharpe. Sydney 1999, 89–104
Manfred Groten

Damasus I. (1.10.366–11.12.384), * um 305, spanische Herkunft (LP 39) ist zweifelhaft. Epigramme (Ferrua 57 10 11) bezeugen Abstammung aus einer römischer Familic (Vater Antonius Diakon [und Bischof?], Mutter Laurentia und Schwester Irene). Als Diakon des exilierten Bischofs Liberius schwenkte Damasus zu dem vom Kaiser eingesetzten Felix um. Obwohl Liberius allen verzieh, wählte eine unversöhnliche Minderheit Ursinus, bevor die Mehrheit Damasus erhob. Nach blutigen Zusammenstößen, zuletzt in der Basilika Sicinini (Liberii?) mit mehr als hundert Toten, musste Ursinus unter staatlichem Zwang weichen. Seine Partei machte Damasus

noch jahrelang zu schaffen (u. a. der Kapitalprozess durch den Juden Isaak). Kaiser Gratian sprach 378 dem römischen Bischof grundsätzlich höchste Gerichtsbarkeit über die Metropoliten im Westen zu. Klug suchte Damasus nichts zu erzwingen und teilte den Einfluss mit Ambrosius; er ignorierte die Appellation des spanischen Schwärmers Priscillian; an die gallischen Bischöfe schrieb er jedoch schon im Stil späterer Dekretalen. Auch wenn seine Politik (in Antiochien Anerkennung des Paulinus und Ablehnung des Meletius) Ärger hervorrief und sein Glaubensbekenntnis als nicht klar genug empfunden wurde, führten doch seine wiederholt mit römischen Synoden formulierten Glaubensbekenntnisse und Anathemismen (zuletzt im *Tomus Damasi* 378) zu seiner sachlichen Annäherung an die Kirchen des unter Valens († 378) tief gespaltenen Ostreichs und zur theologischen Übereinstimmung (Synode von Antiochien 379, Edikt *Cunctos Populos* des Theodosius 380). Als Theodosius I. die Ostkirche ihre Angelegenheiten selbst regeln ließ (Synode des Meletius in Antiochien 379, Konzil von Konstantinopel 381), Ambrosius die Reste des Arianismus im Westen mit dem Konzil von Aquileia 381 überwand und ein ökumenisches Konzil in Rom nicht zustande kam, erinnerte Damasus nachdrücklich an die apostolisch-petrinische Qualifikation der römischen Kirche (Synode 382, erhalten im *Decretum Gelasianum*). – Damasus förderte die biblischen Studien des Hieronymus und ermunterte ihn zur Revision der lateinischen Bibelübersetzung (Vulgata). – Unter Damasus begann eine rege kirchliche Bautätigkeit in Rom (u. a. drei Titelkirchen, viele Gedenkstätten der Martyrer und 59 von ihm verfasste metrische Inschriften in „Damasianischen Lettern" von Furius Dionysius Philocalus).

Quellen: CPL 1632–36.

Literatur: DACL 4, 145–197; EC 4, 1136–39; DHGE 14, 48–53; LACL 156ff.; VATL 168f.– A. FERRUA: Epigrammata Damasiana. Rom 1942; CASPAR 1, 196–256; CH. PIETRI: Roma christiana, Bd. 1. Rom 1976, 407–884; Saecularia Damasiana. Atti del convegno internazionale per il XVI centenario della morte di papa Damaso I 1984, hg. v. Pontificio Istituto di Archeologia Cristiana. Vatikanstadt 1986; J. GUYON: Damase et l'illustration des martyrs. Martyrium in multidisciplinary perspective. Gedenkschrift L. Reekmans. Löwen 1995, 157–177; W.D. HAUSCHILD: Basilius von Caesarea und die Beziehungen zwischen Ostkirche und Rom: Geist und Kirche. FS E. lessing. Frankfurt (Main) 1995, 230–248; A.T. HACK: Zur römischen Doppelapostolizität: Hagiographica 4 (1997) 9–33; M. SAGHY: Prayer at the tomb of the martyrs? The Damasian epigrams: La preghiera nel tardo antico. Rom 1999, 519–537; G. WESCH-KLEIN: Damasus I., der Vater der päpstlichen Epigraphik: Quellen, Kritik, Interpretation. FS H. Mordek. Frankfurt (Main) 1999, 1–30; U. REUTTER: Damasus, Bischof von Rom (366–384). Disseration. Jena 1999.

Jakob Speigl

Damasus II. (17.7.–9.8.1048), vorher *Poppo;* aus bayerischem Adel. Durch König Heinrich III. 1039 Bischof von Brixen; Teilnehmer an dessen Romzug 1046 und an den Synoden von Pavia (25.10.1046), Sutri (20.12.1046) und Rom (23.12. 1046). Nach dem Tod Clemens' II. von Kaiser Heinrich (als Patricius von Rom) Weihnachten 1047 in Pöhlde einer römischen Gesandtschaft gegenüber zum Nachfolger designiert. Da inzwischen der abgesetzte Benedikt IX. wieder zur Herrschaft gelangt war, musste Damasus im Frühjahr 1048 aus Italien wieder umkehren, bis ihn Markgraf Bonifatius von Tuszien auf kaiserliche Wei-

sung nach Rom geleitete. Am 17.7. Inthronisation, behielt er offensichtlich sein Bistum Brixen bei, starb nach 23 Tagen in Palestrina, wohl an Malaria, nach einigen Quellen am Gift Benedikts IX. Grab in San Lorenzo fuori le mura.

Quellen: LP 2, 274 332f. (Annales Romani); RPR(J) 1, 528f.: E. STEINDORFF: Jahrbücher des deutschen Reiches unter Heinrich III., 2 Bde. Leipzig 1874–81.

Literatur: DHGE 14, 53f.; LMA 3, 470. – K. GUGGENBERGER: Die deutschen Päpste. Köln 1916, 38ff.; G. FRECH: Die deutschen Päpste: Die Salier und das Reich, hg. v. S. WEINFURTER, Bd. 2. Sigmaringen 1991, 308f.; K. MITTERMAIER: Die deutschen Päpste. Graz 1991. *Georg Schwaiger*

Deusdedit ↗ Adeodatus

Dionysius (22.7.259 [260?] – 26.12.267 [268?]), heilig (Tag 30.12.; kein Martyrer). Kaiser Gallienus gab den Christen die von Kaiser Valerianus enteigneten Kultstätten zurück. Dionysius konnte die in der Verfolgung schwer getroffene römische Gemeinde reorganisieren und wohl die feste presbyteriale Ordnung begründen. Auf Veranlassung alexandrinischer Presbyter hielt Dionysius eine römische Synode ab, die sich gegen Bischof Dionysius von Alexandrien aussprach. In einem Schreiben an die dortige Kirche legte er die Trinitätslehre unter Verwerfung des Subordinatianismus und Sabellianismus dar, worauf der Alexandriner sich rechtfertigte (Eusebius von Caesarea, Historia ecclesiastica VII, 26, 1; Athanasius, De decretis Nicaenae synodi, c. 25f.; De sententia Dionysii c. 13ff.). Die durch Bareneinfälle Not leidenden Kirche von Caesarea in Kappadokien sandte er ein Trostschreiben und Geld (Basilius von Caesarea, ep. 70 ad Damasum). Das Schreiben der Synode von Antiochien, die Paulus von Samosata verurteilt hatte, traf Dionysius nicht mehr am Leben (Eusebius VII, 30, 2). Dionysius ist einer der bedeutendsten Päpste des 3. Jh. Begraben im Calixtuscoemeterium. Die Echtheit der Dokumente zum so genannten „Streit der Dionyse" ist umstritten.

▩ Quellen: LP 1, 157; 3, 279; RPR(J) 1, 22f.; 2, 690 732.

▩ Literatur: DHGE 14, 247f.; Dizionario patristico e di antichità cristiane, ed. v. A. DI BERARDINO, Bd. 1. Casale Monferrato 1983, 984f.; LACL 179f.; RGG⁴ 2, 863; VATL 176f. – A. JÜLICHER: Kritische Bemerkungen zu den Papstverzeichnissen: C. MIRBT: Quellen zur Geschichte des Papsttums. Tübingen ³1911, 482f.; C.H. TURNER: The papal chronology of the third century: Journal of Theological Studies 17 (1916) 348f.; CASPAR 1, 620; H. PIETRAS: La difesa della monarchia divina da parte del papa Dionigi: AHP 28 (1990) 335–342; L. ABRAMOWSKI: Dionysius of Rome († 268) and Dionysius of Alexandria († 264/265) in the Arian Controversies of the Fourth Century: DIESELBE: Formula and Context: Studies in Early Christian Thought. London 1992, n. 11; R. DAVIS: Pre-Constantine chronology. The Roman bishopric from AD 258 to 314: Journal of Theological Studies 48 (1997) 439–470. *Georg Schwaiger*

Dioskur (22.9.–14.10.530), vorher römischer Diakon; aus Alexandrien. Als Gegner des Monophysitismus in Ägypten kam Dioskur nach Rom, wo er bald hohes Ansehen genoss. In den ersten drei Jahrzehnten des 6. Jh. erscheint er vielfach als geistiger Leiter der päpstlichen Politik. Im Schisma zwischen Papst Symmachus und Gegenpapst Laurentius vertrat er erfolgreich den Symmachus bei Theoderich dem Großen (506). An der Gesandtschaft Papst Hormisdas' nach Konstantinopel, die 519 das Schisma des Acacius beendete, war Dioskur führend beteiligt. Papst Felix III. (IV.) designierte sterbend gegen das herkömmliche Recht Bonifatius II. zum Nachfol-

ger. Die byzanzfreundliche antigotische Mehrheit der Presbyter wählte Dioskur, der am 22.9.530 in der Lateranbasilika konsekriert wurde. Das Schisma fand ein rasches Ende, da Dioskur schon am 14.10. starb. Bonifatius II. sprach über den Toten das Anathem und zwang die sechzig bisher oppositionellen Presbyter zur Mitunterzeichnung. Agapet I. ließ 535 diese Urkunde öffentlich verbrennen. Dioskur wird zu Unrecht als Gegenpapst geführt.

▩ Quellen: LP 1, 282–287; 3, 91; RPR(J) 1, 111–114; 2, 694; Collectio Avellana: Corpus scriptorum ecclesiasticorum latinorum, Bd. 35. Wien 1895, 105–243.

▩ Literatur: DHGE 14, 507f.; DBI 40, 220–224; VATL 177f. – CASPAR 2, 797. *Georg Schwaiger*

Donus (2.11.676–11.4.678), Römer; Sohn des Mauritius. Das latente Schisma zwischen Rom und Konstantinopel hielt an. Ein vermittelndes Schreiben Kaiser Konstantins IV. bat um Entsendung einer päpstlichen Gesandtschaft, traf aber Donus nicht mehr lebend an. Erzbischof Reparatus von Ravenna war offensichtlich zur Anerkennung der römischen Oberhoheit bereit. Donus förderte Kirchenbau und -schmuck in Rom.

▩ Quellen: LP 1, 348f.; RPR(J) 1, 238.

▩ Literatur: DHGE 14, 671f.; VATL 185. – CASPAR 2, 585–588.

Ein früher mitgezählter Papst *Donus II.* (Domnus, Bonus), meist 974 eingeschoben, entstand durch Irrtum von Chronisten, die Domnus (= dominus) als Eigennamen auffassten.

▩ Quellen: LP 2, XVII 256; RPR(J) 1, 479. *Georg Schwaiger*

Eleutherus (174?–189?), heilig (Tag 26.5.); nach ⁄Liber Pontificalis Grieche aus Nikopolis, unter Anicet Diakon der römischen Kirche; nach der ältesten (zeitgenössischen) römischen Bischofsliste (Irenaeus von Lyon, Adversus haereses III, 3, 3) zwölfter Nachfolger Petri; Nachfolger des Bischofs Soter. Die römische Christengemeinde äußerlich sicher, wurde durch die Häresien des Marcion und des Gnostikers Valentinus beunruhigt. Während der Verfolgung in Lyon überbrachte Irenaeus 177 ein Schreiben der Gemeinde (wegen des Montanismus) an Eleutherus. Die Nachricht des LP, ein britischer König Lucius habe gebeten, Christ werden zu dürfen, beruht wohl auf legendarischer Verwechslung mit König Abgar IX. von Edessa.

▧ Quellen: LP 1, CII ff.

▧ Literatur: DHGE 15, 147f.; VATL 194f. – A. HARNACK: Der Brief des britischen Königs Lucius an den Papst Eleutherus: Sitzungsberichte der Preußischen Akademie der Wissenschaften. Berlin 1904, 909–916; A. PONCELET: La translation des Ss. Eleuthère, Pontien et Anastase: Analecta Bollandiana 29 (1910) 409–427; CASPAR 1, 620.

Georg Schwaiger

Eugen I. (10.8.654–2.6.657), heilig (Tag 2.6.), Römer. Nachdem Martin I. durch Kaiser Konstans II. abgesetzt und verbannt worden war, wurde Eugen unter dem Druck des kaiserlichen Exarchen noch zu Lebzeiten Martins zum Nachfolger erhoben. Im Streit um den Monotheletismus nahm er den Kontakt zu Konstantinopel wieder auf. Patriarch Petrus übersandte ihm 655 eine Kompromissformel. Der heftige Widerstand von Klerus und Volk in Rom gegen diese Formel hinderte Eugen daran, sie anzunehmen.

▧ Quellen: LP 2,341.

▧ Literatur: LMA 4, 77f.; VATL 202f.– CASPAR 2, 547–580; RICHARDS 191–194.

Sebastian Scholz

Eugen II. (Anfang Juni 824–August 827), als Archipresbyter von Santa Sabina nach längerem Streit mit Unterstützung Walas von Corbie als Kandidat des römischen Adels gewählt. Seine Wahlanzeige an Kaiser Ludwig den Frommen verband Eugen mit einem eidlichen Treueversprechen. Im Herbst 824 empfing Eugen Kaiser Lothar I., der durch die Constitutio Romana die Unruhen in Rom unterbinden und die fränkische Machtstellung sichern wollte. Im erneut ausgebrochenen Bilderstreit erlaubte Eugen den Franken eine eigene Stellungnahme (Pariser Synode 825), blieb selbst aber auf der Linie Hadrians I. Im November 826 hielt er in Rom eine Reformsynode ab, die kirchenrechtliche Traditionen und fränkische Reformansätze aufgriff. Den Missionsauftrag für den Norden an Ebo und Ansgar bestätigte er 826.

▧ Quellen: LP 2, 69f.; RPR(J) 1, 32off.

▧ Literatur: LMA 4, 78. – B. SIMSON: Jahrbücher des fränkischen Reichs unter Ludwig dem Frommen, Bd. 1. Leipzig 1874, 214f.; W. SEEGRÜN: Das Papsttum und Skandinavien bis zur Vollendung der nordischen Kirchenorganisation (1164). Neumünster 1967, 20–23; TH.F.X. NOBLE: The Republic of Saint Peter. Philadelphia 1984, 308–322; W. HARTMANN: Die Synoden der Karolingerzeit im Frankenreich und in Italien. Paderborn 1989, 168–177; J. FRIED: Ludwig der Fromme, das Papsttum und die fränkische Kirche: Charlemagne's Heir, hg. v. P. GODMAN–R. COLLINS. Oxford 1990, 231–273.

Sebastian Scholz

Eugen III. (15.2.1145–8.7.1153), selig (1872; Tag 8.7.), Zisterzienser (1138), vorher *Bernhard*, * Pisa, † Tivoli (Grab in Sankt Peter, Rom); 1115 Kamaldulenser von San Zeno (Pisa), 1128 Prior und 1135/37 Vicedominus des Erzbistums, dann Eintritt in Clairvaux, 1141 Abt von Tre Fontane in Rom. Inmitten der römischen Wirren zum Papst gewählt, am 18.2. in Farfa konsekriert, weilte Eugen

145 meist in ⁄Viterbo, wo er am 1.12. den zweiten Kreuzzug ausrief. Sein Verhältnis zu den Stadtrömern blieb trotz zweier Abkommen (1145 und 1149) gespannt. Eugen begab sich Anfang 1147 an den französischen Königshof und ließ sich von Bernhard von Clairvaux unterstützen. Dessen Kreuzzugspredigten und sein „Papstspiegel" „De consideratione" verhalfen Eugen zum Durchbruch. Er hielt 1147 in Paris, 1148 in Trier, Reims und Cremona große Synoden ab, konzentrierte sich ansonsten auf die Wiederherstellung der päpstlichen Herrschaft in Rom und Umgebung, auf Verhandlungen mit Konrad III. und Friedrich I. wegen deren Kaiserkrönung, auf die Beziehungen zu Roger II. von Sizilien, die Verhinderung einer byzantinischen Invasion und den innerkirchlichen Primat des Papsttums. Der Einfluss des Kardinalskollegiums auf seine Politik war beträchtlich; die späteren Päpste Hadrian IV., Alexander III. und Victor IV. gehörten zu seinen Ratgebern; der Konstanzer Vertrag vom 23.3.1153 war einer seiner größten Erfolge.

▓ Quellen: LP 2, 386f.; RPR(J) 2, 20–89; RPR.IP passim; J.B. WATTERICH: Pontificum Romanorum qui fuerunt inde ab exeunte saeculo IX usque ad finem saeculi XIII vitae ab aequalibus conscriptae etc., Bd. 2. Leipzig 1862, 283–321; JOHANNES VON SALISBURY, Historia pontificalis, hg. v. M. CHIBNALL. London 1956; Bibliotheca rerum Germanicarum, ed. v. PH. JAFFÉ, Bd. 1. Neudruck Aalen 1964.

▓ Literatur: LMA 4, 78ff.; VATL 203f. – H. GLEBER: Papst Eugen III. (1145–53). Jena 1936; M. MACCARRONE: Papato ed impero dalla elezione di Federico I alla morte di Adriano IV. Rom 1956; F.-J. SCHMALE: Das Papsttum im Zeitalter Bernhards von Clairvaux und der frühen Staufer: GKG 11, 176–195; O. ENGELS: Zum Konstanzer Vertrag von 1153: Deus qui mutat tempora. FS A. Becker. Sigmaringen 1987, 235–258; CH. D.G. SPORNICK: The life and reign of Pope

Eugene III. Ann Arbor 1988; M. HORN: Studien zur Geschichte Papst Eugens III. (1145–53). Frankfurt (Main) 1992; R. HIESTAND: Von Troyes – oder Trier? – nach Reims: Zur Generalsynode Eugens III. im Frühjahr 1148: Papstgeschichte und Landesgeschichte. FS H. Jakobs. Köln 1995, 329–348.   *Johannes Laudage*

Eugen IV. (3.3.1431–23.2.1447), Augustiner-Eremit, vorher *Gabriele Condulmer;* Neffe Gregors XII., * 1383 Venedig als Spross einer venezianischen Kaufmannsfamilie, in monastischem Geist augustinischer Prägung erzogen, Mitgründer der Kongregation von San Giorgio in Alga, kuriale Ämterlaufbahn, 1407 Bischof von Siena, 1408 Kardinalpriester von San Clemente. Als Kompromisskandidat zwischen den Orsini und den Colonna zum Papst gewählt, am 12.3.1431 gekrönt. Eugen belebte die Krise des Papsttums der Schismazeit vor 1417 wieder, als er ohne nötiges Fingerspitzengefühl in Gegensatz zum ⁄Kardinalskollegium geriet und Front gegen konziliaristische Tendenzen in der Kirche machte, indem er das noch von seinem Vorgänger einberufene Konzil von Basel im Dezember 1431 auflöste. Infolge großen Widerstands musste er seine Maßnahme am 15.12. 1433 zurücknehmen und das Konzil anerkennen; die Auseinandersetzung mit dem Konziliarismus wurde zum Leitmotiv seines Pontifikats. Dem steigenden Druck der Basler Verhandlungen, die besonders in der Unionsfrage mit der griechischen Kirche unüberwindliche Gegensätze hervorbrachten, begegnete er mit der Verlegung der Synode in seinen unmittelbaren Einflussbereich nach Ferrara (1437), schließlich nach Florenz. Der Bruch wurde endgültig, als die in Basel verbliebenen Synodalen ihn am 25.6.1439 absetzten und mit Felix V. einen neuen Papst wählten. Dennoch gelang Eugen mit dem Abschluss der Kirchenunion (5.7.1439) sein bedeutendster Erfolg, dessen Wirkung zwar eingeschränkt blieb, der ihm aber bei den weltlichen Herrschern, von ihrer monarchischen Einstellung her ohnehin misstrauisch gegenüber einem Kirchenparlament, Ansehen eintrug. Sollte sich der Papst, unterstützt von brillanten Kirchentheoretikern und befördert durch die Gewährung von Privilegien und den Abschluss von Konkordaten für einzelne Länder, gegenüber Basel und Konzilspapst durchsetzen, musste er jedoch noch weiter gehende Zugeständnisse gegenüber den weltlichen Herrschern machen (so schon mit der Pragmatischen Sanktion von Bourges 1438). Die Anerkennung durch Kaiser Friedrich III. und die Kurfürsten (1445/47) sicherte seine Amtsführung letztlich ab. Als wenig erfolgreich erwies sich seine Italienpolitik, da ihr eine konstante Linie gegenüber den dort herrschenden Kräften (besonders Mailand, Anjou, Aragón) fehlte und brutale Gewaltanwendung mit wankelmütigen Entscheidungen wechselte. Bildungsanforderungen und humanistischen Strömungen gegenüber aufgeschlossen, konnte Eugen jedoch letztlich seine insgesamt zu beobachtende Mittelmäßigkeit nicht abstreifen. Einer erfolgreichen, zwangsläufig flexiblen Kirchenpolitik stand sein starres Festhalten an der päpstlichen Plenitudo potestatis ebenso entgegen wie seine seit der Jugend eingeübte monastische Strenge.

▣ Quellen: Repertorium Germanicum, hg. v. Deutsches Historisches Institut in Rom, Bd. 1. Berlin–Tübingen 1916; G. FEDALTO: Acta Eugenii Papae IV. Rom 1990.

▣ Literatur: DHGE 15, 1353–59; LMA 4, 8off. – J. GILL: Eugenius IV, Pope of Christian Union. London 1961; W. BRANDMÜLLER: Der Übergang vom Pontifikat Martins V. zu Eugen IV.: QFIAB 47 (1967) 596–629; J.W. STIEBER: Pope Eugenius IV, the Council of Basel and the Secular and Ecclesiastical Authorities in the Empire. Leiden 1978; B. SCHWARZ: Die Abbreviatoren unter Eugen IV.: QFIAB 60 (1980) 200–274; R. REINHARDT: Martin V. und Eugen IV.: GKG 12, 27–38; J. HELMRATH: Das Basler Konzil 1431–49. Köln–Wien 1987; BORGOLTE 267ff.; H. MÜLLER: Die Franzosen, Frankreich und das Basler Konzil (1431–49), 2 Bde. Paderborn 1990; E. MEUTHEN: Eugen IV. Ferrara-Florenz und der lateinische Westen: AHC 22 (1990) 219–233; H. THURN: Inhaltsanalyse eines Traktats des Giuliano Cesarini für Papst Eugen IV. gegen das Konzil von Basel: De iure canonico medii aevi. FS R. Weigand. Rom 1996, 559–571.

Ludwig Vones

Eusebius (18.4.–17.8.308 [309?, 310?]), heilig (Tag 17.8.), als Martyrer verehrt; nach LP Grieche. Der schon unter Marcellus I. entstandene Streit um die Wiederaufnahme der in der Verfolgung Diokletians Abgefallenen (Lapsi) dauerte an. Die dürftige Überlieferung gestattet einigermaßen sichere Aussagen nur über die (kurze) Dauer der Amtszeit (Catalogus Liberianus). Nach Damasus I. scheint Eusebius die Wiederaufnahme der Lapsi nach angemessener Buße zugelassen zu haben, während Heraclius, Haupt einer oppositionellen Gruppe, dies „verbot". Kaiser Maxentius ließ Eusebius und Heraclius nach Sizilien deportieren, wo Eusebius bald starb. Später beigesetzt in der Calixtuskatakombe.

▣ Quellen: LP 1, CVIIff. 8ff. 74f. 167; 3, 284.

▣ Literatur: DHGE 15, 1433; HKG 1, 386f. – A. JÜLICHER: Kritische Bemerkungen zu den Papstverzeichnissen: C. MIRBT: Quellen zur Geschichte des Papsttums. Tübingen ³1911, 482f.; CASPAR 1, 99f. 128f.; A. FERRUA: Epigrammata Damasiana. Rom 1942, 129–136; B. KRIEGBAUM: Die Religionspolitik des Kaisers Maxentius: AHP 30 (1992)

7–54; L. REEKMANS: Les tombeaux des papes Gaius (283–296) et Eusèbe (309 ou 310) et des martyrs Calocerus et Parthenius dans la catacombe Calliste: Memoriam Sanctorum venerantes. FS V. Saxer. Rom 1992, 689–709; R. DAVIS: Pre-Constantine chronology. The Roman bishopric from AD 258 to 314: Journal of Theological Studies 48 (1997) 439–470. *Georg Schwaiger*

Eutychianus (4.1.274 [275?] – 7.12.282 [283?]), heilig (Tag 7.12.; kein Martyrer); nach LP Sohn des Marinus aus Tuszien.

Die römische Kirche konnte sich in dieser Zeit ungestört ausbreiten und festigen, wie die bedeutenden Erweiterungen der Grabräume in den Katakomben beweisen. Nachrichten fehlen; die ihm zugeschriebenen Dokumente sind unecht. Als letzter in der Papstgruft der Calixtuskatakombe beigesetzt (Grabinschrift aufgefunden).

▨ Quellen: LP 1, CXXXI–CLX 6f. 10 159f.; 3, 75 285.

▨ Literatur: DHGE 16, 91f.; VATL 206f. – J. WILPERT: Die Papstgruft und die Cäciliengruft in der Katakombe des heiligen Kallistus. Freiburg 1909, 19f. 35; A. JÜLICHER: Kritische Bemerkungen zu den Papstverzeichnissen: C. MIRBT: Quellen zur Geschichte des Papsttums. Tübingen ³1911, 482f.; CASPAR 1, 43 84; R. DAVIS: Pre-Constantine chronology. The Roman bishopric from AD 258 to 314: Journal of Theological Studies 48 (1997) 439–470. *Georg Schwaiger*

Evaristus (Euaristos; im Catalogus Liberianus: Aristus) (101?–107?), heilig (Tag 26.10.), nach der ältesten römischen Bischofsliste (Irenaeus von Lyon, Adversus haereses III, 3, 3)

vierter Nachfolger Petri, der nach Berechnungen des 3./4. Jh. etwa 8–13 Jahre die römische Gemeinde als Bischof geleitet haben soll (nach Anaklet I. und Clemens I., vor Alexander I.). Der Name deutet auf griechische Herkunft. Da der Monepiskopat noch nicht ausgebildet war,

darf eine führende Stellung unter den Presbytern (Episkopen) als sicher gelten. Näheres ist nicht bekannt.

▨ Quellen: LP 1, XC f. 126; 3, 72 285.

▨ Literatur: CASPAR 1, 8 13 53. ╱Alexander I. *Georg Schwaiger*

Fabianus (10.1.236–20.1.250), heilig (Tag 20.1.), Römer; Sohn des Fabius.

Nach den Wirren und der kurzen, harten Christenverfolgung unter Kaiser Maximinus Thrax gelangen ihm Festigung und organisatorischer Ausbau der römischen Kirche in der Friedenszeit vor der Verfolgung des Decius. Fabianus teilte Rom in sieben kirchliche Verwaltungsbezirke, die sieben Diakonen unterstellt wurden (MGH. AA 9/1, 75), und wandte den Coemeterien besondere Fürsorge zu. Den Eindruck seiner Persönlichkeit bezeugen u. a. Cyprian von Karthago (ep. 9, 1), Novatian (Cyprian, ep. 30, 5) und rühmende Legenden (Macarius Magnes, Apocriticus III, 24; Eusebius von Caesarea, Historia ecclesiastica VI, 29). An Fabianus richtete Origenes ein Rechtfertigungsschreiben (Hieronymus, ep. 84, 10). Fabianus starb als eines der ersten Opfer der Decischen Verfolgung und wurde in der Calixtuskatakombe beigesetzt (Sarkophag 1915 aufgefunden).

▨ Quellen: LP 1, 4 148f.; 3, 74 285; RPR(J) 1, 15ff.

▨ Literatur: DACL 5, 1058–64; DHGE 16, 317f.; BIBLSS 5, 426–429; Dizionario patristico e di antichità cristiane, ed. v. A. DI BERARDINO, Bd. 1. Casale Monferrato 1983, 1326; VATL 210. – J. WILPERT: Die Papstgräber und die Cäciliengruft in der Katakombe des heiligen Kallistus. Freiburg 1909, 18f.; F. GROSSI-GONDI: San Fabiano. Rom 1916; U. STUTZ: Die römischen Titelkirchen und die Verfassung der stadtrömischen Kirche unter Papst Fabianus: Zeitschrift der Savigny-Stiftung für Rechtsgeschichte. Kanonistische Abteilung 9 (1919) 288–312; CASPAR 1, 621f.; O. BERTOLINI: Per la storia delle diaconie romane: Archivio della Società Romana di Storia Patria 70 (1947) 1f.

Georg Schwaiger

Felix I. (5.1.268 [269?] – 30.12.273 [274?]), heilig (Tag 30.5.; kein Martyrer), nach LP Römer; Sohn des Constantius; trat in Kirchengemeinschaft mit Bischof Domnus von Antiochien (Syrien), dem Nachfolger des abgesetzten Paulus von Samosata; Kaiser Aurelian entschied, dass der Bischof die Bischofswohnung von Antiochien, die Paulus nicht räumen wollte, besitzen soll, mit dem „die Bischöfe Italiens und der Stadt Rom in Verbindung stehen" (Eusebius von Caesarea, Historia ecclesiastica VII, 30). Weitere Nachrichten über Felix sind unsicher oder gefälscht. Beigesetzt in der Calixtuskatakombe.

▨ Quellen: LP 1, CXXV 158; 3, 75 286; RPR(J) 1, 23; 2, 690.

▨ Literatur: DHGE 16, 886f.; VATL 213f. – A. JÜLICHER: Kritische Bemerkungen zu den Papstverzeichnissen: C. MIRBT: Quellen zur Geschichte des Papsttums. Tübingen ³1911, 482f.; C.H. TURNER: The papal chronology of the third century: Journal of Theological Studies 17 (1916) 349; G.P. KIRSCH: Le memorie dei martiri nelle vie Aurelia e Cornelia: Studi e Testi 38 (1924) 63–100; CASPAR 1, 621; R. DAVIS: Pre-Constantine chronology. The Roman bishopric from AD 258 to 314: Journal of Theological Studies 48 (1997) 439–470.

Georg Schwaiger

Felix (II.), Gegenpapst (355–358). Nach der Verbannung des Liberius schwor der römische Klerus mit dem Archidiakon Felix, zu Lebzeiten des Liberius keinen anderen Bischof anzuerkennen. Dennoch ließ sich Felix nach wenigen Monaten von Kaiser Constantius II. zur Übernahme der Papstwürde bestimmen und im römischen Kaiserpalast von drei arianischen Bischöfen weihen. Felix

nahm Kirchengemeinschaft mit den Arianern auf, fand aber nur beim römischen Klerus, kaum beim Volk Unterstützung. Nach Rückkehr des Liberius 358 sollten nach kaiserlichem Willen beide Bischöfe gemeinsam regieren; doch Felix wurde nach blutigen Unruhen bald vertrieben. Nach Scheitern eines gewaltsamen Rückkehrversuchs konnte sich Felix nur in der Umgebung Roms halten, gab aber seinen Anspruch bis zum Tod (22.11.365 auf seinem Landgut bei Porto) nicht auf. Liberius bemühte sich um Aussöhnung mit dessen Anhang. Seit dem 6. Jh. wurde der eidbrüchige Felix als rechtmäßiger Papst betrachtet und durch Verwechslungen als heiliger Martyrer gefeiert (Tag 29.7.), Liberius als Verräter dargestellt.

▨ Quellen: LP 1, CXXIIIff. 211; 3, 57ff. 82 286; RPR(J) 1, 35f.; Corpus scriptorum ecclesiasticorum latinorum, Bd. 35. Wien 1995, 1–4.

▨ Literatur: DHGE 16, 887ff.; LMA 4, 340; VATL 214 – I. VON DÖLLINGER: Die Papst-Fabeln des Mittelalters. Stuttgart ²1890, 126–145; L. SALTET: La formation de la légende des papes Libère et Félix: Bulletin de littérature ecclésiastique 26 (1905) 222–236; J.P. KIRSCH: Die Grabstätte der ,Felices duo pontifices et martyres' an der Via Aurelia: RQ 28 (1925) 1–20; CASPAR 1, 621; A. DILHE: L'Église et l'Empire au IVᵉ siècle. Genf 1989.

Georg Schwaiger

Felix II. (III.) (13.3.483 – 1.3.492), heilig (Tag 1.3.), Sohn des Presbyters Felix aus römischem Adel; vorher verheiratet, Vorfahr Gregors des Großen; gewählt unter dem Einfluss König Odoakars (vgl. MGH. AA XII, 445). Der Westen wurde von den Stürmen der Völkerwanderung heimgesucht (Eroberung Italiens durch Theoderich den Großen; in Afrika Katholikenverfolgung durch die arianischen Vandalen). Im Osten dauerten die Wirren um das Konzil von Chalcedon durch das Henotikon

Kaiser Zenons von 482 an. Felix verlangte die Absetzung des Patriarchen Petrus III. Mongus von Alexandrien und verhängte durch die römische Synode 484 Bann und Absetzung über Patriarch Acacius von Konstantinopel, den Urheber des Henotikons (Corpus scriptorum ecclesiasticorum latinorum, Bd. 35. Wien 1895, 155-161). Da nun Acacius seinerseits den Papst aus den Diptychen strich, kam es zum ersten Schisma zwischen Rom und dem Osten (bis 519). 487 erließ eine römische Synode Bestimmungen über die Kirchenbuße der im Vandalenbereich Abgefallenen. Felix erscheint als kraftvolle Persönlichkeit. Er nahm sich der von den Vandalen verfolgten Katholiken an und wandte sich entschieden gegen die drückende kaiserliche Bevormundung. Sein schriftführender Archidiakon führte als Papst Gelasius I. die Klärung über weltliche und geistliche Gewalt fort.

▨ Quellen: LP 1, 252ff.; 3, 87 286; RPR(J) 1, 80–83; 2, 693 736; A. THIEL (Hg.): Epp. Romanorum Pontificum Genuine, Bd. 1. Braunsberg 1867, Nachdruck Hildesheim 1974, 221–284; E. SCHWARTZ: Publizistische Sammlung zum Akazianischen Schisma. München 1934, 202–219.
▨ Literatur: LMA 4, 340; DHGE 16, 889–895; VATL 214f. – CASPAR 2, 24–44; J.T. MILIK: La famiglia di Felice III papa: Epigrafica 28 (1966) 140ff.; W. ULLMANN: Gelasius I. Stuttgart 1981; P. NAUTIN: La lettre de Félix III à André de Thessalonique et sa doctrine sur l'Église et l'Empire: Revue d'histoire ecclésiastique 77 (1982) 5–34; DERSELBE: La lettre ‚Diabolicae artis‘ de Félix III aux moines de Constantinople et de Bithynie: Revue des Études Augustiniennes 30 (1984) 263–268.   *Georg Schwaiger*

Felix III. (IV.)

(12.7.526–22.9.530), heilig (erst von Caesar Baronius ins Martyrologium Romanum aufgenommen); Sohn des Castorius, aus Samnium. Nach dem Tod Johan-

nes' I. befahl Theoderich der Große im Streit einer byzantinischen und gotischen Partei die Wahl des römischen Diakons Felix; er hatte 519 an der päpstlichen Gesandtschaft nach Konstantinopel teilgenommen, die das Schisma des Acacius beenden konnte. Regierte im Frieden mit den Ostgoten (daher königliches Gerichtsprivileg für den römischen Klerus um 527; Gebäude am Forum zur Errichtung der Kirche Santi Cosma e Damiano) und unterstützte Caesarius von Arles im Kampf gegen den Semipelagianismus und sandte ihm „Capitula" zur Gnadenlehre (aus augustinischen Texten), die dieser auf der Synode von Orange 529 annehmen ließ. Felix sind die Mosaiken in Santi Cosma e Damiano zu verdanken. Designierte (unkanonisch) sterbend Bonifatius II. als Nachfolger, was zum Einschreiten des Senats und zur Doppelwahl (Dioskur) führte.

▨ Quellen: LP 1, 270 279f.; 3, 91 286; RPR(J) 1, 110f.; 2, 694 737.
▨ Literatur: DHGE 16, 895f.; LMA 4, 340f.; VATL 215f. – L. DUCHESNE: La succession du pape Félix IV: Mélanges d'archéologie et d'histoire 3 (1883) 239–266; CASPAR 2, 798; BORGOLTE 74f.   *Georg Schwaiger*

Felix V.,

Gegenpapst,   * 4.9.1383 Chambéry, † 7.1.1451 Genf. Nach langer, v. a. gesetzgeberisch erfolgreicher Herrschaft als Graf und Herzog von Savoyen zog sich *Amadeus VIII.* 1434 mit den Rittern des von ihm gegründeten Mauritiusordens in die fürstliche Einsiedelei Ripaille am Genfer See zurück, nahm aber weiter Einfluss auf die Regierung. Seine Wahl zum Papst durch das Konzil von Basel am 5.11.1439 gegen den abgesetzten Eugen IV. dürfte im Kontakt mit den führenden Konzilsvätern aus dem Raum Savoyen-Lyon, v. a. Kardinal Louis

Aleman, erfolgt sein; vorausgegangen war ihr ein massiver Zustrom savoyischer Geistlicher zur Synode. Der Pontifikat wurde schon bald für beide Seiten zur Enttäuschung, weil Felix, der so seine eigene Karriere und den Ruhm seines Hauses krönen wollte, die radikalen Ideen des Konzils kaum teilte und über die zögerliche Ausstattung mit Pfründen und Rechten verstimmt war. Seinerseits brachte er der Synode weder große finanzielle noch die v. a. erhoffte politische Unterstützung durch die wichtigsten europäischen Mächte ein, die nach dem Abendländischen Schisma vor erneuter Kirchenspaltung zurückschreckten. Als ihm 1443 auch Aragón, Mailand und Schottland die Oboedienz aufkündigten, reduzierte sich diese zusehends auf den „Ersatzkirchenstaat" Savoyen, wo Felix seit November 1442, meist in Lausanne, residierte und 1444 auch die Administration des Bistums Genf übernahm. Im Verlauf der wesentlich durch Frankreich bewirkten Liquidation des Konzils wurde am 7.4.1449 auch Felix zum – reich privilegierten – Rücktritt bewegt; bis zu seinem Tod ließ Nikolaus V. ihn u. a. als Dauerlegaten und -vikar im Bereich seiner ehemaligen Oboedienz amten.

Literatur: DHGE 16, 896.; LMA 4, 341; VatL 216f. – E. MONGIANO: La cancelleria di un antipapa. il bollario di Felice V (Amedeo VIII di Savoia). Turin 1988; H. MÜLLER: Die Franzosen, Frankreich und das Basler Konzil (1431-49), 2 Bde. Paderborn 1990; F. COGNASSO: Amedeo VIII. Mailand 1991; B. ANDENMATTEN (Hg.): Amédée VIII. – Felix V. Premier duc de Savoie et pape. Colloque international Ripaille-Lausanne, 1990. Lausanne 1992 (besonders J.W. Stieber).

Heribert Müller

Formosus (3.10.891–4.4.896), * um 816. Schon als Bischof von Porto bei Rom (864–876) begann Formosus seine kirchenpolitische Karriere als begabter, ehrgeiziger Helfer der Päpste, v. a. durch mehrere Legationen: 866 Bulgarenmission (Erhebung zum Erzbischof von Bulgarien scheiterte am Widerstand Nikolaus' I.), päpstliche Aufträge in Konstantinopel, Verhandlungen mit verschiedenen fränkischen Herrschern. Johannes VIII. (872–882), mit dem Formosus vielleicht schon bei dessen Erhebung konkurrierte (Arthur Lapôtre), exkommunizierte Formosus am 19.4.876, angeblich wegen Verschwörung gegen Kaiser und Papst. Formosus floh ins Westfrankenreich, das Urteil wurde auf den Synoden von Ponthion (Juli 876) und Troyes (August 878) erneuert (878 Zulassung zur Laienkommunion). Von Marinus I. 883/884 wieder in Porto eingesetzt, wurde Formosus am 3.10.891 gegen das zunächst wohl nicht beachtete Translationsverbot selbst Papst (als schon geweihter Bischof in Form einer erstmals in späteren Streitschriften belegten „inthronizatio"). Formosus trat mit den wichtigsten Zentren des Orbis christianus in Kontakt: mit England (bezüglich Besetzungen von Bischofsstühlen und des Primats von Canterbury), Katalonien (Gerona) und der ostfränkischen Kirche (besonders wegen des Streites um die Zugehörigkeit Bremens zur Kirchenprovinz Köln oder Hamburg), dem Westfrankenreich (besonders im Streit um die Thronfolge zwischen Odo und Karl dem Einfältigen). Die Spannungen mit Byzanz konnte Formosus nicht endgültig beilegen. In Italien und Rom wurde sein Verhältnis zu den Spoletinern nach der Kaiserkrönung Widos III. und dessen Sohnes Lambert (30.4.892 mit Abschluss eines Pactum) zunehmend problematisch (vgl. Eintrag im Verbrüderungsbuch von Remiremont). Formosus wandte sich v. a. wegen dieser Bedrohung zweimal an den ostfränkischen König Arnulf (Kaiserkrönung im Februar 896). Nach Formosus' Tod ließ Stephan VI. 897 dessen Leichnam exhumieren und posthum verurteilen, besonders weil Formosus gegen das Translationsverbot verstoßen habe. Dessen Weihen erklärte man für nichtig. Theodor II. und Johannes IX. (Konzil von Ravenna 898) widerriefen das Urteil der „Leichensynode" Stephans, jedoch dauerten die Streitigkeiten (Gültigkeit der formosianischen Ordinationen) bis in die Pontifikate Sergius' III. und Johannes' X. Erhalten sind v. a. die Schriften der Apologeten des Formosus (Auxilius von Neapel, Eugenius Vulgarius und die anonyme „Invectiva in Romam"), die gegenüber den Gegnern die Frömmigkeit und Gelehrsamkeit des Papstes rühmen.

Quellen: LP 2, 227; 3, 288; RPR(J) 1, 435–439; 2, 705 746; MGH.Ep 7, 366–370; AUXILIUS VON NEAPEL: PL 129, 1037–1102; E. DÜMMLER: Auxilius und Vulgarius. Leipzig 1866; Invectiva in Romam, ed. v. DEMSELBEN: Gesta Berengarii. Halle 1871, 137–154.

Literatur: LMA 4, 655f.; VatL 225ff. – G. DOMENICI: Il papa Formosus: La civiltà cattolica 75 (1924) 1, 106–120 518–536; 2, 121–135; D. POP: La défense du pape Formosus. Paris 1933; I. DUJCEV: Medioevo Bizantino-Slavo, Bd. 1. Rom 1965, 149–181 548–551; G. ARNALDI: Papa Formosus e gli imperatori della casa di Spoleto: Annali della Fac. di Lettere. Università di Napoli 1 (1951) 85–104; ZIMMERMANN PA 49–73; A. LAPÔTRE: Études sur la Papauté au IXe siècle, hg. v. A. VAUCHEZ, Bd. 1. Turin 1978, 1–120; V. PERI: Le ricerche di P. Arthur Lapôtre sulla politica dei Papi alla fine del IX seculo: Rivista di storia della Chiesa in Italia 36 (1982) 125–145; BORGOLTE 125; W. HARTMANN: Die Synoden der Karolingerzeit im Frankenreich und in Italien. Paderborn 1989, 389–396; S. SCHOLZ: Transmigration und Translation. Köln u.a. 1992, 216–242; M. BACCHIEGA: Papa Formoso. Foggia ²1998. *Klaus Herbers*

Gaius (Caius) (17.12.282 [283?]–22.4.295 [296?]), heilig (Tag 22.4.; kein Martyrer); nach LP Dalmatier (ungesichert); regierte in der Zeit äußeren Friedens vor der Verfolgung Diokletians. Mit Gaius beginnt die zuverlässige Aufzeichnung der Ordinationstage. Beigesetzt in der Calixtuskatakombe (Grabschrift aufgefunden). Die Susanna-Legende (etwa 6. Jh.) machte Gaius zum Oheim Susannas, zum Verwandten Kaiser Diokletians und setzte Gaius mit dem Stifter des „titulus Gaii" in Verbindung. Gaius erscheint auch in der Passio des heiligen Sebastian.

Quellen: LP 3, 291 (Register); RPR(J) 1, 25.

Literatur: DHGE 11, 237f. – G.B. DE ROSSI: Roma sotterranea, Bd. 3. Rom 1877, 114–120; J. WILPERT: Die Papstgräber und die Cäciliengruft in der Katakombe des heiligen Kallistus. Freiburg 1909, 23f. 30; A. JÜLICHER: Kritische Bemerkungen zu den Papstverzeichnissen: C. MIRBT: Quellen zur Geschichte des Papsttums. Tübingen ³1911, 482f.; C.H. TURNER: The Papal Chronology of the Third Century: Journal of Theological Studies 17 (1916) 350f.; J.P. KIRSCH: Die römischen Titelkirchen im Altertum. Paderborn 1918, 70–74 152ff.; CASPAR 1, 621; L. REEKMANS: Les tombeaux des papes Gaius (283–296) et Eusèbe (309 ou 310) et les martyrs Calocerus et Parthenius dans la catacombe Calliste: Memoriam Sanctorum venerantes. FS V. Saxer. Rom 1992, 689–709; R. DAVIS: Pre-Constantine chronology. The Roman bishopric from AD 258 to 314: Journal of Theological Studies 48 (1997) 439–470. *Georg Schwaiger*

Gelasius I. (1.3.492–19.11.496), heilig (Tag 21.11.), * Rom; als Schreiber und Berater kirchenpolitisch bereits unter seinen Vorgängern Simplicius und Felix III. als schriftführender Archidiakon aktiv, unterhielt nach dem Herrschaftsantritt König Theoderichs I. (493) intensive Beziehungen zum ostgotischen Hof. Er stellte durch seine unnachgiebige Haltung im Acacianischen Schisma seine

Standhaftigkeit gegenüber den cae-saropapistischen Tendenzen der oströmischen Kaiser unter Beweis, indem er auf die Streichung des Acacius aus den konstantinopolitanischen Diptychen bestand und so die Spaltung aufrechterhielt (bis 519). Zur Stützung seiner Position entwickelte er die zunächst in ep. 12 an Kaiser Anastasius I. formulierte und im vierten Traktat vollendete Lehre über „beiderlei Gewalten" („utraque potestas"), in der er den gleichermaßen göttlichen Ursprung von Königtum („regnum") und Priestertum („sacerdotium") betont und eine Abgrenzung ihrer Aufgaben vornimmt: die Zuständigkeit des „regnum" für den weltlichen Bereich erkennt Gelasius an, betont jedoch seine Unterordnung im Hinblick auf die Verantwortung vor Gott unter das „sacerdotium", dem die „res divinae" anvertraut sind. Die gelasianische Zweigewaltenlehre wurde in der Form der Zweischwertertheorie für die Bestimmung des Verhältnisses zwischen Kirche und Staat im Mittelalter maßgeblich.

Gelasius verfasste sechs theologische *Traktate*, einen gegen den Pelagianismus *(Dicta adversus Pelagianam haeresim)*, einen gegen die heidnischen Lupercalien und vier gegen den Monophysitismus. Unter seinem Namen sind auch zahlreiche *Briefe* bzw. *Dekretalien* überliefert (über hundert vollständige oder fragmentarische Texte). Als Falsa sind das so genannte „Decretum Gelasianum de recipiendis et non recipiendis libris" sowie das so genannte „Sacramentarium Gelasianum" (so Walafried Strabo) entlarvt.

▓ Quellen: CPL 1667-75; PL 59, 9-190; PLS 3, 739-787; A. THIEL (Hg.): Epp. Romanorum Pontificum Genuinae, Bd. 1. Braunsberg 1867, Nachdruck Hildesheim 1974, 285-613; E. SCHWARTZ: Publizistische Sammlung zum Akazianischen Schisma. München 1934 (epp. 3 8-10 12 27 45; tractatus II-IV); Sources chrétiennes, ed. v. H. DE LUBAC-J. DANIÉLOU, Bd. 65. Paris 1960.
▓ Literatur: DHGE 20, 283-294; TRE 12, 273-276; LMA 4, 1197. – F. DVORNIK: Pope Gelasius and Emperor Anastasius: Byzantinische Zeitschrift 44 (1951) 111-116; W. ENSSLIN: Auctoritas und Potestas. Zur Zweigewaltenlehre des Papstes Gelasius I.: Historisches Jahrbuch 75 (1955) 661-668; A.W.J. HOLLEMANN: Pope Gelasius I. and the Lupercalia. Amsterdam 1974; W. ULLMANN: Gelasius I. (492-496). London 1979, deutsch Stuttgart 1981; G. MANCUSO: ‚Auctoritas sacrata pontificis' e ‚auctoritas principis': Apollinaris 68 (1995) 193-204; P.G. CARON: L'interpretazione della Lettera gelasiana nel pensiero e nell'azione dei papi del duecento: FS P. Bellini. Catanzaro 1999, 161-174. *Mario Spinelli*

Gelasius II. (24.1.1118-29.1.1119), vorher *Johannes von Gaeta*. Oblate und Mönch in Montecassino, Schüler Alberichs von Montecassino, dort Verfasser mehrerer Viten. Vielleicht als Neffe des Kardinalbischofs Johannes III. von Tusculum am 23.8.1088 Subdiakon und Prosignator Urbans II., am 23.9.1088 Kardinaldiakon, spätestens am 1.7.1089 päpstlicher Kanzler (Einführung des „Cursus", unfreundlich gegen Cluniazenser?). Titelkirche Santa Maria in Cosmedin erst seit dem 30.11.1101 bekannt (von ihm erneuert), 1116 wieder in Montecassino. Nach dem Tod Paschalis' II. vom Kardinalbischof Petrus von Porto nach Rom geholt, Papstwahl in Santa Maria in Pallaria, am 10.3. Weihe in Gaëta. Im September 1118 flüchtete er vor den Frangipani nach Frankreich. Gelasius war in der Investiturfrage unnachgiebig, starb in Cluny und wurde dort beigesetzt.

▓ Quellen: PL 163, 473-514 (Vita und Briefe); LP 2, 311-321; L.A. MURATORI: Rerum Italicarum scriptores ab anno aerae christianae 500 ad 1500, Bd. 3. Mailand 1723, 417f. (Vita).

Literatur: LMA 4, 1197f.; VATL 248f. – R. KROHN: Der päpstliche Kanzler Johannes von Gaëta. Dissertation. Marburg 1918; O. ENGELS: Papst Gelasius II. als Hagiograph: QFIAB 35 (1955) 1–45; DERSELBE: Die hagiographischen Texte Papst Gelasius' II. in der Überlieferung der Eustachius-, Erasmus- u. Hypolistuslegende: Historisches Jahrbuch 76 (1957) 118–133; D. LOHRMANN: Die Jugendwerke des Johannes von Gaëta: QFIAB 47 (1967) 355–445; R. HÜLS: Kardinäle, Klerus und Kirchen Roms, 1049–1130. Tübingen 1977, 231f.; H.E.J. COWDREY: The Age of Abbot Desiderius. Oxford 1983; R. VOLPINI: Documenti nel ‚Sancta sanctorum' del Laterano. I resti dell' ‚Archivio' di Gelasio II: Lateran 52 (1986) 215–264; F. DOLBEAU: Recherches sur les œuvres littéraires du pape Gélase II: Analecta Bollandiana 107 (1989) 65–127 347–383; K. SCHREINER: Gregor VIII., nackt auf einem Esel: Ecclesia et regnum. FS F.-J. Schmale. Bochum 1989, 155–202; G. ANDRISANI: Gelasio II a Capua: Benedictina 40 (1993) 35–47.   *Odilo Engels*

Gregor I. der Große (590–12.3.604), heilig (Tag 3.9.). * 540 Rom.

1. Historische Gestalt • 2. Leben • 3. Pontifikat • 4. Missionstätigkeit • 5. Theologisches Werk.

1. *Historische Gestalt.* Der „Konsul Gottes" wurde in einer sehr begüterter Familie geboren, die schon zwei Päpste gestellt hatte: Felix III. und Agapet I. Papst Bonifatius VIII. reihte Gregor 1295 mit Ambrosius von Mailand, Augustinus und Hieronymus in die Zahl der vier großen lateinischen Kirchenlehrer ein. Gregor war, bildlich gesprochen, janusköpfig: Er blickte in die Spätantike zurück und zugleich in das Frühmittelalter voraus. Er ist der „letzte Römer" und der erste mittelalterliche Papst. Die ehemalige Ausrichtung des lateinischen Westens nach Ostrom fristete im ravennatischen Exarchat nur noch ein kärgliches Dasein.

Das Frankenreich war seit Chlodwig zur Großmacht Westeuropas und damit zum Orientierungsfaktor aufgestiegen. Im Spiel der Mächte zwischen Byzanz, Langobarden, Franken und Goten verblasste politisch das spätantike Rom. Mit dem römischen Erbe im Rücken bereitete Gregor eine von Byzanz unabhängige Position des Westens mit vor. Gregor hat in der Geschichte der christlichen Kultur eine Wende herbeigeführt, indem er aus der klassischen Vergangenheit beibehalten wollte, was den Gläubigen nützte, und gleichzeitig adaptierte, was die christliche lateinische Kultur bis dahin an Gutem hervorgebracht hatte. Den älteren Gregor bedrängte ein gewisser Pessimismus, der ihn häufig von der „vergreisenden Welt" (mundus senescens) sprechen ließ. Besonders deutlich wird dieser Unterton in seiner *Leichenpredigt* auf Rom im Jahr 592, als die Stadt erneut von Langobarden belagert wurde.

2. *Leben.* Der jugendliche Gregor empfing eine gründliche Bildung in Grammatik, Rhetorik und Verwaltungsrecht. 572/573 wurde Gregor Praefectus urbi, höchster Beamter der Zivilregierung Roms. Die Folge war enge Vertrautheit mit den Problemen der Lebensmittelversorgung (Annona) der Stadt, der öffentlichen Ordnung, des Bauwesens und der Instandhaltung der Stadtmauern. Sein dabei geschultes Organisationstalent befruchtete seinen gesamten späteren Pontifikat. Trotz seines Erfolgs als Verwaltungsbeamter zog er sich bald in den Familienpalast am Clivus Scauri zurück. Er gründete dort eine dem heiligen Andreas geweihte Klostergemeinschaft. Ob Gregor Abt war oder nicht, lässt sich nicht entscheiden. Papst Benedikt I. oder Pelagius II. weihte ihn 578/579 zum Diakon und entsandte

ihn danach als Apokrisiar (Nuntius) an den Konstantinopler Kaiserhof. Dort konnte er wichtige politische Verbindungen knüpfen. 585/586 kehrte Gregor in das Andreaskloster zurück. Als Papst Pelagius II. im Katastrophenjahr 590 (Pest, Tiberüberschwemmungen) starb, wurde Gregor zum römischen Bischof gewählt. Sein Zögern vor Empfang der Weihe – in einigen Briefen niedergelegt – erinnert an den üblichen Demutstopos der Rhetorik.
3. Pontifikat. Energisch ging Gregor, der emphatisch seine häufigen Krankheiten beklagt, an die Arbeit. Das Langobardenproblem löste der pastorale Pragmatiker durch Zahlung einer hohen Goldsumme aus dem Patrimonium Petri. Der von Agilulf erkaufte Friede brachte ihm heftigen Tadel des oströmischen Kaisers Mauricius ein, der ihm auch im Dreikapitelstreit seine Hilfe versagte. Durch die Synode von 595 reorganisierte er die päpstliche Kurie. Sein Mitarbeiterstab durfte nur aus Klerikern und Mönchen bestehen. Eine besondere Stellung wies er dem Vicedominus zu, der das Episkopium seines Patriarchats zu organisieren und zu kontrollieren hatte. In seinem unmittelbaren Einflussbereich wünschte Gregor den verantwortungsbewussten christlichen Bischof. Nur Persönlichkeiten, deren Bild er in der *Regula Pastoralis* entworfen hatte, wurden von ihm zu Bischöfen bestimmt, auch gegen die bisherige Praxis der alten Kirche. Jeder simonistische Versuch wurde radikal unterbunden. Den reichen Landbesitz der römischen Kirche verwaltete Gregor selbst mit einigen Mitarbeitern: Bischof Januarius, Diakon Petrus und Subdiakon Antemius. Bis ins Einzelne wurden die kirchlichen Güter in Unteritalien, Sizilien, Sardinien, Gallien, Dalma-

tien und Nordafrika durchorganisiert. Den Pächtern wurden Kredite und erträgliche Pachtzinsen eingeräumt. Den Rektoren der einzelnen Regionen, meist Subdiakonen, gab Gregor Listen mit abgestuften Bestechungsgeldern für die korrupte Beamtenschaft des ravennatischen Exarchats zur Hand. Die so gewonnenen Einkünfte aus den Domänen des Patrimoniums wurden hauptsächlich für caritative Zwecke wie die Bewältigung des Asylantenproblems in Rom eingesetzt. Seine Hilfsbereitschaft bezog sich auch auf die Juden, wie sein Eingreifen in Cagliari zeigte. Aus pastoraler Verantwortung predigte Gregor gern und viel. Wenn ihm die Stimme versagte, ließ er die ausgearbeitete Predigt von einem Notar vortragen. Gregors scharfe Opposition gegen die Titulatur des Konstantinopler Stuhls πατριάρχα οἰκουμενικός beruhte auf einem Missverständnis. Sein „servus servorum Dei", das alle Nachfolger übernahmen, entsprang seinem biblischen Ideal (Mk 10,44).
4. Missionstätigkeit. Gregors klug zurückhaltende Beziehungen zu Spanien liefen über Bischof Leander von Sevilla, der eine tiefgreifende Verbesserung der Beziehungen zwischen dem Episkopat und dem westgotischen Königtum nach der Konversion Rekkareds zum Katholizismus erreicht hatte. Über Königin Theodelinde bahnte Gregor den Übertritt der Langobarden zur katholischen Kirche an. Liebenswürdiger Takt charakterisierte Gregors Umgang mit den fränkischen Bischöfen. Bei Königin Brunhilde, der er Reformen vorschlug, ohne auf ihre blutigen Familienfehden einzugehen, gelang ihm die Schaffung einer Basis für die Angelsachsenmission. Seine Briefe an hochgestellte Persönlichkeiten begleiteten stets noble Geschenke

aus seinen Reliquienschätzen. Der Mönch Augustinus aus dem Andreaskloster wurde mit genauen Instruktionen nach England gesandt. Die Missionare wurden angewiesen, an bestehende vorchristliche Bräuche anzuknüpfen, Heiligtümer in Kirchen umzuwidmen, nicht zu zerstören. Lokale Kultfeiern sollten in Martyrerfeste umgestaltet werden. Denn: „Wer einen Gipfel erklimmen will, tut dies langsam, schrittweise, nicht in Sprüngen" (ep. 56a: MGH.Ep 2, 331). In Nordafrika scheiterte Gregors Einflussnahme am Widerstand der örtlichen kirchlichen Verwaltungen. Die Ablehnung päpstlicher Eingriffe deutete Gregor als Wiederaufleben des Donatismus.

5. *Theologisches Werk.* Die Bibel ist das Kriterium seiner gesamten Theologie. Gregors Schriftauslegung verlangt das Herausarbeiten des offenen (historischen) und des verborgenen Schriftsinns. Der innere Textsinn ergibt sich aus der allegorischen Betrachtung und der moralischen Deutung. Dieses Schema des zweifachen Schriftsinns liegt dem breiten *Ijob-Kommentar* zugrunde, der um 595 in 35 Büchern vollendet wurde. Weil die moraltheologischen Erörterungen, die seine außergewöhnliche Menschenkenntnis zeigen, überwiegen, wird das Werk als Handbuch der Moraltheologie eingeordnet. Gregors *Homiliensammlung* vereinigt vierzig Homilien zu Evangelienperikopen vom Jahr 590/591 und 22 fortlaufende *Erklärungen zu Ezechiel* von 593. Die vier Bücher *Dialogi de vita et miraculis patrum Italicorum* (um 594) berichten von Wundertaten, von Prophezeiungen und Visionen, die die Wundersucht des Mittelalters gefördert haben. Buch 4, 55 bot die Grundlage der so genannten „gregorianischen Messen". Gregor

dürfte einige tausend Briefe (847 sind erhalten) geschrieben haben, die eine bedeutende historische Quelle auch hinsichtlich der Steuer- und Wirtschaftsgeschichte darstellen.

Werke: CPL 375–381.

Quellen: LP 1 312ff.; Vita auctore anonymo Anglo, ed. v. F.A. GASQUET. Westminster 1904; PL 74, 41–59; H. GRISAR: Die Gregor-Biographie des Paulus Diaconus: Zeitschrift für Katholische Theologie 11 (1887) 158–173; The earliest life of Pope Gregory the Great by an anonymous monk of Whitby, ed. v. B. COLGRAVE. Cambridge 1985.

Literatur: Reallexikon für Antike und Christentum, hg. v. TH. KLAUSER U.A., Bd. 12. Stuttgart 1983, 930–951; TRE 14, 135–145; LMA 4, 1063–66; VatL 265–268. – E.H. FISCHER: Gregor der Große und Byzanz: Zeitschrift der Savigny-Stiftung für Rechtsgeschichte. Kanonistische Abteilung 36 (1950) 15–144; C. DAGENS: Grégoire le Grand et la culture de la sapientia huius mundi et la docta ignorantia: Revue des Études Augustiniennes 14 (1968) 17–26; DERSELBE: La fin des temps et l'Église selon saint Grégoire le Grand: Rivista di storia e letteratura religiosa 5 (1969) 384–391; S. FRANK: Actio und Contemplatio bei Gregor dem Großen: Trierer Theologische Zeitschrift 78 (1969) 283–295; O. GIORDANO: L'invasione Langobardo e Gregorio Magno. Bari 1970; C. DAGENS: Saint Grégoire le Grand. Paris 1977; P. MEYVAERT: Gregory, Beda and others. London 1977; V. RECCHIA: Gregorio Magno e la società agricola. Rom 1978; P. COURCELLE: Ascesa e ruolo dei viri Dei nell'Italia di Gregorio Magno. Paris 1981; J. RICHARDS: Gregor der Große. Sein Leben – seine Zeit. Graz u.a. 1983; R. GODDING: Bibliografia di Gregorio Magno (1890–1989). Rom 1990; W.M. GESSEL: Reform am Haupt. Die Pastoralregel Gregors des Großen und die Besetzung von Bischofsstühlen: Papsttum und Kirchenreform, hg. v. M. Weitlauff–K. Hausberger. Sankt Ottilien 1990, 17–36; M. FIEDROWICZ: Das Kirchenverständnis Gregors des Großen (RQ Supplement). Freiburg 1995; S.CH. KESSLER: Gregor der Grosse als Exeget. Innsbruck 1995; P. RICHÉ: Gregor der Grosse. München 1996; V. RECCHIA: Gregorio Magno – papa ed esegeta biblico. Bari 1996; M. DOUCET: Modernité de Grégoire le Grand: Bulletin de littérature ecclésiastique 97 (1996) 119–135; R.A. MARKUS: Gregory the Great and his world. Cambridge 1997; M. SIMONETTI: Gregorio Magno e la nascità dell'Europa: Vetera christianorum 34 (1997) 311–327; R.G. TWEED: The psychology of Gregory the Great: International Journal for the Psychology of Religion 7 (1997) 101–110; E. GANDOLFO: Gregorio Magno servo dei servi di Dio. Vatikanstadt 1998; M. SCHAMBECK: Contemplatio als Missio. Zu einem Schlüsselphänomen bei Gregor dem Großen. Würzburg 1999; S.CH. KESSLER: Gregor der Große und seine Theorie der Exegese: L'esegesi dei padri latini. Rom 2000, 691–700.

Wilhelm M. Gessel

Gregor II. (19.5.715–11.2.731), heilig (Tag 13.2.), * 669 Rom. Nach den „griechischen Päpsten" war Gregor wieder von stadtrömischer Abkunft und wuchs in päpstlichen Diensten auf. Als Diakon reiste er 710/711 mit seinem Vorgänger Konstantin I. in Sachen trullanischer Synoden nach Konstantinopel. 721 leitete er eine Synode mit 22 Bischöfen, bemühte sich um Stadtbauten, Kirchen, Basiliken und Liturgie. Gegenüber Byzanz setzte er sich gegen eine „national-italische" Revolution zur Wehr, ebenso gegen Steuerforderungen. Zum Bruch führten zwei kaiserliche Edikte (726/730) über die Dogma und Frömmigkeit berührende Bilderverehrung. Gregor antwortete in zwei (zumeist als im Wesentlichen echt angesehenen) Briefen und verwahrte sich gegen Caesaropapismus. Der Langobardenkönig Liutprand übereignete 728 Sutri den Apostelfürsten und vermittelte wenig später vor Rom mit dem kaiserlichen Exarchen. Rückhalt fand Gregor an den Missionsunternehmungen im Norden: 716 kam der Bayernherzog Theodo „als erster seines Stammes"

nach Rom und verabredete eine Metropolitanverfassung (Rom direkt unterstellte Kirchenprovinz mit vier Bistümern und römischer Liturgie, alles nicht verwirklicht). Folgenreich war die am 15.5.719 ausgestellte Missionsbeauftragung Bonifatius' (dessen ep. 12) mit ausdrücklicher Verpflichtung auf die römische Tauf- (und Firm-)Liturgie, weiter dessen Weihe am 30.11.722 zum Bischof für Germanien östlich des Rheins, jedoch mit Oboedienzeid wie bei Bischöfen des römischen Metropolitanverbandes, dazu die Empfehlung an Karl Martell und die thüringischen Großen.

Wegen der Ablösung von Byzanz und der Hinwendung zum Norden hat Erich Caspar Gregor einen vorausschauenden, ja den „größten Papst des 8. Jh." genannt.

▓ Quellen: LP 1, 396–414; 3, 99f.; RPR(J) 1, 249–257; 2, 742; RPR.GP IV/4, 6–12; P. CONTE: Regesto delle lettere dei papi del secolo VIII. Mailand 1984, 192–200.

▓ Literatur: DHGE 21, 1420f. – CASPAR 2, 643–664 691–701 726ff.; G. FERRARI: Early Roman Monasteries. Vatikanstadt 1957; W. KELLY: Pope Gregory II on Divorce and Remarriage. Rom 1976; H. GROTZ: Beobachtungen zu den zwei Briefen Papst Gregors II. an Kaiser Leo III.: AHP 18 (1980) 9–40 (Nachtrag: AHP 24 [1986] 365–375); TH.F.X. NOBLE: The Republic of Saint Peter. Philadelphia 1984, 23–43; C. VOGEL: Medieval Liturgy: an Introduction to the Sources, ed. v. W.G. STOREY u.a. Washington 1986; W. HARTMANN: Die Synoden der Karolingerzeit im Frankenreich und in Italien. Paderborn 1989, 38ff.

Arnold Angenendt

Gregor III. (18.3.731–28.11.741), heilig (Tag 28.11.). Von syrischer Abkunft, setzte Gregor die Politik seines Vorgängers Gregors II. fort. Eine Synode exkommunizierte am 1.11.731 die Bilderfeinde, damit auch den Ikonoklasten Leon III.;

auf einer weiteren Synode mit den suburbikarischen Bischöfen am 12.4. 732 erfolgte die Stiftung eines mit zahlreichen Reliquien und Bildern ausgestatteten Allerheiligenheiligtums in ∕Sankt Peter (ähnlich in Sankt Paul), wo täglich ein Psalmenoffizium und eine Messe gefeiert werden sollten. Der Kaiser belegte daraufhin die süditalisch-sizilianischen Besitzungen der römischen Kirche mit konfiskatorischen Steuern und überschrieb Süditalien und Illyrien aus römischer Jurisdiktion in das Patriarchat von Konstantinopel. Gegen den Druck des Langobardenkönigs Liutprand, der 739 Rom bedrohte, wandte sich Gregor zweimal vergeblich an Karl Martell (739/740). 735 verlieh er Egbert von York das Pallium, wie schon um 732 Bonifatius, den er 738 in Rom empfing. Wegen der unsicheren Lage zwischen Ost und West ist Gregors Pontifikat als einer der schwersten der Papstgeschichte bezeichnet worden (Theodor Schieffer).

Quellen: LP 1, 415–425; 3, 100f.; RPR(J) 1, 257–262; 2, 742; RPR.GP IV/4, 12–18; P. CONTE: Regesto delle lettere dei papi del secolo VIII. Mailand 1984, 200–207.

Literatur: DHGE 21, 1421f.; VATL 269f. – CASPAR 2, 664–668 701–707 728–731; G. FERRARI: Early Roman Monasteries. Vatikanstadt 1957; A.A. HÄUSSLING: Mönchskonvent und Eucharistiefeier. Münster 1973, 288–297 360–364; TH.F.X. NOBLE: The Republic of Saint Peter. Philadelphia 1984, 38ff.; H. MORDEK: Rom, Byzanz und die Franken im 8.Jh.: Person und Gemeinschaft im Mittelalter. FS K. Schmid. Sigmaringen 1988, 123–156; W. HARTMANN: Die Synoden der Karolingerzeit. Paderborn 1989, 41ff. *Arnold Angenendt*

Gregor IV. (Herbst 827–25.1.844), geweiht gemäß der Constitutio Romana von 824 erst nach kaiserlichem Placet (828); Ausbau der Stadt Rom mit Befestigung von Ostia gegen die Sarazenen (Gregoriopolis) sowie Förderung der fränkischen Skandinavienmission. Im Konflikt Ludwigs des Frommen und seiner Söhne reiste Gregor zusammen mit Lothar I. 833 ins Frankenreich. Der fehlgeschlagene Vermittlungsversuch mündete in eine Grundsatzdebatte über die päpstliche, kaiserliche und bischöfliche Gewalt.

Quellen: LP 2, 73–85; RPR(J) 1, 323–327; 2, 702 743f.; MGH.EP 5, 71–84 228–232.

Literatur: LMA 4, 1667f. – G. LADNER: Die Papstbildnisse des Altertums und des Mittelalters, Bd. 1. Vatikanstadt 1941, 142ff.; H. LÖWE: Gozbald von Niederaltaich und Papst Gregor IV.: FS B. Bischoff. Stuttgart 1971, 164–177; U. BROCCOLI: Ostia antica, Santa Aurea, Gregoriopoli; Lunario Romano XII: Il Lazio nell'antichità romana, hg. v. R. LEFÈVRE. Rom 1982, 189–195; TH. SCHIEFFER: Adnotationes zur Germania Pontificia und zur Echtheitskritik überhaupt, 1. Teil: Archiv für Diplomatik, Schriftgeschichte, Siegel- und Wappenkunde 32 (1986) 503–545; J. FRIED: Ludwig der Fromme, das Papsttum und die fränkische Kirche: Charlemagne's Heir. New Perspectives on the Reign of Louis the Pious, hg. v. P. GODMAN-R. COLLINS. Oxford 1990, 264–271; H. SPILLING: Opus Magnentii Hrabani Mauri in honorem sanctae crucis conditum. Hrabans Beziehung zu seinem Werk. Frankfurt (Main) 1992, 36–39; PH. DEPREUX: Empereur, Empereur associé et Pape au temps de Louis le Pieux: Revue belge de philologie et d'histoire 70 (1992) 893–906; M. SUCHAN: Kirchenpolitik des Königs oder Königspolitik der Kirche?: Zeitschrift für Kirchengeschichte 111 (2000) 1–27.

Peter Johanek

Gregor V. (April 996–Februar 999), vorher *Brun*, Sohn des Kärntner Herzogs Otto aus Saliergeschlecht und Vetter des von ihm 996 in Rom gekrönten Kaisers Otto III. Besuch der Domschule in Worms, Kapellan Ottos III.; er verdankte seine römische Wahl königlicher Nomination. Den von der römischen Adelsopposition der Crescentier erhobenen

Gegenpapst Johannes XVI. vertrieb Otto und restituierte den seit Oktober 996 aus Rom geflüchteten Gregor im Februar 998, obgleich die erhoffte Kooperation zwischen Kaiser und dem „ersten deutschen Papst" nicht besonders gut funktioniert hatte, weil sich dieser römische Interessen zu Eigen machte. Gregor wahrte römische und kanonische Positionen u. a. im Schisma zwischen Arnulf und Gerbert von Aurillac in Reims oder bei der Ehescheidung des französischen Königs Robert II., beeinflusst wohl durch Abbo von Fleury. Im Beisein des Kaisers befassten sich römische Konzilien 998 mit einem Schisma in Vich und mit der Erneuerung des 981 aufgehobenen Bistums Merseburg. Mehr als dreißig Urkunden Gregors sind überliefert.

▨ Quellen: ZIMMERMANN REG; ZIMMERMANN PU Bd. 2.

▨ Literatur: LMA 4, 1668. – ZIMMERMANN PA; ZIMMERMANN J; T.E. MOEHS: Gregorius V. Stuttgart 1972; K. MITTERMAIER: Die deutschen Päpste. Graz 1991; K. GÖRICH: Otto III. Sigmaringen ²1995.

Harald Zimmermann

Gregor VI., Gegenpapst. Nach dem Tod Sergius' IV. im Mai 1012 von den Crescentiern erhoben und kurz darauf durch den Tuskulanerpapst Benedikt VIII. verdrängt, reiste Gregor Weihnachten 1012 an den deutschen Hof nach Pöhlde, wurde aber von Heinrich II. abgewiesen und zur Resignation gezwungen.

▨ Quellen: RPR(J) 2, 514; THIETMAR, Chronik 6, 101, ed. v. R. HOLTZMANN: MGH.SRG NS 9, 394f.

▨ Literatur: LMA 4, 1668. – ZIMMERMANN PA 115ff.; K.-J. HERRMANN: Das Tuskulanerpapsttum (1012–46). Stuttgart 1973, 5 7 25ff. *Johannes Laudage*

Gregor VI. (1.5.1045–20.12.1046), vorher *Johannes Gratianus,* † um 1047 (Köln?); vermutlich nicht mit

den Pierleoni verwandt, Erzpriester an San Giovanni a Porta Latina, Taufpate (und Beichtvater?) des Tuskulanerpapstes Benedikt IX., von dem er nach stadtrömischen Unruhen gegen eine Abfindungssumme das päpstliche Amt übernahm. Untadelig und von Petrus Damiani als Reformhelfer begrüßt, regierte Gregor zunächst unangefochten und verdrängte Silvester III. und Benedikt IX. Noch im November 1046 zu Piacenza von Heinrich III. in eine Gebetsverbrüderung eingeschlossen, wurde er von diesem am 20.12.1046 auf der Synode von Sutri wegen Simonie zur Selbstabsetzung gezwungen und zusammen mit Hildebrand (Gregor VII.) „ad ripas Rheni" (Köln?) ins Exil geschickt. Ein von Wazo von Lüttich nach dem Tod Clemens' II. unternommener Rehabilitierungsversuch scheiterte.

▨ Quellen: LP 2, 270; RPR(J)²1, 524f.

▨ Literatur: LMA 4, 1668f. – H. KROMAYER: Über die Vorgänge in Rom im Jahre 1045 und die Synode von Sutri 1046: Historische Vierteljahresschrift 10 (1907) 161–195; G.B. BORINO: L'elezione e la deposizione di Gregorio VI: Archivio della Società Romana di Storia Patria 39 (1916) 141–252 295–410; DERSELBE: Invitus ultra montes cum domno papa Gregorio abii: Studi gregoriani per la storia di Gregorio VII e della riforma gregoriana della Libertas Ecclesiae 1 (1947) 3–46; A. HAUCK: Kirchengeschichte Deutschlands, Bd. 3. Berlin 91958, 57of. 583–590; ZIMMERMANN PA 122–131; K.-J. HERRMANN: Das Tuskulanerpapsttum (1012–46). Stuttgart 1973, 154–159; F.-J. SCHMALE: Die ‚Absetzung' Gregors VI. in Sutri und die synodale Tradition: AHC 11 (1979) 55–103; J. LAUDAGE: Priesterbild und Reformpapsttum im 11.Jh. Köln 1984, 151–154; H. WOLTER: Die Synoden im Reichsgebiet und in Reichsitalien von 916 bis 1056. Paderborn 1988, 373–404; P. ENGELBERT: Heinrich III. und die Synoden von Sutri und Rom im Dezember 1046: RQ 94 (1999) 228–266. *Johannes Laudage*

Gregor VII. (22.4.1073–25.5.1085), heilig (Tag 25.5.), vorher *Hildebrand;* * um 1015 (laut anthropologischer Untersuchung der Gebeine) Toskana (Soana?), wohl aus nichtadliger Familie; früh in Rom, Mönch im cluniazensisch beeinflussten Marienkloster (Aventin) und ausgebildet im Lateran, u. a. durch Erzbischof Laurentius von Amalfi. Er ging 1047 als Kapellan mit Gregor VI. ins Exil nach Deutschland (Köln?), kehrte aber bereits Anfang 1049 mit Leo IX. nach Rom zurück und wurde 1050 mit der Leitung von San Paolo fuori le mura betraut. 1054 und 1056 trat er in Frankreich, 1054 und 1057/58 am deutschen Hof als päpstlicher Legat auf, erscheint als Datar in Urkunden Victors II. und wurde wohl 1058 Archidiakon der römischen Kirche, mit erheblichem Einfluss auf den Kurs des Reformpapsttums unter Nikolaus II. und Alexander II. An dessen Beisetzungstag wurde er von den Römern in tumultuarischem, von den Kardinälen anerkanntem Verfahren zum Nachfolger erhoben und benannte sich nach dem Mönchspapst Gregor I.; die Bischofsweihe empfing Gregor am 30. Juni. Wie das erhaltene Briefregister (mit 360 Einträgen) und etwa 60 weitere überlieferte Briefe zeigen, begriff Gregor seine Wahl als besonderen Auftrag Gottes, die Überwindung unkanonischer Missstände mit der Durchsetzung der päpstlichen Autorität in der gesamten Kirche zu verbinden; er respektierte dabei die weltliche Gewalt, soweit sie sich in Dienst nehmen ließ. Dahinter stand weniger ein systematisches Konzept als vielmehr elementare religiöse Intuition, wie sie sich in den scharf gemeißelten Sätzen des *Dictatus papae* von 1075 ausdrückt. Gehorsam gegenüber dem heiligen Petrus und seinem Nachfolger wurde zum ausschlaggebenden Maßstab,

der notfalls die hierarchische Ordnung der Kirche sprengte und auch eine Neubewertung der weltlichen Gebieter beförderte. Gregor suchte – schon um ihnen seine Reformforderungen einzuschärfen – als erster mittelalterliche Papst Kontakt zu allen Herrschern seiner Zeit und machte dabei terminologisch keinen Unterschied mehr zwischen dem König in Deutschland und den übrigen; gegenüber Dänemark, Ungarn, Dalmatien, den süditalischen Normannen, Spanien und selbst England beanspruchte er eine Lehnshoheit, die ihm finanziellen und militärischen Rückhalt verschaffen sollte. Mit der Idee einer „militia sancti Petri" ist Gregor ein Wegbereiter der Kreuzzugsbewegung geworden.

Der schicksalhafte Konflikt mit König Heinrich IV. (Investiturstreit) löste eine zunächst schärfere Konfrontation mit König Philipp I. von Frankreich ab und entsprang der Enttäuschung darüber, dass der Salier sich einem Zusammenwirken gegen den deutschen Episkopat bei der päpstlichen Kirchenreform versagte und seine Kirchenhoheit in Italien sogar intensivierte. Als Heinrich ihm mit der Mehrzahl der deutschen Bischöfe am 24.1.1076 in Worms die Anerkennung entzog, brachte Gregor die Kraft auf, aus der papalistischen Doktrin die denkbar radikalsten Folgerungen zu ziehen und auf der römischen Fastensynode von 1076 den König nicht bloß zu exkommunizieren, sondern – wie kein Papst vor ihm – auch abzusetzen, indem er alle Untertanen von ihren Treueiden entband. Die ungeheure Resonanz dieses Schritts stürzte das salische Königtum in eine tiefe Krise und nötigte Heinrich, dem zur Neuwahl eines Königs nach Deutschland reisenden Papst bußfertig bis zur Burg Canossa entgegenzueilen, wo ihm Gregor am 28.1.1077 widerstrebend die Absolution erteilte. Dem prinzipiellen Sieg der geistlichen Strafgewalt stand der politisch-taktische Vorteil Heinrichs gegenüber, seiner deutschen Opposition so viel Legitimation genommen zu haben, dass die Wahl des Gegenkönigs Rudolf im Beisein päpstlicher Legaten (15.3. 1077) ohne durchschlagenden Erfolg blieb. Gregor, der spätestens 1078 die Konsequenz eines grundsätzlichen Investiturverbots zog, schwankte zwischen dem Anspruch auf ein Schiedsgericht über beide Rivalen und der Hoffnung auf eine Einigung mit dem Salier, bis er auf der Fastensynode von 1080 den endgültigen Bruch vollzog. Auf die Anerkennung Rudolfs als König und die eigene erneute Absetzung reagierte Heinrich in Brixen (25.6. 1080) mit der Nomination des Erzbischofs Wibert von Ravenna zum Gegenpapst (Clemens III.) und, nach dem militärischen Scheitern des Gegenkönigs, seit 1081 mit dem Vormarsch auf Rom, wo Gregor ohne zuverlässige Bundesgenossen nur hinhaltenden Widerstand leisten konnte. Unbeugsam in der Sache und vom Großteil auch der Kardinäle verlassen, musste Gregor von der /Engelsburg aus am 21.3.1084 den Einzug Heinrichs in Rom und am 31.3. dessen Kaiserkrönung durch den Gegenpapst in /Sankt Peter erleben. Ende Mai durch den Normannenherzog Robert Guiscard befreit, verbrachte Gregor noch ein Lebensjahr als Flüchtling in Salerno, von wo aus er einen letzten Hilferuf an alle Getreuen aussandte. Grab im Dom von Salerno.

Obgleich persönlich gescheitert, war Gregor einer der bedeutendsten Päpste der Geschichte, weil er der Kirchenreform des 11. Jh. zum endgültigen Durchbruch verhalf und dem Gedanken der hierokratischen Autonomie eine gesamtabendländische Dimension gab. Dies geschah nicht so sehr durch seine schriftlichen Äußerungen, die nur bemerkenswert geringen Niederschlag in der kanonistischen Tradition fanden, sondern durch sein resolutes Handeln, das überkommene Werte wie Sakralkönigtum und Eigenkirchenwesen entscheidend erschütterte und einer neuartigen „Freiheit der Kirche" (libertas ecclesiae) unter Leitung des Papsttums den Weg ebnete. Kanonisation 1606 durch Paul V.

Quellen: Gregorii VII Vitae: J.B. WATTERICH: Pontificum Romanorum qui fuerunt inde ab exeunte saeculo IX usque ad finem saeculi XIII vitae ab aequalibus conscriptae etc., Bd. 1. Leipzig 1862, 293–546; RPR(J)² 1, 594–649; 2, 712f. 751; Das Register Gregors VII., hg. v. E. CASPAR (MGH.ES 2). Berlin 1920–23, Nachdruck München 1978; L. SANTIFALLER: Quellen und Forschungen zum Urkunden- und Kanzleiweisen Papst Gregors VII., Bd. 1. Rom 1957; The Epistolae Vagantes of Pope Gregory VII, ed. v. H.E.J. COWDREY. Oxford 1972.

Literatur: DHGE 21, 1424–33; TRE 14, 145–152; LMA 4, 1669ff. – G. MEYER VON KNONAU: Jahrbücher des Deutschen Reiches unter Heinrich IV. und Heinrich V., Bd. 1–4. Berlin 1890–1903; E. CASPAR: Gregor VII. in seinen Briefen: Historische Zeitschrift 130 (1924) 1–30; CH. SCHNEIDER: Prophetisches Sacerdotium und heilsgeschichtliches Regnum im Dialog 1073–77. München 1972; J. GILCHRIST: The Reception of Pope Gregory VII into the Canon Law (1073–1141): Zeitschrift der Savigny-Stiftung für Rechtsgeschichte. Kanonistische Abteilung 59 (1973) 35–82, 66 (1980) 192–229; W. GOEZ: Zur Persönlichkeit Gregors VII.: RQ 73 (1978) 193–216; R. SCHIEFFER: Gregor VII., ein Versuch über die historische Größe: Historisches Jahrbuch 97/98 (1978) 87–107; I.S. ROBINSON: ,Periculosus homo': Pope Gregory VII and Episcopal Authority: Viator 9 (1978) 103–131; R. SCHIEFFER: Die Entstehung des päpstlichen Investiturverbots für den deutschen König. Stuttgart 1981; G.

FORNASARI: Del nuovo su Gregorio VII?: Studi medievali 24 (1983) 315–353; J. VOGEL: Gregor VII. und Heinrich IV. nach Canossa. Berlin 1983; I.S. ROBINSON: Pope Gregory VII: Journal of ecclesiastical history 36 (1985) 439–483; G. FORNACIARI U.A.: Il regime di vita e il quadro fisico-clinico di Gregorio VII: Rassegna storica salernitana Nuova Serie 2/2 (1985) 31–90; D. JASPER: Das Papstwahldekret von 1059. Sigmaringen 1986, 34–46; H. FICHTENAU: Cluny und der Mönch Hildebrand (Gregor VII.): DERSELBE: Beiträge zur Mediävistik, Bd. 3. Stuttgart 1986, 122–146; G. TELLENBACH: Die westliche Kirche vom 10. bis zum frühen 12.Jh.: Die Kirche in ihrer Geschichte, hg. v. B. MÖLLER, Bd. 2/1. Göttingen 1988, 152–200; H.-W. GOETZ: Tradition und Geschichte im Denken Gregors VII.: Historiographia Mediaevalis. FS F.-J. Schmale. Darmstadt 1989, 138–148; H. THOMAS: Gregors VII. imperiale Politik und der Ausbruch seines Streites mit Heinrich IV.: FS E. Hlawitschka. Kallmünz 1993, 251–265; J. ENGLBERGER: Gregor VII. und die Investiturfrage. Köln 1996; H.E.J. COWDREY: Pope Gregory VII. Oxford 1998; U.R. BLUMENTHAL: Zu den Datierungen Hildebrands: Forschungen zur Reichs-, Papst- und Landesgeschichte. FS P. Herde. Stuttgart 1998, 145–154; R. WAHL: Heinrich IV. Der Gang nach Canossa. Eine Historie. Augsburg 1999; T. STRUVE: Heinrich V. in der historiographischen Tradition des 19. und 20.Jh.: Historisches Jahrbuch 119 (1999) 52–64; U.R. BLUMENTHAL: Gregor VII. Papst zwischen Canossa und Kirchenreform. Darmstadt 2001.   *Rudolf Schieffer*

Gregor VIII. (21.10.–17.12.1187), Augustiner-Chorherr, vorher *Albertus de Morra,* * Anfang 12. Jh. Benevent, Magister in Bologna, seit 1155/1156 als Kardinal mit zahlreichen Legationen betraut, 1178 Kanzler der römischen Kirche. Sein Pontifikat war bestimmt von Bemühungen um den Ausgleich mit Friedrich I. Barbarossa und einen neuen Kreuzzug sowie von einer Ausweitung der päpstlichen Gesetzgebung. Als Verfasser einer „Forma dictandi" kann er nicht mehr gelten.

Literatur: VATL 276. – P. KEHR: Papst Gregor VIII. als Ordensgründer: Studi e Testi 38 (1924) 248–275; W. HOLTZMANN: Die Dekretalen Gregors VIII.: Mitteilungen des Instituts für Österreichische Geschichtsforschung 58 (1950) 113–123; A. DALZELL: The Forma Dictandi attributed to Albert of Morra and related texts: Mediaeval Studies 39 (1977) 440–465; P. NADIG: Gregorio VIII e i suoi 57 giorni di pontificato: Studi beneventani 1 (1989) 85–158.

Ulrich Schmidt

Gregor VIII., Gegenpapst (8.3.1118– April 1121), vorher *Mauritius Burdinus* (Maurice Bourdin); * Burgund oder Limousin, † nach 1137; Cluniazenser, von Erzbischof Bernhard von Toledo nach Spanien geholt und vor dem 18.3.1099 zum Bischof von Coimbra, Anfang 1109 zum Erzbischof von Braga gewählt (Palliumverleihung im Sommer 1109), 1104/1108 Pilgerfahrt ins Heilige Land, von wo er u. a. das vermeintliche Haupt des heiligen Jakobus (des Jüngeren) mitbrachte. Als seine Stellung in Spanien wegen Rechtsstreitigkeiten mit Toledo um Suffragane und wegen seiner Absetzung als Erzbischof auf dem Konzil von Palencia (25.10.1113) trotz günstiger päpstlicher Entscheidungen (3.11./4.12.1114) unhaltbar und seine erzbischöfliche Jurisdiktion durch den Papst beschnitten wurde, trat er in Rom schließlich auf die Seite des Kaisers und vollzog an Heinrich V. in der Peterskirche eine Festkrönung (25.3.1117). Heinrich erhob ihn zum Papst gegen Gelasius II., dieser exkommunizierte ihn (7.4.1118) und setzte ihn ab. Vom Kaiser fallen gelassen, wurde Gregor im April 1121 in Sutri durch Kardinal Johannes von Crema gefangen genommen und nach schimpflichem Umzug als „burdinus" auf einem Esel durch die Straßen Roms in der Abtei La Cava, dann in San Germano bei Montecassino, schließlich in Castel Fumone bei Alatri in Haft gehalten. Im August 1137 als noch lebender Gefangener in La Cava bezeugt.

■ Literatur: DHGE 21, 1433–36; LMA 4, 1671; VATL 276. – C. ERDMANN: Mauritius Burdinus: QFIAB 19 (1927) 205–261; P. DAVID: L'énigme de Maurice Bourdin: derselbe: Études historiques sur la Galice et le Portugal. Lissabon–Paris 1947, 441–501; L. VONES: Die ‚Historia Compostellana' und die Kirchenpolitik des nordwestspanischen Raumes 1070–1130. Köln 1980; K. SCHREINER: Gregor VIII., nackt auf einem Esel: Ecclesia et Regnum. FS F.-J. Schmale. Bochum 1989, 155–202. *Ludwig Vones*

Gregor IX.   (19.3.1227–22.8.1241), vorher *Hugo(lin) Graf von Segni*, * kurz vor 1170 Anagni; Verwandter Innozenz' III. und Alexanders IV., Priesterweihe in Anagni, Studium in Paris, vielleicht auch in Bologna. 1198 durch Innozenz III. Kapellan an der Kurie, Ende des Jahres Kardinaldiakon von Sant'Eustachio. 1199 und 1202 wichtige Legationen in Süditalien und Sizilien, 1206 Kardinalbischof von Ostia und damit Dekan des Kardinalskollegiums. 1207–1209 Legationen in Deutschland (Thronstreit). Unter Honorius III. dominierender Ratgeber und mehrfach Legat in Mittel- und Oberitalien (Kreuzzug, Ketzerfrage, lombardische Städte). Kraft seines Amtes salbte er Friedrich II. anlässlich der Kaiserkrönung (1220). Die politischen Auseinandersetzungen mit ihm, den er zweimal bannte (1227: Abbruch des Kreuzzugs; 1239: antipäpstliche Politik, Bedrückung der sizilianischen Kirche, Behinderung des Albigenserkrieges usw.) und dessen Absetzung er kurz vor seinem Tod plante, überschatteten den Pontifikat; der Friede von San Germano/Ceprano (1230) brachte nur einen vorübergehenden Modus Vivendi, ohne die tieferen Ursachen des Konflikts (Kirchenstaat und Oberitalien, sizilianische Kirchenpolitik, Verhältnis von weltlicher und geistlicher Gewalt) beseitigen zu können. Begleitet waren die Auseinandersetzungen von einem Propagandakrieg gleichsam apokalyptischer Dimensionen. Innerkirchlich galt seine besondere Fürsorge den neuen Orden (Kamaldulenser, Zisterzienser, Dominikaner, Florenser; Ritterorden), v.a. den Franziskanern, deren erster Kardinalprotektor er wurde und an deren erster Regel (1223) er mitwirkte, auch an der Verfassung für den Dritten Orden. Auch die Klarissen verdanken ihm ihre Regel (1218/19). Die auf seine Veranlassung von Raimund von Peñafort parallel zu Friedrichs II. „Liber Augustalis" erstellte Dekretalensammlung (1234) wurde als „Liber Extra" Bestandteil des bis 1917 geltenden Corpus Iuris Canonici. Das Kapitel „De haereticis" (X 5, 7) bietet eine strafrechtliche Regelung der Ketzerverfolgung, die Gregor – Vorgaben Friedrichs II. folgend – in Form der Inquisition durch eigens Beauftragte (Dominikaner, 1231) durchführen ließ.

■ Quellen: Viten: L.A. MURATORI: Rerum Italicarum scriptores ab anno aerae christianae 500 ad 1500, Bd. 3. Mailand 1724, 570–587; P. FABRE–L. DUCHESNE: Le Liber censuum de l'Eglise romaine, Bd. 2. Paris 1910, 18–36; RPR(P) 1, 680ff.; 2, 2099ff.; MGH.EP saeculi XIII 1, 261–739; G. LEVI: Registri dei Card. Ugolino d'Ostia. Rom 1890; Registres de Grégoire IX, ed. v. L. AUVRAY, 4 Bde. Paris 1896–1955; H. GOLUBOVICH: Disputatio Latinorum et Graecorum seu Relatio Apocrisiariorum Gregorii IX. de gestis Nicaeae in Bithynia et Nymphaeae in Lydia (1234): Archivum Franciscanum historicum 12 (1919) 418–470; Acta Honorii III et Gregorii IX e registris vaticanis aliisque fontibus, ed. v. A.L. TÀUTU. Vatikanstadt 1950.

■ Literatur: DHGE 21, 1437f.; LMA 4, 1671f.;

TRE 14, 152–155. – E. BREM: Papst Gregor IX. bis zum Beginn seines Pontifikats. Heidelberg 1911; S. SIBILIA: Gregorio IX. Mailand 1961; S. KUTTNER: Raymond of Peñafort as editor: The ‚decretales' and ‚constitutiones' of Gregory IX: Bulletin of Medieval Canon Law 12 (1982) 65–80; W. MALECZEK: Papst und Kardinalskolleg von 1191–1216. Wien 1984, 126–133; J.P. LOMAX: Ingratus or Indignus: Canonist Argument in the Conflict between Pope Gregory IX and Emperor Frederick II. Dissertation. Kansas 1987; E. PÁSZTOR: Saint Francis, Cardinal Hugolino, and the ‚Franciscan Question': Analecta Tertii Ordinis Regularis Sancti Francisci de Paenitentia 19 (1986/87) 461–497; A. MARINI: La ‚forma vitae' di San Francesco per San Damiano tra Chira d'Assisi, Agnese di Boemia ed interventi papali: Hagiographica 4 (1997) 179–195; F. LIOTTA: I papi Anagnini e lo sviluppo del diritto canonico classico: AHP 36 (1998) 33–47; P. SEGL: ‚Quoniam abundavit iniquitas'. Zur Beauftragung der Dominikaner mit dem ‚negotium inquisitionis' durch Papst Gregor IX.: Rottenburger Jahrbuch für Kirchengeschichte 17 (1998) 53–65. *Theo Kölzer*

Gregor X. (1.9.1271–10.1.1276), selig (Tag 9.1.), vorher *Tedaldo Visconti;* * um 1210 Piacenza, † Arezzo; Studium in Paris (1248/52), Kanonikat in Lyon (Saint Jean). Als Archidiakon von Lüttich seit 1259 an englischen Legationen beteiligt. Während einer Pilgerfahrt im Heiligen Land wurde er in ∕Viterbo nach dreijähriger Sedisvakanz (seit dem 29.11. 1268) als Kompromisskandidat ohne Priesterweihe (erst am 19.3.1272) gewählt und am 27.3.1272 in Rom gekrönt. Um ähnliche Verhältnisse in Zukunft zu vermeiden, führte er eine Konklaveordnung ein und erließ die Konstitution für die ∕Papstwahl *Ubi periculum* (1.11.1274). Seine vornehmste Sorge galt dem Heiligen Land, für dessen Befreiung er einen neuen Kreuzzug durch das zweite Konzil von Lyon vorbereiten lassen wollte. Daneben harrten noch die italienischen Wirren mit den Auseinandersetzungen zwischen Karl von Anjou und den Ghibellinen, das Verhältnis zu Byzanz, wo Kaiser Michael VIII. Palaiologos angesichts der imperialen Pläne des Anjou eine Eroberung seines Reiches und Wiederbelebung des lateinischen Kaisertums fürchtete, und nach der Wahl Rudolfs von Habsburg (1.10.1273) der Streit um das römische Kaisertum einer Lösung. Unionsverhandlungen mit der griechischen Kirche, um den Kreuzzug abzusichern, führten zu einer vorübergehenden, aber in der Praxis nicht zu realisierenden Übereinkunft (6.7.1274). Mit Rudolf wurde nach dem Verzicht Alfons' X. von Kastilien auf die römische Königskrone sowie einem Romfahrts- und Kreuzzugsversprechen (Oktober 1275) eine Übereinkunft in die Wege geleitet, die letztlich durch den Tod Gregors nicht in eine Kaiserkrönung mündete. Die Arbeit des Konzils zeigte zudem, dass der Papst ein tiefgreifendes Reformwirken entfalten wollte, um kirchliche Missstände einzudämmen.

Literatur: DHGE 21, 1438f.; LMA 4, 1672f. – L. GATTO: Il pontificato di Gregorio X. Rom 1959; B. ROBERG: Die Union zwischen der griechischen und der lateinischen Kirche auf dem II. Konzil von Lyon (1274). Bonn 1964; DERSELBE: Der konziliare Wortlaut des Konklave-Dekrets Ubi Periculum von 1274: AHC 2 (1970) 231–262; DERSELBE: Die Tataren auf dem 2. Konzil von Lyon 1274: AHC 5 (1973) 241–302; DERSELBE: Subsidium Terrae Sanctae. Kreuzzug, Konzil und Steuern: AHC 15 (1985) 96–158; H. SCHMIDINGER: Zur Vita Gregorii X: Aus Kirche und Reich. FS F. Kempf. Sigmaringen 1983, 397–403; B. ROBERG: Das Zweite Konzil von Lyon (1274). Paderborn 1990 ; B. ROBERG: Che cosa è guelfo o ghibellino ...? Gregor X. und der mißlungene Friede in Florenz 1273: AHC 27/28 (1995–96) 303–323; DERSELBE: Die ‚lectura' des Franciscus de Albano aus dem Jahr 1276 über die ‚constitutiones novissimae' Papst Gregors X.: AHC 31 (1999) 297–366.

Ludwig Vones

Gregor XI. (30.12.1370–27.3.1378) (Priesterweihe 4.1., Krönung 5.1. 1371), vorher *Pierre Roger (de Beaufort);* Sohn Guillaume Rogers und Marie de Chambons, * um 1330 Rosiers d'Égletons (Départment Corrèze); Neffe Clemens' VI., 1348 Kardinaldiakon von Santa Maria Nuova, mit zahlreichen Pfründen ausgestattet. Nach Studium in Perugia bedeutender Kanonist, kämpfte als Papst gegen die Häresie und ließ 18 Sätze John Wyclifs verurteilen. Seine Politik im Kirchenstaat diente der v. a. von Katharina von Siena geforderten Rückführung der Kurie nach Rom (1376, Einzug in Rom am 17.1.1377). Sein Pontifikat bedeutete das Ende des Avignonischen Exils. Gregor stiftete Frieden zwischen Kaiser Karl IV. und König Ludwig von Ungarn, konnte aber im Hundertjährigen Krieg nicht erfolgreich vermitteln, keine Reform der Kurie durchführen (Kreation von 21 Kardinälen) und die innerkurialen Probleme nicht lösen. Deshalb führte sein Tod (begraben in Santa Maria Nuova, Rom) zum Ausbruch des Abendländischen Schismas.

▓ Quellen: LMA 4, 1674. – Zu ergänzen: Grégoire XI. Lettres communes, 2 Bde. Rom 1992; P.N. ZUTSHI: The registers of common letters of Pope Urban V and Pope Gregory XI: Journal of ecclesiastical history 51 (2000) 497–508.

▓ Literatur: DHGE 21, 1439f.; LMA 4, 1673f.; VATL 279ff. – G. MOLLAT: Les Papes d'Avignon. Paris ¹⁰1965; GUILLEMAIN; M. DYKMANS: La bulle de Grégoire XI à la veille du Grand Schisme: Mélanges de l'École Française de Rome. Moyen-âge, Temps modernes 89 (1977) 485–495; Genèse et débuts du Grand Schisme d'Occident 1362–94. Paris 1980; R.G. DAVIES: The Anglo-Papal Concordat of Bruges 1375: AHP 19 (1981) 97–146; P.R. THIBAULT: Pope Gregory XI and the Crusade: Canadian Journal of History 20 (1985) 313–335; DERSELBE: Pope Gregory XI. The Failure of Tradition. New York–London 1986; M. HAYEZ: Les réserves spéciales de bénéfices sous Urbain V et Grégoire XI. Paris 1990, 237–249; DERSELBE: D'Urbain V à Grégoire XI: un dangereux retour au passé?: L'écrit dans la société médiévale. ebd. 1991, 151–164; A.M. UND M. HAYEZ: Les débuts du pontificat de Grégoire XI.: Les Prélats, l'Église et la Société Bordeaux 1994, 173–183; A.M. HAYEZ: Un aperçu de la politique bénéficiale de Grégoire XI: Forschungen zur Reichs-, Papst- und Landesgeschichte. FS P. Herde. Stuttgart 1998, 685–698; G. BATTELLI: Gli alloggi assegnati in Roma a Raimondo di Turenne per il ritorno di Gregorio XI (1379): Roma, magistra mundi. FS L.F. Boyle, Bd. 1. Louvain-la-Neuve 1998, 25–40.

Ludwig Vones

Gregor XII. (30.11.1406–4.7.1415), vorher *Angelo Correr;* Papst der römischen Oboedienz im Abendländischen Schisma, * um 1335, † 18.10. 1417 Recanati. Gregor galt den Zeitgenossen als eifriger Förderer der Kirchenunion, lautere Persönlichkeit und guter Theologe. Nach Scheitern der Unionsbemühungen Einberufung des Konzils von Pisa durch die enttäuschten Kardinäle beider Oboedienzen. Die Absetzung Gregors auf dem Konzil 1409 führte zum Verlust großer Teile seiner Oboedienz. Nach Absetzung des Pisaner Papstes Johannes XXIII. auf dem Konzil von Konstanz erklärte Gregor seinen Rücktritt.

▓ Literatur: LMA 4, 1674f.; VATL 281f. – A. LANDO: Il papa deposto (Pisa 1409). Turin 1985; W. BRANDMÜLLER: Das Konzil von Konstanz 1414–18, Bd. 1. Paderborn 1991; D. GIRGENSOHN: Reste von Rubrizellen aus einem verlorenen Register Gregors XII.: Forschungen zur Reichs-, Papst- und Landesgeschichte. FS P. Herde. Stuttgart 1998, 723–743. *Johannes Grohe*

Gregor XIII. (13.5.1572–10.4.1585), vorher *Ugo Boncompagni,* * 1.1.

1502 Bologna als Sohn eines Kaufmanns; Studium in Bologna, hier 1531–39 Rechtslehrer, seit 1539 in Rom in kurialem Dienst, 1546 und 1561–63 im Auftrag der Kurie auf dem Tridentinum, wo er erheblichen Anteil an der Abfassung der Reformdekrete hatte; dazwischen diplomatische Aufträge in Frankreich 1556 und Brüssel 1557; 1558 Bischof von Viesti; 1565 Kardinal und Legat in Spanien, wo er das Vertrauen König Philipps II. gewann; dessen und Kardinal Antoine Perrenot de Granvellas Einfluss ist v. a. die Wahl zum Papst in ungewöhnlich kurzem Konklave zuzuschreiben. Gregor war noch in der Atmosphäre der Renaissance aufgewachsen, blieb als Papst jedoch schlicht. Geschulter Jurist und verwaltungserfahren, erledigte er die wichtigsten Geschäfte selbst. Er führte ein mildes Regiment, trieb aber Katholische Reform und Gegenreformation entschieden voran, auch mit harten und gelegentlich zweifelhaften Mitteln. Er unterstützte Heinrich III. von Frankreich gegen die Hugenotten, ließ 1572 die französische Bartholomäusnacht (an deren Vorbereitung er nicht beteiligt war) in Rom öffentlich feiern, förderte den Aufstand der Iren und das spanische Rüsten gegen Elisabeth I. von England; ähnlich unterstützte er die spanische Gegenreformation in den Niederlanden. Die katholische Kirche in Polen konnte sich wieder entscheidend festigen und erneuern. Doch gelang weder die Rekatholisierung Schwedens noch die Union oder eine engere Verbindung mit Russland unter Ivan IV. (Entsendung des Nuntius Antonio Possevino). Bemühungen um eine große Liga gegen die Türken schlugen fehl. Den deutschen Angelegenheiten wandte Gregor besondere Aufmerksamkeit zu (Er-

richtung einer „deutschen" Kardinalskongregation 1573 und neuer ständiger Nuntiaturen in Köln, Graz und Luzern); das wichtigste kirchenpolitische Eingreifen war hier der Erhalt Kurkölns für die katholische Kirche beim Abfall des Erzbischofs Gebhard II. Truchsess von Waldburg 1583, damit der Erhalt der schwer gefährdeten Reichskirche in Niederdeutschland und die Sicherung des katholischen Kaisertums. Als Freund der Wissenschaften, kirchlicher Erziehung und der Jesuiten, half Gregor entscheidend bei der Gründung von Seminarien in allen Ländern. In Rom errichtete er das englische, ungarische, griechische, armenische und maronitische Kolleg, stellte das gefährdete Germanicum durch reiche Dotation sicher und wurde zweiter Stifter des Collegium Romanum. Gregor förderte die Missionen, besonders in Indien und Japan, veranstaltete die vom Konzil angeregte amtliche Ausgabe des Corpus Iuris Canonici und führte die Reform des julianischen Kalenders durch (auf den 4. folgte der 15.10.1582). Die Reform der liturgischen Gesänge wurde in Angriff genommen, die Indexkongregation reorganisiert. 1580 wiederholte Gregor XIII. die Verurteilung des Michael Bajus, der sich unterwarf. Er ist einer der großen nachtridentinischen Reformpäpste, welche die Katholische Reform auf der Grundlage des Konzils mit der planmäßigen Rückgewinnung verlorenen Gebietes verbanden. Der gewaltige Aufwand für Studien, Kollegien, diplomatische Aufgaben, auch für die Erweiterungen Roms und Prachtbauten, zerrüttete die Finanzen und verursachte Unruhen. Besonders in den letzten Regierungsjahren hatten Rom und der /Kirchenstaat unter der wachsenden, vom Adel vielfach unterstützten Banditenplage schwer zu leiden; der alte, allzu sehr auf Nachsicht bedachte Papst konnte die Ordnung nicht mehr wiederherstellen – was als vordringliche Aufgabe seinem Nachfolger Sixtus V. blieb.

Literatur: VatL 282ff.; RGG⁴ 3, 1261. – Pastor Bd. 9; J. Krüger: Das ursprüngliche Grabmal Gregors XIII. in St. Peter zu Rom: Korrespondenzblatt des Collegium Germanicum 95 (1986) 41–59; G. Schwaiger: Die Päpste der Kath. Reform u. Gegenreformation: GKG 12, 79–102; F.M. De' Reguardati: Il fenomeno del banditismo sotto Gregorio XIII e Sisto V: Rivista araldica 85 (1987) 198–207; S. Vareschi: La legazione del card. Ludovico Madruzzo alla dieta imperiale di Augusta 1582. Chiesa, Papato e Impero nella seconda metà del sec. XVI. Trient 1990; V. Peri: Roma e l'idea del patriarcato di Mosca all'epoca di Gregorio XIII: IV Centenario dell'istituzione de Patriarcato in Russia. ebd. 1991, 177–205; A. Fernández Collado: Gregorio XIII y Felipe II en la nunciatura de Felipe Sega (1577–87). Toledo 1991; E. Olivares: La bula ,Ascendente Domino', 1584, y los teológicos posttridentinos: Archivo teológico Granadino 62 (1999) 5–75; M. Freiberg: Going Gregorian, 1582–1752. A summary view: The Catholic Historical Review 86 (2000) 1–19; J.P. Donelly: Antonio Possevino, S.J. as papal mediator between Emperor Rudolf II and King Stephan Báthory: Archivium historicum Societatis Jesu 69 (2000) 3–56.

Georg Schwaiger

Gregor XIV. (5.12.1590–16.10.1591), vorher *Niccolò Sfondrati*, * 11.2. 1535 Somma Lombardo (Varese); 1560 Bischof von Cremona, 1583 Kardinal. Gregor verband Freundschaft mit Karl Borromäus und Filippo Neri. Der stets kränkliche und politisch unerfahrene Papst überließ die Geschäfte seinem ungeeigneten Kardinalnepoten Paolo Camillo Sfondrati, der eine unglückliche antifranzösische Politik (Unterstützung der Heiligen Liga in Frankreich mit Geld und Truppen; erneu-

ter Bann gegen König Heinrich IV.) im Schlepptau Spaniens betrieb.

Literatur: VatL 284f. – M. Facini: Il pontificato di Gregorio XIV. Rom 1911; HCMa 3, 53f. 181; Pastor 10, 531–573; L. Castano: N. Sfondrati vescovo di Cremona al Concilio di Trento 1561–63. Turin 1939; derselbe: Gregorio XIV. ebd. 1957.

Georg Schwaiger

Gregor XV. (9.2.1621–8.7.1623), vorher *Alessandro Ludovisi*, * 9.1.1554 Bologna als Sohn des Grafen Pompeio Ludovisi; Studien in Rom (bei den Jesuiten) und Bologna; 1612 Erzbischof von Bologna, 1616 Kardinal. Als Papst bereits alt und kränklich, überließ Gregor die Geschäfte seinem hochbegabten Kardinalnepoten Ludovico Ludovisi. Innerkirchliche Reform und aktive Gegenreformation wurden entschieden und erfolgreich betrieben: Zentralisierung der Weltmission durch Errichtung der Sacra Congregatio de Propaganda Fide (1622); Rekatholisierung Böhmens nach dem Sieg am Weißen Berg (1620); diplomatische und finanzielle Unterstützung Kaiser Ferdinands II. und des Ligaführers Maximilian I. von Bayern, der Gregor die Bibliotheca Palatina schenkte (/Vatikanische Bibliothek). Gregor vermittelte im Veltliner Streit, blieb zwischen Frankreich und Spanien streng neutral und konnte so kirchliche Belange und Gegenreformation einem Höhepunkt zuführen; diese Möglichkeiten gingen unter dem Nachfolger Urban VIII. verloren. Gregor erließ zwei Bullen zur /Papstwahl und kanonisierte Ignatius von Loyola, Franz Xaver, Filippo Neri und Teresa von Ávila.

Literatur: VatL 285f. – Pastor 13/1; G. Gabrieli: Il conclave di Gregorio XV: Archivio della Società Romana di Storia Patria 50 (1927) 5–32; HCMa 4, 15ff. 118; D. Albrecht: Die deutsche Politik Papst Gregors XV. München 1956; G. SCHWAIGER: Die Päpste im Zeitalter des Dreißigjährigen Krieges: GKG 12, 103–127; K. REPGEN (Hg.): Krieg und Politik 1618–48. München 1988; S. SAMERSKI: Akten aus dem Staatssekretariat Pauls V. und Gregors XV.: AHP 33 (1995) 303–314; K. JAITNER: Die Hauptinstruktionen Gregors XV. für die Nuntien und Gesandten an den europäischen Fürstenhöfen 1621–23, 2 Bde. Tübingen ²1997.

Georg Schwaiger

Gregor XVI. (2.2.1831 – 1.6.1846), Kamaldulenser (1783), vorher *Bartolomeo Alberto Cappellari,* * 18.9.1765 Belluno als Sohn eines adeligen Rechtsanwalts; als *Fra Mauro* in San Michele di Murano bei Venedig, 1787 Priester; Lehrtätigkeit im Orden; seit 1795 in Rom; 1805 Abt von San Gregorio al Celio, 1823 Ordensgeneral, 1826 Kardinal und Präfekt der Propagandakongregation. Seine Wahl nach schwierigem fünfzigtägigem Konklave wurde von den (konservativen) /Zelanti und Clemens Wenzel Lothar Fürst von Metternich mitbestimmt, obwohl Gregor kein Freund Österreichs war. Am 6.2. 1831 wurde er zum Bischof geweiht und gekrönt. Gregor – persönlich liebenswürdig, fromm und anspruchslos – war politisch unerfahren und weltfremd. Trotz dringender Empfehlungen der Großmächte (Memorandum vom 31.5.1831) unterblieb die notwendige Reform des schwer verschuldeten, schlecht verwalteten /Kirchenstaates. In seiner Politik wurde Gregor unterstützt von den schroff reaktionären Kardinalstaatssekretären Tommaso Bernetti und (seit 1836) Luigi Lambruschini. Dem Risorgimento stand Gregor ablehnend gegenüber, besonders dem radikalen, von Giuseppe Mazzini geführten „Giovane Italia"; er versagte sich aber auch den maßvolleren Forderungen der Neoguelfen (Vincenzo Gioberti, Gino Capponi u. a.). Im

Kirchenstaat hatte Gregor fast ständig mit Aufruhr zu kämpfen. Die päpstliche Herrschaft konnte nur durch ausländisches Militär (Österreich und Frankreich) aufrechterhalten werden. Die wachsende, durch Geheimbünde geschürte Unzufriedenheit in der Bevölkerung war auch durch eine päpstliche Rundreise 1841 nicht besänftigen. – In der schwersten Bedrängnis des Papsttums (Pius VI.) hatte Mauro Cappellari in seinem Werk „Il trionfo della Santa Sede e della Chiesa contro gli assalti dei Novatori" (Venedig 1799 u. ö., deutsch: Der Triumph des Heiligen Stuhles und der Kirche. Augsburg ²1848) die Monarchie, Souveränität und /Unfehlbarkeit des Papstes in der Kirche verteidigt, die Febronianer und alle „Neuerer", besonders Pietro Tamburini, die treibende Kraft der Synode von Pistoia, scharf bekämpft. Das ausgeprägte Bewusstsein der päpstlichen Plenitudo potestatis und mittelalterliche Wunschbilder bestimmten die gesamte Kirchenpolitik. So verwarf Gregor in der /Enzyklika *Mirari vos* vom 5.8.1832 Irrtümer und Zeitforderungen des Liberalismus (Indifferentismus, Gewissens- und Pressefreiheit, Trennung von Kirche und Staat), den bisher gefeierten Hugo-Felicité-Robert de La Mennais, 1834 auch dessen Gegenschrift „Paroles d'un croyant", seit 1834 wiederholt den Fideismus Louis-Eugène-Marie Bautains; 1835 verurteilte er Georg Hermes. Gregor bekämpfte als Gegner jeden Staats- und Nationalkirchentums Nachklänge des Febronianismus in Deutschland, veranlasste 1840 den Breslauer Fürstbischof Leopold Graf Sedlnitzky von Choltitz zur Resignation und drängte gallikanische Tendenzen in Frankreich zurück. In den verschiedenen Mischehenstreitigkeiten setzte er die katholischen Grundsätze durch, besonders in den „Kölner Wirren" (1837–41). Als Verteidiger „legitimer" Herrschaft und Feind jeglichen Aufruhrs missbilligte er scharf den Polenaufstand 1830/31 gegen die russische Herrschaft, protestierte aber gegen die schweren Katholikenverfolgungen in Russland, auch in freimütigen persönlichen Vorstellungen bei Kaiser Nikolaus I. (Rombesuch 1845). Weitsicht bewies Gregor in der Weltmission und im weltweiten Ausbau der katholischen Hierarchie (Errichtung von etwa siebzig neuen Diözesen und Apostolischen Vikariaten; Ernennung von fast zweihundert Missionsbischöfen; Heranbildung einheimischer Priester), Zurückhaltung beim Wechsel von Regierungen, besonders in Lateinamerika; auf der Grundlage der Bulle *Sollicitudo ecclesiarum* (7.8.1831) gelang die endgültige Beilegung der Streitfragen bei der Besetzung von Bischofsstühlen in Lateinamerika und Indien, ungeachtet der Proteste Spaniens und Portugals. Im Breve *In supremo* (3.12.1839) verurteilte Gregor Sklaverei und Sklavenhandel. In Kanada schuf er vier, in den USA zehn neue Diözesen; in England unterstützte er die Bemühungen seines Vertrauensmannes Nicholas Wiseman. Gregor war ein Freund der Orden. Unter ihm bahnte sich die Vorherrschaft der scholastischen „römischen Theologie" an. Wissenschaft und Kunst fanden vielfache Förderung (Grabungen auf dem Forum Romanum und in den Katakomben; Errichtung des etruskischen und des ägyptischen Museums im Vatikan sowie des christlichen Museums im Lateran (↗Vatikanische Museen); Förderung von Gelehrten (Angelo Mai, Giuseppe Mezzofanti) und Künstlern (Johann

Friedrich Overbeck, Bertel Thorvaldsen u. a.; Wiederaufbau von San Paolo fuori le Mura). Der Pontifikat bildete im Guten wie im Bedrückenden Voraussetzung und Grundlage der Regierung Pius' IX.

■ Quellen: MAURO CAPPELLARI: Il trionfo (s. o.); A.M. BERNASCONI: Acta Gregorii Papae XVI, 4 Bde. Rom 1901–04 (Nachdruck Graz 1971 [unvollständig]); GREGORIO XVI: Miscellanea commemorativa, 2 Bde. Rom 1948; A. MERCATI: Raccolta di concordati, Bd. 1. ebd. 1954, 724–750; HCMA 7, 19 24–35.

■ Literatur: DHGE 21, 1445–52; HKG 6/1, 311–476; VATL 286ff.; RGG⁴ 3, 1261f. – D. DEMARCO: Il tramonto dello Stato pontificio. Il papato di Gregorio XVI. Neapel 1948, Neudruck 1992; SCHMIDLIN 1, 511–687; R. LILL: Das Zeitalter der Restauration: GKG 12, 171–183; A.J. REINERMAN: An unnatural ‚Natural Alliance': Metternich, Palmerston, and the Reform of the Papal States, 1831–1832: The International Historical Review 10 (1988) 541–558; DERSELBE: Austria and the Papacy in the Age of Metternich, Bd. 2: Revolution and Reaction, 1830–38. Washington 1989; G. MAGGIONI: Tre lettere inedite di Gregorio XVI: Archivio Storico di Belluno 61 (1990) 27–32; DERSELBE: I viaggi di Gregorio XVI: ebd. 193–202; A. DIERKENS (Hg.): Le Libéralisme religieux. Brüssel 1992; J.S. PANZER: The popes and slavery: Homiletic and Pastoral Review 97 (1996) 22–29; A. MARANI: Tra sinodi e conferenze episcopali: La definizione de ruolo degli incontri collettivi dei vescovi fra Gregorio XVI e Pio IX: Cristianesimo nella storia 17 (1996) 47–93; M. MARTINELLI: La restaurazione della cristianità durante il pontificato di Gregorio XVI: FS P. Bellini. Catanzaro 1999, 457–484; L. COURTOIS: La liberté comme mal: L'Église et le monde moderne au XIXᵉ siècle: Imaginaires du mal. Paris 2000, 221–236.

Georg Schwaiger

Hadrian I. (9.2.772 [Weihe]–25.12. 795). Aus römischem Adel, Diakon und Vertrauter Stephans III., löste sich von dessen langobardenfreundlicher Politik, schickte politische

Gegner zur Aburteilung nach Konstantinopel (was Anerkennung der kaiserlichen Oberhoheit bedeutete). Zugleich erneuerte er das fränkische Bündnis und rief gegen den Langobardenkönig Desiderius den fränkischen König Karl den Großen zu Hilfe, der das langobardische Bündnis aufgab, 774 Pavia eroberte und das Königshaus entmachtete. Zu Ostern kam Karl nach Rom, wo Hadrian ihn als Patricius empfing, legte in ∕Sankt Peter Sicherheitseide ab, feierte das Osterfest in der Lateranbasilika und erneuerte am folgenden Mittwoch die Pippinische Schenkung (∕Kirchenstaat). Deren großzügige Gebietsumschreibung wurde 781 bei einem Rombesuch reduziert verwirklicht. Dabei taufte jetzt Hadrian Karls Sohn Karlmann. Pippin wurde dessen Pate und salbte ihn und dessen Bruder Ludwig zu Königen, ersteren für Lombardien, letzteren für Aquitanien; die Compaternitas setzte das „geistliche Bündnis" fort und ließ den Papst als „Vater der Völkerfamilie" erscheinen. Hadrian erstrebte eine kaisergleiche Stellung (Preisgabe der kaiserlichen Datierung, Münzprägungen mit eigenem Bild, Ausbau des Laterans gegenüber dem Palatin). Das „Constitutum Constantini" dürfte diese Situation reflektieren. Für die Reform der fränkischen Kirche übergab Hadrian die Kirchenrechtssammlung Dionysio-Hadriana und das gregorianische Sakramentar (Sacramentarium Gregorianum Hadrianum) an Karl. Im Bilderstreit entsandte Hadrian Legaten zum siebten ökumenischen Konzil nach Nizäa und begrüßte dessen bilderfreundliches Ergebnis, das aber Karl und seine Hoftheologen ablehnten und sie zur Abfassung der Libri Carolini veranlasste. Das von Karl 794 in Frankfurt im Beisein päpstlicher Legaten abgehaltene „Sonderkonzil" verurteilte den Adoptianismus, blieb bei der Ablehnung von Nizäa, doch ohne die Libri Carolini zu sanktionieren. Hadrian, der ein „Papstkaiser" (Josef Deér) sein wollte, vermochte sich gegenüber Karl nicht durchzusetzen, drohte überhaupt eher dessen „fränkischer Landesbischof" (Peter Classen) zu werden.

▨ Quellen: LP 1, 486–523; 3, 105ff.; RPR(J) 1, 289–306; 2, 701; MGH.EP 5, 3–57; Codex Carolinus (MGH.EP 3, 469–657); P. CONTE: Regesto delle lettere dei papi del secolo VIII. Mailand 1984, 231–245.

▨ Literatur: DBI 1, 312–323; DHGE 1, 614–619; 22, 1484f.; TRE 14, 306ff.; LMA 4, 1821f.; RGG⁴ 3, 1369f. – H.J. SIEBEN: Die Konzilsidee der Alten Kirche. Paderborn 1979, 324–343; A. ANGENENDT: Das geistliche Bündnis der Päpste mit den Karolingern: Historisches Jahrbuch 100 (1980) 1–94; H. FUHRMANN: Das Papsttum und das kirchliche Leben im Frankenreich: Settimane di studio del Centro Italiano di Studi sull'Alto Medioevo 27 (1981) 419–456; TH.F.X. NOBLE: The Republic of St. Peter. Philadelphia 1984, 127ff.; P. CLASSEN: Karl der Große, das Papsttum und Byzanz. Sigmaringen 1985; M. MACCARRONE: Il Papa Adriano I e il Concilio di Nicea del 787: AHC 20 (1988) 53–134; W. HARTMANN: Die Synoden der Karolingerzeit. Paderborn 1989, 105–115; O. ENGELS: Zum Rombesuch Karls des Großen im Jahr 774: Jahrbuch für historische Landesforschung 52 (1992) 15–24; A. ALEXAKIS: The Source of the Greek Patristic Quotations in the ‚Hadrianum': AHC 26 (1994) 14–30; R. BERNDT: Das Frankfurter Konzil von 794, 2 Bde. Mainz 1997; L. SPERA: Cantieri edilizi a Roma in età carolingia. Gli interventi di Papa Adriano I nei santuari delle catacombe: Rivista di archeologia cristiana 73 (1997) 185–254; E. LAMBERZ: Studien zur Überlieferung der Akten des VII. ökumenischen Konzils: Deutsches Archiv für die Erforschung des Mittelalters 53 (1997) 1–43; B. NEIL: The Western reaction to the Council of Nicaea II: Journal of Theological Studies 51 (2000) 533–552.

Arnold Angenendt

Hadrian II.

Hadrian II. (14.12.867–November/ Dezember 872), Römer, Sohn des Talarus. Stammte aus derselben Familie wie die Päpste Stephan IV. und Sergius II.; verheiratet, unter Gregor IV. zum Subdiakon und zum Priester geweiht. Bereits 855 und 858 bei den Papstwahlen als Kandidat vorgeschlagen, wurde Hadrian 867 als 75-Jähriger gewählt. Unmittelbar nach seiner Weihe erreichte Hadrian bei Kaiser Ludwig II. die Begnadigung der verbannten Bischöfe Gauderich von Velletri und Stephan von Nepi sowie des Johannes Diaconus. Seine Beziehungen zum Kaiser blieben in den folgenden Jahren gut. Im Ehestreit Lothars II. bot er abweichend von der harten Linie Nikolaus' I. eine neue Synodalentscheidung an, die durch Lothars Tod hinfällig wurde. Die darauf erfolgte Besetzung Lotharingiens durch Karl den Kahlen konnte Hadrian ebenso wenig verhindern wie die spätere Aufteilung des Gebiets zwischen Karl und Ludwig dem Deutschen. Im Streit um die Verurteilungen des aufständischen Königssohns Karlmann und des Bischofs Hinkmar von Laon, die an den Papst appelliert hatten, musste sich Hadrian König Karl und Erzbischof Hinkmar von Reims beugen und das Absetzungsurteil der Synode von Douzy (871) über Hinkmar von Laon anerkennen. Zwar beharrte Hadrian auf einer päpstlichen Überprüfung des Urteils, gleichzeitig bot er aber Karl für den Fall des Todes Ludwigs II. die Kaiserkrone an. Im Osten konnte er die bulgarische Kirche nicht für die römische Observanz gewinnen, da er die Ernennung eines Erzbischofs für Bulgarien zu lange hinauszögerte. 868 empfing er Cyrillus und Methodius in Rom, billigte die slawische Liturgie und weihte Methodius 869 zum Erzbischof von Pannonien.

Im Juni 869 wurde auf einer römischen Synode der Patriarch Photius in Anwesenheit einer byzantinischen Gesandtschaft erneut verurteilt; die Verurteilung wurde auf dem vierten Konzil von Konstantinopel (869/870) im Beisein päpstlicher Legaten wiederholt und der Patriarch Ignatius restituiert. – In Hadrians Brief an die Synode von Douzy (Bestätigung der Translation des Bischofs Actard von Nantes nach Tours) ist das erste sichere wörtliche Pseudo-Isidor-Zitat in einem Papstbrief nachweisbar.

Quellen: LP 2, 173–190; 3, 125f.; MGH.EP 6, 691–765; MANSI 16.

Literatur: DBI 1, 323–329; LMA 4, 1822f.; VATL 292f. – H. GROTZ: Erbe wider Willen. Köln 1970; F. DVORNIK: Photius, Nicholas I and Hadrian II: Byzantinoslavica 34 (1973) 33–50; H. FUHRMANN: Einfluß und Verbreitung der pseudoisidorischen Fälschungen, Bd. 2. Stuttgart 1973, 273–280; S. SCHOLZ: Transmigration und Translation. Köln 1992, 130–147; S. VACCA: Prima sedes a nemine iudicatur. Rom 1993, 121–125.

Sebastian Scholz

Hadrian III.

Hadrian III. (17.5.884–17.9.885), heilig (Tag 8.7.), römischer Herkunft oder aus Teano, Sohn eines Benedikt; hatte sich in Rom wohl gegen fortbestehende stadtrömische Unruhen zu behaupten. Die wenigen, für mittelitalische, norditalische und südfranzösische Empfänger ausgestellten Urkunden lassen kein deutliches Profil dieses Papstes erkennen. Ende August 885 reiste Hadrian auf Einladung Karls III. ins Frankenreich, um einige Bischöfe abzusetzen und Karls illegitimem Sohn Bernhard zur Nachfolge zu verhelfen. Dass er den ∕Liber diurnus (diuturnus?) dabeigehabt habe, ist widerlegt. Hadrian starb unterwegs unweit der Abtei Nonantola, wo er auch begraben wurde. Den dortigen Kult (zuweilen mit Hadrian I. verwechselt) bestätigte Leo XIII. 1891.

Quellen: LP 2, 191 225; 3, 127; RPR(J) 1, 426f.; 2, 705; Bibliotheca hagiographica latina antiquae et mediae aetatis, ed. v. den socii Bollandiani, 2 Bde. (Subsidia hagiographica 6). Brüssel 1898–1901, 3738; Vita Adriani, ed. v. A. GAUDENZI: Bullettino dell'Istituto Storico Italiano 36 (1916).

Literatur: DBI 1, 329f. – G. QUATRINI: Del pontificato e del culto di s. Adriano, Bd. 3. Modena 1892; P. BREZZI: Roma e l'impero medievale. Bologna 1947, 84; E. HLAWITSCHKA: Lotharingien und das Reich an der Schwelle der deutschen Geschichte. Stuttgart 1968, 28; ZIMMERMANN PA 52.

Klaus Herbers

Hadrian IV.   (4.12.1154–1.9.1159),

vorher *Nikolaus Breakspear,* englischer Herkunft; * 1110/20 Abbot's Langley, † 1.9.1159 Anagni, bestattet in Rom, Sankt Peter; regulierter Chorherr, Prior und 1135 Abt von Saint-Ruf bei Avignon; durch großen Einfluss maßgeblich an der Vereinigung des Königreichs Aragón mit Katalonien zur Krone Aragón beteiligt. 1149 Kardinalbischof von Ostia und 1152/53 Legat in Skandinavien, wo er die norwegische Kirchenprovinz begründete und die erst 1164 gegründete Provinz Uppsala vorbereitete. Als Papst verteidigte Hadrian die Unabhängigkeit der Petrusregalien und die kuriale Ausdeutung des abendländischen Kaisertums. Die Erneuerung des Konstanzer Vertrags von 1153 führte trotz des Widerstandes der Stadtrömer und gewisser Konflikte mit dem staufischen Hof zur Kaiserkrönung Friedrichs I. (1155) und zur Hinrichtung Arnolds von Brescia; doch wurde der beabsichtigte Normannenfeldzug kurzfristig abgesagt. Das Ende dieser politischen Gemeinsamkeit führte im Juni 1156 zum Vertrag von Benevent, in dem Hadrian das normannische Königtum anerkannte, das Lehnsverhältnis zu ihm regelte und ein formelles Bündnis mit dem

gegen Byzanz siegreichen Wilhelm I. von Sizilien schloss. Diese nur von einem Teil des Kardinalskollegiums unterstützte Entscheidung und die auf dem Hoftag zu Besançon (1157) eingeleitete Kontroverse über das Wesen der kaiserlichen Würde sowie die Gefangennahme Eskils in Lund führten zu schweren Konflikten mit dem Kaiser, die im Juni 1158 nur partiell beigelegt wurden. Als der Kaiser kurz darauf die Unabhängigkeit der Petrusregalien missachtete und das Regalienweistum von Roncaglia auch auf die im Constitutum Constantini garantierten päpstlichen Besitzungen in Rom und anderen Teilen Italiens bezog, wehrte sich Hadrian durch Protestnoten, verbündete sich im Juli/August 1159 mit den kaiserfeindlichen Städten Oberitaliens und bedrohte Friedrich mit dem Kirchenbann. Er starb jedoch, bevor er letzteren realisieren konnte. Ob er König Heinrich II. von England zur Eroberung Irlands aufgefordert hat, ist strittig; sicher hingegen ist, dass seine Kirchenpolitik zu den Hauptursachen des Papstschismas von 1159 gehört.

QQ: LP 2, 388–397; RPR(J) 2, 102–145 720f. 760f.

Literatur: LMA 4, 1823; VATL 294f.; RGG⁴ 3, 1370. – E.M. ALMEDINGEN: The English Pope (Adrian IV). London 1925; M. MACCARRONE: Papato e impero dalla elezione di Federico I alla morte di Adriano IV (1152–59). Rom 1959; W. HEINEMEYER: ‚beneficium – non feudum sed bonum factum'. Der Streit auf dem Reichstag zu Besançon 1157: Archiv für Diplomatik 15 (1969) 155–236; J. DEÉR: Papsttum und Normannen. Köln–Wien 1972, 247ff.; H. ENZENSBERGER: Der ‚böse' und der ‚gute' Wilhelm: Deutsches Archiv für Erforschung des Mittelalters 36 (1980) 385–432; J.L. HEADY: Adrian the Fourth. The pontifical pragmatist. Ann Arbor 1986; J. LAUDAGE: Alexander III. und Friedrich Barbarossa. Köln 1990; O. ENGELS: Friedrich Barbarossa und Dänemark: Friedrich Barbarossa, hg. v. A. HAVERKAMP. Sigmaringen

1992, 353–385; U. VONES-LIEBENSTEIN: Saint-Ruf und Spanien. Turnhout 1995, 225–264; O. ENGELS: Die Staufer. Stuttgart u.a. ⁷1998, 59–82. *Johannes Laudage*

Hadrian V.

Hadrian V. (11.7.–18.8.1276), vorher *Ottobuono Fieschi,* * um 1220 aus Genueser Adelsgeschlecht (Grafen von Lavagna), † 18.8.1276 Viterbo (Kosmatengrabmal in San Francesco); Neffe Innozenz' IV.; Studium in Paris, bepfründet in England und Italien, von seinem Onkel zum Kaplan und 1251 zum Kardinal erhoben. Seitdem war er maßgebend an der Politik des Papsttums beteiligt, wurde Spezialist für englische Angelegenheiten und trug die Politik der Berufung Karls I. von Anjou durch Urban IV. und Clemens IV. mit. Als erfolgreichster Legat in England (1265–68) im Mittelalter stiftete er Frieden zwischen König Heinrich III. und der Opposition der Barone. Vertrat weiterhin den angevinischen Standpunkt, unterstützte die Rückkehr der Guelfen in Genua. Unter harter Anwendung der Konklaveordnung Gregors X. (*Ubi periculum;* ∕Papstwahl) am 11.7.1276 in Rom zum Papst gewählt, aber wegen schwerer Erkrankung nicht geweiht und gekrönt. Hadrian setzte die Konklaveordnung mündlich außer Kraft (von Johannes XXI. beurkundet, von Coelestin V. wieder eingeführt).

▩ Quellen: LP 2, 457; RPR(P) 2, 1709f.

▩ Literatur: DBI 1, 335ff. – R. GRAHAM: Letters of Cardinal Ottoboni: The English Historical Review 15 (1900) 87ff.; N. SCHÖPP: Papst Hadrian V. Heidelberg 1916; SIR M. POWICKE: The Thirteenth Century 1216–1307 (Oxford History of England). London ²1962, 207ff.; G. LADNER: Die Papstbildnisse des Altertums und des Mittelalters, Bd. 2. Vatikanstadt 1970, 185ff.; Bd. 3. ebd. 1984, 56; P. HERDE: Die Entwicklung der Papstwahl im 13.Jh.: Österreichisches Archiv für Kirchenrecht 32 (1981) 23ff.; DERSELBE: Adriano: Storia della Chie-

sa, hg. v. D. QUAGLIONI, Bd. 11. Mailand 1994, 29f. *Peter Herde*

Hadrian VI.

Hadrian VI. (9.1.1522–14.9.1523), vorher *Adrian Florensz Boeyens;* * 2.3.1459 Utrecht als Zimmermannssohn, Grab in Santa Maria dell'Anima; Schüler der Fraterherren; Studium an der Universität Löwen, hier 1491–1507 Lehrer der Theologie, geprägt von Spätscholastik mit Neigung zu Kirchenrecht und kasuistischer Moraltheologie. 1507 bestellte ihn Kaiser Maximilian I. zum Erzieher seines Enkels, des späteren Kaisers Karl V. Adrian sicherte diesem das volle Erbrecht in der spanischen Monarchie und führte seit 1516 gemeinsam mit Kardinal Francisco Jiménez Cisneros, nach dessen Tod allein die Regierungsgeschäfte in Spanien. 1516 Bischof von Tortosa, 1517 Inquisitor und Kardinal. Während der Abwesenheit Karls V. (Kaiserwahl) führte er erneut die spanische Regentschaft, wobei er zur Beilegung des Aufstands in Kastilien 1520–22 beitragen konnte. Im durch politische Rivalitäten gespaltenen Konklave nach dem Tod Leos X. wurde Adrian wegen seiner Stellung in Spanien, seiner engen Verbindung mit Kaiser Karl V. und seines vorbildlichen Lebens in Abwesenheit gewählt. Dem frommen, asketisch strengen Hadrian begegnete bereits feindselige Ablehnung an der verweltlichten Kurie und in der römischen Bevölkerung, als er am 29.8.1522 auf dem Seeweg (zur Betonung der politischen Neutralität) in Rom eintraf. Als Hauptaufgaben sah Hadrian die Eindämmung der mit Martin Luther ausgelösten Reformation und die Einigung der christlichen Mächte gegen die Türken (Fall Belgrads 1521, von Rhodos 1522). Sparsamkeit nach der Schuldenwirtschaft des Vorgängers und ernste Reformgesinnung trugen Hadrian erhebliche Ressentiments in Rom ein, wozu die Abneigung gegen den Ausländer kam. Hadrian war isoliert, gestützt auf wenige spanische und niederländische Vertraute (Kardinal Willem van Enkevoirt). Zum Nürnberger Reichstag 1522–1523 sandte er den ╱Nuntius Francesco Chiericati; in dessen Instructio sprach Hadrian die Missstände an der Kurie und seinen Reformwillen aus, forderte aber (vergeblich) die Durchführung des Wormser Edikts gegen Luther. Ebenso erfolglos blieb seine Friedensvermittlung zwischen Karl V. und König Franz I. von Frankreich, so dass sich Hadrian nach den harten Sanktionen Frankreichs gegen ihn auf der Seite Karls V., Englands und Venedigs zur antifranzösischen Liga gedrängt sah. Hadrian wandte seine Sorge auch der Schweiz, Polen, Ungarn und den skandinavischen Reichen zu.

▓ Literatur: DHGE 22, 1487ff.; 24, 379f. (s.v. Hezius [Thierry] secrétaire d'Adrien VI); TRE 14, 309f.; RGG⁴ 3, 137of. – PASTOR Bd. 4/2; A. MERCATI: Diarii di concistori del pontificato di Adriano VI. Rom 1951; Ephemerides theologicae Lovanienses 35 (1959) 513–629; J. POSNER: Der deutsche Papst Adrian VI. Recklinghausen 1962; R.-E. MCNALLY: Pope Adrian VI and Church Reform: AHP 7 (1969) 253–285; P. BERGLAR: Die kirchliche und politische Bedeutung des Pontifikats Hadrians VI.: Archiv für Kulturgeschichte 54 (1972) 97–112; K.H. DUCKE: Handeln zum Heil. Eine Untersuchung zur Morallehre Hadrians VI. Leipzig 1976; J. BIJLOOS: Adrianus VI. De Nederlandse Paus. Haarlem 1980; K. MITTERMAIER: Die deutschen Päpste. Graz 1991; R.B. HEIN: ,Gewissen' bei Adrian von Utrecht (Hadrian VI.), Erasmus von Rotterdam und Thomas More. Münster 2000; P. NISSEN: Adrianus VI. Een biografie. Amsterdam 2000.   *Georg Schwaiger*

römischer Archidiakon, 449 Legat auf der Räubersynode von Ephesus, wo er entschieden für Patriarch Flavian eintrat und fliehen musste. Charakterstark und energisch, folgte Hilarus dem Vorbild Leos I. in der klugen, maßvollen Anwendung des römischen Vorrangs. Mehrfach griff er ordnend in Jurisdiktionsstreitigkeiten der gallischen Kirche ein: u.a. Schutz der Metropolitanrechte des Leontius von Arles (MGH. Ep 3, n. 16) und des Ingenuus von Embrun; Maßregelung des Erzbischofs Hermes von Narbonne auf der römischen Synode 462; Mahnschreiben (3.12.462) an die Bischöfe Südgalliens (jährliche Provinzialsynoden; Residenzpflicht; Kirchengut). Ähnlich ordnete die römische Synode vom 19.11.465 (die erste, von der genaue Protokolle erhalten sind) Streitigkeiten der spanischen Kirche (Verbot an die Bischöfe, den Nachfolger zu designieren, u.a.). Hilarus bekämpfte den Pneumatomachen Philotheus und Arianer, die von Rikimer, dem tatsächlichen Beherrscher Italiens, geschützt wurden. Die Friedenszeit (nach der vandalischen Plünderung Roms 455) nutzte Hilarus zu reichen Schenkungen an römische Kirchen und Klöster; so errichtete er bei San Lorenzo fuori le mura (wo er in der Krypta bestattet wurde) ein Kloster und beim Baptisterium des Laterans drei prächtige Kapellen.

▓ Quellen: Epp. romanorum pontificum, ed. v. A. THIEL, Bd. 1. Braunsberg 1868, 126–174; PL 58, 11–31; PLS 3, 379ff. 441ff.; LP 1, 242–248; RPR(J) 1, 75ff.; 2, 692 736.
▓ Literatur: DTHC 6, 2385–88; LMA 5, 8; VATL 304f. – CASPAR Bd. 1 und 2; G. LANGGÄRTNER: Die Gallienpolitik der Päpste im 5. und 6.Jh. Bonn 1964.   *Georg Schwaiger*

Hilarus, (19.11.461–29.2.468), heilig (Tag 28.2.), * Sardinien; unter Leo I.

Honorius I. (27.10./7.11.[?] 625–12.10. 638). Honorius entstammte einer begüterten Familie Kampaniens mit Hausbesitz in Rom; sein Vater Petronius führte den Titel eines Konsuls. Honorius' Vita, der sich in der Nachfolge Gregors I. sah, rühmt besonders seine Bautätigkeit unter Rückgriff auf sein Privatvermögen; deshalb hinterließ er einen beträchtlichen Kirchenschatz. Er legte zusammen mit dem Langobardenkönig Arioald das in Venezien-Istrien bestehende Drei-Kapitel-Schisma zumindest vorläufig bei. Hinsichtlich der Christianisierung Englands setzte er die von Gregor dem Großen eingeschlagene Linie fort, konnte aber die irische Kirche nicht zur Anerkennung des römischen Ostertermins bewegen. Richtungweisend war sein Exemtionsprivileg für Bobbio. Kurz vor seinem Tod meinte er, schlecht informiert, die spanischen Bischöfe wegen zu geringer Härte gegenüber den Ungläubigen tadeln zu müssen (637/638). In einem meisterhaft formulierten Brief mit leicht ironischem Unterton wies Braulio von Saragossa seine Vorwürfe zurück.

Fatale Auswirkungen sollte die Meinungsäußerung des Honorius zur Frage der Energien in Christus haben („Honoriusfrage"). Patriarch Sergius I. von Konstantinopel konnte 633 auf der Basis der Ein-Energien-Lehre in Alexandrien eine Einigung mit den monophysitischen Theodosianern erzielen. Als Sophronius von Jerusalem dagegen Bedenken anmeldete, wurde vereinbart, künftig die Frage der Energien aus der Glaubensverkündigung auszuklammern. Im Laufe der Diskussion wandte sich Sergius jedoch an Honorius. Dieser, der theologischen Diskussion abhold, skizzierte in zwei Briefen satzhaft den einen Willen Christi (Monotheletismus). Erst nach Honorius' Tod wurde unter dem Einfluss des Maximus Confessor die Lehre von den zwei Willen und den zwei Energien in Christus erarbeitet. Das sechste ökumenische Konzil von Konstantinopel (680/681) erklärte diese Lehre, die sich mittlerweile im Abendland durchgesetzt hatte, zum Dogma und verurteilte die Anhänger von Monotheletismus und Monenergismus, darunter auch Honorius. Papst Leo II. trat dem vom Constantinopolitanum III verhängten Anathem in vollem Umfang bei. Das siebte (787) und achte ökumenische Konzil (869/870) wiederholten die Sentenz. Schon bald machte sich im Abendland die Tendenz bemerkbar, die Causa Honorii in Vergessenheit geraten zu lassen; seit dem Ende des 9. Jh. war unbekannt, dass der verurteilte Häretiker Honorius Papst gewesen ist, und um die Mitte des 12. Jh. war sein Name völlig aus westlichen Quellen verschwunden. Bei den Griechen dagegen blieb das ganze Mittelalter über bekannt, dass ein Papst Honorius vom sechsten ökumenischen Konzil mit dem Anathem belegt worden war.

Seit dem 15. Jh. beschäftigte man sich im Abendland wieder mit dem Fall des Papstes Honorius. Nikolaus von Kues war von der Irrtumslosigkeit des Päpstlichen Stuhles überzeugt, deshalb beunruhigte ihn die Verurteilung des Honorius nicht. Auch die Kardinäle Johannes de Torquemada und Gasparo Contarini bezweifelten nicht, dass Honorius vom sechsten ökumenischen Konzil zu den Häretikern gezählt wurde. Erst der Niederländer Albert Pigge, ein extremer Verfechter der päpstlichen / Unfehlbarkeit, hielt eine Verurteilung des Honorius für unmöglich; deswegen unterstellte er, der Name des Papstes sei durch die Griechen den Akten des sechsten ökumenischen Konzils hinzugefügt worden. Diese so genannte Fälschungshypothese, von Caesar Baronius u. a. weiterentwickelt, fand bis ins 20. Jh. Anhänger. Der piggeschen Hypothese wurde schon seit Mitte des 16. Jh. entgegengehalten, ein Papst könne als Privatmann Häretiker werden (so u. a. Melchior Cano); aber infolge der papalistischen Tendenz seit dem 17. Jh. setzte sich diese Auffassung nicht durch. Die Ansicht, Papst Honorius sei Häretiker gewesen, wurde in der Neuzeit fast nur von protestantischen Theologen und Anhängern gallikanischer Ideen vertreten. Auch das Vaticanum I änderte an dieser Sachlage wenig: um die vom sechsten ökumenischen Konzil vorgenommene Qualifizierung als Häretiker abzuschwächen, werteten die Befürworter der Infallibilität das Anathem nicht als Glaubensurteil, sondern nur als Disziplinarmaßnahme. – Es ist freilich unhistorisch, die Causa Honorii nur unter dem Blickwinkel der Unfehlbarkeitsdiskussion zu sehen. Zweifellos wurde Honorius vom sechsten ökumenischen Konzil als Häretiker verurteilt, weil er nach Auffassung dieser allgemeinen Synode Häretiker war. Eine verharmlosende Interpretation der über ihn verhängten Sentenz lässt der Kontext nicht zu.

▥ Quellen: ACO Serie II, 2/2, 548, 4–559, 8 620, 22–625, 19; LP 1, 323–327; F. WINKELMANN: Die Quellen zur Erforschung des monenergetisch-monotheletischen Streites: Klio 69 (1987) 525f. (Quelle n. 44 und n. 47).

▥ Literatur: DHGE 24, 1049f.; LMA 5, 119f.; TRE 15, 566ff. – G. KREUZER: Die Honoriusfrage im Mittelalter und in der Neuzeit. Stuttgart 1975; P. CONTE: Nota su una recente appendice sulla questione di Onorio: Rivista di storia della Chiesa in Italia 37 (1983) 173–182; F. CARCIONE: Enérgheia, Thélema e Theokínetos nella lettera di Sergio, patriarca di Costantinopoli, a Papa Onorio Primo: Orientalia christiana periodica 51 (1985) 263–276; E. ZOCCA: Onorio I e la tradizione occidentale: Augustinianum 27 (1987) 571–615; A. THANNER: Papst Honorius I. Sankt Ottilien 1989; E. ZOCCA: Una possibile derivazione Gregoriana per il ‚monotelismo‘ di Onorio I: Augustinianum 33 (1993) 519–575.   *Georg Kreuzer*

Honorius II. (16./21.12.1124–13.2. 1130), vorher *Lambert Scannabecchi;* aus einfacher Familie aus der Region Bologna (Fiagnano bei Imola), Regularkanoniker von Santa Maria in Rheno (Bologna), ebd. Archidiakon, Kardinalpriester von Santa Prassede, 1117 Kardinalbischof von Ostia, an der Seite Gelasius' II. in Frankreich, Ratgeber Calixtus' II., Leiter der päpstlichen Legation für Wormser Konkordat. 1124 auf Betreiben des Kardinalkanzlers Haimerich und der Frangipani unter Übergehung des bereits gewählten und immantierten, aber noch nicht geweihten und inthronisierten Kardinals Theobald (Coelestin [II.]) von Sant'Anastasia nach dessen Resignation kanonisch zum Papst erhoben. Die Ergebnisse seiner Politik waren eher zwiespältig: Erfolge in Frankreich und England, gutes Verhältnis zu Lothar III.; 1128 exkommunizierte er Konrad von Staufen, aber seine Maßnahmen gegen Roger II. von Sizilien, den er im Frieden von Benevent (22.8.1128) mit Apulien belehnen musste, scheiterten. Absetzung der Äbte Oderisius von Montecassino (1126) und Pontius von Cluny (1126) infolge innerkirchlicher Querelen. Der Prämonstratenserorden wurde durch ihn 1126 bestätigt; gegenüber fragwürdigen Rechtstiteln (z. B. Santiago de Compostela) zeigte er starkes Misstrauen.

▥ Quellen: LP 2, 327 379; 3, 136ff. 170f.; RPR(J)² 1, 823–839; PL 166, 1217–1320; J.B. WATTERICH: Pontificum Romanorum qui fuerunt inde ab exeunte saeculo IX usque

ad finem saeculi XIII vitae ab aequalibus conscriptae etc., Bd. 2 (1099–1198). Leipzig 1862, 157–173; Lothar III. (Regesta Imperii 4, 1). Köln 1994.
■ Literatur: LMA 5, 120; VATL 306f. – F.-J. SCHMALE: Studien zum Schisma des Jahres 1130. Köln 1961; G. TELLENBACH: Der Sturz des Abtes Pontius von Cluny: QFIAB 42/43 (1963) 13–55; H. HOFFMANN: Petrus Diaconus, die Herren von Tusculum und der Sturz Oderisius' II. von Montecassino: Deutsches Archiv für Erforschung des Mittelalters 27 (1971) 1–109; J. DEÉR: Papsttum und Normannen. Wien 1972; R. SOMERVILLE: Pope Honorius II, Conrad of Hohenstaufen, and Lothar III: AHP 10 (1972) 341–346; R. HÜLS: Kardinäle, Klerus und Kirchen Roms 1049–1130. Tübingen 1977, 106f. 215; H.E.J. COWDREY: Two Studies in Cluniac History: Studi gregoriani per la storia 11 (1978) 178–298; G.J. SCHIRO: The career of Lamberto da Fagnano – Honorius II 1035?–1130 and the Gregorian reform. Ann Arbor 1979; M. STROLL: The Jewish Pope. Leiden 1987; I.S. ROBINSON: The Papacy 1073–1198. Cambridge 1990. *Ludwig Vones*

Honorius II., Gegenpapst (28.10. 1061–31.5.1064), vorher *Cadalus von Parma*, *1009/10 bei Verona, aus vornehmer Veroneser Familie, †1071/72 Parma; 1028 Domkanoniker ebd., 1030 Subdiakon, 1034 Diakon, 1041 Vicedominus des Bistums, vor Mai 1045 Bischof von Parma; ließ sich 1061 auf Drängen des römischen Stadtadels und einiger lombardischer Bischöfe vom deutschen Königshof zum Papst ausrufen, konnte sich aber gegen Alexander II. nicht durchsetzen und wurde nie inthronisiert. Die Synode von Mantua (1064) beendete das Schisma auf Initiative Erzbischof Annos von Köln zugunsten Alexanders II. und erklärte die Wahl des Honorius für ungültig. Dennoch hielt Honorius seine Ansprüche aufrecht und blieb bis zu seinem Tod Bischof von Parma.
■ Quellen: RPR(J) 1, 593f.
■ Literatur: DHGE 11, 53–99; LMA 5, 120. – F.

HERBERHOLD: Die Angriffe des Cadalus von Parma auf Rom 1062 und 1063: Studi gregoriani per la storia 2 (1947) 477–503; H.-G. KRAUSE: Das Papstwahldekret von 1059 und seine Rolle im Investiturstreit. Rom 1960, 129–157; V. CAVALLARI: Cadalus e gli Erzoni: Studi Storici Veronesi Luigi Simeoni 15 (1965) 59–170; T. SCHMIDT: Alexander II. (1061–73) und die römische Reformgruppe seiner Zeit. Stuttgart 1977, 80–88 104–133; M. STOLLER: Eight Anti-Gregorian Councils: AHC 17 (1985) 252–321. *Johannes Laudage*

Honorius III. (18.7.1216–18.3.1227), vorher *Cencio Savelli* (Census Camerarius), Herkunft aus dem Geschlecht der Savellier unsicher; * vor 1160. Honorius wurde in Rom erzogen, war Kanoniker an Santa Maria Maggiore, seit 1188 Kämmerer, Verfasser des /*Liber censuum* (1192); 1193 Kardinal, 1194–98 auch Leiter der /Päpstlichen Kanzlei, danach eher zurückgezogenes Wirken als Prediger. Führte als Betagter sein päpstliches Amt ausgleichend, blieb aber den Hauptanliegen seines Vorgängers Innozenz III. verpflichtet. Suchte in England die päpstliche Lehnshoheit und die Rechte des minderjährigen Königs Heinrich III. zu wahren. In Frankreich konnte er durch seinen Legaten Romanus erreichen, dass König Ludwig VIII. 1226 einen Kreuzzug gegen die Albigenser unternahm. Honorius' Verhältnis zum sizilianischen und deutschen König Friedrich II. wurde durch dessen ständiges Hinausschieben seines Kreuzzugsaufbruchs, sein Einwirken auf die Bischofserhebungen im sizilianischen Königreich und unterschiedliche Interessen in Reichsitalien belastet. Dennoch krönte ihn Honorius am 22.11.1220 zum Kaiser und gestand ihm persönlich die gleichzeitige Herrschaft in Imperium und sizilianischem Regnum zu in der Hoffnung, mit kaiser-

licher Hilfe den bereits begonnenen Kreuzzug siegreich abschließen zu können. Nach Friedrichs weiterem Zögern scheiterte dieser jedoch 1221 vor Mansura im Nildelta. Trotz bitterer Vorwürfe des Honorius verpflichtete sich der Staufer erst 1225, seine Kreuzfahrt im August 1227 anzutreten. – Neben verschiedenen Verordnungen des Honorius zum Universitätsstudium waren v. a. bedeutsam seine Bestätigung der Regeln der Dominikaner (22.12.1216), Franziskaner (29.11.1223) und Karmeliter (30.1.1226) sowie die 1226 in seinem Auftrag wohl von Tankred von Bologna gefertigte Sammlung seiner Dekretalen (Compilatio quinta), deren Anwendung er erstmals zur Pflicht machte.

Werke: Honorii III opera, ed. v. C.A. HOROY, 5 Bde. Paris 1879–82; MGH.EP saeculi XIII, ed. v. C. RODENBERG, Bd. 1. Berlin 1883, 1–260; Regesta Honorii Papae III, ed. v. P. PRESSUTI, 2 Bde. Rom 1888–95, Nachdruck Hildesheim 1978.

Literatur: TRE 15, 568–571. – L.E. BOYLE: The Compilatio quinta and the Regests of Honorius: Bulletin of Medieval Canon Law 8 (1978) 9–19; W. MALECZEK: Papst und Kardinalskolleg von 1191–1216. Wien 1984, 111ff. 357f.; J.E. SAYERS: Papal Government and England during the Pontificate of Honorius (1216–27). Cambridge 1984; W. STÜRNER: Friedrich II., Teil 1. Darmstadt 1992, 227–251; G. BAAKEN: Ius Imperii ad Regnum. Köln 1993, 229–277; W. MALECZEK: Franziskus, Innozenz III., Honorius III. und die Anfänge des Minoritenordens: Il papato duecentesco e gli ordini mendicanti. Atti del XXV Convegno internazionale, Assisi 1998. Spoleto 1998, 23–80.

Wolfgang Stürner

Honorius IV. (2.4.1285 – 3.4.1287), vorher *Giacomo Savelli,* * um 1210, sein Vater Luca war römischer Senator, Großneffe Honorius' III., nach ihm der Papstname. Kardinaldiakon von Santa Maria in Cosmedin, römischer Senator auf Lebens-

zeit (vertreten durch seinen Bruder Pandulf). Nach seiner Wahl in Perugia unter dem Gesichtspunkt der Loslösung aus der französisch-angevinischen Umklammerung und der Befriedung der Ghibellinen, wurde er am 20.4. in Rom konsekriert und gekrönt; offizielle Residenz im Savellipalast auf dem Aventin. Nach dem fehlgeschlagenen Kreuzzug von 1285 und dem Tod der Hauptgegner – Philipp III. von Frankreich (6.10.1285), Peter III. von Aragón (11.11.1285) – Fortdauer des Konflikts zwischen der Krone Aragón und dem Haus Anjou um das Königreich Sizilien, in dem er zu vermitteln suchte, aber nicht gewillt war, das von ihm als Lehnsherr zeitweise selbst verwaltete und reformierte *(Constitutio super ordinatione regni Siciliae)* Königreich dem spanischen König zu überlassen, wie es Karl (II.) von Anjou als aragonesischer Gefangener im Vertrag von Barcelona (27.2.1287) ausgehandelt hatte; er exkommunizierte statt dessen Jakob I. von Sizilien (später Jakob II. von Aragón) nach dessen Krönung in Palermo und dessen Mutter Konstanze (11.4.1286, verschärft 23.5.). Gegenüber dem Deutschen Reich suchte Honorius an die Politik Gregors X. anzuknüpfen, einigte sich mit Rudolf I. über die Reichsrechte in Italien und handelte einen Termin für die Kaiserkrönung aus, die auf dem Hoftag von Würzburg (März 1287) am Widerspruch der Kurfürsten scheiterte. 1286 erneuerte er die Verurteilung der Sekte der Apostoliker, hob die besitzlosen Orden auf und unterstützte die Bettelorden (Privilegien am 20.11.1285 bestätigt).

Quellen: RPR(P) 2, 1795–1824; Les registres d'Honorius IV, ed. v. M. PROU. Paris 1886–88; A. PARAVICINI BAGLIANI: I testamenti dei cardinali del Duecento. Rom

1980, 38f. 197–207; O. RAYNALD: Annales ecclesiastic, Bde. 22-23. Rom 1646–77.

▧ Literatur: LMA 5, 121. – B. PAWLICKI: Papst Honorius IV. Münster 1896; S. CAROCCI: Baroni di Roma. Rom 1993, 415–422; A. PARAVICINI BAGLIANI: La cour des papes au XIIIᵉ siècle. Paris 1995.　*Ludwig Vones*

Hormisdas, (20.7.514–6.8.523), heilig (Tag 6.8.), Nachfolger des Symmachus, * Frosinone (Kampanien).

Hormisdas' Amtsantritt z. Z. des Schismas mit Acacius von Konstantinopel veranlasste Kaiser Anastasius I., bedrängt durch die Revolte des prochalcedonensischen Generals Vitalian, erstmals wieder das Gespräch mit Rom zu suchen. Eingeladen zur Synode, die ab dem 1.7.515 in Herakleia hätte tagen sollen, entsandte Hormisdas, nach Abhaltung einer römischen Synode und in Abstimmung mit König Theoderich dem Großen, im August 515 eine erste bischöfliche Delegation mit Ennodius von Pavia an der Spitze nach Konstantinopel. Gebunden an genaueste Instruktionen des Hormisdas, der auch einen Brief ähnlichen Inhalts überreichen ließ, forderten sie von Anastasius bzw. dem Episkopat als Vorbedingung der kirchlichen Einigung: Anerkennung der Beschlüsse des Chalcedonense, Billigung aller Briefe Leos I., Verurteilung der Häretiker Nestorius und Eutyches samt ihres Anhangs unter Einschluss des Acacius und Petrus' des Walkers von Antiochien, die Unterzeichnung eines „libellus" mit der *Formula* bzw. *Regula fidei Hormisdae* (enthält die genannten Hauptpunkte) sowie die Klärung der Bischofsabsetzungen durch ein päpstliches Gericht. Die Gesandtschaft verlief ergebnislos, da wegen der Niederlage Vitalians das Konzil nicht zustande kam. Anastasius antwortete (Collectio Avellana n. 111), ohnehin zum Chalcedo

nense und zu Leo zu stehen, aber nichts gegen Acacius unternehmen zu wollen. Da Hormisdas in der Korrespondenz des Jahres 516 bei seiner Forderung blieb, gab es keine Annäherung. Ermutigt durch das Einschwenken von etwa vierzig zumeist westbalkanischen, teils aber auch syrischen Bischöfen auf die Linie Roms, wiederholte Hormisdas (517) seine Forderungen mit einer zweiten Gesandtschaft und weiteren Briefen (Collectio Avellana n. 126ff.), wiederum ohne Erfolg. Erst als Justinus I. Nachfolger Anastasius' I. geworden war (10.7.518), führte die beiderseitige Neuaufnahme der Korrespondenz und der Gesandtschaften zur Beendigung des Schismas am 22.4.519 (Dankschreiben des Hormisdas an Justinus I.: Collectio Avellana n. 168). Die im theopaschitischen Streit von den skythischen Mönchen unter Maxentius propagierte Formel „unus ex trinitate passus est" lehnte Hormisdas ab. Seine Korrespondenz (der Großteil in der Avellana), die sich auch auf Vorgänge im Westen (besonders Spanien) erstreckt, ist eine Hauptquelle zum Papsttum des 6. Jahrhunderts.

▧ Ausgabe und Quellen: *Briefe und Formula fidei:* CPL 1683f.; Epp. romanorum pontificum, ed. v. A. THIEL, Bd. 2. Braunsberg 1867, Nachdruck Hildesheim 1974, 741–990 bzw. Corpus scriptorum ecclesiasticorum latinorum, Bd. 35 (Collectio Avellana, pars II, ed. v. O. GUENTHER). Wien 1895, n. 106–240 (s. Index 830f., Formula: ebd., n. 116b und Seite 800).

▧ Quellen: Les Regestes des actes du patriarcat de Constantinople, ed. v. V. GRUMEL, fortgesetzt von J. DARROUZÈS–V. LAURENT, Bd. 1/1. Kadiköi u.a. 1932, n. 210–219.

▧ Literatur: DTHC 7, 161–176; LMA 5, 126; LACL 301f. – W. HAACKE: Die Glaubensformel des Papstes Hormisdas im acacianischen Schisma. Rom 1939; Das Konzil von Chalkedon. Geschichte und Gegenwart, hg. v. A. GRILLMEIER–H. BACHT, Bd. 2. Würzburg ⁵1979, 73–94 (F. HOFMANN) und pas sim; L. MAGI: La sede romana nella corrispondenza degli imperatori e patriarchi bizantini (VI–VII secoli). Rom–Löwen 1972, 35–103; J. SPEIGL: Die Synode von Heraklea 515: AHC 12 (1980) 47–61; A. GRILLMEIER: Jesus der Christus im Glauben der Kirche. Freiburg Bd. 2/1 ²1991, 351–369; Bd. 2/2 1989, 336–342; Il primato del vescovo di Roma nel primo millennio, hg. v. M. MACCARRONE. Vatikanstadt 1991, 334f. und passim; J. SPEIGL: Formula Iustiniani. Kircheneinigung mit kaiserlichen Glaubensbekenntnissen (Codex Iustinianus I, 1, 5–8): Ostkirchliche Studien 44 (1995) 105–134; S. RANALLI: L'epistolario di papa Ormisda, nel quadro della letteratura cristiana del VI secolo: Studi e materiali di storia delle religioni 61 (1995) 19–54. *Günter Prinzing*

Hyginus (138?–142?), heilig (Tag 11.1.), in der Sukzessionsliste des Irenaeus von Lyon (Adversus haereses III, 4, 2) Nachfolger des Telesphorus und somit achter Papst; Regierungsdaten nach Eusebius (Historia ecclesiastica IV, 10). Der /Liber Pontificalis überliefert, er sei Athener und Philosoph gewesen und habe in die Verwaltung der römischen Gemeinde eingeriffen. Wahrscheinlich war er ein profilierter Presbyter aus deren Leitungsgremium (Ansätze zum Monepiskopat erst seit Anicet). Die Dekretalen unter seinem Namen sind unecht. Zu seiner Zeit kamen laut Irenaeus die Gnostiker Kerdon und Valentinus nach Rom. Sein Martyrium ist unsicher.

▨ Quellen: LP 1, 131.

▨ Literatur: DTHC 7, 356f.; VATL 310. – TH. KLAUSER: Die Anfänge der römischen Bischofsliste: Gesammelte Arbeiten zur Liturgiegeschichte … Münster 1974, 121–138; J. HOFMANN: Die amtliche Stellung der in der ältesten römischen Bischofsliste überlieferten Männer in der Kirche von Rom: Historisches Jahrbuch 109 (1989) 1–23.
Christoph Breuer-Winkler

Innozenz I. (21.12.402–12.3.417), heilig (Tag 28.7.), * Alba bei Rom als

Sohn (so Hieronymus, ep. 130, 16) seines Vorgängers Anastasius I. Der Pontifikat war gezeichnet vom Niedergang des weströmischen Reiches (Eroberung und Plünderung Roms durch den Westgotenkönig Alarich I. 410). Im äußeren Unglück arbeitete Innozenz, neben Siricius, Leo I. und Gelasius I. der markanteste Papst des 4./5. Jh., zielbewusst am Ausbau des römischen /Primats, wobei er die römischen Vorstellungen erweiterte und erstmals voll umriss. In Briefen an die Bischöfe Victricius von Rouen, Exuperius von Toulouse, Decentius von Gubbio u. a. forderte er, die abendländische Kirchendisziplin nach römischem Vorbild auszurichten und die Causae maiores vor den „Apostolischen Stuhl" zu bringen. Im Kampf gegen Häretiker (Donatisten) beanspruchte er die oberste Lehrentscheidung, auch in der (nicht erbetenen) Bestätigung zweier afrikanischer Synodalurteile gegen Pelagius und Coelestius. Wenig Erfolg hatte Innozenz im Osten (Eingreifen für den abgesetzten Johannes Chrysostomus, darüber zeitweiliger Bruch mit östlichen Bischöfen und Patriarchen). Er wurde der eigentliche Gründer des päpstlichen Vikariats von Thessalonike, um dem wachsenden Einfluss Konstantinopels zu begegnen und das Illyricum enger an Rom zu binden.

▨ Quellen: PL 20, 463–636; LP 1, 220–224; 3, Register; RPR(J) 1, 44–49; 2, 692 734; Collectio Avellana: Corpus scriptorum ecclesiasticorum latinorum, Bd. 35. Wien 1895, 92–98.

▨ Literatur: DTHC 7, 1940–50; LMA 5, 433; LACL 309. – CASPAR Bd. 1; W. MARSCHALL: Karthago und Rom. Stuttgart 1971, 238ff.; M.-R. GREEN: Pope Innocent I. Oxford 1973; O. WERMELINGER: Rom und Pelagius. Stuttgart 1975, 116–133; CH. PIETRI: Roma christiana, 2 Bde. Rom 1976; Il primato del vescovo di Roma nel primo millennio, hg. v. M. MACCARRONE. Vatikanstadt 1991; L. DAT-

TRINO: Sollecitudine pastorale di Innocenzo I, Papa di Roma, per la Chiesa sorella di Constantinopoli: Lateranum 64 (1998) 221–225. *Georg Schwaiger*

Innozenz II. (14.2.1130–24.9.1143), vorher *Gregor*, aus der römisch-trasteveriner, zuerst 1148 nach ihm benannten Familie *de Papa* (im 13. Jh.: *Papareschi*); 1116 als Kardinaldiakon (Sant'Angelo) bezeugt, 1118 Wähler Gelasius' II., folgte 1119/20 Calixtus II. durch Frankreich, das er 1121 und 1123/24 zusammen mit Petrus Pierleoni als Legat bereiste. Er und zwei weitere päpstliche Unterhändler schlossen das Wormser Konkordat. 1130 unter Missachtung der vereinbarten Kompromisswahl und unter dem Schutz der römischen Familie der Frangipani von einer Minderheit meist jüngerer norditalischer und französischer Kardinäle im Handstreich gegen den noch am selben Tag von einer Mehrheit v. a. älterer Kardinäle erhobenen Anaklet II. gewählt. Nicht kirchenpolitische Programme, sondern Beziehungen der Wähler untereinander und zum Kardinalkanzler Haimerich haben zu diesem Schisma geführt. Die alten Verbindungen Innozenz' und seiner Kardinäle begünstigten seine Anerkennung in Frankreich (Étampes, Mai 1130) und Deutschland (Würzburg, Oktober 1130), wobei namentlich Bernhard von Clairvaux und Norbert von Xanten für ihn eintraten. Auch England und die spanischen Reiche zählten bald zu seiner Oboedienz. Nach Rom, das Innozenz im Juni 1130 an Anaklet verloren hatte, kehrte er 1133 unter dem Schutz Lothars III. kurzzeitig zurück, krönte diesen zum Kaiser (4.6., Lateran), überließ ihm die mathildischen Güter und gewährte eine Präzisierung des Wormser Konkordats. Wie schon Lothars und Innozenz'

Feldzug von 1136/37 gegen den Anaklet Rückhalt gewährenden Roger II. von Sizilien, scheiterte 1139 eine erneut versuchte Unterwerfung des Normannen. Innozenz geriet in Gefangenschaft, musste im Vertrag von Mignano (27.7.1139) Rogers Königtum anerkennen und ihn mit Sizilien belehnen. Innozenz' Synoden von Clermont (November 1130), Reims (Oktober 1131) und Pisa (Mai/Juni 1135) sowie das Lateranense II (1139) bestätigten zumeist ältere Kanones. Neu wurde 1130 den Inhabern höherer Weihen der Benefizienentzug bei Verletzung des Zölibats angedroht und im Bußwesen erstmals 1131 ein päpstlicher Reservatfall statuiert. Entsprechend der unter Innozenz zunehmenden Verrechtlichung der Kirche wuchs die Zahl der päpstlichen Urkunden beträchtlich; feierliche Privilegien wurden jetzt regelmäßig auch von den Kardinälen mit unterschrieben. Innozenz' Programm der imperialen Selbstdarstellung ist zuletzt durch seine Bestattung im Porphyrsarkophag Kaiser Hadrians (bis 1308 in der Laterankirche, Grab dann in Santa Maria in Trastevere) belegt.

Quellen: LP 2, 379–385; RPR(J)² 1, 840–911; Regesta Imperii, Bd. 4, 1: Die Regesten des Kaiserreiches unter Lothar III. und Konrad III., neubearbeitet von W. PETKE. Köln 1994.
Literatur: EC 7, 7–10; LMA 5, 433f.; VATL 312f. – P.F. PALUMBO: Lo scisma del MCXXX. Rom 1942; F.-J. SCHMALE: Die Bemühungen Innozenz' um seine Anerkennung in Deutschland: Zeitschrift für Kirchengeschichte 65 (1953/54) 244–268; DERSELBE: Studien zum Schisma des Jahres 1130. Köln–Graz 1961; MARIO DA BERGAMO (= L. PELLEGRINI): Osservazioni sulle fonti per la duplice elezione papale del 1130: Aevum 39 (1965) 45–65; DERSELBE: La duplice elezione papale del 1130: Pubblicazioni dell'Università Cattolica del Sacro Cuore. Contributi. Serie 3, 10. Mailand 1968, 265–302; D. GIRGENSOHN: Das Pisaner Konzil

von 1135 in der Überlieferung des Pisaner Konzils von 1409: FS H. Heimpel, Bd. 2. Göttingen 1972, 1063–1100; J. DEÉR: Papsttum und Normannen. Köln–Wien 1972; W. MALECZEK: Das Kardinalskollegium unter Innozenz und Anaklet II.: AHP 19 (1981) 27–78; T. REUTER: Zur Anerkennung Papst Innozenz': Deutsches Archiv für Erforschung des Mittelalters 39 (1983) 395–416; BORGOLTE 158–165; M. THUMSER: Rom und der römische Adel in der späten Stauferzeit. Tübingen 1995, 161–168; A.B. SCHMIDT: Der Brief Papst Innozenz' II. an den armenischen Katholikos Gregor III.: AHC 31 (1999) 50-71; G. KNIGHT: Politics and pastoral care: Revue bénédictine 109 (1999) 359-390. *Wolfgang Petke*

Innozenz III. (8.1.1198–16.7.1216), vorher *Lothar von Segni,* * 1160/61 Gavignano bei Segni, † Perugia; Studium in Paris (Theologie) und Bologna (Kirchenrecht), seit Lucius III. im Dienst der Kurie, 1187 Subdiakon, Ende 1190 Kardinaldiakon von Santi Sergio e Bacco. Verfasser theologischer Werke, darunter das weit verbreitete (über 400 Handschriften) *De miseria humanae conditionis.* Als jüngster Kardinal noch am Todestag Coelestins III. zum Papst gewählt (Krönung 22.2.). Trotz mancher politischer Fehlschläge einer der bedeutendsten Päpste des Mittelalters. Als „vicarius Christi" (jetzt fester Titel) beanspruchte er in der Tradition des Reformpapsttums den päpstlichen Vorrang im kirchlichen und weltlichen Bereich. Während dieser Vorrang innerhalb der Kirche weitgehend durchgesetzt werden konnte (Jurisdiktionsprimat, Devolutionsrecht, Vorbehalt der Causae maiores, ∕Ad-limina-Besuche), blieben die Zielvorstellungen im weltlichen Bereich vage und stärker an realpolitischen Möglichkeiten orientiert. In seinen Pontifikat fallen Ausbau und Straffung der kurialen Kanzlei und Verwaltung (Kanzleiordnung, Amt des Korrektors, Maßnahmen gegen das Fälschungsunwesen, kontinuierliche Registerführung, Spezialregister zum deutschen Thronstreit; erste Zeugnisse für Audientia litterarum contradictarum [∕Rota] und [∕Apostolische] Poenitentiarie). Seine Rechtsentscheide ließ er 1210 in der ersten authentischen Dekretalensammlung *(Compilatio III)* publizieren. Gescheitert sind seine Kreuzzugspläne: der seit Beginn seines Pontifikats betriebene vierte Kreuzzug entglitt ihm und endete mit der Eroberung Konstantinopels (1204); ein zweiter, 1213 ausgerufen und auf dem Lateranense IV für 1217 organisiert, endete unter seinem Nachfolger Honorius III. im ägyptischen Damiette in einem Fiasko. Die von Innozenz forcierte Ketzerbekämpfung (Dekretale *Vergentis in senium,* 1199; Lateranense IV, c. 3: Häresie als Majestätsverbrechen, Inquisitionsverfahren) entartete 1209–29 im Kreuzzug gegen die Albigenser zum brutalen Landraub. Anderseits gelang es Innozenz, radikal-reformerische Gruppen in der Kirche zu halten (u. a. Humiliaten, Armutsbewegung); gleiches gilt für die Gemeinschaften des Franziskus von Assisi und des Dominikus, deren Wirken und Lebensweise er anerkannte. Höhepunkt seiner kirchlichen Wirksamkeit war das Lateranense IV (November 1215), die größte Kirchenversammlung des Mittelalters, die sich neben politischen (Kreuzzug, Magna Charta, Friedrich II.) v. a. mit Glaubens- und Reformfragen beschäftigte. Im politischen Bereich ist die Bilanz des Pontifikats eher negativ, obwohl Innozenz mit unterschiedlichem Erfolg die Oberlehnsherrschaft über Sizilien, Aragón, Portugal und England und zudem ein Prüfungsrecht bezüglich des Kaiserkandidaten (Dekretale *Venerabilem,* 1202) beanspruchte. Sein Hauptaugenmerk galt der Befreiung aus jener Umklammerung, in die das Papsttum 1194 durch die Vereinigung des Kaiserreiches mit dem Königreich Sizilien (päpstlicher Lehnsstaat seit 1059) geraten war. Die seit 1197 (Tod Heinrichs VI.) in Mittelitalien systematisch betriebene Rekuperationspolitik stellte die päpstliche Landesherrschaft im Patrimonium Petri erstmals auf ein gesichertes Fundament, auch in Rom selbst konnte die Stellung des Papstes konsolidiert werden. Die Entscheidung im deutschen Thronstreit für den Welfen Otto IV. (*Deliberatio de tribus electis,* 1200/01) wie auch die von den Prätendenten geforderten Versprechen hatten v. a. die Verhinderung einer neuerlichen Vereinigung von Kaiser- und Königreich im Auge, nachdem der Papst von Kaiserin Konstanze († 1198) testamentarisch zum Lehnsvormund Friedrichs II. bestimmt worden war, diese Aufgabe aber angesichts der politischen Lage faktisch nicht wahrnehmen konnte. Auf päpstliche Vermittlung geht aber Friedrichs aragonesische Heirat (1208) zurück. Im Vertrauen auf gegebene Zusagen setzte Innozenz, von Otto IV. getäuscht, nach 1210 schließlich doch auf den Staufer, dessen Nachfolge im Kaiserreich er zunächst verhindert hatte. Den englischen König Johann (ohne Land) zwang er im Gefolge eines Streites um die Besetzung des erzbischöflichen Stuhls von Canterbury durch Verhängung des Interdikts und Exkommunikation zur Lehnsauftragung seines Reiches an den Papst (1213/14) und erklärte aufgrund dieser Rechtsstellung die Magna Charta (1215) für ungültig. Die Beziehungen zum französischen König Philipp II. waren bis 1213 durch dessen Eheaffäre belastet, in der Innozenz für Ingeborg von Dänemark Partei ergriff. Der wechselvollen päpstlichen Deutschlandpolitik begegnete der französische König mit skeptischer Reserve.

Quellen: Die deutsche Literatur des Mittelalters. Verfasserlexikon, Bd. 3, hg. v. K. Langosch. Berlin–Leipzig ²1981 388–395; PL 214–217; De miseria, ed. v. M. Maccarrone. Lugano 1955; ed. E.R. Lewis. Athens (Georgia) 1978; Register (Jahrgang 1–2), ed. v. O. Hageneder u.a.: Die Register Innozenz'. Graz u.a. 1964, Rom–Wien 1979; Regestum super negotio Romani imperii, ed. v. F. Kempf. Rom 1947; The Letters of Pope Innocent concerning England and Wales, ed. v. C.R. Cheney. London 1967; RPR(P) Bd. 1 und 2; Constitutiones Concilii quarti Lateranensis una cum Commentariis glossatorum, ed. v. A. García y García. Vatikanstadt 1981.

Literatur: TRE 16, 175–182; LMA 5, 434–437; GKG 11, 196–207; VatL 313–317. – F. Kempf: Papsttum und Kaisertum bei Innozenz. Rom 1954; H. Tillmann: Papst Innozenz. Bonn 1954; H. Roscher: Papst Innozenz und die Kreuzzüge. Göttingen 1969; C.R. Cheney: Innocent and England. Stuttgart 1976; M. Laufs: Politik und Recht bei Innozenz. Köln 1980; W. Imkamp: Das Kirchenbild Innozenz'. Stuttgart 1983; W. Maleczek: Papst und Kardinalskolleg von 1191 bis 1216. Wiesbaden 1984; Th. Holzapfel: Papst Innozenz, Philipp II. August, König von Frankreich und die englisch-welfische Verbindung 1198–1216. Frankfurt (Main) 1991; C. Egger: Papst Innozenz als Theologe: AHP 30 (1992) 55–123; R. Foreville: Le pape Innocent et la France. Stuttgart 1992; G. Baaken: Ius imperii ad regnum. Köln–Wien 1993; J.E. Sayers: Innocent III. Leader of Europe. London u.a. 1994, italienisch Rom 1997; M. Maccarrone (Hg.): Nuovi studi su Innocenzo III. Rom 1995; H.J. Sieben: Basileios Pediadites und Innozenz III.: AHC 27/28 (1995–96) 249–274; N. Kuster: Das Armutsprivileg Innozenz' III. und Klaras Testament. Echt oder raffinierte Fälschung?: Collectanea Franciscana 66 (1996) 5–95; T.M. Violante: Innocenzo III e l'Oriente bizantino: Nicolaus 24 (1997) 311–352; B.M.

KIENZLE: Holiness and obedience. Denouncement of twelfth-century Waldensian lay preaching: The devil, heresy and witchcraft in the middle ages. FS J.B. Russel. Leiden 1998, 259–278; C.M. ROUSSEAU: ,Pater urbis et orbis'. Innocent III and his perspectives on fatherhood: AHP 37 (1999) 25–37; J.C. MOORE: Pope Innocent III and his world. Aldershot 1999; TH. FRENZ (Hg.): Papst Innozenz III. Interdisziplinäre Ringvorlesung an der Universität Passau, 5.11.1997 – 26.5. 1998. Stuttgart 2000; M. MENZEL: Kreuzzugsideologie unter Innocenz III.: Historisches Jahrbuch 120 (2000) 39-79.

Theo Kölzer

Innozenz III., Gegenpapst (29.9.

1179 – Januar 1180), vorher *Lando von Sezze* (auch *Landus Sitinus*), letzter Gegenpapst Alexanders III.; Kardinal durch den Gegenpapst Victor IV., von dessen Verwandten zum Nachfolger des Gegenpapstes Calixtus III. erhoben. Innozenz fiel im Januar 1180 Alexander III. in die Hände und wurde auf Lebenszeit im Kloster La Cava inhaftiert. Damit war das seit 1159 dauernde Schisma beendet.

▓ Quellen: J.B. WATTERICH: Pontificum Romanorum qui fuerunt inde ab exeunte saeculo IX usque ad finem saeculi XIII vitae ab aequalibus conscriptae etc., Bd. 2 (1099–1198). Leipzig 1862, 647f.; RPR(J) 2, 431.

▓ Literatur: LMA 5, 434. – B.-U. HERGEMÖLLER: Die Geschichte der Papstnamen. Münster 1980, 91f.; Miscellanea Rolando Bandinelli papa Alessandro III, hg. v. F. LIOTTA. Siena 1986; W. GEORGI: Friedrich Barbarossa und die auswärtigen Mächte. Frankfurt (Main) 1990, 329. *Theo Kölzer*

Innozenz IV. (25.6.1243 – 7.12.1254),

vorher *Sinibaldo Fieschi,* *um 1180/90 Lavagna aus dem ghibellinisch gesinnten ligurischen Grafengeschlecht von Lavagna; sein Vater Hugo war kaiserlicher Steuereinnehmer. Ausbildung in Parma und Studium der Rechte in Bologna, er kam in die Umgebung des Kardinallega-ten Hugolin (Gregor IX.), wurde 1226 Auditor litterarum contradictarum, 1227 Apostolischer Vizekanzler und Kardinalpriester von San Lorenzo, 1234–39 Rektor der Mark Ancona und päpstlicher Legat. Wahl nach langer Sedisvakanz in ⁄ Anagni (erstes Konklave), Krönung am 28.6.1243. Sogleich mit der Auseinandersetzung um Vorrang von Imperium und Sacerdotium konfrontiert, die er entgegen staufischer Erwartung bald mit dem Satz „Papa iudex est omnium" zuspitzte. Sein auch auf publizistischer Ebene erbittert ausgetragener Kampf mit dem gebannten Friedrich II. sollte seinen Pontifikat prägen und in der Absetzung des Kaisers auf dem ersten allgemeinen Konzil von Lyon am 17.7. 1245 aufgrund der päpstlichen „potestas directa in temporalibus" mit gleichzeitiger Aufforderung an die Reichsfürsten zur neuen Königswahl kulminieren, die der Staufer nie anerkennen sollte. Zugleich entfernte Innozenz auch den portugiesischen König Sancho II. durch Suspension als „rex inutilis" von der Regierungsgewalt. Das Konzil von Lyon, geschützt durch den französischen König Ludwig IX., auf dem auch über den Kreuzzug zur Rückgewinnung Jerusalems, Hilfe für das lateinische Kaisertum in Konstantinopel, die Mongolenfrage und Maßnahmen zur Kirchenreform verhandelt wurde, stellte den Höhepunkt seines Pontifikats dar. Alle Versöhnungsversuche, vermittelt durch Ludwig IX. auf einem Treffen mit Innozenz in Cluny, aus dem die Kapetinger beträchtliche politische Vorteile ziehen sollten, scheiterten v. a. an der Sizilienfrage. Die propagandistischen Schreiben des Kaisers an die europäischen Herrscher zur Verteidigung seines Standpunkts (v. a. „Etsi cause nostre") wurden mit dem Manifest *Eger cui lenia* beantwortet, das die Überordnung der geistlichen über die weltliche Gewalt durch eine radikale Ausdeutung der Zweischwerterlehre begründete. Der Konflikt, der durch die päpstliche Unterstützung der beiden deutschen (Gegen-)Könige Heinrich Raspe und Wilhelm von Holland sowie Vorbereitungen zu einem antistaufischen Kreuzzug eskalierte, sollte den Tod Friedrichs II. 1250 und des ebenfalls gebannten Konrad IV. 1254 überdauern. Unabhängig davon gelang es Innozenz, die Ostmission durch Dominikaner und Franziskaner in Gang zu bringen (Gründung der preußischen Bistümer Kulm, Pomesanien, Ermland und Samland). Außer jenen kirchenrechtlichen Dekretalen von Lyon, die am 25.8.1245 als päpstliche Konstitutionen promulgiert, schließlich mit weiteren dem „Liber extra" hinzugefügt wurden, war v. a. der *Apparatus in quinque libros decretalium* (gedruckt Straßburg 1477) (Kommentar zu den Dekretalen Gregors IX., wo auch das Absetzungsrecht des Papstes untermauert wurde) relevant. Dies und der Ausbau der Ketzerinquisition (Einführung der Folter durch den weltlichen Arm 1252 durch die Konstitution *Ad extirpandam*) begründeten seinen Ruf als „Juristenpapst".

Quellen: RPR(P) 2, 943–1286; Les registres d'Innocent IV, ed. v. E. Berger, 4 Bde. Paris 1884–1921; G. Abate: Lettere secrete d'Innocenzo IV: Miscellanea francescana 55 (1955) 317–373; Th.T. Haluscynskyj – M.M. Wojnar: Acta Innocentii papae IV. Rom 1961; A. Quintana Prieto: La documentación pontificia de Inocencio IV, 2 Bde. ebd. 1987; Vita Innocentii IV scripta a fr. Nicolao de Carbio, neu gedruckt von Melloni: Innocenzo IV (s.u. Literatur), 259–293.

Literatur: LMA 5, 437f.; TRE 16, 182–185; VatL 317ff. – M. Pacaut: L'autorité pontificale selon Innocent IV: Le Moyen-âge 66 (1960) 85–119; W. de Vries: Innozenz IV. und der christliche Osten: Ostkirchliche Studien 12 (1963) 113–131; J.A. Watt: The Theory of Papal Monarchy in the Thirteenth Century: Traditio 20 (1964) 179–317; P. Herde: Ein Pamphlet der päpstlichen Kurie gegen Kaiser Friedrich II. von 1245/46 (‚Eger cui lenia'): Deutsches Archiv für Erforschung des Mittelalters 23 (1967) 468–538, Edition ebd. 508–538; E.M. Peters: Rex inutilis: Sancho II of Portugal and Thirteenth Century Deposition Theory: Studia Gratiana 14 (1967) 253–305; L. Pisanu: L'attività politica di Innocenzo IV e i Francescani. Rom 1969; W. Kölmel: Regimen Christianum. Berlin 1970; A. Paravicini Bagliani: Cardinali di Curia e ‚familiae' cardinalizie dal 1227 al 1245, 2 Bde. Padua 1972; A. Franchi: La svolta politico-ecclesiastica tra Roma e Bisanzio (1249–1254). Rom 1981; K.-E. Lupprian: Die Beziehungen der Päpste zu islamischen und mongolischen Herrschern im 13.Jh. Vatikanstadt 1981; L. Buisson: Potestas und Caritas. Die päpstliche Gewalt im Spätmittelalter. Köln–Wien ²1982; K. Pennington: Pope and Bishops. The Papal Monarchy in the Twelfth and Thirteenth Centuries. Philadelphia 1984; A. Melloni: William of Ockham's Critique of Innocent IV: Franziskanische Studien 46 (1986) 161–203; E. Bernal Palacios: Repertorios del comentario de Inocencio IV a las Decretales de Gregorio IX: Escritos del Vedat 17 (1987) 143–172; A. Melloni: Innocenzo IV. Genua 1990; G. Baaken: Ius imperii ad regnum. Köln u.a. 1993; Derselbe: Die Verhandlungen von Cluny (1245) und der Kampf Innozenz' IV. gegen Friedrich II.: Deutsches Archiv für Erforschung des Mittelalters 50 (1994) 531–579; M. Thumser: Rom und der römische Adel in der späten Stauferzeit. Tübingen 1995; A. Paravicini Bagliani: La cour des papes au XIIIe siècle. Paris 1995; A. Melloni: I fondamenti del regime di cristianità al Lionese I: Cristianesimo nella storia 18 (1997) 61–76; D. Berg: Papst Innozenz IV. und die Bettelorden in ihren Beziehungen zu Kasier Friedrich II.: Vita religiosa im Mittelalter. FS K. Elm. Berlin 1999, 461–481. *Ludwig Vones*

Innozenz V. (21.1.1276 – 22.6.1276), selig (Tag 22.6.), Dominikaner (1240), vorher *Petrus von Tarentaise,*

* um 1224 Champigny (Savoyen); 1255 Theologiestudium in Paris, 1259 Doctor theologiae, lehrte 1259–1264/65 und 1267–69; 1264 Provinzial des Dominikanerordens in Frankreich, zusammen mit Albertus Magnus und Thomas von Aquin Verfasser der Studienordnung des Dominikanerordens; 1272 Erzbischof von Lyon (Vorbereitung des Konzils von 1274); 1273 Kardinalbischof von Ostia, Bischofsweihe vor 9.8.1273, April 1274 durch Aymar von Roussillon ersetzt. Nahm als Vertrauter Gregors X. an den politischen Verhandlungen der Kurie teil (Beaucaire mit Alfons X. von Kastilien, Lausanne mit Rudolf I. von Habsburg). ⁄Papstwahl in Arezzo durch Scrutinium, Krönung 22.2.1276. Sein vordringlichstes Ziel war die Durchführung des Kreuzzugs, deshalb Fortführung der Verständigung mit Byzanz, Beilegung von Streitigkeiten der abendländischen Mächte untereinander, Absicht der Kaiserkrönung Rudolfs I. aus Rücksicht auf die angevinischen Interessen sowie die Erneuerung der Lehnsnahme Karls I. von Anjou, den er als Senator von Rom und Reichsvikar der Toskana bestätigte (1276). Verfasser eines vom Übergang des Augustinismus zum Aristotelismus geprägten *Sentenzenkommentars*, eines *Quodlibets* und exegetischer Schriften.

▨ Werke: Innocentius V in quattuor libros sententiarum commentaria, ed. v. T. Turco-G.B. de Marinis, 4 Bde. Toulouse 1649–52, Nachdruck 1964.

▨ Literatur: LMA 5, 438. – P. Glorieux: Répertoire des maîtres en théologie de Paris au XIIIe siècle, Bd. 1. Paris 1933, 104–154; H.-D. Simonin: Les écrits de Pierre de Tarentaise. Rom 1943; M.-H. Laurent: Le Bienheureux Innocent V et son temps. Vatikanstadt 1947, Nachdruck 1972; L.F. Barmann: Peter of Tarentaise: Revue de l'Université d'Ottawa 31 (1961) 96–125; E. Mar-

chisa: Saggio sull'antropologia filosofica di Pietro da Tarentaise (Beatus I.) nel commento alle Sentenze di Pier Lombardo: Divus Thomas 71 (Piacenza 1968) 210–270.

Ludwig Vones

Innozenz VI. (18.12.1352–12.9.1362), vorher *Étienne Aubert*, * 1282 oder 1295 Les-Monts-de-Beyssac (Département Corrèze) aus nichtadliger Familie; Rechtsstudium, Promotion (1329/30) sowie Lehr- und Richtertätigkeit in Toulouse; Siegelbewahrer und Stellvertreter des Seneschalls von Toulouse und Albi, Amtswalter, Ratgeber und Gesandter König Philipps VI. bei Benedikt XII., 1338 Bischof von Noyon, 1340 von Clermont, 1342 durch Clemens VI. Kardinalpriester von Santi Giovanni e Paolo, 1348 Großpoenitentiar und 1352 Kardinalbischof von Ostia. Bei seiner Wahl (Krönung 30.12.1352) kam es zur ersten überlieferten Wahlkapitulation der Papstgeschichte, Innozenz annullierte sie aber schon am 6.7.1353 als unvereinbar mit der päpstlichen Plenitudo potestatis. Trotz seines offenkundigen ⁄Nepotismus versuchte er zaghaft, die unter seinem Vorgänger Clemens VI. verschütteten Reformbestrebungen Benedikts XII. wieder aufzunehmen, die sich bei ihm weniger in einer Ordensreform (Mendikanten, Johanniter) als in Ansätzen zu einer Reform der Kurie (Einschränkung der Pfründenhäufung, Residenzpflicht) und des ⁄Kardinalskollegiums äußerten (Konstitution *Ad honorem*, 1357), v. a. aber in der finanziell ruinösen, von vielen (Petrarca, Birgitta von Schweden) begrüßten Vorbereitung der Rückführung des Papsttums von ⁄Avignon nach Rom. Zu diesem Zweck Legation der Kardinäle Aegidius Álvarez Albornoz (Juni 1353) und Androin de la Roche (1357/58) nach Italien, um die verlorenen Gebiete des ⁄Kirchenstaates zu rekuperieren und die Verwaltung dort wiederherzustellen (Constitutiones Aegidianae, 1357). Seine Bemühungen um Verständigung mit Cola di Rienzo schlugen fehl, doch konnte sich immerhin 1355 Karl IV. in Rom zum Kaiser krönen lassen, ohne allerdings die erhoffte militärische Unterstützung zu gewähren. Seine Vermittlungsversuche zwischen England und Frankreich (brüchiger Vertrag von Brétigny) und zwischen Kastilien und Aragón blieben ohne Erfolg. Die Wiederaufnahme der Unionsverhandlungen mit der Ostkirche und die vergeblichen Bemühungen um einen Kreuzzug runden das Bild eines Papstes ab, der sich im Rahmen seiner bescheidenen Möglichkeiten um einen Fortschritt in der Kirchenpolitik bemühte, dem letztlich aber jede Kraft zur wirklichen Erneuerung abging. Innozenz war Gründer des Kollegs Saint-Martial in Toulouse (1359), der theologischen Fakultät von Bologna (1360) und der Kartause von Villeneuve-lès-Avignon (1356–62), wo er bestattet wurde.

▨ Quellen: É. BALUZE – G. MOLLAT: Vitae paparum Avenionensium. Paris Bd. 1 1916, 309–348; Bd. 2 1928, 433–489; R.R. POST: Supplieken gericht aan de pausen Clemens VI, Innocentius VI en Urbanus V 1342–66. 's-Gravenhage 1937; H. HOBERG: Die Einnahmen der Apostolischen Kammer unter Innozenz VI. Paderborn Teil 1 1955, Teil 2 1972; P. GASNAULT – N. GOTTERI – M.H. LAURENT: Innocent VI (1352–62). Lettres secrètes et curiales (bis 30.12.1356), 4 Bde. Paris 1959–76; Acta Innocentii VI, ed. v. A.L. TAUTU. Vatikanstadt 1961; J. GLÉNISSON – G. MOLLAT: L'administration des États de l'Église au XIVᵉ siècle. Correspondance des légats et vicaires-généraux Gil Albornoz et Androin de la Roche (1353–1367). Paris 1964; J. ZUNZUNEGUI ARAMBURU: Bulas y cartas secretas de Inocencio VI. Rom 1970; D. WILLIMAN: Memoranda and Sermons of Étienne Aubert (Innocent VI)

as Bishop (1338–41): Mediaeval Studies 37 (1975) 7–41; Diplomatario del Cardenal Gil de Albornoz. Cancillería pontificia 1351–1353, ed. v. E. SÁEZ – J. TRENCHS ODENA. Barcelona 1976; Cancillería pontificia 1354–56, ed. v. E. SÁEZ – M.T. FERRER – J. TRENCHS ODENA U.A. ebd. 1981; Acta Pataviensia Austriaca. Vatikanische Akten zur Geschichte des Bistums Passau und der Herzöge von Österreich (1342–78), Bd. 2: Innozenz VI. Wien 1992.

▨ Literatur: LMA 5, 438f.; VATL 319ff. – W. DE VRIES: Die Päpste von Avignon und der christliche Osten: Orientalia christiana periodica 30 (1964) 85–128; G. MOLLAT: Les papes d'Avignon. Paris ¹⁰1965; B. GUILLEMAIN: La cour pontificale d'Avignon. ebd. ²1966; P. COLLIVA: Il cardinale Albornoz, lo stato della Chiesa, le ,Constitutiones Aegidianae' (1353–57). Bologna 1977; N. HOUSLEY: The Avignon Papacy and the crusades. Oxford 1986; Aux origines de l'État Moderne. Le fonctionnement administratif de la papauté d'Avignon. Rom 1990; Die Geschichte des Christentums, Bd. 6 hg. v. B. SCHIMMELPFENNIG, Freiburg 1991; R. PAULER: Die Rehabilitierung Ludwigs des Brandenburgers im Rahmen der päpstlichen Imperialpolitik: Zeitschrift für bayerische Landesgeschichte 60 (1997) 317–328.

Ludwig Vones

Innozenz VII. (17.10.1404–6.11.1406), Papst der römischen Oboedienz im Abendländischen Schisma, vorher *Cosimo Gentile de' Migliorati,* * um 1336 Sulmona (Abruzzen), † Rom (beigesetzt in Sankt Peter); Rechtsstudium in Bologna, Professor in Perugia und Padua, im Auftrag der römischen Kurie Kollektor in England, Legat für Toskana und Lombardei; 1387 Erzbischof von Ravenna, 1389 von Bologna und Kardinal. Im Konklave von 1404 beschwor Innozenz wie die übrigen sieben Kardinäle der römischen Oboedienz in einer Wahlkapitulation, alles, einschließlich der eigenen Abdankung, für die Beendigung des Schismas zu tun. Als Papst fehlte ihm dazu bei gutem Willen die nötige Kraft. Ein unter Druck des deutschen Königs Ruprecht für 1405 nach Rom einberufenes Konzil kam nicht zustande. Innozenz musste in Rom König Ladislaus von Neapel zu Hilfe rufen und geriet in dessen Abhängigkeit. Der in der Schismafrage glücklose Papst konnte sich Verdienste um eine Reorganisation der römischen Universität und die Förderung des Frühhumanismus erwerben.

▨ Quellen: LP 2, 508ff. 531ff. 552ff.; L. A. MU-
RATORI: Rerum Italicarum scriptores ab anno aerae christianae 500 ad 1500, Neuauflage ed. v. G. CARDUCCI–V. FIORINI, Bd. 3/2. Città di Castello 1900, 832–837. Lettres d'Innocent VII., hg. v. M. MAILLARD-LUYPAERT. Brüssel–Rom 1987.

▨ Literatur: LMA 5, 439; VATL 321. – G. BOLI-
NO: Papa Innocenzo VII di G. Capogrossi: Bullettino della Deputazione abruzzese 70 (1980) 487–510; BORGOLTE 260f.; R. RUS-
SO: Innocenzo VII. Il Papa sulmonese nel turbine del grande scisma d'Occidente. Sulmona 1996.   *Johannes Grohe*

Innozenz VIII. (29.8.1484–25.7.1492), vorher *Giovanni Battista Cibo,* * 1432 Genua als Sohn eines späteren römischen Senators und Justizbeamten am Hof von Neapel, wo auch er selbst aufwuchs; Studien in Padua und Rom, Günstling der Kardinäle Filippo Calandrini und Giuliano della Rovere, 1467 Bischof von Savona, 1472 von Molfetta, 1473 Kardinal und 1484 wohl durch Simonie und Intrigen della Roveres als Kompromisskandidat der Orsini und Colonna Papst. Sein von della Rovere betriebener Beitritt zum Krieg neapolitanischer Barone gegen König Ferrante führte zu außenpolitischen Verwicklungen (Feindschaft Ungarns und Mailands, Hilfsappelle an Frankreich), Verwüstung des ↗Kirchenstaates und weiterer Zerrüttung der ohnehin desolaten Finanzen, welche Innozenz durch

Verkauf von (teilweise neu geschaffenen) Ämtern und v.a. durch Annäherung an Florenz zu bessern hoffte: 1488 verheiratete er seinen natürlichen Sohn Francesc(hett)o mit einer Tochter Lorenzos de' Medici, 1489 erhob er dessen Sohn Giovanni (später Leo X.) zum Kardinal. Pläne für einen Türkenkreuzzug blieben im Ansatz stecken; Innozenz trat vielmehr als erster Papst in vertragliche Beziehungen zum Sultan, da er für die Unterstützung Bayazids II. gegen dessen Bruder Djem die Heilige Lanze und Geld erhielt. Die Regierung des Kirchenstaates ruhte auf lokalen Oligarchien, die Orsini und Colonna mehrten ihren Einfluss; in Rom und Umgebung wirkte Innozenz im Rahmen des finanziell Möglichen als Bauherr und Förderer von Künstlern wie Pollaiuolo, Pinturicchio, Andrea Mantegna, Filippo Lippi und Perugino. Fatale Auswirkungen zeitigte seine Bulle *Summis desiderantes affectibus* (1484), die auf Betreiben der Dominikaner Heinrich Institoris und Jakob Sprenger in deren Amtsbezirken inquisitorisches Vorgehen gegen der Hexerei Verdächtige autorisierte. 1486 verwarf er die 900 Thesen des Neoplatonikers Giovanni Pico della Mirandola. Oft krank und entscheidungsschwach, war Innozenz weder moralisch noch politisch seinem Amt gewachsen; der drängenden Reform von Kirche und Kurie gab er keine Impulse.

▨ Literatur: DTHC 7, 2002–05; EC 7, 18f.; CATH 5, 1665–68; NCE 7, 526f.; LMA 5, 439f.; DHGE 25, 1267; VATL 321ff. – K.A. GERS-
BACH: Onofrio Panvinio and Cybo familiy pride in his treatment of Innocent VIII and in the ‚XXVII pontificum maximorum elogia et imagines': Analecta Augustiniana 54 (1991) 115–141; R. MARINO: Cristoforo Colombo e il papa tradito. Rom ⁴1997.   *Heribert Müller*

Innozenz IX. (29.10.–30.12.1591), vorher *Giovanni Antonio Fachinetti,* * 20.7.1519 Bologna; nach juristischem Studium ebd. im römischen Dienst des Kardinals Alessandro Farnese (später Paul III.), 1560–75 Bischof von Nicastro; 1562 auf dem Konzil von Trient; als Nuntius in Venedig (1566–75) um die Türkenliga Pius' V. bemüht, 1576 lateinischer Patriarch von Jerusalem, 1583 Kardinal; unter Gregor XIII. und Sixtus V. in wichtigen Kurienämtern. Der Kardinal wurde gewählt, weil die spanienfeindliche Partei Zeit gewinnen wollte, da die Ausschaltung des Einflusses Philipps II. noch nicht möglich war. Innozenz setzte die spanienhörige Politik Gregors XIV. fort und unterstützte die französische Liga gegen König Heinrich IV. Energische Reformen an der Kurie verhinderte der frühe Tod. Seine theologischen und philosophischen Werke sind ungedruckt.

▦ Literatur: VATL 323f. – PASTOR 10, 574–587.

Georg Schwaiger

Innozenz X. (15.9.1644–7.1.1655), vorher *Giambattista Pamfili,* * 6.5.1574 Rom; nach juristischem Studium in Rom 1601 Konsistorialadvokat, 1604 Auditor der Rota; seit 1621 im diplomatischen Dienst der Päpste: 1621 Nuntius in Neapel, 1625 Begleiter des Kardinals Francesco Barberini (Neffe Urbans VIII.) auf dessen Legation nach Frankreich und Spanien; 1627 Kardinal (in petto; 1629 publiziert); Präfekt der Konzilskongregation. Nach 37-tägigem Konklave gewählt gegen das zu spät eintreffende französische Veto. Innozenz ging als Papst entschieden gegen die der Bereicherung beschuldigten Barberini vor, deren Begnadigung Kardinal Mazarin erzwang. Im Breve *Zelo domus Dei* vom 26.11.1648 wiederholte er den von Nuntius Fabio Chigi (später Alexander VII.) erhobenen Protest gegen die kirchliche Rechte verletzenden Bestimmungen des Westfälischen Friedens. Durch die Bulle *Cum occasione* vom 31.5.1653 verurteilte er fünf Sätze aus dem „Augustinus" des Bischofs Cornelius Jansenius. Im französisch-spanischen Gegensatz versuchte er das politische Gleichgewicht zu erhalten. Venedig und Polen gewährte er Hilfe gegen die Türken, nicht aber (aus Finanznot) Kaiser Ferdinand III. Wie schon unter Urban VIII. kam es – nach der Trennung Portugals von Spanien 1640 – zu keiner Einigung mit dem portugiesischen König Johann IV.: ohne die von Spanien geforderte formale Verurteilung der Revolte weigerte sich Innozenz, Johann IV. als König anzuerkennen und seine Bischofsnominationen zu akzeptieren. Innozenz förderte Weltmission und die Künste (Restaurierung der Lateranbasilika; Vollendung der Innenausstattung der Peterskirche; Bau der Prachtvilla Doria Pamfili; auf der Piazza Navona Brunnen von Gianlorenzo Bernini, Familienpalast und Sant'Agnese). Zur Zwielichtigkeit seines Pontifikates trug seine einflussreiche Schwägerin Olimpia Maidalchini (zusammen mit den Papstnepoten) bei. Beigesetzt in Sankt Peter, seit 1677 in Sant'Agnese.

▦ Literatur: M. FEUILLAS: Innocent X: Dictionnaire du Grand Si,ècle. Paris 1990, 756f.; VATL 324f. – PASTOR 14, 13–299; L. HAMMERMAYER: Grundlagen der Entwicklung des päpstlichen Staatssekretariats von Paul V. bis Innozenz X. (1605–55): RQ 55 (1960) 157–202; A. LEGRAND: La première bulle contre Jansénius. Sources relatives à son histoire (1644–53). Brüssel–Rom 1961–1962; M. ALBERT: Nuntius Fabio Chigi und die Anfänge des Jansenismus, 1639–51. Rom u.a. 1988; K. REPGEN: Die Proteste Chigis und der päpstliche Protest gegen den Westfälischen Frieden (1648–50): Staat, Kirche, Wissenschaft in einer pluralistischen Gesellschaft. FS P. Mikat. Berlin 1989, 623–647; A. ZUCCARI–S. MACIOCE (Hg.): Innocenzo X Pamphilj. Rom 1990; M.F. FELD-KAMP: Das Breve ‚Zelo domus Dei' vom 26.11.1648: AHP 31 (1993) 293–305 (Edition); P. BLET: Louis XIV et les papes aux prises avec le jansénisme: ebd. 109–192, 32 (1994) 65–148; K. REPGEN: Drei Korollarien zum Breve ‚Zelo Domus Dei': AHP 33 (1995) 315–333; L. NUSSDORFER: Print and pageantry in baroque Rome: The Sixteenth century journal 29 (1998) 439–464; R. DEMATTEI: La politica della Santa Sede nel secolo XVII dalla pace di Westfalia alla ‚scelta innocenziana': Ricerche di storia sociale e religiosa 55 (1999) 213–218.   *Georg Schwaiger*

Innozenz XI. (21.9.1676–12.8.1689), selig (Tag 12.8.), vorher *Benedetto Odescalchi,* * 19.5.1611 Como, aus wohlhabender Kaufmannsfamilie; nach Studium der Theologie und beider Rechte Apostolischer Protonotar und Präsident der ∕Apostolischen Kammer; 1645 Kardinal; 1646–1650 Legat in Ferrara, wo er z. Z. der Hungersnot wirkte; 1650–56 Bischof von Novara. Im Konklave 1670 von Frankreich abgelehnt; in zweimonatigem Konklave als Nachfolger Clemens' X. einstimmig gewählt, nachdem König Ludwig XIV. sich einverstanden zeigte. Energisch in der Regierung, verteidigte er christliche Grundsätze und päpstliche Autorität gegen Angriffe. Er brachte Ordnung in Verwaltung und Finanzen des ∕Kirchenstaates, reformierte Kurialbehörden und Klöster Roms. Er hielt sich frei von ∕Nepotismus und suchte ihn künftig unmöglich zu machen; eine entsprechende Bulle wurde aber wegen Widerstandes der Kardinäle nicht publiziert. Wie Alexander VII. schritt er gegen den Laxismus in der Moraltheologie ein. 1679 verurteilte er 65 laxistische Sätze aus Schriften mehrerer Jesuiten. Der Probabilismus war dadurch

nicht direkt verworfen, aber Innozenz lehnte dieses Moralsystem ab. Als der Jesuit Tirso González de Santalla sich gegen den im eigenen Orden vorherrschenden Probabilismus wandte, unterstützte ihn Innozenz gegen alle Widerstände und drang auf seine Wahl zum Ordensgeneral (1687); 1684 hatte Innozenz den Jesuiten vorübergehend sogar die Aufnahme von Novizen untersagt; Innozenz wurde des Jansenismus verdächtigt. Anderseits verwarf er auch den extremen Quietismus des Miguel de Molinos (1687); die quietistischen Werke des Kardinals Pier Matteo Petrucci wurden indiziert. Außenpolitisch hatte Innozenz Kämpfe mit dem rücksichtslosen Absolutismus Ludwigs XIV. zubestehen. Wiederholt protestierte er gegen die widerrechtliche Ausdehnung des Regalienrechtes auf ganz Frankreich. Gegen die Gallikanischen Artikel (vom 19.3.1682) wehrte er sich, indem er den königlichen Bischofskandidaten, die die Deklaration unterschrieben hatten, die Bestätigung verweigerte. Als Innozenz das häufig missbrauchte Asylrecht der Gesandten in Rom aufhob (1687), suchte der französische Gesandte Henri de Lavardin mit Waffengewalt die Quartierfreiheit zu behaupten. Innozenz missbilligte die mit königlicher Aufhebung des Ediktes von Nantes (1685) eingeleitete Verfolgung der Hugenotten. Der Kampf verschärfte sich erneut, als sich Innozenz im Streit um das Erzbistum Köln für Joseph Clemens von Bayern gegen den von Ludwig XIV. gewünschten Kardinal Wilhelm Egon von Fürstenberg entschied (1688). Das offene Schisma verhinderten wohl nur die Intervention François Fénelons und der Herrschaftswechsel in England. Auch in der internationalen Politik hatte Innozenz den französischen König stets als Gegenspieler, besonders bei der Abwehr der Türken. Gegen die Türkengefahr bemühte sich Innozenz, von Nuntien unterstützt, um Einigung Europas. Trotz französischer Intrigen brachte er ein Bündnis des Polenkönigs Johann Sobieski mit Kaiser Leopold I. zustande, so dass 1683 die Entsetzung Wiens und der Sieg am Kahlenberg gelangen, was die Türkengefahr endgültig von Zentraleuropa nahm. Zur weiteren Türkenabwehr förderte Innozenz, auch finanziell, die Heilige Liga zwischen dem Reich, Polen, Venedig und Russland, der die Befreiung Ungarns (1686) und die Wiedergewinnung Belgrads (1688) gelang. Von der Unternehmung Wilhelms III. von Oranien gegen König Jakob II. von England („Glorious Revolution" 1688) wußte Innozenz wohl nichts, schon gar nicht hat er sie gefördert. – Innozenz ist der hervorragendste Papst seines Jahrhunderts, vorbildlich in seinem Bemühen, die christlichen Völker friedlich zu einigen, was ihm auch bei Nichtkatholiken hohes Ansehen verschaffte. Leopold von Ranke sah in ihm das Papsttum in seinem „löblichsten Beruf": vermittelnd, Frieden stiftend. Der unter Clemens IX. eingeleitete Kanonisationsprozess ruhte seit Benedikt XIV., da besonders Frankreich widersprach; durch Pius XII. am 7.10.1956 selig gesprochen (AAS 48 [1956] 754–759 762–778). Grab in der Peterskirche.

Literatur: BBKL 2, 1298–1303; VatL 325f. – Pastor 14, 669–1043; P. Blet: Innocent XI et l'assemblée du clergé de France en 1682: AHP 7 (1969) 329–377; derselbe: Les Assemblées du clergé et Louis XIV de 1670 à 1693. Rom 1972; B. Neveu (Hg.): Correspondance du nonce en France Angelo Ranuzzi 1683–89. ebd. 1973; P. Giani (Hg.): Epistolario innocenziano. Como 1977; B. Neveu: Episcopus et princeps Urbis: Innocent XI réformateur de Rome d'après des documents inédits (1676–89): Römische Kurie, Kirchliche Finanzen ... FS H. Hoberg, Bd. 2. Rom 1979, 597–633; R.-J. Maras: Innocent XI, Pope of Christian Unity. Notre Dame (Indiana) 1984; P. Gini (Hg.): Celebrazioni del III centenario della morte del Beato Innocenzo XI: Archivio Storico della Diocesi di Como 3 (1989) 17–109; A. Lauro: Il cardinale Giovan Battista de Luca. Diritto e riforme nello Stato della Chiesa 1676–83. Neapel 1991; V. Sellin: Der benutzte Vermittler. Innozenz XI. und der pfälzische Erbstreit: J. Dahlhaus–A. Kohnle (Hg.): Papstgeschichte und Landesgeschichte. FS H. Jakobs. Köln 1995, 603–618.

Georg Schwaiger

Innozenz XII. (12.7.1691–27.9.1700), vorher *Antonio Pignatelli*, * 13.3. 1615 bei Spinazzola (Basilicata) als Sohn des Fürsten von Minervino; im römischen Jesuitenkolleg erzogen. Seit Urban VIII. im Dienst der Kurie, 1652 Nuntius in Florenz, 1660 in Warschau, 1668 in Wien; von Clemens X. abberufen, 1672 Bischof von Lecce, 1681 Kardinal, Bischof von Faënza und Legat von Bologna, 1687 Erzbischof von Neapel. Gewählt nach fünfmonatigem Konklave, das zu Unruhen in Rom führte, durch Kompromiss zwischen der französischen und spanisch-kaiserlichen Partei. Innozenz war wie sein Vorbild Innozenz XI. anspruchslos und reformerisch. Die Konstitution *Romanum decet pontificem* (22.6. 1692), die künftig alle Kardinäle beschwören sollten, sollte dem päpstlichen ⁄Nepotismus an die Wurzel gehen. 1695 verbot er die in den deutschen Reichskirche verbreiteten Wahlkapitulationen bei Bischofs- und Abtswahlen. Mehrere Maßnahmen dienten der Reform des Welt- und Ordensklerus. Innozenz betrieb Reformen im Kirchenstaat, besonders die Beschränkung käuflicher Ämter (1694), ohne Zerrüttung der

Finanzen. Der fünfzigjährige religiös-politische Konflikt mit Frankreich (betreffs Regalienrecht und Deklaration von 1682) wurde beigelegt; die vielen vakanten französischen Bistümer konnten kanonisch besetzt werden. Ludwig XIV. zeigte Entgegenkommen, da er in der anstehenden spanischen Erbfolge päpstliche Unterstützung wünschte. Innozenz hatte zunächst die Erbfolge des bayerischen Kurprinzen gebilligt, riet nach dessen Tod aber Karl II. von Spanien, den Enkel Ludwigs XIV. (Philipp V.) als Erben einzusetzen. Das anfänglich gute Einvernehmen zwischen Innozenz und Kaiser Leopold I. (Unterstützung im Türkenkrieg) wurde getrübt, als Hannover 1693 die neunte Kurwürde erhielt und der Papst fortschreitend Frankreich zuneigte. Das anmaßende Auftreten der kaiserlichen Gesandten verstärkte die Spannungen. Im Streit um den französischen Quietismus (Jeanne-Marie Guyon) verurteilte Innozenz 23 Sätze des Erzbischofs François Fénelon (1699). Gegen den Jansenismus hielt er an den Erlassen seiner Vorgänger fest. Wie Innozenz XI. unterstützte er Tirso González de Santalla gegen den Probabilismus. Sein Eingreifen im Ritenstreit führte erst unter Clemens XI. zur Entscheidung.

Literatur: BBKL 2, 1303ff.; VATL 326ff. – PASTOR 14, 1073–1166; F. ARAGONA PIGNATELLI: Innocenzo XII e la sua famiglia. Neapel 1946; M. FANTASIA: Innocenzo XII. Molfetta 1966; M. FATICA: La reclusione dei poveri a Roma durante il pontificato di Innocenzo XII: Ricerche per la storia religiosa di Roma 3 (1979) 133–179; R. LEUENBERGER: Die Verurteilung Fénelons durch Rom: Zeitschrift für Theologie und Kirche 86 (1989) 157–178; R. AGO: Carriere e clientele nella Roma barocca. Bari 1990; L.M. DE PALMA (Hg.): Studi su A. Pignatelli, Papa Innocenzo XII. Lecce 1992; M. TURRINI: La riforma de clero secolare durante il pontificato di Innocenzo XII: Cristianesimo nella storia 13 (1992) 329–359; L. CEYSSENS: Innocent XII et le jansénisme: Antonianum 67 (1992) 39–66; F.A. GISONDI: Innocenzo XII. Antonio Pignatelli. Rom 1994; Riforme, religione e politica durante il pontificato di Innocenzo XII. Atti del convegno di studio, Lecce 1991. Galatina 1995.

Georg Schwaiger

Innozenz XIII. (8.5.1721–7.3.1724), vorher *Michelangelo dei Conti*, * 13.5.1655 Poli bei Palestrina als Sohn des Herzogs von Poli; nach Studien in Ancona und bei den Jesuiten in Rom frühzeitig im Dienst der Kurie und in der Verwaltung des ⁄Kirchenstaates; 1695–98 ⁄Nuntius in Luzern, 1698–1709 in Lissabon; 1706 Kardinal, 1709–12 Bischof von Osimo, 1712–19 von Viterbo; in schwierigem Konklave einmütig gewählt. Nach der Politik Clemens' XI. suchte Innozenz friedlichen Ausgleich mit den Mächten. So belehnte er 1722 Kaiser Karl VI. mit Neapel-Sizilien, obwohl beim Herrschaftswechsel 1720 die päpstliche Oberlehensrechte übergangen worden waren und Karl VI. an der „Monarchia sicula" festhielt. Wiener Verhandlungen über die Rückgabe Comacchios führten erst 1725 zum Ziel; nicht gelang die Anerkennung der päpstlichen Oberlehensrechte über Parma und Piacenza. Gegen die Erwartungen der Jansenisten hielt Innozenz an der Bulle *Unigenitus* fest. Seit der Nuntiatur in Portugal gegen die Jesuiten eingestellt, verlangte er im Ritenstreit die Beachtung der bisher missachteten päpstlichen Dekrete.

Literatur: VATL 328f. – PASTOR 15, 392–460; Papes et papauté au XVIIIᵉ siècle. Paris 1999.

Georg Schwaiger

Johanna (auch *Jutta* u.a.), angebliche Päpstin. Der Sage nach gelehrte, in Männerkleidung tätige Notarin oder Lehrerin in Rom, die zum Papst erhoben wurde und beim Besteigen ihres Pferdes niederkam, anschließend geschleift, vom Volk gesteinigt und am Todesort begraben wurde. Nach anderer Version der Sage wurde sie von ihrem Liebhaber zum Studium nach Athen gebracht und erregte danach in Rom als Lehrerin des Triviums Aufsehen; nachdem sie Papst geworden war, kam sie in Unkenntnis des Termins auf dem Weg von Sankt Peter zum Lateran zwischen Kolosseum und San Clemente nieder, starb dabei und wurde begraben. Eine angenähte handschriftliche Variante des 14. Jh. ließ die Päpstin im Kloster büßen und von ihrem zum Kardinal von Ostia erhobenen Sohn dort bestattet werden. – Zuerst in der Metzer Weltchronik des Jean de Mailly um 1250 (keineswegs schon bei Marianus Scotus und Sigebert von Gembloux, deren Autographa vorliegen) namenlos und als vor 1100 wirkend erwähnt. Ihr wirksamster Zeuge aber wurde Martin von Troppau, der sie in der dritten (um 1272–77 entstandenen) Rezension seiner weit verbreiteten Chronik hinter Papst Leo IV. (855) als *Johannes Anglicus* aus Mainz („ut asseritur femina fuit") einreihte und zwei Jahre, sieben Monate und vier Tage regieren ließ. Über die „Flores Temporum", Bernardus Guidonis und viele Dominikanerchronisten (vielleicht im Zusammenhang mit dem Problem der Eingliederung der religiösen Frauenbewegung in den Dominikanerorden um die Mitte des 13. Jh.) wurde sie zum historischen Gemeingut auch bei Humanisten und Protestanten. Als Ursache dieser Überlieferung wird die missgedeutete Inschrift einer antiken Statue vermutet, deren sich Volkssage wir auch die Literatur in der Neuzeit annahmen. / Papstfabeln.

▨ Literatur: LMA 5, 527. – I. DÖLLINGER: Papstfabeln des Mittelalters. Stuttgart ²1890; C. D'ONOFRIO: La papessa Giovanna. Rom 1979; A. BOUREAU: La papesse Jeanne. Paris 1988, 1993; K. HERBERS: Die Päpstin Johanna: Historisches Jahrbuch 108 (1988) 174–194; E. GÖSSMANN: Mulier papa. München 1994, 1998.
Anna-Dorothee von den Brincken

Johannes I. (13.8.523 – 18.5.526), heilig (Tag 18.5.), * Tuszien; römischer Diakon. Theoderich der Große zitierte Johannes nach Ravenna und befahl ihm, bei Kaiser Justinus I. zugunsten der mit Kirchenkonfiskation und Zwangsbekehrung bedrückten, bisher arianischen Goten des oströmischen Reiches zu vermitteln. Johannes kam als erster Papst nach Konstantinopel, wurde geehrt, erreichte aber höchstens Rückgabe der Kirchen. Theoderich nahm den Rückkehrenden ungnädig auf und hielt ihn in Ravenna zurück, wo der altersschwache Johannes nach wenigen Tagen starb („Kerkerhaft" oder „Martyrium" sind tendenziöse Legende). Mit Hilfe des Dionysius Exiguus führte Johannes die alexandrinische Ostertafel in der römischen Kirche ein, die sich dann im Westen durchsetzte.

▨ Quellen: LP 1, 275–278; 3, Register; RPR(J) 1, 109f.; 2, 694 737.

▨ Literatur: LACL 355f.; VatL 336. – CASPAR 2, 183–192 766f.; H. LÖWE: Theoderich der Große und Papst Johannes I.: Historisches Jahrbuch 72 (1953) 83–100; P. GOUBERT: Autour du voyage à Byzance du pape Jean I: Orientalia christiana periodica 24 (1958) 339–352; RICHARDS 109–113.
Georg Schwaiger

Johannes II. (2.1.533 – 8.5.535), vorher *Mercurius;* römischer Presbyter von San Clemente; nahm als erster Papst einen anderen Namen an. Johannes wurde gewählt nach fast dreimonatigem, dem Tod Bonifatius' II. folgenden Streit; ein Dekret des römischen Senats sollte künftigen Streit vorbeugen; Johannes bestätigte es ebenso wie der Ostgotenkönig Athalarich. Johannes billigte nachträglich das Glaubensdekret Kaiser Justinians I. vom 15.3. 533, wodurch der Theopaschitenstreit sein Ende fand, und verschärfte ein Synodalurteil über Bischof Contumeliosus von Riez (MGH. Ep 3, 32–35).

■ Quellen: LP 1, 285f.; RPR(J) 1, 113; 2, 694 738.

■ Literatur: LACL 356; VatL 337. – CASPAR 2, 800. *Georg Schwaiger*

Johannes III.   (17.7.561–13.7.574),

Römer vornehmer Herkunft; nach LP Erneuerer der Katakomben. Durch seine Bemühungen nahmen Mailand, Ravenna und verschiedene Kirchen Afrikas, die sich im Dreikapitelstreit getrennt hatten, wieder Verbindung mit Rom auf. Der nachrichtenarme Pontifikat ist überschattet von den Wirren nach dem Tod Kaiser Justinians I. (565) und vom Eindringen der Langobarden nach Italien (seit 568).

■ Quellen: LP 1, 305ff.; 3, Register; RPR(J) 1, 136f.; 2, 695.

■ Literatur: LACL 356; VatL 337f. – CASPAR 2, 350 777; O. BERTOLINI: Roma e i Longobardi. Rom 1972. *Georg Schwaiger*

Johannes IV.   (24.12.640–6.10.642),

aus Dalmatien. Nach seiner Wahl, aber noch vor der kaiserlichen Bestätigung und der Konsekration beantwortete Johannes Anfragen irischer Bischöfe und Äbte bezüglich des Ostertermins (dabei Verpflichtung auf die Bestimmungen von Nizäa) und der pelagianischen Irrlehren (Beda Venerabilis, Historia Ecclesiastica II, 19). Auf der römischen Synode von 641 verurteilte er den Monotheletismus; verteidigte auch in einem Brief an die Söhne

und Nachfolger Kaiser Heraclius' die Rechtgläubigkeit Honorius' I. (625–638) gegen Angriffe des Patriarchen Pyrrhus I. von Konstantinopel.

■ Quellen: LP 1, 330; RPR(J) 1, 227f.; 2, 698 739; BEDA VENERABILIS, Historia Ecclesiastica, ed. v. B. COLGRAVE–R.A. MYNORS. Oxford 1969.

■ Literatur: LMA 5, 539f.; LACL 356; VatL 338f. – K. HARRISON: A Letter from Rome to the Irish Clergy, AD 640: Peritia 3 (1984) 222–229; S. RIZOU-COUROUPOS: Un nouveau fragment de la ‚keleusis' d'Héraclius au pape Jean IV. Leipzig–Berlin 1987, 531ff.; A. ALEXAKIS: Before the Lateran Council of 649: AHC 27/28 (1995–96) 92–101.

Georg Jenal

Johannes V. (23.7.685–2.8.686), Syrer;

römischer Archidiakon, als Diakon Mitglied der Legation Papst Agathos auf dem sechsten ökumenischen Konzil (Konstantinopel 680/681). Seine Weihe erfolgte sogleich nach der Bestätigung durch den Exarchen von Ravenna, da Kaiser Konstantin IV. auf die persönliche Bestätigung der Papstwahl verzichtet hatte. Erreichte die volle Unterwerfung der Bischöfe Sardiniens und erhielt Gunsterweise Kaiser Justinianus' II.

■ Quellen: LP 1, 366f.; RPR(J) 1, 242; F. DÖLGER: Regesten der Kaiserurkunden des oströmischen Reiches. München–Berlin 1924, nn. 252 254ff.

■ Literatur: VatL 339. – CASPAR 1, 620f.
Georg Schwaiger

Johannes VI. (30.10.701–11.1.705),

Grieche; wusste sich im byzantinischen Thronstreit mittels italischer Milizen gegen den Exarchen Theophylactus zu behaupten, ohne mit dem Reich offen zu brechen, und brachte Herzog Gisulf von Benevent von Plünderungen südlich Roms ab. 704 verhandelte eine römische Synode in Sachen Wilfrids von York.

■ Quellen: LP 1, 383f.; RPR(J) 1, 245f.; 2, 700 741.

Literatur: LMA 5, 539; VatL 339. – Caspar 2, 624 u.ö.; P. Conte: Regesto delle lettere dei papi del secolo VIII. Mailand 1984, 189ff.; Th.F. Noble: The republic of St. Peter. The birth of the papal state, 680–825. Philadelphia ²1991, 18. *Georg Schwaiger*

Johannes VII. (1.3.705–18.10.707), Grieche; gebildet, Kunst liebend und von vornehmer Herkunft, bemüht um Bau und Schmuck römischer Kirchen. Vom Langobardenkönig Aripert II. erreichte er die Rückgabe von Kirchengut an der ligurischen Küste. Die Beschlüsse der Trullanischen Synode (692), deren Anerkennung Sergius I. verweigert hatte, gab er aus Angst vor Kaiser Justinian II. unverändert zurück, was als Billigung auch der romfeindlichen Teile erschien; daher der Vorwurf der Feigheit im / Liber Pontificalis. Zeitgenössisches Porträtmosaik in den Vatikanischen Grotten.

Quellen: LP 1, 385ff.; RPR(J) 1, 246f.

Literatur: LMA 5, 539; VatL 340. – Caspar 2, passim; P.J. Nordhagen: The Frescoes of John VII in Santa Maria Antiqua. Rom 1968; J.D. Breckenridge: Evidence for the Nature of Relations between Pope John VII and the Byzantine Emperor Justinian II.: Byzantinische Zeitschrift 65 (1972) 364–374; J.M. Sansterre: A propos de la signification politico-religieuse de certaines fresques de Jean VII à Ste-Marie-Antique: Byzantion 57 (1987) 434–440; P.J. Nordhagen: Studies in Byzantine and Early Medieval Painting. London 1990.

Georg Schwaiger

Johannes VIII. (14.12.872–16.12.882), Römer; Sohn Gundos, trat als langjähriger Diakon der römischen Kirche die Nachfolge Hadrians II. an. Sein Pontifikat war vom Kampf gegen die Sarazenen und innenpolitische Gegner geprägt. Johannes fand bei Kaiser Ludwig II. Unterstützung gegen die Sarazenen, doch gelang es ihm nicht, die süditalischen Fürstentümer vor Koalitionen mit diesen abzuhalten. Nach Ludwigs Tod entschied er sich gegen die ostfränkischen Karolinger für Karl den Kahlen, den er am 25.12.875 in Rom zum Kaiser krönte. Karl erneuerte zwar die alten Kaiserpacta, konnte Johannes aber weder gegen die Sarazenen noch gegen andere Gegner schützen. 876 ließ Johannes Bischof Formosus von Porto und seinen Anhang wegen gegen Papst und Kaiser gerichteter Aktivitäten auf zwei (?) römischen Synoden verurteilen und das Urteil auf der Synode von Ponthion bestätigen. Als 877 der ostfränkische König Karlmann in Italien eindrang, wich Karl ihm aus und starb auf dem Rückzug. Von Anhängern Karlmanns bedrängt, floh Johannes ins westfränkische Reich, wo er auf der Synode von Troyes (878) Rückhalt beim Episkopat suchte und König Ludwig II. den Stammler nicht zum Eingreifen in Italien zu bewegen vermochte. Da auch Graf Boso von Vienne als Kandidat für die Kaiserkrone ausschied, musste sich Johannes mit den ostfränkischen Karolingern einigen. Statt des erkrankten Karlmann krönte er Anfang 880 dessen Bruder Karl III. zum König von Italien und 881 zum Kaiser. Aber auch Karl brachte keine Hilfe gegen die Sarazenen. Johannes suchte auch Schutz in Konstantinopel und ließ dort seine Legaten auf dem Konzil von 879 der Restitution des Photius zustimmen. Dafür verlangte er (ohne Erfolg) von den Byzantinern, Bulgarien wieder der römischen Kirche zu unterstellen. Den Slawenmissionar Methodius befreite er 873 aus der Gefangenschaft bayerischer Bischöfe, empfing ihn 880 in Rom und erlaubte die vorher untersagte slawische Liturgie. Johannes hielt eine Reihe von Synoden ab, auf denen er u. a. den päpstlichen / Jurisdiktionsprimat gegen die Erzbischöfe von Mailand und Ravenna behauptete. Der Bericht der Fuldaer Annalen, er sei 882 ermordet worden, muss bezweifelt werden.

Quellen: LP 2, 221ff.; MGH.EP 7, 1–333; RPR(J) 1, 376–422; 2, 704 746.

Literatur: LMA 5, 539f.; VATL 340f. – R. HIESTAND: Byzanz und das Regnum Italicum. Zürich 1964, 19–31; D. LOHRMANN: Das Register Papst Johannes' VIII. (872–882). Tübingen 1968; H. MORDEK – G. SCHMITZ: Papst Johannes VIII. und das Konzil von Troyes (878): Geschichtsschreibung und geistliches Leben im Mittelalter. FS H. Löwe. Köln 1978, 179–225; W. HARTMANN: Die Synoden der Karolingerzeit im Frankenreich und in Italien. Paderborn 1989, 333–353; S. SCHOLZ: Transmigration und Translation. Köln 1992, 147–162 217f.; E. LANNE: Le canon 34 des apôtres et son interprétation dans la tradition latine: Irénikon 71 (1998) 212–233. *Sebastian Scholz*

Johannes (VIII.), Gegenpapst (Januar 844); römischer Diakon, der sich nach dem Tod Gregors IV. mit Hilfe einer Volksmenge des Laterans bemächtigte; die Adelspartei erhob Sergius II., der Johannes vor Strafe schützte und in ein Kloster verwies. Der zu Untersuchungen entsandte Sohn Kaiser Lothars I., Ludwig II., erkannte die Rechtmäßigkeit Sergius' II. an.

Quellen: LP 2, 86ff.; RPR(J) 1, 327.

Literatur: EC 6, 582; LMA 5, 540; VATL 335. *Georg Schwaiger*

Johannes IX. (April 898–Mai 900), * Tivoli als Sohn Rampoalds; wurde im Streit um die posthume Verdammung des Formosus als Nachfolger Theodors II. von den Formosusanhängern gewählt, während dessen Gegner den ehemaligen Bischof von Caere, Sergius (III.), erhoben. Johannes gelang es mit Unterstützung Kaiser Lamberts, Sergius zu vertreiben. Zusammen mit dem Kaiser

hielt Johannes 898 in Ravenna eine Synode ab, die Formosus rehabilitierte und die von ihm gespendeten Weihen anerkannte, das Verbot des Bistumswechsels für die Bischöfe aber erneuerte. Sie bestätigte die Kaiserkrönung Lamberts und verwarf diejenige des ostfränkischen Kaisers Arnulf. Sergius wurde exkommuniziert; der Papst sollte in Zukunft von den suburbikarischen Bischöfen und dem römischen Klerus gewählt und im Beisein kaiserlicher Gesandter geweiht werden. Die mit diesen Beschlüssen beabsichtigte Stärkung von Papst- und Kaisertum schlug fehl, da Lambert noch 898 starb. Der Pontifikat des Johannes wurde von Sergius, der 904 Papst wurde, nicht anerkannt.

Quellen: LP 2, 232; RPR(J) 1, 442f.; 2, 705; ZIMMERMANN PU 1, 13–23.

Literatur: LMA 5, 540. – R. HIESTAND: Byzanz und das Regnum Italicum. Zürich 1964, 52ff.; ZIMMERMANN PA 60–63; W. HARTMANN: Die Synoden der Karolingerzeit im Frankenreich und in Italien. Paderborn 1989, 390–395; S. SCHOLZ: Transmigration und Translation. Köln 1992, 225–229. *Sebastian Scholz*

Johannes X. (April 914–Juni 928), vorher Bischof von Bologna und (seit 905) Erzbischof von Ravenna, † 929 (Kerker). Johannes verdankte seine Wahl zum Papst gegen das Translationsverbot wohl dem römischen Konsul Theophylact bzw. laut Liutprand von Cremona der Liebe von dessen Frau Theodora, verfeindete sich aber politisch mit dieser Familie, wurde durch Theophylacts Tochter Marozia abgesetzt und starb gewaltsam im Kerker. – Johannes hatte 915 im Bund mit Byzanz, italischen Fürstentümern und dem dann von ihm zum Kaiser gekrönten Berengar I. die Vertreibung der Sarazenen in der Schlacht am Garigliano

bewirkt; der Papst protegierte 926 Hugo von Arles als italischen König und stützte sich in Rom auf seinen Bruder Petrus von Spoleto († 927). Außenpolitische Beziehungen wurden 916 (Synode von Hohenaltheim) nach Deutschland geknüpft, und auf dem Balkan, wo 925 Kroatien als Königreich mit dem Erzbistum Split erscheint, der Friede vermittelt. In Frankreich kümmerte er sich um die Normannenmission, mischte sich 926 in den Thronstreit ein. Im Lütticher Schisma trat er 921 für das königliche Besetzungsrecht ein.

◼ Quellen: ZIMMERMANN REG; ZIMMERMANN PU Bd. 1.

◼ Literatur: LMA 5, 540f.; VATL 343f. – T. VENNI: Giovanni X: Archivio della Società Romana di Storia Patria 59 (1936) 1–136; ZIMMERMANN J; R. SAVIGNI: L'episcopato di Giovanni X: Rivista di storia della Chiesa in Italia 46 (1992) 1–29.

Harald Zimmermann

Johannes XI. (März 931 – Januar 936) soll laut Liutprand von Cremona ein Sohn Sergius' III. und der Marozia gewesen sein, der er auch seine Würde verdankte, wurde aber Ende 932 in deren Sturz verstrickt und nach Kerkerhaft von seinem (Stief-)Bruder Alberich II. auf geistliche Belange beschränkt. In seinen Pontifikat fällt, von Abt Odo in Rom persönlich erbeten, die erste Privilegierung Clunys u. a. Reformklöster. Weitere päpstliche Aktivitäten betrafen Byzanz, Mailand und Reims.

◼ Quellen: ZIMMERMANN REG; ZIMMERMANN PU Bd. 1.

◼ Literatur: LMA 5, 541. – L. DUCHESNE: Serge III et Jean XI: Mélanges d'archéologie et d'histoire 33 (1913) 42–64; ZIMMERMANN J.

Harald Zimmermann

Johannes XII. (16.12.955 – 14.5.964), vorher *Octavian.* Von seinem Vater, dem römischen Princeps und Senator Alberich († 954), zum Papst bestimmt, übernahm Johannes auch die Herrschaft in Rom. Gegensätze zu den süditalischen Fürstentümern (Capua, Benevent), zu König Berengar II. und dessen Sohn Adalbert im nördlichen und mittleren Italien führten 960 zu einem Hilfegesuch an den ostfränkisch-deutschen König Otto I., den Johannes am 2.2.962 zum Kaiser krönte. Otto sicherte das Patrimonium Petri im Privilegium Ottonianum und behielt dem Kaisertum dabei Einfluss auf die Papsterhebung vor. Johannes unterstützte die Pläne Ottos zur Errichtung der Kirchenprovinz Magdeburg. Die Stellung des Papsttums in Rom suchte er durch Herstellung eines Scheinoriginals der Konstantinischen Schenkung abzusichern. Die erneute Hinwendung zu Adalbert, den Johannes in Rom aufnahm, eine geplante Kontaktaufnahme mit Byzanz und den Ungarn führten im November/Dezember 963 zu seiner Vertreibung aus Rom durch Otto I., zu seiner Amtsentsetzung und zur Erhebung eines neuen Papstes (Leo VIII.) durch eine römische Synode unter Otto I. Anfang 964 konnte Johannes sich wieder Roms bemächtigen. Seine im Februar 964 folgende Synode verurteilte die gegen ihn getroffenen Maßnahmen. Johannes starb im Besitz der Papstwürde, sein von den Römern gewählter Nachfolger Benedikt V. wurde nach Rückeroberung Roms durch Otto I. und Leo VIII. im Juni 964 abgesetzt. Die Gründe für Johannes' Absetzung waren politische. Die Schwierigkeiten eines Prozesses gegen den Papst wurden durch Vorwürfe eines ungeistlichen Lebenswandels verdeckt, die Johannes in die Nähe eines Apostaten und Häretikers rückten und so seine Amtsenthebung erlaubten. Johannes' eigene Synode lässt große Kenntnis der päpstlichen Traditionen seit dem 8. Jh. erkennen und spricht gegen die Vorstellung eines generellen Niedergangs des Papsttums in der Mitte des 10. Jh. Baumaßnahmen Johannes' in Rom sind bezeugt, ebenso die Unterstützung von Klosterreformen (Subiaco, Farfa).

▓ Quellen: LP 2, 246–249; ZIMMERMANN REG.
▓ Literatur: LMA 5, 541f.; VATL 344ff. – H. FUHRMANN: Konstantinische Schenkung und abendländisches Kaisertum: Deutsches Archiv für Erforschung des Mittelalters 22 (1966) 63–178; ZIMMERMANN PA; ZIMMERMANN J; W. CHRASKA: Johannes XII. Aalen 1973; H. WOLTER: Die Synoden im Reichsgebiet und in Reichsitalien von 916–1056. Paderborn 1988, 69–86; E.-D. HEHL: Der wohlberatene Papst. Die römische Synode Johannes' XII. vom Februar 964: Ex ipsis rerum documentis. FS H. Zimmermann. Sigmaringen 1991, 257–275; H. HOFFMANN: Ottonische Fragen: Deutsches Archiv für Erforschung des Mittelalters 51 (1995) 53–82.   *Ernst-Dieter Hehl*

Johannes XIII.   (1.10.965–6.9.972),

Römer; zuvor ab 961 als Bischof von Narni und Bibliothekar der römischen Kirche belegt. In Gegenwart von Gesandten Kaiser Ottos I. erhoben, blieb er politisch auf diesen angewiesen und wirkte besonders auf Synoden eng mit ihm zusammen: 967/968 Gründung der Kirchenprovinz Magdeburg; 969 Erhebung Benevents zum Erzbistum (ebenso 966 Capua) und Vorbereitung der Union des Bistums Alba mit Asti.

▓ Quellen: LP 2, 252ff.; ZIMMERMANN REG; ZIMMERMANN PU Bd. 1.
▓ Literatur: LMA 5, 542; VATL 346. – ZIMMERMANN J; H. WOLTER: Die Synoden im Reichsgebiet und in Reichsitalien von 916 bis 1056. Paderborn 1988, 88–106; A. LANDERSDORFER: Die Gründung des Erzbistums Magdeburg durch Kaiser Otto den Großen: Münchener theologische Zeitschrift 46 (1995) 3–20.   *Ernst-Dieter Hehl*

Johannes XIV. (September 983–20.8.

984), vorher *Petrus;* ab 971 Bischof von Pavia, 980 Erzkanzler Kaiser Ottos II. für Italien und unter seinem Einfluss zum Papst gewählt. Der Namenswechsel sollte offensichtlich den Papstnamen Petrus vermeiden. Nach Ottos Tod stürzte ihn Ende April 984 Papst Bonifatius VII., in dessen Haft (Engelsburg) er umkam.

▓ Quellen: LP 2, 259; ZIMMERMANN REG; ZIMMERMANN PU Bd. 1.
▓ Literatur: LMA 5, 542; VATL 346f. – ZIMMERMANN J.   *Ernst-Dieter Hehl*

Johannes XV.   (August 985–März

996); Sohn des römischen Priesters Leo; Kardinalpriester von San Vitale. Ohne Beteiligung der deutschen Kaiserin Theophanu unter Einfluss des römischen Patricius Johannes I. Crescentius erhoben. Auf auswärtige Bitten um Intervention reagierend, machte er die päpstliche Autorität geltend: durch Vermittlung im Konflikt zwischen dem englischen König Aethelred II. und dem normannischen Herzog Richard I. (991), durch Austausch von Gesandten mit Fürst Vladimir von Kiev (988–994) und die Unterstützung des abgesetzten Erzbischofs Arnulf von Reims gegen den französischen Episkopat und König Hugo Capet (991–995) sowie durch die erste formelle päpstliche Kanonisation (Ulrich von Augsburg 993). Späterer Überlieferung zufolge (Kardinal Deusdedit) übertrug der polnische Herzog Mieszko I. sein Reich 991/992 dem Papst. Dem Handlungsspielraum Johannes' in Rom setzten die Crescentier enge Grenzen, weshalb Gerbert von Aurillac (später Silvester II.) und Abbo von Fleury das Papsttum handlungsunfähig erschienen. Vor Crescentius II. floh Johannes nach Sutri und rief Otto III. zu Hilfe. Vom römischen Stadtherrn um Verzeihung gebeten, kehrte Johannes in die Heilige Stadt zurück, wo er starb, als Otto III. Pavia erreichte.

■ Quellen: LP 2, 260; ZIMMERMANN REG n. 641–740; ZIMMERMANN PU 1, 555–635.

■ Literatur: LMA 5, 542; VATL 347f. – ZIMMERMANN J 227–254; K. GÖRICH: Otto III. Sigmaringen 1993, 213–224 238f.; E.-D. HEHL: Lucia/Lucina – Die Echtheit von JL 3848. Zu den Anfängen der Heiligenverehrung Ulrichs von Augsburg: Deutsches Archiv für Erforschung des Mittelalters 51 (1995) 195–211.   *Knut Görich*

Johannes XVI., Gegenpapst (Februar 997–Mai 998), vorher *Philagathos*, Grieche aus Rossano (Kalabrien), † 26.8.(1001?) in römischer Klosterhaft; hoch gebildet, 980–982 und 991–992 kaiserlicher Kanzler für Italien, 982 Abt von Nonantola, einer der Erzieher Ottos III. und Berater der Kaiserin Theophanu (Magister camerae für Italien). 988 Erzbischof des zuvor von Johannes XV. der Diözese Ravenna entzogenen Piacenza; 994 zur Brautwerbung für Otto III. in Byzanz, 997 in Rom, wo ihn der römische Patricius Crescentius II. anstelle des vertriebenen Gregor V. zum Papst erhob. Diesem Bruch mit dem Kaiser folgten die Verdammung des Johannes als Invasor durch Gregor V. (Februar 997) und die Bestrafung nach einem Romzug Ottos III. (Februar 998); förmlich abgesetzt und, trotz Fürsprache Nilus' des Jüngeren von Rossano bei Kaiser und Papst, verstümmelt und der Schandprozession eines Eselsrittes ausgesetzt.

■ Quellen: LP 2, 261f.; ZIMMERMANN REG n. 784–820.

■ Literatur: LMA 5, 542f.; VATL 348. – P.E. SCHRAMM: Kaiser, Könige und Päpste, Bd. 3. Stuttgart 1969, 214–234; ZIMMERMANN PA 105–113; A. NITSCHKE: Der mißhandelte Papst: Gedenkschrift für J. Leuschner. Göttingen 1983, 40–53, dazu: Deutsches Archiv für Erforschung des Mittelalters 43 (1987) 206; K. SCHREINER: Gregor VIII.

nackt auf einem Esel: Ecclesia et regnum. FS F.J. Schmale. Bochum 1989, 155–202; G. ALTHOFF: Warum erhielt Graf Berthold 999 ein Marktprivileg für Villingen?: Die Zähringer, Bd. 3. Sigmaringen 1991, 269–274.
                    Knut Görich

Johannes XVII.   (16.5.–6.11.1003), vorher *Johannes Sicco*, aus dem römischen Bezirk Biberetica; nach dem Tod Silvesters II. vom Stadtherrn Johannes II. Crescentius erhoben und von diesem abhängig. Johannes ermächtigte den polnischen Missionar Benedikt (Schüler Bruns von Querfurt) und seine Brüder zur Slawenmission. Begraben wohl in der Lateranbasilika.

■ Quellen: LP 2, 265; 3, 132; RPR(J) 1, 501; ZIMMERMANN REG n. 975–979.

■ Literatur: VATL 348. – ZIMMERMANN J; R. POUPARDIN: Note sur la chronologie de Jean XVII: Mélanges d'archéologie et d'histoire 21 (1901) 387–390; BORGOLTE 136.
                    Georg Schwaiger

Johannes XVIII.   (25.12.1003–Juni/ Juli 1009), vorher *Johannes Fasanus*, Römer; Kardinalpriester von Sankt Peter; Sohn des Priesters Ursus und seiner Gattin Stephania; durch den Patricius Johannes II. Crescentius erhoben und von diesem abhängig. Johannes bekundete die päpstliche Autorität in der Wiederherstellung des Bistums Merseburg 1004, der Bestätigung des Bistums Bamberg 1007 und durch Schutz des Klosters Fleury. Er konnte den deutschen König Heinrich II. nicht empfangen (Widerstand des Patricius); erreichte eine vorübergehende Beilegung des latenten Schismas zwischen Rom und Byzanz. Dem Beispiel Johannes' XV. folgend, sprach er 1004 fünf polnische Martyrer (Benedikt, Johannes, Isaak, Matthäus, Christian) heilig. Johannes zog sich kurz vor seinem Tod offenbar als Mönch nach

Sankt Paul zurück (freiwillig?), wo er starb und beigesetzt wurde.

▪ Quellen: LP 2, 266; 3, Register; RPR(J) 1, 501ff.; 2, 708; ZIMMERMANN REG n. 980–1035; ZIMMERMANN PU 2, 777–842.

▪ Literatur: LMA 5, 543; BBKL 3, 217–220; VATL 348f. – ZIMMERMANN PA 114; ZIMMERMANN J; A.M. COLINI: L'epitaffio del fratello di Giovanni XVIII: Archivio della Società Romana di Storia Patria 99 (1976) 333ff.; W. ZIEZULEWICZ: A monastic forgery in an age of reform. A Bull of Pope John XVIII for Saint-Florent-de-Saumur: AHP 23 (1985) 7–42; H. WOLTER: Die Synoden im Reichsgebiet und in Reichsitalien 916–1056. Paderborn 1988, 235ff. *Georg Schwaiger*

Johannes XIX. (19.4.1024–20.10. 1032), vorher *Romanus;* dritter Sohn Graf Gregors von Tusculum; unter seinem älteren Bruder und Vorgänger Benedikt VIII. als „consul, dux et senator" Herr Roms und Kampaniens. Als Laie (simonistisch) erhoben, vereinigte Johannes die geistliche und weltliche Gewalt in seiner Hand; blieb ungeistlich gesinnt, auf Geld aus, suchte aber politisch klug Verständigung mit den Crescentiern zur Sicherung der Herrschaft. Auf Einvernehmen mit Konrad II. bedacht, den er Ostern 1027 im Beisein der Könige Rudolf III. von Burgund und Knut von England und Dänemark zum Kaiser krönte. Der Kaiser setzte auch in kirchlichen Dingen seinen Willen durch, so im Patriarchatsstreit für Aquileia gegen Grado. Auf kaiserlichen Antrag gab Johannes Cluny (unter Abt Odilo) Schutz und bestätigte die Verlegung des Bistums Zeitz nach Naumburg (1028). Die Nachricht des Radulf Glaber, Johannes habe gegen Geld dem Patriarchen von Konstantinopel die erbetenen Primatialrechte im Osten übertragen wollen, ist unglaubhaft; doch wurde in dieser Zeit der Name des Papstes in den Diptychen von Byzanz nicht mehr genannt.

▪ Quellen: LP 2, 269; 3, Register; RPR(J) 1, 514–519; 2, 709 748; L. SANTIFALLER: Chronologisches Verzeichnis der Urkunden Johannes' XIX.: Römische Historische Mitteilungen 1 (1956/57) 35–76; ZIMMERMANN PU 2, 1043–1126.

▪ Literatur: LMA 5, 543; BBKL 3, 220–224; VATL 349. – A. MICHEL: Die Weltreichs- und Kirchenteilung bei R. Glaber: Historisches Jahrbuch 70 (1951) 53–64; ZIMMERMANN J; K.-J. HERRMANN: Das Tuskulanerpapsttum (1012–46). Stuttgart 1973; H. WOLTER: Die Synoden im Reichsgebiet und in Reichsitalien 916–1056. Paderborn 1988, 325–332; H. WOLFRAM: Die Gesandtschaft Konrads II. nach Konstantinopel (1027/29): Mitteilungen des Instituts für Österreichische Geschichtsforschung 100 (1992) 161–174.
Georg Schwaiger

Johannes XX. fehlt in der Papstliste. Die Lücke entstand, weil man vor Johannes XV. (985–996) fälschlich einen weiteren Papst Johannes einschob. Nach Aufklärung des Irrtums gab man den Johannespäpsten des 10. und 11. Jh. die entsprechende Ordnungszahl, behielt aber für Johannes XXI. (1276–77) und die folgenden die von ihnen selbst gewählte Zählung bei.

▪ Quellen: LP 2, XVIII; 3, 308; ZIMMERMANN REG n. 740.

▪ Literatur: VATL 349f. – R.L. POOLE: Studies in chronology and history. Oxford 1934, Neudruck London 1969, 156ff.
Georg Schwaiger

Johannes XXI. (8.9.1276–20.5.1277), vorher *Petrus Juliani,* genannt *Hispanus (Portugalensis),* Philosoph, Theologe, Arzt, Sohn des Arztes Julião, * um 1205 Lissabon; 1220–29 Studium der Philosophie und Medizin in Paris (Magister), Lehrtätigkeit ebd. an der Artistenfakultät; mögliche weitere Studien in León, Toulouse, Montpellier, Salerno und Siena, wo er seit 1245 als „doctor in phisica" Vorlesungen hielt. Schließlich am Hof Friedrichs II., an der päpstlichen Kurie Leibarzt Gregors X. Zuvor Magister scholarum und Dekan von Lissabon, Archidiakon von Braga und Prior von Guimarães, 1272 Elekt von Braga (ohne Bestätigung), 1273 Kardinalbischof von Tusculum. Sofort nach seiner Wahl setzte er die Konklaveordnung Gregors X. außer Kraft (/Papstwahl), versuchte, in den Streit zwischen Kastilien und Frankreich um Navarra einzugreifen und auf dem zweiten Konzil von Lyon die Unionsverhandlungen mit der griechischen Kirche voranzutreiben. Die bedeutendste Handlung seines Pontifikats bestand in der Weisung, Irrtümer in den Lehren der Pariser Universität aufzuspüren, was am 7.3.1277 zur Verurteilung von 219 Sätzen führte und sich gegen den radikalen Aristotelismus der Artistenfakultät richtete; sodann Ausdehnung der Nachforschungen auf die theologische Fakultät. Verfasste die *Summulae logicales* (erste Systematisierung der klassischen Logik, meistbenutztes Lehrbuch der Logik im Mittelalter) und Kommentare zu Schriften des Aristoteles; arbeitete mit seiner Lehre vom Begriff („terminus") dem späteren Nominalismus vor. Sein Plan, die Medizin in eine scholastische Summa zwischen Logik und Naturphilosophie einzuordnen, blieb Stückwerk *(Thesaurus pauperum)*.

■ Werke: Exposição sobre os livros de Beato Dionisio Areopagita, ed. v. M. ALONSO ALONSO. Lissabon 1957; Obras filosóficas, ed. v. DEMSELBEN, 3 Bde. Barcelona ²1961; Tractatus syncategorematum and Selected Anonymous Treatises by Peter of Spain, ed. v. J.P. MULLALLY – R. HOUDE. Milwaukee 1964; Tractatus called afterwards Summulae logicales, ed. v. L.M. DE RIJK. Assen 1972; H.A.G. BRAAKHUIS: De 13 de eeuwse Tractaten over syncategorematische Termen, Teil 1. Meppel 1979; Anonymi Quaestiones in Tractatus Petri Hispani I–III tra-

ditae in codice Cracoviensi 742 (anno fere 1350), ed. v. J. PINBORG: Cahiers de l'Institut du Moyen-Âge Grec et Latin 41 (1982) 1–170. – On Composition and Negation, ed. v. J. SPRUYT. Nijmegen 1989; M. DE ASUA: Los ‚Problemata' o ‚Quaestiones de animalibus' de Pedro Hispano: Stromata 54 (1998) 267–302.

■ Literatur: Dicionário de História de Portugal, Bd. 3. Lissabon 1985, 217f.; LMA 5, 544; VATL 350f. – Le registre de Jean XXI (1276–77), hg. v. E. CADIER. Paris 1898; M. GRABMANN: Handschriftliche Forschungen und Funde zu den philosophischen Schriften des Petrus Hispanus: Sitzungsberichte der Bayerischen Akademie der Wissenschaften zu München, Philosophisch-historische Klasse 9 (1936) (grundlegend); L.M. DE RIJK: On the Life of Peter of Spain, the author of the Tractatus, called afterwards Summule logicales: Vivarium 8 (1970) 123–154; J.M. DA CRUZ PONTES: À propos d'un centenaire: Une nouvelle monographie sur Petrus Hispanus Portugalensis, est-elle nécessaire?: Recherches de théologie ancienne et médiévale 44 (1977) 220–230; E. BRASÃO: O único papa português: João XXI: Anais da Academia Portuguesa da História II/26 (1980) 381–404; M.A. RODRIGUES: O pensamento teológico e místico de Pedro Hispano: Biblos 56 (1980) 95–150; L. BIANCHI: Il vescovo e i filosofi. Bergamo 1990; J. ANTUNES: O percurso e o pensamento político de Pedro Hispano, arcebispo eleito de Braga e papa João XXI: IX Centenário da dedicação da Sé de Braga. Actas I. Braga 1990, 125–184; F. VAN STEENBERGEN: La philosophie au XIIIᵉ siècle. Löwen – Paris ²1991, 138ff. 338ff.; H. SCHIPPERGES: Arzt im Purpur. Grundzüge einer Krankheitslehre bei Petrus Hispanus. Berlin 1994.   *Ludwig Vones*

Johannes XXII. (7.8.1316–4.12.1334 Avignon), vorher *Jacques Duèse*, * um 1244 Cahors aus reicher Bürgerfamilie; Kleriker, Studium der Rechte in Montpellier und Orléans, Doktor beider Rechte, Theologiestudium in Paris, Lehrtätigkeit in Toulouse mit Erwerb zahlreicher Pfründen, dann in engerer Umgebung Karls II. von Neapel und Erzbischof Ludwigs von Anjou, bevor er 1300 Bischof von Fréjus, 1308 Kanzler Karls II. und bis 1313 Roberts von Neapel wurde, seit 1310 Bischof von Avignon. Nach schwierigen Missionen im Zusammenhang mit dem Prozess gegen Bonifatius VIII. und dem Konzil von Vienne 1312 Kardinalpriester von San Vitale, 1313 Kardinalbischof von Porto. Auf Druck des Bruders des französischen Königs nach zweijähriger Sedisvakanz in Lyon von den französischen Kardinälen mit 72 Jahren zum Papst gewählt (Krönung 5.9.1316 Lyon). Er förderte trotz versprochener Rückkehr nach Rom den päpstlichen Verbleib in Avignon und stärkte entscheidend das französische Übergewicht an der Kurie. Seinen gesamten Pontifikat sollte der Kampf mit Ludwig dem Bayern überschatten, weil er seit der Doppelwahl von 1314 (Ludwig und Friedrich der Schöne) den päpstlichen Approbationsanspruch bei der deutschen Königswahl durchzusetzen versuchte und so die Auseinandersetzung um die Machtfülle von Kaisertum und Papsttum zu einem letzten theoretischen Höhepunkt führte. In konsequenter Auslegung der päpstlichen Position, in Einklang mit guelfisch-angevinischen Anschauungen und bedacht auf den Vorteil Frankreichs sowie der Anjou, beanspruchte Johannes überdies das Recht zur Vergabe des Reichsvikariats über Italien und übertrug es Robert von Neapel, indem er gegen die reichstreuen Visconti in Mailand zuletzt sogar den Kreuzzug vorbereitete. Als Ludwig in Reichsitalien eingriff, wurde durch die Eröffnung eines kurialen Prozesses (1323) der Konflikt unausweichlich, in dessen Verlauf Ludwig gebannt und zum Verzicht auf die Reichskrone aufgefordert wurde. Der König appellierte gegen das päpstliche Vorgehen an ein allgemeines Konzil (Dezember 1323 Nürnberg, 5.1.1324 Frankfurt, 22.5. 1324 Sachsenhausen) und beschuldigte den Papst der Ketzerbegünstigung, schließlich der Häresie, während dieser ihm 1327 alle Reichslehen sowie sein bayerisches Erbe absprach und ihn nur noch als „Bavarus" titulierte. Die von beiden Lagern erbittert geführte publizistische Auseinandersetzung brachte bedeutende theoretische Schriften hervor (Augustinus Triumphus, Alvaro Pelayo, Marsilius von Padua), durch die das Verhältnis von Sacerdotium und Imperium v. a. unter dem Aspekt der päpstlichen Plenitudo potestatis sowie der römischen Primatstellung nochmals grundlegend bestimmt und besonders von franziskanischer Seite („Defensor pacis" des Marsilius von Padua) am Hof Ludwigs des Bayern einer säkularisierten Sicht vorgearbeitet wurde. Als Ludwig den Romzug unternahm, ließ er sich am 17.1.1328 im Namen des römischen Volkes in ╱Sankt Peter ohne päpstliche Mitwirkung zum Kaiser krönen, verkündete die Absetzung Johannes' wegen Häresie und ließ am 11.5.1328 mit Nikolaus V. einen neuen Papst wählen, der ihn nochmals zum Kaiser krönte, sich jedoch nicht halten konnte und sich 1330 Johannes unterwarf. Unabhängig von der Fortführung des Kampfes konnte Johannes die Verwaltung der Kurie im Sinn eines v. a. fiskalischen Zentralismus gestalten: Regelung des kurialen Geschäftsganges durch Kanzleiordnung, Festigung der ╱Rota und Aufwertung mancher Amtswalter (Beichtvater, Sekretäre, Referendare, Kammerkleriker), Finanzorganisation durch Schaffung regionaler Bereiche (Kollektorien), Steigerung der Einkünfte durch Reservation von Pfründen (Constitutio *Ex debito*, 1316), Eindämmung der Missstände durch Einschränkung der Pfründenhäufung (Constitutio *Execrabilis*, 1317). Kirchenrechtlich trat er durch die Publizierung der zusätzlichen Dekretalen bis einschließlich Clemens V., der *Clementinen* (Bulle *Quoniam nulla*, 1317), und durch eigene Dekretalen hervor, die dem Corpus Iuris Canonici als *Extravaganten* angegliedert wurden. Unter seiner Verantwortung wurden auch Schriften des Petrus Johannis Olivi (1326) sowie 28 Sätze Meister Eckeharts (Bulle *In agro dominico*, 1329) verurteilt, die Fratizellen verfolgt sowie eine radikale Position im Armutsstreit gegen die spirituale Richtung des Franziskanerordens bezogen (Bulle *Cum inter nonnullos*, 1323). Die größte innerkirchliche Belastung entstand durch seine seit 1331 vertretene Meinung hinsichtlich der „Visio beatifica" der Gerechten, denen er die Anschauung Gottes erst nach dem Endgericht zugestehen wollte, was ihm Widerstand seitens der Kardinäle und der Pariser Universität bis hin zum Vorwurf der Häresie eintrug; erst kurz vor seinem Tod widerrief er. Unter ihm als entschiedenem Vertreter des päpstlichen Hierokratismus erreichte das zentralistische Denken an der Kurie in der Form eines extremen Kurialismus eine neue, die späteren Epochen prägende Stufe, deren radikaler Fiskalismus sich für die Zukunft der Kirche unheilvoll auswirken sollte.

Quellen: É. BALUZE–G. MOLLAT: Vitae paparum Avignonensium, Bd. 1. Paris 1916, 107–194; Bd. 2. ebd. 1928, 175–198; Bd. 3. ebd. 1921, 244–478; E. VON OTTENTHAL: Die päpstlichen Kanzleiregeln vom Jahre XXII. bis Nicolaus V. Innsbruck 1888 (Nachdruck Aalen 1968); Jean XXII. Lettres secrè-tes et curiales relatives à la France, ed. v. A. COULON–S. CLÉMENCET, 10 Faszikel. Paris 1908–12; Jean XXII. Lettres communes, ed. v. G. MOLLAT, 16 Bde. ebd. 1904–46; M. DYKMANS: Les sermons de Jean XXII sur la vision béatifique. Rom 1973; Extrauagantes Johannis XXII, ed. v. J. TARRANT. Vatikanstadt 1983.

Literatur: LMA 5, 544ff.; TRE 17, 109–112; VatL 351f. – E. ALBE: Autour de Jean XXII. Jean XXII et les familles du Quercy, 2 Bde. Rom 1902–04; G. MOLLAT: Les papes d'Avignon. Paris [10]1965; B. GUILLEMAIN: La cour pontificale d'Avignon. ebd. [2]1966; J.E. WEAKLAND: Administrative and Fiscal Centralization under Pope John XXII: The Catholic Historical Review 54 (1968) 39–45 285–310; DERSELBE: John XXII before his Pontificate, 1244–1316: Jacques Duèse and his Family: AHP 10 (1972) 161–185; M.D. LAMBERT: The Franciscan Crisis under John XXII: Franciscan Studies 32 (1972) 123–143; D. UNVERHAU: Approbatio – Reprobatio. Lübeck 1973; L. CAILLET: La Papauté d'Avignon et l'Église de France. La politique bénéficiale du Pape Jean XXII en France. Paris 1975; J. MIETHKE: Kaiser und Papst im Spätmittelalter: Zeitschrift für historische Forschung 10 (1983) 421–446; J. HEFT: John XXII and Papal Teaching Authority. Lewiston u.a. 1986; Z. MENACHE: The Failure of John XXII Policy toward France and England: Church History 55 (1986) 423–437; H.-J. BECKER: Die Appellation vom Papst an ein allgemeines Konzil. Köln–Wien 1988; Aux origines de l'État Moderne. Le fonctionnement administratif de la papauté d'Avignon. Paris 1990; H. THOMAS: Ludwig der Bayer. Regensburg 1993; F. ACCROCCA: Ancora sul caso del papa eretico: AHP 32 (1994) 329–342; DERSELBE: Concerning the case of heretical pope: Franciscan studies 54 (1994–97) 167–184; CH. FLÜELER: Eine unbekannte Streitschrift aus dem Kreis der Münchner Franziskaner gegen Papst Johannes XXII: Archivum Franciscanum historicum 88 (1995) 497–514; U. HORST: Evangelische Armut und päpstliches Lehramt. Minoritentheologen im Konflikt mit Papst Johannes XXII. Stuttgart 1996; R. LAMBERTINI: Usus and usura. Poverty and usury in the Franciscans' responses to John XXII's ‚Quia vir reprobus': ebd. 185–210.

Ludwig Vones

Johannes XXIII. (15.5.1410–29.5.
1415), vorher *Baldassare Cossa,* * um
1360 Procida aus neapolitanischem
Adel, † 27.12.1419 Florenz; er verdankte seine Karriere allgemein der
„Herrschaft der Neapolitaner" (Arnold Esch) über das römische Papsttum im Abendländischen Schisma
und besonders der Förderung durch
Bonifatius IX., der seinen Familiaren
nach Studium und Kanonikat in Bologna zum Archidiakon (1396) und
Kardinallegaten (1402) ebd. ernannte. Militärische und administrative
Qualitäten begründeten sein erfolg-
reiches Regiment; brutale Skrupel-
losigkeit, Habgier, Ehrgeiz und unmoralischer Lebenswandel dürften
in ihm meist feindlich gesinnten
Quellen zwar überzeichnet sein, seinen – auch durch die Familie geprägten – Charakter letztlich aber
treffend beschreiben. Mit Kalkül
und Einsatz erheblicher finanzieller
Mittel betrieb er nach seiner Abkehr
von Gregor XII. den Zusammentritt
eines von Kardinälen beider Oboedienzen getragenen Konzils in Pisa.
Der am 27.6.1409 dort gewählte
Alexander V. stand sogleich unter
seinem vorwaltenden Einfluss; weniger Furcht vor seinen Waffen oder
Simonie als vielmehr die Interessen
von Florenz und die des Neapel be-
anspruchenden Ludwig II. von Anjou ließen Johannes aus kurzem Bo-
logneser Konklave am 17.5.1410 als
Nachfolger hervorgehen. Denn er
versprach gemeinsames Vorgehen
gegen König Ladislaus von Durazzo-
Neapel, der als Parteigänger Gregors XII. Teile des ⁄Kirchenstaates
besetzt hielt und dessen exilierte
Gegner sich um Johannes und die
neapolitanischen Kardinäle schar-
ten. Sein Pontifikat war mithin zunächst vom Kampf gegen Ladislaus
bestimmt, mit dem er sich jedoch im
Juni 1412 nach Anjous militärischem

Scheitern ausglich. Dies erlaubte
ihm, die in Pisa beschlossene Reformsynode für Ende 1412 nach
Rom einzuberufen, die aber, halb-
herzig betrieben, bis auf die Verurteilung von John Wyclifs Schriften
bedeutungslos blieb. Vor einem neuerlichen Einfall Ladislaus' im Juni
1413 nach Florenz geflohen, rief Johannes den deutschen König Sigmund um Hilfe an, da das vom Bür-
gerkrieg erschütterte Frankreich
keinen Beistand bot. Sigmund nutzte die Lage, um von ihm die Einberufung eines allgemeinen Konzils zu
erwirken, das am 5.11.1414 in Konstanz zusammentrat und von dem
Johannes seinerseits allgemeine Anerkennung erwartete. Doch der König betrieb im Verbund mit einflussreichen Kardinälen und Theologen
den Amtsverzicht aller Papstpräten-
denten; zudem brach der neue Ab-
stimmungsmodus nach Nationen das
Übergewicht der meist Johannes an-
hängenden Italiener. Erfolglos blieb
Johannes' Versuch, am 20./21.3.1415
durch Flucht zu seinem Protektor
Herzog Friedrich IV. von Österreich
die Synode zu sprengen. Das Konstanzer Dekret *Haec sancta* (6.4.
1415) bot die Grundlage, den in
Freiburg Festgenommenen noch im
Mai zu suspendieren und „abzusetzen". Sich dem Urteil unterwerfend,
blieb er vier Jahre auf der Burg Hau-
sen (bei Mannheim) Häftling Ludwigs III. von der Pfalz, bis er, gegen
hohes Lösegeld freigelassen, Martin V. Gehorsam leistete, der ihn im
Juni 1419 zum Kardinalbischof von
Tusculum erhob. Johannes starb
schon am 27.12. in Florenz, wo ihn
sein im Auftrag Cosimos de' Medici
von Donatello und Michelozzo ge-
schaffenes Grabmal im Baptisterium
mit päpstlichen Insignien zeigt.

Literatur: LMA 5, 546f.; VATL 355f. – W.
BRANDMÜLLER: Das Konzil von Konstanz

1414–18, Bd. 1. Paderborn 1991; TH.M. BUCK: Text, Bild Geschichte: Papst Johannes XXIII. wird auf dem Arlberg umgeworfen: AHC 30 (1998) 37–110; W. BRANDMÜLLER: Johannes XXIII. im Urteil der Geschichte oder die Macht des Klischees: AHC 32 (2000) 106–145. *Heribert Müller*

Johannes XXIII. (28.10.1958–3.6.1963), selig (Tag 3.6.), vorher *Angelo Giuseppe Roncalli,* * 25.11.1881 Sotto il Monte (Provinz Bergamo) aus bescheidenen Verhältnissen; Studium am römischen Seminar; dort Zusammentreffen mit dem Redemptoristen Francesco Pitocchi, der ihn zu einer radikalen Schlussfolgerung führt: „Gott ist alles, ich bin nichts" (*Giornale dell'anima* vom 16.12.1902). 1904 Priesterweihe in Rom, bis 1919 Sekretär Bischof Giacomo Radini Tedeschis von Bergamo. Bei ihm erfährt Johannes „großzügiges Denken" sowie pastorale Sensibilität und lernt die liturgische, ökumenische und soziale Problematik kennen. 1918 Militärdienst, zunächst als Sanitätssoldat, später als Militärgeistlicher; 1919–21 Spiritual am Seminar in Bergamo. Anfang 1921–25 Beauftragter des Päpstlichen Werkes der Glaubensverbreitung für Italien. Am 19.3.1925 zum Bischof geweiht, wird er von Pius XI. zunächst als Apostolischer Visitator, dann als Apostolischer Delegat in das orthodoxe Bulgarien entsandt. 1935–44 Apostolischer Delegat für Griechenland und die Türkei in Istanbul. In diesen Jahren kam es zu Spannungen wegen seiner von Rom abweichenden Haltung gegenüber den Christen anderer Konfession und der faschistischen Regierung in Italien. Die Nähe zu den orthodoxen Christen verstärkte in ihm das Bedürfnis nach Einheit der Kirche, während er in der Türkei die Erfahrung des radikalen Laizismus machte und die Grenzen des Eurozentrismus, der auch in kirchlichen Kreisen vertreten wurde, wahrnahm. Bis 1937 in Istanbul, danach in Athen; während des Krieges leistete er der griechischen Bevölkerung in der Zeit der deutschen Besatzung Hilfe und konnte Deportationen griechischer Juden verhindern. Seit dem 1.1.1945 Nuntius in Paris anstelle von Valerio Valeri, dessen Abberufung wegen Kollaboration mit der Vichy-Regierung von Charles de Gaulle gefordert worden war. Die Jahre in Frankreich brachten Johannes weitere Erfahrungen: Kontakte zu Marxisten, französischer Kolonialismus, Algerienkrieg. Die allgemeine Entchristlichung machte eine pastorale Erneuerung notwendig. 1953 wurde er zum Patriarchen von Venedig ernannt. Nach dem Tod Pius' XII., dessen Pontifikat in den letzten Jahren vom Kalten Krieg und der Starrheit kirchlicher Strukturen geprägt war, wurde Johannes nach dreitägigem Konklave (25.–28.10.1958) zum Papst gewählt. Als Übergangspapst gedacht, entwickelte er jedoch von Anfang an eigene Vorstellungen betreffs seines Pontifikats. Er übte ihn in dem ihm eigenen Stil aus und nahm den seit 1415 (Absetzung Johannes' XXIII. durch das Konstanzer Konzil) nicht mehr gewählten Namen Johannes an. In der Krönungsansprache am 4.11.1958 stellte sich Johannes mit den Worten des Sohnes Jakobs an seine Brüder vor: „Ich bin Josef, euer Bruder." Er suchte das Leben der Kurie zu normalisieren: Besetzung des seit 1944 vakanten Postens des Staatssekretärs mit Domenico Tardini; Wiedereinführung der regelmäßigen Audienzen für die Verantwortlichen der verschiedenen Bereiche der Kurie; Ernennung neuer Kardinäle zur Verjüngung und Erneuerung des

Kardinalskollegiums. Seine Bedeutung als Bischof von Rom unterstrich er durch die feierliche Inbesitznahme der Lateranbasilika, durch Besuche in Gefängnissen und Krankenhäusern sowie der römischen Pfarreien. Johannes ebnete der Loslösung der Kirche und des Papsttums aus der Verstrickung in die italienische Politik den Weg. Er wollte eine Kirche, „die den Menschen an sich dient, nicht nur insofern sie katholisch sind" (25.7.1962) – mit dem Ziel, das Evangelium über alle „Anschauungen und Parteiungen, die die Gesellschaft bewegen und zerrütten" (13.8.1961), zu erheben; Aufsehen erregte der Besuch des Schwiegersohns und der Tochter Nikita Chruščёvs bei Johannes am 5.3.1963. Die /päpstliche Ostpolitik kündigte sich an.

Am 25.1.1959 verkündete Johannes die Einberufung eines neuen ökumenischen Konzils, zugleich einer Diözesansynode für Rom, und die Revision des CIC. Am Vorabend der Eröffnung des Konzils, am 11.9.1962, betonte er in einer Radiobotschaft, dass „die Kirche aus allen und besonders den Armen besteht". Das wohl wichtigste Ereignis des Pontifikats Johannes' war die Eröffnungsansprache des Zweiten Vatikanischen Konzils, die vom „aggiornamento", von der Bereitschaft zur Barmherzigkeit statt zur Verurteilung, und von der Ablehnung der „Unglückspropheten" getragen war. Johannes bewahrte hinsichtlich der Arbeiten des Konzils Zurückhaltung, verfolgte sie gleichwohl. In zwei Fällen schaltete er sich ein: Mitte Oktober 1962 stimmte er zu, die Wahl der Mitglieder der Konzilskommissionen aufzuschieben, um den Konzilsvätern etwas mehr Zeit zum Meinungsaustausch einzuräumen; nach der Abstimmung vom 21.11.1962 unterstützte er die Mehrheit, die den vorliegenden Vorschlag zur Bestimmung des Verhältnisses von Schrift und Tradition ablehnte. Seit September 1962 war die Tatkraft des Papstes durch ein Krebsleiden stark eingeschränkt. Am 11.4.1963 veröffentlichte Johannes die letzte und wichtigste seiner insgesamt acht Enzykliken: *Pacem in terris,* die nicht nur an die Katholiken, sondern an alle Menschen guten Willens adressiert ist. Eine weitere Enzyklika von besonderer Bedeutung stellt *Mater et Magistra* dar (5.5.1961), die die induktive Methode zur Erarbeitung der Sozialdoktrin der Kirche hoffähig gemacht hat. *Pacem in terris* proklamiert zwei fundamentale Prinzipien: die Unmöglichkeit, „im Atomzeitalter den Krieg als Mittel der Gerechtigkeit zu benutzen", und die Ablehnung eines gerechten Krieges überhaupt. Hinsichtlich der Zusammenarbeit von Christen und Nichtchristen gestand er zu, dass die Zeit nun reif sei für „Annäherungen und Treffen praktischer Art, die gestern noch nicht opportun und fruchtbringend gewesen wären", wobei er zwischen Irrtum und Irrendem sowie zwischen falschen philosophischen Lehren und von ihnen hervorgebrachten historischen, ökonomischen und politischen Bewegungen unterschied. Johannes hat die konstantinische Epoche der Kirche abgeschlossen und der Kirche einen neuen Frühling beschert. Seine Seligsprechung erfolgte im September 2000.

Werke: Gli atti della visita apostolica di San Carlo Borromeo a Bergamo, 5 Bde. Florenz 1936–57; Il cardinale Cesare Baronio. Rom 1961; Monsignore Giacomo Maria Radini Tedeschi, vescovo di Bergamo. ebd. 1963; Souvenirs d'un nonce. Cahiers de France (1944–53). ebd. 1963; Discorsi, messaggi, colloqui, 6 Bde. ebd. 1960–67; Il giornale dell'anima, hg. v. L. CAPOVILLA. Cinisello Balsamo ¹⁰1990, deutsch Freiburg

¹¹1966, eine vollständigere Ausgabe hg. v. A. MELLONI. Bologna 1989; Lettere ai familiari 1901–62, hg. v. L. CAPOVILLA, 2 Bde. Rom 1968, deutsch 2 Bde. Freiburg 1969–1970; Lettere 1958–63, hg. v. DEMSELBEN. Rom 1978.

◼ Literatur: TRE 17, 113–118; VATL 353ff. – G. LERCARO: Johannes XXIII. Entwurf eines neuen Bildes. Freiburg 1967; D. AIMÉ-AZAM: L'extraordinaire Ambassadeur. Paris 1967; F.M. WILLAM: Vom jungen Angelo Roncalli (1903–07) zum Papst Johannes XXIII. (1903–63). Innsbruck 1967; L. CAPOVILLA: Giovanni XXIII. Quindici letture. Rom 1970; L. ALGISI: Giovanni XXIII. Turin ⁴1981; Angelo Giuseppe Roncalli dal patriarcato di Venezia alla cattedra di San Pietro, hg. v. G. DE ROSA. Florenz 1984; P. HEBBLETHWAITE: John XXIII pope of the Council. London 1984; Fede – Tradizione – Profezia. Studi su Giovanni XXIII e sul Vaticano II, hg. v. G. DE ROSA. Brescia 1984; G. ALBERIGO (Hg.): L'Età di Roncalli: Cristianesimo nella storia 8 (1987) 1–217; F. DELLA SALDA: Obbedienza e pace. Il vescovo A.G. Roncalli tra Sofia e Roma 1925–34. Genua 1989; S. TRINCHESE: Roncalli e le missioni. L'Opera della propagazione della fede tra Francia e Vaticano negli anni '20. Brescia 1989; V. CONZEMIUS: Mythes et contre-mythes autour de Jean XXIII.: Cristianesimo nella storia 10 (1989) 553–578; L. KAUFMANN – L. KLEIN: Prophetie im Vermächtnis. Freiburg 1990; M. MANZO: Papa Giovanni vescovo a Roma. Mailand 1991; Ein Blick zurück – nach vorn: Johannes XXIII. Spiritualität – Theologie – Wirken, hg. v. G. ALBERIGO – K. WITTSTADT. Würzburg 1992; A. MELLONI: La causa Roncalli. Origini di un processo canonico: Cristianesimo nella storia 18 (1997) 607–636; G. ZIZOLA: Giovanni XXIII. Nuovi saggi 1958–1998. Sotto il Monte 1998; S. GAETA: Giovanni XXIII. Mailand 2000; V. DE LUCA: Papa Giovanni. Venedig 2000; CH. FELDMANN: Johannes XXIII. Freiburg 2000, englisch New York 2000; G. ALBERIGO: Johannes XXIII. Mainz 2000.   *Giuseppe Alberigo*

Johannes Paul I.   (26.8.1978 – 28.9. 1978), vorher *Albino Luciani,* * 17.10.1912 Canale d'Agordo (Diözese Belluno). Vater Arbeiter und antiklerikal eingestellter Sozialist;

Studium in Belluno; 1935 Priester, anschließend Kaplan und Religionslehrer, 1937 Vizeregens und Professor für Dogmatik; 1941 Studium an der Gregoriana in Rom, 1954 Generalvikar der Diözese Belluno, 1958 Bischof von Vittorio Veneto, 1969 Patriarch von Venedig und 1973 Kardinal; Wahl schon im vierten Wahlgang des außerhalb Italiens kaum bekannten und an der römischen Kurie vielfach unbemerkt gebliebenen, theologisch konsequenten, aber pastoral aufgeschlossenen Albino Luciani. Mit dem Doppelnamen (erstmals in der Papstgeschichte) Bekundung zur Kontinuität mit beiden so verschiedenen Vorgängern. Verzicht auf Krönung und Inthronisation. Sprach (in der Ich-Form) ohne fromme Rhetorik und allgemeine Appelle offen die Probleme an. Durch seine Bescheidenheit, unverkrampfte Frömmigkeit und seinen gesunden Menschenverstand weckte er in kürzester Zeit Wellen der Begeisterung. Der plötzliche Tod nach 33 Tagen durch Herzinfarkt führte zu Legendenbildungen und Gerüchten.

◼ Werke: Opera Omnia. Padua 1988.

◼ Literatur: D.A. YALLOP: Im Namen Gottes? München 1984; V.J. WILLI: ,Im Namen des Teufels?' Stein am Rhein 1987; L. D'ORAZI: Impegno all'umiltà. La vita di papa Luciani. Rom 1987; J. CORNWELL: Wie ein Dieb in der Nacht. Der Tod von Papst Johannes Paul I. Wien 1989, englisch London 1989; R. KUMMER: Albino Luciani. Graz 1991.

Josef Gelmi

Johannes Paul II. (16.10.1978), vorher *Karol Jozef Wojtyła,* * 18.5.1920 Wadowice bei Krakau; Studium der Philosophie in Krakau; während der deutschen Okkupation Fabrikarbeiter und Studium in dem von Erzbischof Adam Sapieha eingerichteten geheimen Priesterseminar; 1946

Priester; Studium in Rom (1948 Doktor der Philosophie) und Krakau (1953 Doktor der Theologie); seit 1954 Dozent für Ethik in Lublin und Krakau sowie Jugendseelsorger; 1953 Weihbischof in Krakau; trat auf dem Zweiten Vatikanischen Konzil besonders für die *Dignitatis humanae* ein und beteiligte sich an der Schlussredaktion von *Gaudium et spes;* 1964 Erzbischof von Krakau, 1967 Kardinal; seitdem häufigere Kontakte zur römischen Kurie und Teilnahme an allen Bischofssynoden; nach dem überraschenden Tod Johannes Pauls I. als erster Slawe und erster Nichtitaliener seit 1522 (Hadrian VI.) zum Papst gewählt. – Sein Pontifikat ist durch die dichte Folge von Bischofssynoden und eine beispiellose Reisetätigkeit charakterisiert, die ihn mehrfach in alle Kontinente und europäischen Länder führte (außerordentliche Sprachkenntnisse). Im Dienst der Begegnung mit den Menschen stehen auch die gegenüber seinen Vorgängern stark vermehrten Privat- und Generalaudienzen, die Besuche römischer Pfarreien und italienischer Bistümer. Es kam zu zahlreichen Begegnungen mit Vertretern der anderen christlichen Konfessionen und nichtchristlicher Religionsgemeinschaften. Johannes Paul versucht die ökumenische Bewegung voranzutreiben, ohne grundlegende katholische Positionen aufzugeben. Obwohl in Lehre und Disziplin traditionellen Optionen verpflichtet, wandte er sich gegen den Traditionalisten Marcel Lefebvre und dessen Absage an das Vaticanum II. Ein wichtiger Akzent seines Pontifikats liegt auf politischem Gebiet, wo ihn seine persönlichen Erfahrungen mit totalitären Regimes zu einem gegenüber seinem Vorgänger Paul VI. schärferen ostpolitischen Kurs veranlassten (/Päpst-liche Ostpolitik). Am 13.5.1981 bei einer Generalaudienz auf dem Petersplatz durch ein Attentat lebensgefährlich verletzt, musste er seitdem verstärkte Sicherheitsmaßnahmen in Kauf nehmen. In Polen ermunterte er den Arbeiterführer Łech Wałęsa und die Gewerkschaft Solidarność, riet aber zugleich angesichts der Ausrufung des Kriegsrechts und einer drohenden sowjetischen Intervention zur Zurückhaltung. Das durch ihn gesteigerte Selbstbewusstsein Polens bereitete dort den politischen Umbruch von 1989 geistig vor. Ungleich geringer als auf die Abkehr vom Kommunismus war der päpstliche Einfluss auf die politische Neugestaltung der nachkommunistischen Ära. Im Gegensatz zu seinem Einfluss im Osten war sein Verhältnis zu den USA als der Führungsmacht des Westens aus außen- und gesellschaftspolitischen Gründen (u. a. in der Abtreibungsfrage) nicht spannungsfrei, obwohl auch dort seine Besuche ein außerordentliches Echo fanden. Gegenüber Israel gelang ihm ein Durchbruch, der 1993 zur Aufnahme diplomatischer Beziehungen führte. – Zahlreich sind seine Enzykliken. 1979: *Redemptor hominis,* 1980: *Dives in misericordia,* 1981: *Laborem exercens,* 1985: *Slavorum Apostoli,* 1986: *Dominum et vivificantem,* 1987: *Redemptoris mater,* 1987: *Sollicitudo rei socialis,* 1990: *Redemptoris missio,* 1991: *Centesimus annus,* 1993: *Veritatis splendor,* 1995: *Evangelium vitae, Ut unum sint,* 1998: *Fides et ratio.* Dazu kamen zahlreiche Apostolische Schreiben und Ansprachen. – Wichtige Ereignisse seines Pontifikats waren 1983 die Promulgation des neuen CIC, 1984 die Revision des italienischen Konkordats, 1988 eine Kurienreform *(Pastor Bonus),* 1990 die Promulgation des CCEO, 1995

seine Rede vor der UNO zum fünf-
zigjährigen Bestehen. Einen Höhepunkt des Pontifikats bildeten die
Feierlichkeiten zum Heiligen Jahr
2000; weltweite Beachtung fand
hierbei v. a. der am ersten Fastensonntag (12.3.) gefeierte Tag der
Vergebung, an dem der Papst das
von der /Internationalen Theologenkommission vorbereitete Dokument „Erinnern und Versöhnen. Die
Kirche und die Verfehlungen in ihrer Vergangenheit" vorlegte. – In
den letzten Jahren waren den Aktivitäten durch gesundheitliche Probleme gewisse Grenzen gesetzt.

▓ Quellen: AAS 70 (1978) ff.; L'Attività della S.
Sede. Vatikanstadt 1978ff. (Tätigkeitsbe-
richt); Insegnamenti di Giovanni Paolo II 1.
ebd. 1978ff. (Ansprachen); Internationale
Theologische Kommission: Erinnern und
Versöhnen. Die Kirche und die Verfehlungen
in ihrer Vergangenheit. Einsiedeln 2000.

▓ Werke (Übersetzung in viele Sprachen):
Primat des Geistes. Philosophische Schriften. Stuttgart 1980; Person und Tat. Freiburg 1981; Die Schwelle der Hoffnung
überschreiten. Hamburg 1994; Geschenk
und Geheimnis. Zum 50. Jahr meiner Priesterweihe. Graz 1997.

▓ Literatur: VATL 357–360. – M. MALINSKI: Jo-
hannes Paul II. Sein Leben, von einem
Freund erzählt. Freiburg 1979; L. ACCAT-
TOLI: Karol Wojtyla. L'uomo di fine millen-
nio. Mailand 1998; S.O. HORN: Johannes
Paul II. – Zeuge des Evangeliums. Perspek-
tiven des Papstes an der Schwelle zum
dritten Jahrtausend. Würzburg 1999; J.F.
CROSBY: The legacy of Pope John Paul II.
His contribution to Catholic thought. New
York 2000.   *Erwin Gatz*

Julius I. (6.2.337–12.4.352), heilig
(Tag 12.4.). Wichtigste Quelle ist ein
Synodalbrief des Papstes an die führenden Bischöfe der antiochenischen
Synode (341), in dem er allen von
den Arianern vertriebenen Bischöfen und Presbytern die Communio
gewährt. Da nur Athanasius von
Alexandrien das Schreiben überlie-

fert (Apologia [secunda] contra Arianos 21, 1–35, 8), ist Einseitigkeit
nicht auszuschließen, wie die etwas
schroffe Behandlung des Marcellus
von Ankyra vermuten lässt. Julius
und die römische Synode stellten
sich bei der Verteidigung seines Sit-
zes und der Orthodoxie hinter Athanasius. Es verblüfft die Selbstver-
ständlichkeit, mit der Julius seinen
Anspruch im Blick auf die römische
Petrustradition herausstellt. Er forderte von den Kaisern Constantius
und Constans ein Reichskonzil, das
343 nach Serdika (Sofia) einberufen
wurde. Die östliche Gruppe verhängte über Julius und westliche
Bischöfe, die Athanasius unterstützten, das Anathem, die westliche Versammlung beschloss das Appellati-
onsrecht abgesetzter Bischöfe an den
Papst. Die Folge war ein Schisma
zwischen Rom und den östlichen
Kirchen. Julius' Aktionen gipfelten
in der Ausübung des römischen
Wächteramtes, das er auf nachprüf-
bare Argumente stützte mit dem
Ziel, die Kontrolle über Synoden in
der Gesamtkirche zu erhalten.

▓ Quellen: ActaSS apr. 2, 82–86.

▓ Literatur: LMA 5, 805; VATL 360f. – P.P. JO-
ANNOU: Die Ostkirche und die Cathedra Petri im 4.Jh. Stuttgart 1972, 21ff. 36–105;
K.M. GIRARDET: Appellatio: Historia. Zeitschrift für alte Geschichte 23 (1974) 98–
127; W.M. GESSEL: Das primatiale Bewußt-
sein Julius' I.: Konzil und Papst. München
u.a. 1975, 63–74; K.M. GIRARDET: Kaiser-
gericht und Bischofsgericht. Bonn 1975,
90–93; G. SCHWAIGER: Päpstlicher Primat.
München u.a. 1977, 27 40 105; M. VIN-
ZENT: Die Gegner im Schreiben Markells
von Ankyra an Julius von Rom: Zeitschrift
für Kirchengeschichte 105 (1994) 285–328.
                    Wilhelm M. Gessel

Julius II. (1.11.1503–20.2.1513), vor-
her *Giuliano della Rovere,* * 1443
Albissola bei Savona. Aus dürftigen
Verhältnissen stammend, wurde er

von seinem Onkel Sixtus IV. begünstigt; erhielt eine Reihe von Bistümern; 1471 Kardinal. Unter Alexander VI. Anführer der Opposition gegen die Borja, daher Flucht zu König Karl VIII. von Frankreich. Bei seiner Wahl zum Papst war Bestechung im Spiel. Sein Ziel war es, den durch die Familienpolitik der Borja in Auflösung begriffenen /Kirchenstaat zu konsolidieren und auf dieser Grundlage ein starkes und unabhängiges Papsttum zu schaffen, in einem Italien, das von Fremdherrschaft befreit war. Der gefährliche Cesare Borja (Sohn Alexanders VI.) konnte entmachtet, Perugia und Bologna für den Kirchenstaat zurückgewonnen werden. 1508/09 Liga von Cambrai (Kaiser Maximilian I., Ludwig XII. von Frankreich, Aragón, Savoyen, Papst) gegen Venedig, das die besetzten Städte der Romagna an den Papst zurückgeben musste. 1511 kam es zur Heiligen Liga (Papst, Venedig, Spanien). Dank der militärischen Unterstützung durch die schweizerischen Eidgenossen gelang es, die Franzosen vorübergehend aus Italien zu vertreiben. Parma, Piacenza, Reggio (Emilia) wurden für den Kirchenstaat zurückgewonnen. Die Auseinandersetzungen mit Frankreich führten zur Erneuerung der Pragmatischen Sanktion von Bourges (1510) und 1511 zur Einberufung eines Konzils nach Pisa (1512) durch oppositionelle Kardinäle im Einvernehmen mit dem französischen König und mit Billigung Maximilians I. Um ein Schisma zu vermeiden, berief Julius für Mai 1512 das Lateranense V ein. Julius verfügte eine Reihe von Reformmaßnahmen, u. a. ein Verbot simonistischer Papstwahlen. – Julius war ein bedeutender Förderer der Künste und nahm Bramante, Michelangelo und Raffael in seine Dienste. 1506 erfolgte die

Grundsteinlegung für den Neubau von /Sankt Peter. Michelangelo schuf das Grabmal des Julius (Mose) und die Deckenfresken der Sixtinischen Kapelle.

■ Literatur: LMA 5, 805; VATL 361–364. – PASTOR 3/2, 659–1142; P. PECCHAI: Roma nel Cinquecento. Bologna 1948; G.B. PICOTTI: La politica italiana sotto il pontificato di Giulio II. Pisa 1949; F. SENECA: Venezia e papa Giulio II. Padua 1962; C. FUSERO: Giulio II. Mailand 1965; C. BINDI SENESI: Giulio II. ebd. 1967; G. DE BEAUVILLE: Jules II. Sauveur de la papauté. Paris 1965; C. FRIESS: Die Beziehungen Kaiser Maximilians I. zur Römischen Kurie und zur deutschen Kirche unter dem Pontifikat Papst Julius' II. (1508–1513). Dissertation. Graz 1974; F. GILBERT: The Pope, his Banker and Venice. Cambridge (Massachusetts) 1980, deutsch Frankfurt (Main) 1994; J.F. D'AMICO: Papal History and Curial Reform in the Renaissance. Raffaele Maffeis ‚Brevis Historia' of Julius II and Leo X: AHP 18 (1980) 157–210; I. CLOULAS: Jules II. Paris 1990; CH. SHAW: Julius II. The warrior pope. Oxford 1993.

Klaus Ganzer

Julius III. (8.2.1550–23.3.1555), vorher *Giovanni Maria del Monte,* * 10.9.1487 Rom. Studium der Rechte in Perugia und Siena; Kammerherr bei Julius II.; 1513 Erzbischof von Siponto; bekleidete verschiedene Ämter an der Kurie und im /Kirchenstaat; 1536 Kardinal. Bei der ersten Trienter Konzilsperiode (1545/47) und in Bologna (1547/48) fungierte er als Konzilspräsident. Wahl zum Papst nach langem Ringen zwischen der kaiserlichen und der französischen Partei als Kompromisskandidat. Aufgrund der Wahlkapitulation und dem Drängen des Kaisers berief er das Konzil zum 1.5.1551 wieder nach Trient. Die Suspension des Konzils am 28.4. 1552 erwies sich als unumgänglich wegen der deutschen Fürstenverschwörung. Es sollte nach seinen

Vorstellungen aber die noch notwendigen dogmatischen Dekrete und gewisse allgemeine Reformforderungen verabschieden. Nach der Suspension ließ er durch eine Kommission eine Reformbulle ausarbeiten, die aber infolge seines Todes nicht wirksam wurde. Mit Ottavio Farnese, dem er Parma als Lehen überlassen hatte, sah er sich in kriegerische Auseinandersetzungen verwickelt. Die Gesellschaft Jesu förderte er; ihr vertraute er das 1552 gegründete Collegium Germanicum an. Als besonderen Erfolg konnte Julius den Wiederanschluss Englands an die katholische Kiche unter Maria der Katholischen verbuchen, den Kardinal Reginald Pole 1554 vollzog, der aber keinen Bestand hatte. Zwielichtig ist die Affäre um seinen Adoptivneffen Innocenzo del Monte, den er mit Gunsterweisen überhäufte (Kardinal 1550). – Julius, dem durchaus Charakterzüge des Renaissancefürsten eigneten, kann als eine Gestalt des Übergangs bezeichnet werden.

▨ Quellen: Concilium Tridentinum. Diariorum, Actorum, Epistularum, Tractatuum nova Collectio, hg. v. der Görres-Gesellschaft. Freiburg 1901–2001, passim. – Reiches Material in den Reihen der Nuntiaturberichte.

▧ Literatur: TRE 17, 445ff.; VATL 365f. – PASTOR Bd. 6; C. ERDMANN: Die Wiedereröffnung des Trienter Konzils durch Julius III.: QFIAB 20 (1928/29) 238–317; H. JEDIN: Analekten zur Reformtätigkeit der Päpste Julius III. und Paul IV.: RQ 42 (1934) 305–332; 43 (1935) 87–156; DERSELBE: Kirchenreform und Konzilsgedanke 1550–59: Historisches Jahrbuch 54 (1934) 401–431; H. JEDIN: Geschichte des Konzils von Trient. Freiburg Bd. 1 ³1977, Bd. 2 ²1978, Bd. 3 ²1982, passim; H. LUTZ: Christianitas afflicta. Europa, das Reich und die päpstliche Politik im Niedergang der Hegemonie Kaiser Karls V. (1552–56); Friedenslegation des Reginald Pole zu Kaiser Karl V. und König Heinrich II. (1553–56), hg. v. H. LUTZ. Tübingen 1981; A. NOVA: The artistic patronage of Pope Julius III. New York 1988; TH.F. MAYER: An unknown diary of Julius III's Conclave by Bartolomeo Stella, a servant of Cardinal Pole: AHC 24 (1992) 345–377; W.V. HUDON: The ‚Consilium de emendanda Ecclesia' and the 1555 reform bull of Pope Julius III: Reform and renewal in the Middle Ages and the Renaissance. FS L. Pascoe. Leiden 2000, 240–258.

Klaus Ganzer

Konon (21.10.686–21.9.687); Sohn eines hohen Offiziers vom Armeekorps der Trakesier, auf Sizilien erzogen, römischer Presbyter; nach dem Tod Johannes' V. hoch betagt zum Papst erhoben als Kompromisskandidat des Klerus, der den Archipresbyter Petrus, und römischer Miliz, die den Presbyter Theodor gewünscht hatte. Die Spannungen schwelten unter dem kränklichen Konon weiter und brachen nach seinem Tod erneut auf. In den Patrimonien Siziliens entstand eine Revolte, während Kaiser Justinian II. die Entspannungspolitik gegenüber Rom fortführte. Begraben in Sankt Peter.

▨ Quellen: LP 1, 368ff.; 3, Register; RPR(J) 1, 243; Corpus der griechischen Urkunden des Mittelalters und der neueren Zeit. Reihe A: Regesten. Abteilung I: Regesten der Kaiserurkunden des oströmischen Reiches, bearbeitet von F. DÖLGER. 1. Teil: 565–1025. München 1924, nn. 254ff.

▧ Literatur: DBI 28, 21–25; BBKL 4, 379f.; VATL 427. – CASPAR 2, 620–623 631; BERTOLINI 396–401. *Georg Schwaiger*

Konstantin I. (25.3.708–9.4.715), Syrer. 710 berief ihn Kaiser Justinianus II. zur Beendigung des Streits über die Kanones des Quinisextum (691) zu sich. Über die von Konstantin mit dem Kaiser in Nikomedien freundschaftlich geführten Verhandlungen ist nichts Genaues bekannt. 712/713 stellte sich Konstantin gegen die Erneuerung des Monotheletismus durch Kaiser Philippicus und ließ ihn aus den Diptychen streichen. Den Streit mit Erzbischof Felix um die Autokephalie Ravennas konnte Konstantin für Rom entscheiden.

▨ Quellen: LP 1, 389–395; RPR(J) 1, 247ff.; 2, 700.
▨ Literatur: LMA 3, 170; VATL 429f. – CASPAR 2, 638–643; J.-M. SANSTERRE: Le pape Constantin Ier et la politique religieuse des empereurs Justinien II et Philippikos: AHP 22 (1984) 7–29. *Sebastian Scholz*

Konstantin II., Gegenpapst (5.7.767–6.8.768).

Nach dem Tod Pauls I. erzwang der Dux Toto aus Nepi die Wahl seines Bruders Konstantin, eines Laien, zum Papst und ließ ihn weihen. Nach zunächst unangefochtener Amtszeit wurde Konstantin von der innerrömischen Opposition mit langobardischer Hilfe am 31.7. 768 festgenommen und am 6.8. von einer römischen Synode abgesetzt. Zum neuen Papst wurde Stephan III. gewählt. Später wurde Konstantin geblendet und auf der römischen Synode von April 769 nochmals abgesetzt.

▨ Quellen: LP 1, 468–476; RPR(J) 1, 283ff.; MGH.CONC 2, 1, 74–86; MGH.EP 3, 649–653.
▨ Literatur: LMA 3, 170f. – ZIMMERMANN PA 13–25; TH.F.X. NOBLE: The Republic of Saint Peter. Philadelphia 1984, 112–118; J.S. GIBAUT: The clerical cursus of Constantine of Nepi. Ecclesia orans 12 (1995) 195–206. *Sebastian Scholz*

Lando (Anfang November 913–Ende März 914),

Sohn des Tainus aus der Sabina. Die Angaben über die Dauer seines Pontifikats sind widersprüchlich, Urkunden von Lando fehlen. Eine Gerichtsurkunde von 1413 erwähnt eine Schenkung Landos an den Bischof von Vescovio (Sabina) zur Wiederherstellung der von Sarazenen zerstörten Domkirche.

▨ Quellen: LP 2, 239; RPR(J) 1, 448; ZIMMERMANN REG 6f.
▨ Literatur: LMA 5, 1671. *Sebastian Scholz*

Laurentius, Gegenpapst (22.11.498–März 507), † 507/508.

Nach dem Tod Anastasius' II. erhob die mit dessen versöhnlicher Haltung im Acacianischen Schisma unzufriedene Mehrheit am 22.11.498 Symmachus, die byzanzfreundliche Minderheit (mit Unterstützung der Aristokratie und des Senats unter Festus) unmittelbar darauf den angesehenen Archipresbyter Laurentius. Die sich daran anschließenden Wirren wurden durch die Entscheidung des Ostgotenkönigs Theoderich des Großen für Symmachus nur vorübergehend beigelegt. Laurentius akzeptierte im Februar/März 499 zunächst die Entscheidung und erhielt das Bistum Nocera in Kampanien. Im fortlaufenden Parteienstreit duldete Theoderich, dass Laurentius nach Rom zurückkehrte und sich 501–506 mit starker Übermacht behaupten konnte. Symmachus blieb auf das Asyl in Sankt Peter beschränkt, bis Theoderich im Konflikt mit Byzanz 506 Laurentius preisgab. Laurentius unterwarf sich endgültig im März 507 und zog sich auf ein Landgut des Festus zurück, wo er in strenger Askese bald starb.

▨ Quellen: LP 1, 46ff.; RPR(J) 1, 96–100.
▨ Literatur: BBKL 4, 1249–52. – CASPAR 2, 87–118 758–761; G.B. PICOTTI: I sinodi romani nello scismo laurenziano: FS G. Volpe, Bd. 2. Florenz 1958, 741–876; P.A.B. LLEWELLYN: The Roman Clergy during the Laurentian Schism (498–506): Ancient Society 8 (1977) 245–275; E. WIRBELAUER: Zwei Päpste in Rom. Der Konflikt zwischen Laurentius und Symmachus. München 1993; S. VACCA: Prima Sedes a nemine iudicatur. Rom 1993. *Georg Schwaiger*

Leo I. der Große (29.9.440 [Weihe] – 10.11.461), heilig (Tag 10.11.).

1. Leben · 2. Pontifikat · 3. Werke · 4. Bedeutung.

1. *Leben*. Leo stammt aus einer toskanischen Familie. Meist wird er mit

dem von Augustinus (ep. 191,1) 418 erwähnten Akolythen identifiziert. In der nestorianischen Streitfrage veranlasst er, nun Archidiakon, 430 Johannes Cassianus zu der Schrift „De incarnatione Domini contra Nestorium libri VII". 431 versichert sich Cyrill von Alexandrien seiner Unterstützung gegen Bemühungen Juvenalis' um den Patriarchenrang für Jerusalem. Entscheidender Einfluss wird Leo auf die antipelagianische Haltung Roms unter seinen Vorgängern zugeschrieben. Beim Tod Sixtus' III. am 18.8.440 mit politischer Legation in Gallien und in Abwesenheit zum Nachfolger gewählt, empfängt er am 29.9.440 in Rom die Bischofsweihe.

2. *Pontifikat.* Der Jahrestag der Bischofsweihe wird zu einem der beiden Termine der römischen Provinzialsynode; der andere liegt im Frühjahr. Für Ende Februar 450 ist dazu der Besuch der Kaiserfamilie in der vatikanischen Basilika belegt. Leos Sorge gilt der Unverfälschtheit des Glaubens (gegen Pelagianer, Arianer und, auch mit staatlicher Hilfe, gegen 443 in Rom entdeckte Manichäer, 447 gegen spanische Priscillianisten) und der Ordnung der kirchlichen Verhältnisse (Mauretanien, Arles und Vienne in Gallien, Sizilien). Ein kaiserliches Reskript anerkennt 445 die Jurisdiktion des römischen Bischofs über alle Provinzen des Westreiches. Im Osten bestellt Leo 444 im Illyricum Anastasius von Thessalonike zum Apostolischen Vikar. 452 erwirkt er von Attila bei Mantua den Abzug der Hunnen aus Italien; bei der Plünderung Roms 455 durch die Vandalen unter Geiserich kann er Mord und Brand verhindern. 449 beginnt die christologische Auseinandersetzung mit Eutyches und dem Monophysitismus. Leos Position enthält der berühmte Brief vom 13.6.449 an den Patriarchen Flavian von Konstantinopel *(Tomus ad Flavianum).* Auf der für August 449 durch Kaiser Theodosius II. nach Ephesus einberufenen Synode, von Leo als „Räubersynode" („latrocinium") bezeichnet, vereitelt Dioskur von Alexandrien die Verlesung. Das durch Kaiser Marcian für Oktober 451 nach Chalcedon einberufene Konzil bringt mit dem entscheidenden Passus aus dem *Tomus* im Symbolum (DH 302) die geforderte Anerkennung. Die Zustimmung zum Konzil gab Leo erst 453 wegen des c. 28 (gleicher Patriarchenstatus für Konstantinopel als Kaiserresidenz wie Rom), den Leo nicht anerkannte. Zur besseren Verfolgung der Vorgänge im Osten setzte er einen Geschäftsträger in Konstantinopel ein, zunächst Julian von Kios. Nach Chalcedon gab es 452/453 Tumulte von Mönchen in Palästina, 457 Unruhen in der alexandrinischen Kirche. In dieser kritischen Lage übernahm Leo den in Alexandrien für das Jahr 454 berechneten Ostertermin. Von den Schreiben gegen den Monophysitismus sind der an die palästinischen Mönche (453) und der an Kaiser Leon I. (458) gerichtete so genannte *Tomus II* hervorzuheben.

3. *Werke.* 97 *Tractatus* bzw. *Sermones* zu unterschiedlichen Anlässen des Kirchenjahres und 143 *Briefe.* Leos Anteil an liturgischen Texten ist umstritten. Das „Sacramentarium Leonianum" wurde fälschlich nach ihm benannt. Leos Werke (aus der Päpstlichen Kanzlei mit führender Rolle des Prosper von Aquitanien) sind in Kunstprosa verfasst („cursus leoninus").

4. *Bedeutung.* Leo ist bei schwachen Kaisern die Führungspersönlichkeit, die sich für die Einheit der

das Erbe des Imperium Romanum angetretenen Kirche verantwortlich weiß. Seinem Wesen nach ist Leo kein Neuerer, sondern ein Bewahrer. In seinem pastoralen Denken ragen die Themen Petrusamt und Inkarnation heraus. Die Menschwerdung Gottes ist der Kern der neuen Weltordnung. Wer die Wahrheit der einen Person Christi in zwei Naturen antastet, zerstört den christlichen Glauben. Hinter dem Sinn für das Geheimnis Gottes und für den Realismus von Mensch bzw. Welt steht fundamental das Anliegen der Erlösung. Aus dieser Sicht gewinnt Leo auch sein Verständnis für die Kirche. Ihr hat der mit seinem Bekenntnis und mit seinem Auftrag im römischen Bischof fortlebende Petrus zu dienen. – In der römisch-katholischen Kirche hat Leo zu allen Zeiten Hochschätzung erfahren. Die nach Chalcedon entstandene syrisch-antiochenische Kirche reiht ihn unter die Nestorianer ein.

▪ Werke: PL 54–56. – *Predigten:* ed. v. A. CHAVASSE: Corpus Christianorum, series latina, Bd. 138/138A. Turnhout 1972. – *Briefe:* ed. v. E. SCHWARTZ: ACO 2, 1–4; ed. v. C. SILVA-TAROUCA: Textus et Documenta, Series theologica, Bde. 9 15 20 23. Rom 1932–37; ed. v. O. GUENTHER: Corpus scriptorum ecclesiasticorum latinorum, Bd. 35. Wien 1895; ed. v. W. GUNDLACH: MGH.EP 3. – *Deutsche Übersetzung:* TH. STEEGER: Leos des Großen sämtliche Sermonen, 2 Bde. Kempten 1927; Leo der Große, Reden zu den Mysterien des Kirchenjahres, übersetzt von TH. STEEGER, bearbeitet von P. STOCKMEIER. München 1984; S. WENZLOWSKY: Die Briefe der Päpste, Bd. 4–5. Kempten 1878.

▪ Literatur: DTHC 9, 218–301; TRE 19, 737–741; LMA 5, 1876f.; LACL 390ff.; VATL 443f. – TH. STEEGER: Die Klauseltechnik Leos des Großen in seinen Sermonen. Haßfurt (Main) 1908; F. DI CAPUA: Il ritmo prosaico nelle lettere dei papi, Bd. 1. Rom 1937, 3–204; T. JALLAND: The Life and Times of Saint Leo the Great. London 1941;

M.B. DE SOOS: Le mystère liturgique d'après Saint Léon le Grand. Münster 1958, Nachdruck 1972; E. DEKKERS: Autour de l'œuvre liturgique de Saint Léon le Grand: Sacris erudiri 10 (1958) 363–398; H.-J. SIEBEN: Leo der Große über Konzilien und Lehrprimat des römischen Stuhles: Theologie und Philosophie 47 (1972) 358–401; H. ARENS: Die christologische Sprache Leos des Großen. Frankfurt (Main) 1982; E.P. PEPKA: The theology of St. Peter's presence in his successors according to St. Leo the Great. Ann Arbor 1986; W. BLÜMER: Rerum eloquentia. Christliche Nutzung antiker Stilkunst bei St. Leo Magnus. Frankfurt (Main) 1991; K.I. KANG: Ecumenical model in the theology of Leo the Great. Ann Arbor 1992; H.O. MAIER: ,Manichee!'. Leo the Great and the othodox panopticum: Journal of Early Christian Studies 4 (1996) 441–460; A.S. SCARCELLA: La legislazione di Leone I. Mailand 1997; M. PARMENTIER: The ,Sayings of Bishop Leo' (,Dicta Leonis episcopi') as an anti-adoptianist creed: Ephemerides liturgicae 111 (1997) 37–48; PH.L. BARCLIFT: The shifting tones of Pope Leo the Great's christological vocabulary: Church History 66 (1997) 221–239; S.P. COWE: The tome of Leo. Eastern and Oriental Orthodox perspectives: Saint Nersess Theological Review 3 (1998) 1–21; C. FOLSOM: ,Mysterium fidei' and St. Leo the Great: Ecclesia orans 15 (1998) 289–302.

Herbert Arens

Leo II. (17.8.682–3.7.683), heilig (Tag 3.7.), * Sizilien; in der römischen Chorschule gebildet, angesehen durch Beredsamkeit, Bildung, Griechisch- und Lateinkenntnisse; gewählt wohl im Januar 681, doch von Kaiser Konstantin IV. erst bestätigt, als die päpstliche Billigung des sechsten allgemeinen Konzils von Konstantinopel mit der Verurteilung Honorius' I. (Monotheletismus) feststand (Brief an den Kaiser; Briefe nach Spanien). Regierte dem kaiserlichen Kirchenregiment ergeben, während er den römischen Primat hervorhob; beseitigte die Autokephalie Ravennas, begann die lateinische Übersetzung der Konzilsakten, restaurierte in Rom Santa Sabina und gründete San Giorgio in Velabro für die Griechen. Der abgesetzte Patriarch Macarius von Antiochien wurde mit seinen monotheletischen Gefährten dem (milden) päpstlichen Gericht zugewiesen.

▨ Quellen: LP 1, 359–362 375–379; 3, Register; RPR(J) 1, 240f.; 2, 699 741; PL 96, 399–420; MANSI 11, 713–922 1046–58.

▨ Literatur: DTHC 9, 301–304; LMA 5, 1878; BBKL 4, 1435f.; VATL 445. – CASPAR 2, 610–619 624f.; R. RIEDINGER: Die Dokumente des Petrus Notarius Regionarius auf seiner Reise von Rom nach Spanien im Jahre 683/684: Burgense 29 (Burgos 1988) 233–250; BORGOLTE.   *Georg Schwaiger*

Leo III. (26.12.795–12.6.816), heilig
(Tag 12.6.). Der nichtaristokratische Römer war Kleriker im Lateran (im Vestiarium) und Presbyter an Santa Susanna, wurde noch am Begräbnistag Hadrians I. „einmütig" zum Papst gewählt. Der Wahlanzeige an Karl den Großen fügte er die Schlüssel zum Petrusgrab und das Banner Roms bei, um ihn als Patricius anzuerkennen und ihm Treueide anzubieten. Karl antwortete caesaropapistisch: Königliche Aufgabe sei der äußere Kirchenschutz sowie die innere Glaubenssorge, päpstliche Aufgabe sei allein das Beten. Als Verwandte seines Vorgängers Leo bei einer Bittprozession überfielen (25.4. 799) und ihn fast seh- und sprech- und damit amtsunfähig gemacht hätten, retteten ihn die fränkischen Missi in Rom; der Papst reiste zu Karl nach Paderborn, der nach Verhandlungen zum Eingreifen bereit war. Leo ließ, nach Rom zurückgekehrt, im Triclinum des ∕Lateran ein Mosaik mit sich selbst als Nachfolger Petri und mit Karl als Nachfolger Konstantins anbringen. Karls Empfang in Rom geschah „mit großen Ehren" (23./24.11.800), und schon die erste Begrüßung am zwölften Meilenstein vor der Stadt war „kaiserlich". Karl präsidierte einer Synode in der Peterskirche, auf der Leo, weil als Papst nicht judizierbar, am 22.12. einen Reinigungseid ablegte (der für Klerikereide eine grundlegende Bedeutung erhielt). Am Weihnachtstag vollzog der Papst an Karl die Krönung und Salbung zum Kaiser – ein epochales Ereignis (das aber Leo offenbar mehr in seinem Sinn gestaltete und dadurch den von Einhard berichteten „Unwillen" Karls hervorrief). Mit Karl in Kontakt bleibend, suchte Leo ihn nochmals zu Weihnachten 804 in Quierzy auf, doch widerstand Leo 808/809 dessen Ansinnen, das „filioque" ins Credo aufzunehmen und ließ den traditionellen Text auf Bronzetafeln im Vatikan anbringen. LP rühmt den Papst ob der Restaurierungen von Kirchen und entsprechenden Dotationen. Am Ende nochmals in eine Adelsrevolte verwickelt, konnte er auf einen der längsten Pontifikate zurückschauen.

▨ Quellen: LP 2, 1–48; 3, 117–122; RPR(J) 1, 307–316; 2, 701f.; MGH.EP 5, 58–68 87–104; MGH.PL 1, 366–379.

▨ Literatur: LMA 5, 1877f.; VATL 445f. – K.J. BENZ: ‚Cum ab oratione surgeret'. Überlegungen zur Kaiserkrönung Karls des Großen: Deutsches Archiv für Erforschung des Mittelalters 31 (1975) 337–369; P. CLASSEN: Karl der Große, das Papsttum und Byzanz. Sigmaringen 1985; O. HAGENEDER: Das ‚crimen maiestatis', der Prozeß gegen die Attentäter Papst Leos III. und die Kaiserkrönung Karls des Großen: Aus Kirche und Reich. FS F. Kempf. ebd. 1983, 55–79; V. PERI: Il ‚Filioque' nel magistero di Adriano I e di Leo III: Rivista di storia della Chiesa in Italia 41 (1987) 5–25; L.E. PHILIPP: A Note on the Gifts of Leo III to the Churches of Rome: ‚Vestes cum storiis': Ephemerides liturgicae 102 (1988) 72–78; P. HATLIE: Theodore of Stoudios, Pope Leo III and the Joseph Affair (808–812): Orientalia christiana periodica 61 (1995) 407–423; J. ERNES-

TI: Paderborn, ‚Ursprung und verschütteter Born des Reichs': Theologie und Glaube 89 (1999) 153–179; J. MEYER ZU SCHLOCHTERN (Hg.): Geistliche und weltliche Macht. Das Paderborner Treffen 799 und das Ringen um den Sinn von Geschichte. Paderborn 2000; K. HENGST: Karl der Große und Papst Leo III. 799 in Paderborn: Dichtung und Wahrheit: Theologie und Glaube 90 (2000) 20–38.

Arnold Angenendt

Leo IV. (10.4.847–17.7.855), heilig (Tag 17.7.); Sohn des Römers Radoald, erzogen im römischen Kloster San Martino; Subdiakon unter Gregor IV., Kardinalpriester von Santi Quattro Coronati unter Sergius II. Im Januar 847 gewählt, wurde Leo angeblich wegen sarazenischer Kriegszüge ohne Zustimmung Kaiser Lothars I. zum Bischof geweiht. Seine Sorge um die Stadt ⁄ Rom und das Patrimonium Petri war (auch wegen sarazenischer Verwüstungen) intensiver als diejenige der meisten seiner Vorgänger und Nachfolger, bezeugt v. a. durch die 848–852 befestigte so genannte Leostadt („civitas Leonina") sowie die weitere Geschenkpolitik. Mit Süditaliens Hilfe bewährte sich Leo gegen die Sarazenen (Seesieg von Ostia 849). In Zusammenarbeit (850 Kaiserkrönung Ludwigs II.), aber auch in Auseinandersetzung mit der kaiserlichen Gewalt steigerte Leo die päpstliche Autorität, auch gegenüber dem Ost- und dem Westfrankenreich sowie gegenüber England (König Alfred der Große). Die Auseinandersetzungen mit Konstantinopel und den Erzbischöfen Hinkmar von Reims, Johannes VII. von Ravenna sowie Anastasius (III., Gegenpapst) beweisen ebenso sein entschlossenes Vorgehen. Die meisten seiner Briefe sind nur als kanonistische Fragmente erhalten und zeigen neben den (kirchen)politischen Aspekten auch die Sorge um die Durchsetzung römischer Kirchendisziplin, so v. a. seine Antwort an die Bretonen, aber auch die Konzilsakten von Dezember 853, welche die reformerischen Kanones Eugens II. wiederholten und ergänzten. Begraben in Sankt Peter; Porträt in San Clemente. Sein Gedenktag am 17.7. wurde im jüngsten römischen Proprium getilgt.

▨ Quellen: LP 2, 106–139; RPR(J)² 1, 329–339; 2, 702f. 744; RPR.IP; RPR.GP; MGH.EP 5, 585–612; MGH.CONC 3, 185–193 216 230f. 298f. 308–346 495–502.

▨ Literatur: DTHC 9, 312–316; HKG 3/1, 161–164; VATL 446f. – W. ULLMANN: Nos si aliquid incompetenter…: Ephemerides iuris canonici 9 (1953) 3–11, Nachdruck: The Church and the Law in the Earlier Middle Ages. London 1975, n. VII; J. OSBORNE: Early Mediaeval Wall-paintings in the Lower Church of San Clemente, Rome. London 1978; SH. GIBSON – B. WARD-PERKINS: The Surviving Remains of the Leonine Wall, Teil 1 und 2: Papers of the British School 47 (1979) 30–57 und 51 (1983) 222–239; K. HERBERS: Leo IV. und das Papsttum in der Mitte des 9.Jh. Stuttgart 1996.

Klaus Herbers

Leo V. (August–September 903), † 904 (?); stammte aus der Nähe von Ardea; wohl als Anhänger des Formosus gewählt und nach dreißig Tagen vom römischen Presbyter und späteren Papst Christophorus gestürzt und eingekerkert. Die Umstände und das Datum seines Todes sind unklar. Eine legendarische Vita des 11. Jh. setzt den heiligen Tutwal mit Leo gleich. Leo soll als Pilger in Rom zum Papst gewählt worden sein.

▨ Quellen: LP 2, 234; RPR(J)² 1, 444; 2, 746.

▨ Literatur: BIBLSS 12, 723f.; LMA 5, 1878f.; VATL 447f. – ZIMMERMANN PA 68.

Sebastian Scholz

Leo VI. (Mitte Juni 928–Anfang Januar 929), Römer; Sohn des Primicerius (Vorsteher der Päpstlichen Kanzlei) Christophorus; als Kardinalpresbyter von Santa Susanna nach der Absetzung Johannes' X. durch Graf Wido von Tuszien zum Papst erhoben. Leo bestätigte die Beschlüsse einer Synode von Split und die Metropolitanrechte des Erzbischofs von Split gegen den Bischof Gregor von Nin.

■ Quellen: LP 2, 242; RPR(J)² 1, 453; ZIMMER-MANN REG 90–94; ZIMMERMANN PU 99f.
■ Literatur: LMA 5, 1879; BBKL 4, 1441. – ZIMMERMANN J 62.   *Sebastian Scholz*

Leo VII. (Januar 936–Juli 939), Römer. Der Kardinalpriester von San Sisto verdankte seine Erhebung dem römischen Fürsten Alberich II., mit dem er bei der Reform römischer Klöster zusammenwirkte, wozu auch Odo von Cluny nach Rom berufen wurde. Vermutlich gehörte Leo dem Benediktinerorden an. Fast alle seine Urkunden galten Klöstern und nebst Odos Cluny, Déols und Fleury auch der Reformbewegung von Gorze. Dem zum Apostolischen Vikar ernannten Erzbischof Friedrich von Mainz wurde auf Anfrage die Vertreibung taufunwilliger Juden empfohlen.

■ Quellen: LP 2, 244; ZIMMERMANN REG 46–60; ZIMMERMANN PU 115–165.
■ Literatur: LMA 5, 1879; BBKL 4, 1441f. – G. ANTONELLI: L'opera di Odone di Cluny in Italia: Benedictina 4 (1950) 19–40; ZIMMERMANN J 82ff.   *Harald Zimmermann*

Leo VIII. (4.12.963–März 965), Römer. Nach der Amtsenthebung Johannes' XII. erhob eine römische Synode am 4.12.963 unter Beteiligung Kaiser Ottos I. den Laien und Protoskriniar Leo zum Papst. Anfang 964 konnte ihn Johannes aus Rom vertreiben und auf einer eigenen Synode absetzen. Otto hielt weiterhin an Leo fest, auch als die Römer mit Benedikt V. einen Nachfolger für den verstorbenen Johannes wählten, so dass Leo seine Papstwürde behaupten konnte und gemeinsam mit dem Kaiser im Juni 964 Benedikt auf einer weiteren römischen Synode absetzen ließ. Leos Pontifikat erschien gegenüber dem Benedikts teilweise auch Zeitgenossen aus dem Reich von zweifelhafter Legitimität. Das bekannte Einvernehmen zwischen Leo und dem Kaiser war im ausgehenden 11. Jh. Grundlage einer Serie gefälschter Urkunden, nach denen Leo dem Kaiser Kirchengut restituiert und das Recht zur Papstwahl und Bischofsinvestitur verliehen hat.

■ Quellen: LP 2, 250; ZIMMERMANN REG n. 329–380; C. MÄRTL: Die falschen Investiturprivilegien. Hannover 1986; ZIMMERMANN PU 294–333.
■ Literatur: LMA 5, 1879f.; VATL 448f. – H. ZIMMERMANN: Parteiungen und Papstwahlen in Rom zur Zeit Kaiser Ottos des Großen: Römische Historische Mitteilungen 8/9 (1964/65–65/66) 29–88; ZIMMERMANN PA 77ff. 235ff.; ZIMMERMANN J 150ff.   *Ernst-Dieter Hehl*

Leo IX. (12.2.1049–19.4.1054), heilig (Tag 19.4.), vorher *Bruno,* * 21.6. 1002 aus elsässischem Grafengeschlecht (Sitze: Egisheim und [später] Dagsburg); Domschüler und -kanoniker in Toul, Hofkaplan Konrads II., 1026–51 Bischof von Toul; förderte monastische Reformen und war zugleich den salischen Herrschern (seinen Verwandten) loyal verbunden. Im Dezember 1048 von Heinrich III. für den Apostolischen Stuhl nominiert, am 12.2.1049 inthronisiert. Der bedeutendste der fünf deutschen Päpste der Jahre 1046–58 machte das Papsttum zum Zentrum der Kirchenreform und steigerte dessen primatiale Geltung. Der Wandel zeigt sich weniger im Programm (Kampf gegen Simonie und Nikolaitismus, Forderung kanonischer Bischofswahl – angeblich schon im eigenen Fall 1048) als in der Regierungspraxis. Die Berufung nichtrömischer Mitarbeiter wie Friedrich (der spätere Stephan IX.), Hugo Candidus und Humbert von Silva Candida, zu denen Hildebrand (als Papst Gregor VII.) trat, bahnte die Entwicklung des städtischen Kardinalats zum ╱Kardinalskollegium der Gesamtkirche an. Leo verbrachte nur ein Drittel seiner Amtszeit in und um Rom, zwei Drittel auf langen Reisen (drei in transalpine Länder, vier nach Süditalien) und versammelte häufig Synoden: im Lateran (wohl jährlich nach Ostern) und in Pavia, Reims, Mainz (1049), Salerno, Siponto, Vercelli (Urteil gegen Berengar von Tours, 1050), Mantua (1053). Vom Anstieg des Schriftverkehrs zeugen über 170 überlieferte Urkunden (mit erheblichem Fälschungsanteil). Die Privilegien, die Leo neu gestaltete und eigenhändig unterfertigte (Rota), waren vorwiegend für Klöster bestimmt, ohne eine konsequente Klosterpolitik zu belegen. So wurden auch Laienrechte anerkannt. Zwischen Leo und Heinrich III. herrschte weithin Einvernehmen. Doch ohne kaiserliche Hilfe zog Leo gegen die süditalischen Normannen und wurde am 18.6.1053 bei Civitate geschlagen. Während er neun Monate (gefangen?) in Benevent blieb, gingen seine Legaten nach Konstantinopel. Statt zu einer Entspannung zwischen lateinischer und griechischer Kirche kam es im Juli 1054 zum Bruch (Morgenländisches Schisma). Leo war inzwischen krank nach Rom zurückgekehrt und verstorben. In Sankt Peter begraben und sogleich als Heiliger verehrt.

Quellen: RPR(J)² 1, 529–549; 2, 709f. 749; Bibliotheca hagiographica latina antiquae et mediae aetatis, ed. v. den socii Bollan-

diani, 2 Bde. Brüssel 1898–1901, 4818–29; La vie du pape Léon IX (Brunon, évêque de Toul). Text hg. v. M. PARISSE. Paris 1997.

Literatur: TRE 20, 742ff.; LMA 5, 1880f.; BBKL 4, 1443–48. – Die Salier und das Reich, hg. v. S. WEINFURTER, Bd. 2. Sigmaringen 1991, 303–332; J. DAHLHAUS: Zu den Gesta episcoporum Tullensium: Papstgeschichte und Landesgeschichte. FS H. Jakobs. Köln 1995, 177–194; DERSELBE: Aufkommen und Bedeutung der Rota in der Papsturkunde: Graphische Symbole in mittelalterlichen Urkunden, hg. v. P. RÜCK. Sigmaringen 1996, 407–423.

Joachim Dahlhaus

Leo X. (11.3.1513 –1.12.1521), vorher *Giovanni de' Medici,* * 11.12.1475 Florenz als zweiter Sohn Lorenzos des Prächtigen, der ihn für den geistlichen Stand bestimmte, früh mit reichen Pfründen versehen und schon 1489 zum Kardinal ernennen ließ; von führenden Humanisten erzogen. In Florenz teilte er das wechselvolle Schicksal seiner Familie. Bei ihrem Sturz 1494 floh er nach Bologna, reiste dann mit seinem Vetter Giulio (später Clemens VII.) durch Deutschland, Flandern (Freundschaft mit Erasmus von Rotterdam) und Frankreich. Im Mai 1500 nach Rom zurückgekehrt, pflegte er Literatur und schöne Künste und gewann nach dem Tod Alexanders VI. unter Julius II. bald politischen Einfluss: 1511 Legat in Bologna und Befehl über das päpstlich-spanische Heer, das die Franzosen aus Italien vertreiben sollte. In der Schlacht von Ravenna (11.4.1512) besiegt und gefangen nach Mailand gebracht, entfloh er und kehrte nach Rom zurück. Hier betrieb er erfolgreich die Rückkehr der Medici nach Florenz, das er bis zur Papstwahl (und faktisch auch als Papst) mit seinem Bruder Giulio regierte. Gewählt in kurzem Konklave. Da Leo noch Diakon war, empfing er am 15.3.1513 die Priester-, am

17.3. die Bischofsweihe; am 19.3. Krönung. Leo wurde von den Reformfreunden mit hohen Erwartungen begrüßt, die sich aber nicht erfüllten. Politisch bemühte er sich, den französischen wie den habsburgischen (deutsch-spanischen) Einfluss von Italien fern zu halten und die päpstliche Macht zu stärken – weit weniger erfolgreich als Julius II. Er ließ sich vornehmlich von Familienrücksichten leiten. Nach dem französischen Sieg bei Marignano (September 1515) traf sich Leo mit Franz I. von Frankreich in Bologna und musste Parma und Piacenza abtreten, erreichte aber die Aufhebung der Pragmatischen Sanktion von Bourges und schloss 1516 mit Franz I. ein Konkordat, das dem König weitestgehende Kirchenhoheit einräumte und bis zur Französischen Revolution in Kraft blieb. Leos Einmischung in Siena hatte eine Verschwörung gegen sein Leben zur Folge. Bei der Kaiserwahl unterstützte Leo erfolglos die Kandidatur Franz' I. von Frankreich, zeitweise auch die des sächsischen Kurfürsten Friedrich des Weisen. Ende Mai 1521 schloss er aufgrund neuerlicher Interessengegensätzen zu Franz I. (Ferrara) mit Kaiser Karl V. ein Bündnis gegen Frankreich. Er erlebte noch die Eroberung Mailands durch kaiserliche, schweizerische und päpstliche Truppen. Leo rief zum Kreuzzug gegen die Türken auf, doch kam es zu keiner Aktion. – Verstrickt in politische, oft nepotistische Händel, weltlichen Vergnügungen verschwenderisch ergeben, vernachlässigte Leo die drängenden geistlichen Aufgaben. Dies zeigte sich schon in der Art, wie sich das Lateranense V bis zum ruhmlosen Ende 1517 hinschleppte: Trotz guter Reformdekrete fehlte in der Kirchenleitung

der Einsatz zu ihrer Durchsetzung. Damit war die letzte große Möglichkeit einer Selbstreform vor der Reformation vertan. Leos Pontifikat zeigt wenig von Verantwortungsbewusstsein. Der Ablasshandel – um den Neubau von ∕Sankt Peter zu finanzieren – gab den äußeren Anlass zu Martin Luthers Auftreten mit seinen Thesen im Spätjahr 1517. Das religiöse Anliegen Luthers und die folgenschwere Bedeutung seines Auftretens erkannten Papst und Kurie nicht. Ebenso unterschätzte man die in ganz Europa verbreitete romfeindliche Stimmung. 1518 sandte Leo Kardinal Thomas Cajetan de Vio zum Augsburger Reichstag (Disputation mit Luther), 1519 Karl von Miltitz mit der ∕Goldenen Rose nach Sachsen. Erst auf Betreiben Johannes Ecks erging am 15.6.1520 die Bulle *Exsurge Domine* gegen Luther, der am 3.1.1521 die Bannbulle *Decet Romanum Pontificem* folgte. Dem englischen König Heinrich VIII., der damals Luther literarisch entgegentrat, verlieh Leo 1521 den Titel „Defensor fidei". Viel wirksamer als der Papst trat dagegen Karl V. für die katholische Glaubenseinheit und die erschütterte päpstliche Autorität ein. – Das großzügige Mäzenatentum für Gelehrte, Dichter und Künstler (Raffael, Michelangelo u. a.) kann nicht darüber hinwegtäuschen, dass der Pontifikat Leos einer der verhängnisvollsten der Kirchengeschichte war. – Grab zunächst in Sankt Peter, seit 1542 in Santa Maria sopra Minerva.

Quellen: P. BEMBO: Libri XVI epistolarum Leonis X P.M. nomine scriptarum. Venedig 1535/36, Basel 1539; P. JOVIUS: Vita Leonis X et Vita Adriani VI. Florenz 1548, 1551; P. DE GRASSIS: Il Diario di Leone X, ed. v. D. DELICATI – M. ARMELLINI. Rom 1884; M. SANUDO: I diarii XVI–LVIII. Venedig 1886–1903; J. HERGENRÖTHER: Leonis X P.M. Regesta, Fasciculum 1–8 (1513–15). Freiburg 1884–91; HCMA 2, 21; 3, 13–18; S. CAMERANI: Bibliografia Medicea. Florenz 1964; P. FABISCH – E. ISERLOH: Dokumente zur Causa Lutheri (1517–21), 2 Bde. Münster 1988–1991; L. NANNI (Hg.): Epp. ad Principes, Bd. 1: Leo X. – Pius IV. (1513–65). Regesten. Rom 1992; N.H. MINNICH: The Fifth Lateran Council (1512–17). London 1993.

▓ Literatur: EC 7, 1150–55; TRE 20, 744–748; BBKL 4, 1448ff.; LMA 5, 1881; VATL 45off. – PASTOR Bd. 4/1; 4/2, 3–6 648–721; F. NITTI: Leone X e la sua politica. Florenz 1892, Nachdruck Bologna 1998; C. FALCONI: Leone X. Giovanni de' Medici. Mailand 1987; R. BÄUMER: Leo X. und die Kirchenreform: Papsttum und Kirchenreform. FS G. Schwaiger. Sankt Ottilien 1990, 281–299; I. CISERI: L'ingresso trionfale di Leone X in Firenze nel 1515. Florenz 1990; G. BIANCHINI: T. Justiniani – V. Quirini. Lettera al Papa. Libellus ad Leo X (1513). Modena 1995; H. FELD: Wurde Martin Luther 1521 in effigie in Rom verbrannt?: Lutherjahrbuch 63 (1996) 11–18; N. HOUSLEY: A necessary evil? Erasmus, the crusades, and the war against the Turks: The crusades and their sources. FS B. Hamilton. Aldershot 1998, 259–279.

Georg Schwaiger

Leo XI. (1.–27.4.1605), vorher *Alessandro Ottaviano de' Medici*, * 2.6. 1535 Florenz aus einer Seitenlinie der herrschenden Medici, Großneffe Leos X.; Schüler Filippo Neris; unter Pius V. und Gregor XIII. Gesandter des Großherzogs Cosimo de' Medici an der Kurie, 1573 Bischof von Pistoia, 1574 Erzbischof von Florenz, 1583 Kardinal; 1596–98 Legat Clemens' VIII. in Frankreich, wo er klug gegen hugenottische Einflüsse agierte und am spanisch-französischen Frieden von Vervins maßgeblich mitwirkte; 1600 Kardinalbischof. Unter französischem Einfluss gewählt. Leo bewilligte Kaiser Rudolf II. eine großzügige Türkenhilfe.

▓ Quellen: HCMA 3, 47 197 275; 4, 8 36f.

▓ Literatur: EC 7, 1155f.; VATL 453. – PASTOR 11, 45 108 447; 12, 1–22; B. BARBICHE: Un évêque italien de la réforme catholique légat en France sous Henri IV: Revue d'histoire de l'Église de France 75 (1989) 45–60; G. ARANCI: Legislazione sinodale e governo pastorale dei vescovi fiorentini dopo il Concilio di Trento: Vivens homo 11 (2000) 131–163.

Georg Schwaiger

Leo XII. (28.9.1823 – 10.2.1829), vorher *Annibale della Genga*, * 22.8. 1760 Schloss Genga bei Spoleto; Studium in Rom; Geheimkämmerer Pius' VI.; 1794 Titularerzbischof von Tyrus und Nuntius in Köln, das von den Franzosen besetzt war, weshalb er die folgenden Jahre meist in Augsburg und München verbrachte. 1805 von Pius VII. zum Nuntius am Regensburger Reichstag ernannt. In der Folgezeit erfolglose Konkordatsverhandlungen mit Bayern und Württemberg; auf Druck Napoleons I. abberufen. 1814 Nuntius in Paris, aber durch Kardinalstaatssekretär Ercole Consalvi praktisch ausgeschaltet; 1816 Kardinal und Bischof von Senigallia, 1818 Bischof von Spoleto, 1820 Kardinalvikar von Rom und Präfekt verschiedener Kongregationen. Gewählt in schwierigem Konklave durch den Sieg der ∕Zelanti über die Liberalen um Consalvi, dessen freiheitliche Ansätze der Kirchenpolitik und Staatsverwaltung ein Regiment sich verhärtender Reaktion verdrängte, wodurch Leo im Kirchenstaat verhasst wurde. Leo bemühte sich um Reform der Kurie, der römischen Universitäten und vieler Orden, erneuerte das römische und englische Kolleg, verminderte die Beamtenzahl, verbesserte das Schulwesen, errichtete die „Sacra Congregatio de Seminariis et Studiorum Universitatibus", förderte Akademien und Bibliotheken, die schönen Künste, Ausgrabungen, Orient- und Weltmission und stiftete viele soziale Einrichtungen. Er erließ zur kirchlichen Neuorganisation (Aufnahme der Konkordatspolitik Consalvis) Zirkumskriptionsbullen 1824 für das Königreich Hannover und 1827 für die oberrheinische Kirchenprovinz (Freiburg [Breisgau]), setzte sich mit Ludwig XVIII. und Karl X. von Frankreich auseinander, reorganisierte die Bistümer Basel und Chur, schloss 1827 ein Konkordat mit den Vereinigten Niederlanden, verhandelte mit Spanien, bemühte sich um Freiheit der Katholiken in England und Russland, vermittelte beim türkischen Sultan für die Armenier, ordnete die kirchlichen Verhältnisse Lateinamerikas nach der revolutionären Trennung von Spanien und Portugal und zeigte sich zeitweilig den Theorien Giocchino Venturas und Hugo-Felicité-Robert de La Mennais' zugänglich. Das / Heilige Jahr 1825 sollte den Kontakt mit dem Volk wiederherstellen. Grab in Sankt Peter.

▦ Quellen: Bullarii Romani Continuatio, Bd. 16 und 17, ed. v. A. BARBIERI. Rom 1835–1840; A. MERCATI: Raccolta di concordati, Bd. 1. ebd. ²1954, 402–405 689–722; HCMA 6, 424; 7, 10f. 17–21 439.

▦ Literatur: HKG 6/1, 105f. 117–121 813; BBKL 4, 1450f.; VATL 453f. – A.F. ARTAUD DE MONTOR: Histoire du pape Léon XII, 2 Bde. Paris 1843, deutsch Schaffhausen 1844; N. WISEMAN: Recollections of the Last Four Popes. London 1858, deutsch Köln ⁴1870; SCHMIDLIN 1, 367–474; R. COLAPIETRA: La Chiesa tra Lamennais et Metternich. Il pontificato di Leone XII. Brescia 1963; DERSELBE: La formazione diplomatica di Leone XII. Rom 1966; CH. WEBER: Kardinäle und Prälaten in den letzten Jahrzehnten des Kirchenstaates. Stuttgart 1978; A.J. REINERMAN: Austria and the Papacy in the Age of Metternich. Bd. 1: Between Conflict and Cooperation, 1809–30. Washington 1979; G. MARTINA: La Chiesa nell'età dell'assolutismo, del liberalismo, del totalitarismo, Bd. 3: L'età del liberalismo. Brescia ⁴1980; K. HAUSBERGER: Staat und Kirche nach der Säkularisation. Sankt Ottilien 1983; L. PÁSZ-

TOR: La Segreteria di Stato e il suo archivio 1814 al 1832, 2 Bde. Stuttgart 1984–85; G. CRINELLA (Hg.): Il pontificato di Leone XII. Atti del Convegno, Gegna 1990. Urbino 1992; G. MARTINA: La prima missione pontificia nell'America Latina: AHP 32 (1994) 149–193. _Georg Schwaiger_

Leo XIII. (20.2.1878–20.7.1903), vorher _Vincenzo Gioacchino Pecci,_ * 2.8. 1810 Carpineto Romano. Seit 1818 am römischen Kolleg Studium der Rhetorik, Philosophie und Theologie, 1832 Studium beider Rechte, 1837 Doktorat; im gleichen Jahr Priester, vom Papst zum Hausprälaten ernannt. Nach seiner Tätigkeit als Delegat in Benevent, Spoleto und Perugia 1843 Nuntius in Belgien, wo er in den innenpolitischen Wirren seinen ersten Misserfolg erlebte und auf Wunsch des königlichen Hofes – er hatte in Universitätsfragen den Episkopat unterstützt – 1846 abberufen wurde. Zum Bischof von Perugia ernannt, stand er abseits der Machtzentren, aber entschieden auf der Seite Pius' IX. und des _Syllabus;_ 1853 Kardinal. In den Hirtenbriefen der Jahre 1874–1877 bahnt sich mit der Öffnung zur modernen Kultur jene Wende an, die seinen Pontifikat bestimmte.

Das Konklave 1878 hat eine Vorgeschichte: zum ersten Mal war seit dem Konflikt mit dem italienischen Staat Rom als Ort der Papstwahl strittig geworden. Pecci war für eine Wahl außerhalb Italiens. Am 18.2. 1878 traten 60 der 64 Kardinäle zur Wahl in Rom zusammen, und bereits am Vormittag des 20.2. wurde Pecci gewählt. Er zeigte allen Staatsoberhäuptern, auch den nichtkatholischen, seinen Amtsantritt an – außer der italienischen Regierung. Beim Kulturkampf in Deutschland hatte er das Glück, dass Otto von Bismarck selbst an einer Lösung interessiert war. In der Schweiz waren nur noch einige, freilich schwierige Restpositionen zu klären. In Spanien erkannte Leo gegen Widerstände die Verfassung von 1876 an. In der slawischen Welt konnte Leo trotz der konfessionellen und ethnischen Verhältnisse gewisse Erleichterungen für die Katholiken erzielen. Besonders heikel war die Situation in Polen wegen der russifizierenden und der germanisierenden Tendenzen. Eine gewisse Ähnlichkeit der Situation bestand bei den von Großbritannien unterdrückten Iren. Hatte der Papst mehr Verständnis für die antirevolutionären Prinzipien als für die um ihre Freiheit kämpfenden Iren? Das Ansehen des Papsttums in der angelsächsischen Welt nahm unter Leo erheblich zu; der Präsident der USA, Grover Cleveland, ließ dem Papst anlässlich seines Priesterjubiläums ein Exemplar der Verfassung überreichen. Eine bittere Enttäuschung musste Leo in der Römischen Frage erleben: Weder Wien noch Berlin waren bereit, gegen Italien einzugreifen. Und so setzte der Papst auf das „Ralliement" mit der französischen Republik. Sosehr Leo persönlich in die Politik eingriff – seine Staatssekretäre waren nur ausführende Organe –, so intensiv war er um theoretische Klärung in seinen Enzykliken bemüht: *Diuturnum illud* (1881), *Immortale Dei* (1885), *Libertas praestantissimum* (1888), *Sapientiae christianae* (1890). So traditionell die Prinzipien sind, die Eigenständigkeit des Staates wird stark betont. – Man hat Leo eine opportunistische Politik vorgeworfen. Es gibt zwar solche Züge in seinem konkreten Verhalten, doch lässt sich der Weltplan dieses Papstes nicht darauf reduzieren. Seiner Einstellung gegenüber den anderen Kirchen liegt die Erwartung zugrunde,

sie sollten zur römisch-katholischen Kirche zurückkehren. Gemäß der Bulle *Apostolicae curae* (1896) sind die Anglikanischen Weihen weiterhin für ungültig anzusehen. Aber die Weihe der ganzen Menschheit an das Herz Jesu anlässlich des Jubiläumsjahres 1900 ist tiefer motiviert als alle politischen und konfessionellen Tendenzen. Auf intellektueller Ebene entspricht diese Haltung Leos Förderung der neuscholastischen Philosophie und Theologie, was sich bereits in bischöflicher Zeit und dann in der Enzyklika *Aeterni Patris* (1879) offenbarte. Wissenschaftsfreundlich zeigt sich Leo in der Öffnung des ⁄Vatikanischen Geheimarchivs für Gelehrte aller Konfessionen. Die bekannteste Enzyklika ist *Rerum novarum* (1891) geblieben, die zur Grundlage der katholischen Soziallehre wurde. Es fehlt darin nicht an moralischem Appell, es wird betont, dass „Reichtum und andere Dinge, die man Güter nennt, bedeutungslos sind für die ewige Seligkeit". In der gleichen Perspektive heißt es aber: „Unwürdig ist es, Menschen bloß zu eigenem Gewinn auszubilden." – Leo war ein amtsbewusster Papst. Er griff politisch und spirituell (Marienverehrung) in den Bistümern ein und würdigte die Geschichte des Papsttums. Zu großen Gesten neigend, ließ er 1892 die Gebeine Innozenz III. (1198–1216) aus dessen Sterbeort Perugia nach Rom in die Lateranbasilika bringen. Er begründete diese Aktion mit der internationalen Stellung dieses Papstes, in dessen Geist „la finale vittoria", „der Sieg am Ende", erreicht werden könne. Wie diese Hoffnung bedroht werden kann, zeigten Leos letzte Jahre. 1901 erschien die Enzyklika *Graves de communi* mit starken Vorbehalten gegenüber der Demokratie; die Ermutigung zu Bibelstudien in der Enzyklika *Providentissimus Deus* (1893) wurde blockiert durch eine eng-kritische Bibelkommission. Man muss die Hoffnung und die Resignation dieses Papstes zusammen sehen. – Leo ist nach Pius IX. mit der Definition der päpstlichen ∕Unfehlbarkeit und vor seinem Nachfolger Pius X. mit der Modernismuskrise derjenige Papst, der die katholische Kirche in die aus der industriellen Revolution hervorgegangene Welt hineingeführt und den Versuch unternommen hat, die unverkürzte Überlieferung mit dem modernen Geist zu versöhnen.

▨ Quellen: ASS 11–35 (1878–1903); Leonis XIII. Pontifici Maximi Acta, 23 Bde. Rom 1881–1905, Nachdruck Graz 1971; Epp. encyclicae, 6 Teile. Freiburg 1878–1904 (lateinisch und deutsch); Leonis XIII. Allocutiones, Epp. et Constitutiones, 8 Bde. Brügge 1887–1911; Scelta di atti episcopali del card. G. Pecci ora Leone XIII. Rom 1879; Leonis XIII. Carmina, Inscriptiones, Numismata, hg. v. J. BACH. Köln 1903, deutsch hg. v. B. BARTH. ebd. 1904; Discorsi, hg. v. P. DE FRANCISCIS. Rom 1882.

▨ Literatur: TRE 19, 748–753; BBKL 4, 1451–1463; VATL 454–458. – M. SPAHN: Leo XIII. München 1905; J. FÈVRES: Vie de Léon XIII, 2 Bde. Paris 1908; A. BUTTE: Il Papa Leone XIII. Mailand 1931; E. SODERINI: Il pontificatio de Leone XIII, 3 Bde. ebd. 1932–33; R. FÜLÖP-MILLER: Leo XIII. Zürich 1935; F. HAYWARD: Léon XIII. Paris 1937; G. MONETTI: Leone XIII, 3 Bde. Rom 1942; E.T. GARGAN (Hg.): Leo XIII and the Modern World. New York 1961; STANISLAO DA CAMPAGNOLA: I Papi nella storia, Bd. 2. Rom 1961; I.E. WARD: Leo XIII, ,the Diplomat pope': Revue of Politics 28 (1966) 47–61; P. DE LAUBIER: Leo XIII. und die Grundlagen des kirchlichen sozialen Denkens: DERSELBE: Das soziale Denken der katholischen Kirche. Fribourg 1982, 14–65; DESCHNER 37–104; G. RAMBALDI: Come Leone XIII arrivò a pubblicare la Bolla ,Apostolicae curae': La civiltà cattolica 141 (1990) 227–237 462–477; P. VRANKIC: Kaiser Franz Joseph I. und Papst Leo XIII.: AHP 33 (1995) 247–273; A. IRIARTE: Dos marcos de referencia para un christianismo político: León XIII y la ,Gaudium et spes'. Vitoria 1997; G. MICCOLI: Un'intervista di Leone XIII sull'antisemitismo: Cristianesimo nella storia. FS G. Alberigo. Bologna 1996, 577–605; M. LAUNAY: La papauté à l'aube du XXᵉ siécle. Léon XIII et Pie X 1878–1914. Paris 1997; J.M. TICCHI: Les difficultés de l'arbitrage pontifical à la fin du 19ᵉ siècle: AHP 36 (1998) 183–202; F. RODRIGUEZ TRIVEZ: Eclesiocentrismo de León XIII y cuestión social: Vivir en la Iglesia. FS J. Agulles. Valencia 1999, 269–287. *Oskar Köhler*

Liberius (17.5.352–24.9.366), Römer. Der Pontifikat stand im Bann der arianischen Streitigkeiten. Liberius trat für Athanasius den Großen ein und wünschte ein Reichskonzil in Aquileia. Doch Constantius II. erzwang auf den Synoden von Arles (353) und Mailand (355) die Verurteilung des Athanasius. Liberius wurde nach Mailand gebracht, blieb vor dem Kaiser fest und wurde Ende 355 nach Beröa in Thrakien verbannt. In Rom ließ sich der Archidiakon Felix (II.) als Gegenbischof aufstellen. Das Exil brach Liberius' Widerstand; davon zeugen vier echte Briefe vom Frühjahr 357, die Hilarius von Poitiers überliefert: Liberius unterwarf sich dem Kaiser, stimmte dem Ausschluss des Athanasius zu und unterschrieb eine mehrdeutige Glaubensformel (wohl die erste von Sirmium; 351/352). Seine Zustimmung zur zweiten sirmischen Formel (357) ist nicht erweisbar; doch zeichnete er, auf eine Petition abendländischer Bischöfe hin nach Sirmium gebracht, die dritte sirmische Formel – mit dem Zusatz, dass der Sohn dem Vater dem Wesen nach und „in allem" ähnlich sei. Nun durfte Liberius nach Rom zurückkehren (358). Nach kaiserlichem Willen sollte er mit Felix (II.) gemeinsam regieren; doch Felix wurde nach Unruhen vertrieben und konnte sich nur in der Umgebung Roms halten. Liberius blieb kompromittiert, so dass die römische Kirche in den folgenden kirchenpolitischen Auseinandersetzungen nur eine untergeordnete Rolle spielte. Auf der Doppelsynode von Rimini und Seleukia (359) und in Konstantinopel (360) triumphierte die kaiserliche Politik der arianerfreundlichen Zwangsunion. Erst die Toleranzpolitik Kaiser Julians (361–363), um die streitenden Parteien in noch heftigere Kämpfe zu treiben, ermöglichte wieder freien theologischen Meinungsstreit. Jetzt nahm Liberius seine Rolle als Verfechter der Orthodoxie des Konzils von Nizäa (325) wieder auf (Versöhnungsschreiben an die italischen Bischöfe an der Jahreswende 362/363; Antwortschreiben an die Bischöfe des Ostens mit Bekenntnis zum Nicaenum und Verwerfung der häretischen Formeln von 359). Liberius erbaute die Basilica Liberiana (Santa Maria Maggiore). Während seines Pontifikats entstand der ∕Chronograph vom Jahre 354. Trotz der Versöhnungspolitik des Liberius entlud sich der römische Parteienstreit erneut bei der Wahl des Nachfolgers (Damasus I.). Liberius wurde in der Priscillakatakombe beigesetzt. – Nach dem Martyrologium Hieronymianum wurde sein Fest zunächst am 23.9. gefeiert, im Martyrologium Romanum wird er dagegen nicht erwähnt. Besonders durch Legenden des 6. Jh. wurde sein Leben entstellt: Der eidbrüchige Felix (II.) erscheint als rechtmäßiger Papst und wird als Martyrer gefeiert, Liberius als Verräter dargestellt.

▨ Quellen: PL 8, 1341–1410; 10, 678ff.; Collectio Avellana: Corpus scriptorum ecclesiasticorum latinorum, Bd. 35. Wien 1895; Briefe bei HILARIUS: ebd., Bd. 65. ebd. 1916; LP 1, 207–211; RPR(J) 1, 32–36; 2, 691.

▨ Literatur: LMA 5, 1949f.; BBKL 5, 13ff.; LACL 399f.; VATL 461f. – CASPAR 1, 166–196 588–592; T.D. BARNES: The Capitulation of Liberius and Hilary of Poitiers: DERSELBE: From Eusebius to Augustinus. Aldershot 1994; J. ULRICH: Die Anfänge der abendländischen Rezeption des Nizänums. Berlin 1994; BORGOLTE 413. *Georg Schwaiger*

Linus (67?–79?), heilig (Tag 23.9.), nach übereinstimmenden Angaben der Papstkataloge erster Nachfolger des Petrus. Irenaeus (Adversus haereses II,3,3) und Eusebius (Historia ecclesiastica III,2; 4,8) identifizieren ihn mit dem in 2 Tim 4,21 genannten Linus. Der ∕Liber Pontificalis berichtet, Linus stamme aus Etrurien und sei Schüler des Petrus gewesen. Die frühen Quellen datieren den Pontifikat von 64 bis 79, der ∕Chronograph vom Jahr 354 und, diesem folgend, LP von 55 bis 67, Eusebius von 69 bis 81. Der römische Messkanon nennt Linus, nicht jedoch das Martyrologium Hieronymianum. Beda Venerabilis legt sein Fest aufgrund einer falschen Lesart auf den 7.10., Florus von Lyon und Ado von Vienne verzeichnen es am 26.11.; seit dem „Ordo officiorum ecclesiae Lateranensis" des Priors Bernardus (1145) wird in Rom nach den Angaben des LP seines Martyriums am 23.9. gedacht. Das „Martyrium beati Petri Apostoli a Lino conscriptum", die lateinische Version eines Auszugs aus den griechischen Petrusakten, datiert ins 6. Jahrhundert.

▨ Literatur: BBKL 5, 98ff.; VATL 462. – R. BIONDI: Parliamo di San Lino. Volterra 1976; G.N. VERRANDO: Osservazioni sulla Collocazione cronologica degli apocrifi Atti di Pietro dello Pseudo-Lino: Vetera Christianorum 20 (1983) 391–426; J. HOFMANN: Linus – erster Bischof von Rom und Heiliger der orthodoxen Kirche: Ostkirchliche Studien 46 (1997) 105–141. *Bärbel Dümler*

Lucius I. (25.6.253–5.3.254), heilig (Tag 4.3.), Römer. Von Kaiser Gallus sofort verbannt, konnte Lucius bald (wohl bei Amtsantritt des Kaisers Valerianus) zurückkehren. Das Schisma des Novatian dauerte fort. In der Bußpraxis vertrat Lucius wie sein Vorgänger Cornelius die mildere Richtung gegen den Rigorismus der Novatianer. Cyprian von Karthago rühmt seinen Bekennermut (ep. 61 und 68). Erst die spätere Legende berichtet ein Martyrium. Beigesetzt in der Calixtuskatakombe (Bruchstück der griechischen Inschrift mit seinem Namen aufgefunden).

▓ Quellen: LP 1, 66ff.; 3, 75 323; RPR(J) 1, 19f.; 2, 690 732.

▓ Literatur: EC 7, 1632f.; BBKL 5, 301ff.; LACL 408; VatL 473. – CASPAR 1, 70; W. MARSCHALL: Karthago und Rom. Stuttgart 1971.

Georg Schwaiger

Lucius II. (12.3.1144–15.2.1145), vorher *Gerhard Caccianemici,* * Bologna; Reformkanoniker von San Frediano in Lucca; seit 1123 Kardinalpriester von Santa Croce in Gerusalemme; unter Honorius II. und Innozenz II. mehrfach Legat in Deutschland, so zur Wahl und Krönung Lothars III. 1125; 1130 Rektor von Benevent; Mitarbeiter Kardinal Haimerichs, nach dessen Tod 1141 päpstlicher Kanzler und Bibliothekar; befreundet mit Bernhard von Clairvaux, Erzbischof Walter von Ravenna und Abt Petrus Venerabilis von Cluny. Lucius brachte die päpstliche Autorität u.a. in Tours, Toledo und Portugal zur Geltung. Der kurze Pontifikat war ausgefüllt von der Auseinandersetzung mit König Roger II. von Sizilien, mit dem Lucius Ausgleich suchte, und der römischen Revolte: Die unter Innozenz II. erkämpfte Autonomie wurde zum „Heiligen Senat" ausgebaut und Giordano Pierleoni, der Bruder des Gegenpapstes Anaklet II., als

Patricius an seine Spitze berufen. Der deutsche König Konrad III. konnte die von Lucius erbetene Hilfe im Streit nicht leisten. Die militärische Ausschaltung der römischen Revolte misslang. Nach Gottfried von Viterbo (Pantheon 23, 48) wurde Lucius beim versuchten Sturm auf das Kapitol durch Steingeschosse verwundet. Er starb kurz darauf und wurde in der Lateranbasilika beigesetzt.

▓ Quellen: PL 179, 819–938; J.B. WATTERICH: Pontificum Romanorum qui fuerunt inde ab exeunte saeculo IX usque ad finem saeculi XIII vitae ab aequalibus conscriptae etc., Bd. 2 (1099–1198). Leipzig 1862, 278–281; LP 2, 385f.; RPR(J) 2, 7–19 717 758.

▓ Literatur: LMA 5, 2162; BBKL 5, 303f.; VatL 473f. – F.-J. SCHMALE: Studien zum Schisma des Jahres 1130. Köln–Graz 1961, 48ff.; B. ZENKER: Die Mitglieder des Kardinalskollegiums von 1130 bis 1159. Würzburg 1964, 129; J. DEÉR: Papsttum und Normannen. Köln–Wien 1972; R. HÜLS: Kardinäle, Klerus und Kirchen Roms 1049–1130. Tübingen 1977, 164; W. MALECZEK: Das Kardinalskollegium unter Innozenz II. und Anaklet II.: AHP 19 (1981) 27–78; F.-R. SWIETEK–T.M. DENEEN: Pope Lucius II and Savigny: Analecta Cisterciensia 39 (1983) 3–25; BORGOLTE 165f. 413. *Georg Schwaiger*

Lucius III. (1.9.1181–25.11.1185); vorher *Hubald* (Familienname *Allucingoli* neuzeitlich), * Lucca; 1138 Kardinaldiakon von Sant'Adriano, 1141 Kardinalpriester von Santa Prassede, 1158 Kardinalbischof von Ostia. Lucius war ein vielbeschäftigter, unparteiischer und angesehener Legat (z.B. Konstanzer Vertrag 1153), Parteigänger Alexanders III., den er 1166/67 im Königreich Sizilien, 1167/68 in Byzanz und 1177 bei den Verhandlungen mit Friedrich I. Barbarossa zum Frieden von Venedig vertrat. Schon kurz nach der Wahl musste Lucius vor der Feindschaft der Römer für zweieinhalb Jahre ins südliche Latium ausweichen, seit Juli 1182 hielt er sich in Verona auf. Der Lösung der Fragen, die im Verhältnis zum Kaiser offen geblieben waren, diente die Synode von Verona (Oktober 1184), die eine kurzzeitige Zusammenarbeit zwischen den universalen Gewalten bewirkte (Ketzerkanon *Ad abolendam*, Krönung Heinrichs VI. zum Mitkaiser). Aber zu einer definitiven Regelung der territorialen Fragen im Patrimonium Petri kam es nicht, und die staufisch-sizilianische Verbindung ließ das Verhältnis rasch abkühlen. Lucius stockte das bei Pontifikatsbeginn 27 Mitglieder zählende ⁄Kardinalskollegium um 15 Männer auf.

▓ Quellen: RPR(J) 2, 431–492 766–769; PL 201, 1071–1380; W. HOLTZMANN: Papsturkunden in England, 3 Bde. Berlin–Göttingen 1930–52; W. WIEDERHOLD: Papsturkunden in Frankreich, 7 Bde. Berlin 1906–1913; H. MEINERT: Papsturkunden in Frankreich, Neue Folge Bd. 1. ebd. 1932–33; J. RAMACKERS: Papsturkunden in Frankreich, Neue Folge Bd. 2–6. Göttingen 1937–58; DERSELBE: Papsturkunden in den Niederlanden. Berlin 1933–34. C. ERDMANN: Papsturkunden in Portugal. ebd. 1927. P.F. KEHR: Papsturkunden in Spanien, 2 Bde. ebd. 1926–28.

▓ Literatur: LMA 5, 2162f.; BBKL 5, 304–307; VatL 474. – K. WENCK: Die römischen Päpste zwischen Alexander III. und Innozenz III.: Papsttum und Kaisertum. FS P.F. Kehr. Berlin 1926, 442–474; B. ZENKER: Mitglieder des Kardinalskollegiums 1130–59. Würzburg 1964, 22–25; G. BAAKEN: Unio regni ad imperium: QFIAB 52 (1972) 219–297; P. DIEHL: ,Ad abolendam' (X 5.7.9) and Imperial Legislation against Heresy: Bulletin of Medieval Canon Law 19 (1989) 1–11.

Werner Maleczek

Marcellinus (296?–304), heilig (Tag 16.1.). Über die Existenz dieses römischen Bischofs gibt es einige Unsicherheit, weil die antiken Zeugnisse nicht eindeutig sind. Marcellinus stirbt in der Zeit der Diokletianischen Verfolgung, sein Martyrium ist aber nicht nachgewiesen; Eusebius erwähnt doppeldeutig, dass er „von der Verfolgung hinweggetragen wurde" (Historia ecclesiastica VII, 32, 1), womit er sich auch auf ein Exil des Marcellinus beziehen könnte. Die Auskunft fände eine Bestätigung, wenn sich ein Marcellus gewidmetes Epigramm von Damasus I. auf Marcellinus beziehen würde; Eusebius kennt nämlich keinen Papst Marcellus. Der ⁄Chronograph vom Jahre 354 nennt im Catalogus Liberianus Marcellus als Nachfolger von Marcellinus, in der Depositio episcoporum dagegen nur Marcellinus (Beisetzung 15.1.). Das Martyrologium Hieronymianum nennt unter dem gleichen Datum Marcellus. Augustinus (Contra litteras Petiliani II, 92, 202; De unico baptismo 16, 27) entlastet Marcellinus von der durch die Donatisten Ende des 5. Jh. erhobenen Anklage, er sei ein Verräter gewesen, nennt jedoch in seiner Papstliste (ep. 53, 2) lediglich Marcellus. Der ⁄Liber Pontificalis spricht davon, dass Marcellinus während der Verfolgung schwach wurde, aber nach seiner Bekehrung das Martyrium erlitten hat. Diese Information nimmt eventuell Bezug auf eine verloren gegangene Passio vom Ende des 5. Jh. Die Papstlisten ab dem 5. Jh. – im Westen wie im Osten – führen im Allgemeinen den Namen Marcellus , einige auch Marcellinus, nur LP nennt beide. Diese Unsicherheit gründet entweder darin, dass Marcellinus auch Marcellus genannt wurde oder dass er – als einfacher Presbyter – die römische Gemeinde während der Sedisvakanz geleitet hat. Zur Zeit des Papstes Symmachus (498–514) wurden als weitere Fälschung zur Stützung des Glaubensabfalls von Marcellinus die so genannten „Akten der Synode von Sinuessa" verfasst (PL 6,11–20), nach denen Marcellinus seine Schuld bekannt und sich selbst verurteilt hat, wohl in der Absicht, dem Grundsatz „Prima sedes non iudicabitur a quoquam" zu entsprechen.

▨ Quellen: LP 1, 14–41 72 162ff.

▨ Literatur: DACL 10, 1762–73; BBKL 5, 769; VATL 478. – E.H. RÖTTGES: Marcellus: Zeitschrift für Katholische Theologie 78 (1956) 385–420; A. AMORE: Il preteso ‚Lapsus' di Papa Marcellino: Antonianum 32 (1957) 411–426; E.H. RÖTTGES: Marcellinus-Marcellus: Zeitschrift für Katholische Theologie 78 (1956) 385–420; R. DAVIS: Pre-Constantine chronology. The Roman bishopric from AD 258 to 314: Journal of Theological Studies 48 (1997) 439–470.

Angelo Di Berardino

Marcellus I. (307?–309?), heilig (Tag 16.1.), Martyrer, Nachfolger des Marcellinus (mit dem er nicht identisch ist) nach längerer Sedisvakanz während der Verfolgungen unter Diokletian. Marcellus soll die Diözese durch Einführung von Tituli reorganisiert haben. Seine konsequente Haltung gegenüber den „Lapsi" führte zu Unruhen und zu seiner Verbannung, in der er starb. Diskutiert wird, ob Marcellus der am 16.1. (Hippolyte Delehaye; Victor Saxer) oder der am 4. oder 7.10. (Agostino Amore) verstorbene und in der Priscilla- bzw. Balbinakatakombe begrabene Martyrer gleichen Namens ist.

▨ Literatur: DTHC 9, 1991f.; DACL 10, 1753–60; Dizionario patristico e di antichità cristiane, ed. v. A. DI BERARDINO, Bd. 2. Casale Monferrato 1984, 2091 (V. Saxer); BIBLSS 8, 672–676; EC 8, 16f.; BBKL 5, 770f.; VATL 478. – CASPAR 1, 54 97–101; E.H. RÖTTGES: Marcellinus-Marcellus: Zeitschrift für Katholische Theologie 78 (1956) 385–420; A. AMORE: E esistito papa Marcello?: Antonianum 33 (1958) 57–75; W. SCHWARZ: Marcellus I.: Zeitschrift für Kirchengeschichte 63 (1962) 327–334; R. DAVIS: Pre-Constantine chronology. The Roman bishopric from AD 258 to 314: Journal of Theological Studies 48 (1997) 439–470. *Josef Lössl*

Marcellus II. (9.4.–1.5.1555), vorher *Marcello Cervini*, * 6.5.1501 Montefano bei Macerata aus einer Adelsfamilie der Stadt Montepulciano; befreundet mit Männern der Reform; Erzieher des Kardinals Alessandro Farnese (einflussreicher Nepote Pauls III.), dessen Sekretär er wurde; 1539 Bischof von Nicastro und Kardinal, 1540 Bischof von Reggio-Emilia, 1544 von Gubbio; diplomatische Sendungen in Deutschland (Kaiser Karl V.) und Frankreich (König Franz I.); seit 1545 einer der Trienter Konzilspräsidenten; 1548 Kardinalbibliothekar; unter Julius III. Reformwirken auf der zweiten Tagungsperiode des Konzils (1551/52) und in Rom. Behielt als Papst seinen Namen bei; war zu Reformen entschlossen, starb aber schon nach drei Wochen. An ihn erinnert die „Missa papae Marcelli" Giovanni Pierluigi da Palestrinas. Beigesetzt in Sankt Peter.

▨ Quellen: NDB Abteilung I; Concilium Tridentinum. Diariorum, Actorum, Epistularum, Tractatuum nova Collectio, 13 Bde. Freiburg 1901–2001.

▨ Literatur: HKG 4, 476–505; DBI 24, 111ff.; BBKL 5, 771–775; VATL 478f. – P. POLIDORI: De vita, gestis et moribus Marcelli II. Rom 1744; PASTOR 5, 874f. (Register); 6, 317–356 708 715; HCMA 3, 26 33 193 256 284; H. JEDIN: Geschichte des Konzils von Trient, Bd. 1–3. Freiburg 1977–82; M. DYKMANS: Quatre lettres de Marcel Cervini, card.-légat auprès de Charles Quint en 1540: AHP 29 (1991) 113–171; W.V. HUDON: Marcello Cervini and Ecclesiastical Government in Tridentine Italy. De Kalb (Illinois) 1992; R. SPATARO: Il cardinale Cervini e l'argomentazione patristica durante la quarta sessione del Concilio di Trento: Salesianum 59 (1997) 33–49; J.I. TELLECHEA IDIGORAS: Marcelo II y su breve pontificado, según documentos de Simancas: Salmanticensis 46 (1999) 411–429. *Georg Schwaiger*

Marcus (18.1.–7.10.336), heilig (Tag 7.10.), wohl Römer, der vielleicht schon seit Miltiades eine führende Stellung in der römischen Gemeinde einnahm. Der kurze Pontifikat fiel in die Zeit heftigen Streitens um Arius und den Arianismus. Die Nachricht des ✗Liber pontificalis, dass der Bischof von Ostia fortan den Bischof von Rom (als Hauptkonsekrator) weihen sollte, ist glaubwürdig. Marcus erbaute zwei Basiliken (Titulus Marci; Santa Balbina an der Via Ardeatina, wo er auch beigesetzt wurde). Echte Schreiben von Marcus sind als Quellen nicht erhalten.

▨ Quellen: LP 1, 8of. 202ff.; 3 Register; RPR(J) 1, 30; 2, 691.

▨ Literatur: LMA 6, 227f.; BBKL 5, 781f.; VATL 480. – CASPAR 1, 131 142; L. DOLCINI: La casula di San Marco papa. Florenz 1992; BORGOLTE 413. *Georg Schwaiger*

Marinus I.

Marinus I. (irrig Martin II.) (16.[?]12. 882 – 15.5.884), stammte aus Gallese, unter Leo IV. Subdiakon, unter Nikolaus I. Diakon und unter Johannes VIII. Bischof von Cerveteri. Nikolaus I. schickte ihn 867 als päpstlichen Legaten nach Konstantinopel, um die Absetzung des Photius durchzusetzen, an dessen Verurteilung Marinus auf dem Konzil von Konstantinopel 869/870 mitwirkte. Mit byzantinischen Angelegenheiten blieb Marinus auch unter Johannes VIII. befasst, billigte aber nicht dessen Anerkennung der Patriarchenwürde des Photius. Den von Johannes VIII. verbannten Formosus rief Marinus als Papst zurück und setzte ihn wieder als Bischof von Porto ein. Beim Treffen mit Kaiser Karl III. 883 konnte Marinus ihn zum Vorgehen gegen den späteren Kaiser Guido II. von Spoleto bewegen. Seine Papstwürde wurde nach seinem Tod von Byzanz bestritten, weil er als Bischof gegen das Translationsverbot zum Papst erhoben wurde. Der Bericht über einen vorherigen Rücktritt vom Bischofsamt muss bezweifelt werden.

▨ Quellen: LP 2, 224; RPR(J) 1,425f.; 2, 704; Regesta Imperii, Bd. 1, 3/1 ed. v. H. ZIELINSKI. Wien 1991, nn. 699 710f.

▨ Literatur: LMA 6, 294; BBKL 5, 827f.; VATL 479f. – F. DVORNIK: Le Schisme de Photius. Paris 1950, 302–316; D. RIESENBERGER: Prosopographie der päpstlichen Legaten von Stephan II. bis Silvester II. Dissertation (maschinschriftlich). Freiburg 1967, 273–279; ZIMMERMANN PA 51f.; S. SCHOLZ: Transmigration und Translation. Köln 1992, 209–216. *Sebastian Scholz*

Marinus II.

Marinus II. (irrig Martin III.) (Ende Oktober 942 – Anfang Mai 946), Römer, Kardinalpresbyter von San Ciriaco. Wahl und Pontifikat des Marinus standen unter dem Einfluss des römischen Dux Alberich. Marinus übertrug 945 Abt Balduin von Montecassino die römische Abtei San Paolo und förderte damit die Ausbreitung der cluniazensischen Reform in Rom. 946 bestätigte Marinus Erzbischof Friedrich von Mainz als Apostolischen Vikar für Germanien und Gallien.

▨ Quellen: LP 2, 245; RPR(J) 1, 458f.; ZIMMERMANN REG nn. 165–187; ZIMMERMANN PU 1, 172–190.

▨ Literatur: LMA 6, 294f.; BBKL 5, 828f. – ZIMMERMANN J 84f. *Sebastian Scholz*

Martin I.

Martin I. (5.7.649–17.6.653 [Absetzung]), heilig (Tag 12.11.), Martyrer, * 591 Todi (Umbrien), † 16.9.655 Cherson (Krim) (dort begraben). Diakon und Apokrisiar Papst Theodors I. in Konstantinopel; geweiht mitten im Monotheletenstreit ohne kaiserliche Bestätigung der Wahl. Auf der (stark politisch bestimmten) Lateransynode (Oktober 649), auf der Gegner der kaiserlichen Religionspolitik aus dem Osten großen Einfluss ausübten (Maximus Confessor, Anastasius der Mönch), verurteilte er den Monotheletismus. Statt Martin zu verhaften, machte sich der Exarch Olympius selbstständig und behauptete sich bis 652 als Usurpator in Italien, während Martin unbehelligt im Amt bleiben konnte. Erst der Exarch Theodor Kalliopa konnte den kranken Martin am 17.6.653 in der Lateranbasilika ergreifen und dem Klerus die kaiserliche Verhaftung und Absetzung mitteilen. Martin wurde nach Konstantinopel gebracht (Ankunft wohl am 17.9.653), in Haft gehalten, wegen Mitschuld am Aufstand des Olympius am 27.12.653 als Hochverräter zum Tod verurteilt, auf Bitten des Patriarchen Paulus II. begnadigt und am 26.3.654 nach Cherson verbannt. Der römische Klerus erhob unter kaiserlichem Druck im August 654 Eugen I. zum neuen Papst. Martins Briefe aus dem Exil spiegeln die tiefe Enttäuschung über seine früheren Gefährten wider.

■ Quellen: LP 1, 336–340; RPR(J) 1, 230–234; 2, 699 740; PL 87, 105–212; 129, 591–604.

■ Literatur: LMA 6, 341; BBKL 5, 907–910; VatL 481f. – P. PEETERS: Une vie grecque du pape S. Martin I: Analecta Bollandiana 51 (1933) 225–262; CASPAR 2, 553–578 778ff.; P. CONTE: Il Sinodo Lateranense dell'ottobre 649. Rom 1989; DERSELBE: ,Consortium fidei apostolicae' tra vescovo di Roma e vescovi nel sec. VII: Il primato del vescovo di Roma nel primo millennio. ebd. 1991, 363–432; O. CAPITANI: Le relazioni tra le vite di Teodoro I e Martin I del LP. ebd. 1992, 5–14; Martin I (649–653) e il suo tempo. Atti del 28 congresso storico internazionale, Todi 1991. Spoleto 1992; R. RIEDINGER: Die lateinische Übersetzung der Ep. encyclica Papst Martins I. und der Ep. synodica des Sophronios von Jerusalem: Filologia Mediolatina 1 (Spoleto 1994) 45–69; S. COSENTINO: Dissidenza religiosa e insubordinazione militare nell'Italia bizantina: Martino I e il suo tempo: Rivista di storia della Chiesa in Italia 48 (1994) 496–518; B. DE MARGERIE: Saint Martin I confirme la virginité corporelle de Marie dans l'enfantement: Augustinianum 37 (1997) 495–501. *Georg Schwaiger*

Martin II., Martin III., irrtümliche, auf Papstkataloge des Spätmittelalters zurückgehende Bezeichnung für die Päpste Marinus I. und Marinus II.

Martin IV. (22.2.1281–28.3.1285), vorher *Simon de Brion,* * Mainpincien (Départment Seine-et-Marne), † Perugia; Studium in Paris, Thesaurar von Saint-Martin in Tours, 1260 Kanzler König Ludwigs IX. von Frankreich; 1261 Kardinalpriester von Santa Cecilia; übernahm in der Folgezeit wichtige Aufgaben in der französisch-päpstlichen Diplomatie. War maßgeblich an den Verhandlungen der Kurie mit Karl I. von Anjou beteiligt. Nach 1274 Legat in Frankreich für den auf dem zweiten Konzil von Lyon beschlossenen Kreuzzug. Unter massivem Einfluss Karls I. von Anjou 1281 in ⁄Viterbo zum Papst gewählt blieb er seinem Förderer bis zum Ende seines Pontifikats aufs Engste verpflichtet. Die Expansionspläne Karls unterstützend, exkommunizierte Martin 1281 Kaiser Michael VIII. Palaiologos und beendete damit die vom Lyoner Konzil (1274) begründete Kirchenunion. Auch nach der Sizilianischen Vesper (1282) ließ er neu gewonnenen Handlungsspielraum – die Aufständischen hatten sich zunächst ihm unterstellt – ungenutzt und stützte einseitig die französisch-angevinischen Interessen: Dem aragonesischen König Peter III. von Sizilien begegnete Martin mit Bann und Absetzung, was einen jahrelangen Konflikt um die aragonesische Krone zwischen Aragón und Frankreich nach sich zog. Im Kirchenstaat brach er mit der nepotistischen Politik seines Vorgängers Nikolaus III., trug aber durch Begünstigung seiner

Landsleute zur Polarisierung bei und hatte später Mühe, die durch die Sizilianische Vesper gestärkte Opposition einzudämmen. Ebenso wenig gelang es Martin, in Rom, wo er Karl I. von Anjou mit der Senatorenwürde betraut hatte, Fuß zu fassen. Persönlich als anspruchslos und bescheiden geschildert, begünstigte Martin die Seelsorgetätigkeit des Franziskanerordens (Bulle *Ad uberes fructus,* 1281). Gilt als schwacher Papst, der in turbulenter Zeit politischen Weitblick und Durchsetzungskraft vermissen ließ.

▨ Quellen: LP 2, 459–465; RPR(P) 2, 1756–1795; F. OLIVIER-MARTIN: Les Registres de Martin IV. Paris 1901–35.

▨ Literatur: LMA 6, 341f.; BBKL 5, 910ff.; VATL 482. – N. BACKES: Kardinal Simon de Brion. Breslau 1910; R. STERNFELD: Das Konklave von 1280 und die Wahl Martins IV.: Mitteilungen des Instituts für Österreichische Geschichtsforschung 31 (1910) 1–53; S. RUNCIMAN: The Sicilian Vespers. London 1958; D.J. GEANAKOPLOS: Emperor Michael Palaeologos and the West 1258–82. Cambridge (Massachusetts) 1959; E. PÁSZTOR: Per la storia dell'amministrazione dello Stato Pontificio sotto Martin IV: Miscellanea. FS M. Giusti. Vatikanstadt 1978, 190–204; DIESELBE: La guerra del Vespro e i suoi problemi. L'intervento di Martin IV: Quaderni catanesi di studi classici e medievali 1 (1979) 144–176; P. HERDE: Karl I. von Anjou. Stuttgart 1979; A. FRANCHI: I Vespri Siciliani e le relazioni tra Roma e Bisanzio. Palermo 1984; P. HERDE: I Papi tra Gregorio X e Celestino V: Storia della Chiesa, Bd. 11. Rom 1994, 23–91; E. BIGGI: Un intervento inedito di Martino IV tra Frati Minori e clero di Piacenza nel 1282: Archivum Franciscanum historicum 90 (1997) 349–353. *Gerald Rudolph*

Martin V. (11.11.1417–20.2.1431), vorher *Oddo Colonna,* * 1368 Genazzano aus der bekannten römischen Adelsfamilie der Colonna (Linie von Genazzano); unter Bonifatius IX. Apostolischer Protonotar,

1405 Kardinal, 1408 an den Unionsverhandlungen der Kardinalskollegien beteiligt, dann für die Pisaner Oboedienz tätig, ohne jedoch hervorzutreten. Vom Konstanzer Konzil in kompliziertem Verfahren gewählt (Abstimmungslisten sind erhalten), beendete seine allgemeine Anerkennung das fünfzigjährige Abendländische Schisma. Vom Konzil auf die Kirchenreform verpflichtet (erste Reformdekrete, Konkordate mit den Konzilsnationen), war ihm doch die Rückkehr nach Rom vordringlich, da das Papsttum nur von hier aus seine Position neu aufbauen konnte. Nach langwieriger Rückreise (Abschluss des Konzils am 22.4.1418, langer Aufenthalt in Florenz, Ankunft in Rom am 28.9. 1420) ging Martin mit Geschick und Beharrlichkeit sogleich an die Rückeroberung des an Condottieri und Signori verlorenen /Kirchenstaates und führte die päpstliche Herrschaft und ihren Apparat, nach den dauernden Improvisationen der Schismazeit, zu Normalität und Effizienz zurück. Bei all dem stützte er sich, wenn auch ohne den krassen /Nepotismus seiner Vorgänger, notgedrungen auf seine Familie, der er, mitsamt ihrer stadtrömischen Klientel, zu starker Expansion im südlichen Latium verhalf. Die Verminderung der geistlichen Einkünfte infolge des Konzils zwang zu einer Reorganisation der päpstlichen Finanzen und verwies umso mehr auf den Kirchenstaat. Mehr im römischen Familienpalast als im Vatikan residierend, tat er, seit über einem Jahrhundert wieder ein Römer als Papst, viel für den Wiederaufbau der völlig heruntergekommenen Stadt, wenngleich noch ohne neues urbanistisches Konzept. Die Reformansätze des Konzils konnten trotz ernsthaften Willens (Reformgutachten; rigidere Praxis bei Pfründenverleihungen, Dispensen usw.) nur in geringem Maß verwirklicht werden, die Organisation des Neubeginns nach Lage der Dinge nicht ganz gelingen (z. B. Kurienreform). Nicht große Entwürfe, aber Machbares durchsetzend, erwarb er sich damit doch die Achtung seiner Zeitgenossen. Im Sinn des Konzilsdekrets *Frequens* berief er fristgerecht eine Reformsynode für 1423 nach Pavia (verlegt nach Siena, bald aufgelöst) und für 1431 das Konzil nach Basel. Doch sind erste restaurative Tendenzen in Reaktion auf die Konzilsphase schon in seinem Pontifikat unverkennbar. Seine bronzene Grabplatte in der Laterankirche kam 1445 aus Florenz.

Literatur: LMA 6, 342f.; BBKL 5, 912–915. – N. VALOIS: Le pape et le concile, Bd. 1. Paris 1909; K.A. FINK: Die politische Korrespondenz Martins V. nach den Brevenregistern: QFIAB 26 (1935/36) 172–244; P. PARTNER: The Papal State under Martin V. London 1958; W. BRANDMÜLLER: Das Konzil von Pavia-Siena 1423–24, 2 Bde. Münster 1968–1974; D. GIRGENSOHN: Berichte über Konklave und Papstwahl auf dem Konstanzer Konzil: AHC 19 (1987) 351–391; Alle origini della nuova Roma: Martino V, Atti del Convegno Roma, 1992, hg. v. M. CHIABÒ U.A. Rom 1992; S. WEISS: Kurie und Ortskirche. Die Beziehungen zwischen Salzburg und dem päpstlichen Hof unter Martin V. Tübingen 1994; J.L. FONTES: Cruzada e expansão. A bula ‚Sane charissimus': Lusitana sacra 7 (1995) 403–420; W. BRANDMÜLLER: Martin V. und die Griechenunion: Life, law and letters. FS A. García y García. Rom 1998, 133–148. *Arnold Esch*

Miltiades (handschriftliche Variante *Melchiades*) (310–314), heilig (Tag 10.12.), wohl römischer Herkunft (entgegen der Angabe LP 1, 168); leitete auf Veranlassung Konstantins I. 313 im Lateran zusammen mit drei gallischen Bischöfen unter Hinzuziehung von 15 italischen Bischö-

fen das Schiedsgericht, das die Anschuldigungen der Donatisten gegen Caecilianus zurückwies und diesen als Bischof von Karthago bestätigte.

Quellen: EUSEBIUS VON CAESAREA, Historia ecclesiastica X, 5, 18ff.; AUGUSTINUS, Breviculus collationis cum Donatistis 3, 17, 31ff.; 18, 34ff.; OPTATUS VON MILEVE, Contra Parmenianum 1, 23.

Literatur: DACL 11, 1199–1203; CATH 8, 1111; Dizionario patristico e di antichità cristiane, ed. v. A. DI BERARDINO, Bd. 2. Casale Monferrato 1984, 225of.; BBKL 5, 1537f.; LACL 440; VATL 486f. – CH. PIETRI: Roma christiana. Rom 1976, 160–167; R. DAVIS: Pre-Constantine chronology. The Roman bishopric from AD 258 to 314: Journal of Theological Studies 48 (1997) 439–470. *Maria-Barbara von Stritzky*

Nikolaus I. (24.4.858–13.11.867), Sohn eines päpstlichen Beamten, im römischen Klerus seit Sergius II. aufgestiegen, enger Berater Benedikts III., nach dessen Tod in Anwesenheit Kaiser Ludwigs II. zum Nachfolger erhoben. Entwickelte sich rasch zum selbstbewusstesten Papst seines Jahrhunderts, indem er, maßgeblich beraten von Anastasius Bibliothecarius (später Anastasius III., Gegenpapst), nicht bloß aus der kirchenrechtlichen Überlieferung der Spätantike prinzipielle Ansprüche auf Autonomie und Weisungsrecht der geistlichen Gewalt sowie auf den eigenen /Primat in der Gesamtkirche ableitete, sondern daraus auch ungewohnt konkrete disziplinäre Konsequenzen zog. In zähen Konflikten wies er 861 Erzbischof Johannes VII. von Ravenna in die Schranken und setzte gegenüber Erzbischof Hinkmar von Reims im Fall des 862 amtsenthobenen Bischofs Rothad von Soissons wie auch bei der Restitution der vom früheren Reimser Erzbischof Ebo geweihten Kleriker (866) den Vorrang der päpstlichen Jurisdiktion vor jeder Metropolitan- und Synodalgewalt durch, wobei er erstmals von Pseudo-Isidor Gebrauch machte. Dem Streit um die Ehe König Lothars II. gab er die entscheidende Wende, als er 863 die Zustimmung seiner Legaten zur Metzer Synode kassierte und die besonders kompromittierten Erzbischöfe von Köln und Trier ohne Gerichtsverfahren absetzte; sein Plan einer gesamtfränkischen Synode in Rom scheiterte zwar, doch reichte seine Autorität hin, um Lothars Scheidung dauerhaft zu verhindern. Auch im Verhältnis zu Byzanz scheute er sich nicht, 863 entgegen dem Urteil seiner Legaten dem Patriarchen Photius wegen unkanonischer Erhebung die Anerkennung zu versagen und 866 dem eben getauften Bulgarenfürsten Boris mit seinem Volk den Weg in die lateinische Kirche zu ebnen, indem er Missionare entsandte und genaue Regeln zur Gestaltung des christlichen Lebens vorgab. Hiergegen richtete sich der Protest einer Synode des Photius in Konstantinopel, die 867 Nikolaus für abgesetzt erklärte, was in Rom erst nach dessen Tod bekannt wurde. Da die Nachfolger schon unter dem Druck äußerer Umstände nicht an der energischen Linie Nikolaus' festhielten, blieb sein Pontifikat als früher Höhepunkt primatialen Denkens und Handelns Episode, hat aber durch den kanonistischen Gehalt seiner zahlreichen Briefe anregend auf das Reformpapsttum des 11. Jh. und das hochmittelalterliche Kirchenrecht gewirkt.

Quellen: LP 2, 151–172; RPR(J) 1, 341–368; 2, 703; MGH.Ep 6, 257–690.

Literatur: LMA 6, 1168ff.; BBKL 6. 860–863; TRE 24, 535–540; VatL 510f. – E. PERELS: Papst Nikolaus I. und Anastasius Bibliothecarius. Berlin 1920; J. HALLER: Nikolaus I. und Pseudoisidor. Stuttgart 1936; W. ULL-

MANN: The Growth of Papal Government in the Middle Ages. London ³1970, 190–209; H. FUHRMANN: Einfluß und Verbreitung der pseudoisidorischen Fälschungen, Bd. 2. Stuttgart 1973, 247–272; L. HEISER: Die Responsa ad consulta Bulgarorum des Papstes Nikolaus I. Trier 1979; J. BAKITA: Nicholas I. An analysis of his interpretation of papal primacy. Ann Arbor 1979; J.C. BISHOP: Pope Nicholas I and the first age of papal independence. Ann Arbor 1984; W. GEORGI: Erzbischof Gunthar von Köln und die Konflikte um das Reich König Lothars II.: Jahrbuch des Kölnischen Geschichtsvereins 66 (1995) 1–33; R. SOMERVILLE: Pope Nicholas I and John Scottus Eriugena: Zeitschrift der Savigny-Stiftung für Rechtsgeschichte. Kanonistische Abteilung 114 (1997) 67–85. *Rudolf Schieffer*

Nikolaus II. (24.1.1059– 20.7.1061), vorher *Gerhard*, aus Burgund, seit dem 9.1.1045 als Bischof von Florenz belegt; auf Vorschlag Hildebrands und mit Zustimmung Herzog Gottfrieds des Bärtigen und des deutschen Hofes im Sommer oder Herbst 1058 von den nach Siena geflohenen Kardinalbischöfen zum Nachfolger Stephans IX. gewählt; sah sich aber erst als Papst an, nachdem er am 24.1.1059 in Rom inthronisiert worden war und seinen Gegner Benedikt X. vertrieben hatte. Höhepunkt seines Pontifikats war die Lateransynode Ende April/Anfang Mai 1059, die zentrale Anliegen der Gregorianischen Reform formulierte und unter dem Einfluss Hildebrands, Petrus Damianis und Humberts von Silva Candida folgende Entscheidungen traf: 1) Wahl, Weihe und Inthronisation eines Papstes von der Prärogative der Kardinalbischöfe abhängig zu machen und damit in eine genuin kirchliche Rechtssphäre einzuweisen, ohne den „honor" des deutschen Königs zu schmälern (Papstwahldekret), 2) unkeuschen Klerikern die Ausübung liturgischer Funktionen zu

verbieten und den Kommunionemp-
fang verheirateter Laien an die Erfüllung des Monogamiegebots zu
binden, 3) die Aachener Chorher-
renregel von 816 zu korrigieren und
den Klerus auf das Ideal einer kano-
nikalen Vita communis nach dem
Vorbild der Urkirche (Apg 2,44;
4,32–37) zu verpflichten, 4) die lai-
kale Vergabe von Kirchen zu unter-
sagen, ohne ein formelles Investiturverbot auszusprechen, 5) die Simonie als Häresie zu verdammen, aber
die Gültigkeit der von Simonisten
umsonst gespendeten Weihen anzuerkennen, 6) im Abendmahlsstreit
gegen Berengar von Tours zu votie-
ren und diesem einen Bekenntniseid
abzuverlangen, der freilich die Lehre der Kapharnaiten begünstigte. –
Kirchenpolitisch festigte Nikolaus
seine Stellung, indem er die zuvor
feindlichen Normannenfürsten Robert Guiscard und Richard von Aversa im August 1059 in Melfi zu Vasallen machte und auf die Wahrung und
Mehrung der Petrusregalien verpflichtete. Durch seine Legaten Petrus Damiani und Anselm von Lucca
griff Nikolaus in den Streit zwischen
Erzbischof Guido von Mailand und
der Pataria ein. Kurz vor seinem Tod
in Florenz kam es zum Zerwürfnis
mit dem deutschen Hof, was das
Schisma des Cadalus von Parma
(Honorius II., Gegenpapst) begünstigte.

▨ Quellen: LP 2, 280; RPR(J) 1, 557–566; 2,
711 750; MGH.CONST 1, 537–551; Der Investiturstreit. Quellen und Materialien, hg. v.
J. LAUDAGE. Köln–Wien 1989, 38–51.

▨ Literatur: LMA 6, 1170; BBKL 6, 863–867. –
H.-G. KRAUSE: Das Papstwahldekret von
1059 und seine Rolle im Investiturstreit.
Rom 1960; F. KEMPF: Pier Damiani und das
Papstwahldekret von 1059: AHP 2 (1964)
73–89; D. HÄGERMANN: Zur Vorgeschichte
des Pontifikats Nikolaus' II.: Zeitschrift für
Kirchengeschichte 81 (1970) 352–361; J.
DEÉR: Papsttum und Normannen. Köln–

Wien 1972, 63–70; R. SCHIEFFER: Die Entstehung des päpstlichen Investiturverbots
für den deutschen König. Stuttgart 1981,
48–84 208–225 (mit Edition); J. LAUDAGE:
Priesterbild und Reformpapsttum im 11.Jh.
Köln–Wien 1984, 207–250; D. JASPER: Das
Papstwahldekret von 1059. Sigmaringen
1986 (mit Edition); J. LAUDAGE: Gregorianische Reform und Investiturstreit. Darmstadt 1993; E. GOEZ: Beatrix von Canossa
und Tuszien. Sigmaringen 1995, 154–157;
U.R. BLUMENTHAL: The coronation of Pope
Nicholas II: Life, law and letters. FS A. García y García. Rom 1998, 121–132.

Johannes Laudage

Nikolaus III. (25.11.1277–22.8.1280),
vorher *Giangaetano di Matteo Rosso
Orsini*, * 1212/1216 Rom, † Soriano
(Grab in Sankt Peter); gehörte als
Sohn des Senators Matteo Rosso
und der Perna Caetani zum Zweig
der stadtrömischen Orsini di Mon-
terotondo, verwandt mit Coelestin III. Als Kardinaldiakon von San
Nicola in Carcere Tulliano (seit dem
28.5.1244) 33 Jahre lang einflussrei-
ches Mitglied des Kardinalskollegiums, leitete seit 1262 die kuriale Inquisition und bestimmte mehrere
Wahlen mit, bevor er selbst am 26.12.
1277 in Sankt Peter nach mehr als
halbjähriger Sedisvakanz zum Papst
gekrönt wurde (Papstname nach seiner ehemaligen Titularkirche). Als
machtbewusster, ↗Nepotismus be-
treibender Amtsinhaber (von Dante
Alighieri ins Inferno verbannt: Divina Commedia I, 19, 46–81) steuerte
er von Beginn seines Pontifikats an
einen unabhängigen Kurs, löste die
Kurie aus der Umklammerung durch
Karl I. von Anjou, den er zwang, auf
das Reichsvikariat über Tuszien und
die römische Senatorenwürde zu
verzichten, suchte Ausgleich mit
Rudolf I. von Habsburg, den er zum
Verzicht auf die kaiserlichen Ansprüche auf die Romagna und zur
reichsrechtlichen Belehnung des An-

jou mit den Grafschaften Provence und Forcalquier bewegte. Während der Plan eines angeblichen „Vierstaatenprojekts" (laut Bartholomäus von Lucca Umwandlung des Reichs in vier Teilstaaten) kaum authentisch gewesen sein dürfte, scheiterte er mit Friedensinitiativen gegenüber Frankreich und Kastilien sowie mit seinen Bemühungen um eine weitere Festigung der auf dem zweiten Konzil von Lyon 1274 geknüpften Verbindungen zur griechischen Kirche, konnte aber den Angriff Karls von Anjou auf Byzanz unterbinden, ohne eigene Kreuzzugspläne zu verwirklichen. Neben seiner umfangreichen Bautätigkeit sind besonders sein Eintreten für den Franziskanerorden und seine Vermittlung im Armutsstreit durch die Bulle *Exiit qui seminat* (14.8.1279) erwähnenswert.

Literatur: LMA 6, 117of.; BBKL 6, 867ff.; VATL 512f. – R. STERNFELD: Der Kardinal Johann Gaëtan Orsini. Berlin 1905; A. PARAVICINI BAGLIANI: Cardinali di curia e ‚familiae' cardinalizie dal 1227 al 1254. Padua 1972, 314–323; N.R. WOLF: Die mittelalterlichen deutschen Übersetzungen der Bulle ‚Exiit qui seminat' von Papst Nikolaus III.: Franciscan Studies 32 (1972) 242–305; B. RESMINI: Das Arelat. Köln 1980, 149ff.; J.L. HEFT: Nicholas III (1277–80) and John XXII (1316–34): AHP 21 (1983) 245–257; BORGOLTE: 212ff. 22off.; P. HERDE: Antworten des Kardinals Giangaetano Orsini auf Anfragen von Inquisitoren über die Behandlung von Ketzern und deren Eigentum: Ex ipsis rerum documentis. FS H. Zimmermann. Tübingen 1991, 345–361; H. FELD: Franziskus von Assisi und seine Bewegung. Darmstadt 1994, 458ff.; A. PARAVICINI BAGLIANI: Il corpo del Papa. Turin 1994; DERSELBE: La cour des papes au XIIIe siècle. Paris 1995; M. THUMSER: Rom und der römische Adel in der späten Stauferzeit. Tübingen 1995, 15off.; P. LINEHAN: A papal constitution in the making: ‚Fundamenta militantis ecclesie' (18 july 1278): Life, law and letters. FS A. García y García. Rom 1998, 575–591.

Ludwig Vones

Nikolaus IV. (15./22.2.1288–4.4.1292), Franziskaner, vorher *Girolamo d'Ascoli*, * 30.9.1227 Lisciano bei Ascoli Piceno; suchte seinen Aufstieg über den Franziskanerorden, wurde nach Theologiestudium Lektor (ihm werden ein Sentenzenkommentar und die *Sermones de tempore et de Sanctis* zugeschrieben), 1272 Provinzial von Dalmatien, 1272–74 päpstlicher Legat in Byzanz (Unionsverhandlungen), 1274 als Nachfolger Bonaventuras Generalminister des Franziskanerordens, 1276–79 betraut mit Friedensverhandlungen zwischen Frankreich und Aragón, am 12.3. 1278 Kardinalpresbyter von Santa Pudenziana, am 12.4.1281 Kardinalbischof von Preneste, wo er enge Beziehungen zu den benachbarten Colonna aufnahm. Nach einer Sedisvakanz von fast elf Monaten als erster Franziskaner zum Papst gewählt (Ablehnung des ersten Wahlgangs vom 15.2.; Name nach seinem Gönner Nikolaus III.). Nikolaus unterstützte die Anjou, krönte Karl II. am 29.5.1289 in Rieti nach Lehnseid zum König von Neapel-Sizilien und machte vergeblich die Lösung Alfons III. von Aragón von der Exkommunikation von der Regelung der Sizilienfrage abhängig. Eine Übereinkunft mit Rudolf I. von Habsburg in der Kaiserfrage scheiterte ebenso wie die Organisation eines Kreuzzuges, der nach dem Fall von Akko (1291) immer dringlicher wurde. Erfolgreicher waren seine Missionsbemühungen im vorderen Orient und v. a. bei den Mongolen, als er Johannes von Montecorvino 1289 zu Kubilai Khan nach Peking entsandte und so die Gründung des Erzbistums (1307) vorbereitete. Die Eigenständigkeit des Kardinalskollegiums stärkte er durch Überlassung der Hälfte der Einkünfte des Heiligen Stuhls, die durch die Camera Collegii verwaltet werden sollten (Konstitution *Coelestis altitudo* vom 18.7.1289), bevorzugte bei seinen Promotionen indes die Colonna-Partei. Durch die Konstitution *Supra montem* vom 18.8.1289 versuchte er, die außerhalb der Bettelorden stehende Bußbewegung einzubinden und dem franziskanischen Dritten Orden neben der Bestätigung eine Regel zu geben. Außer einer gezielten Bautätigkeit in Rom (Lateran, Santa Maria Maggiore) kümmerte sich Nikolaus um die Universitäten (Gründungsprivileg für Montpellier 1289; Recht der Licentia ubique docendi für Paris und Bologna). Sein Grabmal in Santa Maria Maggiore ist nicht erhalten.

Literatur: LMA 6, 1171; BBKL 6, 869ff.; VatL 512f. – N. Housley: The Italian Crusades. Oxford 1982; R. Pazzelli – L. Temperini (Hg.): La ‚Supra montem' di Niccolò IV (1289). Rom 1988; A. Franchi: Niccolò papa IV 1288–92. Ascoli Piceno 1990; E. Menestò (Hg.): Niccolò IV, un pontificato tra Oriente e Occidente. Spoleto 1991; A.M. Pompei: La ‚Supra montem' di Niccolò IV e i rapporti tra Francesco e il suo Terz'Ordine: Miscellanea francescana 91 (1991) 439–454; F. Cardini: Studi sulla storia e sull'idea di crociata. Rom 1993; A. Paravicini Bagliani: Il corpo del Papa. Turin 1994; derselbe: La cour des papes au XIIIᵉ siècle. Paris 1995; Borgolte 222f.; M.E. Capani: Per la storia dei Minoriti nella seconda metà del Duecento. Verso il primo pontificato francescano: Temi e immagini del medio evo. Gedenkschrift L. Manselli. Rom 1996, 85–92. *Ludwig Vones*

Nikolaus V. (6.3.1447–24./25.3.1455), vorher *Tommaso Parentucelli,* * 15.11.1397 Sarzana (Ligurien) als Sohn eines Arztes, dessen Tod ihn aus finanziellen Gründen zur Unterbrechung des Studiums in Bologna zwang. Als Lehrer bei den Albizzi und Strozzi kam er mit dem florentinischen Humanismus in Kontakt, nach seinem Magister theologiae

stand er im Dienst des Bischofs von Bologna (und späteren Kardinals) Niccolò Albergati, auf dessen Missionen er diplomatische Erfahrung sammeln und zahlreiche Kontakte, so auf den Konzilien von Basel und Ferrara-Florenz sowie dem Kongress von Arras, knüpfen konnte. Nach Albergatis Tod wurde er von Eugen IV. zum Vizekämmerer (1443), Bischof von Bologna (1444) und, wegen seiner Verdienste um die römische Sache im Reich beim Kampf gegen die Basler, zum Kardinal (1446) erhoben. Als Kompromisskandidat des Konklaves trat er im März 1447 Eugens Nachfolge unter Annahme des Namens seines Gönners Albergati an. Persönlich von hoher Dignität, bewirkte er mit seiner Erfahrung und Verbindlichkeit, bei freilich führender Mitwirkung Frankreichs und in Abstimmung mit den wichtigsten Kräften im Reich, die Selbstauflösung des Restkonzils von Basel(-Lausanne) und die Abdankung des Gegenpapstes Felix V. (25. bzw. 7.4.1449) zu großzügigen Bedingungen. Das von ihm für 1450 ausgeschriebene, u. a. mit der Kanonisation Bernhardins von Siena glanzvoll gefeierte, indes von Pest und Unglück überschattete Jubeljahr markiert das Ende der konziliaren Epoche und die Restauration eines Papsttums, das ein von der Renaissance geprägtes Rom zum Zentrum christlicher Kulturmacht erheben wollte, ohne jedoch die ungelöste Frage der Kirchenreform anzugehen. Dem dienten umfangreiche, nur z. T. realisierte Bauprojekte, die neben Stadtmauer und Befestigungen, Straßen und Brücken sowie der Wasserversorgung die Stationskirchen und v. a. die Leostadt und den vatikanischen Palast betrafen. Nikolaus berief Künstler wie Fra Angelico und förderte humanistische Gelehrte wie Giovanni Francesco Poggio-Bracciolini, Lorenzo Valla oder Vespasiano Bisticci. In seinem Auftrag wurden klassische und patristische griechische Autoren ins Lateinische übersetzt; seine fast 1200 Bände umfassende Handschriftensammlung bildet den Grundstock der /Vatikanischen Bibliothek. Die Situation im Kirchenstaat suchte er durch Allianzen mit altrömischen Familien (Orsini, Colonna) sowie Verleihungen des Apostolischen Vikariats etwa an die Montefeltro, Malatesta oder Ordelaffi zu sichern; Opposition des Niederadels und Bürgertums führte aber zu einer (vorzeitig aufgedeckten) Verschwörung des in der Tradition Cola di Rienzos stehenden San Porcaro. Mit Nikolaus' Beitritt zur Liga 1455 wurde der Kirchenstaat Teil der Pentarchie und damit der auf fragilem Gleichgewicht ruhenden Staatenordnung Italiens. Unter anderem über Kardinäle vom Rang eines Nikolaus von Kues, Guillaume d'Estouteville, Juan de Carvajal, Isidor von Kiev oder Bessarion übte er sein Regiment in europäischem Rahmen aus, wobei die deutsche Legation des Cusanus 1451/52 durch reformerisches Profil herausragt. Obwohl in gutem Verhältnis zu König Friedrich III. stehend, mit dem er im Vorfeld der Liquidation des Basler Konzils das die Beziehungen zwischen Reich und Kurie bis 1803/06 regelnde Wiener Konkordat (17.2./19.3. 1448) geschlossen hatte und der von ihm nach Einsegnung der Ehe mit Eleonore von Portugal in Sankt Peter zum Kaiser gekrönt worden war (16./19.3.1452), fand Nikolaus an dem Habsburger wie auch bei den meisten europäischen Mächten mit Ausnahme Burgunds in der seit der Eroberung Konstantinopels (29.5. 1453) besonders dringlichen Frage

eines Türkenkreuzzugs kaum Unterstützung. Diesen verkündete er am 30.9. des Jahres und ließ ihn u. a. durch Johannes von Capestrano predigen; früh aber kamen schon Vorwürfe eigener Vorbehalte gegen die Griechen und angeblicher Entfremdung von Kreuzzugsgeldern für Bücherkäufe auf. Sterbend rechtfertigte der seit 1453 Erkrankte vor den Kardinälen die positiv wie negativ für das Renaissancepapsttum wegweisenden Schwerpunkte seines Pontifikats.

Literatur: DThC 11, 541–548; NCE 10, 443ff.; GKG 12, 39ff.; LMA 6, 1171f.; TRE 24, 513ff. VatL 514f.; BBKL 16, 1142–48 (Quellen). – S. Gensini: Roma capitale (1447–1527). Pisa 1994; A. Manfredi: I codici latini di Niccolò V. Edizione degli inventari e identificazione dei manoscritti. Vatikanstadt 1994; W. Brandmüller: Die Reaktion Nikolaus' V. auf den Fall von Konstantinopel: RQ 90 (1995) 1–22; Acta Cusana I/3, ed. v. E. Meuthen. Hamburg 1996; C. Bonfigli: Niccolò V, Papa della rinascenza. Rom 1997; G.L. Coluccia: Niccolò V umanista. Venedig 1998; B. Paolozzi Strozzi (Hg.): Il parato di Niccolò V per il giubileo del 1450. Austellungskatalog. Florenz 2000.

Heribert Müller

Nikolaus V., **Gegenpapst** (12.5.1328 – 25.7./25.8.1330), Franziskaner, vorher *Pietro Rainalducci*, * drittes Viertel des 13. Jh. Corvaro bei L'Aquila, † 16.10.1333 Avignon (begraben in der dortigen Franziskanerkirche). Aus einfacher Familie, verließ er seine Frau nach fünfjähriger Ehe, um in den Franziskanerkonvent von Santa Maria in Aracoeli (Rom) einzutreten. Wegen seiner asketischen Lebensform, wenn auch nicht ungeteilt, gerühmt, traf er sich im Armutsstreit mit den Spiritualen seines Ordens in Opposition gegen Johannes XXII.; schloss sich Ludwig dem Bayern an, als dieser nach Rom zog, um die Kaiserkrone zu erlangen.

Auf Veranlassung Kaiser Ludwigs nach Absetzung Johannes XXII. durch einen Wahlausschuss von 13 römischen Klerikern am 12.5.1328 zum Papst gewählt, von Ludwig mit kaiserlicher Vollmacht bestätigt und am 15.5. gekrönt. Obwohl er insgesamt neun Kardinäle kreierte, zwanzig Bischöfe, v. a. oppositionelle Franziskaner und Augustiner, erhob und sich bemühte, eine Kurie aufzubauen, fand er über den unmittelbaren Einflussbereich des Kaisers hinaus kaum Unterstützung und blieb nach dessen Heimkehr ins Reich (letztes Treffen in Pisa am 3.1.1329) auf sich selbst gestellt. Als Johannes XXII. ihm die Begnadigung und 3000 Goldflorin als Pension anbot, verzichtete er auf die Papstwürde (25.7.1330 in Pisa) und unterwarf sich in Avignon (25.8.1330); lebte dort bis zu seinem Tod im Papstpalast in erträglicher Haft. Eigenständige Politik konnte er niemals treiben, da er stets abhängiges Instrument kaiserlicher Ansprüche blieb.

Literatur: LMA 6, 1172f.; BBKL 6, 871f.; VatL 515. – L. Lopez: Pietro del Corvaro, antipapa Niccolò V nei manuscritti di A.L. Antinori: Bullettino della Deputazione Abruzzese ... 72 (1982) 301–320; M. Berg: Der Italienzug Ludwigs des Bayern. Das Itinerar der Jahre 1327–30: QFIAB 67 (1987) 142–197, besonders 179–183; Borgolte; H. Thomas: Ludwig der Bayer. Graz u.a. 1993, 211ff.; A. Paravicini Bagliani: Il corpo del Papa. Turin 1994; D. Quaglioni (Hg.): Storia della Chiesa, Bd. 11: La crisi del Trecento e il Papato Avignonese. Mailand ²1995, 241ff. *Ludwig Vones*

Novatian, Gegenpapst ⁄Cornelius.

Paschalis, Gegenpapst (687), † 692/693.

Noch unter dem kränkelnden Konon bereitete der ehrgeizige römische Archidiakon Paschalis seine Kandidatur vor. Dabei zählte er auf die Unterstützung des Exarchen Johannes Platyn von Ravenna, dem er hundert Pfund Gold versprach. Nach Konons Tod (21.9.687) wählte die eine römische Fraktion den Archipresbyter Theodor, die andere Paschalis; beide besetzten Teile des Laterans. Schließlich wurde im Oktober/Dezember Sergius I. anerkannt und am 15.12.687 geweiht. Theodor fügte sich, Paschalis erst unter Zwang. Paschalis wurde der Magie beschuldigt, als Archidiakon abgesetzt und in ein Kloster verbannt, wo er nach fünf Jahren starb ohne sich unterworfen zu haben.

Quellen: LP 1, 369–372; RPR(J) 1, 243.
Literatur: LMA 6, 1753 – Caspar 2, 622ff.; Richards. *Georg Schwaiger*

Paschalis I. (24.1.817–11.2.824), heilig (Tag 14.5.), Römer, Grab Rom, Santa Prassede; Abt von San Stefano bei Sankt Peter.

Gewählt am Todestag Stephans IV., setzte er dessen Politik der Verbindung mit den fränkischen Herrschern und deren neu begründetem Kaisertum fort. Noch 817 erneuerte er das Freundschaftsbündnis im „Pactum Hludovicianum", das zur Grundlage der päpstlichen Herrschaft im späteren ⁄Kirchenstaat wurde. Trotz der starken Einbindung in die kaiserliche Politik und seiner Unterstützung der nordischen Mission Erzbischofs Ebos von Reims betrieb er eine eigenständige Herrschaftspolitik in Rom und in Teilen des Patrimonium Petri und griff in neuartiger Weise in Angelegenheiten der fränkischen Kirche ein. 823 nahm er eine erneute Kaiserkrönung Lothars I. (vielleicht auch zum König des Regnum Italiae) in Rom vor, womit die Bindung des Kaisertums an Rom, aber auch die Geltung der „Ordinatio Imperii" von 817 unterstrichen wurde. Das Ereignis wurde überschattet von der Ermordung zweier fränkisch gesinnter päpstlicher Amtsträger. Paschalis musste einen Reinigungseid leisten, und Lothar I. stärkte den kaiserlichen Einfluss durch die „Constitutio Romana" vom November 824. Paschalis verfolgte als Gründer und Erneuerer römischer Kirchen das anspruchsvolle Programm einer Renaissance der Spätantike, doch führte sein energisches Regiment zu innerrömischer Polarisierung, so dass nach seinem Tod Unruhen ausbrachen.

▨ Quellen: LP 2, 52–68; RPR(J) 1, 318ff.
▨ Literatur: BBKL 6, 1567f.; LMA 6, 1752; VatL 545f. – O. BERTOLINI: Osservazioni sulla Constitutio Romana e sul Sacramentum cleri et populi Romani dell'824: FS A. de Stefano. Palermo 1956, 43–78; O. HAGENEDER: Das crimen maiestatis, der Prozeß gegen die Attentäter Papst Leos III. und die Kaiserkrönung Karls des Großen: Aus Kirche und Reich. FS F. Kempf. Sigmaringen 1983, 55–79; TH.F.X. NOBLE: The Republic of Saint Peter. Philadelphia 1984; R. WISSKIRCHEN: Das Mosaikprogramm von Santa Prassede in Rom. Münster 1990; DERSELBE – F. SCHLECHTER (Hg.): Die Mosaiken der Kirche Santa Prassede in Rom. Mainz 1992; J. FRIED: Ludwig der Fromme, das Papsttum und die fränkische Kirche: P. GODMAN – R. COLLINS: Charlemagne's Heir. New Perspectives on the Reign of Louis the Pious. Oxford 1990, 231–273; J. JARNUT: Ludwig der Fromme, Lothar I. und das Regnum Italiae: ebd. 349–362; E. BOSHOF: Ludwig der Fromme. Darmstadt 1996, 138f. 160–165.   *Peter Johanek*

Paschalis II. (14.8.1099 – 21.1.1118), vorher *Rainer;* *Bieda di Galeata (Romagna); schon in jungen Jahren Mönch in einem unbekannten Kloster (Abruzzen?). Nach Rom entsandt, gab das Zusammentreffen mit Gregor VII. seinem Leben eine neue Richtung. Gregor erhob ihn zum Abt des römischen Klosters San Lorenzo fuori le mura; nach 1078 Kardinalpriester von San Clemente als Nachfolger des gebannten Hugo

Candidus. Auch unter Urban II. 1089/90 mit einer wichtigen Legation nach Frankreich und Spanien (Santiago de Compostela) betraut, engster Mitarbeiter des Reformpapsttums. Die Schwäche der kaiserlichen Partei begünstigte seine Erhebung zum Papst; die auf Clemens III. folgenden Gegenpäpste Theoderich, Albert und Silvester IV. bedeuteten keine ernsthafte Bedrohung. Gegenüber Byzanz (Alexius I.) nahm Paschalis eine kompromisslosere Haltung ein als sein Vorgänger; 1105 billigte Paschalis gar Pläne Boëmunds I. von Tarent für einen Kreuzzug gegen Byzanz. In Paschalis' Kirchenpolitik rückte das Investiturproblem schon früh an die erste Stelle (1102 erneutes Investiturverbot). Während er mit den Königen von England (Konkordat von London 1107) und Frankreich (Troyes 1107) einvernehmliche Lösungen erzielte, verschärfte sich der Konflikt mit dem deutschen König (päpstliche Investiturverbote der Synoden von Guastalla 1106, Troyes 1107, Benevent 1108 und Rom 1110). In den mit Heinrich V. seit 1106 geführten Verhandlungen verknüpfte Paschalis das Investiturproblem mit der als Hauptübel kritisierten, vom König geförderten Verstrickung der Reichsbischöfe in die weltliche Politik. Um die „enge Aktionsgemeinschaft zwischen König und Episkopat" (Stefan Weinfurter) zu sprengen, unterbreitete Paschalis dem König in Santa Maria in Turi (4.2. 1111) einen radikalen Vorschlag: Aufgabe der königlichen Investitur und Verzicht der Bischöfe und Äbte auf die vom Reich stammenden Güter und Rechte (Regalien) gegen die päpstliche Kaiserkrönung. Dessen Bekanntgabe löste bei den Fürsten einen Sturm der Entrüstung aus, in dessen Folge Heinrich Papst und

Kardinäle inhaftierte und Paschalis die Investitur der Bischöfe mit Ring und Stab sowie das dauerhafte Verbot, den König zu bannen, abpresste (Privileg von Ponte Mammolo, 11.4. 1111). Auf Druck der strengen Reformer, die den zur Resignation bereiten Paschalis der Häresie beschuldigten, widerrief er auf den römischen Synoden 1112 und 1116 (neuerliches Investiturverbot) den als „Pravilegium" inkriminierten Vertrag mit dem König. Durch den Aufstand der Römer (1116) und Heinrichs Italienzug zur Flucht aus Rom (1117) genötigt, starb Paschalis kurz nach seiner Rückkehr in die ⁄Engelsburg und wurde in der Laterankirche beigesetzt. – Trotz aller Kritik an Paschalis' zögerlich-glücklosem Handeln bleibt hervorzuheben, dass er an den politischen Positionen und rechtlichen Ansprüchen seiner bedeutenden Vorgänger konsequent festhielt.

▣ Quellen: LP 2, 296–310; 3, 134f. 143–156; RPR(J)² 1, 702–772; MGH.Const 1, 134–152 564–574; U.-R. Blumenthal: Decrees and Decretals: Bulletin of Medieval Canon Law 10 (1980) 15–30.

▣ Literatur: LMA 6, 1752f.; VatL 546ff. – U.-R. Blumenthal: The Early Councils of Pope Paschalis 1100–10. Toronto 1978 (dazu AHC 10 [1978] 279–289); C. Servatius: Paschalis II. Stuttgart 1979; G.M. Cantarella: Ecclesiologia e politica nel papato di Pasquale II. Rom 1982 (dazu Zeitschrift der Savigny-Stiftung für Rechtsgeschichte. Kanonistische Abteilung 71 [1985] 359–362); U.-R. Blumenthal: Bemerkungen zum Register Papst Paschalis' II.: QFIAB 66 (1986) 1–19; G.M. Cantarella: La costruzione della verità. Pasquale, un papa alle strette. Rom 1987; C. Servatius: Zur Englandpolitik der Kurie unter Paschalis II.: Deus qui mutat tempora. FS A. Becker. Sigmaringen 1987, 173–190; C. Morris: The Papal Monarchy. Oxford 1989, 154–162; S. Beulertz: Das Verbot der Laieninvestitur im Investiturstreit. Hannover 1991, 121–150; G.M. Cantarella: Pasquale II e il suo tempo.

Neapel 1997; G. Cioffari: Il Concilio di Bari del 1098: Nicolaus 26 (1999) 109–121; S. Weinfurter: Wendepunkte der Reichsgeschichte im 11. und 12.Jh.: Das Papsttum in der Welt des 12.Jh., hg. v. E.D. Hehl. Sigmaringen 2000. *Hubertus Seibert*

Paschalis III., Gegenpapst (1164–1168), vorher *Guido von Crema;* † 20.9.1168 Rom (Grab in Sankt Peter);

am 22.4.1164 in Lucca als Nachfolger des kaiserlichen Gegenpapstes Victor IV. auf Betreiben Rainalds von Dassel erhoben (Weihe 26.4.). Die Erhebung war wegen der Verlängerung des Schismas auch im kaiserlichen Lager umstritten. Seine Zustimmung legitimierte die Heiligsprechung Karls des Großen am 29.12.1165 in Aachen. Barbarossas vierter Italienzug führte am 30.7. 1167 zu Paschalis' Inthronisation in Sankt Peter in Rom, wo er am 1.8. Friedrichs Gemahlin Beatrix zur Kaiserin krönte.

▣ Quellen: RPR(J)² 2, 426–429.

▣ Literatur: LMA 6, 1753f.; VatL 549. – W. Georgi: Friedrich Barbarossa und die auswärtigen Mächte. Frankfurt (Main) 1990; J. Laudage: Alexander III. und Friedrich Barbarossa. Köln 1997; K.M. Sprenger: Ein Deperditum Paschalis III. für den gegenpäpstlichen Legaten Christian von Buch?: Historisches Jahrbuch 118 (1998) 261–276. *Jürgen Petersohn*

Paul I. (29.5.757–28.6.767), heilig (Tag 28.6.);

Bruder des Vorgängers Stephan II.; war vorher in der päpstlichen Verwaltung tätig. Seine Wahl zeigte er nicht dem byzantinischen Kaiser, sondern dem Frankenkönig Pippin dem Jüngeren an. Das zwischen diesem und Stephan II. zu Quierzy bzw. Saint-Denis geschlossene, die bisherige Politik umstürzende Bündnis stabilisierte er im Sinn praktischer Unabhängigkeit gegenüber Byzanz und Absicherung gegenüber der langobardischen Expansion. Die päpstlicherseits 754 an Pippin gemachten Zusicherungen einer „memoria aeterna" in der Peterskirche hat gutenteils erst Paul erfüllt: die Übertragung der fortan als karolingische Hauspatronin verehrten angeblichen Petrustochter Petronilla von der Domitillakatakombe in eine Rotunde an der Peterskirche sowie die (bis dahin nicht praktizierte) Herausgabe von Martyrerleibern an fränkische Petenten, die Entgegennahme einer Mensastiftung für das Petrusgrab bei Gesang der Herrscherlaudes und noch die Absicherung pippinscher Stiftungen zugunsten der Peterskirche und der Armen. Hinzu kam die Erneuerung des geistlichen Bündnisses mit Hilfe der (symbolisch eingegangenen) Patenschaft über die Königstochter Gisela.

Quellen: LP 1, 463–467; 3, 345; RPR(J) 1, 277–283; MGH.Ep 3, 507–558.

Literatur: BBKL 7, 12ff.; LMA 6, 1823; VatL 552f. – D.H. MILLER: Papal-Lombard Relations During the Pontificate of Pope Paul I: The Attainment of an Equilibrium Power in Italy 756–767: The Catholic Historical Review 55 (1970) 348–375; DERSELBE: Byzantine-Papal Relations During the Pontificate of Paul I. Confirmation and Completion of the Roman Revolution of the Eighth Century: Byzantinische Zeitschrift 68 (1975) 47–62; A. ANGENENDT: Mensa Pippini Regis. Zur liturgischen Präsenz der Karolinger in Sankt Peter: RQ 35 (1977) 52–68; DERSELBE: Das geistige Bündnis der Päpste mit den Karolingern: Historisches Jahrbuch 100 (1980) 1–94; TH.F.X. NOBLE: The Republic of Saint Peter. Philadelphia 1984; BORGOLTE 105–112; J.T. HALLENBECK: King Desiderius as Surrogate ‚Patricius Romanorum': Studi medievali 30 (1989) 49–64.

Arnold Angenendt

Paul II. (30.8.1464–26.7.1471), vorher *Pietro Barbo;* * 23.2.1418 aus venezianischer Kaufmannsfamilie. Sein Onkel Eugen IV. eröffnete ihm die geistliche Laufbahn: Apostolischer Protonotar, Archidiakon von Bolo-

gna, Bischof von Cervia (1440) und Kardinal von Santa Maria Nuova in Rom (1440), erhielt später noch zusätzlich die Bistümer Vicenza (1451) und Padua (1459); wechselte unter Nikolaus V. in den Kardinalat von San Marco (1451). Den neben seiner Titelkirche errichteten Palast gleichen Namens (heute Palazzo Venezia), Zeugnis seiner Prunkliebe, machte er als Papst zur Hauptresidenz, von den Römern als Initiator glanzvoller Feste und aufwendiger (bereits mit seiner Krönung einsetzender) Zeremonien geschätzt. Sein autoritär-aristokratisches Regiment kündigte sich mit dem Widerruf der von ihm mitbeschworenen Wahlkapitulation an und setzte sich mit der Aufhebung des erst von Pius II. 1463 gegründeten Abbreviatorenkollegs und der Schließung des von Pomponius Laetus geleiteten römischen Akademie fort. Die betroffenen Humanisten, v.a. Bartolomeo Platina, entwarfen daher von Paul das nachhaltig wirkende Bild eines barbarischen Feindes aller Kunst und Wissenschaft. Die Wendung gegen des Neuheidentums verdächtige „Bildungsapostel" erfolgte aber bei dem als Kunst- und Antikensammler sowie als Förderer des Druckwesens, indes weniger als Literaturkenner hervortretenden Papst kaum aus prinzipiell antihumanistischen Motiven, sondern wohl wegen des – nicht erwiesenen – Verdachtes der Verschwörung und der Zusammenarbeit mit den Türken. Durch Hilfe für Ungarn und Skanderbeg in Albanien wie im Bund mit Uzun Hasan von Persien suchte er deren Vordringen aufzuhalten; nach dem Fall von Negroponte 1470 war er, wie schon 1468 mit der „Pax Paolina", um Einung der italienischen Staaten bemüht. Sein Vorgehen gegen den utraquistischen Böhmenkönig Georg von Poděbrad blieb trotz des Einsatzes von König Matthias Corvinus ohne Erfolg und ließ jenen zwecks Einberufung eines allgemeinen Konzils die Allianz mit Ludwig XI. von Frankreich suchen, zu dem Paul trotz über Kardinal Jean Jouffroy laufender Verbindungen u.a. aufgrund der Affäre um Jean Balue, v.a. aber wegen der steten Drohung mit der von der Universität Paris und dem Parlament betriebenen Konzilsappellation und Erneuerung der Pragmatischen Sanktion in gespanntem Verhältnis stand. Selbst der nahe stehende Kaiser Friedrich III. ersuchte auf seiner Romfahrt 1468/69, die ihm die Zusage der Errichtung von Bistümern in Wien und Wiener Neustadt eintrug, um Einberufung eines neuen Konzils nach Konstanz – Zeichen des Fortlebens der selbst in der oben erwähnten Wahlkapitulation belegten Konzilsidee. Dies steht auch im Zusammenhang mit der unterbliebenen Kirchenreform, die der zwar gegen die pauperistische Sekte der Fraticelli della opinione vorgehende und die Feier des Heiligen Jahres ab 1475 in 25-jährigem Abstand verfügende Papst nicht betrieb, dessen Pontifikat generell kaum neue und positive Impulse auszeichneten.

Literatur: DTHC 12, 3–9; NCE 11, 12f.; GKG 12, 43; BBKL 7, 14f.; LMA 6, 1823f.; VATL 553f. (sämtliche mit Quellen und weiterer Literatur). – P.S. GENSINI (Hg.): Roma capitale (1447–1527). Pisa 1994; W. BENZIGER: Zur Theorie von Krieg und Frieden in der italienischen Renaissance. Frankfurt (Main) 1996; C. MÄRTL: Kardinal Jean Jouffroy. Sigmaringen 1996. *Heribert Müller*

Paul III. (13.10.1534–10.11.1549), vorher *Alessandro Farnese,* * Februar 1468 Canino bei Viterbo oder Rom; humanistische Ausbildung in Rom, Florenz und Pisa. Seinen Aufstieg an der Kurie verdankte er Alexander VI., der ein Liebesverhältnis zu Alessandros Schwester Giulia Farnese gehabt hatte. 1493 Kardinaldiakon, 1524 Dekan des Heiligen Kollegiums. Sein Lebensstil unterschied sich nicht von dem der übrigen Renaissancepäpste. Aus seiner Kardinalszeit hatte er mehrere Kinder, von denen Pier Luigi seine besondere Gunst erfuhr. Als Papst praktizierte er einen exzessiven ∕Nepotismus: zwei Enkel wurden Kardinäle, der dritte wurde Herzog von Urbino, sein Sohn Pier Luigi erhielt Parma und Piacenza. Paul sah ein, dass die schwankende Politik seines Vorgängers Clemens' VII. nicht fortgesetzt werden konnte und suchte daher eine Neutralitätspolitik gegenüber Kaiser Karl V. und Frankreich zu verwirklichen. Persönlich wenig reformfreudig, war ihm die Unumgänglichkeit einer Kirchenreform klar. Er berief Männer der Reform ins Kardinalskollegium (u.a. John Fisher, Gasparo Contarini, Giampietro Carafa [später Paul IV.], Jacopo Sadoleto, Reginald Pole, Giovanni Morone, Gregorio Cortese) und unterstützte religiöse Erneuerungsbewegungen, die Reform der alten Orden sowie neue Ordensgründungen (Theatiner, Barnabiten, Ursulinen, Kapuziner); 1540 bestätigte er den Jesuitenorden. 1536 setzte er eine Reformkommission ein, deren Ergebnis das „Consilium delectorum cardinalium et aliorum praelatorum de emendanda ecclesia" (1537) war. Den Religionsgesprächen (Hagenau, Worms, Regensburg 1540–41), mit denen Karl V. eine Einigung der konfessionellen Parteien im Reich herbeiführen wollte, begegnete Paul mit Misstrauen. Die Verbreitung reformatorischen Gedankenguts, besonders im oberitalienischen Raum, und die Ausstrahlung des Kreises um Juan de Valdés in Neapel führten

1542 zur Schaffung der Inquisition an der römischen Kurie (Bulle *Licet ab initio*); Triebfeder war dabei Carafa. – Seit Beginn seines Pontifikats verfolgte Paul den Konzilsplan. Erste Berufungen (Mantua und Vincenza 1537, Trient 1542) erwiesen sich als erfolglos. Nachdem Karl V. im Frieden von Crépy (1544) den französischen König auf das Konzil festgelegt hatte, konnte es am 13.12. 1545 in Trient eröffnet werden. Die erste Tagungsperiode (1545–48) erarbeitete eine Reihe wichtiger dogmatischer Dekrete. Als angeblich einige Fälle von Flecktyphus in Trient auftraten, benutzten die Legaten die Gelegenheit, das Konzil nach Bologna zu verlegen. Der Kaiser legte Protest ein, und Paul verfügte, dass in Bologna keine neuen Dekrete verkündet würden. Am 14.9.1549 wurde das Konzil suspendiert. In einem Bündnisvertrag (1546) hatte Paul dem Kaiser für den Schmalkaldischen Krieg Gelder und militärische Hilfskorps zur Verfügung gestellt. In den darauf folgenden Jahren kam es zu schweren Zerwürfnissen zwischen Paul und Karl V. wegen der Vorgehensweise des Kaisers in der Religionsfrage und die Familienpolitik des Papstes. Die Verfügung des Interims 1548 durch den Kaiser empörte den Papst. Die Ermordung des Papstsohns Pier Luigi (1547) führte zu einem Höhepunkt der Spannungen, da der kaiserliche Statthalter in Mailand, Ferrante Gonzaga, in die Pläne eingeweiht war. – Im englischen Schisma gelang es Paul nicht, ein gewaltsames Vorgehen Karls V. und des französischen Königs gegen Heinrich VIII. zu erreichen. In den Bemühungen, die Türkengefahr abzuwehren, unterstützte dagegen Paul den Kaiser tatkräftig. – Paul förderte Wissenschaften und Kunst. Michelangelo wurde oberster Architekt, Bildhauer und Maler des vatikanischen Palasts. In dieser Zeit entstand das „Jüngste Gericht" in der ⁄ Sixtinischen Kapelle. – Der Pontifikat Pauls wird meist als eine Zeit des Übergangs, seine Person als ambivalent bezeichnet. Neuestens sieht Elisabeth G. Gleason in ihm nicht zu Unrecht den ersten Papst der Gegenreformation: Durch seine personelle Veränderung des ⁄ Kardinalskollegiums, seine Einleitung der Reformen („Consilium de emendanda ecclesia"), seine Unterstützung der Reformorden (Jesuiten, Kapuziner), die Errichtung der römischen Inquisition und die Einberufung des Tridentinums habe er sich als ernst zu nehmender Führer und Verteidiger der katholischen Kirche und ihres Glaubens erwiesen.

Quellen: Reiches Material findet sich in den verschiedenen Reihen der Nuntiaturberichte. – Concilium Tridentinum. Diariorum, Actorum, Epistularum, Tractatum nova Collectio, hg. v. der Görres-Gesellschaft, 13 Bde. Freiburg 1901–2001.

Literatur: DThC 12, 9–20; EC 9, 734ff.; TRE 26, 118–121; VatL 554f. – Pastor Bd. 5; C. Capasso: Paolo III, 2 Bde. Messina–Rom 1925; L. Dorès: La cour de pape Paul III, 2 Bde. Paris 1932; W. Friedensburg: Kaiser Karl V. und Papst Paul III. Leipzig 1932; G. Drei: I Farnese. Rom 1954; G. Müller: Die drei Nuntiaturen Aleanders in Deutschland: QFIAB 39 (1959) 222–276 328–342; H. Jedin: Die Päpste und das Konzil in der Politik Karls V.: Karl V. Der Kaiser und seine Zeit, hg. v. P. Rassow– F. Schalk. Köln–Graz 1960, 104–117; K. Repgen: Die Römische Kurie und der Westfälische Friede, Bd. 1/1: Papst, Kaiser und Reich 1521–1644. Tübingen 1962; H. Lutz: Christianitas afflicta. Göttingen 1964; H. Jedin: Geschichte des Konzils von Trient, Bd. 1–3. Freiburg 1977–82; E.G. Gleason: Who was the first Counter-Reformation Pope?: The Catholic Historical Review 81 (1995) 173–184; J.S. Panzer: The popes and slavery: Homiletic and Pastoral Review 97 (1996) 22–29 (zu ‚Sublimis Deus'); R. Zapperi: Die vier Frauen des Papstes: Das Leben

Pauls III. zwischen Legende und Zensur. München 1997; DERSELBE: La leggenda del Papa Paolo III. Arte e censura nella Roma pontificia. Turin 1998; C. ROBERTSON: Two Farnese cardinals and the question of Jesuit taste: The Jesuits, hg. v. J.W. O'MALLEY. Toronto 1999, 134–147; M. SCHMIDT: ‚Papst Paul wünschte, daß er die von Clemens angeordnete Arbeit fortsetzen möge'. Neues zur Genese von Michelangelos ‚Jüngstem Gericht' in der Sixtinischen Kapelle unter Paul III.: Das Münster 53 (2000) 16–29.   *Klaus Ganzer*

Paul IV. (23.5.1555–18.8.1559), vorher *Giampietro Carafa*, * 28.6.1476 Capriglio aus neapolitanischem Adel; Neffe des Kardinals Oliviero Carafa, dcm er seinen Aufstieg an der Kurie verdankte. 1505 Bischof von Chieti; 1505/06 Nuntius in Neapel, 1513 in England, 1515 in Spanien, wo es zu Spannungen zwischen ihm und dem spanischen Hof kam. 1518 erhielt er das Erzbistum Brindisi. In Rom hatte er enge Verbindungen zum „Oratorium der göttlichen Liebe". 1524 gründete er zusammen mit Cajetan von Thiene den Orden der Theatiner. 1536 Kardinal, ab 1553 Dekan des Heiligen Kollegiums, 1549 Erzbischof von Neapel; Mitglied der Kommission für das „Consilium de emendanda ecclesia". Seine Wahl zum Papst stand unter entscheidendem Einfluss des Kardinals Alessandro des Jüngeren Farnese. Die ungünstigen Erfahrungen während seiner spanischen Legation und Kränkungen seitens Karls V. erzeugten in ihm eine tiefe Abneigung gegen die Habsburger. Die katholische Gesinnung des Kaisers war ihm verdächtig. Den Augsburger Religionsfrieden von 1555 betrachtete er als ungültig, ebenso die Abdankung Karls und die Wahl Ferdinands (I.) zum Kaiser. 1555 schloss Paul ein Militärbündnis mit Frankreich gegen Spanien in der Hoffnung, das habsburgische Weltreich zerstören zu können. Der Papst stürzte sich damit jedoch in ein politisches Abenteuer: Herzog Fernando Alba fiel in den ∕Kirchenstaat ein, und Paul musste 1557 einen Friedensvertrag mit Spanien abschließen. Nach dem Scheitern seiner politischen Ambitionen wandte Paul sich stärker innerkirchlichen Aktivitäten zu, mit dem Ziel, in eigener Machtvollkommenheit einschneidende Reformen in der Kirche durchzuführen. Eine Fortsetzung des Konzils (Trient) suchte er zu verhindern. In extensiver Weise handhabte er die römische Inquisition, die einen Vorrang vor allen römischen Behörden bekam und auch vor höchsten kirchlichen Personen nicht Halt machte. So wurde Kardinal Giovanni Morone 1557 auf Befehl Pauls in der ∕Engelsburg gefangen gesetzt und ein Inquisitionsprozess gegen ihn eingeleitet; auch gegen Kardinal Reginald Pole sollte ein Prozess eingeleitet werden. 1559 veröffentlichte Paul den *Index librorum prohibitorum* (∕Index der verbotenen Bücher), der später zurückgezogen und revidiert werden musste. Scharfe Maßnahmen ergriff er auch gegen die Juden. Unter Paul lebte der ∕Nepotismus alten Stils wieder auf. Er ernannte seinen Neffen Carlo Carafa zum Kardinal und übertrug ihm 1555 die gesamten politischen Geschäfte. Dessen ungeistliches und gewissenloses Streben war allein auf den Machtzuwachs seines Hauses gerichtet. Ein anderer Neffe, Giovanni Carafa, wurde im gleichen Jahr Generalkapitän der Kirche. Kardinal Carlo Carafa und seine Brüder nutzten ihre Machtfülle rücksichtslos aus. Als Paul 1559 ihr verbrecherisches Treiben durchschaute, entfernte er Carlo und Giovanni aus ihren Ämtern und verbannte sie aus Rom

(beide wurden unter Pius IV. hingerichtet). – Paul war persönlich inte-
ger; infolge seiner mangelnden intellektuellen Sensibilität und seines un-
ausgeglichenen Charakters war sein
Pontifikat jedoch für die Sache der
katholischen Reform eher von
Nachteil.

▧ Quellen: Reiches Material findet sich in
den verschiedenen Reihen der Nuntiaturberichte.

▧ Literatur: DBI 19, 497–509; DTHC 12, 20–
23; EC 9, 736ff.; TRE 26, 121–124; VATL
555f. – PASTOR Bd. 4/2, 5 und 6; L. RIESS:
Die Politik Pauls IV. und seiner Nepoten.
Berlin 1909; P. PASCHINI: S. Gaetano Thiene, Gian Pietro Carafa e le origini dei Chie-
rici Regolari Teatini. Rom 1926; M.S. DE OT-
TO: Paulo IV y la Corona de España. Sara-
gossa 1943; L. SERRANO: El papa Paulo IV y
España: Hispania 3 (1943) 293-325; T. TOR-
RIANI: Una tragedia nel Cinquecento roma-
no. Paolo IV e i suoi nepoti. Ro 1951; H.
LUTZ: Reformatio Germaniae: QFIAB 37
(1957) 222–310; R. DE MAIO: Alfonso Ca-
rafa, cardinale di Napoli. Vatikanstadt 1961,
Nachdruck 1981; K. REPGEN: Die Römische
Kurie und der Westfälische Friede, Bd. 1/1.
Tübingen 1962; H. LUTZ: Christianitas aff-
licta. Göttingen 1964; DERSELBE: Kardinal
Morone: Il Concilio di Trento e la Riforma
Cattolica, Bd. 1. Rom 1965, 363–381; H. JE-
DIN: Kirchenreform und Konzilsgedanke
1550–55: Kirche des Glaubens, Kirche der
Geschichte, Bd. 2. Freiburg 1966, 237–263;
DERSELBE: Geschichte des Konzils von Tri-
ent, Bd. 1–3. ebd. 1977–82; P. SIMONCELLI:
Il caso Reginald Pole. Rom 1977; DERSEL-
BE: Evangelismo italiano del Cinquecento.
ebd. 1979; M. FIRPO – D. MARCATTO: Il pro-
cesso inquisitoriale del cardinal Giovanni
Morone, 6 Bde. ebd. 1981–95; D. CHIOMEN-
TI VASSALLI: Paolo IV e il processo Carafa.
Mailand 1993; A. AUBERT: Paolo IV. Politi-
ca, inquisizione e storiografia. Florenz 1999.

Klaus Ganzer

Paul V. (16.5.1605–28.1.1621), vorher
Camillo Borghese, * 17.9.1552 Rom
aus sienesisch-römischer Juristenfamilie. Nach Studien in Perugia und
Padua (Doctor iuris) Aufstieg in der

kurialen Ämterlaufbahn, 1593 Legat
bei Philipp II. von Spanien, 1596
Kardinal, 1597–99 Bischof von Jesi,
1603 Kardinalvikar in Rom und Inquisitor. Im Konklave nach dem Tod
Leos XI. Verhinderung der Wahl
Robert Bellarmins und Caesar Baronius' durch Spanien. Paul wurde
als Kompromisskandidat gewählt
und am 29.5. gekrönt. Weiterführung der katholischen Reform (Förderung der neuen Orden und Kongregationen, Einschärfung der Residenzpflicht, Ausgabe des Rituale
Romanum 1614). Unterstützung der
Missionen, besonders in Indien, China und Kanada. 1607 löste Paul die
von Clemens VIII. bestellte „Congregatio de auxiliis gratiae" auf,
ohne eine Entscheidung im Gnadenstreit zwischen Jesuiten und Dominikanern zu treffen. Er verbot jedoch die gegenseitige Zensurierung.
Im ersten Prozess gegen Galileo Galilei wurde 1616 das kopernikanische
Weltsystem verurteilt. Im ⁄Kirchen-
staat förderte Paul den Ausbau
von Verwaltung, Gesundheitswesen,
Landwirtschaft, Handel und Verkehr. Unter ihm wurden ⁄Sankt Peter vollendet (Carlo Maderno), die
⁄Vatikanische Bibliothek erweitert,
Palazzo und Villa Borghese errichtet
und die Wasserversorgung Roms
verbessert (Acqua Paola); nicht frei
von ⁄Nepotismus. Politisch erstrebte er Neutralität zwischen Frankreich (Heinrich IV.) und Spanien
(Philipp III.). Im beginnenden Dreißigjährigen Krieg unterstützte Paul
Kaiser Ferdinand II. und die Liga
unter Führung Maximilians I. von
Bayern. Überholte Vorstellungen
päpstlicher Oberhoheit führten zu
schweren politischen Konflikten und
Misserfolgen, so mit italienischen
Staaten und Frankreich, besonders
in der grundsätzlichen Auseinandersetzung zwischen Staat und Kirche

mit der Republik Venedig 1605–07: Bann über den Senat und Interdikt über die Republik; beide Zensuren blieben weithin wirkungslos. In Paolo Sarpi fand die Republik einen scharfen literarischen Verteidiger. Der Kompromissfriede, vermittelt von Frankreich und Spanien, bedeutete eine schwere päpstliche Niederlage. Den Untertanen Jakobs I. von England verbot Paul die Ablegung des nach der Pulververschwörung 1605 geforderten Treueids. Grab in Santa Maria Maggiore.

■ Literatur: DTHC 12, 23–37; EC 9, 738–741; HKG 4, 650– 659. – PASTOR 12, 22–680; J. SEMMLER: Das päpstliche Staatssekretariat in den Pontifikaten Pauls V. und Gregors XV. Rom 1967; W. REINHARD: Papstfinanz und Nepotismus unter Paul V., 2 Teile. Stuttgart 1974; M. HECKEL: Deutschland im konfessionellen Zeitalter. Göttingen 1983; G. SCHWAIGER: Die Päpste im Zeitalter des Dreißigjährigen Krieges: GKG 12, 103–127; K. REPGEN (Hg.): Krieg und Politik 1618–48. München 1988; G. ZANON: Il Rituale di Brescia del 1570 modello del Rituale Romano di Paolo V: Traditio et progressio. FS A. Nocent. Rom 1988, 643–681; A. KRAUS: Die Geschichte des päpstlichen Staatssekretariats im Zeitalter der katholischen Reform und der Gegenreformation als Aufgabe der Forschung: RQ 84 (1989) 74–91; A. FANTOLI: Galileo for Copernicanism and for the Church. Rom 1994; BORGOLTE 415; S. SAMERSKI: Akten aus dem Staatssekretariat Pauls V. und Gregors XV.: AHP 33 (1995) 303–314; DERSELBE: Das päpstliche Staatssekretariat unter L. Margotti 1609–11: RQ 90 (1995) 74–84; A. ANTINORI: Scipione Borghese e l'architettura. Rom 1995; A.M. CORBO – M. POMPONI (Hg.): Fonti per la storia artistica romana al tempo di Paolo V. ebd. 1995; F. ANTOLÍN: Un breve misional desconocido dirigido a Tomas de Jesus: Teresianum 47 (1996) 287–302; N. REINHARDT: Macht und Ohnmacht der Verflechtung. Rom und Bologna unter Paul V. Tübingen 2000. *Georg Schwaiger*

Paul VI. (21.6.1963–6.8.1978 [Castelgandolfo]), vorher *Giovanni Battista Montini*, * 26.9.1897 Concesio (Provinz Brescia) aus katholischer Intellektuellenfamilie, erhielt Privatunterricht von Jesuiten und Oratorianern; 1920 Priester, dann Studium in Rom; 1923 für kurze Zeit als Nuntiatursekretär in Warschau. Als Mitorganisator und geistlicher Assistent der katholischen Studentenorganisation Fuci (1923–33) lernte er die Nachwuchskräfte der katholischen Laienwelt Italiens kennen; als Herausgeber der Zeitschrift „Studium" (Rom [1905] ff.) wurde er vertraut mit den politischen und kulturellen Bestrebungen der Zeit, insbesondere des französischen Katholizismus. Die klar ablehnende Einstellung seines Elternhauses gegenüber dem Faschismus bestimmte seine politische Orientierung. Seit Oktober 1924 im Päpstlichen Staatssekretariat – 1925 Minutant, 1937 Substitut für die „Affari ecclesiastici ordinari", in dessen Zuständigkeit die Katholische Aktion und die Katholische Bewegung in den verschiedenen Ländern fielen. Nach Ausbruch des Zweiten Weltkrieges mit Domenico Tardini engster Berater Pius' XII.; trug besondere Verantwortung für die Organisation des Nachrichtendienstes, der vatikanischen Hilfswerke sowie der Flüchtlings- und Kriegsgefangenendienste. 1952 Prostaatssekretär, schied er 1954 vorübergehend aus der Kurie aus und wurde Erzbischof von Mailand, ohne die traditionelle Erhebung zum Kardinal. Als Erzbischof einer der größten Diözesen der Welt bemühte er sich nach französischem Vorbild um spirituelle und geistliche Erneuerung, gründete Pastoralzentren und förderte die Stadtmission. 1958 unter Johannes XXIII. Kardinal. Neben Kardinal Giacomo Lercaro von Bologna einziger italienischer Bischof, der den Konzilsplan

Johannes' XXIII. mit einem konkreten Reformprogramm unterstützen konnte. Am 21.6.1963 wurde er nach fünf Wahlgängen zum Papst gewählt und nahm den Namen des Völkerapostels Paulus an. Das von seinem Vorgänger einberufene Konzil führte er weiter und skizzierte die Linienführung seines Pontifikats in der Enzyklika *Ecclesiam suam* (1964) in drei großen Dialogkreisen: Reform und Dialog nach innen, ökumenischer Dialog mit anderen christlichen Kirchen und Gemeinschaften, Begegnung mit der modernen Kultur. Am römischen Verständnis des Primats hielt er fest, die Kollegialität des Bischofskollegiums reduzierte er in der *Nota praevia* vom 16.11. 1964 auf eine Assistenzfunktion des Papsttums. Auch in der Ausklammerung der Zölibatsfrage, der Empfängnisregelung und der Umschreibung der Kompetenzen der Bischofssynode im Motu Proprio *Apostolica sollicitudo* vom 15.9. 1965, die einen Konsultativcharakter erhielt, setzte er die römische Primatsauffassung durch. Als intimer Kenner des Kurialsystems führte er einschneidende Reformen in der Konstitution *Regimini ecclesiae universae* vom 15.8.1967 durch, beschleunigte die Internationalisierung der Kurie unter Berufung v. a. französischer Mitarbeiter (Kardinalstaatssekretär Jean Villot; 1961: 1322 kuriale Funktionäre, 1978: 3146), beschränkte das Alter der wahlberechtigten Kardinäle im Konklave auf achtzig Jahre (*Ingravescentem aetatem* vom 21.11.1970), setzte das Wahlkollegium auf 120 fest (*Romano pontifici eligendo* vom 1.10.1975) und brach das traditionelle italo-europäische Übergewicht im Kardinalskollegium durch entschiedene Internationalisierung. Paul verstand es, durch sparsamen Einsatz von Ges-

ten und Symbolen Brücken zu neuen Ufern zu schlagen: 4.–6.1.1964 Reise ins Heilige Land, 2.–5.12.1964 Reise nach Bombay, 3.–5.10.1965 Besuch der UNO in New York, 25.7. 1967 Besuch des Patriarchen Athenagoras in Konstantinopel, 22.– 25.8.1968 Teilnahme am Eucharistischen Kongress in Bogotà und an der lateinamerikanischen Bischofskonferenz in Medellín, 10.6.1969 Besuch des internationalen Arbeitsbüros in Genf und des Weltkirchenrates, 31.7.–2.8.1970 Besuch in Uganda, 26.11.–5.12.1970 Reise nach Asien, Australien und Ozeanien. Große symbolische Bedeutung erhielt die Aufhebung des Banns zwischen Konstantinopel und Rom am 7.12.1965. Innerkatholisch bereitete die nachkonziliare Polarisierung in einer Reihe von Ländern unter den Slogans „Verrat an der Kirche" (Juli 1976 Suspension von Erzbischof Marcel Lefebvre) oder „Verrat am Konzil" Sorgen. In Europa erschütterte eine Krise den holländischen Katholizismus, in Lateinamerika war der Vorwurf einer Infiltration der Befreiungstheologie durch den Marxismus nur schwer zu entkräften. Einen Höhepunkt erreichte die innerkirchliche Kontestation in der Enzyklika *Humanae vitae* 1968. In Deutschland wenig goutiert war seine / päpstliche Ostpolitik, für die Kardinalstaatssekretär Agostino Casaroli einstand. Sie galt nicht dem ideologischen Dialog, sondern der Erleichterung der Lebensbedingungen des Katholizismus im kommunistischen Herrschaftsbereich. Spektakulär war die Übersiedlung des ungarischen Kardinals Jószef Mindszenty und des Prager Erzbischofs Josef Beran. Besonders im Vietnamkrieg nahm Paul eine Abkühlung des Verhältnisses zu den USA in Kauf. Die soziale und gesellschaftspolitische Auffassung Pauls spiegelt sich am vollkommensten in der Enzyklika *Octogesima adveniens* vom 14.5.1971 wider (Entwicklung ist Synonym für den Frieden); den Verkündigungsauftrag der Kirche in einer pluralistischen Welt fasste die Apostolische Exhortation *Evangelii nuntiandi* des Heiligen Jahres 1975 zusammen. Bewegendes Zeugnis der Menschlichkeit Pauls ist sein Brief an die Roten Brigaden vom 21.4.1978, um die Ermordung seines Freundes, des italienischen Ministerpräsidenten Aldo Moro, zu verhindern. Am Modell konkordatärer Vereinbarungen hielt Paul fest. – Das Etikett eines Papstes des Zweifels und des Zauderns, mit dem er gerne behaftet wurde, trifft nur dann zu, wenn damit der von ihm repräsentierte Typ des Intellektuellen angesprochen wird, der die Komplexität der Situation des Christen in der modernen Kultur erkannt hat, zu der er sich selber rechnete.

■ Werke: *Als Beihhefte zur Zeitschrift Studium:* Coscienza universitaria. 1930; Via di Cristo. 1931. – Appunti per la storia della diplomazia pontificia nel secolo VIII. Rom 1934; Lettere agli familiari, 2 Bde. Brescia 1986.

■ Quellen: Insegnamenti di Paolo VI, 16 Bde. Vatikanstadt 1963–78; AAS 55–70 (1963–1978); Regesto dei documenti ufficiali promulgati da Paolo VI, hg. v. U. MORANDO. Brescia 1997; Lettere 1915–73: Paolo Caresana, Giovanni Battista Montini, hg. v. X. TOSCANI. ebd. 1998

■ Bibliographie: P. ARATÓ – P. VIAN: Elenchus bibliographicus. Brescia–Rom ²1981; P. VANZAN: Una panoramica bibliografia su Paolo VI: La civiltà cattolica 151 (2000) 258–269; AHP 1 (1963) ff. – Verschiedene Veröffentlichungsreihen zu Paul VI. publiziert das ‚Istituto Paolo VI‘ in Brescia.

■ Literatur: DSP 12, 522–536; VATL 557ff. – J. GUITTON: Dialog mit Paul VI. Frankfurt (Main) 1969; D.A. SEEBER: Paul VI. Papst im Widerstreit. Freiburg 1971; R. AUBERT: Paul VI, un ‚pontificat de transition‘: Revue nouvelle 48 (1978) 613–628; J. GUITTON: Paul VI secret. Paris 1979; A. DUPUY: La diplomatie du St. Siège après le II Concile du Vatican. ebd. 1980; J.D. HOLMES: The papacy in the modern world. London 1981; G. ANDREOTTI: Meine sieben Päpste. Freiburg 1982, 116–180; Paul VI et la modernité dans l'Église. Rom 1984; A. RICCARDI: Il potere del papa da Pio XII a Paolo VI. ebd. 1988; C. CREMONA: Paolo VI. Mailand 1991; P. HEBBLETHWAITE: Paul VI, the first modern pope. London 1993; A. ACERBI: Paolo VI. Mailand 1997; Papst Paul VI. Zur 100. Wiederkehr seines Geburtstages 1897–1997. Vorträge des Studientages am 29.11.1997 in Aachen. Neustadt (Aisch) 1999; CH. HUBER: Papst Paul VI. und das Kirchenrecht. Essen 1999. *Victor Conzemius*

Pelagius I. (16.4.556–3.3.561), * Rom aus einer römischen Aristokratenfamilie. Als Diakon begleitete er Agapet I. nach Konstantinopel (Februar 536), wo er zum Apokrisiar des römischen Patriarchats ernannt wurde und 536 an der Synode gegen Anthimus teilnahm; 537 verhinderte er die Rückkehr des Papstes Silverius nach Rom; auch unter Vigilius blieb er Apokrisiar. Er unterstützte Justinian I. in den ostkirchlichen Angelegenheiten und riet ihm zur Verurteilung des Origenismus (Patrologia Graeca 86, 945–994). Nach Rom zurückgekehrt, half er den Römern mit seinem Reichtum, besonders während der Belagerung und Plünderung der Stadt durch die Goten (546/547). 547 wirde er von König Totila zu Justinian gesandt. Seit 551 wieder in Konstantinopel, war er 553 Berater des Vigilius bei der Zurückweisung der Verurteilung der „Drei Kapitel" und schrieb für ihn das *Constitutum* (Corpus scriptorum ecclesiasticorum latinorum, Bd. 35, Wien 1895, 230–320); nach der Verurteilung der Drei Kapitel wurde er verbannt und verfasste im Exil mehrere Schriften, u. a. den Traktat *In defen-

sione trium capitulorum in sechs Büchern, in dem er die Schriften der
drei Beschuldigten rechtfertigt und
an die kirchliche Norm erinnert, welche die Verurteilung Verstorbener
verbietet. Von diesem Werk fehlen
Buch I und Teile aus Buch III und
VI; Buch III verteidigt Theodor von
Mopsuestia, Buch IV Theodoret von
Cyrus und Buch V ist Ibas von Edessa gewidmet. Da ihm im Exil keine
Bücher zur Verfügung standen, stützte er sich besonders auf das *Constitutum* (von ihm *Iudicatum* genannt)
und Facundus von Hermiane. Er kri-
tisierte Vigilius scharf wegen dessen
Konzessionen in der Frage der Drei
Kapitel sowie auch die Berater („dic-
tatores") des Papstes, die Diakone
Tullianus und Petrus. Nach dem Tod
des Vigilius (7.6.555) anerkannte Pelagius auf Betreiben des Justinian die
Verurteilung der Drei Kapitel sowie
das Konzil (MGH. AA 11, 204) und
wurde vom Kaiser gegen den Willen
von Klerus und Volk zum Bischof
von Rom ernannt (PL 68, 961); am
16.4.556 nahm er seine Tätigkeit in
Rom unter dem Schutz byzantinischer Militärs auf. Wegen seines Wir-
kens für Restaurierungen und seiner
Wohltätigkeit wurde er von den Römern schließlich akzeptiert; gleichwohl stieß er auf die Opposition König Childeberts und vieler westlicher
Kirchen, die er durch Zusicherungen
und Erklärungen zu gewinnen suchte. Dennoch kam es zum Schisma der
Bichöfe Norditaliens (Mailand,
Aquileia). – Von Pelagius sind 96
Briefe erhalten sowie die lateinische
Übersetzung einer Sammlung *(Collectio systematica)* von Heiligenviten
(Verba seniorum). Seit Pelagius war
für jede Wahl des römischen Bischofs
die kaiserliche Approbation erforderlich.

Quellen: PL 69, 393–418; 73, 855–1024;
PLS 4, 1284–69; CPL 1698–1703.

Literatur: DTHC 23, 660–669; LACL 493;
VATL 559f. – CASPAR 286–305; E. SLOOTS:
De Diaken Pelagius en de Verdediging der
drie Kapitels. Nijmegen 1936; M. MACCAR-
RONE: Romana ecclesia, Cathedra Petri,
Bd.1. Rom, 357–431; Patrologia, Bd. 4, hg.
v. A. DI BERARDINO. Genua 1996, 144ff.

Angelo Di Berardino

Pelagius II.

Pelagius II. (579–7.2.590), * Rom als
Sohn des Goten Wunegild; während
der Belagerung Roms durch die arianischen Langobarden im August 579
zum Papst gewählt, konnte er die
Zustimmung des Kaisers nicht ein-
holen und wurde am 26.11. geweiht.
Pelagius bat die Byzantiner und die
drei Frankenkönige Neustriens,
Austriens und Burgunds um Unterstützung. Diese kamen nach Italien,
allerdings ohne Erfolg. Pelagius
bemühte sich um die Beseitigung des
unter Pelagius I. aufgrund des Drei-
kapitelstreits entstandenen Schismas
mit den Bischöfen von Venetien und
Istrien, brachte aber die Kirchengemeinschaft nicht zustande. In einer
ausführlichen Abhandlung (ACO
IV/2, 112–132) griff er die gesamte
theologische Fragestellung auf, die
ein von diesen Bischöfen zugesand-
tes, auf Leo dem Großen basie-
rendes Dossier aufgeworfen hatte,
indem er bei den Konzilsaussagen
zwischen „illibati fidei" und den
übrigen, welche keinen dogmatischen Rang haben, unterschied.
Darüber hinaus untersuchte er jeden
einzelnen Fall der drei Verurteilten
(Theodor von Mopsuestia, Ibas von
Edessa und Theodoret von Cyrus)
und bestätigte, dass die Verurteilung
der Drei Kapitel keine Beeinträchti-
gung des rechten Glaubens mit sich
bringe. Pelagius protestierte vergeblich gegen die Selbstbezeichnung Pa-
triarchs Johannes IV. Nesteutes als
„Ökumenischer Patriarch" und verweigerte die Anerkennung der Ent-

scheidungen der von diesem 587 durchgeführten Synode (Gregor der Große, epp. 4, 32 34 38; 6, 41). – Der /Liber Pontificalis sowie einige Inschriften bezeugen Pelagius als Vollender zahlreicher Bauten in Rom; ein Mosaik der Basilika San Lorenzo fuori le mura stellt ihn als Erneuerer dieser Kirche dar. Er starb an der Pest und wurde in Sankt Peter beigesetzt.

▨ Quellen: PL 72, 701–760; PLS 4, 1414f.; LP 1, 309ff.; RPR(J) 1, 137–140; 2, 696; ACO IV/2, XXIIIe 105–132.

▨ Literatur: DTHC 12, 669–675; DACL 13, 1222ff.; CPL 1705ff.; LACL 493f.; VATL 560f. – BERTOLINI 225–300; G. CUSCITO: La fede calcedonense e i concili di Grado (579) e di Marano (591): Grado nella storia e nell'arte, Bd. 1. Udine 1980, 207–230; A. TUILIER: Grégoire le Grand et le titre de patriarche œcuménique: Grégoire le Grand. Paris 1986, 69–82; Patrologia, Bd. 4, hg. v. A. DI BERARDINO. Genua 1996, 150f.

Angelo Di Berardino

Petrus, Apostel († 67?), heilig (Tag 29.6.).

1. Neues Testament • 2. Spätere Bezeugung • 3. Verehrung • 4. Liturgiegeschichtlich • 5. Ikonographie.

1. *Neues Testament.* a) *Name:* Petrus (griechisch Πέτρος, aramäisch כֵּיפָא [kēfā'], gräzisiert: Κηφᾶς, Kephas bzw. Kefas) ist ursprünglich nicht Name, sondern von Jesus verliehener Beiname des *Simon* (Mk 3,16 par. Lk 6,14; Joh 1,42; Mt 16,18; „Simon Petrus" steht Mt 16,16; Lk 5,8; Joh 1,40; 6,8.68 u.ö.). Anlass, Grund und Sinn dieser Namensgebung sind nicht mehr zu erhellen, da die Deutung auf den Fels (πέτρα) der Kirche in Mt 16,18 wegen des nur im Griechischen sinnvollen Wortspiels und des ekklesiologischen Interesses dieser Stelle („meine Kirche" setzt die Existenz einer Sondergemeinschaft neben Israel voraus, s. Luz 456) nachösterlich ist.

Πέτρος und *kēfā'* bedeuten zunächst „Stein" und nicht „Fels" (Lampe). Möglicherweise hat Jesus den Simon wegen dessen Erstberufung als „Edelstein" seines Jüngerkreises (so Pesch 1980) bezeichnet.

b) *Vorkommen im Neuen Testament:* Im Neuen Testament erfahren wir über Petrus so viel wie über keinen anderen Apostel neben Paulus. Eine bedeutende Rolle spielt er in den Evangelien und der Apostelgeschichte. Auch Paulus erwähnt Petrus bzw. Kephas relativ häufig, allerdings nur im ersten Korinther- und im Galaterbrief. Die beiden Petrusbriefe nehmen die – allerdings pseudepigraphische – Verfasserschaft des Petrus für sich in Anspruch (1 Petr 1,1; 2 Petr 1,1).

c) *Biographie:* Simon stammt aus dem hellenistisch geprägten Betsaida (Joh 1,44). Hellenistische Beeinflussung seines zweifellos jüdischen Elternhauses verrät der griechische Name seines Bruders Andreas. Der nur einmal im Neuen Testament begegnende Beiname „Barjona" (Mt 16,17) ist in seiner Bedeutung unklar (vielleicht „Sohn des Johannes" [Joh 1,42; 21,15ff.]). Anlässlich seiner Heirat zieht Petrus nach Kafarnaum (Mk 1,29f.; 2,1). Von Beruf ist er Fischer (Mk 1,16ff.; Joh 21,3). Er gehört zu den ersten von Jesus berufenen Jüngern und wird später von Jesus in die Gruppe der Zwölf aufgenommen (Mk 3,16). Das in allen Evangelien reflektierte Versagen des Petrus in der Passion dürfte historische Erinnerung aufbewahren. Der Kreuzestod Jesu bedeutet für Petrus wie für alle Jünger eine schwere Enttäuschung; Petrus kehrt nach Galiläa zurück und nimmt Tätigkeit als Fischer zurück (Mk 16,7; Mt 28,10.16; Joh 21,1–14). Nach der Auferstehung Jesu ist er der erstberufene Osterzeuge (1 Kor 15,5; Lk

24,34; vgl. auch Mk 16,7). Es ist wohl v. a. seiner Initiative zu verdanken, dass der Jüngerkreis sich bald wieder sammelt und die Botschaft von der Auferstehung verkündet. Petrus kehrt nach Jerusalem zurück (Gal 1,18; 2,1–10; Apg 1–12; 15,6–29). Infolge seiner aufgeschlossenen Haltung der Heidenmission gegenüber, geht er bald nach Antiochien (Gal 2,11). Umstritten ist, ob die Existenz der Kephas-Partei in Korinth (1 Kor 1,12; vgl. 3,22) eine Anwesenheit des Petrus in dieser Stadt voraussetzt. Eher ist 1 Petr der Aufenthalt des Petrus in Rom (5,13: Babylon = Rom) zu entnehmen. Dies belegt v. a. die schon früh einsetzende Verehrung des dortigen ⁄Petrusgrabes, zu der es keine konkurrierende Überlieferung gibt. Dass Petrus den Kreuzestod in der „Nachfolge" Jesu erlitten hat, deutet Joh 21,18f. an (vgl. auch Joh 13,36). Zwischen den verschiedenen theologischen Richtungen im Urchristentum wirkte Petrus vermittelnd. Die radikale judenchristliche Position, die auch von Heidenchristen die Beachtung des Gesetzes und die Beschneidung forderte, hat Petrus auf dem Apostelkonvent (Gal 2,1–10; Apg 15,1–33) abgelehnt; er anerkannte die paulinische Heidenmission. Beim antiochenischen Konflikt (Gal 2,11–14) hat er wahrscheinlich auf einen die gemeindliche Einheit sichernden Kompromiss hingearbeitet, der von den Heidenchristen die Beachtung bestimmter Reinheitsgebote verlangte und der den so genannten „Jakobusklauseln" (Apg 15,20.29; 21,25) zugrunde liegt.

d) *Das Petrusbild der neutestamentlichen Schriften:* Über die rein historischen Fakten hinaus vermitteln uns die neutestamentlichen Schriften ein bestimmtes Bild des Petrus, das Rückschlüsse auf die Bedeutung des Apostels für die urchristlichen Gemeinden erlaubt.

Im *ersten Korinther-* und im *Galaterbrief* finden sich die ältesten neutestamentlichen Aussagen über Petrus. Paulus nimmt mehrfach an Petrus Maß, um seinen eigenen Apostolat und sein Verständnis des Evangeliums zu verteidigen. In 1 Kor 15,3–8 setzt sich Paulus ans Ende der mit Petrus beginnenden Reihe der Osterzeugen, um die Identität ihres auf die Berufung durch den Auferstandenen zurückgehenden Evangeliums zu unterstreichen (1 Kor 15,11). Selbst wo Paulus sein spezifisches Apostolatsverständnis entwickelt und Unterschiede zu Petrus deutlich werden, anerkennt er dessen Autorität (1 Kor 9,5f.; Gal 2,7f.). Paulus ist die Gemeinschaft mit Petrus und den anderen Jerusalemer Autoritäten wichtig (Gal 2,9f.; vgl. auch Gal 1,18). Allerdings lässt er es auf einen Streit mit Petrus ankommen, wo es um die „Wahrheit des Evangeliums" geht (antiochenischer Konflikt: Gal 2,11–14). Offenkundig war Petrus in der Gesetzesfrage kompromissbereiter als Paulus (s. o.). Insgesamt bezeugen die Paulusbriefe die führende Stellung des Petrus und seine Autorität im Urchristentum, die letztlich in seiner Berufung durch Jesus und der ihm zuteil gewordenen Erscheinung des Auferstandenen begründet ist. – Die *Evangelien und die Apostelgeschichte* bestätigen die herausragende Rolle des Petrus: Er gehört zu den Erstberufenen (Mk 1,16ff. par.; Lk 5,1–11; Joh 1,35–42); er spricht das grundlegende Christusbekenntnis (Mk 8,29 parr.; vgl. Joh 6,68f.); er führt die Liste des von Jesus berufenen Zwölferkreises an (Mk 3,16–19 parr.); ihn zeichnet Jesus mit Verheißung und Vollmachtsübertragung aus (Mt 16,17ff.; Joh 21,15ff.).

Seiner Rolle als Sprecher der Jünger steht sein Versagen gegenüber (Mk 14,66–72 parr.); dennoch kommt es ihm nach seiner „Bekehrung" zu, die „Brüder zu stärken" (Lk 22,31 f.). Entsprechend ist nach Apg 1–2 die Initiativrolle des Petrus für den Neuanfang: Er regt die Nachwahl des Matthias an (Apg 1,15–26), hält nach dem Pfingstereignis die das Geschehen deutende Rede (Apg 2,14–36), deckt Betrug und Fehlentwicklungen auf (Apg 5,1–11; 8,18–24), bestätigt zusammen mit Johannes die Samaritermission des Philippus (Apg 8,14–17) und öffnet die Kirche für die Heiden (Apg 10,46ff.; vgl. auch 11,1–18; Apg 15,6–11). – Besonderes Profil gewinnt das neutestamentliche Petrusbild im Matthäus- und Johannesevangelium. Im *Matthäusevangelium* wird Petrus zum einen als der „typische" Jünger Jesu gezeichnet, zum andern in seiner einmaligen und grundlegenden Funktion. Typus eines jeden Jüngers ist Petrus in einem ambivalenten Sinn positiv als derjenige, der Jesus sogleich nachfolgt (Mt 4,18ff.) und sich zu ihm bekennt (Mt 16,16), negativ als der Kleingläubige (Mt 14,28–31) und der Verleugner (Mt 26,69–75, vgl. auch Mt 16,21ff.). Der Leser des Matthäusevangeliums soll in Petrus sein Vorbild, aber auch die Möglichkeit eigenen Versagens erkennen. Daneben ist Petrus der einmalige Jünger, der am Anfang der Kirche steht und an den sie für alle Zeit gebunden ist. Zentral ist in diesem Zusammenhang der vieldiskutierte Text Mt 16,17ff. Die Seligpreisung des Petrus (Vers 17) erfolgt nicht aufgrund einer besonderen Leistung, sondern wird mit dem Geschenk göttlicher Offenbarung begründet. Diese Offenbarung darf nicht auf das vorausgehende Be-

kenntnis des Petrus (Vers 16) eingeschränkt werden (im Griechischen fehlt ein Objekt zu „offenbaren"), sondern umfasst die gesamte (im Matthäusevangelium aufbewahrte) Jesusüberlieferung, insbesondere die Weisungen Jesu (besonders Mt 5–7). Vers 18 deutet den Petrusnamen (Πέτρος) mit „Fels" (πέτρα). Dadurch wird Petrus (nicht nur sein Glaube) zum Grund der Kirche (Gesamtkirche), d. h. zum Garanten der Jesusüberlieferung, erklärt. Dieser auf Petrus gegründeten Kirche ist Dauer und Bestand gegenüber den Mächten der Unterwelt verheißen. Die Bilder von den Schlüsseln des Himmelreichs und vom Binden und Lösen (Vers 19) heben auf die Lehr- und Disziplinarvollmacht des Petrus ab, die er auf Erden ausübt, indem er die Weisungen Jesu weitergibt und verbindlich auslegt, und die den Zugang zum Himmelreich ermöglicht (vgl. im Unterschied dazu die Pharisäer nach Mt 23,13). Die Felsfunktion des Petrus ist eine historisch einmalige, eine dem Papstamt vergleichbare Nachfolge des Petrus in einer durch eine einzelne Person verkörperten gesamtkirchlichen Autorität kennt das Matthäusevangelium nicht. Nach Mt 18,18 wird die Binde- und Lösegewalt von der gesamten Gemeinde ausgeübt; nach Mt 28,19f. erhalten alle Jünger vom erhöhten Herrn den Auftrag, alle Völker zu lehren, was Jesus geboten hat. Außerdem gibt es in der matthäischen Gemeinde eine Schule christlicher Schriftgelehrter (vgl. Mt 13,52; 23,34), die die Glaubenstradition bewahrt und für die jeweilige Zeit aktualisiert. Der Petrusdienst wird also in der Gemeinde weiter ausgeübt. – Das Besondere des *johanneischen Petrusbildes* ist die Konkurrenz des Petrus zum Lieblingsjünger (Joh 13,21–26; 18,15f.; 20,3–

9; 21,7). Der Lieblingsjünger (erst sekundär identifiziert mit dem Zebedaiden Johannes) ist ein bedeutender Lehrer aus der Geschichte der johanneischen Gemeinden, der im Evangelium zu einer Symbolgestalt für die Sonderrolle der stärker charismatisch geprägten johanneischen Tradition wird, während Petrus die Großkirche und das sich in ihr herausbildende Amt symbolisiert (Klauck 217f.). Joh 21,15ff. (Einsetzung des Petrus zum Hirten, vgl. Joh 10,11) zeigt dabei deutlich, dass für das Johannesevangelium die gesamtkirchliche Autorität des Petrus außer Zweifel steht. Unbeschadet dessen will es die eigene Tradition in der Kirche bewahrt wissen: Das ist wohl der Sinn der Aussage Jesu, dass der Lieblingsjünger bis zur Parusie „bleibt" (Joh 21,22); eine Deutung dieses „Bleibens" als Nicht-Sterben des Jüngers wird zurückgewiesen (Joh 21,23). – Auch die beiden pseudepigraphischen Petrusbriefe bezeugen je auf ihre Weise die herausragende Bedeutung des Petrus. Während der *erste Petrusbrief* den Apostel in Anspielung auf dessen gewaltsamen Tod als „Zeugen der Leiden Christi" (1 Petr 5,1) vorstellt, der einer von außen bedrängten Gemeinde Mut zuspricht und Hoffnung macht, bekämpft der *zweite Petrusbrief* unter dem Namen des Petrus innergemeindliche Gegner. – Insgesamt erscheint Petrus im Neuen Testament als Garant der Jesusüberlieferung, als Zeuge für die Wahrheit des Evangeliums und als Bewahrer der kirchlichen Einheit. Der besondere Petrusdienst, der seinen historischen Grund in der Erstberufung durch Jesus und in der Erstzeugenschaft für die Auferstehung des Herrn hat, erscheint dem Neuen Testament einerseits als ein historisch einmaliger, apostolischer, anderseits

aber auch als ein fortzuführender und allezeit in der Kirche notwendiger. Für diesen Dienst setzt das Neue Testament Maßstäbe, lässt aber die genauere Ausgestaltung offen.

Literatur: Exegetisches Wörterbuch zum Neuen Testament, hg. v. H.R. BALZ–G. SCHNEIDER, Bd. 3. Stuttgart 1983, 193–201 (R. Pesch); Anchor Bible Dictionary, ed. v. D.N. FREEDMAN u.a., Bd. 5. New York 1992, 251–263 (K.P. Donfried). – O. CULLMANN: Petrus. Zürich 1952, ³1985; F. MUSSNER: Petrus und Paulus – Pole der Einheit. Freiburg 1976; R.E. BROWN u.a. (Hg.): Der Petrus der Bibel. Stuttgart 1976; P. LAMPE: Das Spiel mit dem Petrusnamen – Matt. XVI.18: New Testament Studies 25 (1979) 227–245; R. PESCH: Simon-Petrus. Stuttgart 1980; A. VÖGTLE: Das Problem der Herkunft von ‚Mt 16,17–19': DERSELBE: Offenbarungsgeschehen und Wirkungsgeschichte. Freiburg 1985, 109–140; F. HAHN: Die Petrusverheißung Mt 16,18f.: DERSELBE: Exegetische Beiträge zum ökumenischen Gespräch. Göttingen 1986, 185–200; M. KARRER: Petrus im paulinischen Gemeindekreis: Zeitschrift für neutestamentliche Wissenschaft 80 (1989) 210–231; PH. PERKINS: Peter. Columbia 1994; P. DSCHULNIGG: Petrus im Neuen Testament. Stuttgart 1996; L. WEHR: Petrus und Paulus – Kontrahenten und Partner. Münster 1996; S.K. RAY: Upon this rock. St. Peter and the primacy of Rome in scripture and the early church. San Francisco 1999; C.P. THIEDE: Geheimakte Petrus. Auf den Spuren des Apostels. Stuttgart 2000; T. WIARDA: Peter in the gospels. Pattern, personality and relationship. Tübingen 2000; R. PESCH: Die biblischen Grundlagen des Primats. Freiburg 2001.   *Lothar Wehr*

2. *Spätere Bezeugung.* Die wichtigsten Stoffe der außerbiblischen Petrus-Überlieferungen sind: a) die Auseinandersetzungen zwischen Simon Magus und Simon Petrus; Petrus hat hier Philippus aus Apg 8 abgelöst und widerlegt Simon durch seine größere Wunderkraft; b) Offenbarungen des Auferstandenen an Petrus zwischen Auferstehung und Himmelfahrt. Petrus ist hier häufig

der maßgebliche Offenbarungszeuge; c) Instruktionen des Petrus an seinen Schüler Clemens und damit das Konzept der pseudo-clementinischen Literatur, die sich betont rechtgläubig-katholisch darstellt; d) die Verkündigung des Petrus, v. a. in Rom. Die Predigten des Petrus sind wichtige Beispiele frühchristlicher Heidenpredigt überhaupt; e) das Martyrium des Petrus in Rom (vgl. erster Clemensbrief 5 ff.) mit der „Quo vadis"-Legende und der Tradition von der Kreuzigung des Petrus mit dem Kopf nach unten. – Bisweilen sind die „Taten", noch öfter aber die Martyrien des Petrus und des Paulus gemeinschaftlich überliefert. Das hängt mit dem gemeinsamen Gedenktag am 29.6. zusammen. – Die gnostischen Petrustexte sind gut daran zu erkennen, dass eine Rivalität zwischen Petrus und Jüngerinnen Jesu besteht. Dem entspricht anderseits, dass Petrus häufig mit dem Klerus der werdenden Großkirche in Beziehung gesetzt wird, teilweise sogar direkt als Lehrer des Klerus gedacht ist. Die Rivalität zu Jüngerinnen findet darin ihre Erklärung, denn die gnostischen Kreise bewahren noch das ältere Modell der Hauskirchen, in denen Frauen als Autoritäten wichtiger waren. Auch in der Wundertradition (Tochter des Petrus; Tochter des Gärtners usw.) erscheint Petrus als ausgesprochen misogyn. Ferner wird Petrus häufig als – im Vergleich zu Paulus – judenfreundlich dargestellt (vgl. Gal 2,7.9), besonders in der weitgehend unerforschten Literatur der Pseudo-Clementinen (Homiliae, Recognitiones), von denen bisher nur geringe Teile in moderne Sprachen übersetzt wurden. Die weit verbreiteten Offenbarungsschriften unter dem Namen des Petrus sind Antwort auf ein zentrales hermeneutisches Problem: Wie ist gegenwärtige Auslegung der christlichen Botschaft als verbindlich darzustellen? Die Antwort ist ähnlich dem, was sich William Wrede für das Markusevangelium als das Messiasgeheimnis dachte: Petrus selbst und er allein hat die Lehre bereits empfangen und sie als Schrift geheim und sicher jeweils an Auserwählte übermitteln lassen. Petrus hat einen Überschuss an Offenbarung empfangen, von dem nur ein Teil im neutestamentlichen Kanon bewahrt wurde, alles übrige aber wurde geheim tradiert. Alle, die durch Petrus so erkennen wie Petrus, sind „in ihm". Der Unfehlbarkeitsanspruch des römischen Bischofs wird daher innerhalb des Kategoriensystems der Offenbarungsliteratur religionsgeschichtlich verständlich. – In den beiden Zentren Antiochien und Alexandrien ist die Rolle des Petrus in der Offenbarungsliteratur über viele Jahrhunderte sehr stabil. Antiochien ist durch Gal 2,11–14 bezeugt, Alexandrien gilt als der Wirkungsort des Petrusschülers Markus; die Petrustraditionen Ägyptens müssen ebenso alt sein wie die engen Beziehungen zwischen dem alten syrischen und dem alten ägyptischen Christentum. Auch spätere Offenbarungen an Schenute werden noch als Petrusoffenbarungen ausgegeben.

Literatur: BBKL 7, 305–320. – K. BERGER: Unfehlbare Offenbarungen: Kontinuität und Einheit. FS F. Mußner. Freiburg 1981, 261–326. *Klaus Berger*

3. *Verehrung.* Die Theologie diskutiert das ⁄Petrusamt v. a. in seinen dogmatischen und kirchenrechtlichen Aspekten. Dagegen umschreibt „Petrusverehrung" jene Frömmigkeit, welche Petrus immer als anwesend in bzw. an seinem Grab wusste und im päpstlichen Nachfolger wirken sah. Genau diese Auffassung ist

Kern auch aller Papaltheorie: der Papst als „Erbe" oder „Stellvertreter" Petri. Tatsächlich ist „die gläubige Verehrung des Stellvertreters Petri … ein auch äußerlich fassbarer Ausdruck der Einheit der Kirche auf Erden wie nichts sonst" (Gerd Tellenbach). Von der römisch-petrinischen Sedes erfloss das Heil der Welt. Bischofssitze suchten ihr Ansehen zu erhöhen, indem sie sich als von Petrusschülern gegründet ausgaben, und verehrten den Apostelfürsten als speziellen Patron. Am schärfsten hat Gregor VII. die Petrushoheit ausformuliert, der für dessen Verehrung und das Papstamt die älteren Traditionen petrinisch-römisch zuspitzte und zur Grundlage für die weitere Geschichte machte: Kirche ist römische Kirche, weil Petrus sie gegründet hat und im jeweiligen Papst leitet; dem Apostelfürsten werden dabei „Vollmachten zugeschrieben, die sonst nur Gott zukommen" (Klaus Ganzer), dass nämlich der Gehorsam gegenüber Petrus und seinem Stellvertreter über das Heil entscheide: Der im Papst handelnde Petrus verkündet den wahren Glauben, feiert die allein rechte Liturgie und entscheidet alle Streitfälle. Die Scholastik wusste theologisch zu differenzieren und die Kanonistik zu juridisieren, wodurch dann die ehemals tragende Petrusverehrung zum Reservat der Volksfrömmigkeit absank.

Verehrt wurde Petrus an seinem vatikanischen Grab (/Petrusgrab), dem auch das vor 200 errichtete Tropaion und mehr noch die von Konstantin erbaute Basilika dienten, weiter noch an anderen Stellen Roms, früh schon im Gräberbereich „ad catacumbas", wo Graffiti des 3. Jh. bezeugen: „Petre et Paule petite pro …" (Petrus und Paulus, bittet für …), ferner in San Pietro in Vincoli (wo die Gefängnisketten aufbewahrt wurden), in Domine quo vadis an der Via Appia (wo Petrus in einer Vision zum Bleiben in Rom ermahnt worden war), im Mamertinischen Kerker, San Pietro [e Paolo] in Carcere (seit dem 14. Jh. als vermeintlicher Gefängnisort gedeutet), in San Pietro in Montorio (als vermeintlicher Kreuzigungsstätte), endlich noch am Grab der angeblichen Petrustochter Petronilla. Dominant bleibt das Petrusgrab am Vatikan. Hierhin verlagerten sich wichtige päpstliche Amtshandlungen, so seit Gregor dem Großen die Weihe und Übernahme der /Kathedra durch den neu gewählten Papst. Auch baute Gregor die Chorapside der Vatikanbasilika so um, dass der Altar direkt über dem Petrusgrab zu stehen kam (/Sankt Peter). Unterhalb des Altars befand sich in der Stirnwand des erhöhten Chors eine „fenestella", eine Öffnung mit einem Katarakt zum Grab, wo hinein die Pilger Tücher hinabließen, die sich mit heiliger Kraft aufluden und dann als Reliquien dienten. Unter dem erhöhten Chor führten unterirdische Gänge an das Grab heran. Dort fanden die besonderen Verpflichtungsakte statt; hier wurden Briefe, Beeidigungen, Schenkungen oder auch Verträge hinterlegt. Bonifatius wusste sich lebenslang durch seinen beim Leib des Petrus hinterlegten Bischofseid verpflichtet. Die seit dem 7. Jh. den Erzbischöfen vom Papst übersandten /Pallien lagen in der Palliennische am Petrusgrab und ließen das Erzbischofsamt als petrinisch-päpstliche Bevollmächtigung erscheinen. Angelsächsische Könige zogen im späten 7. und frühen 8. Jh. nach Rom, um dort getauft zu werden und ihr Grab zu erhalten (woran noch „Santo Spirito in Sassia" erinnert, während der /„Campo Santo

Teutonico" den fränkischen Friedhof fortsetzt). Das „Constitutum Constantini" bezeichnete die Konstantinische Schenkung als Petrus gewidmet und an seinem Grab niedergelegt. Karl der Große sah sich durch und für den heiligen Petrus in die Pflicht genommen, dem er an dessen Grab am Ostermittwoch 774 die Bestätigung der Pippinischen Schenkung ausfertigte. Die im Karlsreich durchgesetzte römische Liturgie war die des heiligen Petrus, wobei noch Einzelheiten wie die Tonsur als petrinisch galten. Verstärkend wirkte die realistische (nicht mehr bildhafte) Interpretation des Petrus als Himmelspförtner, der mit seinen Schlüsseln am Himmelstor stehe und nur Befreundeten aufschließe (in nordischen Gräbern fand man nach den Thors-Hämmern Petrus-Schlüssel). Reliquien, die als Berührungsreliquien vom Petrusgrab oder als Reliquien von römischen Katakombenheiligen bis in die Neuzeit erbeten wurden, machten Petrus allüberall präsent und stärkten die Bindung an den Petrussitz als Stadt der Martyrer; oft genug war damit noch die Bitte um Aufnahme in die „Familia des heiligen Petrus" verbunden. Cluny mit seinen Petrusreliquien und seiner päpstlichen Exemtion ist dafür der auffälligste Zeuge. Immer zogen Pilger zum Petrusgrab, um dessen Fürbitte und Sündenvergebung zu erhalten. Seitdem im Jahre 1300 das ↗Heilige Jahr erstmals gefeiert wurde, vermehrten sich die Gnadenerwartungen und zugleich die Ablässe.

▨ Literatur: LMA 6, 1957f. – W. LEVISON: Die Anfänge rheinischer Bistümer in der Legende: DERSELBE: Aus rheinischer und fränkischer Frühzeit. Düsseldorf 1948, 7–27; R.A. ARONSTAM: Penitential Pilgrimages to Rome in the Early Middle Ages: AHP 13 (1975) 65–83; N. GUSSONE: Thron und Inthronisation des Papstes von den Anfängen bis zum 12.Jh. Bonn 1978; E. EWIG: Petrus- und Apostelkult im spätrömischen und fränkischen Gallien: DERSELBE: Spätantike und fränkisches Gallien, Bd. 2. München 1979, 318–354; G. TELLENBACH: Die westliche Kirche vom 10. bis zum frühen 12.Jh. Göttingen 1988, 65–72; A. ANGENENDT: Princeps imperii – Princeps apostolorum. Rom zwischen Universalismus und Gentilismus, und R. SCHIEFFER: Redeamus ad fontem. Rom als Ort authentischer Überlieferung: DIESELBEN: Roma – Caput et Fons. Zwei Vorträge über das päpstliche Rom zwischen Altertum und Mittelalter, hg. v. der gemeinsamen Kommission der Rheinisch-Westfälischen Akademie der Wissenschaften und der Gerda-Henkel-Stiftung. Köln 1989; K. SCHATZ: Der päpstliche Primat. Würzburg 1990; M. MACCARRONE: ‚Sedes Apostolica – Vicarius Petri'. La perpetuità del primato di Pietro nella sede e nel vescovo di Roma (secoli III–VIII): Il primato del vescovo di Roma nel primo millennio. Vatikanstadt 1991, 275–362; K. GANZER: Das Kirchenverständnis Gregors VII.: DERSELBE: Kirche auf dem Weg durch die Zeit, hg. v. H. SMOLINSKY–J. MEIER. Münster 1997, 1–15.

Arnold Angenendt

4. Liturgiegeschichtlich. Der Kult der Apostel war ursprünglich ebenso wie der Martyrerkult örtlich begrenzt, d. h. an das Grab oder eine sonstige lokale Erinnerung gebunden. Die ältesten Kalendarien weisen daher nur ein oder zwei nach Orten verschiedene Apostelfeste auf. Das erste sichere Zeugnis für die Abhaltung von feierlichem Gottesdienst zu Ehren der heiligen Petrus und Paulus in Rom am 29.6. liegt in der Depositio martyrum des römischen ↗Chronographen vom Jahre 354 vor: III Kalendas Iulii Petri in Catacumbas et Pauli Ostiense Tusco et Basso consulibus (= 258). Die Eintragung im Urtext des Martyrologium Hieronymianum für den gleichen Tag hat etwa gelautet: Romae Petri et Pauli apostolorum, Petri in

Vaticano, Pauli via Ostiensi utriusque in Catacumbas (Tusco et Basso consulibus?). Die von Louis Duchesne, Hans Lietzmann u. a. vertretene These, der 29.6. sei der Tag, an dem in der Valerianischen Verfolgung die Gebeine der beiden Apostel von ihrer ursprünglichen Ruhestätte zeitweilig in die Katakomben (des Sebastian) an der Via Appia übertragen wurden, scheitert an der Unwahrscheinlichkeit einer Translation im 3. Jh. Die Konsulardatierung dürfte mit der Einrichtung einer Festfeier zu Ehren der Apostel zusammenhängen. Da in der Mitte des 3. Jh. die Organisation des Martyrerkults begann, ist anzunehmen, dass 258 ein Festtag der Apostelfürsten, deren Todestag man nicht kannte, geschaffen worden ist. Die drei Ortsangaben des Martyrologium Hieronymianum für die Festfeier – der Vatikan für Petrus, die Via Ostiensis für Paulus und in Catacumbas für beide Apostel – stimmen mit der auch anderwärts bezeugten Festbegehung in den drei Heiligtümern am 29.6. überein. Zu Ehren des heiligen Petrus bringen die bereits von der altgallischen Liturgie beeinflussten Handschriften des Martyrologium Hieronymianum die beiden Feste Petri Stuhlfeier am 18.1. und am 22.2. In der Depositio martyrum erscheint dagegen nur am 22.2. ein Fest der Cathedra Petri, das an eine bei den Römern an diesem Tag übliche Totenmahlfeier angeknüpft haben dürfte (Cathedra = Sesselmahl). Die kirchliche Ablehnung der Totenmahlfeiern im 4. Jh. führte zur Umdeutung des Festes in einen um 500 wieder außer Übung gekommenen Gedächtnistag der Stuhlbesteigung Petri zu Rom (Cathedra = Lehrstuhl, Lehramt). Seit dem 6./7. Jh. ist in Gallien ein meist am 18.1. gefeiertes Fest zur Erinnerung an die Berufung Petri zum Schlüsselinhaber und Fundament der Kirche sicher nachweisbar. Im Verlauf des fränkisch-römischen Liturgieaustauschs fand dieses Fest auch in Rom Aufnahme, allerdings unter dem traditionellen Datum (22.2.). Aufgrund einer irrigen Deutung der beiden Daten erhielt das Fest des 22.2. allmählich den Charakter einer Feier des antiochenischen Amtsantritts Petri. Paul IV. bestimmte 1558 den 18.1. als Gedächtnistag des römischen Amtsantritts Petri. Das Fest Petri Kettenfeier (1.8.) ist ursprünglich Kirchweihfeier.

Literatur: H. Delehaye: Tusco et Basso cons.: Mélanges P. Thomas. Brügge 1930, 201ff.; derselbe: Commentarius perpetuus in Martyrium Hieronymianum, hg. v. H. Quentin. Brüssel 1931; D. Mallardo: Il calendario marmoreo di Napoli. Rom 1947; E. Munding: Die Kalendarien von Sankt Gallen, Bd. 2. Beuron 1951; K. Mohlberg: Colligere Fragmenta. ebd. 1952, 52ff.; D. Balboni: Ephemerides Liturgicae 68 (1954) 97–126; J. Cercopino: De Pythagore aux Apôtres. Paris 1956, 231–332; A. Adam: Das Kirchenjahr mitfeiern. Freiburg ⁶1991.

Walter Dürig

5. *Ikonographie.* Historischer und kultischer Ausgangspunkt für Petrusdarstellungen ist die mutmaßliche Bestattungsstelle des Apostels, das ⁄Petrusgrab, über der das Tropaion seit dem zweiten Drittel des 2. Jh. nachweisbar ist (Graffiti bis ins frühe 3. Jh.); darüber erhob sich Alt-⁄Sankt Peter, begonnen um 320. Älteste Darstellung nach heutiger Kenntnis ist ein Wandbild (Rettung des Petrus aus Seenot) in der Hauskirche von Dura Europos 240/250. Nach Maria wird Petrus im Lauf der Kirchen- und Kunstgeschichte zur meistdargestellten Gestalt aus dem Umkreis Jesu; Petrusdarstellungen seit dem 3./4. Jh. unterscheiden sich zunächst nicht von denen der anderen Apostel. Allgemein ist Petrus in

Tunika und Toga gewandet, während seit der Mitte des 4. Jh. individualisierende Züge auftreten. Petrus und Paulus stehen oft symbolisch für das Apostelkollegium insgesamt bzw. für die Kirche, Christus (als Pantokrator) flankierend, v. a. in Apsismosaiken (Alt-Sankt Peter; Santa Costanza, um 360; Domitilla-Katakombe, 350–400; Santa Pudenziana, um 410). Der sich mehr und mehr herausbildende Petrustypus ist gekennzeichnet durch runden Kopf, krauses Haar mit Glatze, seit dem Spätmittelalter mit Stirnlocke, kurzem runden oder eckigem Bart; mit leichten Abwandlungen bleibt der Typus bis heute unverändert. Attribute sind die Rotula, später das Buch, das Handkreuz, später Kreuzstab mit zwei Querbalken, zwei, gelegentlich drei (gekreuzte) Schlüssel (Bezug zu Mt 16,19: Binde- und Lösegewalt), seit dem 14. Jh. /Tiara, verbunden mit Pontifkalkleidung. Gelegentlich erscheint seit der Renaissance, vereinzelt auch vorher der Hahn (laut Mk 14 par.). Kennzeichnende Farben sind seit dem Hochmittelalter Blau (Tunika) und Gelb (Toga). Älteste szenische Darstellungen sind die Hahnszene, die Verhaftung und das so genannte Quellwunder (apokryph; vermutlich sinnbildlich für die Taufe); diese Trilogie ist gelegentlich einer christologischen gegenübergestellt. Das Quellwunder tritt auf über 150 Sarkophagen des 3.–5. Jh. auf. Ein umfangreicher Petruszyklus, der die ganze Breite der Überlieferung umfasst, lässt sich für das späte 7. Jh. für das Querhaus von Alt-Sankt Peter nachweisen (vermutlich 27 Szenen, teils nach den Evangelien, teils nach der Apostelgeschichte und apokryphen Quellen). Passionssarkophage weisen seit der Mitte des 4. Jh. häufig das Martyrium der beiden

Apostel auf, gleichzeitig auch die (bis heute nicht restlos gedeutete) Traditio-legis-Szene (ältestes bekanntes Beispiel San Sebastiano, Sarkophag-Fragment, um 370); diese auch auf Mosaiken (San Clemente, San Theodoro, Santa Cecilia u. a.). Christus im Kreis der Apostel, der von Petrus und Paulus angeführt wird, hat eine durchgängige, freilich zeitweise unterbrochene Tradition von der Spätantike bis ins Hochmittelalter (Palermo, Cappella Palatina; Monreale, Dom, beide spätes 12. Jh.). Petrus als Himmelspförtner erscheint erstmals in Santa Prassede, Triumphbogenmosaik (um 800). Die Umwandlung einer antiken Philosophenstatue in eine Petrusfigur zu einem unbekannten Zeitpunkt und ihre Aufstellung über der Porticus-Tür von Alt-Sankt Peter (heute vatikanische Grotten) führte zu Arnolfo da Cambios bronzener Sitzfigur (um 1300, Sankt Peter) und damit zur Ausprägung eines Typus mit herrscherlich-hoheitlichem Gestus, der sich über Jahrhunderte hält, zumeist frontal erfasst, und in spätmittelalterlichen Flügelaltären als (plastische) Einzel- bzw. Mittelfigur auftritt (frühes deutsches Beispiel ist der thronende Petrus des Erminold-Meisters, 1280/1290, Regensburg; spätgotisches Beispiel von Erasmus Grasser, 1490, München, Sankt Peter). In der italienischen Malerei steht für diesen Typus am Anfang Giottos Stefaneschi-Altar (um 1320, Vatikan). Bedeutende Zyklen und Einzelszenen der italienischen Renaissance: Brancacci-Kapelle, Florenz (Masaccio, Masolino, Filippino Lippi zwischen 1426/28 und 1487); Vatikan, Sixtinische Kapelle, Raffaels Teppiche; ebd., Cappella Paolina, Michelangelo, 1546; letztere Petrusdarstellung ist prägend für die Folgezeit: Caravaggio (Santa Maria del Popolo, um 1600), Peter Paul Rubens (Köln, Sankt Peter, 1635/ 1640). Michelangelo stellt in seinem Jüngsten Gericht (Sixtinische Kapelle, 1536–41) Petrus dem Mose gegenüber, ebenso Rubens in seinem Großen Jüngsten Gericht (München, Alte Pinakothek, 1615/16). Im deutschen Raum ist im Spätmittelalter Konrad Witz mit dem Rest eines Petruszyklus (Genf, 1454) und Jan Pollack (München, Sankt Peter, um 1490) vertreten. Bei Darstellungen des Marientodes (v. a. in spätgotischen Marienzyklen) erscheint Petrus mit der Sterbekerze (z. B. Meister des Marienlebens, München). Seit der Renaissance kommt es zur Isolierung einzelner Themen der Petrusikonographie in Altar- und Galeriebildern. Singulär ist Albrecht Dürers Darstellung der Apostel (München, 1525/26). Im süddeutsch-österreichischen Raum ist der (apokryphe) Abschied der Apostel ein beliebtes Thema auf Decken- und (Hoch-)Altarbildern. Im 19. und 20. Jh. kommt es zu keinem neuen Bildgedanken.

▨ Literatur: EC 9, 720–724; Lexikon der christlichen Ikonographie, begründet von E. KIRSCHBAUM, hg. v. W. BRAUNFELS, Bd. 8. Nachdruck Freiburg 1990, 158–174; LMA 6, 1956f. – K. KÜNSTLE: Ikonographie der christlichen Kunst, Bd. 2. Freiburg 1926, 493 500; E. DINKLER: Die ersten Petrusdarstellungen. Marburg 1939; J. BRAUN: Tracht und Attribute der Heiligen in der Deutschen Kunst. Stuttgart 1943, Berlin ⁴1992, 590–600; F. GERKE: Duces in militia Christi: Kunstchronik 7 (1954) 95–101; E. MÂLE: Les saints compagnons du Christ. Paris 1958, 87–123; L. RÉAU: Iconographie de l'art chrétienne, Bd. 3. Paris 1959, Nachdruck Millwood (New York) 1983, 1076–1100; C. DAVIS-WEYER: Das Traditio-Legis-Bild und seine Nachfolge: Münchner Jahrbücher der bildenden Kunst 12 (1961) 7–45; A. WEIS: Ein Petruszyklus des 7.Jh. im Querschiff der vatikanischen Basilika: RQ 58 (1963) 230–270; A. PIGLER: Barockthemen. Budapest

1974, 393–401; C.K. CARR: Aspects of the iconography of Saint Peter in medieval art of Western Europe to the early thirteenth century. Cleveland 1978; J.M. HUSKINSON: Concordia apostolorum. Christian propaganda at Rome in the 4th and 5th centuries. A study in early Christian iconography and iconology. Oxford 1982; Pierre et Rome. Vingt siècles d'élan créateur. Katalog der Ausstellung Paris 1997. Mailand 1997.   *Laurentius Koch*

Philippus, (Papst?) (31.7.768). Nach dem Sturz Konstantins II. wurde der Presbyter Philippus, Mönch im römischen Vituskloster, von der Langobardenpartei unter Waldipert zum Papst erhoben und ohne Bischofsweihe im Lateran inthronisiert, jedoch noch am Abend desselben Tags von einer Adelsgruppe um den Primicerius Christophorus wieder ins Kloster verbracht. Philippus ist weder als Papst noch als Gegenpapst befriedigend einzureihen.

▨ Quellen: LP 1, 47of.; RPR(J) 1, 284.
▨ Literatur: VATL 58of.   *Manfred Heim*

Pius I. (142?–155?), heilig (Tag 11.7.), wohl kein Martyrer; in der Sukzessionsliste des Irenaeus von Lyon (Adversus haereses III, 3, 3) neunter Nachfolger des Petrus (nach Hyginus, vor Anicet, unter dem sich offenbar der Monepiskopat in der Leitung der römischen Gemeinde durchsetzte; wohl leitendes Mitglied des Presbyter- bzw. Episkopenkollegiums; nach dem Muratorischen Fragment (2, 73–77) Bruder des Hermas. In dieser Zeit traten in Rom die Häretiker Marcion, Kerdon und Valentinus auf, aber auch der „Philosoph und Martyrer" Justin.

▨ Literatur: CATH 11, 251; BBKL 7, 658f.; VATL 583 – J. HOFMANN: Die amtliche Stellung der in der ältesten römischen Bischofsliste überlieferten Männer in der Kirche von Rom: Historisches Jahrbuch 109 (1989) 1–23; N. BROX: Der Hirt des Hermas. Göttingen 1991; R. **Minnerath**: La position de l'église de Rome aux trois premiers siècles: M. **Maccarrone** (Hg.): Il primato del vescovo di Roma nel primo millennio. Rom 1991, 139–171; R.M. **Hübner**: Εἶς θεὸς Ἰησοῦς Χριστός. Zum christlichen Gottesglauben im 2.Jh.: Münchener theologische Zeitschrift 47 (1996) 325–344; M. **Molaroni**: Pio I e Pio II, fortuita coincidenza di un nome?: Studi e materiali di storia delle religioni 65 (1999) 199–218. *Georg Schwaiger*

Pius II. (18.8.1458–14.8.1464), vorher *Enea Silvio de' Piccolomini*, bedeutender Humanist, * 18.10.1405 Corsignano bei Siena aus verarmtem Adel, † Ancona (Grab erst in Sankt Peter, seit 1614 Sant'Andrea della Valle); Jurastudium in Siena (bei Antonio Roselli und Mariano de' Sozzini), zugleich profunde Bildung in den Litterae (u.a. bei Filelfo in Florenz); 1432 im Gefolge Kardinal Domenico Capranicas auf dem Konzil von Basel. Dort gehörte er einem Deutschland verbundenen Kreis von Kurialen an, nahm Ämter (Skriptor) und Legationen (Arras, Schottland usw.) wahr, verteidigte den konziliaristischen Kurs, wählte 1439 Felix V. mit und wurde 1440 dessen Sekretär; 1442 auf dem Reichstag zu Frankfurt von König Friedrich III. zum Dichter gekrönt, 1443 in der königlichen Kanzlei, wo er als Diplomat (Oboedienzgesandtschaften zu Eugen IV. 1445–47 usw.) ebenso wie als Literat avancierte und zur „Leitfigur für die humanistische Bewegung" (Paul Weinig) in Mitteleuropa aufstieg. Er wurde Priester, Bischof von Triest (1447) und Siena (1450), bereitete 1450/52 die Heirat und Kaiserkrönung Friedrichs III. vor, wirkte 1454/55 maßgeblich auf den drei Türkenreichstagen. Mitte 1455 kehrte er endgültig nach Italien zurück, wo er Kardinal (1456) und Papst (Krönung 3.9.1458) wurde. Die literarisch stilisierte Lebens-

wende vom „Aeneas" zum „Pius" berührte Werk und Charakter nur wenig. – Durch Pius' Pontifikat zieht sich missionarisch die Idee eines europäischen Türkenkreuzzugs. Diese wurde auf dem mäßig besuchten Fürstenkongreß von Mantua 1459 und auch später wegen Abstinenz der Fürsten enttäuscht. Als Folge der Schismazeit war der Papst stärker auf den ⟋Kirchenstaat und die italienische Territorialpolitik verwiesen, deren Spielräume im Mächtesystem (Pentarchie) er – etwa im Kampf gegen die Malatesta – nutzte. Gleich 1458 wandte er sich Neapel zu und erkannte Ferrante als König an. Seither prägten Nähe zu Neapel-Aragón und zum Mailand der Sforza, Distanz zu Venedig und Florenz und Gegnerschaft Frankreichs (Anspruch der Anjou auf Neapel) seine Politik. Die Konservierung der päpstlichen Suprematie gelang ihm nur teilweise (im Januar 1460 verbietet die Bulle *Execrabilis* die Konzilsappellationen; 1461 Aufhebung der Pragmatischen Sanktion durch Ludwig XI.). Konflikte mit von Pius gebannten Reichsfürsten (Mainzer Erzbischof Diether von Isenburg, Herzog Sigmund von Tirol mit seinem Prokurator Gregor von Heimburg) und der böhmische König Georg von Poděbrad (Aufhebung der Prager Kompaktaten 1462) kumulierten zu einer Krise, die das Ansehen der Kurie in Deutschland schädigte. – Pius' Kurienreform blieb stecken. Die eigene Amtsführung war bescheiden, doch setzte er bewusst Akzente im Geist der Renaissance (Pontifikat als „Kunstwerk"), u.a. durch herausragende Reden. Seinen Geburtsort ließ er, umbenannt in „Pienza", zur ersten Musterstadt ausbauen. Als eine der gebildetsten und farbigsten Papstgestalten starb er im Angesicht einer mit letzter Kraft aufgebotenen Kreuzzugsflotte. – Sein ungemein vielseitiges und lebendiges Werk wurde in Handschriften, Drucken und Übersetzungen weit rezipiert, v. a. die Briefe, Gedichte, Reden und Bildungstraktate, die Novelle *Eurialus und Lucretia* und die Satire *De curialium miseriis*. Pius begründete die quellenkritische Landesgeschichte *(Historia Bohemica, Historia Austrialis)*. Unvergleichlich als individuelles Zeitbild und einziges Selbstportrait eines Papstes bleiben die *Commentarii* (1460–63). Unspekulativ zwar, behandeln manche Opera auch theologische Themen: etwa die Schriften zum Konzil von Basel, die rätselhafte *Epistula ad Mahometem* zur Bekehrung des türkischen Sultans, die kurienverteidigende *Germania* (1458), der Disput *De sanguine Christi*, Gebete sowie die großen Türken- (*Ezechielis* vom 22.10.1463) und Bannbullen.

Quellen: Opera. Basel 1551, Nachdruck 1967; Pii II P.M. orationes ..., ed. v. I.D. MANSI, 3 Bde. Lucca 1755–59; Der Briefwechsel des Eneas Silvius Piccolomini, ed. v. R. WOLKAN, 4 Teile (Fontes rerum Austriacarum 61–62, 67–68). Wien 1909–18; De gestis concilii Basiliensis, ed. v. D. HAY – W.K. SMITH. Oxford ²1992; De viris illustribus, ed. v. A. VAN HECK. Vatikanstadt 1991; Carmina, ed. v. DEMSELBEN. ebd. 1994; Commentarii, ed. v. DEMSELBEN. ebd. 1984; ed. v. F. TOTARO. Rom 1984; ed. v. I. BELLUS–I. BORONKAI. Budapest 1993–94. – Viten: L.A. MURATORI: Rerum Italicarum scriptores ab anno aerae christianae 500 ad 1500, Bd. 3. 1724, 967–992.

Literatur: Die deutsche Literatur des Mittelalters. Verfasserlexikon, Bd. 7. Berlin ²1989, 634–669; CATH 11, 251ff.; LMA 6, 2190ff.; BBKL 7, 659ff.; TRE 26, 649–652; Repertorium Germanicum, hg. v. Deutschen Historischen Institut in Rom, Bd. 8. Berlin–Tübingen 1993. – G. VOIGT: Enea Silvio de' Piccolomini als Papst Pius, 3 Bde. Berlin 1856–63, Nachdruck 1967; Enea Silvio Piccolomini Papa Pio II, ed. v. D. MAFFEI. Siena 1968; Pastor Bd. 23–4; D. BROSIUS: Die Pfründen des Enea Silvio Piccolomini: QFIAB 54 (1974) 271–327; DERSELBE: Breven und Bullen Pius' II.: RQ 70 (1975) 180–224; DERSELBE: Das Itinerar Papst Pius' II.: Mitteilungen des Instituts für Österreichische Geschichtsforschung 55/56 (1976) 421–432; K.-M. SETTON: The Papacy and the Levant, Bd. 2. Philadelphia 1978, 196–270; A. ESCH: Enea Silvio Piccolomini als Papst Pius: Lebenslehren und Weltentwürfe ..., hg. v. H. BOOCKMANN U.A. Göttingen 1989, 112–140; BORGOLTE 272f. 276–281; Pio II e la Cultura del suo tempo, ed. v. L. ROTONDI SECCHI TARUGI. Mailand 1991; J. HELMRATH: Die Reichstagsreden des Enea Silvio Piccolomini. Dissertation. Köln 1994; E. MEUTHEN: Ein ,deutscher' Freundeskreis an der römischen Kurie: AHC 27/28 (1995/1996) 487–542, besonders 498f. 508–514; A. TÖNNESMANN: Pienza. München ²1996; C. MÄRTL: Kardinal Jean Jouffroy († 1473). Sigmaringen 1996; L.SCHMUGGE U.A.: Die Supplikenregister der päpstlichen Pönitentiarie aus der Zeit Pius' II. Tübingen 1996; P.J. WEINIG: Aeneam suscipite, Pium recipite. Die Rezeption eines humanistischen Schriftstellers im Deutschland des 15. und 16. Jh. Wiesbaden 1998; M. MOLARONI: Pio I e Pio II, fortuita coincidenza di un nome?: Studi e materiali di storia delle religioni 65 (1999) 199–218; B. NEIDIGER: Papst Pius II. und die Klosterreform in Deutschland: Vita religiosa im Mittelalter. FS K. Elm. Berlin 1999, 629–652.

Johannes Helmrath

Pius III, (22.9.–18.10.1503), vorher *Francesco de' Piccolomini Todeschini,* * 1439 Sarteano bei Siena; Studium in Perugia. Durch seinen Onkel Pius II. 1460 Bischof von Siena und Kardinal, 1495/98 auch Bischof von Pienza; Kardinalprotektor der deutschen Nation, 1471 als Legat auf dem „großen Christentag" in Regensburg. Wurde 1494 zu König Karl VIII. von Frankreich bei dessen Einrücken in Italien gesandt. Als einziger Kardinal widersprach er der Veräußerung kirchenstaatlichen Gebietes durch Alexander VI. an dessen Sohn Juan. Als Kardinal erwies sich Pius als freigebiger Gönner von Künstlern und Gelehrten. Zu Beginn des Pontifikats bereits schwer gichtkrank. Seine Gebeine wurden wie die seines Onkels 1614 nach Sant'Andrea della Valle überführt.

Literatur: DTHC 12, 1632f.; CATH 11, 253; BBKL 7, 661–664; VATL 586. – PASTOR 3/2, 659–678; E. PICCOLOMINI: La famiglia di Pio III: Archivio della Società Romana di Storia Patria 26 (1903) 146–164; DERSELBE: Il pontificato di Pio III: Archivio storico italiano 32 (1903) 102–138; J. SCHLECHT: Pius III. und die deutsche Nation. München 1914; A.A. STRNAD: F. Todeschini-Piccolomini. Politik und Mäzenatentum im Quattrocento: Römische Historische Mitteilungen 8/9 (1964/65–1965/66) 101–425; DERSELBE: Pius III. und Österreich: Theologisch-praktische Quartalschrift 116 (1968) 175–189. *Klaus Ganzer*

Pius IV. (25.12.1559–9.12.1565), vorher *Gian Angelo de' Medici* (nicht verwandt mit den Medici in Florenz), * 31.3.1499 Mailand; zunächst Studium der Medizin und Jurisprudenz. Ging 1526 nach Rom; verwaltete verschiedene Ämter im Kirchenstaat. 1542/43 Apostolischer Kommissar bei den Truppen, die Paul III. gegen die Türken entsandte. Unter Paul III. begann sein Aufstieg. 1545 Erzbischof von Ragusa, Empfang der höheren Weihen; 1546 Generalkommissar der päpstlichen Hilfstruppen beim Schmalkaldischen Krieg in Deutschland; 1549 Kardinal, als solcher ohne größere Bedeutung. Dem Reformverlangen Pauls IV. stand er distanziert gegenüber. Beim schwierigen Konklave 1559 wurde er als Verlegenheitskandidat gewählt. Pius leitete sogleich eine politische Kurskorrektur ein: er bemühte sich um ein gutes Verhältnis zu Kaiser Ferdinand I. und König Philipp II. von Spanien. In kirchlicher Hinsicht milderte er die

schroffen Maßnahmen Pauls IV. (u.a. Rehabilitation des Kardinals Giovanni Morone). Ein Gericht erging über die Nepoten Pauls IV. (zwei Hinrichtungen). Er selbst begünstigte zahlreiche Angehörige. Sein Lieblingsneffe Karl Borromäus wurde 1560 Kardinal, Administrator des Erzbistums Mailand und erhielt die Stellung eines Staatssekretärs. Entsprechend der Verpflichtung in seiner Wahlkapitulation berief er unter Überwindung zahlreicher politischer Schwierigkeiten das Konzil wieder nach Trient ein (Eröffnung am 18.1.1562). Als die Kontroversen um die bischöfliche Residenzpflicht, den päpstlichen /Primat und den Charakter des Bischofsamtes das Konzil an den Rand des Scheiterns führten, berief er Morone zum Konzilspräsidenten, dessen Geschick der glückliche Abschluss des Konzils (3./4.12.1563) zu verdanken ist. Pius bestätigte am 26.1.1564 mündlich, am 30.6.1564 feierlich die Dekrete des Gesamtkonzils *(Benedictus Deus)*. Im März 1564 kam es zur Veröffentlichung des /„Index der verbotenen Bücher", im November 1564 der „Professio fidei Tridentina". Vorher waren bereits /Rota, /Apostolische Poenitentiarie und /Apostolische Kammer neu geordnet worden. Dem Drängen Kaiser Maximilians II. und der bayerischen Herzöge folgend, gab Pius 1564 die Erlaubnis, in Deutschland, Österreich, Böhmen und Ungarn die Kommunion unter beiden Gestalten zu spenden. Er förderte Kunst und Wissenschaft. Im /Kirchenstaat führte die Missstimmung unter der Bevölkerung zu einer (fehlgeschlagenen) Verschwörung. – Pius war ein Mann des Übergangs. Persönlich noch von der Mentalität der Renaissance geprägt (mehrere uneheliche Kinder aus der vorpäpstlichen Zeit), konnte er sich der Notwendigkeit nicht entziehen, eine Reform der Kirche durchzuführen. Er suchte aber die alten Strukturen der römischen Kurie so weit als möglich zu retten.

▓ Quellen: Concilium Tridentinum. Diariorum, Actorum, Epistularum, Tractatuum nova Collectio, hg. v. der Görres-Gesellschaft, 13 Bde. Freiburg 1901–2001; NBD(G) II, 1–4.

▓ Literatur: DTHC 12/2, 1633–47; EC 9, 1496; CATH 11, 253f.; BBKL 7, 665; TRE 26, 652–655; VATL 586–589. – TH. VON SICKEL: Zur Geschichte des Konzils von Trient. Wien 1872; PASTOR Bd. 7; J. ŠUSTA: Die römische Curie und das Concil von Trient unter Pius IV., 4 Bde. ebd. 1904–14; F. HÄFELE: Papst Pius IV. und seine Nepoten: Vierteljahresschrift für Geschichte und Landeskunde Vorarlbergs 5 (1921) Heft 1; M. CONSTANT: Concession à l'Allemagne de la Communion sous les deux espèces, 2 Bde. Paris 1923; P. PASCHINI: Il primo soggiorno di S. Carlo Borromeo a Roma. Rom 1935; H. JEDIN: Krisis und Wendepunkt des Trienter Konzils (1562/63). Würzburg 1941; DERSELBE: Geschichte des Konzils von Trient, Bd. 4/1–2. Freiburg 1976; R. REZZAGHI: Cronoca di un conclave. L'elevazione di Pio IV: Salesianum 48 (1986) 539–581; K. GANZER: Das Konzil von Trient – Angelpunkt für eine Reform der Kirche?: RQ 84 (1989) 31–50; DERSELBE: Aspekte der katholischen Reformbewegungen im 16.Jh.: Abhandlungen der geistes- und sozialwissenschaftlichen Klasse der Akademie der Wissenschaften und der Literatur in Mainz. Wiesbaden 1991, n. 13.   *Klaus Ganzer*

Pius V. (7.1.1566–1.5.1572), heilig (1712; Tag 30.4.), Dominikaner (1518), vorher *Michele Ghislieri*, * 17.1.1504 Bosco bei Alessandria; Studium in Genua; 1528 Priester; Lektor der Philosophie und Theologie in Pavia. Erlangte als Inquisitor der Diözese Como die Wertschätzung Giampietro Carafas (später Paul IV.). Unter Julius III. wurde er Generalkommissar der Inquisition in Rom. 1556 zum Bischof von Sutri und Nepi, 1557 zum Kardinal, 1558

zum Großinquisitor der römischen Kirche, 1560 zum Bischof von Mondovì ernannt. Der entscheidende Einfluss auf seine Wahl zum Papst ging von Karl Borromäus aus. Die wichtigsten kurialen Ämter übertrug Pius v.a. Männern aus der Schule Pauls IV. Sein (25-jähriger) Großneffe, der Dominikaner Michele Bonelli, wurde Kardinalnepot. Das Konzil von Trient hatte dem Papst eine Reihe von Aufgaben hinterlassen: 1566 erschien der Catechismus Romanus, 1568 das Breviarium Romanum, 1570 das römische Messbuch. Die ⁄Apostolische Poenitentiarie wurde neu organisiert und auf das Forum internum beschränkt. Pius drang auf Einhaltung der Residenz der Geistlichen und förderte die Errichtung von Priesterseminaren. Sein besonderer Eifer galt der Inquisition. Alle Regungen von Glaubensabweichungen mussten mit strengsten Maßnahmen verfolgt werden. Zahlreiche Todesurteile wurden gefällt. Pius beabsichtigte, den Inquisitionsprozess gegen Kardinal Giovanni Morone, den Pius IV. rehabilitiert hatte, wieder aufzugreifen. Im so genannten Gnadenstreit verwarf Pius 76 Sätze des Michael Bajus und seiner Schüler. In Frankreich, wo sich der Calvinismus ausbreitete, hatte Pius die vollständige Vernichtung der Hugenotten zum Ziel, weshalb er gegen den Religionsfrieden von Saint-Germain (1570) Einspruch erhob. Auch bezüglich Englands war Pius entschlossen, gegen Königin Elisabeth I. scharf vorzugehen. Am 25.2.1570 erließ er die Bulle *Regnans in excelsis,* in der Elisabeth der Häresie für schuldig erklärt, mit der Exkommunikation belegt und ihr das Recht auf die englische Krone abgesprochen wurde; die Untertanen wurden von ihrem Treueid entbunden. Es war dies das letzte Absetzungsurteil eines Papstes gegen einen Herrscher überhaupt. Diese Maßnahme, die ein Fehlgriff war, verschlimmerte die Lage der englischen Katholiken. Von einem förmlichen Protest, den Pius gegen den Augsburger Religionsfrieden von 1555 vorbringen lassen wollte, konnte er abgehalten werden. Die Beziehungen zu Philipp II. von Spanien wurden durch das stark ausgebildete spanische Staatskirchentum getrübt. Doch gelang es Pius, die Heilige Liga zwischen Spanien und Venedig gegen die Türken zustande zu bringen. Nach dem Sieg der Armada unter Führung von Don Juan de Austria am 7.10.1571 im Golf von Lepanto führte Pius das Fest „Unserer Lieben Frau vom Siege" ein (heute Rosenkranzfest). – Die Kunst der Antike sagte Pius nichts. Mit Mühe konnten ihn die Kardinäle davon abhalten, die antiken Kostbarkeiten, die sich in päpstlichem Besitz befanden, als „heidnische Götterbilder" zu verschleudern. Er unterstützte den Neudruck der Werke von Bonaventura und Thomas von Aquin. Pius war von religiösem Eifer und asketischer Strenge erfüllt. Bei alldem lag ihm die Reform der Kirche vorrangig am Herzen. Er war jedoch von einer gewissen geistigen Enge und verkörperte in ausgeprägter Weise den intransigenten Typ des katholischen Reformers des 16. Jh., der für eine vom Humanismus inspirierte religiöse Geistigkeit, wie sie etwa Gasparo Contarini und Reginald Pole vertraten, keinen Sinn hatte.

■ Quellen: *Viten:* G. CATENA: Vita del gloriosissimo papa Pio V. Rom 1582 u.ö.; J.A. GABUZZI: De vita et rebus gestis Pii V P.M. libri VI. Rom 1605. – Epp. apostolicae, hg. v. F. GOUBEAU. Antwerpen 1640; W.E. SCHWARZ: Der Briefwechsel Maximilians II. mit Pius V. Paderborn 1889; L. SERRANO: Correspondencia diplomatica entre España, Venecia y la Santa Sede durante el pontificado de S. Pio V, 4 Bde. Madrid 1914; NBD(G) II, 5–7. ■ Literatur: DTHC 12, 1647–53; EC 9, 1498ff.; CATH 11, 255–258; BBKL 7, 665ff.; TRE 26, 655–659; VATL 589ff. – B. HILLIGER: Die Wahl Pius' V. zum Papste. Leipzig 1891; L. SERRANO: La Liga de Lepanto entre España, Venecia y la Santa Sede (1570–73), 2 Bde. Madrid 1918–20; CH. HIRSCHAUER: La politique de S. Pie V en France (1566–1572). Paris 1926; B. DE MEESTER: Le Saint-Siège et les troubles des Pays-Bas 1566–1570. Löwen 1934; L. BROWNE-OLL: The Sword of St. Michael. S. Pius V. Milwaukee 1943; E. VAN EIJL: Les censures des universités d'Alcalá et de Salamanque et la censure du Pape Pie V contre Michel Baius (1565–67): Revue d'histoire ecclésiastique 48 (1953) 719–776; DERSELBE: L'interprétation de la bulle de Pie V portant condamnation de Baius: ebd. 50 (1955) 499–542; G. GRENTE: Le pape des grands combats, S. Pie V. Paris ²1956; K.M. SETTON: The papacy and the Levant, Bd. 4. Philadelphia 1984; A. D'ANDIGNE: Saint Pie V et la victoire de Lépante: Pensée catholique 248 (1990) 74–86; E. GARCÍA HERNAN: Pio V y el Mesianismo profetico: Hispania sacra 45 (1993) 83–102; N. LEMAITRE: Saint Pie V. Paris 1994. *Klaus Ganzer*

Pius VI. (15.2.1775–29.8.1799), zuvor Graf *Giovanni Angelo Braschi,* * 25.12.1717 Cesena. Nach seinen Rechtsstudien in Ferrara trat er in den Dienst des Kardinallegaten Tommaso Ruffo, 1758 Priester, 1766 Apostolischer Kämmerer, 1773 Kardinal; als Kandidat der ∕Zelanti zum Papst gewählt, am 21.2.1775 Bischofsweihe und am 22.2. Papstkrönung; sein Pontifikat ist einer der längsten der Kirchengeschichte; der Regierungsantritt war mit der Jesuitenfrage belastet. Einen Teilerfolg in der Frage des Febronianismus gab es 1778 durch den Widerruf des Johann Nikolaus von Hontheim; am staatskirchlichen Reformeifer Kaiser Josephs II. konnte Pius selbst durch eine Reise 1782 nach Wien nichts ändern. Freundliche Aufnahme fand er in München durch Kurfürst Karl Theodor von Pfalz-Bayern und in Augsburg durch Clemens Wenzeslaus; die auf dem durch den Münchner Nuntiaturstreit heraufbeschworenen Emser Kongress 1786 formulierten episkopalistischen Bestrebungen der deutschen Erzbischöfe wurden durch die Französische Revolution hinfällig; mit der Bulle *Auctorem fidei* vom 28.8.1794 wurden die Irrtümer der Synode von Pistoia (1786) verurteilt; die Französische Revolution selbst, die Zivilkonstitution des Klerus und die konstitutionelle Kirche verurteilte Pius aus politischen Erwägungen erst mit den Breven *Quod aliquantum* vom 10.3.1791 und *Caritas* vom 13.4. 1791; sein Beitritt zur ersten Koalition gegen Napoleon führte schließlich im Frieden von Tolentino am 19.2.1797 zum Verlust von Avignon, Venaissin, Ferrara, Bologna und später auch Ancona sowie zu umfangreichen Reparationszahlungen und zur Übergabe wertvoller Kunstwerke; wiederholte Unruhen in Rom, wie die Erschießung des französischen Generals Duphot am 28.12.1797, zogen die Besetzung Roms und des Kirchenstaates durch die Franzosen nach sich. Mit der Ausrufung der Römischen Republik am 15.2.1798 war das vorläufige Ende des /Kirchenstaates besiegelt. Pius wurde festgenommen, zunächst nach Siena und Florenz, dann nach Briançon und schließlich nach Valence gebracht, wo er starb; sein Leichnam kam erst im Februar 1802 nach Rom, wo ihm Antonio Canova ein Denkmal setzte. – Große Verdienste erwarb sich Pius, unter dem der /Nepotismus noch einmal auflebte, um Rom und den Kirchenstaat durch den Bau der Sakristei

von Sankt Peter, die Vollendung des Museo Pio-Clementino (/Vatikanische Museen) und die teilweise Trockenlegung der Pontinischen Sümpfe; für die kommende Papstwahl hatte er schon am 13.11.1798 Notstandsbestimmungen erlassen; Pius, den feine Bildung, Liebenswürdigkeit und Würde auszeichneten, fehlten jedoch politische Weitsicht und Willensstärke.

Literatur: Cath 11, 258–261; BBKL 7, 667–670; VatL 591–593. – A. Latreille: L'Église catholique et la révolution française, 2 Bde. Paris 1946–50; E. Piscitelli: La riforma di Pio VI e gli scrittori economici Romani. Mailand 1958; G. Schwaiger: Pius VI. in München: Münchener theologische Zeitschrift 10 (1959) 123–136; E. Kovacs: Der Pabst in Teutschland. Wien 1983; J. Gelmi: Die Päpste in Lebensbildern. Graz 1989, 243–247; D. Menozzi (Hg.): La chiesa italiana e la rivoluzione francese. Bologna 1990; P. Blet: Pie VI et la Révolution française: O. de la Brosse (Hg.): La France et le Saint-Siège. Rom 1995, 215–240; P. Stella: La bolla 'Auctorem fidei' (1794) nella storia dell'ultramontanismo. Rom 1995; C. Semeraro: Bibliothece papali tra rivoluzione e restaurazione (1775–1823): Super fundamentum apostolorum. FS A.M. Javier Ortas. Rom 1997, 273–313; B. Plongeron: La silence de la papauté devant la Révolution française: Papes et papauté au XVIIIe siècle. Paris 1999, 299–317.

Josef Gelmi

Pius VII. (14.3.1800–20.8.1823), Benediktiner (1756), vorher *Barnaba Chiaramonti* (Ordensname: *Gregorio*), * 14.8.1742 Cesena (Romagna); 1765 Priester; 1766–75 Theologieprofessor in Parma, 1775–82 in Rom; aufgeschlossen für die moderne Kultur und reformfreundlich; 1782 Bischof von Tivoli, 1785 Bischof von Imola und Kardinal. Unter dem „triennio giacobino" entwarf er ein modernes Programm über die Beziehung zwischen politischer Macht und christlichen Forderungen, über eine Neuordnung der bürgerlichen Gesellschaft sowie über Möglichkeiten, die von der Französischen Revolution hervorgehobenen Werte im Sinn des Evangeliums zu übernehmen (Homilie zu Weihnachten 1797 über Kirche und Demokratie). Nach viermonatigem Konklave als Kompromisskandidat zum Papst gewählt, zog er am 3.7.1800 in Rom ein. Er war ein Mann der Lehre und der Pastoral, der die spirituellen Anliegen der Kirche gut von den politischen Problemen zu trennen vermochte. Pius weigerte sich, einen Österreich völlig ergebenen Kardinal als Staatssekretär zu benennen, und wählte dagegen Ercole Consalvi, einen konservativen Reformer, der Entschiedenheit und Nachgiebigkeit zu verbinden wusste. Der Widerstand der reaktionären Mehrheit innerhalb der Kurie verhinderte die notwendige Verjüngung der Institutionen des /Kirchenstaates. Es gelang Pius rasch, die kirchlich-religiöse Situation in Frankreich zu regeln. Im Konkordat von 1801 mit Napoleon I. machte er, trotz der Zurückhaltung eines großen Teils des /Kardinalskollegiums, wichtige Konzessionen, sicherte aber damit zugleich der französischen Kirche wesentliche Vorteile und brachte durch die Forderung nach Rücktritt aller französischen Bischöfe des „Ancien régime" den Primat des Papstes verstärkt ins Bewusstsein. Er konnte jedoch nicht verhindern, dass Napoleon eigenmächtig die „Organischen Artikel" verkündete. 1803 schloss er ein ähnliches Konkordat mit der italienischen Republik. Sein Versuch einer Neuordnung der kirchlichen Verhältnisse in Deutschland nach der Säkularisation war vergeblich. In der Hoffnung, Zugeständnisse bezüglich des Kirchenstaates und der Aufhebung der „Organischen Artikel" zu erwirken, ging Pius 1804 trotz aller Bedenken zur Kaiserkrönung Napoleons nach Paris, erreichte aber nur wenig. Da Pius sich weigerte, an der Kontinentalsperre Frankreichs gegen England teilzunehmen, besetzte Napoleon am 2.2.1808 Rom und vereinigte am 17.5.1809 den Rest des Kirchenstaates mit Frankreich. Pius antwortete mit der Exkommunikation des „Räubers des Patrimonium Petri" (10.6.1809). Er wurde nach Savona (bis 1812), dann nach Fontainebleau gebracht und von allen Ratgebern getrennt. Nach dem Sturz Napoleons zog Pius am 25.5.1814 wieder in Rom ein.

Die durch seinen Widerstand gewonnene moralische Autorität wirkte sich für Pius in der folgenden Periode der Restauration günstig aus. Der Wiener Kongress brachte die völlige Wiederherstellung des Kirchenstaates, der von Consalvi reorganisiert wurde, jedoch verhinderte die Isolation Consalvis innerhalb der reaktionären Kurie die Durchsetzung notwendiger Reformen. Pius betrieb die kirchliche Restauration Europas anpassungsfähig, aber auch in der Besorgnis, gegen die rationalistischen Tendenzen der Aufklärung eintreten zu müssen. Die Freimaurer wurden erneut verurteilt (Bulle vom 21.9.1821), die Bibelgesellschaften verdächtigt, wegen ihres protestantischen Ursprungs den Indifferentismus zu propagieren. Pius bemühte sich, dem religiösen Leben neue Impulse zu geben (Volksmissionen, Besinnungstage für den Klerus, Stärkung von Bruderschaften und des Wallfahrtswesens, Vermehrung der Marienfeste, Wiederaufnahme von Kanonisationsprozessen). Von konziliantem Geist, konzentrierte er sich auf die wesentlichen Dinge. Trotz seines Respekts vor der Tradition fand er sich mit akzeptablen modernen Bestrebungen ab. Kirchenpolitisch folgte er meist der von Consalvi repräsentierten Richtung, öffnete sich aber auch anderen Einflüssen, wenn er der Meinung war, dass die Interessen der Kirche dies verlangten. Er handelte eine Reihe von Konkordaten mit deutschen und italienischen Ländern aus, eine Übereinkunft in Bezug auf Polen wurde mit Russland unterzeichnet, Verhandlungen wurden mit der schweizerischen Eidgenossenschaft geführt. Was die neuen selbstständigen Staaten Lateinamerikas betraf, leitete er nach anfänglichem Zögern ihre Anerkennung ein. – Zusammenfassend kann gesagt werden, dass Pius die katholische Kirche, die im Augenblick seiner Amtsübernahme zu versinken drohte, auf einen Weg der Erneuerung geführt hat.

▓ Quellen: Bullarium Romanum. Continuatio XI–XV, ed. v. A. BARBIERI. Rom 1846–53; A. MERCATI: Raccolta di Concordati, Bd. 1. ebd. ²1954, 561–688; Documenti relativi alle contestazioni insorte fra la S. Sede ed il governo francese, 6 Bde. ebd. 1833–34. – E. CONSALVI: Memorie. Rom 1951; B. PACCA: Memorie, 3 Bde. ebd. 1830.

▓ Literatur: *Allgemeine Darstellungen:* DTHC 12, 1670–83; EC 9, 1504–08; CATH 11, 261–268; TRE 26, 659ff.; BBKL 7, 670–673; VATL 593f. – C. WUNDERLICH: Der Pontifikat Pius' VII. in der Beurteilung der deutschen Mitwelt. Leipzig 1913; H. DE MAYOL DE LUPÉ: La captivité de Pie VII, 2 Bde. Paris ²1916; E. HOCKS: Napoleon und Pius VII. Freiburg 1949; P. BASTGEN–H. TÜCHLE: Pius VII. und Consalvi. Zur Geschichte des Konklaves in Venedig: Historisches Jahrbuch 79 (1960) 146–174; L. PÁSZTOR: Ercole Consalvi, prosegretario del conclave di Venezia: Archivio della Società Romana di Storia Patria 83 (1960) 99–187; DERSELBE: Le ,Memorie sul Conclave tenuto in Venezia' di Ercole Consalvi: AHP 3 (1965) 239–308; L. DAL PANE: Le riforme economiche di Pio VII: Studi Romagnoli 16 (1965) 257–

276; – *Einzelfragen:* A. ROVERI: La Missione Consalvi e il Congresso di Vienna, 3 Bde. ebd. 1970–73; DERSELBE: La S. Sede tra Rivoluzione e Restaurazione: il cardinale Consalvi 1813–15. Florenz 1975; Atti del Convegno di storia del Risorgimento: Pio VII e il cardinale Consalvi, un tentativo di riforma nello Stato Pontificio. Viterbo 1981; M. CHAPPIN: Pie VII et les Pays-Bas. Rom 1984; M.M. O'DWYER: The papacy in the age of Napoleon and the Restoration. Puis VII, 1800–23. Lanham 1985; I. SPADA: La Rivoluzione francese e il papa. Bologna 1989; C. SEMERARO: Bibliotheche papali tra rivoluzione e restauratia (1775–1823): Super fundamentum apostolorum. FS A.M. Javier Ortas. Rom 1997, 273–313; Roma fra la Restaurazione e l'elezione di Pio IX. Rom 1997; A. DE LA HERA: La Iglesia y la emancipación iberoamericana: Gedenkschrift W. Schulz. Frankfurt (Main) 1999, 173–190; L.F. MASCHIETTO: Relazione del conclave tenito in S. Giorgio Maggiore di Venezia, 14 marzo 1800: Benedictina 47 (2000) 91–137.   *Roger Aubert*

Pius VIII.   (31.3.1829–30.11.1830), vorher *Francesco Saverio Castiglioni,* * 20.11.1761 Cingoli (Ancona); Studium, besonders des Kirchenrechts, in Bologna; 1785 Priester; 1800 Bischof von Montalto; 1808 wegen Treueidverweigerung durch Napoleon I. gefangen gesetzt; 1816 Kardinal und Bischof von Cesena, 1821 Poenitentiar und Bischof von Frascati, 1822 Präfekt der Indexkongregation. Zelante, aber gelehrt; von Ercole Consalvi und Pius VII. sehr geschätzt, war er 1823 im Konklave Hauptkandidat gegen Leo XII. 1829 schon krank als Kandidat der gemäßigten Partei zum Papst gewählt. In der Verwaltung des ⁄ Kirchenstaates milderte er das Polizeiregime und erneuerte den wissenschaftlichen und sozialen Bereich. Er blieb gegenüber den Problemen der modernen Welt nach der Französischen Revolution verschlossen. Die Politik überließ er weitgehend seinem

Staatssekretär Giuseppe Albani. Nach der Julirevolution von 1830 erkannte er sofort Louis-Philippe in Frankreich an. Für die unierten Armenier schuf er in Konstantinopel ein Erzbistum ihres Ritus.

▨ Quellen: Bullarium Romanum. Continuatio XVIII, ed. v. A. BARBIERI. RO 1856.

▨ Literatur: DTHC 12, 1683–86; CATH 11, 268–271; BBKL 7, 673–677; VATL 594f. – C. VIDAL: La Monarchie de Juillet et le St-Siège au lendemain de la Révolution de 1830: Revue d'histoire diplomatique 46 (1932) 497–517; R. MOSCATI: Il governo napoletano e il conclave di Pio VIII: Rassegna storica del Risorgimento 20 (1933) 257–274; G. MALAZAMPA: Una gloria delle Marche, Pio VIII. Alba 1933; SCHMIDLIN 1, 474–510; E. VERCESI: Tre pontificati. Turin 1936, 115–180; P. DE LETURIA: Pio VIII y la independencia Hispanoamericana: Saggi storici intorno al papato (Rom 1959) 387–400; R. COLAPIETRA: Il diario Brunelli del Conclave del 1823: Archivio storico italiano 120 (1962) 76–146; DERSELBE: Il diario Brunelli del Conclave del 1829: Critica storica 1 (1962) 517–541 636–661; O. FUSI-PECCI: La vita di Papa Pio VIII. Rom 1965; A. PENNACCHIONI: Il papa Pio VIII Francesco Saverio Castiglioni. Cingoli 1994; La religione e il trono. Pio VIII nell'Europa del suo tempo. Convegno di studi, Cingoli, 1993, hg. v. S. BERNARDI. Roma 1995. *Roger Aubert*

Pius IX. (16.6.1846–7.2.1878), selig (2000; Tag 7.2.), vorher *Giovanni Maria Mastai-Feretti*, * 13.5.1792 Senigallia aus einer modernen Ideen gegenüber offenen Landadelsfamilie; 1802–09 Studium am Piaristenkolleg in Volterra, 1809–14 wieder daheim und an einer epileptischen Krankheit leidend, von der er genas, jedoch zeitlebens eine große Erregbarkeit zurückbehielt. Seit 1814 wieder in Rom, dort beeinflusst von geistlichen Reformern des römischen Klerus (Vincenzo Pallotti, Gaspare del Bufalo); 1819 nach ungenügenden theologischen Studien zum Priester geweiht; 1823–25 als Auditor mit einer päpstlichen Gesandtschaft in Chile; 1825 Vorstand des Ospizio San Michele in Rom, 1827 Erzbischof von Spoleto, 1832 Bischof von Imola. Tatkräftiger Seelsorger, erlangte aber zu Unrecht den Ruf eines Liberalen, weil er Verwaltungsreformen im ∕Kirchenstaat forderte und Sympathien gegenüber Vertretern des Neoguelfismus zeigte. 1840 Kardinal; 1846 nach kurzem Konklave gegen Luigi Lambruschini zum Papst gewählt. – Durch einige begrenzte Zugeständnisse gewann Pius sofort große Popularität, aber der Mythos des „liberalen Papstes" verflog schnell, als deutlich wurde, dass sich Pius weigerte, das Patrimonium Petri in einen modernen konstitutionellen Staat umzuwandeln (∕Kirchenstaat) und am italienischen Unabhängigkeitskrieg gegen Österreich teilzunehmen, da das unvereinbar mit seiner Rolle als Vater aller Gläubigen sei (Allocutio vom 29.4.1848). Die wirtschaftliche Krise des Kirchenstaates und das Fehlen politischer Fähigkeiten Pius' führten schließlich zur Krise: Am 24.11.1848 musste der Papst vor einem Aufstand nach Gaeta fliehen, während in Rom die Republik ausgerufen wurde. Unterstützt von den europäischen Mächten, konnte Pius jedoch mit Hilfe eines französischen Expeditionskorps am 12.4.1850 wieder in Rom einziehen. Die folgende reaktionäre Restauration unter der Leitung des Staatssekretärs Giacomo Antonelli brachte zwar einige positive Verwaltungsmaßnahmen, doch die intellektuellen Schichten waren erbittert über ein Regime, das den Bürgern keinerlei politische Freiheit ließ. Camillo Benso Cavour hatte es deshalb leicht, diese Situation für seine Pläne einer Einigung Italiens auszunutzen. Nach der Annexion der Romagna (März 1860), der Marken und Umbriens (September 1860, nach der Niederlage von Castelfidardo) gelang es dem Papst zwar mit französischer Unterstützung, Rom und dessen Umgebung noch zehn Jahre zu halten; doch unter Ausnutzung des deutsch-französischen Krieges besetzten schließlich italienische Truppen am 20.9.1870 Rom. Pius, der sich für den Kirchenstaat gegenüber allen Katholiken verantwortlich fühlte, beugte sich den vollendeten Tatsachen nicht. Das von Italien angebotene Garantiegesetz schlug er aus und betrachtete sich als Gefangener im Vatikan. – Wenngleich Pius auf politischem und diplomatischem Gebiet scheiterte (die möglichen Lösungen der Probleme überstiegen seine geistige Kapazität), zeitigte sein Pontifikat doch auf religiösem Gebiet eine Reihe positiver Resultate, was immer man von einzelnen Tendenzen halten mag. Missionarisch wenig aktiv konnte er anderseits die Wiederherstellung der Hierarchie in England (1850) und in den Niederlanden (1853) sowie die Abschlüsse von Konkordaten und Konventionen mit Russland (1847), Spanien (1851), Österreich (1855), Portugal (1857) und mehreren Staaten Mittel- und Südamerikas betreiben. Seit 1850 wurde der römische Zentralismus, der den noch bestehenden Partikularismus in den Nationalkirchen auslöschte, systematisch vorangetrieben und fand seinen Höhepunkt in der feierlichen Erklärung der päpstlichen ⁄Unfehlbarkeit und des päpstlichen ⁄Jurisdiktionsprimats (auch als Folge des wiederholten Drucks seitens Pius') auf dem Ersten Vatikanischen Konzil (8.12.1860–20.10.1870; Dogmatische Konstitution *Pastor aeternus,* Kapitel 3 und 4). Widerstand erhob sich dagegen besonders in den katholischen Ostkirchen, die darin

eine Bedrohung ihrer Traditionen erblickten, aber auch bei einem Teil des deutschen und französischen Klerus, wo man befürchtete, seitens der römischen Kurie bevormundet zu werden. Es gelang Pius, in der katholischen Welt eine wahre „Verehrung des Papsttums" wachzurufen, die die enge Verbindung der gläubigen Massen und des niederen Klerus mit der neuen Rolle des Papstes in der Kirche erleichterte. Pius förderte diese Tendenzen in starkem Maß, weniger aus persönlichen als hauptsächlich aus pastoralen Gründen; dies schien ihm eine Bedingung für die Erneuerung des katholischen Lebens, v. a. dort, wo staatliche Eingriffe die Lokalkirchen einengten, und das geeignetste Mittel, alle lebendigen Kräfte des Katholizismus gegen die aufsteigende Welle des Säkularismus zu bündeln. Pius bemühte sich um eine Erneuerung des Ordenswesens, eine Hebung des geistlichen Niveaus des Klerus und eine allgemeine Förderung des katholischen Lebens. Die Eucharistieverehrung wurde gefördert, ebenso die des Heiligsten Herzens Jesu und Marias angeregt, letzteres v. a. durch die Definition der Unbefleckten Empfängnis Marias (Bulle *Ineffabilis Deus* vom 8.12.1854). Pius glaubte an die unumgängliche Notwendigkeit des Erfolgs seines religiösen Erneuerungswerks. Daher entwickelte er eine intransigente Haltung, die ihn ununterbrochen eine Reihe von Prinzipien repetieren ließ, die für ihn die Grundlagen einer christlichen Restauration der Gesellschaft bildeten. Dies geschah mitunter mit einem bedauerlichen Mangel an Nuancierung. Überzeugt davon, dass ein säkularer Staat das ewige Heil der Gläubigen gefährde, protestierte Pius unentwegt gegen die Prinzipien von 1789, was in der Enzyklika

Quanta cura (1864) und im *Syllabus,* einem ungeschickten Dokument, das dieser angehängt ist, seinen spektakulärsten Ausdruck fand. Unfähig zu unterscheiden zwischen dem, was im Verlangen seiner Zeit nach einer Säkularisierung des öffentlichen Lebens einen positiven Wert besaß und auf lange Sicht zu einer vertieften Spiritualisierung des katholischen Apostolats führen würde, und den den christlichen Geist kompromittierenden Ideologien, sah Pius im Liberalismus nur eine Ideologie der Verneinung des Übernatürlichen. Zwar anerkannte Pius den Unterschied zwischen der Ablehnung der Kultusfreiheit als Ideal und ihrer Hinnahme als kleineres Übel, doch neigte er tatsächlich zur These einer offiziell christlichen Gesellschaft, die religiöse Toleranz ausschloss (was besonders seine ablehnende Haltung gegenüber der spanischen Verfassung von 1876 zum Ausdruck brachte, die sich einer gemäßigten Toleranz öffnete). Die Bemühungen Pius', sich gegen die Fortschritte des Liberalismus zu stellen, riefen gegen Rom große Teile der öffentlichen Meinung auf den Plan, besonders im wissenschaftlichen Bereich, und das umso mehr, als er selbst den lebendigen Beweis des Unverständnisses in Bezug auf die moderne Kultur lieferte. Die letzten Pontifikatsjahre wurden durch eine Reihe von Auseinandersetzungen geprägt, v. a. mit den armenischen Katholiken, die die römischen Maßnahmen, die ihre Freiheit im Hinblick auf die Bischofswahl begrenzten, irritierten, dann auch mit Deutschland, wo Otto von Bismarck, unzufrieden mit katholischen Emanzipationsbemühungen, den Kulturkampf entfachte. – Pius wurde insgesamt bei seinen Aktivitäten durch eine oberflächliche Bildung beeinträchtigt, die ihn hinderte, sich über die Komplexität der Probleme, mit denen er konfrontiert war, Rechenschaft abzulegen, aber auch durch die Mittelmäßigkeit vieler seiner Berater, die die Dinge mit der Intransigenz abgehobener Theoretiker beurteilten und keinen Bezug zur zeitgenössischen Geistigkeit hatten. Anderseits besaß Pius Qualitäten einer mehr aufs Praktische gerichteten Mentalität, den Mut, das zum Ende zu führen, was er als seine Aufgabe erkannte, die Sorge, immer als Priester und Hirt zu handeln, sowie eine tiefe Frömmigkeit. Schon kurz nach seinem Tod betrieben einige seine Heiligsprechung. Der Prozess wurde 1907 unter Pius X. eröffnet, 1922 jedoch „per insufficienza di documentazione" eingestellt, 1954 unter Pius XII. erneut aufgerollt. 1985 erging die Anerkennung des heroischen Tugendgrads und am 3.9.2000 sprach Papst Johannes Paul II. Pius IX. zusammen mit Johannes XXIII. selig, was eine kontroverse publizistische Reaktion hervorrief.

▧ Quellen: Acta Pii IX, 9 Bde. Rom 1854–78; Atti, 2 Bde. ebd. 1857; Discorsi ..., ed. v. P. De Franciscis, 4 Bde. ebd. 1872–78; Pio IX. Lettere al cardinale L. Amat 1832–48, ed. v. G. Maiole. Modena 1949; P. Pirri: Pio IX e Vittorio Emanuele II dal loro carteggio privato, 3 Bde. Rom 1944–61; A. Mercati: Raccolta di concordati. ebd. ²1954, 751–1000 und [3]–[71]; A. Marcone: La parola di Pius IX., 2 Bde. Genua 1864; J. Gorricho: AHP 4 (1966) 281–348; G. Martina: Pio IX e Leopoldo II. Rom 1967; G. Cittadini: Il carteggio privato di Pio IX e il rè Ferdinando di Napoli. Macerata 1968; L. Pásztor: Pio IX 12 (1982) 3–85; V. Cárcel Ortí: AHP 21 (1983) 131–181; G. Cittadini: G.M. Mastei (Pio IX). Lettere, 4 Bde. Neapel 1990–94; AAS 92 (2000) 439ff.

▧ Literatur: DThC 12, 1686–1716; EC 9, 1510–1523; Cath 11, 271–279; Dizionario storico del Movimento cattolico in Italia, Bd. 2. Casale Monferrato 1982, 480–486; TRE 26, 661–666; BBKL 7, 677f.; VatL 595–599. –

E.E.Y. Hales: The Catholic Church in the modern world. London 1954, deutsch Graz 1957; N. Blakiston: The Roman Question 1858–70. London 1962; N. Miko: Das Ende des Kirchenstaats, 4 Bde. Wien 1962–70; Atti del I Convegno ... sulla figura e sull'opera di Pio IX. Senigaglia 1974; A.B. Hasler: Pius IX., 2 Bde. Stuttgart 1977; Pio IX arcivescovo di Spoleto. Florenz 1980; Atti del II Convegno ... ebd. 1981; C. Falconi: Il giovane Mastai ... 1792–1827. Mailand 1981; A. Polverari: Vita di Pio IX, 3 Bde. Vatikanstadt 1986–88; L. Brogliolo: Pio IX, profilo spirituale. ebd. 1989; G. Martina: Pio IX, 3 Bde. Rom 1974–90 (fundamental); K. Schatz: Vaticanum I, 3 Bde. Paderborn 1992–94; Y. Chiron: Pie IX pape moderne. Paris 1995; A. Marani: Tra sinodi e conferenze episcopali. La definizione de ruolo degli incontri collettivi dei vescovi fra Gregorio XVI e Pio IX: Cristianesimo nella storia 17 (1996) 47–93; P.K. Hennessy: The Infallibility of the Papal Magisterium as Presented in the Pastoral Letters of the Bishops of the United States After Vatican I: Horizons 23 (1996) 7–28; G. Martina: Verso il sillabo: AHP 36 (1998) 137–181; C. Langlois: Lire le ,Syllabus': Problèmes d'histoire des religions 9 (1998) 85–103; L.J. Welch: The infallibility of the ordinary universal magisterium: The Heythrop Journal 39 (1998) 18–36; H. Euler: ,Den Papst nach Jerusalem schicken'. Ein Streit zwischen Papst und Kaiser im 19.Jh.: Forschungen zur Reichs-, Papst- und Landesgeschichte. FS P. Herde. Stuttgart 1998, 941–963; I. Gobry: Pie IX. Le pape des tempêtes. Paris 1999; A. Paita: Pio IX. Mailand 2000; L. Coutois: La liberté comme mal: L'Église et le monde moderne au XIXe siècle: Imaginaires du mal. Paris 2000, 221–236; F. Martí Gilabert: La misión en Chile del futuro Papa Pio IX: Anuario de historia de la iglesia 9 (2000) 235–258; V. Conzemius: Seligsprechung im Widerstreit: Herder Korrespondenz 54 (2000) 452–456; K. Schatz: Fragen zur Seligsprechung Pius' IX.: Stimmen der Zeit 218 (2000) 507–516. – Zeitschrift: Pio IX 1 (Rom 1972) ff.   Roger Aubert

Pius X. (4.8.1903–20.8.1914), heilig (1954; Tag 21.8.), vorher *Giuseppe Sarto,* * 2.6.1835 Riese (Treviso) in bescheidenen Verhältnissen; 1858 Priester; 1875 Cancellarius in Treviso und Spiritual im dortigen Seminar; 1884 Bischof von Mantua, wo er eine Modelldiözese schuf; 1893 Kardinal und Patriarch von Venedig, wo er eine Allianz der Katholiken und Liberalen gegen die Sozialisten unterstützte. Mit organisatorischem Talent ausgestattet und von großer Willenskraft, misstraute Pius Neuerungen und besaß darüber hinaus eine sehr autoritäre Auffassung von der Leitung seines Klerus und der Katholischen Aktion. 1903 im Konklave nach österreichischem Veto gegen Mariano Rampolla gewählt. Pius war der Meinung, dass die von seinem Vorgänger Leo XIII. betriebene Politik der Öffnung gegenüber der modernen Welt mit zu wenig Vorsicht geführt worden sei, und hielt daher eine Neuorientierung für unumgänglich. Seine Haltung der „katholischen Verteidigung", unterstützt von seinem Kardinalstaatssekretär Raffaele Merry del Val, zeigte sich hauptsächlich auf drei Feldern: Auf kirchenpolitischem Gebiet kehrte Pius zur Intransigenz der Zeiten Pius' IX. zurück. Neue Spannungen entstanden mit Russland, Deutschland (Borromäusenzyklika, Missbilligung konfessionell gemischter Gewerkschaften) und mit den USA (der „liberale" Bischof John Ireland fiel in Ungnade; Weigerung Pius', Präsident Theodore Roosevelt zu empfangen). 1910 wurden die diplomatischen Beziehungen zu Spanien abgebrochen. Mit Portugal kam es 1911 (Trennungsgesetz) zum offenen Konflikt, ebenso mit Frankreich, wo Pius nach der Trennung von Kirche und Staat (1905) das neue Gesetz über die Kultusvereine verurteilte. Auf sozialem Gebiet, obwohl mit den Bemühungen, auf die „unverdiente Misere der Arbeiter" zu reagieren, sympathisierend, warf er den christlichen Demokraten vor, moralische und religiöse Aspekte des sozialen Problems in den Hintergrund zu drängen und dagegen den Akzent zu sehr auf die materiellen Ansprüche der Arbeiter zu legen, v. a. aber, sich eine gegenüber der kirchlichen Hierarchie zu autonome Haltung in ihren Aktionen anzumaßen. Die Maßnahmen gegen die Anhänger Romolo Murris und die Auflösung der „Opera dei Congressi" in Italien, die unterschiedliche Behandlung der Bewegung „Le Sillon" und der „Action française" in Frankreich, die Unterstützung der konfessionellen Gewerkschaften (Berliner Richtung) gegenüber der Kölner Richtung in Deutschland kennzeichnen die Ablehnung demokratischer Ideen im Vatikan zugunsten paternalistischer Lösungen (Enzyklika *Singulari quidam* von 1912; Projekt einer Verurteilung der christlichen Gewerkschaftsbewegung). Auf wissenschaftlichem Gebiet ging Pius energisch gegen den Modernismus vor. Er glaubte, dass ungenügend ausgereifte Anpassungen der theologisch-kirchlichen Lehre an die moderne Wissenschaft unbedingt zu verhindern seien, da sie die Gefahr des Verlustes wesentlicher Werte mit sich brächten (wiederholte Indizierungen, Veröffentlichung des Dekrets *Lamentabili* vom 3.7.1907 und der Enzyklika *Pascendi dominici gregis* vom 8.9.1907). Aber die scharfe Überwachung der Theologie- und Philosophieprofessoren provozierte ungerechte Verdächtigungen eines doktrinären Integralismus gegen die Forscher. Der Papst ließ sich dabei von einem Teil seiner Umgebung leiten, dessen wenig einsichtsvoller Konservatismus den antimodernistischen Maßnahmen einen misslichen

Anstrich gab und die Entwicklung der theologischen Studien, zumal der Exegese, Patrologie und alten Kirchengeschichte, hemmte. Jüngeren Forschungen zufolge (Bedeschi, Poulat, Snider) hat man zur Kenntnis zu nehmen, dass Pius in mehr als einem Fall persönlich eine Art kirchliche Geheimpolizei gedeckt hat, was heute als kaum angemessen zu werten sein dürfte. Dennoch wäre es unzureichend, den Pontifikat Pius' auf die beschriebenen negativen Seiten zu beschränken. Neben der Verbesserung der Beziehungen zu Österreich und besonders zu Italien (als Folge einer realistischeren Einschätzung der Römischen Frage und der Furcht vor weiteren Fortschritten des Sozialismus) ist v. a. seine Sorge für eine christliche Restauration der Gesellschaft („Instaurare omnia in Christo", vgl. Enzyklika vom 4.10.1903 und Motu Proprio vom 19.3.1904) zu nennen, welche, neben der Zurückweisung von Irrtümern, auch positive Maßnahmen mit wesentlich pastoralem Ziel umschloss. Seine vierzigjährige Erfahrung in der Seelsorge ausnutzend und von ergebenen Mitarbeitern unterstützt, setzte sich Pius über alle bürokratische Routine hinweg und leitete Reformen ein, die schon seit Jahrhunderten gefordert worden waren: Verbesserung der aszetischen und wissenschaftlichen Ausbildung des Klerus (Pastoralschreiben vom 4.8.1908, Aufforderung zum Bibellesen und zum Studium, Zusammenlegung der Zwergseminare in Italien, Prüfungsordnung für Weihekandidaten, Seminarordnung für die italienischen Bistümer), Ermutigung der Katholischen Aktion, besonders in Italien (Enzyklika *Il firmo proposito* vom 11.6.1905, obwohl die Art ihrer Abfassung nur eine simple Verlängerung der Klerusaktion zu sein schien und sehr konservativ blieb [vgl. Enzyklika *Vehementer nos* von 1905]), Sorge für Katechismusunterricht und Predigt, Kommuniondekrete (häufigere und tägliche Kommunion, Herabsetzung des Erstkommunionalters), liturgische Reformen (Neuordnung des Breviers und des Missales, Wiederherstellung des gregorianischen Gesangs), Vereinfachung und Neukodifikation des lateinischen Kirchenrechts (was nicht nur juridisch, sondern auch moralisch zur Verbesserung der kirchlichen Disziplin beitrug), schließlich die Reorganisation der Kurie, deren Verwaltung und Arbeitsmethoden modernisiert wurden, um den durch die auch von Pius geförderte Zentralisierung der Kirche immer schwieriger werdenden Aufgaben gerecht zu werden. Durch diese Maßnahmen war Pius, der seinen Zeitgenossen so wenig modern erscheinen musste, tatsächlich auch ein Reformpapst und war, wie auch andere dieser Zeit, gleichzeitig Neuerer und Traditionalist.

▧ Quellen: ASS 36–41 (1903–08); AAS 1–6 (1909–14); Lettere, ed. v. N. VIAN. Padua ²1958, deutsch Fribourg 1960; Scritti inediti (1858–84), ed. v. R. SARTORETTO–F. DA RIESE, 2 Bde. Padua 1971–74. – F. CRISPOLTI: Ricordi. Mailand 1932; R. MERRY DEL VAI: Pio X, Impressioni e ricordi. Padua 1949, deutsch Basel 1951; L. V. PASTOR: Iagebücher, hg. v. W. WÜHR. Heidelberg 1950, 414–611; Positio super introductione causae. Rom 1942; Positio super virtutibus. ebd. 1949; Disquisitio circa quasdam obiectiones. ebd. 1950.
▧ Literatur: DTHC 12, 1716–40; EC 9, 1523–30; DSP 12, 1429–32; CATH 11, 279–287; TRE 26, 667–670; BBKL 7, 679f.; VATL 599ff. – I. DANIELE: La formazione di S. Pio X nel Seminario di Padova: Studia Patavina 1 (1954) 286–317; M. LANDRIEUX: Le conclave de 1903: Études 299 (1958) 157–183; É. POULAT: Intégrisme et catholicisme intégral. Tournai 1969; DERSELBE: La dernière bataille du pontificat de Pie X: Rivista di storia della Chiesa in Italia 25 (1971) 83–107; R. BRACK: Deutscher Episkopat und Gewerkschaftsstreit 1910–14. Köln 1976; M. BARTOLUCCI: Il ministero catechistico di S. Pio X. Rom 1976; SCHWAIGER 49–77; C. SNIDER: L'episcopato del cardinal Ferrari, Bd. 2. Vicenza 1982; D. AGASSO: L'ultimo papa Santo Pio X. Turin 1985; E. CATTANEO: Il diario per il conclave di Pio X scritti dal cardinal Ferrari: Ricerche storiche sulla Chiesa Ambrosiana 56 (1985) 91–122; Sulle orme di Pio X. Giuseppe Sartro dal microcosmo veneto alla dimensioneuniversale (Austellungskatalog). Venedig 1986; F. MARTÍN HERNANDEZ: El conclave de 1903: Salmanticensis 36 (1989) 192–207; G. ROMANATO: Pio X. Mailand 1992; A. HAQUIN: Les décrets eucharistiques de Pie X: La Maison Dieu 203 (1995) 61–82; G. VIAN: Sviluppi ed esiti dell'antimodernismo durante il pontificato di Pio X: Rivista di storia e letteratura religiosa 32 (1996) 591–615; M. LAUNAY: La papauté à l'aube du XXᵉ siécle. Léon XIII et Pie X 1878–1914. Paris 1997; E. CABELLO: San Pio X y la renovación de la vita cristiana: Anuario de historia de la iglesia 6 (1997) 45–60; Y. CHIRON: Saint Pie X. Versailles 1999.　　*Roger Aubert*

Pius XI. (6.2.1922–10.2.1939), zuvor *Achille Ratti*, * 31.5.1857 Desio bei Monza aus einer wohlhabenden Familie. Seine Studien absolvierte er am Priesterseminar in Mailand und an der Gregoriana in Rom; 1879 Priester; 1882 Professor für Dogmatik am Mailänder Priesterseminar, 1888 Bibliothekar an der Ambrosiana in Mailand; 1907 deren Präfekt. 1912 Propräfekt an der ⟋Vatikanischen Bibliothek und 1914 deren Präfekt; 1918 Apostolischer Visitator in Polen; 1919 Nuntius in Polen; 28.10.1919 Titularerzbischof von Lepanto; 1920 Kommissar für die Abstimmungsgebiete Oberschlesiens, Ost- und Westpreußens; wegen der schwierigen Lage Abberufung, 1921 Erzbischof von Mailand und am 13.6.1921 Kardinal. Nach siebenmonatiger Wirksamkeit als Kompromisskandidat zum Papst gewählt. Als die Monarchien zusammenbrachen, verwies Pius auf das Königtum Christi; dazu dienten ihm die Jubeljahre 1925, 1929 und 1933, die Einsetzung des Christkönigfestes und die Weihe des Menschengeschlechts an das Herz Jesu; größte Bedeutung maß Pius dem Aufbau der vor allem in Italien propagierten Katholischen Aktion mit der Antrittsenzyklika *Ubi arcano* von 1922 bei; andere wichtige Enzykliken waren: *Quas primas* von 1925, *Miserentissimus Redemptor* von 1928, *Casti connubii* von 1930, *Quadragesimo anno* von 1931 und *Ad catholici sacerdotii* vom 20.12.1935; unter Pius nahmen die Zahl von Heilig- und Seligsprechungen zu. Petrus Canisius, Johannes vom Kreuz, Robert Bellarmin und Albertus Magnus erhob er zu Kirchenlehrern; neue Wege wies er den Missionen durch Errichtung von Missionsseminarien, Heranbildung eines einheimischen Klerus und Gründung neuer Jurisdiktionssprengel; während er der Ostkirche entgegenkam, verhielt er sich zur ökumenischen Bewegung reserviert; besonders förderte er Wissenschaften und Kunst; an der Gregoriana, die ein neues Gebäude bekam, wurden die Fakultäten für Kirchengeschichte und Missionswissenschaft errichtet, das Bibelinstitut und das Institut für orientalische Studien wurden ihr zugeordnet; mit der Constitutio *Deus scientiarum Dominus* von 1931 wurden die Hochschulstudien für die ganze Welt neu geordnet; 1925 errichtete er das Institut für christliche Archäologie, 1929 das Seminarium Russicum und 1930 die Akademie der Wissenschaften; seine Förderung erfuhren auch die Vatikanische Bibliothek, die katholische Universität von Mailand und die Kirchenkunst. Mit Hilfe seiner Kardinalstaatssekretäre, zunächst Pietro Gasparri und ab 1930 Eugenio Pacelli (später Pius XII.) kam es zu Konkordaten 1922 mit Lettland, 1924 mit Bayern, 1925 mit Polen, 1927 mit Rumänien und Litauen, 1929 mit Preußen, 1932 mit Baden, 1933 mit Österreich; weitere Verträge wurden 1926 mit der Tschechoslowakei, 1928 mit Frankreich und Portugal und 1937 mit Ecuador geschlossen. 1926 verurteilte Pius die chauvinistische Bewegung der „Action française" von Charles Maurras, was zu heftigem Widerspruch des in sich gespaltenen französischen Katholizismus führte. Nach der faschistischen Machtergreifung in Italien ließ Pius seit 1923 Pius den „Partito Popolare Italiano" und dessen Gründer Luigi Sturzo fallen. Ein herausragendes kirchenpolitisches Ereignis war die Lösung der seit 1870 bestehenden Römischen Frage durch die so genannten /Lateranverträge vom 11.2.1929; als es 1931 mit Benito Mussolini zu einer scharfen Kontroverse über die Jugenderziehung kam, verfasste Pius die Enzyklika *Non abbiamo bisogno,* mit der er die faschistische Staatsauffassung als heidnische Staatsvergottung verurteilte; die Schwierigkeiten konnten aber noch 1931 beigelegt werden; gegen die völkerrechtswidrige Eroberung Abessiniens 1935 durch Mussolini blieb ein vatikanischer Protest aus. Auch mit dem deutschen Nationalsozialismus bahnte sich ein Ausgleich an, nachdem die deutschen Bischöfe ihre ablehnende Haltung aufgrund feierlicher Zusicherungen Adolf Hitlers 1933 aufgegeben hatten. Am 10.4. begannen in Rom die Konkordatsverhandlungen, die schon am 20.7. 1933 zum Abschluss kamen; mit dem Reichskonkordat, das für Hitler ein großer außenpolitischer Erfolg war, versuchte der Heilige Stuhl, das Regime an formales Recht zu binden; in der von Kardinal Michael von Faulhaber verfassten und von Pacelli überarbeiteten Enzyklika *Mit brennender Sorge* vom 14.3.1937 wurde die nationalsozialistische Ideologie frontal angegriffen und die ständige Verletzung des Konkordats verurteilt. Scharf wies Pius den Wiener Kardinal Theodor Innitzer, der Hitler nach dem Anschluss Österreichs enthusiastisch begrüßt hatte, zurecht. Nach anfänglichen Verhandlungen stellte sich Pius auch energisch dem Kommunismus entgegen. Sein Kampf gipfelte in der Veröffentlichung der Enzyklika *Divini Redemptoris* vom 19.3.1937. Kurz vor dem Ausbruch des Zweiten Weltkrieges starb Pius und wurde in Sankt Peter begraben. – Pius, den Paul VI. einen „rex tremendae maiestatis" nannte, gelang es, Nüchternheit und Sachlichkeit mit starkem Gottvertrauen und wagemutigem Optimismus zu verbinden.

▨ Quellen: AAS 14–31 (1922–39); DH 3660–3776; D. BERTETTO: Discorsi di Pio XI, 3 Bde. Turin 1960–61.

▨ Literatur: CATH 11, 287–300; TRE 26, 674–677; BBKL 7, 68off.; VATL 602ff. – A. FITZEK (Hg.): Pius XI. und Mussolini, Hitler, Stalin. Eichstätt 1987; J. GELMI: Die Päpste in Lebensbildern. Graz 1988, 292–302; M.F. FELDKAMPF: Pius XI. und Paul Fridolin Kehr: AHP 32 (1994) 293–327; J. SCHASCHING: Zeitgerecht – zeitbedingt. Nell-Breuning und die Sozialenzyklika Quadragesimo anno nach dem Vatikanischen Geheimarchiv. Bornheim 1994; G. PASSELECQ: L'Encyclique cachée de Pie XI. Paris 1995, deutsch: Die unterschlagene Enzyklika München 1997; J. DAUJAT: Pie XI. Le pape de l'Action catholique. Paris 1995; Pape Pie XI. Actes du Colloque organisé par l'École française de Rome, 1989. Rom 1996; D. MENOZZI: Liturgia e politica. L'introduzione della festa di Cristo Re: Cristianesimo nella storia. FS G. Alberigo. Bologna 1996, 607–656; J. ESCUDERO IMBERT: El pontificado de Achille Ratti, papa Pio XI:

Anuario de historia de la iglesia 6 (1997) 77–111; H. PETIT: L'église, le Sillon et L'Action française. Paris 1998; L. CRIPPA: Per un accostamento storico-dottrinale alla personalità e alla attività magisteriale di Pio XI: Benedictina 45 (1998) 183–203; DERSELBE: Nel sessantesimo della morte. Per un approfondimento dell'ecclesiologia di Pio XI: ebd. 46 (1999) 5–23; J. LENZENWEGER: Papstwahlen 1914 und 1922: In factis mysterium legere. FS I. Rogger. Bologna 1999, 187–194.   *Josef Gelmi*

Pius XII. (2.3.1939–9.10.1958), vorher *Eugenio Pacelli*, * 2.3.1876 Rom aus einer angesehenen Juristenfamilie; trat nach glänzenden Studien an staatlichen Schulen, an der Gregoriana und an Sant'Apollinare 1901 in den Dienst des Staatssekretariats; 1904 enger Mitarbeiter Pietro Gasparris, 1909–14 Professor für kirchliche Diplomatie, 1911 Untersekretär, 1912 Prosekretär, 1914 Sekretär der Sacra Congregatio pro Negotiis Ecclesiasticis extraordinariis, 1917 Titularerzbischof von Sardeis und Apostolischer Nuntius in München mit dem Auftrag, die deutsche Regierung zu bewegen, den päpstlichen Friedensvorschlag anzunehmen. Die kurze Räteregierung 1919 in München hinterließ in ihm zeitlebens panische Ängste vor kommunistischer Machtergreifung. 1920 Nuntius beim Deutschen Reich; nach dem Abschluss des bayerischen Konkordats 1924 Übersiedlung nach Berlin, 1929 Kardinal und 1930 Nachfolger Gasparris als Staatssekretär; maßgeblich beteiligt am Abschluss des österreichischen und des deutschen Konkordats 1933; Auslandsreisen nach Frankreich, Ungarn, Nord- und Südamerika. – In einem eintägigen Konklave zum Papst gewählt; als Papst versuchte Pius, die Konkordatspolitik seines Vorgängers weiterzuführen, und schloss Verträge mit Portugal (1940), Spanien (1953), der

Dominikanischen Republik (1954) und Bolivien (1957). Pius bemühte sich, durch diplomatische Aktivitäten den Ausbruch des Zweiten Weltkrieges zu verhindern; nach Kriegsausbruch ging es ihm v.a. um die Wahrung strikter Neutralität, wobei er keine Mühe scheute, Kriegsgefangenen und Flüchtlingen humanitäre Hilfe zukommen zu lassen. Besondere Unterstützung wurde auch den Juden zuteil; zu einem offenen Protest in der Judenfrage war Pius aber nicht bereit, da er glaubte, durch sein Schweigen „Schlimmeres" verhüten und die Hilfsmaßnahmen wirksamer organisieren zu können. Als Rom am 10.9.1943 besetzt wurde, machte Pius den Vatikan zur Asylstätte für ungezählte Flüchtlinge. Seine Weihnachtsbotschaft 1944 widmete er der Demokratie. Den Kommunismus hielt er für gefährlicher als den Nationalsozialismus; durch das Dekret des Heiligen Offiziums vom 1.7.1949, das besonders für Italien große Bedeutung hatte, wurde jegliche Förderung des Kommunismus mit Exkommunikation belegt. Pius hat mit vierzig Enzykliken, zahlreichen Botschaften und Reden zu den meisten religiösen Grundsatzfragen der Zeit Stellung bezogen. Er trat besonders für die katholische Erziehung, für die Klärung von Fragen der katholischen Sittenlehre und für die Wahrung der Würde der Person ein. In der Theologie förderte er besonders die Mariologie durch die Dogmatisierung der Aufnahme Marias in den Himmel 1950 (Apostolische Konstitution *Munificentissimus Deus*) und durch die Enzyklika *Ad coeli Reginam* von 1954 über das Königtum Marias; die Fragen der Mittlerschaft und Miterlöserschaft ließ er offen; mit der Enzyklika *Mystici Corporis* von 1943 vertiefte er die Lehre über die Kirche; die Bibelenzyklika *Divino afflante spiritu* von 1943 trug der modernen Exegese Rechnung; die Enzyklika *Mediator Dei* von 1947 sagte ein mäßiges Ja zur liturgischen Bewegung; seine liturgischen Reformen gipfelten in der Milderung des eucharistischen Nüchternheitsgebots und in der Neuordnung der Karwoche; die Enzyklika *Humani generis* von 1950 richtete sich gegen die Nouvelle Théologie; die Enzyklika *Provida Mater* von 1947 anerkannte die Säkularinstitute; die Enzyklika *Haurietis aquas* von 1956 setzte sich mit dem Herz-Jesu-Kult auseinander. Obwohl Pius keine Sozialenzyklika verfasste, füllen seine Stellungnahmen zu sozialen Fragen an die 4000 Seiten; der ökumenischen Bewegung stand er wohlwollender gegenüber als sein Vorgänger. Pius nahm 33 Heiligsprechungen vor, darunter 1954 auch jene Pius' X.; er erhöhte beträchtlich die Zahl der kirchlichen Sprengel; 1946 errichtete er die kirchliche Hierarchie in China, 1950 in Britisch-Westafrika, 1951 in Südafrika, 1953 in Britisch-Ostafrika, 1955 in Französisch-Afrika und Birma; Pius nominierte 1946 und 1953 insgesamt 56 neue Kardinäle. Eine Sensation stellte die Ernennung der drei deutschen Bischöfe Joseph Frings, Konrad von Preysing und Clemens August von Galen dar. Mit Blick auf Deutschland verwarf er die Idee von der Kollektivschuld. Pius, der große Bewunderung für deutsche Tugenden zeigte, umgab sich mit deutschen Mitarbeitern wie Ludwig Kaas, August Bea, Robert Leiber und Gustav Gundlach. Dem autoritären Temperament Pius' ist es zuzuschreiben, dass nach dem Tod des Staatssekretärs Luigi Maglione 1944 das Amt vakant blieb. Pius starb in /Castelgandolfo und wurde in Sankt Peter begraben. –

Pius zeichneten scharfer Verstand, ausgezeichnetes Gedächtnis, große Sprachgewandtheit und starker Arbeitswille aus. Durch seine Ausstrahlungskraft erlangte das Papsttum hohes internationales Prestige. Nach seinem Tod kam aber Kritik an seinem autoritären Regierungsstil, seinem theatralischen Gebaren und ärgerniserregenden ╱Nepotismus auf. Besonders wurde und wird sein Schweigen gegenüber den Verbrechen des Nationalsozialismus in Frage gestellt.

▨ Werke: AAS 33–50 (1939–58); DH 3780–3928; Discorsi e Radiomessaggi di Sua Santità Pio XII, 20 Bde. Vatikanstadt 1941–1959; Herder Korrespondenz 1–13 (1946–1959); Aufbau und Entfaltung des gesellschaftlichen Lebens. Soziale Summe Pius' XII., hg. v. A.F. UTZ–J.F. GRONER, 3 Bde. Fribourg 1954–61; P. BLET U.A. (Hg.): Actes et Documents du Saint-Siège relatifs à la Seconde Guerre Mondiale, 11 Bde. Vatikanstadt 1965–81.

▨ Literatur: CATH 11, 300–311; TRE 26, 674–677; BBKL 7, 682–699; VATL 604–607. – H. SCHAMBECK (Hg.): Pius XII. zum Gedächtnis. Berlin 1977; L. PAPELEUX: Les silences de Pie XII. Brüssel 1980; M.P. LEHNERT: ‚Ich durfte ihm dienen'. Würzburg 1982; J. CHELINI: L'Église sous Pie XII. La tourmente (1939–45). Paris 1983; A. RICCARDI (Hg.): Le Chiese di Pio XII. Bari 1986; J. GELMI: Die Päpste in Lebensbildern. Graz 1988, 302–312; J. CHELINI: L'aprèsguerre (1945–58). Paris 1989; S. SAMERSKI: Die Aufnahme diplomatischer Beziehungen zwischen dem Heiligen Stuhl und dem Deutschen Reich (1920): AHP 34 (1996) 325–368; G. KNOPP: Vatikan. Die Macht der Päpste. München 1997, 15–73; P. BLET: Pie XII et la Seconde Guerre mondiale d'après les archives du Vatican. Paris 1997, englisch New York 1999, deutsch Paderborn 2000; J. CORNWELL: Hitler's pope. New York 1999, deutsch: Pius XII. Der Papst, der geschwiegen hat. München ²2000, dazu: K. BRAUN: Anzeiger für die Seelsorge 2000, Heft 8, 379f.; E. NASSI: Pio XII e il comunismo. Florenz 1999; G. ARBOIT: Le Saint-Siège et la question juive en Europe Central pendant la Seconde Guerre Mondiale: AHP 37 (1999) 161–190; A. HEINZ: Liturgiereform vor dem Konzil: Liturgisches Jahrbuch 49 (1999) 3–38; M. MARCHIONE: Pio XII. Architetto di pace. Rom 2000, englisch New York 2000; M.F. FELDKAMP: Pius XII. und Deutschland. Göttingen 2000; H. HÜRTEN: Pius XII. und die Juden. Köln 2000; G. MICCOLI: I dilemmi e i silenzi di Pio XII. Mailand 2000; G. ZIEBERTZ: ‚Mit Leib und Seele in den Himmel aufgenommen': Theologie und Glaube 90 (2000) 251–273.

Josef Gelmi

Pontianus (21.7.230–28.9.235 [Verzicht]), heilig (Tag 13.8.), als Martyrer gefeiert; nach dem ╱Liber Pontificalis Römer. Eine römische Synode stimmte der auf Betreiben des Bischofs Demetrius von Alexandrien vollzogenen Absetzung des Origenes zu. Nach der religiösen Toleranz des Kaisers Alexander Severus ging Maximinus Thrax, seit März 235 Kaiser, hart gegen die Spitzen der römischen Kirche vor; das unter Calixtus I. entstandene Schisma wurde gewaltsam beendet (Eusebius von Caesarea, Historia ecclesiastica VI, 28); nach dem ╱Chronographen von Jahre 354 (MGH. AA 9, 74f.) wurden Pontianus und der Gegenbischof Hippolyt von Rom nach Sardinien deportiert. Pontianus verzichtete am 28.9.235 auf sein Amt (das erste gesicherte Datum der Papstgeschichte); Nachfolger wurde Anterus. Pontianus und Hippolyt sind den Entbehrungen auf Sardinien bald erlegen. Beide wurden an einem 13.8. unter Papst Fabianus in Rom beigesetzt, Pontianus in der soeben fertig gestellten Papstgruft der Calixtuskatakombe (Grabinschrift 1909 aufgefunden).

▨ Quellen: LP 1, XCIVf. 4; 3, 74 354.

▨ Literatur: LACL 513; BBKL 7, 829f.; VATL 610. – CASPAR 1, 43–46 48; R. MINNERATH: La position de l'église de Rome aux trois premiers siècles: M. MACCARRONE (Hg.): Il primato del vescovo di Roma nel primo millennio. Rom 1991, 139–171; BORGOLTE 416.

Georg Schwaiger

Romanus (Ende Juli/Anfang August 897–November 897 [†?]), * Gallese; Kardinalpresbyter von San Pietro in Vincoli. Ob er Anhänger des Formosus war, ist ungewiss. Laut einem Papstkatalog des 11. Jh. soll Romanus nach seinem Pontifikat Mönch geworden sein; wenn dies stimmt, könnten ihn Anhänger des Formosus abgesetzt haben, weil er nicht entschieden genug für dessen Rehabilitierung eintrat.

▨ Quellen: LP 2, 230; RPR(J) 1, 441; 2, 705; ZIMMERMANN PU 1, 9–12.

▨ Literatur: LMA 7, 1002; VATL 660. – ZIMMERMANN PA 59. *Sebastian Scholz*

Sabinianus (13.9.604–22.2.606), * Volterra. Unter Gregor I. fungierte der Diakon Sabinianus in Konstantinopel als Apokrisiar. Mit seiner Wahl (März 604) reagierten die römischen Diakone offensichtlich auf die Bevorzugung der Mönche und Regularkleriker durch Gregor I. Seine angebliche Unnachsichtigkeit bei Verteilung und Verkauf von Getreide während einer Hungersnot brachte Sabinianus beim Volk in Verruf.

▨ Quellen: LP 1, 315; RPR(J) 1, 220.

▨ Literatur: BBKL 8, 1148ff.; VATL 680f. – CASPAR 2, 805 (Register); J. RICHARDS: Gregor der Große. Graz u.a. 1983, 315; BORGOLTE 416. *Manfred Heim*

Sergius I. (15.12.687–8.9.701), heilig (Tag 9.9.), * Palermo; syrischer Herkunft, römischer Presbyter, wurde im Streit mit zwei anderen Kandidaten gewählt. Seine Betonung des päpstlichen Primats kam in der Neubestattung Leos I. in ⟋Sankt Peter (8.6.688) ebenso zum Ausdruck wie in der Weigerung gegenüber Kaiser Justinian II., die westlichen Traditionen widersprechenden Beschlüsse der Synode von Konstantinopel 691/692 (Quinisextum) zu unterschreiben. Die vom Kaiser befohlene Verhaftung des Sergius wurde von den Milizen Roms, Ravennas und der Pentapolis verweigert. Diese Rebellion gilt als Beginn der Lösung des Westens von Byzanz. In Italien konnte Sergius die Vorrangstellung Roms durch die Weihe des Erzbischofs Damian von Ravenna und die Beilegung des Schismas in Aquileia (kurz vor 700) zur Geltung bringen. Auch zum Westen ergaben sich neue Kontakte. Sergius verlieh das Pallium an Erzbischof Brithwald von Canterbury 699, weihte auf Wunsch Pippins II. 695 Willibrord zum Erzbischof für die Friesen und taufte den englischen König Caedwalla 689 in Rom.

▨ Quellen: LP 1, 371–382; 3, 97f.; RPR(J) 1, 244f.; 2, 639 741.

▨ Literatur: BBKL 9, 1436–41; LMA 7, 1786f.; VATL 722f. – CASPAR 1, 632–636; RICHARDS 208–211; BORGOLTE 96f.; R. WISSKIRCHEN: Zur Apsisstirnwand von Ss. Cosma e Damiano: Jahrbuch für Antike und Christentum 42 (1999) 169–183. *Sebastian Scholz*

Sergius II. (Januar 844–27.1.847), Römer, Archipresbyter; nach zwiespältiger Wahl ohne kaiserliche Zustimmung geweiht, was gegen die Constitutio Romana Kaiser Lothars I. verstieß. Dieser schickte seinen Sohn Ludwig II. zu Untersuchungen nach Rom. Sergius erreichte seine Anerkennung, versprach die Beachtung der kaiserlichen Rechte und krönte Ludwig am 15.6.844 zum König der Langobarden. Sergius bestellte Drogo von Metz zum Vikar für Gallien und Germanien und verweigerte den abgesetzten Erzbischöfen Ebo von Reims und Bartholomäus von Narbonne die Wiedereinsetzung. Laut einer Fassung der

Sergius-Vita im /Liber Pontificalis soll Sergius' Bruder Benedikt, Bischof von Albano, Anfang 846 die Herrschaft in Rom usurpiert haben. Die daraus erwachsenden Missstände und die in Rom herrschende Simonie hätten den Sarazenenüberfall im August 846 begünstigt.

▪ Quellen: LP 2, 86–105; 3, 123f.; RPR(J) 1, 327ff.; 2, 702 744; H. ZIELINSKI: Regesta Imperii, Bd.1, 3/1. Köln 1991, 21–41; K. HERBERS: Bd. 1/4/2/1. Köln 1999, 1–64.

▪ Literatur: LMA 7, 1787; VATL 723. – K. HERBERS: Leo IV. und das Papsttum in der Mitte des 9.Jh. Stuttgart 1996, 99–104 577.

Sebastian Scholz

Sergius III. (29.1.904 – September 911), aus römischem Adel, 893–896 Bischof von Cerveteri, kehrte dann ins Presbyteriat zurück. Nach zwiespältiger Wahl konnte sich Sergius 898 nicht gegen Johannes IX. durchsetzen, wurde vertrieben, abgesetzt und exkommuniziert. Mit Hilfe der Antiformosianer kam er 904 wieder nach Rom, beseitigte seine Vorgänger Leo V. und Christophorus und erklärte alle Päpste seit Johannes IX. für illegitim. Sergius setzte die Beschlüsse Stephans VI. bezüglich des Formosus wieder in Kraft und erklärte dessen Pontifikat und die von ihm gespendeten Weihen für ungültig, was eine literarische Kontroverse auslöste. Rückhalt fand Sergius beim römischen Senator Theophylact und beim Markgrafen Alberich von Spoleto. Im Tetragamiestreit erlaubte Sergius dem byzantinischen Kaiser Leon VI. die vierte Ehe.

▪ Quellen: LP 2, 236ff.; 3, 128; RPR(J) 1, 445ff.; 2, 705 746; ZIMMERMANN PU 1, 31–57.

▪ Literatur: LMA 7, 1787; VATL 724. – ZIMMERMANN PA 63–73; S. SCHOLZ: Transmigration und Translation. Köln 1992, 225–240. *Sebastian Scholz*

Sergius IV. (31.7.1009 – 12.5.1012), vorher *Petrus* (mit dem Spitznamen

Buccaporca bzw. *Os porci*, Schweinsmaul), Römer, Sohn des Schusters Petrus; 1004 Bischof von Albano. Die Umstände seiner Erhebung zum Papst sind unklar. Als Papst war Sergius völlig abhängig von Johannes II. Crescentius. Sein Tod kurz vor dem Ende der Vorherrschaft der Crescentier in Rom war vielleicht gewaltsamer Natur. Sergius suchte Verbindung zu König Heinrich II. und bestätigte Privilegien Johannes' XVIII. für Bamberg sowie den Besitz des wiederhergestellten Bistums Merseburg. Sein Kreuzzugsaufruf (nach Zerstörung der Grabeskirche in Jerusalem) 1010 erscheint glaubwürdig.

▪ Quellen: LP 2, 267; 3, 132 371; RPR(J) 1, 504f.; 2, 708; ZIMMERMANN REG n. 1036–1074; ZIMMERMANN PU 2, 443–463.

▪ Literatur: LMA 7, 1787f.; BBKL 9, 1441f.; VATL 724f. – ZIMMERMANN J; BORGOLTE 417; H.M. SCHALLER: Zur Kreuzzugsenzyklika Papst Sergius' IV.: Papsttum, Kirche und Recht. FS H. Fuhrmann. Tübingen 1991, 135–153 (mit kritischer Edition).

Georg Schwaiger

Severinus (28.5.–2.8.640), Römer aus der Unterschicht, Sohn eines Avienus, bei der Wahl bereits in vorgerücktem Alter. Wegen der Weigerung Roms, den monotheletistischen Positionen der „Ekthesis" des Patriarchen Sergius zuzustimmen, blieb die Bestätigung der Weihe durch den byzantinischen kaier heraklius zunächst aus. Schließlich begnügte sich der Hof mit der Zusicherung der päpstlichen Beauftragten, Severinus die „Ekthesis" zur Unterschrift vorzulegen, so dass am 28.5.640 die Weihe vollzogen werden konnte, nur zwei Monate vor dem Tod des Kandidaten (was das Fehlen einer offiziellen Stellungnahme des Severinus zur Ekthesis erklärt). In Sankt Peter bestattet. – Offensichtlich ohne direkten inneren Zusammenhang zu den dogmatisch-kirchenpolitischen Verwicklungen um die Ekthesis nützten indes die schlecht besoldeten stadtrömischen Truppen unter ihrem Befehlshaber („cartularius") Mauricius die Verzögerung zwischen Wahl und Weihe zu Unruhen. Nach einem ersten, aber vergeblichen, direkten militärischen Zugriff ließ dieser die im Lateranpalast zu caritativen Zwecken gehorteten Ressourcen versiegeln und informierte den Patricius und Exarchen von Ravenna (Isaak), der daraufhin mit seinem Heer erschien, acht Tage im Lateranpalast weilte und schließlich den gesamten Kirchenschatz in geordneter Form beschlagnahmte (laut ⸜Liber Pontificalis allerdings „raubte").

▩ Quellen: LP 1, n. LXXIII, 328f.; RPR(J) 1, 227.
▩ Literatur: BBKL 9, 1510f.; VATL 725. – E. CASPAR: Die Lateransynode von 649: Zeitschrift für Kirchengeschichte 51 (1932) 114, Anmerkung 87; CASPAR 2, 526ff. 536f.; BERTOLINI 317f.; H. FOERSTER: Liber Diurnus Romanorum Pontificum. Bern 1958, Register; ZIMMERMANN PT 42–45. *Georg Jenal*

Silverius (1. [8.?] 6.536 – 11. [?] 3.537 [Absetzung] bzw. 11.11.537 [Verzicht]), heilig (Tag 20.6.), * Frosinone (Kampanien), † 2.12.537 auf der Insel Ponza oder Palmaria im Golf von Gaeta; Sohn des Papstes Hormisdas. Nach dem plötzlichen Tod Agapets I. (in Konstantinopel) wurde Silverius als römischer Subdiakon unter Druck des ostgotischen Königs Theodahad erhoben und vom römischen Klerus notgedrungen akzeptiert; übergab im Dezember 536 Rom kampflos an den byzantinischen Feldherrn Belisar. Beeinflusst von seiner mit der Kaiserin Theodora I. befreundeten Gemahlin beschuldigte Belisar Silverius des Hochverrats, ließ ihn im März 537 verhaften, absetzen und nach Patara (Lykien) verbannen. In Rom wurde

am 29.3.537 Vigilius, ein Günstling der Theodora, zum Papst geweiht. Auf Weisung Kaiser Justinians I. wurde Silverius zur Prüfung der Vorgänge nach Rom zurückgebracht, an Vigilius übergeben, zum Verzicht veranlasst und nach Ponza verbannt. Später als Martyrer verehrt.

▩ Quellen: LIBERATUS VON KARTHAGO, Breviarium causae Nestorianum et Eutychianorum, c. 22; PROKOP, De bello Gothico I, 25f.; III, 15; Anecdota 1; LP 1, 290–295; RPR(J) 1, 115f.; 2, 694 738.
▩ Literatur: BBKL 10, 336ff.; LMA 7, 1904; VATL 729. – BORGOLTE. *Georg Schwaiger*

Silvester I. (314–335), heilig (Tag 31.12.), Nachfolger des Miltiades. Von Silvester sind keine echten Schriften erhalten. Er blieb der Synode von Arles (314) fern, über die er von Optatus unterrichtet wurde. In Nizäa (325) ließ er sich durch die zwei Presbyter Victor und Vincentius vertreten. So blieb er nahezu ohne Bedeutung für die Politik Konstantins, obwohl dieser durch Schenkungen auch die römische Kirche förderte. Seit dem 5. Jh. bildete sich die Legende, Silvester sei unter Diokletian Confessor gewesen und habe Einfluss auf Bekehrung und Taufe Konstantins gehabt. Sie wurde zu einer der Grundlagen für die Konstantinische Schenkung, die ebenso gefälscht ist wie der „Canon Silvestri" (Constitutum Sylvestri).

▩ Literatur: BBKL 10, 338–341; LACL 559; VATL 730. – E. EWIG: Das Bild Constantins des Großen: Historisches Jahrbuch 75 (1956) 10–37; R.J. LOENERTZ: ‚Actus Sylvestri'. Genèse d'une légende: Revue d'histoire ecclésiastique 70 (1975) 426–439; CH. PIETRI: Roma christiana, Bd. 1. Rom 1976, 168–187; R.P.C. HANSON: The Search for the Christian Doctrine of God. Edinburgh 1988, 154 854. *Thomas Böhm*

Silvester II. (9.4.999 – 12.5.1003), vorher *Gerbert von Aurillac,* * 940/950 in der Auvergne; Ausbildung im Kloster Aurillac, Domscholaster in Reims. Silvester zählt zu den bedeutendsten Päpsten des Mittelalters, wobei sein Ruhm sich bereits bei den Zeitgenossen auf seine überragenden Kenntnisse des Quadriviums gründete. Auch die Fächer des Triviums, v. a. Rhetorik und Dialektik, erfuhren durch Silvester eine ausführliche Behandlung. Diese Umstände erklären die schon im 11. Jh. sich abzeichnende Mythenbildung, wobei für das überwiegend negative Silvesterbild u. a. auch die historische Hypothek, die sich mit dem Papsttum des 10. Jh. bis heute verbindet, verantwortlich zu machen ist. Erst die Biografie Silvesters von Pierre Riché hat seiner Person Gerechtigkeit widerfahren lassen, wenngleich v. a. die deutsche Forschung Silvester vor dem Hintergrund der kurzen Regentschaft Ottos III. eher skeptisch beurteilt hat. – Das Leben und Wirken Silvesters war auch in seiner Zeit vor der Berufung auf den Stuhl Petri entscheidend durch die ottonischen Herrscher geprägt. So verdankte er Otto II. seine Ernennung zum Abt von Bobbio, das er aufgrund fehlender politischer Unterstützung und innerklösterlicher Widerstände nach einjährigem Abbatiat 983 wieder verlassen musste. Auch in der Folgezeit fühlte sich der nach Reims zurückgekehrte Silvester zusammen mit seinem Mentor, Erzbischof Adalbero, der ottonischen Familie verpflichtet. Schließlich wurde er Erzbischof von Reims (991–998), nachdem Arnulf (989–991) in einem kirchenrechtlich bedenklichen Verfahren auf Betreiben des französischen Königs Hugo Capet abgesetzt worden war. Die Amtstätigkeit Silvesters war erfüllt von publizistischen und konziliaren Kämpfen. Entscheidend wurde sei-

ne Begegnung mit Otto III. in Rom, die ihm anstelle der infolge päpstlicher Intervention in den Reimser Bistumsstreit unmöglich gewordenen Rückkehr nach Frankreich eine neue Perspektive als „Intellektueller" am kaiserlichen Hof eröffnete. Die noch v. a. von der älteren Forschung (Percy E. Schramm) skizzierte überragende Bedeutungs Silvesters für die Politik Ottos III. muss relativiert werden, da auch das Konzept einer antikisierenden so genannten „renovatio imperii Romanorum", wie sie der Kaiser verfochten haben soll, relativiert wurde. Im Vordergrund stand vielmehr ein kirchliches Reformprogramm, für das sich Silvester aufgrund seiner langjährigen Auseinandersetzungen mit einer reformunwilligen Amts- und Papstkirche dem Kaiser empfahl. So muss auch die Erhebung Silvesters auf die Kathedra Petri und die programmatische Annahme seines Papstnamens v. a. als Ausdruck kirchenreformerischer Gesinnung von Kaiser und Papst interpretiert werden, verband sich doch im Verständnis der Zeitgenossen der Name „Silvester" mit dem Nicaenum von 325, auf dem Papst und Kaiser gemeinsam die „Reform" der Kirche vorangetrieben hatten. Die jüngste Forschung (Hans-Henning Kortüm) hat deutlich zu machen versucht, dass Silvester auch als Papst sein kirchenreformerisch-konziliar geprägtes Amtsverständnis keineswegs aufgegeben hat, worauf v. a. jenes berühmte, papstkritische Diplom Ottos III. aus dem Jahr 1001 verweist, das aller Wahrscheinlichkeit nach von Silvester stilisiert wurde.

Literatur: LMA 4, 1300–03; VatL 730ff. – P.E. Schramm: Kaiser, Rom und Renovatio. Düsseldorf ³1962; U. Lindgren: Gerbert von Aurillac und das Quadrivium. Wiesbaden 1976; W. Bergmann: Innovationen im

Quadrivium des 10. und 11.Jh. Stuttgart 1985; M. Tosı (Hg.): Gerberto. Scienza, storia e mito. Atti del Gerberti Symposium. Bobbio 1985; P. Riché: Gerbert d'Aurillac. Paris 1987; O. Guyotjeannin (Hg.): Autour de Gerbert d'Aurillac. Le pape de l'an mil. Paris 1996; N. Charbonnel (Hg.): Gerbert L'Européen. Actes du colloque d'Aurillac, 1996. Aurillac 1997; O. Engels: Überlegungen zur ottonischen Herrschaftsstruktur: Otto III. – Heinrich III.: Eine Wende?, hg. v. B. Schneidmüller. Sigmaringen 1997, 267–325; F.G. Nuvolone: Vis amicitiae. Nel millenario dell'elezione pontificia di Gerberto, ex abate di Bobbio. Piacenza-Bobbio 1999; H.-H. Kortüm: Gerbertus qui et Silvester: Deutsches Archiv für Erforschung des Mittelalters 55 (1999) 1–26.

Hans-Henning Kortüm

Silvester III., Gegenpapst (1045–46), vorher *Johannes,* † 1062/1063. Im Januar 1045 gegen Benedikt IX. zum Papst erhoben, musste Silvester sich schon im März in sein Bistum Sabina zurückziehen, das er seit 1012 innehatte. Seinen Anspruch auf das Papsttum gab Silvester wohl im März 1046 gegenüber Gregor VI. auf, zu dessen Gunsten Benedikt IX. am 1.5.1045 verzichtet hatte. Auf der Synode von Sutri am 20.12.1046 wurde Silvester endgültig seiner Papstwürde enthoben und amtierte bis zu seinem Tod (Mitunterzeichner des Papstwahldekrets von 1059) als Bischof der Sabina.

▨ Quellen: LP 2, 270ff. 331f.; RPR(J) 1², 523f.

▨ Literatur: BBKL 10, 341f.; LMA 7, 1908; VatL 732. – Zimmermann PA 119–131; K.-J. Hermann: Das Tuskulanerpapsttum (1012–1046). Stuttgart 1973, 151–165; H. Wolter: Die Synoden im Reichsgebiet und in Reichsitalien von 916–1056. Paderborn 1988, 379–394.   *Ernst-Dieter Hehl*

Silvester IV., Gegenpapst (18.11. 1105–12./13.4.1111), vorher Erzpriester *Maginulf;* Lebensdaten unbekannt; von römischen Adligen zum Papst erhoben, musste er weni-

ge Tage später vor Paschalis II. nach Osimo ausweichen, wo er sich unter dem Schutz des Markgrafen Werner von Ancona befand. Silvester besaß aber Anhänger unter dem lateinischen Klerus in Konstantinopel, die mit dem ehemaligen griechischen Patriarchen von Jerusalem, Simeon II., in Kontakt standen. Kaiser Heinrich V. zwang ihn schließlich zur Abdankung.

▨ Quellen: RPR(J) 1, 773f.

▨ Literatur: LMA 7, 1908. – C. Servatius: Paschalis II. Stuttgart 1979, 43 71f. 251; P. Plank: Patriarch Symeon II. und der 1. Kreuzzug: Ostkirchliche Studien 43 (1994) 275–327, besonders 289–298.

Axel Bayer

Simplicius (3.3.468–10.3.483), heilig (Tag 2.3.), * Tivoli. Im Unterschied zu seinem Vorgänger Hilarus standen (im zerbrechenden weströmischen Reich) für Simplicius die Beziehungen zum Osten im Vordergrund seines Pontifikats. Simplicius widersetzte sich den Versuchen des Patriarchen Acacius von Konstantinopel, c. 28 von Chalcedon (Vorrang des Patriarchen von Konstantinopel im Osten) zu verwirklichen. Im wachsenden Streit des Ostens (Monophysitismus) trat er entschieden für das Chalcedonense von 451 ein; seine Schreiben an die Kaiser Basiliscus und (nach dessen Sturz) Zeno sowie an Patriarch Acacius (Acacianisches Schisma, erst 519 unter Papst Hormisdas und Kaiser Justin I. beigelegt) blieben erfolglos, ebenso sein Eintreten für den rechten Glauben in Alexandrien: Dort wurde nach dem Tod des monophysitischen Patriarchen Timotheus Aelurus (477) Petrus III. Mongus erhoben, während die Verfechter des Chalcedonense Timotheus Salophaciolus wieder einsetzten, der auch vom Kaiser bestätigt wurde. Nach dem Tod des Timotheus (482) verwarf Kaiser Zeno, beraten von Acacius, aus politischen Gründen dessen Nachfolger Johannes Talaia und stellte sich gegen den Willen des Simplicius auf die Seite des Petrus Mongus. Einsprüche des römischen Stuhls wurden vom Kaiser und seinem Patriarchen in Konstantinopel missachtet. Vom Henotikon Kaiser Zenos (482) erhielt Simplicius wohl keine Kenntnis mehr; erst sein Nachfolger Felix II. schritt dagegen ein. – Simplicius bestellte Bischof Zeno von Sevilla zum Apostolischen Vikar von Spanien und förderte das kirchliche Leben Roms, auch durch bemerkenswerte Baumaßnahmen (u. a. Bau von San Stefano Rotondo). Er starb nach langer Krankheit und wurde in der Vorhalle von Sankt Peter beigesetzt.

▓ Quellen: PL 58, 35–62; ActaSS mar. 1, 133–138; A. Thiel: Epp. Romanorum Pontificum, Bd. 1. Braunsberg 1868, 174–214; LP 1, 249ff.; RPR(J) 1, 77–80; 2, 693; Liberatus von Karthago, Breviarium causae Nestorianorum et Eutychianorum, c. 16ff.; Collectio Avellana: Corpus scriptorum ecclesiasticorum latinorum, Bd. 35/1. Wien 1895, 124–154; E. Schwartz: Publizistische Sammlung zum Akazianischen Schisma. München 1934, 119–122.
▓ Literatur: DThC 14, 2161–64; BBKL 10, 482ff.; LACL 561. – Caspar 2, 14–25 746–749; H.H. Anton: Kaiserliches Selbstverständnis in der Religionsgesetzgebung der Spätantike und päpstliche Herrschaftsinterpretation im 5.Jh.: Zeitschrift für Kirchengeschichte 88 (1977) 38–84; Borgolte. *Georg Schwaiger*

Siricius (Dezember 384–26.11.399), heilig (Tag 26.11.), Römer; seit Papst Liberius im Dienst der römischen Kirche; als Nachfolger Damasus' I. einmütig gewählt, wohl mit Rücksicht auf die Umtriebe des (Gegenpapstes) Ursinus am 25.2.385 von Kaiser Valentinian II. bestätigt. Hieronymus stellt Siricius als einfältigen Menschen dar, aber Siricius war erfahren und selbstbewusst. Den Anspruch der römischen Kirche vertrat er stärker als Damasus, auch wenn er im Schatten des Bischofs Ambrosius von Mailand stand. Waren die Schreiben der Bischöfe von Rom vorher meist im Geist der Ermahnung, Belehrung und Tröstung gehalten, so schrieb Siricius, schärfer als Damasus, im Kanzleistil kaiserlicher Edikte, gekennzeichnet durch Formen des Befehls oder Verbots, der Pathetik und des Verzichts auf juristische Begründung. Im Bewusstsein „der Sorge für alle Kirchen" erließ Siricius Decreta generalia zur kirchlichen Disziplin und Liturgie, deren Rechtskraft den Kanones der Synoden gleichkommen sollte. In diesem Stil antwortete er am 12.2. 385 Bischof Himerius von Tarragona auf 14 (noch an Damasus) gerichtete Fragen betreffs kirchlicher Disziplin: Verbot erneuter Taufe rückkehrender Arianer; nur Ostern und Pfingsten sind als Termine feierlicher Erwachsenentaufen zu beachten; Milderung der Bußdisziplin; Weisungen über Weihealter, Keuschheit und Zölibat der Kleriker und Mönche. Diese Antwort sollte auch den anderen spanischen Bischöfen mitgeteilt werden (muss als älteste erhaltene päpstliche Dekretale gelten). Die neun Kanones der römischen Synode von 386 (u. a. Verbot der Bischofsweihe durch einen einzigen Bischof und ohne Zustimmung des Apostolischen Stuhls; Einschärfung des Zölibats) sandte Siricius auch an die Kirche Afrikas (und wohl andere Kirchen). Auch Anfragen gallischer Bischöfe beantwortete er durch Kanones. Zur Sicherung des römischen Einflusses im Osten übertrug er 385 dem Bischof von Thessalonike die Kontrolle der Bischöfe dieser Region (Anfänge des späteren Apostolischen Vikariats). Siricius missbilligte die Hinrichtung Priscillians und suchte die Rückkehr seiner Anhänger zu erleichtern. Jovinian und Bischof Bonosus von Naissus wurden verurteilt. 390 weihte Siricius den Neubau der Basilika San Paolo fuori le mura in Rom.

▪ Quellen: HIERONYMUS, ep. 127; PAULINUS VON NOLA, ep. 5, 14; Collectio Avellana, ep. 40: Corpus scriptorum ecclesiasticorum latinorum, Bd. 35. Wien 1895, 90f.; PL 13, 1131–96; LP 1, 86f. 216f.; RPR(J) 1, 40ff.; 2, 691 734.

▪ Literatur: DTHC 14, 2171–74; BBKL 10, 530f.; LACL 561f.; VATL 732f. – CASPAR 1, 257–285 599f.; L.M. GARCÍA Y GARCÍA: El papa Siricius († 399) y la significación matrimonial: Hispania christiana. FS J. Orlandis Rovira. Pamplona 1988, 123–137; BORGOLTE; D. JASPER: Die Canones synodi Romanorum ad Gallos episcopos – die älteste Dekretale?: Zeitschrift für Kirchengeschichte 107 (1996) 319–326; N. ADKIN: Pope Siricius' ‚Simplicity': Vetera christianorum 33 (1996) 25–28; M.F. CONNELL: Did Ambrose's sister become a virgin on December 25 or January 6?: Studia liturgica 29 (1999) 145–158. *Georg Schwaiger*

Sisinnius (15.1.–4.2.708), Syrer, wahrscheinlich im Oktober 707 gewählt, jedoch erst drei Monate später vom byzantinischen Exarchen in Ravenna bestätigt. Für den nur zwanzigtägigen Pontifikat des schwer kranken Greises sind die Weihe eines Bischofs für Korsika und Maßnahmen zur Wiederherstellung der römischen Stadtmauer bezeugt.

▪ Quellen: LP 1, 388; RPR(J) 1, 247.

▪ Literatur: LMA 7, 1939; VATL 733. *Manfred Heim*

Sixtus I. (Xystus) (116?–125?), heilig (Tag 6.4.), in der Sukzessionsliste des Irenaeus von Lyon (Adversus haereses III, 3, 3) Nachfolger Alexanders I., sechster Nachfolger des Petrus; nach dem /Liber Pontificalis

Römer; wohl führend im Leitungskollegium der römischen Gemeinde; später als Martyrer verehrt.

▪ Quellen: LP 1, 54–57; 3, Register.

▪ Literatur: DTHC 14, 2193f.; BBKL 10, 575ff.; VATL 740f. – CASPAR 1, 8–16. *Georg Schwaiger*

Sixtus II. (Xystus) (257–6.8.258), heilig (Tag 7.8.), vermutlich griechischer Abstammung, bei Ausbruch der Christenverfolgung unter Kaiser Valerianus (erstes Edikt vom August) 257 zum Bischof von Rom gewählt. Infolge des verschärften zweiten Edikts vom Sommer 258, das die Todesstrafe bei Opferverweigerung verhängte und sich v. a. gegen den Klerus richtete, wurde Sixtus am 6.8.258 mit vier Diakonen in der Calixtuskatakombe nach verbotenem Gottesdienst verhaftet und wahrscheinlich sofort enthauptet (Cyprian, ep. 80, 1; falsche Datierung Eusebius von Caesarea, Historia ecclesiastica VII, 27, 1; Caspar 1, 71f.), nicht gekreuzigt (so Prudentius, Peristephanon 2, 21–24). Er wurde in der Papstgruft der Calixtuskatakombe bestattet. Sixtus setzte die ablehnende Haltung seines Vorgängers Stephanus in der Frage der Wiedertaufe konvertierter Häretiker fort. Er wusste sich darin gegen Cyprian von Karthago, der die Wiedertaufte wünschte, mit Dionysius von Alexandrien einig, der sich mehrfach in dieser pastoral schwierigen Frage Rat suchend an Rom wandte. Sixtus nahm daneben den von Stephanus abgebrochenen Kontakt mit den nordafrikanischen und kleinasiatischen Bischöfen wieder auf. Cyprian lobte ihn als „bonus et pacificus sacerdos ac propterea beatissimus martyr" (Pontius von Karthago, Vita Cypriani 14). Ambrosius zitierte bereits seine Passio (De officiis ministrorum 1, 41, 204ff.). Im

Zuge der Restaurierung der Katakomben ehrte ihn Papst Damasus durch zwei Inschriften am Richtplatz und über dem Grab. Person und Martyrium des Laurentius sind mit Sixtus eng verbunden. Beider Name ging in den römischen Messkanon ein. Von Sixtus' Schriften ist nur ein Brieffragment an Dionysius erhalten, in dem er die erneute Taufe bei ungültiger, d. h. nicht trinitarisch gespendeter Taufe anordnet (Bienert 44). Fälschlich zugeschrieben werden ihm die so genannten „Sextussprüche" (Analecta Bollandiana 67 [1949] 247 f.; LP 1, 155: „Xystus philosophus").

▓ Quellen: LP 1, 6f. 11 68f. 155f.; ACTASS aug. 2, 124–142.

▓ Literatur: Lexikon der christlichen Ikonographie, begründet von E. KIRSCHBAUM, hg. v. W. BRAUNFELS, Bd. 8. Freiburg 1990, 378f.; DACL 15, 1501–15; BIBLSS 11, 1256–1261; BBKL 10, 578–582; LACL 562; LMA 7, 1942; VATL 741. – P.F. DE'CAVALIERI: Un recente studio sul luogo del martirio di S. Sisto II: Studi i Testi 33 (1920) 145–178; H. DELEHAYE: Recherches sur le légendier romain: Analecta Bollandiana 51 (1933) 43–49; W.A. BIENERT: Dionysius von Alexandrien. Das erhaltene Werk. Stuttgart 1972; G. SCHILLER: Ikonographie der christlichen Kunst, Bd. 4/2. Gütersloh 1980, 213f.; G.N. VERRANDO: Alla base e intorno alla più antica Passio dei santi Abdon e Sennes, Sisto, Lorenzo ed Ippolito: Augustinianum 30 (1990) 145–187; D. MAZZOLENI: San Sisto, il Santo e la sua Basilica: Studi e materiali di storia delle religioni 59 (1993) 151–190.   *Stefan Heid*

Sixtus III. (31.7.432 – 19.8.440), heilig (Tag 28.3.), Römer. Als römischer Presbyter wurde er anfangs als Bundesgenosse der Pelagianer betrachtet, trat aber seit der Verurteilung des Pelagius durch Papst Zosimus 418 der Irrlehre scharf entgegen (dazu an Sixtus gerichtete Briefe des Augustinus: ep. 191 194). Im Streit um den Nestorianismus unterstützte Sixtus die Friedensbemühungen

Kaiser Theodosius' II., die zur Einigungsformel von 433 und zur Versöhnung der Patriarchen Johannes von Antiochien und Cyrill von Alexandrien führten. In Illyrien wahrte Sixtus die Rechte des Apostolischen Vikariats von Thessalonike gegen Patriarch Proclus von Konstantinopel. In Rom entfaltete Sixtus eine rege Bautätigkeit, um die 410 durch die Westgoten verursachten Schäden zu beheben (u. a. Taufkapelle im Lateran; nach Theodor Klauser ist Sixtus nicht Erbauer von Santa Maria Maggiore, sondern steuerte nur zwei Inschriften bei). Unter Sixtus kam Kaiser Valentinian III. mit kostbaren Geschenken nach Rom. Mehrere Sixtus zugeschriebene Werke sind nicht echt („De divitiis"; „De malis doctoribus"; „De castitate"), ebenso die zu den Symmachianischen Fälschungen zu zählenden „Gesta de Xysti purgatione", wonach sich Sixtus eidlich von der Anklage auf Unzucht gereinigt habe. Bedeutenden Einfluss übte bereits ein Diakon aus, der als Leo I. sein Nachfolger wurde.

▓ Quellen: PL 50, 581–619; Supplement 3, 21f.; ACTASS mar. 3, 714–718; LP 1, 232–237; 3, Register; RPR(J) 1, 57f.; 2, 692.

▓ Literatur: BBKL 10, 583f.; LACL 562; VATL 742. – CASPAR 1, 416–422; H. ULBRICH: Augustins Briefe zur entscheidenden Phase des Pelagianischen Streites (415–418): Revue des Études Augustiniennes 9 (1963) 51–75; TH. KLAUSER: Rom und der Kult der Gottesmutter: Jahrbuch für Antike und Christentum 15 (1972) 120–135; CH. PIETRI: Roma christiana, 2 Bde. Rom 1976; BORGOLTE 417.   *Georg Schwaiger*

Sixtus IV. (9.8.1471 – 12.8.1484), vorher *Francesco della Rovere*, Franziskaner, * 21.7.1414 Celle bei Savona. Nach seiner Ausbildung an mehreren italienischen Ordensstudien und Universitäten lehrte er Theologie u. a. in Padua und Bologna, wo wohl

Kardinal Bessarion auf den wegen seiner rhetorischen Brillanz auch als Prediger geschätzten Professor aufmerksam wurde. 1460 Provinzial von Ligurien, 1464 Ordensgeneral, setzte Sixtus sein Bemühen um Ordensreform und Ausgleich zwischen Konventualen und Observanten auch nach der vielleicht von Bessarion geförderten Erhebung in den Kardinalat 1467 fort, da er, mönchisches Leben im Schatten seiner Titelkirche San Pietro in Vincoli fortführend, das Generalat bis 1469 wahrnahm und mehrere theologische Traktate verfasste. Hinter seiner Wahl zum Papst stand neben dem Herzog von Mailand wohl sein Neffe Pietro Riario, der durch großzügige Versprechen die Mehrheit der Kardinäle für seinen Onkel gewann. Ihn und den Neffen Giuliano della Rovere erhob Sixtus entgegen seiner Wahlkapitulation noch im Dezember 1471 zu Kardinälen; dies markiert den Beginn eines konsequenten Nepotenregiments, das neben der sozialen Besserstellung von Verwandten (Familien der Riario, Basso, Giuppo) die fehlende Hausmacht in Rom und im / Kirchenstaat ersetzen sollte. Diese Politik, der eine Ausweitung des zunehmend mit Liguriern bzw. Genuesen besetzten Kurienapparats entsprach, wurde durch Verdoppelung der käuflichen Ämter, Ausweitung des Ablasswesens und erhöhten Abgabendruck im Kirchenstaat (69% der Gesamteinnahmen) ebenso finanziert wie ein Mäzenatentum großen Stils, das den Papsthof zum Zentrum humanistischer Gelehrsamkeit und Kunst machte, an dem sich nach Wiedereröffnung der römischen Akademie z. B. Pomponius Laetus und der zum Leiter der / Vatikanischen Bibliothek bestellte Bartolomeo Platina einfanden. Künstler wie Perugino, Sandro Botticelli oder Domenico Ghirlandaio schmückten die / Sixtinische Kapelle aus, neben den Kirchen Santa Maria del Popolo, Santa Maria della Pace und dem Hospital Santo Spirito berühmtestes Beispiel einer auch von den Kardinälen forcierten Bautätigkeit, die zusammen mit dem Auf- und Ausbau des städtischen Straßennetzes (Ponte Sisto) Rom zur Renaissancemetropole machte. Schweren Schaden indes nahm die moralische Autorität des Papsttums, dem Sixtus durch Privilegierung der Mendikanten, besonders der Franziskaner (Bulle *Mare magnum* von 1474), Förderung der Lehre von der Unbefleckten Empfängnis oder Feier des Jubeljahres 1475, aber auch durch Ketzerverfolgung und Wiedereinführung der Inquisition in Spanien geistliches Profil zu verleihen suchte, wegen der Verwicklung in die Pazziverschwörung: Sein Vertrauter Girolamo Riario stand hinter dem Mordanschlag auf die Brüder Lorenzo und Giuliano de' Medici, letzterer zum Opfer fiel. Florenz hatte sich gegen die Übertragung der Grafschaft Imola durch Sixtus an Girolamo gestellt, unterstützte Unruhen in päpstlichen Städten Umbriens und der Romagna und wusste sich im Bund mit Sixtus' mächtigstem Gegner, Ludwig XI. von Frankreich. Der Krieg, auch auf die anderen italienischen Staaten ausgreifend, fand aber u. a. wegen der türkischen Eroberung von Otranto ein baldiges Ende; v. a. die Flotte des – sogar unter Einschluss des Großfürsten von Moskau mehrfach zum Kreuzzug bereiten – Papstes führte zum Entsatz, ohne dass die italienischen Mächte dem Drängen von Sixtus auf weitere Aktionen nach Mehmets II. Tod gefolgt wären. 1482 erneut ausbrechende

Feindseligkeiten, die sich wegen der Beteiligung von Orsini und Colonna auch auf Rom auswirkten, führten schließlich zum für Sixtus enttäuschenden Frieden von Bagnolo (7.8. 1484). Der 1482 im Basler Münster, Stätte des letzten allgemeinen Konzils, durch Erzbischof Andreas Jamometić von Krajna erfolgte Ausruf eines neuen Konzils spiegelt, jenseits persönlichen Zerwürfnisses und politischen Kalküls, die verbreitete Unzufriedenheit mit einem von /Nepotismus, Fiskalismus und desaströser italienischer Politik belasteten Pontifikat, der zugleich für die Renaissancekultur von hervorragender Bedeutung war.

Literatur: DTHC 14/2, 2199–2217; NCE 13, 272f.; LMA 7, 1944; BBKL 10, 584–599; VatL 742ff. – L. DiFonzo: Sisto IV, carriera scolastica e integrazioni biografiche (1414–1484). Rom 1987; Sisto IV e Giulio II, mecenati e promotori di cultura. Atti del convegno internazionale di Studi, Savona 1985. Savona 1989; F. Benzi: Sisto IV, renovator urbis. Roma 1990; S. Schüssler: Das Grabmal Sixtus IV. in Rom. Mainz – München 1998; L. Miglio: Libri, alchimia e medicina nella Roma di Sisto IV: Roma, magistra mundi. FS L.E. Boyle, Bd. 2. Louvain-la Neuve 1998, 597–613; A. Ippoliti: Il complesso di San Pietro in Vincoli e la committenza della Rovere 1467–1520. Roma 1999.

Heribert Müller

Sixtus V. (24.4.1585–27.8.1590), Franzikanerkonventuale (1534), vorher *Felice Peretti* (als Kardinal *Montalto*), * 13.12.1521 Grottamare (Mark Ancona) in ärmlichen Verhältnissen; Studien in Ferrara und Bologna, Generalvikar des Minoritenordens, 1566 Bischof von Sant' Agata dei Goti, 1570 Kardinal, 1571–1577 auch Bischof von Fermo. Unter Gregor XIII. aufgrund früherer Spannungen noch kirchenpolitisch ausgeschaltet, ging Sixtus als Papst im /Kirchenstaat mit Härte gegen das Banditenunwesen vor. Er bemühte sich allgemein um Verbesserung der Lebensverhältnisse im Kirchenstaat und sanierte die heruntergekommenen Finanzen durch rigorose Einsparungen in der Hofhaltung sowie starke Vermehrung der käuflichen Ämter an der Kurie. Sixtus betätigte sich auch als Mäzen von Wissenschaften und Kunst; rege Bautätigkeit in Rom (Acqua Felice, Via Sistina, Aufstellung von Obelisken, Vollendung der Kuppel von Sankt Peter). Seine Neuorganisation der Kurie brachte u.a. die Festlegung der Zahl der Kardinäle auf siebzig und die Errichtung von 15 Kardinalskongregationen (Konstitution *Immensa aeterni* von 1588), die dem Papst direkt verantwortlich sind. Sein eigenmächtiges Vorgehen bei der Neuausgabe der Vulgata bedeutete eine große Blamage; der Text musste unter Clemens VIII. neu herausgegeben werden. Die Politik des Sixtus war von der Überzeugung getragen, die weltlichen Herrscher seien im Geistlichen und Zeitlichen dem Papst unterworfen. In Frankreich lief die Entwicklung dahin, dass der dem Calvinismus anhängende Heinrich von Navarra den Thron erlangen sollte. Philipp II. von Spanien setzte Sixtus unter Druck, einem Bündnis gegen Heinrich beizutreten. Zwar erklärte er diesen 1585 als Häretiker der Thronansprüche für verlustig, suchte aber einer völligen Abhängigkeit von Spanien zu entgehen. Eine Enttäuschung bedeutete für Sixtus das Scheitern der Bemühungen, England für die katholische Kirche zurückzugewinnen (Hinrichtung Maria Stuarts 1587, Untergang der spanischen Armada 1588). – Sixtus besaß überragende Fähigkeiten, großes Geschick in der Verwaltung und in der Handhabung der Finanzen. Er hatte eine übersteigerte Vorstellung von seiner päpstlichen Würde und keine Hemmungen, seine Familie zu begünstigen. Dennoch gehört er zu den bedeutendsten Päpsten des 16. Jahrhunderts.

Literatur: DTHC 14/2, 2217–38; EC 11, 782–787; BBKL 10, 599–609; VatL 744ff. – M. de Bonard: Sixtus V., Heinrich IV. und die Liga: Revue des questions historiques 60 (1932) 59–140; A. von Hübner: Der eiserne Papst. Berlin 1932; J. Grisar: Päpstliche Finanzen …: Miscellanea Historiae Pontificiae, Bd. 7. Rom 1943, 205–366; F. Sarazani: La Roma di Sisto V, ,er papa tosto‘. Potere assoluto e grandezza irrazionale di un personaggio entrato nella fantasia popolare. ebd. 1979; N. Del Re: Sisto V e la sua opera di organizzazione del governo centrale della Chiesa e dello Stato: Idea 36 (1980) 41–53; R. Schiffmann: Roma felix. Aspekte der städtebaulichen Gestaltung Roms unter Papst Sixtus V. Frankfurt (Main) 1985; I. De Feo: Sisto V. Mailand 1987; Studia Sixtina nel IV centenario del pontificato di Sisto V. Rom 1987; Roma e Sisto V. Le arti e la cultura, hg. v. M.L. Madonna. ebd. 1993; I. Polverini Fosi: Justice and its image. Political propaganda and judicial reality in the pontificate of Sixtus V: The Sixteenth Century Journal 24 (1993) 75–96; Celebrazioni del IV centenario del pontificato di Sisto V. Atti del Convegno di studi ,Montalto e il Piceno in età sistina‘. Ascoli-Piceno 1994; E. García Hernán: La curia romana, Felipe II y Sixto V: Hispania sacra 46 (1994) 631–650; L.J. Villalon: San Diego de Alcalá and the politics of saint-making in Counter-Reformation Europe: The Catholic Historical Review 83 (1997) 691–715; R.B. Trabold: Soziales Mäzenatentum im Frühbarock. Betrachtungen zur päpstlichen Kunstförderung unter Sixtus V. …: Im Gedächtnis der Kirche neu erwachen. FS G. Adriányi. Köln 2000, 621–628. *Klaus Ganzer*

Soter (166?–174?), heilig (Fest 22.4.), später als Martyrer verehrt; in den alten Bischofslisten als Nachfolger des Anicet und zwölfter Nachfolger Petri genannt; nach dem ⁄Liber Pontificalis Römer aus Kampanien.

Soter schickte mit einer Liebesgabe einen Brief nach Korinth, wovon die Fragmente der Antwort des Bischofs Dionysius (Eusebius von Caesarea, Historia ecclesiastica IV, 23, 9–12) rühmend berichten. Er ist nicht der Verfasser des so genannten „zweiten Clemensbriefes" und hat wahrscheinlich kein Sendschreiben gegen den Montanismus verfasst (Praedestinatus 1, 26; vgl. Tertullian, Adversus Praxean 1). Unter Soter wurde offenbar Ostern auf den Sonntag nach dem 14. Nisan fixiert; kein Anhaltspunkt für ein Martyrium.

Quellen: LP 1, 135; ActaSS apr. 3, 4ff.
Literatur: DTHC 16, 2422f.; BBKL 14, 1492f.; LACL 565; VatL 746. – Caspar 1, 627.

Georg Schwaiger

Stephan I. (12.5.254–2.8.257), heilig (Tag 2.8.), Römer. Stephans Amtszeit verlief äußerlich ruhig zwischen den Christenverfolgungen der Kaiser Decius und Valerianus, brachte aber heftige innerkirchliche Auseinandersetzungen um milde oder rigoristische Behandlung rückkehrwilliger Häretiker und Abgefallener (lapsi), besonders im Häretikertaufstreit: Stephan forderte mit starker Betonung des römischen Vorrangs Annahme des römischen Brauchs (Verbot der Wiedertaufe „Abgefallener"; „nihil innovetur, nisi quod traditum est") in der ganzen Kirche; das führte zum schweren Zerwürfnis (Exkommunikation nicht eindeutig) mit den Kirchen Afrikas und Kleinasiens. Vermittlungsversuche des Bischofs Dionysius von Alexandrien hatten erst nach Stephans und Cyprians v. Karthago Tod unter Sixtus II. Erfolg. Stephans Bewusstsein der Sonderstellung des Bischofs von Rom zeigte sich auch in disziplinären Maßnahmen gegen spanische und gallische Bischöfe. Obwohl nicht Opfer der valerianischen Verfolgung, wurde Stephan später als Martyrer verehrt. Beigesetzt in der Papstgruft der Calixtuskatakombe.

Quellen: CYPRIAN, ep. 67–75; EUSEBIUS VON CAESAREA, Historia ecclesiastica VII, 2–9; LP 1, 68f. 154; 3, Register; RPR(J) 1, 20f.; 2, 690 732.

Literatur: DHGE 15, 1183f.; BBKL 10, 1350f.; LACL 573; VatL 764. – CASPAR 1, 627; H. KIRCHNER: Der Ketzertaufstreit zwischen Karthago und Rom: Zeitschrift für Kirchengeschichte 81 (1970) 290–307; W. MARSCHALL: Karthago und Rom. Stuttgart 1971; S.G. HALL: Stephen of Rome and the One Baptism: Studia Patristica 17 (1982) 796ff.; DERSELBE: Stephen I of Rome and the Baptismal Controversy of 256: Miscellanea Historiae Ecclesiasticae, Bd. 8, hg. v. B. VOGLER. Brüssel–Löwen 1987, 78–82; J. SRUTWA: The gospel of St. Mathew 16:16–19 as an argument of pope Stephen I for the roman primacy: Analecta Cracoviensia 27 (1995) 323–328. *Georg Schwaiger*

Stephan (II.) (März 752), römischer Presbyter; als Nachfolger des Zacharias gewählt, starb er vier Tage später ohne Weihe. In der offiziellen Papstliste des AnPont wurde er bis 1960 als Stephan II. gezählt, wodurch sich die Ordnungszahl der folgenden Päpste namens Stephan um eins erhöhte.

Quellen: LP 1, 440; 3, 102; RPR(J) 1, 270.

Literatur: DHGE 15, 1184; VatL 764. *Sebastian Scholz*

Stephan II. (März 752–26.4.757), zuvor römischer Diakon. Mit Stephan vollzog das Papsttum endgültig die Hinwendung zu den Franken, als 752 im Konflikt mit dem Langobardenkönig Aistulf, der die Hoheit über Rom beanspruchte, byzantinische Hilfe ausblieb. Stephan wandte sich an den Frankenkönig Pippin III. den Jüngeren, reiste als erster Papst über die Alpen und wurde im Januar 754 in Ponthion von Pippin empfangen, der ihm den Stratordienst leistete und der römischen Kirche Schutz versprach. In Quierzy (April 754) schlossen beide einen „Bund gegenseitiger Liebe", und Pippin machte Gebietszusagen in Mittelitalien (so genannte Pippinische Schenkung). Am 28.7.754 salbte Stephan Pippin in Saint-Denis und verlieh ihm den Titel „Patricius Romanorum", um die Dynastie gegen die fränkische Opposition zu stärken und enger an Rom zu binden; dem diente auch die in Quierzy begründete geistliche Verwandtschaft zwischen beiden. Nach Pippins Sieg über die Langobarden 755 rief Stephan ihn 756 erneut gegen Aistulf zu Hilfe. Die von den besiegten Langobarden seit 749 eroberten Gebiete fielen nun statt an Byzanz an den Papst und bildeten den Grundstein für den späteren /Kirchenstaat.

Quellen: LP 1, 440–462; 3, 102f.; RPR(J) 1, 271–277; 2, 701; MGH.Ep 3, 487–507.

Literatur: BBKL 10, 1351–54; LMA 8, 116f.; VatL 765. – A. ANGENENDT: Das geistliche Bündnis der Päpste mit den Karolingern (754–796): Historisches Jahrbuch 100 (1980) 1–94; J.T. HALLENBECK: Pavia and Rome. Philadelphia 1982, 55ff.; M. KERNER: Die frühen Karolinger und das Papsttum: Zeitschrift des Aachener Geschichtsvereins 88/89 (1982) 5–41; O. ENGELS: Zum päpstlich-fränkischen Bündnis im 8.Jh.: Ecclesia et regnum. FS F.-J. Schmale. Bochum 1989, 21–38; R. SCHIEFFER: Die Karolinger. Stuttgart 1992, 60–65; W. HARTMANN: Zur Autorität des Papsttums im karolingischen Frankenreich: Mönchtum – Kirche – Herrschaft 750–1000. Sigmaringen 1998, 113–132. *Sebastian Scholz*

Stephan III. (7.8.768–24.1.772), sizilianischer Herkunft, römischer Presbyter; 768 wurde Papst Konstantin II. durch den Primicerius Christophorus mit langobardischer Hilfe ausgeschaltet, doch konnte sich Philipp, der Kandidat der Langobarden, nicht durchsetzen. Unter dem Einfluss des Christophorus wurde Stephan zum Papst gewählt, der mit seinem Helfer eine gegen die Langobarden gerichtete Politik betrieb. Im April 769 erklärte eine auch von fränkischen Bischöfen besuchte römische Synode den Pontifikat Konstantins II. für ungültig und erließ neue Papstwahlbestimmungen. Zugleich wurde die bilderfeindliche Haltung des byzantinischen Kaisers verdammt. Stark beeinflusst wurde der Pontifikat Stephans durch den Machtkampf der fränkischen Könige Karl (des Großen) und Karlmann. Als Karl 770 eine langobardische Königstochter heiraten wollte, drohte ihm Stephan mit der Exkommunikation und bot Karlmann die „compaternitas" an. Nach dem Ausgleich mit Karl näherte sich Stephan auch den Langobarden an; die diesen feindliche und für Karlmann eintretende Partei in Rom wurde entmachtet. Der Tod Karlmanns Ende 771 änderte die Situation jedoch grundlegend, so dass Stephans Nachfolger Hadrian I. eine neue Politik einleitete.

▓ Quellen: LP 1, 468–485; RPR(J) 1, 285–288; 2, 701; MGH.Ep 3, 558–567.

▓ Literatur: BBKL 10, 1354f.; LMA 8, 117; VATL 765f. – ZIMMERMANN PA 16–25; J.T. HALLENBECK: Pavia and Rome. Philadelphia 1982, 106ff.; TH.F.X. NOBLE: The Republic of Saint Peter. ebd. 1984, 112–127; W. HARTMANN: Die Synoden der Karolingerzeit im Frankenreich und in Italien. Paderborn 1989, 83–86; J. JARNUT: Ein Bruderkampf und seine Folgen: Die Krise des Frankenreiches (768–771): Herrschaft, Kirche, Kultur. FS F. Prinz. Stuttgart 1993, 165–176; W. HARTMANN: Zur Autorität des Papsttums im karolingischen Frankenreich: Mönchtum – Kirche – Herrschaft 750–1000. Sigmaringen 1998, 113–132. *Sebastian Scholz*

Stephan IV. (22.6.816–24.1.817), aus römischem Adel; als Diakon ohne kaiserliche Zustimmung zum Papst

erhoben, ließ er die Römer einen Treueid auf den fränkischen Kaiser schwören und reiste bald ins Frankenreich, um angesichts älterer Spannungen und der Kirchenreform Kaiser Ludwigs I. des Frommen den Frieden und die Einheit der Kirche zu wahren. Stephan erneuerte das päpstlich-fränkische Freundschaftsbündnis und klärte die Rechtsverhältnisse, die 817 im „Pactum Hludovicianum" unter Paschalis I. nochmals fixiert wurden. Am 5.10. 816 krönte und salbte Stephan Ludwig (Kaiser seit 813) mit einer angeblichen Krone Konstantins des Großen, doch kam der Krönung keine konstitutive Bedeutung zu.

▓ Quellen: LP 2, 49ff.; 3, 121; RPR(J) 1, 316ff.; 2, 702.

▓ Literatur: BBKL 10, 1355f.; VATL 766f. – TH.F.X. NOBLE: The Republic of Saint Peter. Philadelphia 1984; J. FRIED: Ludwig der Fromme, das Papsttum und die fränkische Kirche: Charlemagne's Heir, hg. v. P. GODMAN – R. COLLINS. Oxford 1990, 231–273; E. BOSHOF: Ludwig der Fromme. Darmstadt 1996, 135–140; W. HARTMANN: Zur Autorität des Papsttums im karolingischen Frankenreich: Mönchtum – Kirche – Herrschaft 750–1000. Sigmaringen 1998, 113–132. *Sebastian Scholz*

Stephan V. (August/September 885 – 14.9.891), aus römischem Adel, Presbyter; ohne kaiserliche Zustimmung zum Papst erhoben, erlangte aber bald die Anerkennung des zunächst erzürnten Kaisers Karl III. Da dieser gegen die Sarazenen untätig blieb, bat Stephan 885 in Byzanz um Hilfe, fand aber nur bei Herzog Guido II. von Spoleto tatkräftigen Rückhalt. Stephan adoptierte Guido und designierte ihn damit als künftigen Kaiser. Als Karl III. 888 starb und der unterdessen zum König von Italien gewählte Guido die Kaiserkrone forderte, fühlte sich Stephan jedoch bedroht, rief 890 vergeblich den ostfränkischen König Arnulf zu Hilfe und musste am 21.2.891 Guido zum Kaiser krönen. Bezüglich der Slawenmission erkannte Stephan Bischof Wiching von Neutra als Nachfolger des Methodius an und verbot die Liturgie in slawischer Sprache, nicht jedoch die Predigt.

■ Quellen: LP 2, 191–198 226; 3, 126f.; RPR(J) 1, 427–435; 2, 705; MGH.EP 7, 334–365.

■ Literatur: LMA 8, 117f.; VATL 767. – E. DÜMMLER: Geschichte des ostfränkischen Reiches, Bd. 3. Leipzig ²1888, 248–258 367f.; R. HIESTAND: Byzanz und das Regnum Italicum im 10.Jh. Zürich 1964, 29f. 45–53; V. PERI: Il mandato missionario e canonico di Metodio e l'ingresso della lingua slava nella liturgia: AHP 26 (1988) 9–69. *Sebastian Scholz*

Stephan VI. (Ende April/Anfang Mai 896–August 897), Römer, Bischof von Anagni; wohl mit Zustimmung Farolds, des Vertreters des erkrankten Kaisers Arnulf, zum Papst gewählt, erkannte Stephan bald schon Lambert von Spoleto als Kaiser an. Im Dezember 896 oder Januar 897 hielt Stephan eine Synode über der exhumierten Leiche des Papstes Formosus ab, dem der unerlaubte Wechsel von seinem Bistum Porto auf den Papststuhl zum Vorwurf gemacht wurde (Translationsverbot). Sein Pontifikat und die von ihm gespendeten Weihen wurden für ungültig erklärt, um dadurch seinen Anhang zu schwächen. Ende Juli 897 wurde Stephan bei einem römischen Aufstand gefangen genommen und später ermordet.

■ Quellen: LP 2, 229; RPR(J) 1, 439f.; ZIMMERMANN PU 1, 3–9.

■ Literatur: LMA 8, 118; VATL 767f. – ZIMMERMANN PA 55–59; W. HARTMANN: Die Synoden der Karolingerzeit im Frankenreich und in Italien. Paderborn 1989, 388ff.; S. SCHOLZ: Transmigration und Translation. Köln 1992, 219–224. *Sebastian Scholz*

Stephan VII. (Mitte Januar 929–Ende Februar 931), Römer, Kardinalpresbyter; unter dem Einfluss Widos von Tuszien und Marozias wie sein Vorgänger Leo VI. noch zu Lebzeiten Johannes' X. erhoben, der während des Pontifikats Stephans im Kerker ermordet wurde. Der offenbar betagte Stephan blieb ohne Macht und war vielleicht nur „Platzhalter" für seinen Nachfolger Johannes XI., den unehelichen Sohn der Marozia.

■ Quellen: LP 2, 242; 3, 129; RPR(J) 1, 453f.; 2, 706; ZIMMERMANN REG nn. 95–100.

■ Literatur: BBKL 10, 1356f.; LMA 8, 118; VATL 768. *Sebastian Scholz*

Stephan VIII. (Juli 939–Ende Oktober 942), Römer, Kardinalpresbyter; durch Alberich II., einen Sohn der Marozia, erhoben und völlig von ihm abhängig. Auch die Förderung der cluniazensischen Reform in Rom und Umgebung durch Stephan wurde von Alberich veranlasst. Stephan griff in den Streit des westfränkischen Königs Ludwig IV. mit seinen Vasallen ein und ermahnte die Fürsten und alle Einwohner Frankreichs und Burgunds bei Strafe der Exkommunikation, Ludwig anzuerkennen. Laut einer späteren Quelle soll Stephan an einer Verschwörung gegen Alberich teilgenommen haben und daraufhin eingekerkert und verstümmelt worden sein.

■ Quellen: LP 2, 244; 3, 129; RPR(J) 1, 457f.; ZIMMERMANN PU 1, 165–172; ZIMMERMANN REG nn. 154–164.

■ Literatur: BBKL 10, 1357; LMA 8, 118; VATL 768. *Sebastian Scholz*

Stephan IX. (2./3.8.1057–29.3.1058), vorher *Friedrich von Lothringen*, Benediktiner, † Florenz (Grab im Dom); Sohn Herzog Gozelos I. und Bruder Herzog Gottfrieds des Bärtigen; zunächst Kanoniker (vielleicht auch Archidiakon) der Lütticher

Domkirche, 1049 zugleich Dekan von Sankt Alban in Namur; ging vor Oktober 1050 auf Wunsch Leos IX. nach Rom, wo er seit dem 9.3.1051 als Kanzler, ab dem 10.6.1051 auch als Diakon und Bibliothekar der römischen Kurie belegt ist. 1054 reiste er mit Humbert von Silva Candida und Erzbischof Petrus von Amalfi als päpstlicher Legat nach Konstantinopel und trug damit zum Ausbruch des Morgenländischen Schismas bei; ungewiss bleibt freilich, inwieweit er sich damals an literarischen Invektiven gegen die Griechen beteiligte. Um Spannungen mit Kaiser Heinrich III. auszuweichen, trat er 1055 in Montecassino ein, wurde dort am 23.5.1057 zum Abt gewählt und am 25.6.1057 von papst Victor II. persönlich geweiht. Seit dem 14.6.1057 auch Kardinalpriester von San Grisogono. Am 2.8.1057 mit Hilfe seines Bruders Gottfried handstreichartig, doch unter Beachtung der üblichen Riten, zum Papst gewählt und einen Tag später geweiht. Die nachträgliche Zustimmung des deutschen Hofes war in seinen Augen nicht zwingend erforderlich (RPR[J] 1, 4372), wurde aber von seinen Legaten Anselm (dem späteren Alexander II.) und Hildebrand (als Papst Gregor VII.) im Winter 1057/58 problemlos erreicht. In Italien förderte er derweil die weltlichen Ambitionen Gottfrieds des Bärtigen und plante mit ihm einen Feldzug gegen die Normannen. Außerdem kämpfte er gegen Verwandtenheirat und Priesterehe, erhob Humbert von Silva Candida zum Kanzler und Bibliothekar der römischen Kirche, beförderte Petrus Damiani zum Kardinalbischof von Ostia und ermöglichte Hildebrand den Aufstieg zum römischen Archidiakon. Die Gregorianische Reform trat damit in eine neue Phase ein.

Quellen: Acta et scripta, ed. v. C. WILL. Leipzig–Marburg 1861, 93–153; A. MICHEL: Humbert und Kerullarios I. Paderborn 1924, 97–111 (Zuschreibungen unsicher; s. Deutsches Archiv für Erforschung des Mittelalters 32 [1976] 54f.); PL 143, 865–884; J.B. WATTERICH: Pontificum Romanorum qui fuerunt inde ab exeunte saeculo IX usque ad finem saeculi XIII vitae ab aequalibus conscriptae etc., Bd. 1. Leipzig 1862, 188ff.; RPR(J) 1, 553–556; LP 2, 278; 3, 133; MGH.SS 34, 351ff.

Literatur: DHGE 15, 1198–1203; BBKL 10, 1357–60; LMA 8, 118f.; VATL 769f. – A. MICHEL: Die Accusatio des Kanzlers Friedrich von Lothringen (Papst Stephan) gegen die Griechen: RQ 38 (1930) 153–208; G. DESPY: La carrière lotharingienne du pape Étienne IX: Revue belge de philologie et d'histoire 31 (1953) 955–972; R. HÜLS: Kardinäle, Klerus und Kirchen Roms 1049–1130. Tübingen 1977, 168f. 248; J. DAHLHAUS: Aufkommen und Bedeutung der Rota in den Urkunden des Papstes Leos IX.: AHP 27 (1989) 7–84; J. LAUDAGE: Gregorianische Reform und Investiturstreit. Darmstadt 1993; W. PETERS: Papst Stephan und die Lütticher Kirche: Papstgeschichte und Landesgeschichte. FS H. Jakobs. Köln 1995, 157–176; F. GOEZ: Beatrix von Canossa und Tuszien. Sigmaringen 1995.

Johannes Laudage

Symmachus (22.11.498–19.7.514), heilig (Tag 19.7.), * Sardinien. Nach dem Tod Anastasius' II. erhob die mit dessen versöhnlicher Haltung im Schisma des Patriarchen Acacius von Konstantinopel unzufriedene Mehrheit den Diakon Symmachus (Weihe im Lateran), die byzantinerfreundliche Minderheit unmittelbar darauf (mit Unterstützung der Aristokratie und des Senats unter Festus) den Archipresbyter Laurentius (Weihe in Santa Maria Maggiore) zum Papst. Die Wirren wurden durch die Entscheidung des Ostgotenkönigs Theoderich des Großen für Symmachus (Laurentius erhielt das Bistum Nocera in Kampanien) nur vorübergehend beigelegt. Die Synode des Symmachus vom 1.3.499 sollte künftig die Papstwahl sichern (MGH. AA 12, 399–415). Nach Anschuldigungen gegen Symmachus lehnte 501 eine römische Synode italischer Bischöfe eine Verurteilung des Symmachus ab mit der Begründung, dass dieser als Papst keinem menschlichen Gericht, sondern allein dem Urteil Gottes unterworfen sei (ebd. 416–437). Im Schisma spiegeln sich die Gegensätze zwischen römischem Klerus und Senat, Rom und Konstantinopel, auch das Streben nach Unabhängigkeit des römischen Stuhls gegenüber Theoderich und Konstantinopel. Mit Unterstützung Theoderichs konnte Laurentius nach Rom zurückkehren und sich 501–506 mit starker Übermacht behaupten; Symmachus blieb auf das Asyl in Sankt Peter beschränkt (seine Synode 502: ebd. 438–455). Die Wirren und Ausschreitungen erloschen erst, als Theoderich im Konflikt mit Konstantinopel 506 Laurentius preisgab. Symmachus wurde in alle Rechte eingesetzt, erwies sich als Verteidiger des Glaubens gegen die am Henotikon festhaltende östliche Kirchenpolitik, verlieh Bischof Caesarius von Arles das Pallium und dekretierte die Primatialrechte von Arles in der gallischen und spanischen Kirche.

▨ Quellen: A. THIEL: Epp. Romanorum Pontificum, Bd. 1. Braunsberg 1868, 639–738; MGH.AA 12, 399–455; LP 1, 43–46 260–268; RPR(J) 1, 96–100; 2, 693f. 736.

▨ Literatur: DTHC 14, 2984–90; BBKL 11, 359–363; LACL 578; VatL 775. – CASPAR 2, 87–129 758–761; G.P. PICOTTI: I sinodi romani nello scisma laurenzio: Studi storici. FS G. Volpe, Bd. 2. Florenz 1958, 741–786; CH. PIETRI: Le Sénat, le peuple chrétien et les partis du cirque à Rome sous le pape Symmaque (498–514): Mélanges d'archéologie et d'histoire 78 (1966) 123–139; P.A.B. LLEWELLYN: The Roman Clergy during the Laurentian Schism (498–506): Ancient Society 8 (1977) 245–275; CH. PIETRI: Aristocratie et société cléricale dans l'Italie chrétienne au temps d'Odoacre et de Théodoric: Mélanges d'École Française de Rome. Antiquité 93 (1981) 417–467; BORGOLTE; M. MACCARRONE (Hg.): Il primato del vescovo di Roma nel primo millennio. Rom 1991; J. GAUDEMET: Aux origines de la ,libertas ecclesiae' dans la Rome symmaquienne: Histoire et société. FS G. Duby. Aix-en-Provence 1992, 113–125; S. VACCA: Prima Sedes a nemine iudicatur. Rom 1993; E. WIRBELAUER: Zwei Päpste in Rom. Der Konflikt zwischen Laurentius und Symmachus. München 1993; J.D. ALCHERMES: Petrine Politics: Pope Symmachus and the Rotunda of St. Andrew at Old St. Peter's: The Catholic Historical Review 81 (1995) 1–40; T. SARDELLA: Società, Chiesa e Stato nell'età di Teodorico. Papa Simmaco e lo scisma laurenziano. Soveria Mannelli 1996.

Der Symmachusprozess ließ im Kreis der Anhänger des Symmachus die *Symmachianischen Fälschungen* entstehen, die mit in Form und Sprache plumpen, erfundenen Papstprozessen zu beweisen suchten, dass der Papst von keiner irdischen Instanz gerichtet werden könne; sie umfassen: 1. Sinuessanae Synodi Gesta de Marcellino papa; 2. Constitutum (Canon) Sylvestri; 3. Gesta Liberii; 4. Gesta de Xysti purgatione et Polychronii accusatione. – In trüber Spiegelung gelasianischer Gedanken sollten diese erfundenen Prozesse das Verfahren gegen Symmachus korrigieren. Dazu wurden kritische und andere Punkte der Papstgeschichte gewählt (Marcellinus, Liberius, Sixtus III., Silvester I.). Besonders durch Aufnahme in den ↗Liber Pontificalis (ausgewählt und willkürlich verändert) gewannen die Fälschungen weite Verbreitung und großen Einfluss.

▨ Quellen: *Text:* P. COUSTANT: Epp. Romanorum Pontificum, Bd. 1. Paris 1721, Appendix 28ff.; LP 1, CXXVI ff.

▨ Literatur: LMA 4, 246–251. – I. VON DÖLLINGER: Die Papstfabeln des Mittelalters.

Stuttgart ²1890, 57ff.; CASPAR 2, 107–110; W. SPEYER: Die literarischen Fälschungen im heidnischen und christlichen Altertum. München 1971; P.V. AIMONE: Le falsificazioni simmachiane: Apollinaris 68 (1995) 205–220. *Georg Schwaiger*

Telesphorus (125?–138?), heilig (Tag 5.1.); nach der Bischofsliste bei Irenaeus von Lyon (Adversus haereses III, 3, 3) der siebte Bischof von Rom; ebd. wird auch sein Martyrium notiert. Die Liste projiziert den inzwischen etablierten Monepiskopat auf die erste Hälfte des 2. Jh. zurück. Historisch gesehen, dürfte Telesphorus zum Leitungsgremium der Presbyter bzw. Episkopen in Rom gehört haben; sein Name blieb (wegen des Martyriums?) in Erinnerung und konnte für die Erstellung der Bischofsliste verwendet werden. In seinem Brief an Bischof Victor von Rom erwähnt Irenaeus um 195 Telesphorus noch einmal als einen der „vor Soter (amtierenden) Presbyter", die sich in Fragen der kirchlichen Disziplin gegenüber Christen aus anderen Gemeinden tolerant zeigten (Eusebius von Caesarea, Historia ecclesiastica V, 24, 14). Spätere Angaben zu „Amtszeit" und Wirken des Telesphorus (z. B. Eusebius IV, 5, 5 und 10; LP 9) sind historisch ohne Belang.

▪ Literatur: BIBLSS 12, 188f.; BBKL 11, 625; VATL 777. – L. HERTLING: Namen und Herkunft der römischen Bischöfe der ersten Jahrhunderte: Saggi storici intorno al papato. Rom 1959, 1–16; TH. KLAUSER: Die Anfänge der römischen Bischofsliste. Münster 1974, 121–138; N. BROX: Probleme einer Frühdatierung des römischen Primats: Kairos 18 (1976) 81–99; DERSELBE: Das Papsttum in den ersten drei Jahrhunderten: GKG 11, 25–42. *Franz Dünzl*

Theodor I. (24.11.642–14.5.649), * Jerusalem als Sohn eines Bischofs, bestattet in Sankt Peter. Theodors Pontifikat wurde vom monenergetisch-monotheletistischen Streit geprägt. Der erste byzantinische Papst führte nach dem Versagen Honorius' I. den Kampf gegen den Monotheletismus energisch fort und exkommunizierte die Patriarchen von Konstantinopel Pyrrhus I. und Paulus II. Pyrrhus war von Theodor als Patriarch – gegen Paulus – zunächst noch anerkannt worden, weil er der Häresie abgeschworen hatte, wurde dann aber rückfällig; Paulus hatte sich offen für den Monotheletismus ausgesprochen. Der von Maximus Confessor nachhaltig unterstützte Theodor sandte Bischof Stephan von Dor als päpstlichen Vikar in die zerrüttete Kirche Palästinas und bereitete die Lateransynode vom Oktober 649 vor. Zum Typos Kaiser Konstans' II. nahm Theodor nicht mehr Stellung.

▪ Quellen: LP 1, 331–335; RPR(J) 1, 228ff.; 2, 698; MANSI 10, 699–708.
▪ Literatur: LMA 8, 629; BBKL 14, 1544f.; VATL 778. – RICHARDS 184ff.; O. CAPITANI: Le relazioni tra le vite di Teodoro I e Martino I del LP: Studi e Ricerche sull'Oriente Cristiano 15 (1992) 5–14. *Manfred Heim*

Theodor, Gegenpapst (?) (Ende 687), römischer Archipresbyter. Nach dem Tod Johannes' V. (686) bereits Kandidat der römischen Miliz, wurde Theodor nach dem Tod Konons (21.9.687), diesmal gegen den Archidiakon Paschalis, zum Papst erhoben. Im Verlauf der darauf folgenden Auseinandersetzungen der beiden Prätendenten fiel die Wahl im Oktober/Dezember 687 jedoch auf Sergius I.; der nicht geweihte Theodor unterwarf sich sogleich. Seine Bezeichnung als „Gegenpapst" ist daher unzutreffend.

▪ Quellen: LP 1, 368–372; RPR(J) 1, 243f.
▪ Literatur: LMA 8, 630; BBKL 11, 86of.; VATL 778f. – CASPAR 2, 621ff.; RICHARDS 206ff.
Manfred Heim

Theodor II. (Dezember 897), Römer, Presbyter. Theodor berief in seinem nur zwanzig Tage dauernden Pontifikat eine Synode ein, die den von Stephan VI. posthum abgesetzten Formosus restituierte und die von ihm gespendeten Weihen anerkannte. Die Leiche des Formosus wurde auf Veranlassung Theodors wieder in der Peterskirche beigesetzt.

▨ Quellen: LP 2, 231; 3, 128; RPR(J) 1, 441; MANSI 17, 221.

▨ Literatur: LMA 8, 629f.; BBKL 11, 859f., VATL 778. – ZIMMERMANN PA 59f.; W. HARTMANN: Die Synoden der Karolingerzeit im Frankenreich und in Italien. Paderborn 1989, 390; S. SCHOLZ: Transmigration und Translation. Köln 1992, 225.

Sebastian Scholz

Theodorich (Theodericus), **Gegenpapst** (September 1100–Januar 1101), † 1102 La Cava; 1084 Kardinaldiakon von Santa Maria in via Lata, einer der wichtigsten Parteigänger des Gegenpapstes Clemens III., der ihn zum Kardinalbischof von Albano erhob. Nach dessen Tod wurde Theodorich zum Papst erhoben und sogleich inthronisiert. Auf dem Weg zu Kaiser Heinrich IV. von den Anhängern Paschalis' II. im Januar 1101 gefangen genommen und nach Rom zurückgebracht, starb Theodorich 1102 als Gefangener im Dreifaltigkeitskloster La Cava.

▨ Quellen: LP 2, 298.

▨ Literatur: LMA 8, 624; VATL 778f. – R. HÜLS: Kardinäle, Klerus und Kirchen Roms. Tübingen 1977, 92; C. SERVATIUS: Paschalis II. (1099–1118). Stuttgart 1979, 69–72 339. *Manfred Heim*

Urban I. (222–230), heilig (Tag 25.5.). Aufgrund mangelnder Quellen ist über Persönlichkeit und Pontifikat Urbans I. wenig bekannt. Nach Auskunft der Kirchengeschichte des Eusebius ist er Nachfolger Calixtus' I. In der römischen Bischofsliste des „Catalogus Liberianus" (im ⟋Chronographen vom Jahre 354) stimmen die Daten der Regierungszeit Urbans nicht mit den übrigen Angaben überein. Sein acht- bzw. neunjähriger Pontifikat fällt in die religiös tolerante Regierungszeit des Kaisers Alexander Severus. Während es z. Z. Urbans keine weitere Christenverfolgung gab, dauerte das Schisma des Hippolyt von Rom an. Die Bewegungen des Adoptianismus und Montanismus scheinen in Rom während seines Pontifikats weniger aktiv gewesen zu sein; sonst existieren keine gesicherten Nachrichten über seine Amtszeit. Der ⟋Liber Pontificalis bescheinigt Urban römische Herkunft. Eine Verordnung, Kultgefäße nur aus Silber anzufertigen, ein Brief an alle Christen und ein Dekretale bei Pseudo-Isidor sind unglaubwürdig. Angaben über sein Martyrium beruhen auf der legendären Passio Sanctae Caeciliae (5. Jh.) und auf apokryphen Martyrerakten. Das Martyrologium Hieronymianum bezeugt seine Bestattung in der Calixtuskatakombe, wo eine Grabplatte mit der griechischen Inschrift dieses Namens und bischöflicher Amtsangabe gefunden wurde.

▨ Quellen: EUSEBIUS VON CAESAREA, Historia ecclesiastica VI, 21, 2; 23, 3. – MGH.AA 9 74; LP 1, XCIII f. 4f. 62f. 143f.; ACTASS nov. 2/2, 206f.

▨ Literatur: ACTASS mai. 6, 5–23; BIBLSS 12, 837–841; BBKL 12, 924f. – CASPAR 1, 32–57; RICHARDS; E. DAL COVOLO: I Severi e il cristianesimo. Rom 1988.

Stephan Ch. Kessler

Urban II. (12.3.1088–29.7.1099), selig (Tag 29.7.), vorher *Odo von Châtillon,* * um 1035 wahrscheinlich bei Châtillon-sur-Marne aus adeliger Familie; Studien in Reims bei Bruno dem Kartäuser; Kanoniker und Archidiakon zu Reims, Mönch und Prior in Cluny, 1080 Kardinalbischof von Ostia, 1084/85 Legat in Deutschland. Nach schwierigen, durch Kaiser Heinrich IV. und den kaiserlichen Gegenpapst Wibert v. Ravenna (Clemens III.) bedrohten Anfängen konnte Urban die Krise des Reformpapsttums seit dem Tod Gregors VII. überwinden und der Gregorianischen Reform den historischen Durchbruch sichern. Politik und Reformaktion waren v. a. bestimmt durch den Kampf gegen das kaiserliche Papstschisma, das nicht völlig beseitigt werden konnte. Dabei ließ Urban das Investiturproblem, das noch ungelöst blieb, zurücktreten, verschärfte aber das Investiturverbot durch das Verbot des Lehnseides für Geistliche (Konzilien von Clermont 1095, Rom 1099). Im Konflikt mit dem Kaisertum und im deutschen Investiturstreit kam man nicht zum Frieden. Die Beziehungen zu England blieben sehr gespannt, trotz praktischer Hinnahme des normannischen Staatskirchensystems. In Frankreich vermied Urban trotz des Konflikts mit dem König (in der Ehesache Philipps I.) den Bruch und bahnte den künftigen Bund von Papsttum und französischem Königtum an. Stärkste Wirkung hatte sein Pontifikat im romanischen West- und Südeuropa, wo Urban die Reconquista und kirchliche Restauration förderte und die Geschichtstheologie einer von Gott gewollten Zeitenwende (nach Dan 2,21) entwarf. In Spanien vollzog er die Neuordnung und Lösung der spanischen Kirche von Gallien (Narbonne). In Süditalien und Sizilien führte die päpstlich-normannische Zusammenarbeit zum Legationsprivileg von 1098 für Graf Roger I. (Monarchia Sicula). Der Versuch einer Verständigung mit der griechischen Kirche (1089 Verhandlungen mit dem by-zantinischen Kaiser Alexius I. Komnenus und Patriarch Nikolaus III. Grammaticus; 1098 Konzil zu Bari) scheiterte. Als kaiserliche Legaten 1095 beim Konzil in Piacenza um Militärhilfe gegen die Türken baten, verband Urban die Konzeptionen von Reconquista-Restauration und Hilfe für Byzanz und Orientchristen und brachte mit dem Aufruf von Clermont (November 1095) die Kreuzzugsbewegung in Gang. Mit Konzentrierung der Episkopalstruktur auf das primatiale Papsttum, Entwicklung des ↗Kardinalskollegiums, Intensivierung der päpstlichen Gerichtsbarkeit, Ausbau von Kurie, ↗Apostolischer Kammer, ↗Päpstlicher Kanzlei, künden sich ekklesiologische, kanonistische und administrative Grundzüge der römischen Kirche des 12. Jh. an.

■ Quellen: LP 1, 293ff.; 3, 65; J. B. WATTERICH: Pontificum Romanorum qui fuerunt inde ab exeunte saeculo IX usque ad finem saeculi XIII vitae ab aequalibus conscriptae etc., Bd. 1 (972–1099). Leipzig 1862, 571–620 744ff.; RPR(J)² 1, 657–701; 2, 713 752f.; RPR.GP; RPR.IP; PL 151, 9–266; R. SOMERVILLE: The Councils of Urban II, Decreta Claromontensia. Paderborn 1972; DERSELBE: Pope Urban II, the Collectio Britannica and the council of Melfi. Oxford 1996.

▧ Literatur: LMA 8, 1282ff.; BBKL 15, 1391–1394; VATL 792f. – H. FUHRMANN: Papst Urban II. und der Stand der Regularkanoniker (Bayerische Akademie der Wissenschaften, Philosophisch-Historische Klasse, Sitzungsberichte). München 1984; E. MAZZA: Il prefazio della Vergine Maria istituto da Urbano II: Marianum 57 (1995) 269–289; R. SOMERVILLE: Pope Urban II ,To the beloved sons in Christ C. and his brothers': Roma, magistra mundi. FS. L.E. Boyle, Bd.2. Louvain-la-Neuve 1998, 843–853; C. CAPIZZI: Il Concilio di Bari (1098): Nicolaus 26 (1999) 69–90; G. CIOFFARI: Il concilio di Bari del 1098: ebd. 109–121; A. BECKER: Urbaine II et l'Orient: ebd. 123–144; G. ANDENNA: Urbano II e la questione dell'unità delle Ciese cristiane d'Oriente e d'Occidente: ebd. 317–326; R. SOMERVILLE: Pope Urban II, a pseudo-council of Chartres, and ,Congregatio' (c. 16, q. 7, c. 2 ,Palea'): Reform and Renewal in the Middle Ages and the Renaissance. FS L. Pascoe. Leiden 2000, 18–34. *Alfons Becker*

Urban III. (25.11.1185–20.10.1187), vorher *Humbert Crivelli,* * aus Mailänder Familie, † 20.10.1187 Ferrara (dort auch Grab); Studium beider Rechte, Lehrer Peters von Blois, Regularkanoniker, Archidiakon von Bourges und von Mailand, Bischof von Vercelli. Anfang September 1182 Kardinalpresbyter von San Lorenzo in Damaso, 1183–84 päpstlicher Legat der Lombardei, Anfang Januar 1185 Erzbischof von Mailand; zum Papst gewählt in Verona am 25.11. 1185 (Todestag des Vorgängers Lucius III.). Behielt sein Erzbistum bei, verließ Verona jedoch nicht. Zunächst erklärte Urban seine (vorgetäuschte?) Bereitschaft, die Verhandlungen Lucius' mit Kaiser Friedrich I. Barbarossa wegen des Patrimonium Petri fortzuführen, aber die Hochzeit Heinrichs VI. mit Konstanze von Sizilien am 27.1.1186 in Mailand, bei der er sich durch zwei Kardinäle vertreten ließ, und die überraschende Krönung Heinrichs (der von da an „caesar" genannt wurde) durch den Patriarchen von Aquileia, die schon Lucius strikt abgelehnt hatte, löste eine unerbittliche Gegnerschaft zum Kaiser aus. Urban beschwerte sich beim Reichsepiskopat über die Weigerung des Kaisers, kirchliche Güter herauszugeben und auf das Spolien- und Regalienrecht zu verzichten. Entgegen seiner ursprünglichen Zusicherung weihte er im Trierer Schisma am 1.6.1186 den päpstlichen Kandidaten zum Erzbischof – wahrscheinlich in Absprache mit dem Kölner Erzbischof Philipp von Heimsberg, der

sich im Juni/Juli als päpstlicher Legat für den päpstlichen Kandidaten stark machte – und unterstützte das aufständische Cremona. Heinrich VI. wurde vom Vater sofort nach Italien beordert und musste alle päpstlichen Städte auf den Kaiser vereidigen, während Barbarossa in Deutschland den Reichsepiskopat auf dem Gelnhäuser Reichstag am 28.11.1186 hinter sich scharte. Mühsam eingefädelte Verhandlungen führten nicht zum Erfolg, da Urban in das kaiserfeindliche Ferrara floh.

Literatur: LMA 8, 1284; BBKL 15, 1394f.; VATL 793ff. – K. GANZER: Die Entwicklung des auswärtigen Kardinalats im hohen Mittelalter. Tübingen 1963, 134ff.; F.-J. HEYEN: Über die Trierer Doppelwahlen von 1183 und 1242: Archiv für mittelrheinische Kirchengeschichte 21 (1969) 21–28; Urbano III nell'ottavo centenario della morte (1187–1987). Ferrara 1987 [?]; C. REISINGER: Tankred von Lecce. Köln 1992, 42–45 63f. 117; O. ENGELS: Stauferstudien. Sigmaringen ²1996, 194ff.; L. FALKENSTEIN: Urbans III. Dekretale JL 15746 (WH 280) und der Streit um die Einkünfte der Kirche in Brieulles-sur-Meuse: Zeitschrift der Savigny-Stiftung für Rechtsgeschichte. Kanonistische Abteilung 117 (2000) 185–261.
Odilo Engels

Urban IV. (29.8.1261–2.10.1264), vorher *Jacques Pantaléon,* * vor 1200 (wahrscheinlich um 1185) Troyes, † Perugia; von bescheidener Herkunft (Vater Flickschuster), in der Abtei Notre-Dame-aux-Nonnains erzogen, studierte er Artes, Kirchenrecht, vielleicht auch Theologie in Paris (Magister). Kanoniker in Laon, Archidiakon in Lüttich, 1247 päpstlicher Legat für Livland, Pommern und das Reich; Bischof von Verdun, 1255 Patriarch von Jerusalem, versuchte als solcher, den Konflikt zwischen Venedig und Genua zu schlichten. Von sieben Kardinälen als Kompromisskandidat gewählt,

Krönung 4.9.1261 in Viterbo, residierte er ebd. und in Orvieto, ohne Rom je zu betreten; ergänzte das Kardinalskollegium durch französische Vertreter. Suchte nach dem Ende des Lateinischen Kaiserreichs von Konstantinopel die Verständigung mit Byzanz; trat als Schiedsrichter im deutschen Thronstreit sowie im Konflikt des englischen Königs mit seinen Baronen auf und legte die Grundlagen für das Ende des Staufers Manfred in Sizilien, indem er Karl von Anjou favorisierte und durch einen Vertrag (15.8.1264) dessen Herrschaftsübernahme im sizilischen Königreich einleitete. Schrieb das Fronleichnamsfest für die gesamte Kirche vor (Bulle *Transiturus* vom 11.8.1264).

▨ Literatur: Dictionnaire Encyclopédique du Moyen Age, Bd. 2. Cambridge u.a. 1997, 1556; BBKL 15, 1395–98; LMA 8, 1284; VatL 795. – S. Martinet: La Fête-Dieu, Jacques de Troyes et l'école de théologie de Laon. Laon 1965; A. Paravicini Bagliani: Gregorio da Napoli, biografo di Urbano IV: Römische Historische Mitteilungen 11 (1969) 59–78; I. Rodríguez-R. de Lama: La documentación pontificia de Urbano IV. Rom 1981; J. Foviaux: Les sermons donnés à Laon en 1242 par le chanoine Jacques de Troyes, futur Urbain IV: Recherches Augustiniennes 20 (1985) 203–256; E. Pispisa: Il Regno di Manfredi. Messina 1991, besonders 286ff.; B. Berg: Manfred of Sicily and Urban IV: Negotiations of 1262: Mediaeval Studies 55 (1993) 111–136; M. Rubin: Corpus Christi. The Eucharist in Late Medieval Culture. Cambridge 1991, Nachdruck 1994; I. Grobry: Deux papes champenois, Urbain II et Urbain IV. Troyes 1994; J. Lamberts: The origin of the Corpus Christi feast: Worship 70 (1996) 432–446; Fête-Dieu (1246–1996): Actes du Colloque de Liège, 1996. Louvain-la-Neuve 1999 (mehrere Beiträge). *Ludwig Vones*

Urban V. (28.9.1362–19.12.1370), selig (1870; Tag 19.12.), vorher *Guillaume Grimoard*, Benediktiner, * um 1310 Burg Grisac (Gévaudan) aus einem südfranzösischen Adelsgeschlecht, † Avignon (beigesetzt in Saint-Victor in Marseille); trat (vielleicht nach Zivilrechtsstudium in Toulouse) in das Benediktinerpriorat Chirac ein, wurde Prior von Saint-Mau (Diözese Auch), nach weiteren Studien der Artes und des Kirchenrechts in Montpellier, Toulouse und Paris Doctor iuris utriusque und Baccalaureus iuris canonici; lehrte in Montpellier, Paris und Avignon. Nach Tätigkeiten als Generalprokurator des Cluniazenserordens, päpstlicher Legat in Italien, Generalvikar in Clermont und Uzès sowie als Prior weiterer Konvente wurde er 1352 Abt von Saint-Germain in Auxerre, 1361 von Saint-Victor in Marseille. Mit Unterstützung einflussreicher Kardinalsfamilien (Kompromisskandidat) als Abt zum Papst gewählt, Krönung 6.11. in Avignon. Urban war geprägt von tiefer Frömmigkeit und der Hochschätzung seines Amtes sowie erfüllt von der Vorstellung einer Kirchenreform im benediktinischen Sinn, die dem hochmittelalterlichen Ordo-Gedanken nahe stand und das Zusammenwirken von Papst und Kaiser forderte. Der Herstellung des kirchlichen Idealzustandes ordnete er seine Reformmaßnahmen und kirchenpolitischen Zielsetzungen unter: u.a. Kampf gegen Pfründenhäufung und für Residenzpflicht (bedeutende Reformkonstitutionen), Vorgehen gegen Häresie und die großen Söldnerheere (umfangreiche Verteidigungsmaßnahmen in der Provence und im Languedoc), Restauration der großen Mönchs- und Regularkanonikerkongregationen, Förderung der Universitäten (so Gründung von Krakau, Pécs, Wien) und „Studia" zur Ausbildung der Geistlichkeit, Wiederherstellung des Kirchenstaates (so Missionen der Kardinäle Aegidius Albornoz und Androin de la Roche, Kampf gegen Bernabò Visconti) und Rückkehr des Papsttums nach Rom (1367–70; Kontakte mit Petrarca und Birgitta von Schweden), um die Stadt wieder zum Mittelpunkt der Christenheit zu machen (Aufenthalt Karls IV. 1368), Förderung des Kreuzzugsgedankens, Versuche zur Friedensstiftung im Hundertjährigen Krieg, Wiederherstellung der Einheit von Ost- und Westkirche (persönliches Glaubensbekenntnis Johannes' V. Palaiologus in Rom 1369). Obwohl er sich nepotistischen Praktiken nicht entziehen konnte, seinen Bruder Anglic Grimoard zum Bischof von Avignon und zum Kardinal machte, zahlreiche gevaudanische Landsleute und Mitglieder des Benediktinerordens als Vertraute an die Kurie zog, ohne diese in seinem Sinn entscheidend umprägen zu können, gilt er trotz seines heftig kritisierten, aber politisch durchaus begründeten Rückzugs aus Italien zu Recht als Reformpapst und wurde schon bald in der Provence und im Gévaudan verehrt, ohne dass dies nach einem während des Abendländischen Schismas missglückten Prozess zu seiner Kanonisation geführt hätte.

Literatur: LMA 8, 1284f.; Dictionnaire Encyclopédique du Moyen Age, Bd. 2. Cambridge u.a. 1997, 1556f.; VatL 795f.; BBKL 19 (im Druck). – R. PAULER: Die Auseinandersetzungen zwischen Kaiser Karl IV. und den Päpsten. Neuried 1996; B. GALLAND: Les Papes d'Avignon et la Maison de Savoie (1309–1409). Rom 1998; E. DELARUELLE: La translation des reliques de Saint Thomas d'Aquin à Toulouse (1369) et la politique universitaire d'Urbain V: Bulletin de littérature ecclésiastique 100 (1999) 299–317; L. VONES: Urban V. (1362–70). Stuttgart 1999; DERSELBE: Papsttum und Episkopat im 14.Jh. Probleme der avignonesischen Päpste mit den Bistümern des Deut-

schen Reiches unter besonderer Berücksichtigung des Pontifikats Urbans V. (1362–1370): RQ 94 (1999) 149–182; P.N. ZUTSHI: The registers of the common letters of Pope Urban V and Pope Gregory XI: Journal of ecclesiastical history 51 (2000) 497–508. *Ludwig Vones*

Urban VI. (8.4.1378–15.10.1389), vorher *Bartolomeo Prignano,* * um 1318 aus angesehener neapolitanischer Familie. Der Kanonist Urban wurde nach einer Karriere an Universität (1360 Rektor) und Kirche (Generalvikar) seiner Heimatstadt 1363 Erzbischof von Acerenza und an die avignonische Kurie berufen, wo er unter Kardinal Pierre de Monteruc in der päpstlichen Kanzlei umfassende Verwaltungserfahrung sammelte. Gregor XI. ernannte ihn 1377 bei seiner Rückkehr nach Rom zum Leiter der Kanzlei und zum Erzbischof von Bari. Seine am 8.4.1378 unter tumultartigen Umständen erfolgte Wahl durch ein Konklave, das unter dem Druck der einen römischen oder zumindest italienischen Papst fordernden Römer stand, dürfte dennoch als gültig anzusehen sein, wie etwa zeitgenössische Korrespondenz und v.a. der Umstand erweist, dass Urban in den ersten Wochen seines Pontifikats allgemeine Anerkennung fand. Wenn die in der Mehrheit französischen Kardinäle im August 1378 die Wahl nachträglich für ungültig, da von den Römern erzwungen, erklärten und am 20.9. zu Fondi Clemens VII. wählten, resultierte dies zum einen aus der Erfahrung von Urbans unerbittlichem Konfrontationskurs gegen die eigenen Wähler, deren Lebensstil und Verfehlungen er derart schroff und verletzend attackierte, dass gegen den zudem selbstüberheblichen und starrsinnigen Papst alsbald der Vorwurf der Amtsunfähigkeit aufkam. Zum anderen manifestierten sich hier der Gegensatz zwischen italienischem Papsttum und französisch beherrschtem Kardinalskolleg sowie die Aus- und Nachwirkungen der von Frankreich dominierten Epoche des avignonischen Papsttums. Damit verlagerte sich die Legitimitätsdiskussion rasch von der kirchenrechtlichen auf die politische Ebene: Im ausbrechenden Abendländischen Schisma bildeten sich zunächst zwei Oboedienzen, die römische und die avignonische, heraus. Nach der militärischen Vertreibung Clemens' aus Italien wie aus Überzeugung alleiniger Legitimität verweigerte Urban Verhandlungen oder ein allgemeines Konzil und rief zum Kreuzzug gegen seinen Rivalen auf. Die clemensnahe Johanna I. aus dem Zweig der französischen Anjou setzte er als Lehnsherr des Königreichs Neapel ab, um sich mit dem 1381 von ihm gekrönten Karl III. von Durazzo aus dem Zweig der ungarischen Anjou ebenfalls zu überwerfen, von dem er die Erhebung seines Neffen zum Herzog von Capua und Amalfi forderte und den er 1385 der Beteiligung an einem Komplott von Kardinälen bezichtigte, die ihn unter Aufsicht stellen wollten. Auch gegen Karl verkündete er den Kreuzzug, fünf Kardinäle ließ er in Genua hinrichten, wohin er sich im Lauf seiner jahrelangen Kämpfe gegen den König geflüchtet hatte. Nach Karls Ermordung in Ungarn scheiterte der Plan einer Besetzung Neapels u. a. aufgrund nicht geleisteter Soldzahlungen Urbans. 1388 an seinen Sitz zurückgekehrt, überwarf er sich mit den Römern und wurde möglicherweise Opfer eines Giftmordes (Grab in der Krypta von Sankt Peter). – Die Wahl Urbans, mit dem das Zeitalter der Neapolitaner an der Kurie einsetzte, stand aufgrund seines früheren Lebenswandels, Reformwillens und administrativen Talents eigentlich unter guten Vorzeichen. Erst nach Amtsantritt zeigten sich offen jene psychopathischen Züge wie der – mit Reformrigorismus verbundene – obsessive Hass auf das Kardinalskolleg, dessen Mitglied er trotz längerer Kurientätigkeit nie geworden war. Zudem schwächte sein Auftreten die römische Position im Schisma, da zahlreiche Amtsträger nach Avignon wechselten, die päpstlichen Finanzen zerrüttet waren und der Kirchenstaat in Anarchie versank. Im Gegensatz zur Wahl hat die Legitimität seines Pontifikats als offen zu gelten, aus dem nur wenige kirchliche Akte zu vermelden sind (Ausdehnung des franziskanischen Festes Mariä Heimsuchung auf die gesamte Kirche; Feier jedes 33. Jahres als Heiliges Jahr; Gründungsprivilegien für die Universitäten Heidelberg, Köln, Erfurt und Lucca).

Literatur: GKG 12, 8ff.; BBKL 12, 925–928; LMA 8, 1285f.; VatL 796ff. – L. Tacchella: Il pontificato di Urbano VI a Genova (1385–86) e l'eccidio dei cardinali. Genua 1976; Genèse et débuts du Grand Schisme d'Occident (1362–94). Paris 1978; M. Jaciovello: Un papa napoletano nello scisma d'occidente: Bartolomeo Prignano (1378–89): Campania Sacra 21 (1990) 72–95; W. Brandmüller: Zur Frage nach der Gültigkeit der Wahl Urbans VI. (1974): Papst und Konzil im Großen Schisma. Paderborn 1990, 3–41; A.M. Voci: Alle origini del Grande Scisma d'Occidente ...: Bullettino dell' Istituto Storico Italiano 99 (1994) 297–339; Dieselbe: Giovanna I d'Angiò e l'inizio del Grande Scisma d'Occidente: QFIAB 75 (1995) 178–255; J.-Y. Tilliette: Les leçons de l'histoire: Un document inédit sur le conclave mouvementé de 1378: Milieux naturels, espaces sociaux. FS R. Delort. Paris 1997, 635–651. *Heribert Müller*

Urban VII. (15.–27.9.1590), vorher *Giambattista Castagna,* * 4.8.1521

Rom aus genuesischem Adel; Studium der Rechte in Perugia, Padua und Bologna (dort Doctor iuris utriusque); 1553–73 Erzbischof von Rossano, Teilnehmer an der letzten Sitzungsperiode des Tridentinums; 1565–72 Nuntius in Spanien, 1573–1576 in Venedig, 1578–79 beim Kölner Pazifikationstag zur Beilegung des Flandernkonflikts, 1583 Kardinal. Bereits 1585 Papabile, wurde Urban nach einem Schattendasein unter Sixtus V. 1590 als Kandidat der spanisch-toskanischen Partei gewählt, starb jedoch schon nach dreizehn Tagen an der Malaria.

▓ Quellen: NBD III, 2, 197–202 223–370; A. BUFFARDI: Nunziature di Venezia 11. Rom 1972.

▓ Literatur: BBKL 12, 928f.; VatL 798. – L. ARRIGHI: Vita Urbani VII. Bologna 1614; PASTOR 10, 503–518; E. GRACÍA HERNÁN: Urbano VII. Un papa de trece dias: Hispania sacra 47 (1995) 561–586.

Alexander Koller

Urban VIII. (6.8.1623–29.7.1644), vorher *Maffeo Barberini*, * 5.4.1568 Florenz; Besuch des Collegium Romanum, Studium beider Rechte in Pisa, Doctor iuris utriusque; 1589 Referendar beider Signaturen; 1592 Governatore in Fano; 1597 Kauf eines Kammerklerikats; Oktober 1601 Sendung nach Paris; November 1604 Titular-Erzbischof von Nazaret und Nuntius in Frankreich (bis 1607); 1606 Kardinal, 1608–17 Bischof von Spoleto, 1611–14 Legat von Bologna, dann Präfekt der Segnatura di Giustizia; bekannt als lateinischer Dichter und Freund der Wissenschaften. Als Papst französisch orientiert und Abkehr von der Politik seines Vorgängers Gregor XV.: Einstellung der Subsidienzahlungen an Kaiser und Liga; Hinnahme der Vertreibung päpstlicher Truppen im Veltlin durch Frankreich 1624/25,

Scheitern der Legation Francesco Barberinis 1625 in Frankreich und Spanien (Vertrag von Monzón 1626 ohne Beteiligung des Papstes). Im Mantuaner Erbfolgekrieg 1628–30 Interesse an Schwächung des Hauses Habsburg, politischem Gleichgewicht in Italien und indirekter Förderung Frankreichs; Initiative des Pariser Nuntius Giovanni Francesco Guidi di Bagno zum Abschluss einer bayerisch-französischen Geheimallianz im Frühjahr 1631. Hinnahme der französisch-schwedischen Allianz 1631 wie zuvor des französisch-englischen Friedens vom April 1629 trotz spanischer Drohungen. Angesichts der schwedischen militärischen Erfolge und des drohenden Zusammenbruchs der kaiserlich-katholischen Stellung im Reich Entschluss Urbans zur Finanzhilfe an Kaiser und Liga, die mit dem Prager Frieden 1635 endete. Sein Versuch, durch Sondernuntien 1632 die katholischen Fürsten zum Frieden zu bewegen, scheiterte. Frankreichs Kriegseintritt 1635 führte in Rom zu Verwirrung, dann zur Entsendung Kardinal Marzio Ginettis als Friedenslegat nach Köln. Seit 1643 wirkte der Kölner Nuntius Fabio Chigi (später Alexander VII.) als neutraler Vermittler für den Westfälischen Frieden; seine Instruktion ließ ihm kaum Spielraum zur Wahrnehmung katholischer Interessen. Die Proteste Chigis von 1648 und Innozenz' X. von 1649 gegen die konfessionspolitischen Bestimmungen des Friedens von Münster und Osnabrück waren die logische Folge. Für Urban standen neben der Wahrung des politischen Gleichgewichts in Italien die Absicherung des /Kirchenstaates (Heimfall von Urbino 1623–31) und die Förderung seiner Familie im Vordergrund. Auch der Castro-Krieg mit dem Haus Farnese 1641–44, der die päpstlichen Finanzen ruinierte, hatte den exzessiven ⁄Nepotismus Urbans zum Hintergrund. Der äußere Glanz des Pontifikats mit prachtvollen Kunstwerken (Giovanni Lorenzo Bernini) kann die negativen Aspekte nicht verbergen: Die Bekämpfung des Gallikanismus und Jansenismus blieb ohne Erfolg; 1631 wurde das Institut der Englischen Fräulein aufgehoben; besonders folgenschwer für das Verhältnis der Kirche zu den modernen kritischen Wissenschaften war die disziplinarische Verurteilung Galileo Galileis am 22. 6. 1633.

■ Quellen: A. CAUCHIE – R. MAERE: Recueil des instructions générales aux nonces de Flandres 1596–1635. Brüssel 1904; A. LEMAN: Recueil des instructions générales aux nonces ordinaires de France de 1624 à 1634. Paris – Lille 1920; K. REPGEN: Fabio Chigis Instruktion für den Westfälischen Friedenskongreß (1636): RQ 48 (1953) 79–116; DERSELBE: Die Hauptinstruktion Ginettis für den Kölner Kongreß (1636): QFIAB 34 (1954) 250–287; B. DE MEESTER: Correspondance du nonce Giovanni Francesco Guidi di Bagno (1621–27), 2 Bde. Brüssel – Rom 1938; G. INCISA DELLA ROCCHETTA – V. KYBAL: La nunziatura di Fabio Chigi (1640–51), Bd. 1/1–2. Rom 1943–46; W. BRULEZ: Correspondance de Martino Alfieri (1634–39). Brüssel – Rom 1956; P. BLET: Correspondance du nonce en France Ranuccio Scotti (1639–41). Rom 1965; Briefe und Akten zur Geschichte des Dreißigjährigen Krieges Neue Folge, Teil 2/1–5, hg. v. W. GOETZ – D. ALBRECHT. München 1907–1964; Q. ALDEA: España, el Papado y el Imperio durante la Guerra de los Treita Años: Instructiones a los Embajadores de España en Roma (1631–43): Miscelánea Comillas 27 (1957) 291–437; Acta Sacrae Congregationis de Propaganda Fide Germaniam spectantia 1623–49, hg. v. H. TÜCHLE. Paderborn 1962; NDB(G) 7/1–4.

■ Literatur: BBKL 12, 929–933; VATL 798ff. – PASTOR Bd. 13; J. GRISAR: Päpstliche Finanzen, Nepotismus und Kirchenrecht unter Urban VIII.: Miscellanea historiae pontificiae 14 (1943) 205–366; K. REPGEN: Finanzen, Kirchenrecht und Politik unter Urban VIII.: RQ 56 (1961) 62–74; D. ALBRECHT: Die auswärtige Politik Maximilians von Bayern 1618–35. Göttingen 1962; A. KRAUS: Das päpstliche Staatssekretariat unter Urban VIII. 1623–44. Freiburg 1964; G. LUTZ: Kardinal G.F.G. di Bagno. Politik und Religion im Zeitalter Richelieus und Urbans VIII. Tübingen 1971; G. LUTZ: Rom und Europa während des Pontifikats Urbans VIII.: Rom in der Neuzeit, hg. v. R. ELZE U.A. Wien 1976, 72–167; P. SURCHAT: Die Nuntiatur von Ranuccio Scotti in Luzern 1630–39. Rom u.a. 1979; Die Hauptinstruktionen Clemens' VIII. für die Nuntien und Legaten an den europäischen Fürstenhöfen, 1592–1605, hg. v. K. JAITNER. Tübingen 1984, Bd. 1, LXIX–CLXXII; Bd. 2, 725–749; J.B. SCOTT: Images of nepotism. The painted ceilings of Palazzo Barberini. Princeton 1991; L. NUSSDORFER: Civic politics in the Rome of Urban VIII. ebd. 1992; A. KRAUS: Das Päpstliche Staatssekretariat unter Urban VIII: AHP 33 (1995) 117–167; L. NUSSDORFER: Print and pageantry in baroque Rome: The Sixteenth Century Journal 29 (1998) 439–464; F. BERETTA: Le procès de Galilée et les archives du Saint-Office: Revue des sciences philosophiques et théologiques 83 (1999) 441–490. *Klaus Jaitner*

Ursinus, Gegenpapst, (24.9.366 – 16.11.367), † nach 384. Unmittelbar nach dem Tod des Liberius (24.9. 366) erhob eine seit Einsetzung des Gegenpapstes Felix (II.) unversöhnliche Minderheit den römischen Diakon Ursinus, der sofort von Bischof Paulus von Tribur geweiht wurde; die aristokratische Mehrheit wählte Damasus I. (geweiht am 1.10. 366 in der Lateranbasilika). Nach blutigen Kämpfen konnte sich Damasus mit kaiserlicher Unterstützung behaupten. Ursinus wurde im Oktober 366 verbannt, konnte am 15.9.367 zurückkehren, musste aber auf kaiserlichen Befehl am 16.11.367 Rom verlassen. Seine Anhänger setzten sich in Oberitalien fest und griffen Damasus scharf an. Ursinus wurde nach Köln verbannt, trat nach

Damasus' Tod (11.12.384) erneut hervor, wurde aber durch die Wahl des Siricius endgültig ausgeschaltet.

Quellen: LP 1, 212f.; 3, Register; RPR(J) 1, 36.
Literatur: LMA 8, 1330; BBKL 122, 951ff.; VATL 80of. – CASPAR 1, 196–201 628; A. LIPPOLD: Ursinus und Damasus: Historia. Zeitschrift für Alte Geschichte 14 (1965) 105–128; CH. PIETRI: Roma christiana, Bd. 1. Rom 1976, 408–418. *Georg Schwaiger*

Valentin (August–September 827), Römer; stieg unter den Päpsten Paschalis I. und Eugen II. im römischen Klerus bis zum Archidiakon auf. Valentin wurde nach Eugens II. Tod einmütig zum Papst gewählt, starb jedoch bereits vierzig Tage nach seiner Weihe; Amtshandlungen sind nicht überliefert.

Quellen: LP 2, 71f.; 3, 122; RPR(J) 1, 322f.
Literatur: LMA 8, 1389; VATL 802.

Sebastian Scholz

Victor I. (189?–198?), heilig (Tag 28.7.), wohl kein Martyrer; nach Hieronymus (De viris illustribus 53) Lateiner, laut ⁄Liber Pontificalis Afrikaner. Mit diesem energischen Bischof rückte in der römischen Gemeinde das lateinische Element stärker in den Vordergrund. Besonders im Osterfeststreit suchte Victor den römischen Führungsanspruch zur Geltung zu bringen, indem er Synoden veranlasste und selbst in Rom eine abhielt. Außer der Provinz Asia (unter Führung des Bischofs Polykrates von Ephesus) sprachen sich die meisten Synoden für den römischen (sonntäglichen) Brauch aus. Das schroffe Vorgehen Victors im Osterfeststreit, der die Quartodezimaner auszuschließen „versuchte" (Eusebius von Caesarea, Historia ecclesiastica V, 24, 9), rief erheblichen Widerspruch hervor, besonders bei Irenaeus von Lyon (ebd. V, 24, 15ff.). Victor entsetzte den Gnos-

tiker Florinus des Presbyterats und schloss Theodotus den Älteren wegen Monarchianismus aus der Kirchengemeinschaft aus. Seine (von Eusebius und Hieronymus bezeugten) Schriften sind nicht erhalten. Der bei Tertullian (Adversus Praxean c. 1) genannte römische Bischof, der Friedensbriefe für die Montanisten ausstellte, sie dann aber, von Praxeas aufgeklärt, wieder zurückzog, war wohl nicht Victor, sondern erst Zephyrinus.

Quellen: LP 1, 137f.; 3, Register; RPR(J) 1, 11f.; 2, 689 731.
Literatur: TRE 25, 517–530; VATL 825f. – M. RICHARD: La lettre de s. Irénée au pape Victor: Zeitschrift für neutestamentliche Wissenschaft 66 (1965) 260–282; W. HUBER: Passa und Ostern. Berlin 1969; N. BROX: Tendenzen und Parteilichkeiten im Osterfeststreit des 2.Jh.: Zeitschrift für Kirchengeschichte 83 (1972) 291–324; A. STROBEL: Ursprung und Geschichte des frühchristlichen Osterkalenders. Berlin 1977; DERSELBE: Texte zur Geschichte des frühchristlichen Osterkalenders. ebd. 1983; A. HAMILTON: Easter Communion: Pacifica 8 (1995) 245–273; E. LANNE: Reception in the early church: The Jurist 57 (1997) 53–72. *Georg Schwaiger*

Victor II. (13.4.1055–28.7.1057), vorher *Gebhard*, * um 1020, † Arezzo (Grab im Mausoleum Theoderichs des Großen Santa Maria Rotonda in Ravenna); schwäbischer Herkunft, vielleicht mit den Grafen von Calw verwandt; Zögling der Domschule von Regensburg, ebd. Domkanoniker und Vertrauter Bischof Gebhards III. Dieser schlug ihn am 25.12.1042 bei König Heinrich III. erfolgreich zum Bischof von Eichstätt vor; seit etwa 1050 wichtiger Ratgeber des Kaisers, Gegner der Normannenpolitik Leos IX. und Verfechter eines gemäßigten Reformkurses. Wohl deshalb empfahl Heinrich III. einer römischen Gesandtschaft unter Hildebrand (dem späteren Gregor VII.), ihn zum Papst zu wählen, doch nahm Gebhard das Amt erst an, als ihm Anfang März 1055 in Regensburg die Beibehaltung seines Bistums und die Rückgabe päpstlicher Patrimonien zugesichert wurde. Seine Inthronisation am Gründonnerstag 1055 in der römischen Petersbasilika leitete eine Phase des geistlich-weltlichen Synergismus ein. Schon 1055 hielt Victor zusammen mit dem Kaiser eine Reformsynode in Florenz ab, arrondierte Kirchenbesitz in der Romagna und übernahm die Verwaltung des Herzogtums Spoleto und der Markgrafschaft Fermo. Anfang 1056 gewährte er dem Kloster Vallombrosa Exemtion und Papstschutz, zwang Abt Petrus von Montecassino zum Rücktritt und beriet sich im September mit Heinrich III. über Süditalien; im Oktober 1056 stand er in Bodfeld an dessen Sterbebett und erhielt das Patronat über den jungen Kaiser Heinrich IV. Er beerdigte den Kaiser in Speyer und sorgte für einen Ausgleich zwischen Königshof und Reichsfürsten, der auch den lothringischen Herzog Gottfried den Bärtigen und Graf Balduin von Flandern einschloss. Im Februar 1057 kehrte er nach Italien zurück und feierte anschließend Synoden im Lateran und in Arezzo.

▨ Quellen: LP 3, 390; J.B. WATTERICH: Pontificum Romanorum qui fuerunt inde ab exeunte saeculo IX usque ad finem saeculi XII vitae ab aequalibus conscriptae etc., Bd. 1. Leipzig 1862, 177–188; RPR(J) 1, 549–553; 2, 710f. 750; F. HEIDINGSFELDER: Regesten der Bischöfe von Eichstätt, Bd. 1/1. Erlangen 1915, 66–76; MANSI 19, 833–862.

▨ Literatur: LMA 8, 1665; BBKL 12, 1337ff.; VatL 826f. – R.M. KLOOS: Päpste aus Bamberg und Eichstätt: Bayerische Kirchenfürsten, hg. v. L. SCHROTT. München 1964, 84–88; W. GOEZ: Papa qui et episcopus: AHP 8 (1970) 27–59; DERSELBE: Gebhard I., Bischof von Eichstätt als Papst Victor II. (ca. 1020–57): Fränkische Lebensbilder, Bd. 9. Würzburg 1980, 11–21; S. WEINFURTER: Die Geschichte der Eichstätter Bischöfe des Anonymus Haserensis. Regensburg 1987 (mit Edition); G. FRECH: Die deutschen Päpste – Kontinuität und Wandel: Die Salier und das Reich, hg. v. S. WEINFURTER, Bd. 2. Sigmaringen 1991, 311f.; G. MARTIN: Der salische Herrscher als ‚Patricius Romanorum': Frühmittelalterliche Studien 28 (1994) 257–295; E. GOEZ: Beatrix von Canossa und Tuszien. Sigmaringen 1995, 148–151; J. LAUDAGE: Heinrich III. (1017–1056). Ein Lebensbild: Das salische Kaiserevangeliar, Kommentar-Bd. 1, hg. v. J. RATHOFER. Münster – Madrid 1999, 85–145.

Johannes Laudage

Victor III. (24.5.1086/9.5.1087 – 16.9. 1087), selig (1887; Tag 16.9.), Benediktiner (1048/49), vorher *Dauferius*, * um 1027, † Montecassino (Grab ebd.). Victor war zunächst Eremit, trat dann ins Kloster Santa Sofia in Benevent ein (Mönchsname *Desiderius*), wechselte 1055 nach Montecassino und wurde dort am 10.4.1058 Abt. Sein Abbatiat währte bis 1087 und verhalf dem Kloster zu einer Blütezeit: Die Bibliothek wurde um siebzig Bände vermehrt, der Klosterbesitz erweitert und die Abtei in großem Stil umgebaut. Victor selbst schrieb 1076/79 ein Werk über die Wunder des heiligen Benedikt. Seine Kontakte zu Nikolaus II., Alexander II. und Gregor VII. bezeugen ihn als Stütze der Gregorianischen Reform und der päpstlichen Lehnspolitik. So agierte er ab März 1059 als Kardinalpriester von Santa Cecilia und päpstlicher Vikar in Unteritalien und vermittelte am 24.6.1059 das Bündnis mit den Normannen. 1080 gelang ihm die Aussöhnung Robert Guiscards mit dem Papst; 1082 traf er sich mit König Heinrich IV. und erregte dadurch das Missfallen Gregors VII. Dennoch kam es nicht zum Bruch. 1084 nahm der Abt den Papst sogar in Montecassino auf und weilte 1085 an dessen Sterbebett. – Zwar wurde Victor am 24.5.1086 in Rom zum Papst gewählt, doch gehörte er nicht zu den Lieblingskandidaten seines Vorgängers und hatte sowohl Wibert von Ravenna (Clemens III., Gegenpapst) als auch Hugo von Dié und die Normannen gegen sich; deshalb floh er vier Tage später nach Montecassino und nahm seine Wahl erst am 7.3. 1087 auf der Synode von Capua an. Der Koalitionswechsel der Normannen ermöglichte am 9.5.1087 die Inthronisation in Rom, doch kehrte Victor bald nach Montecassino zurück. Im August 1087 hielt er in Benevent eine Synode ab, die relativ moderat verfuhr: der Bann gegen Heinrich IV. wurde nicht erneuert, neben der Verurteilung Wiberts und Hugos sind nur die üblichen Verbote von Simonie und Laieninvestitur überliefert. Urban II. verdankte ihm seine Wahl zum Papst.

▓ Werke: Dialogi de miraculis s. Benedicti auctore Desiderio abbate Casinensi: MGH. SS 30/2, 1111–52.

▓ Quellen: ActaSS sep. 5, 400–434; LP 2, 292; J.B. Watterich: Pontificum Romanorum qui fuerunt inde ab exeunte saeculo IX usque ad finem saeculi XII vitae ab aequalibus conscriptae etc., Bd. 1. Leipzig 1862, 549–571; RPR(J) 1, 655f.; 2, 713; Chronica monasterii Casinensis: MGH.SS 34, 358–457; Mansi 20, 629–638.

▓ Literatur: BiblSS 12, 1286–89; BBKL 12. 1339–42; LMA 8, 1665f.; VatL 827f. – R. Hüls: Kardinäle, Klerus und Kirchen Roms 1049–1130. Tübingen 1977, 154ff.; G.A. Loud: Abbot Desiderius of Montecassino and the Gregorian Papacy: Journal of ecclesiastical history 30 (1979) 305–326; H. Dormeier: Montecassino und die Laien im 11. und 12.Jh. Stuttgart 1979; H.E.J. Cowdrey: The Age of Abbot Desiderius. Oxford 1983; L'età dell'abate Desiderio, 3 Bde., hg. v. F. Avagliano–O. Pecere. Montecassino 1989–92; S. Beulertz: Das Verbot der Laieninvestitur im Investiturstreit. Hannover 1991; J. Laudage: Gregorianische Reform und Investiturstreit. Darmstadt 1993; M. Gude: Die ‚fideles sancti Petri' im Streit um die Nachfolge Papst Gregors VII.: Frühmittelalterliche Studien 27 (1993) 290–316; H.E.J. Cowdrey: Pope Gregory VII 1073–85. Oxford 1998; W.D. MacCready: The incomplete ‚Dialogues' of Desiderius of Montecassino: Analecta Bollandiana 116 (1998) 115–146; derselbe: Dating the ‚Dialogues' of Abbot Desiderius of Montecassino: Revue bénédictine 108 (1998) 145–168.

Johannes Laudage

Victor IV., Gegenpapst (März–Mai 1138); † Ort und Zeit unbekannt. Durch Paschalis II. als *Gregor von Ceccano* Kardinalpresbyter in Santi XII Apostoli (18.2.1107 erstmals belegt), vorher Beamter der römischen Kurie. Auf dem Laterankonzil von 1112 wegen Gegnerschaft zu Paschalis des Kardinalats enthoben. Nach schriftlicher Bitte an Calixtus II. (1119) vom Laterankonzil von 1123 wieder restituiert. Vertreter der intransigenten Linie des Vienner Konzils von 1112. Wähler Anaklets II. Nach dessen Tod von seinen Mitkardinälen zum Nachfolger gewählt, konnte sich aber nicht gegen Innozenz II. behaupten, der (laut Chronik von Montecassino IV, c. 130: MGH.SS 34, 607) durch Geldgeschenke die Oboedienz Victors zur Auflösung und Victor zur baldigen Resignation (Ende Mai 1138) trieb.

▓ Literatur: BBKL 13, 1342f.; LMA 8, 1666; VatL 828f. – C. Servatius: Paschalis II., 1099–1118. Stuttgart 1979, 49 53 58 301; B. Schilling: Guido von Vienne – Papst Calix II. Hannover 1998, 552 557.

Odilo Engels

Victor IV., Gegenpapst (7.9.1159– 20.4.1164), vorher *Octaviano de Montecello,* † 20.4.1164 Lucca, bestattet ebd. Aus einer Seitenlinie der Crescentier stammend; 1138 Kardinaldiakon von Santa Nicola in Carcere Tulliano, 1151 Kardinalpresbyter von Santa Cecilia. Mehrfach Legat beim Kaiserhof, da zur Kardinalsgruppe gehörte, die mit der Italienpolitik Hadrians IV. nicht einverstanden war. Friedrich I. Barbarossa belehnte 1159 während der Verwüstung Mailands Victor und seine Brüder mit der Grafschaft Terni. Aus der turbulenten Doppelwahl ging er als der kaiserliche Papst hervor, da er sich im Unterschied zu Alexander III. für die Zusammenarbeit von Imperium und Sacerdotium erklärte, was konkret hieß, dass dem Kaiser kraft seiner Würde die Stadtherrschaft über Rom zustehe. Ohne diesen politischen Hintergrund ist das Schisma trotz kanonistischer Argumente und persönlicher Integrität beider Prätendenten nicht zu verstehen. Der Versuch Friedrich Barbarossas, die für Anfang 1160 von ihm nach Pavia einberufene Synode entscheiden zu lassen, scheiterte; sie bestätigte Victor, doch Alexander exkommunizierte den Kaiser feierlich am Gründonnerstag. Die Oboedienz Victors blieb auf den kaiserlichen Bereich beschränkt; auf der Synode von Beauvais (Juli 1160) erklärten sich Ludwig VII. von Frankreich und Heinrich II. von England für Alexander, Spanien und der christliche Osten erkannten ihn vor Januar 1161 ebenfalls an. Ein erneuter Versuch des Kaisers zugunsten Victors in Saint-Jean-de-Losne (August 1162) scheiterte am Unwillen des französischen Königs, einen Oboedienzwechsel vorzunehmen. Der Empörung in Westeuropa über die Anmaßung, einen ungewollten Papst aufzwingen zu wollen, begegnete der Kaiserhof mit dem Argument, jeder Monarch entscheide eigenmächtig über die Besetzung eines Bischofsstuhls in seinem Reich.

Angesichts dessen ist die sofortige Wahl eines weiteren kaiserlichen Gegenpapstes (Paschalis III.) nach dem Tod Victors verständlich.

Literatur: LMA 8, 1666f.; VatL 829. – P. KEHR: Zur Geschichte Victors IV. (Octavian von Monticelli): Neues Archiv der Gesellschaft für Ältere Deutsche Geschichtskunde zur Beförderung einer Gesamtausgabe der Quellenschriften deutscher Geschichten des Mittelalters 46 (1926) 53–85; H. SCHWARZMAIER: Zur Familie Victors IV. in der Sabina: QFIAB 48 (1968) 64–79; T.A. REUTER: The Papal Schism, the Empire and the West 1159–1169. Dissertation. Exeter 1975; H. MAYR: Der Pontifikat des Gegenpapstes Victor IV. Dissertation. Wien 1977; W. MADERTONER: Die zwiespältige Papstwahl des Jahres 1159. Dissertation. ebd. 1978; W. GOEZ: Imperator advocatus Romanae ecclesiae: Aus Kirche und Reich. FS F. Kempf. Sigmaringen 1983, 320–326; W. GEORGI: Friedrich Barbarossa und die auswärtigen Mächte 1159–80. Frankfurt (Main) 1990; J. LAUDAGE: Alexander III. und Friedrich Barbarossa. Köln 1997, besonders 103–154; O.ENGELS: Die Staufer. Stuttgart ⁷1998, 74–86. *Odilo Engels*

Vigilius (29.3.537–7.6.555), † Syrakus. Aus aristokratischer Familie stammend und bereits 531 von Bonifatius II. kurzzeitig zu seinem Nachfolger bestimmt, knüpfte Vigilius 535/536 in Konstantinopel Kontakte zur oströmischen Kaiserin Theodora. Kurz darauf wurde er, unterstützt durch byzantinische Truppen, nach der umstrittenen Absetzung des Silverius Papst. Im beginnenden Dreikapitelstreit zitierte ihn Kaiser Justinian I. im November 545 nach Konstantinopel, um die Zustimmung des Westens für das kaiserliche Edikt gegen die Drei Kapitel (Clavis Patrum Graecorum, ed. v. M. Geerard. Turnhout 1983, 6881) zu sichern. Nach langem Zögern verurteilte Vigilius im April 548 die Drei Kapitel durch sein *Iudicatum* (Fragment: Collectio Avellana 83,

299–302: Corpus scriptorum ecclesiasticorum latinorum. Wien 1895, Bd. 35/1, 316f.), wobei er gleichzeitig am Chalcedonense festhielt. Massive westliche Proteste (u. a. die Exkommunikation durch eine nordafrikanische Synode 550: MGH. AA 11, 202) folgten. Die Unterzeichnung eines weiteren kaiserlichen Edikts (Clavis Patrum Graecorum 6885) verweigerte Vigilius. Isoliert und ohne Einfluss verzichtete er auf Vorsitz und Teilnahme an der Synode von 553 (fünftes ökumenisches Konzil). Von Justinian durch die Bekanntgabe geheimer Absprachen bloßgestellt, wurde sein Name aus den Diptychen entfernt. Ein zuvor von der päpstlichen Kanzlei verfasster Kompromissvorschlag – *Constitutum I* (Collectio Avellana 83: ebd. 230–320) – blieb ohne Wirkung. Resignierend akzeptierte Vigilius in zwei Schriften (*ep. II ad Eutychium* [8.12.553]: ACO 4/1, 245 ff.; *Constitutum II* [23.2.554]: ACO 4/2, 138–168) die Verurteilung der Drei Kapitel und übte Selbstkritik. Vigilius, der auch das Apostolische Vikariat in Spanien erneuerte und Schäden in den römischen Katakomben beseitigte, starb auf der Rückreise nach Rom in Syrakus. Charakterliche Schwächen, politische Fehleinschätzungen und fruchtloses Taktieren stehen bei Vigilius dem Bemühen gegenüber, der römischen Kirche im erstarkenden byzantinischen Reich durch manch zweifelhaften Kompromiss den ihr zukommenden Platz zu sichern.

▨ Quellen: CPL 1694–97; H.J. FREDE: Kirchenschriftsteller. Freiburg ⁴1995, 788ff. (v.a. Briefe und Akten im Zusammenhang mit den Drei Kapiteln).

▨ Literatur: BBKL 12, 1383–87; LMA 8, 1658; VATL 829f. – E. SCHWARTZ: Vigilius-Briefe: Sitzungsberichte der Bayerischen Akademie der Wissenschaften zu München. Philosophisch-Philologische (und Historische) Klasse. München 1940, 2; E. ZETTL: Die Bestätigung des V. ökumenischen Konzils durch Papst Vigilius. Bonn 1974; A. GRILLMEIER: Jesus der Christus im Glauben der Kirche, Bd. 2/2. Freiburg 1989, 439–484; J. SPEIGL: Leo quem Vigilius condemnavit: Papsttum und Kirchenreform. FS G. Schwaiger. Sankt Ottilien 1990, 1–15; C. SOTINEL: Autorité pontificale et pouvoir impérial sous le règne de Justinien: le pape Vigilius: Mélanges de l'École Française de Rome. Antiquité 104 (1992) 439–463; C. CAPIZZI: Giustiniano I tra politica e religione. Soveria Manelli 1994, besonders 68–74 104–131.

Josef Rist

Vitalianus (30.7.657–27.1.672), heilig (Tag 27.1.), * Segni als Sohn des Anastasius. Bemüht um Wiederherstellung guter Beziehungen zu Konstantinopel, zeigte Vitalianus seine Wahl und Weihe unverzüglich Kaiser Konstans II. an. Die dogmatischen Beschlüsse der Lateransynode von 649 gegen den Monotheletismus stellte er in den Hintergrund. 663 besuchte Konstans Rom, musste aber Pläne einer Schwerpunktverlagerung nach dem Westen wegen der Langobarden aufgeben. 666 löste der Kaiser die Kirche von Ravenna aus dem römischen Patriarchat und erklärte sie für autokephal. Vitalianus förderte die Abkehr Englands vom iroschottischen Kirchenbrauch (Synode von Whitby 664), weihte 668 den hoch gebildeten griechischen Mönch Theodor von Tarsus zum Erzbischof von Canterbury und sandte ihn (mit Abt Hadrian und Benedikt Biscop) zur kirchlichen Neuorganisation nach England. Nach der Ermordung Konstans' unterstützte Vitalianus dessen Sohn Konstantin IV. Die von Gregor I. eingerichtete Chorschule im Lateran erfuhr unter ihm reichen Ausbau.

▨ Quellen: PL 87, 999–1010; LP 1, 343ff.; 3, Register; RPR(J) 1, 235ff.; 2, 699 740.

Literatur: BBKL 12, 1515ff.; LMA 8, 1761f.; VATL 833f. – CASPAR 2, 580–587 678–682; BERTOLINI 355–364; V. MONACHINO: I tempi e le figura del papa Vitaliano: Storiografia e storia. FS E. Duprè Theseider, Bd. 2. Rom 1974, 573–588; R. SCHIEFFER: Kreta, Rom und Laon. Vier Briefe des Papstes Vitalianus vom Jahre 668: Papsttum, Kirche und Recht im Mittelalter. FS H. Fuhrmann. Tübingen 1991, 15–30.
 Georg Schwaiger

Zacharias (3.12.741–15.3.752), heilig (Tag 22.3.), griechischer Abstammung, letzter Vertreter einer Reihe italo-griechischer und griechisch-syrischer Päpste; * 679 (?) Siberena in Kalabrien oder Athen (?); aus der Zeit vor 741 sind fast keine Informationen über sein Leben vorhanden. Nach dem ╱Liber Pontificalis könnte er mit jenem Zacharias „diaconus sanctae Romanae ecclesiae" identisch sein, der die Dekrete der römischen Synode von 732 mit unterzeichnet hat. Zacharias erwarb sich auf politisch-diplomatischem Gebiet Verdienste; so traf er König Liutprand in Terni und Pavia, schloss mit den Langobarden einen Friedensvertrag und verbesserte die Beziehungen zwischen Rom und Konstantinopel, obwohl er sich beständig der Ikonoklasmuspolitik Konstantins V. Kopronymos widersetzte. Häufig zu Problemen der religiösen Disziplin um Rat gefragt, gab er Bonifatius Anweisungen zur Unterstützung der fränkischen Kirchenreform und zur Verbesserung der kanonischen Gesetzgebung; er unterstützte die Einberufung des „Concilium Germanicum" 742 (oder 743). Auf der römischen Synode von 743 legte er Maßnahmen fest, die dem Klerus zu neuem Ansehen verhelfen sollten, ohne dabei den Themenbereich Ehe außer Acht zu lassen. Zacharias erklärte die von Pippin dem Jüngeren 747 errichtete karolingische Dynastie für legitim. Er überzeugte den Langobardenkönig Ratchis, die Belagerung Perugias aufzugeben, konnte aber die Eroberung Ravennas durch dessen Bruder Aistulf 751 nicht verhindern. Als fähiger Verwalter des Patrimonium Petri schuf er mit dem System der „domuscultae" eine agrarpolitische Organisation und rief Hilfswerke zur Unterstützung des Klerus sowie von Bedürftigen, Pilgern und Flüchtlingen aus dem Nahen Osten ins Leben. Der Abtei Montecassino verlieh er zahlreiche Privilegien, die er später auf das Kloster Fulda ausdehnte. Zacharias ließ den Lateranpalast und Kirchen wie Santa Maria Antiqua (Bildnis Zacharias' ebd.) restaurieren. Schließlich ist ihm die griechische Übersetzung der „Dialoge" Gregors des Großen zuzuschreiben, die v. a. für griechische Mönche und Laien in Rom und Süditalien bestimmt war, aber auch im Osten eine rasche Verbreitung fand.

Quellen: LP 1, 426–439.

Werke: PL 66, 125–204; 77, 127–432; G. RIGOTTI (Hg.): Gregorio Magno ‚Vita di San Benedetto'. Il libro dei ‚Dialoghi' nella versione greca di papa Zaccaria. Alessandria (im Druck).

Literatur: The Oxford Dictionary of Byzantium, Bd. 3. New York–Oxford 1991, 2218; The Oxford Dictionary of the Christian Church, ed. v. F.L. CROSS. London ³1997, 1776; LMA 9, 435f.; VATL 842. – D. BARTOLINI: Di San Zaccaria Papa e degli anni del suo pontificato. Regensburg 1879; BERTOLINI 479–513 770f. 828f.; Die Geschichte des Christentums, hg. v. N. BROX U.A., Bd. 4. Freiburg 1994, Kapitel 3/3–4.
 Gianpaolo Rigotti

Zephyrinus (198?–217?), heilig (Tag 26.8.), ging nach dem Verfasser des „Kleinen Labyrinths" gegen die Theodotianer vor und favorisierte nach Hippolyt von Rom mit seinem Bekenntnis „Ich kenne nur einen Gott Christus Jesus und außer ihm keinen anderen gezeugten und leidensfähigen" den Monarchianismus Noëtus' von Smyrna, d. h. jenes Dogma, das damals wohl nicht nur in Rom und Kleinasien, sondern allgemein als Gemeindelehre galt, bevor es als Sabellianismus „zur Häresie" wurde (Hübner). Wenn Zephyrinus zugleich bekennt, dass „nicht der Vater gestorben ist, sondern der Sohn" (bei Hippolyt, Refutatio omnium haeresium IX, 7, 3), kündigt sich die Notwendigkeit einer Unterscheidung in der Oikonomia an, die zu einer Begründung „in Gott selbst" führen musste. Dies gilt v. a., wenn diese Formel gegen Praxeas gerichtet war.

▨ Quellen: So genanntes ‚Kleines Labyrinth': EUSEBIUS VON CAESAREA, Historia ecclesiastica V, 28; HIPPOLYT VON ROM, Refutatio omnium haeresium IX, 7, 1; 11, 1.3.

▨ Literatur: LACL 636; VATL 843f. – G. BARDY: Les écoles romaines: Revue d'histoire ecclésiastique 28 (1932) 501–532, besonders 529f.; H. JEDIN: Geschichte des Konzils von Trient, Bd. 1. Freiburg ³1977, 291–296; M. DECKER: Die Monarchianer. Frühchristliche Theologie im Spannungsfeld zwischen Rom und Kleinasien. Dissertation. Hamburg 1987; R.M. HÜBNER: Εἷς θεὸς Ἰησοῦς Χριστός. Zum christlichen Gottesglauben im 2.Jh. – ein Versuch: Münchener theologische Zeitschrift 47 (1996) 325–344, besonders 338 341ff.; W.A. LÖHR: Theodotus der Lederarbeiter und Theodotus der Bankier – ein Beitrag zur römischen Theologiegeschichte des 2. u. 3.Jh.: Zeitschrift für neutestamentliche Wissenschaft 87 (1996) 101–125, besonders 101 105 117.

Karl-Heinz Uthemann

Zosimus (18.3.417–26.12.418), griechischer und eventuell jüdischer Herkunft; Presbyter unter Innozenz I. Der kurze Pontifikat war durch ungeschicktes Vorgehen und sich daraus ergebende Schwierigkei-

ten geprägt. Erster Fehlgriff war die Ernennung des rücksichtslosen Bischofs Patroclus von Arles – vielleicht weil er Zosimus zum Bischofsamt in Rom verholfen hatte – zum Metropoliten über die Provinzen Vienne und Narbonnensis I und II mit weitgehenden Rechten über den gallischen Klerus. Gleiches gilt für die Annahme der Appellation des nordafrikanischen Presbyters Apiarius und dessen Rehabilitierung. Während sein Vorgänger Innozenz I. die afrikanischen Synodalurteile gegen Pelagius und Caelestius bestätigt hatte, erklärte Zosimus die beiden für rechtgläubig. Erst der afrikanische Widerstand und ein Reskript von Kaiser Honorius brachten ihn dazu, den Pelagianismus 418 zu verurteilen. Begraben ist Zosimus in der Basilika San Lorenzo sulla Via Tiburtina in Rom.

▨ Quellen: PL 20, 642–686 693 704; S. Wenzlowski: Papstbriefe (Bibliothek der Kirchenväter), Bd. 3. Kempten 1877, 225–306 (deutsche Übersetzung); LP 1, 225f.; RPR(J) 1, 49ff.; PLS 1, 797.

▨ Literatur: BIBLSS 12, 1493–97; BBKL 14, 589–593; LACL 637; VATL 845. – CASPAR 1, 344–360; F. FLOERI: Le pape Zosime et la doctrine augustinienne du péché originel: Augustinus magister, Bd. 2. Paris 1954, 755–761; G. LANGGÄRTNER: Die Gallienpolitik der Päpste. Bonn 1964, 24–52; W. MARSCHALL: Karthago und Rom. Stuttgart 1971; CH. PIETRI: Roma christiana, Bd. 2. Rom 1976, 1000–21 1101–05 1212–54; O. WERMELINGER: Das Pelagiusdossier in der ‚Tractoria' des Zosimus: Freiburger Zeitschrift für Philosophie und Theologie 26 (1979) 336–368; M. WOJTOWYTSCH: Papsttum und Konzile von den Anfängen bis zu Leo I. Stuttgart 1981; D. FRYE: Early fifth-century Gaul: Journal of ecclesiastical history 42 (1991) 349–361; M. LAMBERIGTS: Augustine and Julian of Aeclanum on Zosimus: Augustiniana 42 (1992) 311–330. *Stefan Heid*

Sachteil

Acta Apostolicae Sedis (AAS), Untertitel: „Commentarium officiale", Amtsblatt des Apostolischen Stuhls, herausgegeben vom Staatssekretariat (vgl. Johannes Paul II., Apostolische Konstitution *Pastor Bonus* vom 28.6.1988, Art. 43, n. 1: AAS 80 [1988] 871). Von Pius X. anstelle der ↗ „Acta Sanctae Sedis" ab dem 1.1.1909 als amtliches Promulgations- und Publikationsorgan des Apostolischen Stuhls eingerichtet (Apostolische Konstitution *Promulgandi* vom 29.9.1908: AAS 1 [1909] 5f.; Ordo servandus in moderatione et administratione Commentarii Officialis vom 5.1.1910: AAS 2 [1910] 37ff.). Außer Gesetzen und anderen Erlassen werden v. a. ↗ Verlautbarungen des Apostolischen Stuhls, auch Personalien dokumentiert.

▥ Literatur: CATH 1, 84f. 94; EC 1, 253f.; DIZEC 1, 29; DMC 1, 39f.; NCE 1, 94; VATL 3. – W. PLÖCHL: Geschichte des Kirchenrechts, Bd. 3. Wien ²1970, 96f.; L. WÄCHTER: Gesetz im kanonischen Recht. Sankt Ottilien 1989, 321ff.; H. SOCHA: MKCIC c. 8; W. AYMANS–K. MÖRSDORF: Kanonisches Recht. Lehrbuch aufgrund des CIC, Bd. 1. Paderborn u.a. ¹³1991, 157f.; ANPONT 2000, 1241 1935. *Franz Kalde*

Acta Romanorum (RR.) Pontificum,

Sammelbegriff für päpstliche Entscheidungen in Glaubensangelegenheiten sowie auf disziplinärem Gebiet, die schriftlich erlassen werden. In einem weiteren Sinn – autoritative Verfügungen des Heiligen Stuhls (c. 361 CIC) – sind auch die Akten der römischen Kurialbehörden dazuzuzählen. Je nach Inhalt, Geltungsbereich, äußerer Form usw. werden die Acta Romanorum Pontificum in der Kirchenrechtsgeschichte unterschiedlich bezeichnet. Seit der Entstehung der Kanonistik im 12. Jh. wird auch das päpstliche Gesetzgebungsrecht juristisch schärfer gefasst, ein Bemühen, das auch in der rechtlichen Terminologie päpstlicher Erlasse seinen Niederschlag findet. Neben Konzilskanones und patristischen Texten bilden die Acta Romanorum Pontificum eine Hauptmasse in den kanonischen Sammlungen bis zum Decretum Gratiani. Als seit dem 12. Jh. die ↗ Dekretale zum fast ausschließlichen Instrumentarium der Rechtsfortbildung wurde, stellten die Acta Romanorum Pontificum den weitaus größten Teil in den Dekretalensammlungen; seit dem 16. Jh. werden diese Bullarien aufbereitet, seit 1865 in den ↗ „Acta Sanctae Sedis" bzw. seit 1908 den ↗ „Acta Apostolicae Sedis".

▥ Literatur: DDC 6, 166–171. – A. VAN HOVE: Commentarium Lovaniense in Codicem Iuris Canonici, Prolegomena. Mecheln ²1945; A.M. STICKLER: Historia iuris canonici latini, Bd. 1: Historia fontium. Turin 1950; P. LANDAU: L'evoluzione della nozione di ‚legge' nel diritto canonico classico: ‚Lex et Iustitia' nell'utrumque ius: radiche antiche e prospetti attuali. Vatikanstadt 1989, 263–279; P. ERDÖ: Introductio in historiam scientiae canonicae. Rom 1990; H. DONDORP: Review of Papal Rescripts in the Canonists Teaching: Zeitschrift der Savigny-Stiftung für Rechtsgeschichte. Kanonistische Abteilung 76 (1990) 172–253, 77

(1991) 32–110; **Th. Frenz**: Papsturkunden des Mittelalters und der Neuzeit. Stuttgart ²2000.

Herbert Kalb

Acta Sanctae Sedis (ASS), von Pietro Avanzini 1865 gegründete römische Zeitschrift zur Veröffentlichung und Erläuterung von ↗Verlautbarungen des Apostolischen Stuhls, die zunächst nur privaten Charakter hatte. Der ursprüngliche Titel „Acta ex iis decerpta quae apud Sanctam Sedem geruntur in compendium opportune redacta et illustrata" wurde von Bd. 6 (1870) an durch ASS abgelöst. Seit 1870 wurden die ASS vom Apostolischen Stuhl faktisch als Promulgationsorgan genutzt; Pius X. erklärte sie am 23.5.1904 zu dessen amtlichem Publikationsorgan (ASS 37 [1904] 4) und ersetzte sie zum 1.1.1909 durch die ↗„Acta Apostolicae Sedis". Die ASS umfassen 41 Bde., ein Generalregister erschien 1909.

▨ Literatur: **DDC** 1, 158; **Cath** 1, 85; **EC** 1, 254f.; **DMC** 1, 44f.; **VatL** 3f. – **W. Plöchl**: Geschichte des Kirchenrechts. Wien Bd. 3 ²1970, 96; Bd. 5 1969, 297f. *Franz Kalde*

Ad-Limina-Besuch (korrekt lateinisch „visitatio liminum" bzw. „ad limina Apostolorum") bezeichnet den von katholischen Ortsoberhirten in regelmäßigen zeitlichen Abständen durchzuführenden (wörtlich) „Besuch der Gräber" der Apostelfürsten Petrus und Paulus in Rom, verbunden mit der Vorlage des Berichts über den Stand ihres Kirchensprengels, Audienz beim Papst und Kontaktnahme mit der römischen Kurie (vgl. cc. 399–400 CIC). Der Ad-Limina-Besuch dient v. a. dem in der Communio ecclesiarum theologisch grundgelegten Austausch zwischen dem Apostolischen Stuhl und den Teilkirchen sowie der Erfüllung des universellen pastoralen Leitungsamtes, das dem Papst als Nachfolger des Petrus anvertraut ist.

Als Rechtsinstitution entwickelte sich der Ad-Limina-Besuch ausgehend von biblischen Ansätzen (vgl. Gal 1,18; 2 Kor 11,28). Seit dem 4. Jh. bestätigen zahlreiche Zeugnisse die Verpflichtung von Bischöfen zum Rombesuch. Gregor der Große ordnete 597 an, dass die Bischöfe Siziliens in jedem fünften Jahr nach Rom kommen müssen (PL 77, 875). Papst Zacharias verpflichtete 743 die näher bei Rom residierenden Bischöfe zum jährlichen Ad-Limina-Besuch (Distinctio 93 c. 4). Die Gregorianische Reform führte zur Verstärkung der päpstlichen Aufsichtsrechte. In den Dekretalen Gregors IX. (1234) wurde der jährliche Ad-Limina-Besuch allgemein vorgeschrieben; Vertretung und Dispens waren möglich (X 2, 24, 4). In der Folge des Tridentinums gewann der Ad-Limina-Besuch große Bedeutung, nachdem Sixtus V. in der Konstitution *Romanus Pontifex* (1585) das einschlägige Recht reformiert hatte. Bedeutende Neuregelungen, v. a. bezüglich der Berichtsschemata, nahmen Benedikt XIII., Benedikt XIV. und Pius X. vor. Die Bischofskongregation legte den Fünf-Jahres-Turnus für die Berichterstattung mit Wirksamkeit vom 1.1. 1976 neu fest. Der Ad-Limina-Besuch der Bischöfe Deutschlands, Österreichs und der Schweiz fällt jeweils in das zweite Jahr (Dekret vom 29.6.1975; AAS 67 [1975] 674ff.).

Den Diözesanbischöfen schreibt c. 400 §1 CIC den Ad-Limina-Besuch alle fünf Jahre (im Berichtsjahr) vor, nach feststehendem Turnus mit Stichtag vom 1.1.1976, außer der Apostolische Stuhl ordnet anderes an (vgl. c. 341 §§1 und 2 CIC/1917). Normiert ist die Vertretung bei Verhinderung des Diözesanbischofs bzw. für den Apostolischen Vikar;

der Apostolische Präfekt ist zum Ad-Limina-Besuch nicht verpflichtet (c. 400 §§ 2 und 3 CIC). Für den Militärordinarius ist der Ad-Limina-Besuch vorgeschrieben (vgl. Johannes Paul II.: Apostolische Konstitution *Spirituali militum curae* vom 21.4.1986, n. 12; AAS 78 [1986] 485). Zum Ad-Limina-Besuch in den katholischen Ostkirchen vgl. cc. 206 § 2 und 208 § 2 CCEO.

▨ Quellen: JOHANNES PAUL II.: Apostolische Konstitution ‚Pastor Bonus‘ vom 28.6.1988: AAS 80 (1988) 841–934; Congregatio pro Episcopis: Direttorio per la visita ‚ad limina‘. Vatikanstadt 1988.

▨ Literatur: F.M. CAPPELLO: De Visitatio liminum Apostolorum, 2 Bde. Rom 1912–13; J. HIRNSPERGER: Der Ad-Limina-Besuch des Bischofs. Zur neueren Entwicklung der rechtlichen Grundlagen: Pax et Iustitia: FS A. Kostelecky. Berlin 1990, 337–355; W. AYMANS – K. MÖRSDORF: Kanonisches Recht. Lehrbuch aufgrund des CIC, Bd. 2. Paderborn u.a. ¹³1997, 351f.; V. CÁRCEL-ORTÍ: La visita ‚ad limina‘ nel Magistero di Giovanni Paolo II: Ius in vita et in missione Ecclesiae. Venedig 1994, 337–351; Comentario exegético al Código de Derecho Canónico, Bd. 2/1. Pamplona ²1997, 799–811.

Johann Hirnsperger

Affectio papalis, die dem Papst aufgrund der Universalität und Unmittelbarkeit seiner Primatialgewalt (c. 331 CIC) zustehende Befugnis, über den Kreis der ihm von Rechts wegen vorbehaltenen Angelegenheiten hinaus nach freiem Ermessen auf alle Sachen die Hand zu legen („manus appositio", vgl. c. 595 § 1 CIC) und dadurch die Zuständigkeit der (an sich berechtigten) untergeordneten Autoritäten auszuschalten; ihr korrespondiert das Recht des Gläubigen, den Papst jederzeit anzurufen. Die Affectio papalis wurde im hohen Mittelalter ausgebildet. Seit dem 12. Jh. ergriff sie v. a. die Gebiete der Ämterbesetzung und der Pro-

zessführung (z. B. X 2, 28, 41). Heute hat die Affectio papalis ihre Stelle vorzüglich im Verwaltungs- und Prozessrecht. Der Papst kann jede Prozesssache an sich ziehen (cc. 1405 § 1 n. 4, 1417 § 2 CIC: „advocatio causae"); umgekehrt kann jeder Gläubige seine Sache vor den Papst bringen.

▨ Literatur: DDC 1, 260. – J. HARING: Die Affectio papalis: Archiv für katholisches Kirchenrecht 109 (1929) 127–177. *Georg May*

Anagni, so genannte „Stadt der Päpste" in der italienischen Provinz Frosinone, weil hier oft Päpste vor stadtrömischen Aufständen Zuflucht suchten und Regierungsakte setzten. Aus Anagni stammen Innozenz III., Gregor IX., Alexander IV. sowie Bonifatius VIII., der hier 1303 durch die Colonna und Franzosen geschmäht wurde; seit dem 15. Jh. dem Kirchenstaat einverleibt.

▨ Literatur: R. AMBROSI DE MAGISTRIS: Storia di Anagni, 2 Bde. Anagni 1889; P. ZAPPASODI: Anagni attraverso i secoli, 2 Bde. Veroli 1908, Anagni 1985; A. VAUCHEZ: L'Eglise d'Anagni au XIIIᵉ siècle: AHP 36 (1998) 11–17. *Maria Lupi*

Annuario Pontificio (Päpstliches Jahrbuch), offizielles Nachschlagewerk mit aktuellen (und historischen) Daten über Päpste, Kardinäle, Patriarchen, Bischöfe, Teilkirchen (einschließlich Titularsitzen), Organe und Beamte der römischen Kurie und des Staates der Vatikanstadt, päpstliche (Ritter-)Orden, päpstliche Gesandtschaften, diplomatische Corps beim Apostolischen Stuhl, Institute des geweihten Lebens, päpstliche und katholische Bildungseinrichtungen; von der Kurie verwendete lateinische Ortsnamen, Personenregister (mit den päpstlichen Ehrentiteln). Das Annuario geht auf die „Notizie per l'anno ..." (erstmals 1716) zurück; 1860–70 und ab 1912 ist die Bezeichnung Annuario Pontificio gebräuchlich.

⧉ Literatur: CATH 1, 607f.; EC 1, 1381f.; DizEc 1, 159; Dmc 1, 241f.; VatL 33f.; AnPont 2000, 1241 1935. *Franz Kalde*

Apostolische Administratur (Administratura Apostolica).

Die Apostolische Administratur ist eine diözese-ähnliche Teilkirche (c. 368 CIC), die aus schwerwiegenden Gründen (noch) nicht als Diözese errichtet wird. Sie ist einem Apostolischen Administrator übertragen, der sie im Namen des Papstes mit ordentlicher stellvertretender Gewalt leitet (c. 371 § 2). Diese Organisationsform wird gewählt, wenn kirchenpolitische Gründe eine endgültige Festlegung der Grenzen einer Diözese nicht gestatten (z. B. 1972–94 Görlitz als Restgebiet des Erzbistums Breslau; 1921–68 Innsbruck-Feldkirch; 1922–1960 das Burgenland).

⧉ Literatur: HKKR 335; AnPont 2000, 1148ff. 1924. *Joseph Listl*

Apostolische Almosenverwaltung

(Eleemosynaria Apostolica). In Rom oblag dem Saccularius seit dem 6. Jh. u. a. die Verteilung der Almosen. Seit dem 12. Jh. ist die Verwaltung der päpstlichen Wohltätigkeit an der römischen Kurie in der Apostolischen Almosenverwaltung institutionalisiert. In Avignon bildete sich das Amt des Eleemosinarius secretus für die private Wohltätigkeit des Papstes heraus. Die heutige Eleemosynaria Apostolica verwaltet in direkter Abhängigkeit vom Papst dessen private Wohltätigkeit.

⧉ Literatur: VatL 26ff. – Apostolische Konstitution ‚Pastor Bonus' n. 193: AAS 80 (1988) 841–934; AnPont 2000, 1392 1989. *Herbert Kalb*

Apostolische Datarie.

Die Apostolische Datarie zählte zu den Gnadenbehörden der ⁄römischen Kurie. Ihr oblag die Erledigung von Gnadensachen im äußeren Rechtsbereich (forum externum). Das genaue Datum ihrer Entstehung ist nicht bekannt. Sie dürfte aus der ⁄päpstlichen Kanzlei heraus entstanden sein (Scheidung von Expedition päpstlicher Briefe und Erteilung von Rat vor dem Erlass derselben). Völlige Unabhängigkeit von der Kanzlei erlangte sie spätestens unter Martin V. (1417–31). Der Name Datarie geht auf den Datarius zurück, dessen Funktion durch die Unterscheidung zwischen der Signierung der apostolischen Briefe durch den Papst und deren Datierung durch einen Delegaten entstanden ist. Vor der Reform Leos XIII. waren die ausschlaggebenden Normen die Kanzleiregeln, das Breve *Decet Romanum Pontificem* Sixtus' V. (1588) und die Konstitution *Gravissimum* Benedikts XIV. (1745). Die definitive Erledigung aller zu entscheidenden Sachen (ausgenommen geringfügiger oder dem Stylus gemäß zu erledigender) ruhte in der Hand des Datarius. Das Amt war ein „munus praelatitium" und so bedeutend, dass es auch Kardinäle innegehabt haben (Pro-Datarius genannt). Weitere Beamte waren der Sub-Datarius, der Officialis per obitum, der Officialis per concessum und Subalterne. Die Apostolische Datarie bereitete die Entscheidung für den Papst vor („papa, non datarius concedit gratias"); erst wenn die bewilligte Gnade mit dem Datum durch den Datar versehen war und nach deren Registrierung erlangte der Gesuchsteller ein „ius quaesitum". Im Hinblick auf die Entscheidungen des Papstes kam dem Datarius offizielle Glaubwürdigkeit („fides"), nicht allgemeine Jurisdiktion zu. Die Kompetenz der Apostolischen Datarie wurde laufend erweitert (so insbesondere die Festsetzung und Einnahme der Taxen für Ämterbesetzungen) und umfasste folgende Bereiche: Gewährung von Dispensen (von Irregularitäten, von verbotenen Tätigkeiten Geistlicher, von allen trennenden Ehehindernissen, ausgenommen die Fälle der „principes supremi"), Bestätigung von Indulten, Exemtionen und Privilegien, Erweiterung oder Beschränkung von bereits verliehenen Privilegien und Gnaden, Besetzung der dem Heiligen Stuhl reservierten Benefizien (ausgenommen die Ämter, die im Konsistorium oder von der Propagandakongregation verliehen wurden) und Verleihung der „beneficia affecta", Finanzverwaltung. Eigene Regeln galten bei kumulativer Zuständigkeit mit anderen Dikasterien. Die Kurienreform Pius' X. *Sapienti consilio* (1908) hat die Kompetenz der Apostolischen Datarie auf die Vergabe der nichtkonsistorialen reservierten Ämter und bestimmte Benefizialangelegenheiten beschränkt. Unter Paul VI. wurde sie wegen Bedeutungslosigkeit abgeschafft. 1967 wird sie letztmals im AnPont genannt.

Literatur: VATL 172f. – G.B. DE LUCA: Relatio Curiae Romanae. Köln 1683; G. MORONI: Dizionario di erudizione storico-ecclesiastica, Bd. 19. Venedig 1843, 109–159 159–161; J.H. BANGEN: Die Römische Kurie. Münster 1854, 396ff.; P. HINSCHIUS: Das Kirchenrecht der Katholiken und Protestanten in Deutschland, Bd. 1. Berlin 1869, 422ff.; N. DEL RE: La Curia Romana. Rom ²1970, 443ff. *Richard Puza*

Apostolische Kammer (Camera Apostolica), Bezeichnung der päpstlichen Finanzbehörde. Im 12. Jh. nach Erfolg versprechendem Vorbild von Cluny eingeführt. Name und System (zentralistische Kassenführung) sind vermutlich normannischer Herkunft (Kammer = gemauertes Schatzde-

pot). Nach der Rückkehr aus Avignon wird der kuriale Fiskalismus besonders bedeutend, verwaltet hoheitliche und private Einkünfte (Grundbesitz, Kirchenstaat) des ⁄ Apostolischen Stuhls. Zeitweise oberste Regierungsbehörde des ⁄ Kirchenstaates. Seit dessen Verlust 1870 heute nur mehr gewisse Teilkompetenzen in der Finanzwirtschaft des Apostolischen Stuhls. Ihr Leiter, der Camerlengo, nimmt während der ⁄ Sedisvakanz die Rechte des Apostolischen Stuhls wahr, auch in gewissem Maß die Ausübung der obersten Jurisdiktion; dies könnte Nachwirken benefizialrechtlicher Ideen sein. Der in der heutigen Fachsprache verbreitete Ausdruck „Kammer" geht auf kollegiale Finanz- und sonstige Gerichtsbarkeit der Apostolischen Kammer zurück.

Quellen: AAS 67 (1975) 609f.; 80 (1988) 841f., nn. 171f.

Literatur: DDC 3, 388f.; HDRG 2,570f.; VATL 367f. – J. BARBARIĆ: Camera apostolica. Obligationes et solutiones camerale primo (1299–1560). Zagreb 1996; ANPONT 2000, 1337 1960. *Helmut Schnizer*

Apostolische Poenitentiarie (Paenitentiaria Apostolica). Zu den drei höchsten päpstlichen Gerichtshöfen der Kirche gezählt, jedoch für die Gewährung von Gnadenerweisen und für das Ablasswesen zuständig, gehört die Apostolische Poenitentiarie nicht im engen Sinn zu den kirchlichen Gerichten, sondern ist als kurialer Gnadenhof eher päpstliche Verwaltungsbehörde, die sich vornehmlich mit Gewissensangelegenheiten in der Kirche befasst. Sie besitzt Zuständigkeit im inneren Rechtsbereich der Kirche und für die Ablässe, vorbehaltlich der Kompetenz der Glaubenskongregation hinsichtlich der dogmatischen Lehre (Apostolische Konstitution *Pastor*

Bonus vom 28.6.1988, nn. 117–120). Sowohl für den sakramentalen Bereich im Zusammenhang mit dem Bußsakrament als auch für den nichtsakramentalen Rechtsbereich gewährt die Apostolische Poenitentiarie Absolutionen, Dispensen, Umwandlungen von Verpflichtungen, Gültigmachungen, Nachlass von Strafen und andere Gnadenerweise (vgl. auch cc. 64, 1048, 1082 CIC). In den Patriarchalkirchen der Stadt Rom hat sie für eine genügende Zahl von Poenitentiaren zu sorgen, die mit den entsprechenden Befugnissen ausgestattet sind. Geleitet wird die Apostolische Poenitentiarie vom Kardinalgroßpoenitentiar, der von einem Regens und fünf weiteren Prälaten als Beratern unterstützt wird. Offiziale erledigen die laufenden Geschäfte.

■ Literatur: CATH 10, 1168–72; VATL 608ff. – J. PROVOST: Pastor bonus: Reflections on the Reorganization of the Roman Curia: Jurist 48 (1988) 532; L. DE MAGISTRIS – U.M. TODESCHINI: La Penitenzieria Apostolica: P.A. BONNET – C. GULLO (Hg.): La Curia Romana nella Costituzio Apostolica 'Pastor Bonus'. Vatikanstadt 1990, 419–430; Penitenzieria Apostolica. L'Attività della Santa Sede nel 1990. ebd. 1990, 1201f.; F. TAMBURINI: La Sacrée Pénitencerie apostolique et les pénitenciers mineurs pontificaux: Studia canonica 31 (1997) 449–459; JOHANNES PAUL II.: Em.mo P.D. paenitentiario maiori missus: AAS 90 (1998) 608–613; ANPONT 2000, 1295 1947.

Ilona Riedel-Spangenberger

Apostolische Signatur (Supremum Tribunal Signaturae Apostolicae). Die Apostolische Signatur in ihrer heutigen Form wurde 1908 als höchstes Gericht der ∕römischen Kurie errichtet. Man kann ihre Anfänge in jenem Organ sehen, das aufgrund einer Beauftragung des Papstes zuständig war, die Suppliken, die an ihn gerichtet waren, zu signieren (Referendare). In den Quellen ist mit Signatur auch der Vorgang des Unterzeichnens gemeint. Die Trennung zwischen Signatura gratiae und Signatura iustitiae dürfte unter Alexander VI. stattgefunden haben. Die Signatura gratiae war eine Gnadenbehörde; die Signatura iustitiae ein echtes Gericht, das aus Richtern (Votanten) und Referendaren bestand. Der Untergang des ∕Kirchenstaates bereitete ihr ein Ende. Paul VI. hat 1968 innerhalb der Apostolischen Signatur eine zweite Sektion errichtet, einen Verwaltungsgerichtshof (fortgeschrieben im CIC/ 1983 und in der Apostolischen Konstitution *Pastor Bonus* 1988). Mitglieder der Apostolischen Signatur sind Kardinäle und Bischöfe. Die Apostolische Signatur hat drei Sektionen mit folgenden Kompetenzen: 1) gerichtliche Angelegenheiten (Rekurse; Nichtigkeitsklagen; Wiederaufnahme von Verfahren [restitutio in integrum] gegen Urteile der ∕Rota, gegen deren Weigerung, eine neuerliche Überprüfung vorzunehmen, gegen deren Richter wegen Befangenheit; Entscheidung von Kompetenzkonflikten); 2) Verwaltungsgerichtsbarkeit (Rekurse wegen Gesetzesverletzung durch einen partikularen Verwaltungsakt eines Dikasteriums der römischen Kurie; Entscheidung von Kompetenzkonflikten zwischen den römischen Dikasterien); 3) administrative Angelegenheiten (Kompetenzprorogationen; Delegation von dritten Instanzen; fakultative Zivilehen). Zusammenfassend kann die Funktion der Apostolischen Signatur in der ersten Sektion als Kassationshof, in der zweiten Sektion als Staatsrat bzw. Verwaltungsgericht(shof) und in der dritten als Justizministerium bezeichnet werden. Die Entscheidungen werden zwar nicht publiziert,

Obergeschoss

Kapelle Benedikts XII.

St. Martial-Kapelle

Paramentenkammer

Klementinische Kapelle

Erdgeschoss

Trouillas-Turm

Glacière-Turm

Campane-Turm

Kreuzgang Benedikts XII.

Johannes-kapelle

Urban V.-Turm

Notre-Dame-Tor

Großer Hof

Engelsturm

Garderobenturm

Eckturm

Brunnen

St.-Laurent-Turm

Champeaux-Tor

Großer Audienzsaal

0 m   20

Avignon, Papstpalast

über ihre Tätigkeit aber informiert die Apostolische Signatur jährlich in der „Attività della Santa Sede".

■ Literatur: VatL 728f. – I. Gordon: De Signaturae iustitiae competentia: Periodica de re morali canonica liturgica 69 (1980) 351ff.; R. Puza: Rescriptum und commissio: Zeitschrift der Savigny-Stiftung für Rechtsgeschichte. Kanonistische Abteilung 97 (1980) 354–370; J.-B. d'Onorio: Le Pape et le gouvernement de l'Église. Paris 1992, 394ff.; G. Agustoni: Supremum Signaturae Apostolicae Tribunal: Periodica de re canonica 87 (1998) 613–622; U. Navarrete: Commentarium: ebd. 623–641; AnPont 2000, 1296f. 1948. *Richard Puza*

Apostolischer Stuhl ∕Heiliger Stuhl.

Avignon, Stadt in Südfrankreich am Zusammenfluss von Rhône und Durance, 1309–76 päpstliche Residenz.

Als Folge des Attentats von ∕Anagni auf Bonifatius VIII. (7.9. 1303), durch das die politische Stellung des Papsttums und die Sicherheit der päpstlichen Amtsausübung gefährdet waren, führte die unter französischer Einflussnahme erfolgte Wahl Clemens' V. (5.6.1305) zur allmählichen Verlagerung des kurialen Schwerpunkts weg von Italien und dem ∕Kirchenstaat, ohne in Zweifel zu ziehen, dass ∕Rom der eigentliche Sitz des Papsttums sei. Erst Johannes XXII. (1316–34), der sich als früherer Bischof von Avignon (1310–13) im dortigen Bischofspalast einrichtete, allerdings vergeblich die Übersiedlung der Kurie wenigstens nach Bologna betrieb, und Benedikt XII. (1334–42), der Unmöglichkeit einer Rückkehr nach Rom Rechnung tragend, ließen Avignon für dauernd zur Residenz werden. Zwischenzeitlich hatte Clemens VI. (1342–52) die Stadt 1348 der Königin Johanna I. von Neapel, einer Anjou, abgekauft und den Verzicht Karls IV. auf seine lehns-

rechtliche Oberhoheit erreicht, ohne auch über das Stadtregiment verfügen zu können.

Während Clemens V. im Avignoner Dominikanerkloster wohnte, bestimmte Johannes XXII. den bischöflichen Palast mit der Kirche Saint-Étienne zu seiner Residenz. Erst unter Benedikt XII. begann die völlige Umgestaltung des Palastes. Der Architekt Pierre Poisson errichtete ein festungsartiges, turmbewehrtes Gebäude mit Kreuzgang und Räumen für die Kurie (Palais vieux). Mit dessen nüchterner Strenge kontrastierte der von Clemens VI. südlich angesetzte prachtvolle Neubau (Palais neuf, Architekt Jean de Louvres) mit Audienzsälen und Kapelle. Unter der Leitung Matteo di Giovanettis wurden die Räume festlich ausgestattet. Innozenz VI. (1352–1362), der die Stadt Avignon mit einem Festungswall umgab, schloss die Arbeiten mit der Errichtung des Turmes Saint-Laurent weitgehend ab. Während des Abendländischen Schismas durch Kriegshandlungen beschädigt, diente der Palast seit 1433 als Residenz der päpstlichen Legaten. In der Französischen Revolution Gefängnis und im 19. Jh. Kaserne, wurde er im 20. Jh. restauriert und zum Museum umgestaltet.

■ Literatur: LMA 1, 1303. – L. H. Labande: Le Palais des papes et monuments d'Avignon au XIVᵉ siècle, 2 Bde. Marseille 1925; G. Colombe: Les palais des papes d'Avignon. Paris ³1939; S. Gagnière: Le palais des papes d'Avignon. ebd. 1965; F. Enaud: Les fresques du Palais des papes à Avignon. Paris 1971, 1–139; V.G. Wetterlöf: Les Ymagiers à la cour des papes d'Avignon et à la cour des rois de France. Lund 1975; Le fonctionnement administratif de la papauté d'Avignon: Actes de la table ronde (Avignon, 23–24 janvier 1988), organisée par l'Ecole Française de Rome. Rom 1990; P. Hutton: The Palais des Papes d'Avignon and the crisis in papal ideology. Evanston

1995; D. VINGTAIN – C. SAUVAGEOT: Avignon, le Palais des Papes. La Pierre-Qui-Vire 1998. *Marcel Albert / Ludwig Vones*

Bene valete (etwa: „Gehabt Euch wohl"), Segenswunsch im Eschatokoll (Schlussteil) eines Papstprivilegs, ursprünglich ausgeschrieben in Majuskeln, seit 1049 als Gegenstück zur Rota in Form eines Monogramms vor dem Komma (dieses bis 1092). Kann zuweilen (z. B. unter Gregor VII.) fehlen, endgültig nach Urban V.
▨ Literatur: VatL 67. – M. KORDES: Der Einfluß der Buchseite auf die Gestaltung der hochmittelalterlichen Papsturkunden. Hamburg 1993, 201f. 207–213; TH. FRENZ: Papsturkunden des Mittelalters und der Neuzeit. Stuttgart ²2000, 18f. *Odilo Engels*

Bibelinstitut / Päpstliche Institute.

Bibelkommission / Päpstliche Kommissionen.

Bullarium, Sammlung der wichtigsten päpstlichen Bullen (von lateinisch „bulla", Kapsel; hier: Metallsiegel, die von Souveränen verwendet wurden; neben Edelmetallen auch aus Blei; seit dem 12. Jh. trugen päpstliche Bleibullen den Papstnamen und auf der Rückseite die Porträts von Petrus und Paulus) und Breven. Einziges offizielles Bullarium ist Bd. 1 (1746) des Bullarium Benedikts XIV. Alle anderen Bullarien sind Privatarbeiten, so das Bullarium des Laërtius Cherubini (1586–88) oder das „Magnum Bullarium Romanum" von Hieronymus Mainardi und Carolus Cocquelines (18 Bde. Rom 1732–62, mit Dokumenten von Leo I. bis zu Benedikt XIV.), das zwei Fortsetzungen (A. Barbieri – A. Spetia – R. Segreti, 19 Bde. Rom 1835–57, Nachdruck Graz 1963–64; 9 Bde. Prato 1840–56) aufweist.
▨ Literatur: VatL 96. – L. SANTIFALLER: Neue-

re Editionen mittelalterlicher Königs- und Papsturkunden. Wien 1958; H. BRESSLAU: Handbuch der Urkundenlehre für Deutschland und Italien, 2 Bde. Leipzig ³1958; P. SELLA: I Sigilli dell'Archivio Vaticano, 3 Bde. Rom 1937–64; P. HERDE: Beiträge zum päpstlichen Kanzlei- und Urkundenwesen im 13.Jh. Laßleben ²1967.
Dieter A. Binder

Campo Santo Teutonico wird jener auf dem vatikanischen Gelände südlich von / Sankt Peter gelegene Komplex genannt, der heute Sitz dreier Institutionen ist, und zwar der Erzbruderschaft zur schmerzhaften Muttergottes der Deutschen und Flamen (Arciconfraternità di Santa Maria della Pietà in Campo Santo dei Teutonici e Fiamminghi) – der Eigentümerin des Geländes –, des in deren Gebäude untergebrachten Priesterkollegs (Collegio Teutonico) und des ebenfalls dort ansässigen Römischen Instituts der Görres-Gesellschaft.

Während der römischen Kaiserzeit befand sich hier der Circus Caligulas und Neros, in dem nach Tacitus römische Christen als Martyrer starben (Annales XV). Dort entstand nach dem Bau des Petersdoms ein Friedhof, für den seit dem 14. Jh. der Name „Campo Santo" bezeugt ist. Wahrscheinlich hatte hier die seit dem 8. Jh. nachgewiesene „Schola Francorum" ihren Sitz. Um 1450 schlossen sich Deutschrömer zu der noch bestehenden Bruderschaft, seit 1579 Erzbruderschaft, zum Totengedenken und zur Pilgerbetreuung zusammen. Sie erhielt vom Domkapitel Sankt Peter den Friedhof, den sie seitdem pflegt und bei dem sich, wahrscheinlich durch Giovanni de' Dolci, den Erbauer der / Sixtinischen Kapelle, ihre Kirche schaffen ließ (1501 konsekriert), die sie mit zahlreichen Kunstwerken ausstattete.

Seit der Intensivierung der deutschen Rombeziehungen im 19. Jh. gewann der Campo Santo Teutonico eine neue Aufgabe, indem die Erzbruderschaft nun deutschen Geistlichen einen Aufenthalt für weitere Studien ermöglichte. Daraus ging in der langen Amtszeit des Rektors Anton de Waal (1872–1917), der der Stiftung den Weg in die neue Zeit wies, 1876 ein Priesterkolleg hervor, das aus kleinen Anfängen und mit bescheidenen Mitteln im Lauf der Jahre eine bedeutende Sammlung altchristlicher Kleinkunst und eine beachtliche Fachbibliothek zusammentrug und vielen Gelehrten einen Romaufenthalt ermöglichte. Seit der Öffnung des / Vatikanischen Geheimarchivs für die Forschung (1881) weitete de Waal sein Interesse auf die Kirchengeschichte aus. 1887 gründete er die „Römische Quartalschrift" (bis 2000: 95 Jahrgänge und 53 Supplementhefte). 1888 erfolgte die Gründung des Römischen Instituts der Görres-Gesellschaft. Auch dessen Schwerpunkt liegt auf dem Gebiet der Christlichen Archäologie und Kirchengeschichte. Bedeutende Projekte sind die Edition der Akten des Konzils von Trient und der Kölner Nuntiatur, ferner neuestens in Zusammenarbeit mit dem Deutschen Archäologischen Institut und der Mainzer Akademie der Wissenschaften eine Bearbeitung der römischen Katakombenmalerei. Aus dem Kolleg und dem Institut sind zahlreiche Universitätsprofessoren und Gelehrte hervorgegangen, u. a. Joseph Wilpert, Stephan Ehses, Theodor Klauser und Hubert Jedin. Bei Errichtung des souveränen / Vatikanstaates 1929 blieb der Campo Santo Teutonico italienisches Staatsgebiet, erhielt aber den Status der Exterritorialität. In der Schlussphase des Zweiten Weltkrieges bot er daher zahlreichen politischen Flüchtlingen Asyl.

▨ Literatur: **A. DE WAAL:** Der Campo Santo der Deutschen in Rom. Freiburg 1896; P.M. **BAUMGARTEN:** Cartularium Vetus Campi Sancti Teutonicorum in Urbe. Rom 1908; A. **SCHMIDT:** Das Archiv des Campo Santo Teutonico. Freiburg 1967; E. **GATZ** (Hg.): Hundert Jahre deutsches Priesterkolleg beim Campo Santo Teutonico. 1977; **DERSELBE:** Anton de Waal (1837–1917) und der Campo Santo Teutonico. ebd. 1980; **DERSELBE** (Hg.): Der Campo Santo Teutonico in Rom, Bd. 1: A. **WEILAND:** Der Campo Santo Teutonico in Rom und seine Grabdenkmäler, Bd. 2: A. **TÖNNESMANN – U.V. FISCHER PACE:** Santa Maria della Pietà. Die Kirche des Campo Santo Teutonico. ebd. 1988; Deutsche im Rom des 15. und 19. Jh.: RQ 86 (1991) (verschiedene Beiträge); E.M. **SCHAFFER:** Kommentierter Katalog zur Ausstellung ‚1200 Jahre Campo Santo Teutonico': RQ 93 (1998) 108–136 (außerdem verschiedene andere Beiträge zur Geschichte des Campo Santo). *Erwin Gatz*

Castelgandolfo, italienisches Städtchen in Latium, am Albanersee (Provinz Rom), 426 m über dem Meeresspiegel, 15 km südöstlich von Rom, etwa 5000 Einwohner. In römischer Zeit befand sich hier eine Villa Kaiser Domitians. Im 12. Jh. errichtete die Familie Gandolfi, die dem Ort auch den Namen gab, einen Adelssitz und im 13. Jh. gelangte der Besitz an die Familie Savelli. 1596 erwarb die / Apostolische Kammer das Gut und Urban VIII. ließ von Carlo Maderno 1624–29 den Papstpalast erbauen. Giovanni Bernini errichtete die dem heiligen Thomas von Villanova geweihte kreuzförmige Kuppelkirche, die Gemälde von Carlo Maratta und Petrus von Cortona enthält. Clemens XIV. vermehrte den päpstlichen Besitz durch den Erwerb der Villa Cibo. Mit den / Lateranverträgen von 1929 wurden der Papstpalast, der Garten sowie die benachbarte Villa Barberini, wo sich Überreste der Bauten Kaiser Domitians befinden, zum exterritorialen Besitz des / Heiligen Stuhls erklärt. Seit 1936 beherbergt der päpstliche Palast auch ein berühmtes Observatorium. In Castelgandolfo, wo sich seit dem 17. Jh. die Sommerresidenz der Päpste befindet, starben 1958 Pius XII. und 1978 Paul VI.

▦ Literatur: DHGE 11, 1417f.; VATL 831f. – E. BONOMELLI: I Papi in Campagna. Rom 1953; R. LEFEVRE: Castel Gandolfo tra Medioevo e Barocco: Urbe 51 (1988) 24–37.

Josef Gelmi

Cathedra Petri / Kathedra.

Chronograph vom Jahr 354

wird seit Theodor Mommsen ein reich illustrierter römischer Staatskalender genannt (die Urschrift, der Codex Luxemburgensis, ist verschollen; Rekonstruktion auf der Grundlage von acht Handschriften, deren älteste karolingisch ist); sein Verfasser und Illustrator ist vielleicht der am Anfang genannte Dionysius Filocalus, der identisch sein könnte mit dem gleichnamigen Kalligraphen. – Inhalt: 1) Kalender mit Bildern (vgl. DACL) und Angaben der Spiel- und Senatstage und natales Caesarum (ohne heidnische und christliche Feste). 2) Konsularfasten 509 vC.– 354 nC.; erwähnt sind Geburt und Tod Christi. 3) Ostertafel ab 312, angelegt auf hundert Jahre. 4) Verzeichnis der Stadtpräfekten Roms 254–354 mit Konsularfasten. 5) Verzeichnis der Todestage und Begräbnisstätten der zwölf römischen Bischöfe von Lucius (255) bis Julius (352). 6) Verzeichnis von Todestagen und Begräbnisstätten der römischen Martyrer, aus dem die späteren Martyrologien erwuchsen. 7) Verzeichnis römischer Bischöfe von Petrus bis Liberius (Catalogus Liberianus) mit Regierungsdaten und markanten Ereignissen (mehrfach Unrichtigkeiten im ersten Teil [bis 230], der zweite Teil ist zuverlässiger); nach dem ersten Herausgeber Gilles Bouchier auch „Bucerianischer Katalog" genannt; Grundlage für den / Liber Pontificalis. 8) Eine Weltchronik (von Adam bis 354), im ersten Teil auf der Chronik des Hippolyt (234) fußend. 9) Chronik der Stadt Rom (von der Königszeit bis zum Tod des Licinius 325). 10) Eine Beschreibung der 14 Regionen Roms (Notitia). Es ist umstritten, ob Heidnisches in der Chronik nur noch Nostalgie (Mommsen) oder historische Realität (Henri Stern, Michele R. Salzman) ist.

▦ Literatur: PRE 3, 2477–81; DACL 3, 1555–1560; 9, 527–530; LACL 126f. – C. NORDENFALK: Der Kalender vom Jahre 354 und die lateinische Buchmalerei des 4. Jh. Göteborg 1936; H. STERN: Le calendrier de 354. Paris 1953; DERSELBE: ANRW II, 12/2 (1981) 431–475; M.R. SALZMAN: On Roman Time. Berkeley 1990.

Theodora Hantos

Dekretalen

(Litterae oder Epistolae decretales), päpstliche Antwortschreiben auf kirchenrechtliche oder disziplinäre Anfragen, meist an Einzelpersonen gerichtet. Sie binden formell nur die Personen oder Gebiete, an die sie gerichtet sind, bedeuten praktisch aber auch eine Norm für ähnliche Fälle. Sie wurden seit dem 5. Jh. gesammelt. Seit dem 12. Jh. erlangen sie mit dem gestiegenen Einfluss des Papsttums in Verwaltung, Rechtsprechung und Gesetzgebung überragende Bedeutung für die Entwicklung des klassischen kanonischen Rechts. – Dekretalensammlungen (Compilationes decretalium) gab es zunächst als Anhänge an das Decretum Gratiani, nach 1175 in eigenen Sammlungen. Die „primitiven" Sammlungen boten die Dekretalen meist noch ungeordnet und ungeteilt, in den systematischen Sammlungen wurden sie öfter nach den behandelten Inhalten auf verschiedene Titel aufgeteilt. Bernhard von Pavia schuf um 1190 in seinem „Breviarium extravagantium" die maßgebende Gliederung in fünf Bücher mit vielen Titeln. Später bildete seine Dekretalensammlung die erste der so genannten „Quinque Compilationes antiquae", die Hauptgrundlage der Dekretalen Gregors IX. von 1234.

▨ Literatur: LMA 3, 655–358. – E. FRIEDBERG: Quinque Compilationes Antiquae. Leipzig 1882; DERSELBE: Die Canones-Sammlungen zwischen Gratian und Bernhard von Pavia. ebd. 1897; S. KUTTNER: Repertorium der Kanonlstlk. Rom 1937, 272–385; A.M. STICKLER: Historia iuris canonici latini, Bd. 1: Historia fontium. Turin 1950, 18f. 217–272; G. FRANSEN: Les décrétales et les collections de décrétales. Turnhout 1972; W. HOLTZMANN – C.R. UND M.G. CHENEY: Studies in the collections of twelfth-century decretals. Vatikanstadt 1979; P. LANDAU: Kanones und Dekretalen. Beiträge zur Geschichte der Quellen des kanonischen Rechts. Goldbach 1997; CH. DUGGAN: Decretals and the creation of ‚new law' in the 12th century. Aldershot 1998.

Rudolf Weigand

Diplomatisches Korps beim Heiligen Stuhl

1. Geschichte · 2. Systematik · 3. Statistik

1. *Geschichte.* Solange Italien in das römisch-byzantinische Reich integriert war, konnte der Kaiser mit dem Papst durch Beamte vor Ort verkehren, was kaiserliche Gesandtschaften beim Heiligen Stuhl entbehrlich machte. Nur zur Sicherung der kanonischen Papstwahl wurden seit der ersten Hälfte des 5. Jh. (ost-)römische Gesandtschaften zum Heiligen Stuhl geschickt, eine Übung, die häufig Unterbrechungen erfuhr und im 8. Jh. auslief. In der Folge empfing der Papst Gesandtschaften nicht nur seitens der neuen fränkischen Schutzmacht, sondern auch solche anderer neu entstandener Reiche (z. B. Bulgaren, Ungarn). Während nach der Renovatio Imperii im Westen (800) den Kaisern und ihren Gesandtschaften besonders eine Schutz- und Ordnungsfunktion gegenüber den Päpsten zukam, trat diese seit der Zeit des Reformpapsttums im 11. Jh. zurück; die kaiserlichen Gesandtschaften wurden ebenso wie die anderer Könige, Fürsten und Städte zu politischen Interessenvertretungen. Ihr Zusammentreffen und -wirken auf den mittelalterlichen Konzilien kann als frühe Form der multilateralen Diplomatie betrachtet werden. Ständige Gesandtschaften am päpstlichen Hof sind für einzelne Mächte seit dem Ausgang des 13. Jh. nachweisbar und wurden seit der Mitte des 15. Jh. für die italienischen Stadtstaaten, bald darauf allgemein zur Regel. Daraus entwickelten sich im 16. Jh. Ständige Gesandtschaften als übliche institutionelle Form der Diplomatie, wenn auch die protestantisch gewordenen Staaten zum Heiligen Stuhl lange Zeit nur gelegentlich Kontakte pflegten. Als Vertreter beim Heiligen Stuhl wurden damals Geistliche so gut wie Laien ernannt. Die von den katholischen Mächten v. a. im 17. und 18. Jh. nicht selten angewandten staatskirchlichen Systeme (Gallikanismus, Febronianismus, Josephinismus usw.) übertrugen deren Gesandtschaften in Rom vielfach jene Vermittlungsfunktion zwischen der Landeskirche und dem Heiligen Stuhl, welche auszuüben man gleichzeitig den Apostolischen Nuntien (/Nuntius) verwehrte. Während diese Tendenzen im 19. Jh. ausliefen, brachte der endgültige Verlust des /Kirchenstaates 1870 insoweit eine einschneidende Änderung,

als nunmehr die religionspolitischen Agenden der zum Heiligen Stuhl entsandten Vertreter gegenüber den allgemeinpolitischen in den Vordergrund traten. Da aber die Staaten fortfuhren, sich beim Heiligen Stuhl diplomatisch vertreten zu lassen, gab es nach der Verlegung der italienischen Hauptstadt von Florenz nach Rom dort ein „doppeltes" diplomatisches Korps. Die Privilegien und Immunitäten der beim Heiligen Stuhl errichteten Missionen sollten zwar durch das italienische Garantiegesetz von 1871 geschützt werden; die Unzulänglichkeit dieser Regelung zeigte sich aber während des Ersten Weltkrieges, als die Feindstaaten Italiens ihre Vertretungen beim Heiligen Stuhl ins benachbarte neutrale Ausland verlegen mussten. Auch die mit der Schaffung des ∕ Vatikanstaates und der Garantierung der Rechte beim Heiligen Stuhl errichteter ausländischer Missionen durch den Lateranvertrag 1929 getroffene Lösung erwies sich im Zweiten Weltkrieg als unzureichend; die Feindstaaten Italiens mussten ihre Vertretungen in die Vatikanstadt verlegen, was eine einschneidende Reduzierung auf je zwei Personen pro Mission bedingte. – 1870 waren 14 Staaten beim Heiligen Stuhl vertreten; 1929 schon dreißig. Nach dem Zweiten Weltkrieg stieg die Zahl der beim Heiligen Stuhl akkreditierten Missionen stark an (islamische Staaten, Neustaaten der Entkolonialisierung, Nachfolgestaaten der UdSSR und Jugoslawiens).

2. *Systematik.* a) *Grundlage:* Die Gesandtschaften beim Heiligen Stuhl sind Ausdruck des passiven Gesandtschaftsrechtes; das aktive Gesandtschaftsrecht kommt in den ∕Päpstlichen Gesandtschaften zum Tragen. Gerade die kirchenstaatslose Zeit 1870–1929 hat gezeigt, dass

ihm dieses Recht schon als geistlichem Souverän, unabhängig von jeder weltlichen Herrschaft, zukommt.

b) *Form:* Das passive Gesandtschaftsrecht des Heiligen Stuhls wird in den *allgemeinen völkerrechtlichen Formen* ausgeübt, wie sie v. a. durch die Wiener Diplomatenrechtskonvention von 1961 kodifiziert sind.

c) *Ausgestaltung:* 1) *Inhaltlich.* Das passive Gesandtschaftsrecht des Heiligen Stuhls bezieht sich auf alle Angelegenheiten, die für die Entsendemacht im Verhältnis zum Heiligen Stuhl von Interesse sind, d. h. neben Fragen der Beziehungen zwischen Kirche und Staat auch solche allgemeinpolitischer Bedeutung (z. B. Weltfrieden, Entwicklung). – 2) *Personell.* Die Entsendemacht hat beim Heiligen Stuhl das „agrément" für den Missionschef einzuholen; dieses kann ohne Angabe von Gründen verweigert und jedes Mitglied der diplomatischen Mission jederzeit als unerwünscht erklärt werden. Um zu demonstrieren, dass er nicht nur für religiöse, sondern auch für politische Angelegenheiten zuständig ist, akzeptiert der Heilige Stuhl seit 1870 keine Geistlichen mehr als Missionschefs. Gegen den Widerstand der römischen Kurie konnte 1975 ein Staat der Dritten Welt erstmals eine Frau als Missionschef durchsetzen; diese Praxis ist nun allgemein akzeptiert. – 3) *Institutionell.* Die heute aus Sparsamkeitsgründen häufig geübte Mehrfachakkreditierung hat dazu geführt, dass fast ein Drittel der Vertretungen beim Heiligen Stuhl von auswärtigen Missionen, v. a. in Paris, Bonn, Bern, Brüssel und London, wahrgenommen wird. Zur Demonstration seiner Unabhängigkeit von Italien akzeptiert der Heilige Stuhl aber keine Doppelvertretung durch eine beim Quirinal errichtete Mission. – 4) *Sonderfälle.* Wegen des besonderen Charakters des Heiligen Stuhls als religiöse Institution gab und gibt es in dessen bilateralen diplomatischen Beziehungen verschiedene, hier zu erwähnende Ausnahmen. So war Großbritannien schon seit dem Ersten Weltkrieg beim Heiligen Stuhl durch eine Gesandtschaft vertreten, während die Nuntiatur in London erst 1982 errichtet werden konnte. Umgekehrt hat die Schweiz erst 1992 einen Botschafter „in spezieller Mission" beim Heiligen Stuhl ernannt, während die Nuntiatur in Bern schon seit 1920 besteht. Die USA entsandten bei Bedarf (z. B. im Zweiten Weltkrieg) „Persönliche Vertreter des Präsidenten" zum Heiligen Stuhl; volle diplomatische Beziehungen wurden erst 1982 aufgenommen. Weitere Beispiele für Sonderformen sind: Polen 1988/89: „Delegation für ständige Arbeitskontakte"; UdSSR 1990: „Vertreter" (von Russland fortgeführt); Mexiko seit 1991: „Ständiger persönlicher Vertreter des Präsidenten"; Israel seit 1994: „Sondervertreter".

3. *Statistik.* Derzeit unterhalten 172 Staaten, die Palästinensische Befreiungsorganisation PLO und der souveräne Malteser-Ritter-Orden eine diplomatische Mission beim Heiligen Stuhl; die Vereinten Nationen sind durch ein „Informationszentrum" vertreten (AnPont 2000, 1426–57).

■ Literatur: LMA 4, 1371f.; VatL 182. – R.A. GRAHAM: Vatican Diplomacy. Princeton 1959; I. CARDINALE: Le St-Siège et la diplomatie. Paris u.a. 1962; H.F. KÖCK: Die völkerrechtliche Stellung des Heiligen Stuhls. Berlin 1975; I. CARDINALE: The Holy See and the International Order. London 1976; A. DUPUY: La Diplomatie du St-Siège. Paris 1980; M. MERLE – CH. DE MONTCLOS: L'Église catholique et les relations internationales. ebd. 1988; J.-B. D'ONORÍA (Hg.): Le St-Siège dans les relations internationales.

ebd. 1989; P.C.KENT: Papal diplomacy in the modern ages. Westport 1994; G. BARBERINI: Chiesa e Santa Sede nell'ordinamento internazionale. Esame delle norme canoniche. Turin 1996. *Heribert Franz Köck*

Engelsburg (Castel Sant'Angelo), in Rom als Grabmal Kaiser Hadrians, seiner Familie und Nachfolger überaus prächtig errichtet (139 nC. vollendet, bis 217 genutzt). Über quadratischem Sockel (etwa 87 Meter breit) ein Zylinder (64 Meter Durchmesser) mit zentralen Kammern übereinander und umlaufendem Spiralstollen; darüber ehemals ein bepflanzter Erdhügel, zuoberst eine Quadriga mit einer Statue Hadrians. Skulpturenschmuck, Marmor- und Travertinverkleidung fast vollständig verloren. In axialem Bezug die gleichzeitige Engelsbrücke (Pons Aelius, Ponte Sant'Angelo). Seit der Einbeziehung in die Aurelianische Stadtmauer (271) als Brückenkopfbefestigung strategisch wichtig. Erst nach 1379 dauernd in päpstlichem Besitz. Unter Nikolaus V. und v. a. Alexander VI. Ausbau zur uneinnehmbaren Festung und zeitweiligen Residenz, mit dem Vatikan durch einen Fluchtkorridor („corridoro") verbunden; auch als Schatzkammer, Archiv und Kerker genutzt. Ausgeschmückt unter Julius II., Leo X. und v. a. Paul III.; barocker Bastionenkranz von Urban VIII. Im 20. Jh. verändernd restauriert; heute Museum. – Der Name und die heute auf der Spitze stehende Engelsfigur erinnern an die Vision Gregors des Großen anlässlich einer Pestprozession (590), als ihm der Erzengel Michael über dem Bau erschien und das Ende der Seuche anzeigte.

■ Literatur: LMA 3, 1921f. – M. BORGATTI: Castel Sant'Angelo in Roma. Rom ²1931; M. DE' SPAGNOLIS: Contributi per una nuova lettura del Mausoleo di Adriano: Bolletino d'Arte 61 (1976) 62–68; C. D'ONOFRIO: Castel Sant'Angelo e Borgo tra Roma e Papato. Rom 1978; R. MERTZENICH: Der Alexander-Zyklus der sala Paolina in der Engelsburg zu Rom. Aachen 1990; P. SPAGNESI: Castel Sant'Angelo. La fortezza di Roma. Rom 1995. *Georg Satzinger*

Enzyklika. Enzykliken sind seit Benedikt XIV. (1740–58) eingeführte, gedruckte Rundschreiben des Papstes, die an den gesamten Episkopat der Kirche oder einen Teil desselben sowie über diesen an die Gläubigen, gelegentlich an alle Menschen guten Willens gerichtet sind und Gegenstände der Glaubens- und Sittenlehre, der Philosophie und der Sozial-, Staats- und Wirtschaftslehre sowie der Disziplin und der Kirchenpolitik zum Inhalt haben. Litterae encyclicae und (die selten gewordenen) Epistolae encyclicae unterscheiden sich hauptsächlich nach der Gewichtung des Themas, das häufig in den ersten zwei oder drei Worten des amtlichen Textes anklingt, nach denen sie zitiert werden. Enzykliken werden normalerweise in lateinischer Sprache veröffentlicht; in wachsendem Maße werden ihnen amtliche Übersetzungen in andere Sprachen beigegeben. Enzykliken enthalten keine Normen der kanonischen Rechtsordnung. Sie sind gewöhnlich durch besondere Fragen der Zeit oder konkrete Anlässe bedingt, dienen als Mittel der Ausübung des ordentlichen allgemeinen Lehramtes des Papstes und sind (seit Leo XIII.) eine Hauptquelle der Verkündigung der Kirche. Sie enthalten in der Regel viele Lehren, die bereits vorher als Dogmen vorgelegt wurden. Enzykliken verpflichten stets zur gehorsamen Annahme, wobei Abstufungen je nach der inhaltlichen Aussage und dem Einsatz der Autorität möglich sind. Wo sie ein Urteil über bislang umstrittene Fragen aussprechen, ist ihr Inhalt der freien Erörterung der Theologen entzogen (DH 3885).

Literatur: VATL 195ff. – F.M. GALLATI: Wenn die Päpste sprechen. Das ordentliche Lehramt des Apostolischen Stuhles und die Zustimmung zu dessen Entscheidungen. Wien 1960; A. PFEIFFER: Die Enzykliken und ihr formaler Wert für die dogmatische Methode. Ein Beitrag zur theologischen Erkenntnislehre. Fribourg 1968; S. O'RIORDAN: The teaching of the Papal Encyclicals as a source and norm of moral theology: Studia moralia 14 (1976) 135–157. *Georg May*

Ex cathedra ↗Unfehlbarkeit.

Finanzwesen des Apostolischen Stuhls. 1. *Heiliger Stuhl.* Die Finanzierung der Verwaltung der Gesamtkirche besorgt die „Administratio Patrimonii Sedis Apostolicae" (APSA, Verwaltung des Patrimoniums des Apostolischen Stuhls): Ordentliche Abteilung für Kassenliquidität und Immobilienverwaltung, Außerordentliche Abteilung für Kapitalanlagen (Wertpapiervermögen). Die Konsolidierte Bilanz des ↗Heiligen Stuhls erfasst die Einzelbudgets der ↗römischen Kurie und der Regiebetriebe (Druckerei, Verlagsbuchhandlung, ↗Osservatore Romano, ↗Radio Vaticana). Jährlicher Finanzrahmen von über 300 Milliarden Lire (1992), gespeist zur Hälfte aus Kapitaleinkünften, zu einem Drittel aus dem ↗Peterspfennig und anderen Spenden an den Heiligen Vater, zu einem Sechstel aus Beiträgen von Diözesen, Ordensgemeinschaften und anderen Einnahmen, Bilanzvolumen 1300 Milliarden Lire (1992); für Immobilien nur Erinnerungswerte. – 2. *Vatikanstaat.* Der Vatikanstaat nimmt weltliche Aufgaben entsprechend denen einer Stadtverwaltung wahr, verbunden mit einigen hoheitlichen staatlichen Funktionen (Münzregal, Post, Zoll). Der jährlicher Finanzrahmen erreicht 150 Milliarden Lire (1992), das Bilanzvolumen 160 Milliarden Lire (1992); Immobilien und Museumsstücke sind kaum zu bewerten. – 3. *Finanzaufsicht.* Die „Präfektur für die Wirtschaftlichen Angelegenheiten des Heiligen Stuhls" (Praefectura rerum oeconomicarum Sanctae Sedis) ist zuständig für die Zusammenstellung und Prüfung der Voranschläge und Jahresbilanzen des Heiligen Stuhls und des ∕Vatikanstaates sowie für die Vorprüfung von Immobilienübertragungen und von Bauvorhaben. Ihre Autorität erstreckt sich auch auf fast alle anderen vatikanischen Einrichtungen. – 4. *Kardinalsrat.* Der „Kardinalsrat für Organisatorische und Wirtschaftliche Angelegenheiten des Apostolischen Stuhls" (Coetus Cardinalium ad consulendum rebus organicis et oeconomicis Apostolicae Sedis; 15 Kardinäle, je drei pro Erdteil) studiert in halbjährlichen Sitzungen Voranschläge und Jahresbilanzen und berichtet hierüber auch an die Diözesanbischöfe. – 5. *Institut für Religiöse Werke.* Das „Istituto per le Opere di Religione" (IOR) wird oft „Vatikanbank" genannt, obwohl es mehr einer Sparkasse für kirchliche Einrichtungen und Bedienstete gleicht und eigentlich eine Stiftungsverwaltung ist. Nach vatikanischem Privatrecht organisiert, unter einer Kardinalskommission geleitet von einem fünfköpfigen Verwaltungsrat aus Bankfachleuten, deren Weisungen ein Generaldirektor in die tägliche Praxis umsetzt.

Literatur: VatL 329–332 622f. 824. – C. PALLENBERG: Die Finanzen des Vatikans. München 1973; Römische Kurie, Kirchliche Finanzen, Vatikanisches Archiv. FS H. Hoberg, hg. v. E. GATZ, 2 Bde. Rom 1979; H. BENZ: Finanzen und Finanzpolitik des Heiligen Stuhls. Stuttgart 1993; ANPONT 2000, Index. *Eugen Hillengass*

Fischerring (Anulus piscatoris), Amtsring des Papstes seit dem 14. Jh., Teil der ∕päpstlichen Insignien; so genannt, weil sein Stein neben dem Namen des Papstes das Bild des heiligen ∕Petrus trägt, wie er das Fischernetz in seinen Kahn zieht. Erstmals erwähnt unter Clemens IV. 1265/66, seit Nikolaus V. (1447–55) regelmäßig zur Besiegelung der päpstlichen Breven verwendet, seit 1843 in dieser Funktion durch einen gleichbildlichen Stempel ersetzt; daher die Formel „datum sub anulo piscatoris".
Literatur: EC 1, 1217–21; LMA 1, 739; VatL 222. – K.A. FINK: Untersuchung über die päpstlichen Breven des 15. Jh.: RQ 43 (1935) 55–86. *Rupert Berger*

Gegenpapst, Bezeichnung für den illegitimen, mit dem rechtmäßigen ∕Papst konkurrierenden Papst. Ausreichende Kriterien für die Illegitimität – begründet entweder in der nur langsam rechtlich abgesicherten Papstwahlordnung (∕Papstwahl) oder in der stets unsicheren Rechtsgrundlage der Deposition eines Papstes – fehlen, so dass in der Historie die Liste der Gegenpäpste bis in die jüngste Zeit einer Revision unterlag. Seit der Papstwahlordnung von 1059 wurden die nach Meinung der Zeitgenossen illegitimen Päpste in der Ordnungszahl nicht mehr berücksichtigt. Der Begriff „antipapa" taucht erstmals 1127 auf (Hugo von York, Chronicon pontificium ecclesiae eboracensis, ed. v. C. Johnson. London 1961, 84f.) als Kampfbezeichnung in Assoziation zu „antichristus".
Literatur: EC 1, 1483–89; VatL 240ff. – M.E. STOLLER: The Emergence of the Term Antipapa in Medieval Usage: AHP 23 (1985) 43–61. *Odilo Engels*

Goldene Rose. Am vierten Fastensonntag trug der Papst, angeregt wohl durch die byzantinische, von der römischen Bevölkerung übernommene Kreuzverehrung an Mittfasten (PL 143, 635) oder von volkstümlichen Frühlingsbräuchen, in der Stationsprozession nach Santa Croce eine (zunächst natürliche, dann) goldene, später auch mit Balsam und Moschus gefüllte (colore delectat, odore recreat, sapore confortat: Innozenz III.: PL 217, 393) Rose in der Hand, die er dann (als alter Brauch erstmals 1049 unter Leo IX. erwähnt) dem Stadtpräfekten überreichte, später an verdiente Persönlichkeiten überbringen ließ (so erstmals 1096 an Folco von Anjou für den ersten Kreuzzug; ähnlich 1576 an Don Juan d'Austria für den Sieg von Lepanto), aber auch an Städte wie Venedig sowie an römische Basiliken, nach 1759 ausschließlich an Regentinnen (darum „Tugendrose"), letztmals unter Pius XI. 1937 an Königin Elena von Italien; seither wird der Brauch nicht mehr geübt.

Literatur: LMA 4, 1545; VATL 66of. 790. – J. KREBS: La rose d'or: Questions liturgiques et paroissiales 11 (1926) 71–104 149–178; E. CORNIDES: Rose und Schwert im päpstlichen Zeremoniell von den Anfängen bis zum Pontifikat Gregors XIII. Wien 1967; CH. BURNS: Golden Rose and Blessed Sword. Papal Gifts to Scottish Monarchs. Glasgow 1971; G. SACCHI LODISPOTO: La rosa d'oro: Strenna dei Romanisti 45 (1984) 467–483.

Rupert Berger

Heiliger Stuhl (Sancta Sedis), seit dem CIC/1917 (c. 7) synonym mit „Apostolischer Stuhl"; legaldefinierte Bezeichnung für den Papst und/oder die in seinem Namen tätigen Stellen der ⁄römischen Kurie (c. 361 CIC/1983). Ursprünglich Bezeichnung für Bischofssitze, die von Aposteln gegründet wurden; Heiliger oder Apostolischer Stuhl heute nur mehr für die ⁄Kathedra Petri, das Amt des Bischofs von Rom, zulässig. Mit dieser objektivierenden Bezeichnung der obersten Hirtengewalt greift die Sprach- und Begriffsbildung auf das uralte Symbol des Richter- oder Königthrons als Ausdruck von Herrschaftsmacht zurück. Das positive Recht (c. 113) spricht dem Heiligen Stuhl Rechtssubjektivität wegen seiner Qualität als moralische Person zu.

Diese Feststellung ist als Deduktion aus der göttlichen Ordnung deklariert. Das will besagen, dass man in einer Rechtskultur, die dem gewachsenen Begriff der juristischen Person den Rang eines zentralen Bauelements einräumt, diesen Status denknotwendig und eo ipso auch der obersten Kirchengewalt zuweisen müsse; Gedanken des ius publicum ecclesiasticum und der Societas-perfecta-Lehre sind hier zu beachten (vgl. auch cc. 1254, 1255, 1259, 1271, 1273). Der Heilige Stuhl ist auch Rechtssubjekt des der obersten Kirchenleitung gehörenden Vermögens (⁄Apostolische Kammer). Praxis und überwiegende Lehre des internationalen Rechts anerkennen den Heiligen Stuhl als Völkerrechtssubjekt vor und neben dem 1929 (⁄Lateranverträge) entstandenen ⁄Vatikanstaat. Die völkerrechtliche Stellung des Heiligen Stuhls beruht auf Gewohnheitsrecht, das sich aufgrund der effizient ausgeübten geistlichen Souveränität seit dem Mittelalter bildete. Im amtlichen Verkehr mit den Vereinten Nationen ist nur die Bezeichnung „Heiliger Stuhl" zu verwenden (Notenwechsel vom 29.10.1957). Deshalb ist bei völkerrechtlichen Akten im Einzelfall deren Zuordnung zum Heiligen Stuhl, zum Vatikanstaat oder zu beiden Rechtsträgern zu prüfen. Die völkerrechtliche Stellung des Heiligen Stuhls ist heute besonders durch die Obsorge für den Weltfrieden akzentuiert. – Zur ekklesiologischen Einordnung des Rechtsbegriffs „Heiliger Stuhl": / Petrusamt, / Primat, / Schlüsselgewalt.

▧ Literatur: VATL 297f. – H. OECHSLIN: Die Völkerrechtssubjektivität des Apostolischen Stuhls und der katholischen Kirche. Freiburg 1974; H. KÖCK: Die völkerrechtliche Stellung des Heiligen Stuhls. Berlin 1975; HKKR 263f.; W. AYMANS – K. MÖRSDORF: Kanonisches Recht. Lehrbuch aufgrund des CIC, Bd. 1. Paderborn u.a. ¹³1991, 131; J. ABBASS: Apostolic see in the new eastern code of canon law. Lewiston u.a. 1994; C. GARCÍA MARTÍN: El estatuto jurídico de la Santa Sede en las Naciones Unidas: Ius canonicum 38 (1998) 247–289; S. GATZHAMMER: Vorschläge zur Lösung der ‚Quaestio Romana' in Bezug auf die päpstliche Souveränität von 1848 bis 1928: Winfried Schulz in memoriam. Frankfurt (Main) u.a. 1999, 285–309; J. JOBLIN: Il ruolo internazionale della Santa Sede: La civiltà cattolica 151 (2000) 158–162.

Helmut Schnizer

Heiliges Jahr. Ein Heiliges Jahr soll in besonderer Weise der Heiligung der Gläubigen dienen, zunächst durch die Pilgerfahrt zu den Hauptkirchen Roms und die darin ausgedrückte Bereitschaft zur Umkehr, besiegelt in der gläubigen Feier der Sakramente v. a. der Buße und des Altars und dem damit verbundenen Ablass. Als sich zur Jahrhundertwende 1300 unzählige Pilger in Rom einfanden, gewährte Papst Bonifatius VIII. einen besonderen vollkommenen Ablass, der sich alle 100 Jahre, seit Clemens VI. 1343 alle 50 („Jubeljahr"), seit Urban VI. 1389 alle 33, seit Paul II. 1470 alle 25 Jahre wiederholen sollte. Herkömmlich eröffnet der Papst das Heilige Jahr durch Öffnen der Porta aurea von Sankt Peter; gleichzeitig tun dies Kardinallegaten im Lateran, in Santa Maria Maggiore und Sankt Paul vor den Mauern. Seit 1500 wird der Jubiläumsablass im darauffolgenden Jahr auf die ganze Welt ausgedehnt; erstmals 1975 wurde das Jubeljahr im Vorjahr in den Diözesen gefeiert als Jahr der Bekehrung in engem Anschluss an den „Weg des Heils" im Kirchenjahr (Bußfeiern in der Fastenzeit) und mit einer eigenen Versöhnungswoche, 1975 dann mit der Romwallfahrt abgeschlossen; dafür wurden u. a. auch die beiden Hochgebete zum Thema Versöhnung geschaffen. Das außerordentliche Heilige Jahr 1983 als 1950-Jahr-Feier der Erlösung wurde von vornherein weltweit gefeiert; v. a. das Sakrament der Buße sollte hier den Gläubigen die Erlösungstat Christi erfahrbar machen, aber auch die Werke der Barmherzigkeit nicht vergessen sein: im Kern „ein gewöhnliches Jahr in außergewöhnlicher Weise gefeiert" (Johannes Paul II.: Bulle *Aperite Portas* 3). Zuletzt wurde das Jahr 2000 weltweit als Heiliges Jahr gefeiert.

▧ Literatur: EC 6, 678–686; DDC 6, 191–203; VATL 298–303. – A. DE WAAL: Das Heilige Jahr. Münster ²1900; P. BASTIEN: Tractatus de anno sancto. ebd. 1901; F.X. KRAUS: Essays, Bd. 2. Berlin 1901, 217–336; H. THURSTON: The Roman Jubilee. History and Ceremonial. London 1925; A. LAICI: Gli Anni Santi e le basiliche gibilari. Rom 1925; G. CASTELLI: Gli Anni Santi. Rocca San Casciano 1949; H. SCHMIDT: Bullarium anni sancti. Rom 1950; Ordo Anni Sancti celebrandi in ecclesiis particularibus. ebd. 1973, deutsch: Die Feier des Heiligen Jahres, hg. v. den Liturgischen Instituten. Einsiedeln–Freiburg 1974; M. SIEVERNICH: Das ‚Heilige Jahr'. Symbolische Bedeutung und theologische Deutung: Praktische Theologie 34 (1999) 97–104; A. CUVA: I giubilei degli anni ‚centesimi': Rivista liturgica 86 (1999) 769–783; R. TRISCO: The first jubilees celebrated in the United States: The Catholic Historical Review 86 (2000) 85–94. *Rupert Berger*

Heiligsprechung / Kanonisation.

Index der verbotenen Bücher (Index librorum prohibitorum), das Verzeichnis ausdrücklich verbotener Schriften.

Nach dem Beispiel staatlicher Verzeichnisse stellte Paul IV. erstmals 1559 einen Index mit drei alphabetischen Verzeichnissen (Verfasser mit allen, Verfasser mit bestimmten Werken, Titel anonymer Bücher) auf. Die der Drucklegung folgende Zensur von Büchern und die Ergänzung des Index wurden der von Pius V. im Jahre 1571 neu errichteten Indexkongregation übertragen. Benedikt XV. löste diese Kongregation am 25.3.1917 auf und übertrug ihre Aufgabe dem Heiligen Offizium (1965 in Glaubenskongregation umbenannt).

Der kirchliche Gesetzgeber regelte das der Veröffentlichung nachfolgende Bücherverbot in den cc. 1395–1405 CIC/1917. Die vom Apostolischen Stuhl verbotenen Bücher wurden in den AAS veröffentlicht und zugleich in den Index aufgenommen. Sie durften nicht herausgegeben, gelesen, aufbewahrt, verkauft, übersetzt oder anderen zugänglich gemacht werden. Das Verbot wurde absolut oder „donec corrigatur" (bis zur verbesserten Neuausgabe) erlassen. Für das Verfahren war die Konstitution *Sollicita ac provida* vom 9.7.1753 maßgeblich. Außer den gesetzlichen Befreiungen konnte durch Einholung einer Erlaubnis vom Bücherverbot befreit werden (vgl. cc. 1400–1404). Im Rahmen engerer Tatbestände waren Verletzungen mit der Exkommunikation als Tatstrafe bedroht (c. 2318).

Einen maßgeblichen Einfluss auf die Änderung der Indizierungspraxis im Gefolge des Zweiten Vatikanischen Konzils hatte die vom Erzbischof von Köln, Kardinal Josef Frings, in der Konzilsaula vorgebrachte Kritik am Heiligen Offizium. Auf eine Presseerklärung des Propräfekten des Heiligen Offiziums, Kardinal Alfredo Ottaviani, dass der Index keine rechtliche Geltung mehr habe, hin wurden der Index und die gesetzlichen Bücherverbote (c. 1399 CIC/1917) durch die Erlasse der Glaubenskongregation vom 14.6. und 15.11.1966 außer Kraft gesetzt. Zugezogene Strafen waren aufgehoben. An die Stelle rechtlicher Vorschriften, die dem Schutz des Glaubens und der Sitten dienen sollten, die aber auch als Instrument der Maßregelung ge- und zuweilen missbraucht wurden, ist ein gesetzlicher Freiraum für die Eigenverantwortlichkeit der einzelnen Christgläubigen getreten. Nach wie vor ist jedoch jeder Christ und jede Christin vor dem Gewissen zur Verantwortung gerufen.

Der CIC/1983 enthält keine Bestimmungen über ein nachträgliches Bücherverbot, wohl aber über die vorausgehende Prüfung und Beurteilung von Büchern. Bereits Alexander III. hatte für vier deutsche Kirchenprovinzen eine vorausgehende Bücherzensur angeordnet, die auf dem fünften Laterankonzil durch Leo X. für die ganze Kirche für verbindlich erklärt wurde und durch das Konzil von Trient eine ausdrückliche Bestätigung erfahren hat. Die von Leo XIII. durch die Konstitution *Officiorum ac munerum* vom 25.1.1897 vorgenommene Neuordnung der vorgängigen Bücherzensur ging weitgehend in den CIC/1917 (cc. 1385–1394) ein. Sie erfuhr durch das Dekret *De ecclesiae pastorum vigilantia circa libros* der Glaubenskongregation vom 19.3.1975 eine grundlegende Änderung. Im Unterschied zum CIC/1917 sind im CIC/1983 die Bestimmungen über die Aufsicht der Bücher durch gesetzliche Aussagen zu anderen Mitteln der sozialen Kommunikation (Mitarbeit in den Medien) erweitert worden (cc. 822–832). Das Recht auf freie Meinungsäußerung (c. 212 § 3) und Forschungsfreiheit (c. 218) wird beschränkt durch die Wahrung der Unversehrtheit des Glaubens und der Sitten. Nur so kann die Kirche dem Auftrag ihres Herrn Jesus Christus gerecht werden.

▨ Ausgabe: Index Librorum Prohibitorum Sanctissimi Domini Nostri Pii PP XII iussu editus anno 1948. Rom 1948; A. SLEUMER: Index Romanus. Verzeichnis sämtlicher auf dem römischen Index stehenden deutschsprachigen Bücher, desgleichen aller wichtigen fremdsprachlichen Bücher seit dem Jahre 1750. Osnabrück ¹¹1956.
▨ I iteratur: DHGE 25, 1054ff. – F.H. REUSCH: Der Index der verbotenen Bücher, 2 Bde. Bonn 1883–85; J. HILGERS: Der Index der verbotenen Bücher. Freiburg 1904; G. MAY: Die Aufhebung der kirchlichen Bücherverbote: Ecclesia et ius. FS A. Scheuermann. München u.a. 1968, 547–571; H. PAARHAMMER: ‚Sollicita ac provida'. Neuordnung von Lehrbeanstandung und Bücherzensur in der katholischen Kirche im 18.Jh.: Ministerium Iustitiae. FS H. Heinemann. Essen 1985, 343–361; W. REES: Der Schutz der Glaubens- und Sittenlehre durch kirchliche Gesetze: Archiv für katholisches Kirchenrecht 160 (1991) 3–24; DERSELBE: Die Strafgewalt der Kirche. Berlin 1993, 231ff.; H.H. SCHWEDT: Inquisition und Index: RQ 90 (1995) 43–73; J.M. DE BUJANDA (Hg.): Index des livres interdits, 9 Bde. Sherbrooke 1984–95.   *Wilhelm Rees*

Internationale Theologenkommission.

Die Internationale Theologenkommission wurde 1969 von Paul VI. aufgrund eines Vorschlags der Bischofssynode von 1967 bei der Glaubenskongregation errichtet (endgültige Statuten vom 6.8.1982: AAS 74 [1982] 1201–05; Art. 55 der Apostischen Konstitution *Pastor Bonus* vom 28.6.1988: AAS 80 [1988] 841–912). Die Internationale Theologenkommission hat die Aufgabe, Lehr-

fragen von größerer Bedeutung und solche mit neuen Aspekten zu untersuchen und so das kirchliche Lehramt, besonders die Glaubenskongregation, zu unterstützen. Ihr Präsident ist der Kardinalpräfekt der Glaubenskongregation. Der maximal dreißig Mitglieder umfassenden Internationalen Theologenkommission sollen Theologen aus den verschiedenen Schulen und Nationen angehören. Sie hat einen eigenen Sekretär, der vom Papst auf Vorschlag des Präsidenten (nach Konsultation der Mitglieder) ernannt wird. Wenigstens einmal jährlich soll eine Vollversammlung tagen. Die Mitglicder können aber auch (nur) schriftlich befragt werden. Die zu behandelnden Fragen werden der Internationalen Theologenkommission vorgegeben. Durch die Neuregelung von 1982 (Motu Proprio *Tredecim anni iam:* AAS 74 [1982] 1201 ff.) sind entscheidende Strukturmängel behoben worden. Die Internationale Theologenkommission sollte jedoch einen stellvertretenden Vorsitzenden haben, der von den Mitgliedern aus ihren Reihen gewählt wird. Sie müsste die zu erörternden Fragen auch selbst bestimmen können.

▨ Literatur: VATL 779; ANPONT 2000, 1361f. 1979.   *Heribert Schmitz*

Inthronisation.

Die päpstliche Inthronisation fand im Anschluss an die Konsekration (bzw. Benediktion) gewöhnlich in der Peterskirche durch Besteigung der ⟋Kathedra Petri statt. Bis zum Pastwahldekret von Nikolaus II. (1059) durfte der Papst erst nach dieser Inthronisation Amtshandlungen vornehmen. Während des Avignonischen Exils war eine Inthronisation unmöglich; danach kam sie nicht mehr in Übung. – Heute übernimmt der Papst die „volle und höchste Gewalt in der Kirche" mit Annahme seiner Wahl (gegebenenfalls nach seiner Bischofsweihe) (c. 332 § 1 CIC). Die festliche Eucharistiefeier zu Beginn des Pontifikats hat keine rechtliche Bedeutung.

▨ Literatur: VATL 333f.

August Hagen / Thaddäus A. Schnitker

Jurisdiktionsprimat bezeichnet die volle, höchste und universale Gewalt des Papstes (∕Primat) über die Kirche: „Damit aber der Episkopat selbst einer und ungeteilt sei, hat er [Christus] den heiligen Petrus an die Spitze der übrigen Apostel gestellt und in ihm ein immerwährendes und sichtbares Prinzip und Fundament der Glaubenseinheit und der Gemeinschaft eingesetzt" (*Lumen gentium* 18), das im Nachfolger Petri, dem Bischof von Rom, gegeben bleibt: „Der Bischof von Rom hat nämlich kraft seines Amtes als Stellvertreter Christi und Hirt der ganzen Kirche volle, höchste und universale Gewalt über die Kirche und kann sie immer frei ausüben" (ebd. 22). So fasst das Zweite Vatikanische Konzil die Entscheidung der Dogmatischen Konstitution *Pastor aeternus* (DH 3050–75) des Ersten Vatikanischen Konzils (1870) über den Jurisdiktionsprimat des Papstes zusammen (zur Geschichte vgl. Schatz 1990). Unmittelbar von Christus verliehen, gilt er als wahrhaft bischöfliche Vollmacht gegenüber Hirten und Gläubigen jeglichen Ritus und Ranges in Angelegenheiten des Glaubens und der Sitten, der Disziplin und Leitung der Gesamtkirche. Er beeinträchtigt nicht die ordentliche und unmittelbare Vollmacht der bischöflichen Jurisdiktion, stärkt und schützt sie vielmehr (DH 3060f. 3064). Er ist daher nicht die ausschließliche Quelle, sondern die Fülle kirchlicher Jurisdiktion. Gegen Urteile des Bischofs von Rom ist an keine höhere Instanz zu appellieren, auch nicht an ein ökumenisches ∕Konzil (DH 3063). Der Jurisdiktionsprimat enthält die „höchste Vollmacht des Lehramtes", die ∕Unfehlbarkeit des Papstes (DH 3065 3074). Das Zweite Vatikanische Konzil hat die bisherige Primatslehre durch die Lehre vom Bischofsamt und Bischofskollegium ergänzt: „Die Ordnung der Bischöfe aber, die dem Kollegium der Apostel im Lehr- und Hirtenamt nachfolgt, ja in welcher die Körperschaft der Apostel immerfort weiterbesteht, ist gemeinsam mit ihrem Haupt, dem Bischof von Rom, und niemals ohne dieses Haupt, gleichfalls Träger der höchsten und vollen Gewalt über die ganze Kirche" (*Lumen gentium* 22). Im ökumenischen Gespräch wird um den Jurisdiktionsprimat als Hindernis und Hoffnung der Einheit aller Christen neu gerungen.

▨ Literatur: G. GRESHAKE: Das Dienstamt des Papstes: derselbe: Gottes Heil – Glück des Menschen. Freiburg 1983, 323–353; Dokumente wachsender Übereinstimmung. Sämtliche Berichte und Konsenstexte interkonfessioneller Gespräche auf Weltebene. Paderborn u.a., Bd. 1 1983, ²1991, ³1993, 164–169 176–188 351ff. 466; Bd. 2 1992, 517–525 565 664ff. 747ff.; K. SCHATZ: Der päpstliche Primat. Würzburg 1990; H. DÖRING: Das Dienstamt der Einheit des Bischofs von Rom in der neueren ökumenischen Literatur: Das Dienstamt der Einheit in der Kirche, hg. v. A. RAUCH – P. IMHOF. St. Ottilien 1991, 449–505; K. SCHATZ: Vaticanum I, Bd. 3. Paderborn 1994; Ut unum sint (Verlautbarungen des Apostolischen Stuhls 121). Bonn 1995, nn. 88–99. *Josef Freitag*

Kanonisation

1. Begriff • 2. Geschichte • 3. Rechtsgrundlagen • 4. Verfahren • 5. Theologischer Gehalt.

1. *Begriff.* Kanonisation (Heiligsprechung; zum lateinischen Wort s. u. 4.) bedeutet das feierliche Urteil des

Papstes über das geglückte Leben von Dienern und Dienerinnen Gottes, „die dem Vorbild Christi besonders gefolgt sind und durch das Vergießen ihres Blutes (Martyrer) oder durch heroische Tugendübung (Bekenner) ein hervorragendes Zeugnis für das Himmelreich" abgelegt haben (AAS 75 [1983] 349). Indem die Kirche durch Heiligsprechung einigen Gläubigen amtlich bestätigt, dass sie „die Tugenden heldenhaft geübt und in Treue zur Gnade Gottes gelebt haben", anerkennt sie zugleich „die Macht des Geistes der Heiligkeit, der in ihr ist. Sie stärkt die Hoffnung der Gläubigen, indem sie ihnen die Heiligen als Vorbilder und Fürsprecher gibt" (Katechismus der katholischen Kirche. München u. a. 1993, n. 828). Diese amtliche Gewissheit rechtfertigt den öffentlichen Kult der Heiligen.

2. *Geschichte.* Ausgehend von der frühchristlichen Verehrung der Martyrer wurde besonders seit der zweiten Hälfte des 4. Jh. der öffentliche Kult auf solche Persönlichkeiten ausgedehnt, deren Ruf der Heiligkeit feststand, weil er durch nach ihrem Tod gewirkte außerordentliche Zeichen bestätigt worden war, die als Wunder gewertet wurden. So konnte man auch ohne Blutvergießen durch heroische Tugendübung die Verdienste des Martyriums erlangen. In der Folgezeit wurden auch diejenigen großen Bischöfe und Lehrer als „confessores" verehrt, die gegen Irrlehren gekämpft und sich zum wahren Glauben bekannt hatten. Diesen Bekennern im eigentlichen Sinn wurden bald auch bedeutende Einsiedler, Koinobiten, Asketen, Mönche und Missionare hinzugezählt, denen eines gemeinsam ist: sie wurden vom gläubigen Volk besonders verehrt. Äußeres Zeichen der Anerkennung dieser Verehrung war die Erhebung ihrer Gebeine im Beisein des zuständigen Ortsbischofs und deren Wiederbeisetzung in einem Altar. Die Kanonisation eines Martyrers bzw. eines Bekenners bestand außer in der „elevatio" bzw. „translatio corporis" in der Kultapprobation seitens des Ortsbischofs, wobei der Lebenslauf („vita"), die erlittenen Torturen bzw. die Großtaten des Heiligsprechungskandidaten dem gläubigen Volk vorgelesen wurden. Eine solche Erhebung „zur Ehre der Altäre" geschah nicht selten anlässlich einer Synode, wobei die hier versammelten Bischöfe feierlich ihre Zustimmung zum öffentlichen Kult gaben. Zwischen „Seligen" und „Heiligen" wurde nicht unterschieden. Wegen aufkommender Missbräuche und um der bischöflichen Kultapprobation größeres Gewicht zu verleihen, wandte man sich zunächst in Einzelfällen an den Bischof von Rom. Die erste vom Papst vorgenommene Kanonisation war am 11.6.993 die des Bischofs Ulrich von Augsburg durch Johannes XV. Auf die Dekretale *Audivimus* Alexanders III. (1159–81) geht die allgemeine päpstliche Reservation zurück. Verbindlichkeit erlangte sie erst seit 1234 durch ihre Aufnahme in die Dekretalen Gregors IX. (c. 5 1 X 3,45). Dessen ungeachtet approbierten die Bischöfe weiterhin den öffentlichen Kult von Dienern Gottes. So bildete sich allmählich auf der Grundlage der Attribute „beatus" und „sanctus" die Unterscheidung von bischöflicher Seligsprechung und päpstlicher Kanonisation heraus. Erst mit der Errichtung der Rituskongregation durch Sixtus V. 1588 und mit entsprechender Kompetenzübertragung war ein Instrument geschaffen, das päpstliche Vorbehaltsrecht in die Praxis umzusetzen. Auf Urban VIII.

und Benedikt XIV. geht das Kanonisationsverfahren zurück, wie es der CIC/1917 festhält. Dabei hat Urban VIII. das bisherige Verfahren insofern umgekehrt, als es nun nicht mehr um die rechtmäßige Bestätigung eines vorhandenen Kultes durch die kirchliche Autorität ging. Vielmehr durfte ein Diener Gottes erst dann amtlich verehrt werden, nachdem sein heroisches Tugendstreben und sein Vorbildcharakter prozessual erwiesen waren. Das setzt eine noch bis heute erforderliche Untersuchung in einem „processus super non cultu" voraus, der in einem erkennbaren Widerspruch zur ebenfalls unabdingbaren Verehrung durch das gläubige Volk steht. Paul VI. hat mit dem Motu Proprio *Sanctitas clarior* vom 19.3.1969 den Bitten des Weltepiskopats auf dem Zweiten Vatikanischen Konzil zu entsprechen versucht, der unverhältnismäßigen Prozesslänge durch Straffung des Verfahrens zu begegnen.

3. *Rechtsgrundlagen.* Mit der Apostolischen Konstitution *Divinus perfectionis Magister* vom 25.1.1983 hat Johannes Paul II. das Kanonisationsverfahren nach Maßgabe der Verweisungsnorm des c. 1403 § 1 CIC neu geordnet. Die Kongregation für die Selig- und Heiligsprechungsprozesse hat daraufhin am 7.2.1983 besondere Richtlinien für die Bischöfe bei den Erhebungen in Heiligsprechungsverfahren zusammen mit einem Überleitungsdekret vom selben Tag in Bezug auf die Behandlung bereits anhängiger Prozesse erlassen. Eine am 21.3.1983 päpstlich approbierte Geschäftsordnung regelte das interne Vorgehen dieses Dikasteriums.

4. *Verfahren.* Nach formeller Seligsprechung (Beatifikation), die nur eine begrenzte päpstliche Kultgenehmigung, z. B. für eine Ortskirche, für eine Ordensgemeinschaft oder für ein bestimmtes Land zum Gegenstand hat, bezieht sich Kanonisation auf die Aufnahme in das Verzeichnis der Heiligen, „Kanon" genannt; daher auch die Bezeichnung „Kanonisation". Das Kanonisationsverfahren folgt im Wesentlichen den Regeln des Seligsprechungsprozesses. Außer einer hinreichenden Verehrung ist ein zeitlich nach der Seligsprechung auf die Fürsprache des Seligen bewirktes, in einem getrennten Verfahren zu belegendes Wunder erforderlich. Danach liegt es im alleinigen Ermessen des Papstes, zu entscheiden, ob er die Kanonisation vornehmen will. Einen Rechtsanspruch darauf nach erfolgreich abgeschlossenem Verfahren gibt es nicht. Im Unterschied zu allen sonstigen kanonischen Prozessen, die auf einen durchsetzbaren Rechtsakt in Form eines vollstreckbaren Urteils abzielen, besteht die Besonderheit des Seligsprechungsverfahrens bzw. des Kanonisationsprozesses darin, dass sie nur eine Schlussfolgerung darstellen, die auf ein mögliches Urteil des Papstes gerichtet ist, das dieser in Würdigung des Prozessergebnisses frei fällt, d. h. das er bestätigen, aber auch ablehnen kann. Beides kommt vor.

Ein verbindlicher Ritus die Liturgie der Kanonisation betreffend, ist bis zur Stunde nicht promulgiert worden. Die Kanonisationen folgen derzeit einer pro casu geschaffenen Liturgie.

5. *Theologischer Gehalt.* Durch Kanonisation anerkennt die Kirche nicht primär das Streben nach persönlicher Vollkommenheit in der Nachfolge Christi, wenngleich dies auch mitgemeint ist; auch ist Kanonisation in einer nicht nur auf das individuelle Heil der Menschen ausgerichteten Theologie mehr als die Erlangung des heroischen Tugend-

grades im Sinn eines Ansporns zu vorbildhafter Nachahmung; Kanonisation ist ekklesiologisch Selbsterkenntnis der Kirche, vom Zweiten Vatikanischen Konzil an der Nahtstelle des endzeitlichen Charakters der pilgernden Kirche und ihrer Einheit mit der himmlischen Kirche behandelt (*Lumen gentium* 48–51). Jede Kanonisation ist somit eine Aussage der Kirche über sich selbst, worin ihr eschatologisches Bewusstsein zum Ausdruck kommt, das sie befugt, bereits jetzt konkrete Personen als Heilige namhaft zu machen. Die Heiligen sind demzufolge keine „Glückstreffer" einer abstrakten Heilsanstalt Kirche, deren heroisch geübter Tugendgrad sie als Vorbilder aus dem sündigen Alltag der „normalen" Gläubigen abhebt und denen man deshalb die schuldige Heldenverehrung entgegenzubringen hat; Heilige sind vielmehr die Verwirklichung der konkreten Heilszusage Christi an seine Kirche. Indem sich die Kirche für sie verbürgt, bekennt sie sich zu sich selbst als „unzerstörbar heilig" (*Lumen gentium* 48) und zugleich zu ihrer Geschichte. Heiligkeit vollzieht sich deshalb nicht als abstraktes Ideal eines übernatürlich begründeten Sollensauftrags, der als solcher einem immer gleichen Schema zu folgen hätte, z. B. einem fixen Kriterienkatalog für die Feststellung des heroischen Tugendgrades, dem das stark schematisierte Vorgehen im bisherigen Kanonisationsverfahren Vorschub leisten konnte; Heiligkeit gewinnt vielmehr stets neue, konkrete und damit geschichtlich einmalige Gestalt, die sich in kein vorgefertigtes Schema pressen lässt. Die großen Heiligengestalten der Kirche bestätigen diese Auffassung.

Quellen: BENEDIKT XIV.: De servorum Dei beatificatione et beatorum Canonizatione, 4 Bde. Prato 1839–42.

Literatur: K. RAHNER: Schriften zur Theologie, Bd. 3. Einsiedeln u.a. 1956, 111–126; W. SCHAMONI: Inventarium Processum Beatificationis et Canonizationis. Hildesheim u.a. 1983; A. CASIERI: Postulatorum Vademecum. Rom ²1985; W. SCHULZ: Das neue Selig- und Heiligsprechungsverfahren. Paderborn 1988; P. GALAVOTTI: Index ac Status Causarum. Vatikanstadt 1988 (mit 2 Supplementen von 1988 und 1991); R. RODRIGO: Manuale per istruire i processi di canonizzazione dei Santi. ebd. 1992; A. ESZER: Il concetto della virtù eroica nella storia: Sacramenti, Liturgia, Cause dei Santi. FS G. Casoria. Neapel 1992, 605–636; A. ROYO MEJIA: Evolución histórica de la prueba de la heroicidad de las virtudes en las causas de los Santos en los siglos anteriores a Benedicto XIV: Archivo teológico Granadino 56 (1993) 25–61; L. GEROSA: Heiligkeit und Kirchenrecht: Theologie und Glaube 87 (1997) 177–191; R. LATOURELLE: Miracle et sainteté dans les causes de béatification et de canonisation: Science et ésprit 50 (1998) 265–277; R. RUSCONI: La santità dell'età contemporanea tra agiografia e biografia: Rivista di storia e letteratura religiosa 35 (1999) 567–586; A. VAUCHEZ: Les origines et le développement du procès de canonisation (XII.–XIII. siècles): Vita religiosa im Mittelalter. FS K. Elm. Berlin 1999, 845–856; L. GEROSA: Die Heiligsprechungspraxis der Kirche und die theologischen Grundlagen des kanonischen Prozessrechts: Winfried Schulz in memoriam. Frankfurt (Main) u.a. 1999, 327–341. *Winfried Schulz*

Kardinal, Kardinalskollegium.

Die Kardinäle sind nach dem Papst die höchsten Würdenträger in der katholischen Kirche, sie sind der „Senat" des Papstes, den sie wählen und in der Leitung der Gesamtkirche unterstützen.

1. Geschichte. Das lateinische „cardinalis" bezeichnet ursprünglich einen einer Bischofskirche („cardo", Angelpunkt) zugehörigen Kleriker, anfangs nur die Diakone der kirchlichen Regionen Roms, später auch die ranghöchsten Priester der ∕Titelkirchen und die sieben Bischöfe der suburbikarischen Bistümer. Um 1100 war die Entwicklung der drei Ordines der Kardinalbischöfe, -priester und -diakone abgeschlossen, die 1130 erstmals gemeinsam den Papst wählten (↗Papstwahl). Alexander III. verlieh den Kardinälen 1179 endgültig das ausschließliche Papstwahlrecht. Seit Ende des 12. Jh. gehörten auch nichtrömische Bischöfe als Kardinalpriester und -diakone dem Kardinalskollegium an, womit der Rang der Kardinäle von der Weihe unabhängig wurde. Bis zur Reform Sixtus' V. 1586/87, der die Zahl der Kardinäle auf siebzig (sechs Bischöfe, fünfzig Priester, vierzehn Diakone) erhöhte, hatte das Kardinalskollegium den größten Einfluss auf die Kirchenregierung, was sich an Wahlkapitulationen, Konsistorien und der Gegenzeichnung päpstlicher Dokumente zeigte, wenn auch durch den ↗Nepotismus des 16. Jh. im päpstlichen Senat oft persönliche Interessen zu überwiegen schienen. Sixtus V. verminderte 1588 durch die Schaffung von fünfzehn Kardinal-↗Kongregationen den Einfluss des Gesamtkollegiums. Ab Pius XII. wurde das Kardinalskollegium zunehmend internationalisiert. Johannes XXIII. überschritt erstmals die Zahl von siebzig Kardinälen. Nach dem Zweiten Vatikanischen Konzil wurden unter Paul VI. seit 1965 weitgehende Änderungen der Rechte der Kardinäle vorgenommen, die in den CIC eingegangen sind.

2. Geltendes Recht (besonders cc. 349–359, 883 2°, 967 § 1, 1242; 1405 § 1 2°, 1558 § 2 CIC). Die drei Klassen des Kardinalskollegiums sind beibehalten, wobei die bischöfliche Klasse um die zu Kardinälen erhobenen orientalischen Patriarchen vermehrt wurde. Durch Option können die Kardinalpriester und die Kardinaldiakone andere Titelkirchen bzw. -diakonien erhalten, die Kardinaldiakone nach zehn Jahren in die priesterliche Klasse wechseln. Bedingung für die Ernennung zum Kardinal sind Priesterweihe, Glaube, Sitte, Frömmigkeit und Klugheit in Verwaltungsangelegenheiten. Von Ausnahmefällen abgesehen, erhält, wer noch nicht Bischof ist, die Bischofsweihe. Der Papst ernennt die Kardinäle frei, Inhaber bestimmter Diözesen oder Kurienämter werden allerdings üblicherweise zum Kardinal erhoben. Es gibt die geheime Ernennung („in petto"), bei der Pflichten und Rechte bis zur Veröffentlichung suspendiert bleiben. Zu den Ehrenrechten der Kardinäle gehört der Kardinalspurpur und die Anrede „Eminenz". Darüber hinaus besitzen sie das Recht, überall in der Welt das Bußsakrament zu spenden, in ihrer eigenen Kirche begraben zu werden, ausschließlich vor das Gericht des Papstes gezogen zu werden und als Zeuge den Vernehmungsort selbst zu bestimmen. In ihren Titelkirchen oder -diözesen üben die Kardinäle keinerlei Leitungsgewalt aus, wohl aber eine beratende Schirmherrschaft. Außerhalb Roms sind sie exemt. Kurienkardinäle müssen in Rom residieren, alle anderen sich nach Rom begeben, sooft der Papst sie ruft. Mit der ↗Sedisvakanz erlöschen alle Ämter der Kurienkardinäle, außer das des Kämmerers der Römischen Kirche, des Großpoenitentiars und des Kardinalvikars. Bei Vollendung des 75. Lebensjahres sind die Kardinäle um Amtsverzicht gebeten. Mit Vollendung des 80. Lebensjahres verlieren sie Kurienämter und das aktive Papstwahlrecht. Papstwahlgremium und Kardinalskollegium sind also nicht mehr identisch. Dem Kardinalskollegium steht der Kardinaldekan als Erster unter Gleichen vor, der von den suburbikarischen Kardinalbischöfen aus deren Kreis gewählt wird und zusätzlich zu seinem eigenen Titel den Titel der Diözese Ostia innehat. Er muss wie der auf gleiche Weise gewählte Subdekan seinen Wohnsitz in Rom haben und hat das Recht, den Papst zum Bischof zu weihen, falls dieser noch nicht Bischof sein sollte. Das Kardinalskollegium wird besonders in den ordentlichen, unter Umständen auch öffentlichen, d. h. feierlichen, und den außerordentlichen /Konsistorien als zeremoniöses oder wirkliches Beratungsorgan des Papstes tätig. Während der Sedisvakanz wird die Leitung der Kirche hinsichtlich der Erledigung gewöhnlicher oder unaufschiebbarer Geschäfte (z. B. Papstwahlvorbereitung) dem Kardinalskollegium anvertraut. Auch die zivile Gewalt im /Vatikanstaat geht auf das Kardinalskollegium über. Genaueres regelt die Apostolische Konstitution *Romano Pontifici eligendo.*

▨ Quellen: PAUL VI.: Motu Proprio ‚Ad purpuratorum patrum': AAS 57 (1965) 295f.; DERSELBE: Motu Proprio ‚Sacro cardinalium consilio': ebd. 296f.; DERSELBE: Motu Proprio ‚Ingravescentem aetatem': AAS 62 (1970) 810–813; DERSELBE: Apostolische Konstitution ‚Romano Pontifici eligendo': AAS 67 (1975) 609–645.

▨ Literatur: TRE 17, 628–635; VATL 372–375. – C.G. FÜRST: Cardinalis. München 1967; G. ALBERIGO: Cardinalato e Collegialità. Florenz 1969; G. MAY: Das Papstwahlrecht in seiner jüngsten Entwicklung: Ex aequo et bono. FS W. Plöchl. Innsbruck 1977, 231–262; HKKR 277–281; W. IMKAMP: Praestantia et efficiencia. Anmerkungen zur Entwicklung des Kardinalates unter Papst Paul VI.: Divinitas 37 (1993) 128–147; A.-G. MARTIMORT: L'évolution du Collège des Cardinaux dans L'Église de la seconde moitié du XXᵉ siècle: Bulletin de littérature ecclésiastique 98 (1997) 251–260; MKCIC Einführung vor cc. 349–359/2. *Rudolf Michael Schmitz*

Kardinalstaatssekretär, Vorsteher des Staatssekretariates der /römischen Kurie, damit heute erster Kurienbeamter und offizieller politischer und allgemeinkirchlicher Berater des Papstes. Aus der mittelalterlichen Institution der fürstlichen Sekretäre entwickelt, waren die päpstlichen Sekretäre der Camera secreta seit Martin V. mit diplomatischer Korrespondenz und Kanzleiurkunden befasst. Innozenz VIII. stellte 1487 den 24 apostolischen Sekretären den Geheimsekretär (Secretarius domesticus) voran. Seit Leo X. war der Secretarius intimus (ab 1605 „Staatssekretär") auch dem Kardinalnepoten (Leiter der päpstlichen Politik) unterstellt, doch nach 1644 (danach immer Kardinal) und endgültig seit 1692 nur mehr dem Papst. 1908 wurde das Amt von Pius X. neu umschrieben. Die Kompetenzen des Kardinalstaatssekretärs wurden nach dem Zweiten Vatikanischen Konzil v. a. durch die beiden Kurienreformen Pauls VI. (1967) und Johannes Pauls II. (1988) erweitert, durch die das Staatssekretariat endgültig zur Oberbehörde der Kurie erstarkte. Unter anderem beruft der Kardinalstaatssekretär auf Befehl des Papstes die Vollversammlung der Kardinalpräfekten der Kurienbehörden ein, hat den Vorsitz im Kardinalsrat für die organisatorischen und ökonomischen Probleme des /Heiligen Stuhls und legt mit Zustimmung des Papstes die Einberufung einzelner Sitzungen bestimmter Kardinalpräfekten fest. In Abwesenheit des Papstes besitzt er in besonderer Vollmachten; ebenso ist er dessen Repräsentant in der zivilen Regierung des /Vatikanstaates.

▨ Quellen: PAUL VI.: Apostolische Konstitution ‚Regimini Ecclesiae universae': AAS 59 (1967) 885–928; JOHANNES PAUL II.: Chirograph ‚Quoniam in eo': AAS 71 (1979) 256;

DERSELBE: Chirograph, Le sollecitudini crescenti': AAS 76 (1984) 495–496; DERSELBE: Apostolische Konstitution ‚Pastor bonus': AAS 80 (1988) 841–934; Regolamento della Curia Romana: AAS 84 (1992) 201–253.

Literatur: VatL 752ff. – A. KRAUS: Secretarius und Sekretariat. Der Ursprung der Institution des Staatssekretariats: RQ 55 (1960) 43–84; K. MÖRSDORF: Der Kardinalstaatssekretär. Aufgabe und Werdegang eines Amtes: Archiv für katholisches Kirchenrecht 131 (1962) 193–211, auch: DERSELBE: Schriften zum Kanonischen Recht, hg. v. W. AYMANS U.A. Paderborn u.a. 1989, 391–399; L. CHIAPETTA: Prontuario. Rom 1994, 1121ff. *Rudolf Michael Schmitz*

Kathedra, der Sitz des Bischofs in seiner Kathedrale, von dem aus er die Liturgie leitet, das Wort verkündet, Ordinationen erteilt; Zeichen seines Lehramtes und seiner Hirtengewalt sowie der Einheit in dem vom Bischof verkündeten Glauben (Caeremoniale Episcoporum 42). Dass der Lehrende sitzt, ist seit jeher selbstverständliche Übung; der Sitz kennzeichnet ihn in seiner Aufgabe (vgl. „Stuhl des Mose": Mt 23,2). Als Apostolischer bzw. bischöflicher Stuhl meint so die Kathedra seit dem 2. Jh. metonymisch das Bischofsamt (Fragmentum Muratorianum 75f.; Tertullianus, De praescriptione haereticorum 36; Cyprianus, ep. 55, 8). In den Basiliken ist ihr Ort im Scheitel der Apsis, erhöht über den Presbytersitzen zu ihren beiden Seiten, die vielerorts (Torcello, Poreč) zum halbrunden Synthronon wurden. Wohl im Zusammenhang mit der Gebets- und Zelebrationsostung rücken Kathedra und Priesterbänke (als Chorgestühl) an die Seite des Altars. Im Mittelalter wird die Kathedra, entsprechend der Stellung des Bischofs in der Reichskirche, mehr und mehr zum Fürstenthron, einem Sessel, ausgezeichnet durch

Stufen, Baldachin und Bedeckung aus Seide; der Mittelmeerraum bevorzugt die künstlerische Gestaltung der Kathedra selber, die jetzt oft nicht mehr aus Holz, sondern aus kostbarem Marmor gefertigt ist, mit Elfenbein geziert (Maximinuskathedra in Ravenna, 8. Jh.) und mit Rücken- und Armlehnen ausgestattet wird. Heute hat die Kathedra ihren festen Platz so, dass der Bischof, nicht mehr als nötig erhöht, mit der ganzen versammelten Gemeinde leicht in Kontakt treten kann; ein Baldachin ist nicht mehr vorgesehen, alte und kunstgeschichtlich wertvolle Stücke sollen jedoch erhalten bleiben. Die Kathedra bleibt immer dem Ortsbischof vorbehalten (Ausnahme: Leiter einer Synode), anderen Bischöfen wird ein Sitz an geeignetem Platz nicht in Art der Kathedra bereitet. – Kathedra bezeichnete auch den für einen Verstorbenen beim Leichenmahl aufgestellten Sessel, wie solche sich in den Katakomben finden. Daran knüpft ursprünglich das Fest der Cathedra Petri als Totenmahlfeier am 22.2., später als Feier des Amtsantritts („natale de cathedra") verstanden. Solche Verehrung der Kathedra des Gründerbischofs ist auch bezeugt für Jakobus in Jerusalem (Eusebius von Caesarea, Historia ecclesiastica VII, 19); die in Rom in der Apsis der Peterskirche unter Giovanni Lorenzo Berninis barocker Verhüllung verehrte Cathedra Petri ist ein für Karl den Kahlen aus Holz gefertigter und dem Papst geschenkter Königsthron, an dem Reste eines älteren Eichenthrones befestigt sind.

Literatur: DACL 3, 19–75; LMA 2, 175; Nuovo Dizionario di Liturgia, ed. v. D. SARTORE–A. TRIACCA. Rom 1984, 789 797; VatL 383ff. – E. STOMMEL: Die bischöfliche Cathedra im christlichen Altertum: Münchener theologische Zeitschrift 3 (1952) 17–32;

P.E. Schramm: Herrschaftszeichen und Staatssymbolik. Stuttgart Bd. 1 1954, 316–325; Bd. 3 1956, 694–707; E. Stommel: Bischofsstuhl und Hoher Thron: Jahrbuch für Antike und Christentum 1 (1958) 52–78; E. Dyggve: La SS. Cattedra di San Pietro: Analecta Romana Instituti Danici (Rom 1959/60) 13–32; J. Emminghaus: Gestaltung des Altarraums. Leipzig 1976; Rituale Romanum: De Benedictionibus. Rom 1984, 339–345; M. Maccarrone: La 'Cathedra Sancti Petri' nel medioevo. Da simbolo a reliquia: Rivista di storia della Chiesa in Italia 39 (1985) 349–447. *Rupert Berger*

Kirchenstaat

1. Entstehung · 2. Geschichte · 3. Problematik.

Als Kirchenstaat im weiteren Sinn bezeichnet man jenen ausgedehnten Landbesitz, den die Päpste nach der Konstantinischen Wende erwarben, im engeren Sinn dagegen nur jene Gebiete Mittelitaliens, in denen sie von der Mitte des 8. Jh. bis 1859/70 die Landesherrschaft innehatten bzw. beanspruchten. Dieses Gebiet mit der Hauptstadt „Rom und den Regionen der römischen Campagna, des Patrimonium Petri, Umbriens, der Marken und der Romagna erstreckte sich vom Tyrrhenischen zum Adriatischen Meer. Darüber hinaus gehörten zum Kirchenstaat in Süditalien die Exklaven Pontecorvo und Benevent, in Südfrankreich die Stadt „Avignon sowie die Grafschaft Venaissin. Das Geschick des Kirchenstaates war eng an die Entwicklung des Papsttums als geistliche Wahlmonarchie und Führungsmacht der abendländisch-katholischen Christenheit gebunden, in der geistliche und weltliche Verwaltungsbereiche eng miteinander verzahnt waren; aufgrund der oft kurz dauernden Pontifikate unterlag der Kirchenstaat zahlreichen Wechseln und Kontinuitätsbrüchen.

1. *Entstehung.* Seit dem 4. Jh. wurde die römische Kirche aufgrund

von Schenkungen der Kaiser und des Adels zum größten Grundbesitzer Italiens (seit dem 6. Jh.: „Patrimonium Petri"). Der Schwerpunkt dieses Besitzes lag im Umland von Rom, ferner in Süditalien, auf Sizilien, in Südgallien, auf Korsika und Sardinien sowie in Nordafrika. Um eine effiziente Verwaltung, deren Ertrag unter anderem der römischen Armenversorgung zugute kam, machte sich besonders Papst Gregor der Große verdient. Angesichts des byzantinischen Machtverfalls, der Antipathien Italiens gegen den byzantinischen Steuerdruck und die byzantinische Bilderfeindlichkeit wuchs das Papsttum durch Übernahme öffentlicher Aufgaben in eine immer stärkere Position hinein. Die formelle Oberhoheit des Kaisers wurde freilich zunächst noch nicht in Frage gestellt. Das änderte sich erst angesichts der langobardischen Gefahr, der Byzanz keinen ernsthaften Widerstand entgegenzusetzen hatte. In dieser Situation begab sich Stephan II. 754 nach früheren Kontaktaufnahmen persönlich ins Frankenreich, verband sich angesichts gemeinsamer Interessen im Bündnis von Ponthion/Quierzy mit König Pippin dem Jüngeren und der neu aufsteigenden fränkischen Dynastie als Schutzmacht und verlieh Pippin den Ehrentitel eines „patricius Romanorum". Pippin und Karl der Große unterwarfen 754, 756 und 774/775 in drei Feldzügen die Langobarden. Im Pippinischen Schenkungsversprechen von 754 sagte der König dem Papst die Restitution des Dukats von Rom und weiterer Gebiete zu, doch kam es nur zur Rückgabe des Kerngebiets des späteren Kirchenstaates. Dieses wurde 800 aufgrund der Kaiserkrönung Karls des Großen als autonomes Gebiet unter päpstlicher Herrschaft dem karolingischen Großreich eingegliedert. Spätestens zu diesem Zeitpunkt entstand wohl in Rom die gefälschte Urkunde der so genannten /Konstantinischen Schenkung, die von Leo IX. bis ins Spätmittelalter zur Begründung des päpstlichen Anspruchs herangezogen wurde, ehe man im 15. Jh. erkannte, dass es sich dabei um eine Fälschung handelte.

2. *Geschichte.* Das päpstlich-fränkische Bündnis wurde seit dem 8. Jh. bei jedem Amtswechsel erneuert und den Päpsten der Besitz weiterer Territorien und Schutz vor Feinden bestätigt, doch verfiel die karolingische Schutzfunktion mit dem Niedergang ihrer Herrschaft, und Rom wurde seit dem späten 9. Jh. von Adelsfamilien beherrscht. Das Papsttum erreichte daher im 10. Jh. den Tiefpunkt seiner Geschichte („Saeculum obscurum"), und der Kirchenstaat reduzierte sich auf den Dukat von Rom. Daran vermochte auch die Erneuerung der karolingischen Schenkungen durch Otto den Großen anlässlich seiner Kaiserkrönung (962) nichts zu ändern. Erst dem unter deutschem Einfluss durch Aufnahme kirchlicher Reformideen (Gregorianische Reform) wiedererstarkten Papsttum gelang zeitweise die Konsolidierung. Nachdem Nikolaus II. ein Bündnis mit den Normannen abgeschlossen hatte, wurde der Kirchenstaat für über ein Jahrhundert von ständig wechselnden Parteien beherrscht. Dennoch erhielten die Päpste im 11. und 12. Jh. neue Schenkungen, so um 1079 durch die Markgräfin Mathilde von Tuszien. Eine durchgreifende Stabilisierung der päpstlichen Herrschaft im Kirchenstaat erfolgte erst nach dem Tod Kaiser Heinrichs VI. († 1197) unter Coelestin III. und dem gestaltungswilligen Innozenz III., der die volle Hoheit über den weltlichen Besitz der römischen Kirche als Voraussetzung für ihr geistliches Wirken ansah. Daher setzte er an die Spitze der städtischen Verwaltung einen Senator, ließ sich von ihm wie von den Baronen im Patrimonium den Treueid leisten und begann dann wie andere Herren und Städte aufgrund von Versprechungen Ottos IV. mit weit ausgreifenden Rekuperationen, d. h. mit der Inbesitznahme von Reichsgut, nämlich dem Herzogtum Spoleto, den Marken und der südlichen Toskana. Er verlor diese zwar bald wieder, erlangte aber 1213 von Friedrich II. ein erneutes Versprechen. Zugleich schied der Kirchenstaat aus dem Reich aus. Der territoriale Bestand des Kirchenstaates in den Grenzen von 1213 wurde nach dem Sieg Karls von Anjou über die Staufer 1266 bestätigt, doch erfolgte seitdem die Aushöhlung der tatsächlichen Herrschaft durch den Aufstieg der freien Kommunen und der sie beherrschenden Signorien, die oft untereinander verfeindet waren.

Einschneidende Folgen für den Kirchenstaat hatte die Abwesenheit der Päpste während des Avignonischen Exils, die praktisch zum Erliegen der päpstlichen Herrschaft und damit auch zum Versiegen der Einnahmen aus dem Kirchenstaat führte und den Aufbau eines neuartigen Abgabenwesens veranlasste. 1347 versuchte Cola di Rienzo in Rom eine weltliche Herrschaft ohne den Papst zu errichten. Erst dem Kardinallegaten und Vikar Aegidius Álvarez Albornoz gelang es seit 1353, den in zahlreiche Unterherrschaften zerfallenen Kirchenstaat zurückzugewinnen und durch den Bau von Festungen zu sichern. 1353 gab er der Mark Ancona mit den „Aegidianischen Konstitutionen" eine Verfassung, deren Geltung seit dem 15. Jh. auf den ganzen Kirchenstaat ausge-

Der Kirchenstaat um 1500

dehnt wurde, und die mit zahlreichen Ergänzungen bis 1816 gültig blieb.

Dennoch konnte Martin V., der bald nach seiner Wahl (1417) nach Rom zurückkehren wollte, um der Einflussnahme der Staaten und der Vorherrschaft des Konzils von Konstanz zu entgehen, noch nicht in die

Ewige Stadt übersiedeln, da der Kirchenstaat nur noch dem Namen nach bestand. Eigentlicher Herr Mittelitaliens war damals Brancaccio von Montone, der erste große Condottiere. Der auch vom Konzil gewünschten Wiederherstellung der päpstlichen Hoheit standen somit Hindernisse im Weg. Martin konnte erst 1420 nach allerlei Konzessionen von Florenz nach Rom ziehen. Aber erst der Tod Brancaccios bei der Belagerung von L'Aquila 1424 gab ihm freie Hand. Die päpstliche Hoheit wurde auch durch die Flucht Eugens IV. aus Rom 1434 nicht mehr ernsthaft gefährdet.

Große Einbrüche brachte vom Ende des 15. bis ins 17. Jh. der päpstliche ⁄ Nepotismus. Um 1500 brachte Cesare Borja zahlreiche kleinere Herrschaften an sich, doch brach sein Imperium mit dem Tod Alexanders VI. zusammen. Julius II. unterstellte diese Gebiete unmittelbar dem Heiligen Stuhl und konzentrierte sich auf die Rückgewinnung der verloren gegangenen Gebiete der römischen Kirche und die Vertreibung der Fremden aus Italien. Nach mehreren Feldzügen, der Vertreibung der lokalen Tyrannen aus Perugia und Bologna sowie dem Sieg über Venedig erreichte der Kirchenstaat unter ihm die größte Ausdehnung seiner Geschichte. Seinem Neffen Francesco Maria della Rovere verschaffte er ein eigenes Fürstentum nicht aus dem Bestand des Kirchenstaates, sondern durch Vermittlung der Adoption durch den kinderlosen Herzog von Urbino, Guidobaldo da Montefeltre. Der Sacco di Roma von 1527 schien den Fortbestand des Kirchenstaates zu gefährden, doch wurde er im Frieden von Barcelona bestätigt.

Während des Dreißigjährigen Krieges, als Urban VIII. die Würde des päpstlichen Amtes und zugleich die Unabhängigkeit des Kirchenstaates zu wahren wünschte und aus der Sorge vor kriegerischen Verwicklungen Rom mit mächtigen Festungsanlagen ausstatten ließ, zeigte sich, dass der Kirchenstaat keinen politischen Stellenwert mehr besaß. Seine Bemühungen, wie vor ihm schon Julius II. und Paul III. unter außerordentlichem finanziellen Einsatz seiner Familie ein selbstständiges Lehnsfürstentum zu schaffen, scheiterten. Militärisch war der Kirchenstaat seitdem bedeutungslos, doch stieg die Stadt Rom im Zeitalter des Barock zur Kunstmetropole von europäischem Rang auf.

Mit der Französischen Revolution begann das sich lang hinziehende Ende des Kirchenstaates. 1796 sagten sich die Legationen Ferrara und Bologna vom Papststaat los und schlossen sich mit Modena und Reggio zur Cispadanischen Republik zusammen. 1798 wurde Rom von den Franzosen besetzt, die Republik ausgerufen und Pius VI. verschleppt. 1800 kehrte Pius VII. nach Rom zurück. 1806 wurde der Kirchenstaat, 1808 Rom erneut französisch besetzt, und 1809 erklärte Napoleon die Rücknahme der Schenkung Karls des Großen. Der Kirchenstaat wurde dem Königreich Italien einverleibt.

Der Wiener Kongress stellte 1815 den Kirchenstaat als einzigen der ehemaligen geistlichen Staaten wieder her, allerdings ohne die nördlich des Po gelegenen Gebiete sowie ohne Avignon und Venaissin. Die französischen Institutionen wurden abgeschafft, und die vorrevolutionäre Ordnung wurde wiederhergestellt. 1816 erfolgte zwar eine begrenzte Neuordnung von öffentlicher Verwaltung und Gerichtswesen, doch gelang kein Ausgleich zwischen den Traditionen des Kirchenstaates und den neuen Erfordernissen. Die Reformansätze des Kardinalstaatssekretärs Ercole Consalvi stießen auf den Widerspruch der Konservativen und wurden nach dem Tod Pius' VII. großenteils zurückgenommen. Nach wie vor konnten nur Kleriker zu den höheren öffentlichen Ämtern aufsteigen. Daher kam es zur Bildung oppositioneller Geheimgesellschaften („Carbonari"), die den Sturz des Regimes betrieben. Der Kirchenstaat war damals einer der rückständigsten Staaten Europas. Das galt auch für Landwirtschaft und Handwerk. Industrielle Ansätze gab es kaum, so dass der Staatshaushalt defizitär blieb. Die Stadt Rom blieb ein Monument ihrer Geschichte und wirtschaftlich unproduktiv. Lediglich der Dienstleistungsbereich expandierte infolge des wachsenden Pilger- und Touristenverkehrs. Die konservativen Mächte vermochten es trotz wiederholter Versuche nicht, Reformen durchzusetzen. Die allgemeine Unzufriedenheit führte daher nach der französischen Juli- (1830) und der belgischen Revolution 1831 in Bologna zur Errichtung einer provisorischen Regierung und zum Aufstand, der den größten Teil des Kirchenstaates erfasste, von Österreich aber niedergeschlagen wurde. Erschwerend kam hinzu, dass Gregor XVI. die italienische Einheitsbewegung ablehnte. Diese war nach 1830 antihierarchisch, doch bildete sich, durch den Schriftsteller Alessandro Manzoni und den Philosophen Vincenzo Gioberti inspiriert, auch ein katholischer Zweig, der zwischen Autorität und Freiheit vermitteln und die Nationalbewegung des „Risorgimento" nicht gegen, sondern zusammen mit dem Papst fördern wollte. Diese „Neoguelfen" hofften, dass sich die italienischen Staaten unter dem Papst zu einer Föderation zusammenschlossen. Nach dem unzeitgemäßen Kurs Gregors XVI. fand der den liberalen Wünschen und der Einheitsbewegung scheinbar gewogene Pius IX. zunächst große Zustimmung. Dazu trugen von ihm eingeleitete Maßnahmen wie die Beauftragung eines Laienministeriums bei (1847). Die Umwandlung des Kirchenstaates in eine konstituionelle Monarchie oder die Berücksichtigung der Ideen von 1789 kamen für Pius IX. dagegen nicht in Betracht. Das Ausbleiben wirklich einschneidender Reformen führte daher bald zu Ernüchterung. Die Stimmung verschlechterte sich, als er im April 1848 ablehnte, an der Seite Piemonts, das sich immer mehr an die Spitze der Einheitsbewegung setzte, in den Krieg gegen Österreich einzutreten. Nach der Ermordung seines Ministerpräsidenten Pellegrino Rossi verließ Pius IX. auf Drängen Giacomo Antonellis Rom und begab sich nach Gaeta im Königreich Neapel, während Antonelli die europäischen Mächte um militärische Intervention zur Wiederherstellung des Kirchenstaat aufrief. Der um Versöhnung mit den modernen Ideen werbende Antonio Rosmini-Serbati wurde damit ausgeschaltet. In Rom wurde daraufhin die Republik ausgerufen, 1849 aber durch eine militärische Aktion Österreichs, Spaniens, Neapels und Frankreichs liquidiert und der Rückkehr des Papstes der Weg bereitet. Pius IX. schlug seitdem, von der Unverzichtbarkeit des kirchenstaates für seine religiöse Aufgabe überzeugt, einen reaktionären Kurs ein. Die von Frankreich empfohlenen Reformen führte er nicht durch. Die latente Unzufriedenheit mündete nach der österreichischen Niederlage von 1859 in die Erhebung der Romagna und zu ihrem Anschluss an Piemont.

Die „Römische Frage" absorbierte seitdem für Jahrzehnte die Aufmerksamkeit der katholischen Welt, während Pius IX. unter dem Einfluss Antonellis jeden Kompromiss ablehnte und sich von Xavier de Merode zum Aufbau eines Freiwilligenheeres drängen ließ. Dennoch verlor der Kirchenstaat 1860 durch den Zug der Freischärler Giuseppe Garibaldis alle Gebiete außer dem Kern des alten Patrimonium Petri an Piemont. Die Bemühungen des Realpolitikers Camillo Cavour um eine päpstliche Verzichtleistung auf den Kirchenstaat gegen eine Freiheitsgarantie für die Kirche im geeinten Italien („Freie Kirche im freien Staat") scheiterten. 1867 gelang es zwar den päpstlichen Truppen, Garibaldi bei Mentana zurückzuschlagen, doch ermöglichte der militärische Zusammenbruch Frankreichs bei Sedan den italienischen Truppen, am 20.9. 1870 nach nur symbolischem Widerstand der päpstlichen Truppen Rom zu besetzen. Pius IX. protestierte, doch wenig später erfolgte die unvermeidbar gewordene und später durch eine Volksabstimmung bestätigte Annexion des Kirchenstaates durch das Königreich Italien. Rom wurde 1871 dessen Hauptstadt. Noch lange lastete die Römische Frage auf dem italienischen Einheitsstaat. Sie wurde erst 1929 durch die Gründung des /Vatikanstaates u. die /Lateranverträge gelöst.

3. *Problematik.* Kritik am Kirchenstaat übten von jeher alle Autoren, die die weltliche Herrschaft der Kirche grundsätzlich bestritten, während anderseits Aegidius Álvarez Albornoz den Kirchenstaat sogar als heilsnotwendig bezeichnete. Ob der Kirchenstaat die geistliche Unabhängigkeit der Päpste tatsächlich garantierte, ist umstritten, erscheint aber bei einem Vergleich mit den Patriar-

chen von Byzanz, die nicht über einen eigenen Staat verfügten und wo von 122 zwischen 379 und 1451 bestellten Patriarchen 36 auf kaiserlichen Druck zurücktreten mussten, eher wahrscheinlich. Dabei wirkte freilich der Einsatz geistlicher Zuchtmittel für den Erhalt der weltlichen Macht kompromittierend, und in der Endphase absorbierte das Bemühen um den Erhalt des Kirchenstaates, der zuletzt mehr eine politische Last und ständig defizitär war, bis gegen Ende des 19. Jh. die Kräfte des Papsttums und des Katholizismus in schwerwiegender Weise. Danach erschien die Gründung des Vatikanstaates 1929 als idealer und tragfähiger Kompromiss.

Literatur: TRE 19, 92–101; LMA 5, 1180–83; DHP 624–632. – V. REINHARDT (Hg.): Die großen Familien Italiens. Stuttgart 1992; M MIELE: Note sui concili provinciali dello Stato della Chiesa in età post-tridentina: AHC 26 (1994) 119–126; M. TOSTI: Vescovi e Rivoluzione nello Stato della Chiesa: Rivista di storia della Chiesa in Italia 49 (1995) 43–65; L. FIORANI: La rivoluzione nello Stato della Chiesa 1789–99. Pisa u.a. 1985; F. MARAZZI: I Patrimonia Sanctae Romanae Ecclesiae nel Lazio (secoli 4–10). Rom 1998; Dal patrimonio di San Pietro allo Stato pontificio: La Marca nel contesto del potere temporale. Atti del Convegno di Studio, Ascoli Piceno, 14–16 settembre 1990, hg. v. E. MENESTÒ. Nachdruck Spoleto 2000.

Erwin Gatz

Kongregationen gehören zur /römischen Kurie; sie sind ein Teil der Organe, denen nach Maßgabe der über den CIC (c. 360) hinausgehenden Spezialgesetze die Ausübung von Leitungsaufgaben der Universalkirche obliegt.

1. *Geschichte.* Die seit dem 12. Jh. bestehende Übung, alle wichtigeren Angelegenheiten im /Päpstlichen Konsistorium zu beraten und zu entscheiden, stieß mit der Mehrung der

Aufgaben auf praktische Schwierigkeiten, die zu einer ressortmäßigen Arbeitsteilung drängten. Man behalf sich zunächst damit, schwierigere Arbeiten durch ad hoc eingesetzte Kardinalskommissionen für das Konsistorium vorbereiten zu lassen. Seit Beginn des 16. Jh. wurden ihnen auch bestimmte gleichförmige Verwaltungs- und Gerichtssachen zu eigener Entscheidung zugewiesen. Diese nun regelmäßig tagenden Kommissionen nannte man bereits Kongregationen; sie hatten eigene Beamte, waren aber noch keine auf Dauer geschaffenen Einrichtungen. Den entscheidenden Schritt hierzu machte Paul III. mit der Errichtung der Congregatio Romanae et universalis Inquisitionis im Jahre 1542, später Sanctum Officium genannt (1965 von Paul VI. in Congregatio pro doctrina fidei [Glaubenskongregation] umbenannt). Diese „Kongregation für die Glaubenslehre" ist höchste Behörde in Glaubenssachen und als solche zugleich Gericht und Verwaltungsbehörde bis heute geblieben. Die mit der Durchführung und Auslegung der Reformdekrete des Konzils von Trient anfallenden Aufgaben führten unter Pius IV. (1564) zur Einsetzung der Congregatio super executione et observatione Sancti Concilii Tridentini (später einfach: Sacra Congregatio Concilii). Als nächste folgte unter Pius V. (1571) die Indexkongregation (Congregatio indicis librorum prohibitorum; bis 1917).

Aufbauend auf diesen Organisationsakten schuf Sixtus V. durch die Konstitution *Immensa aeterni* vom 22.1.1588 ein umfassendes System von 15 Kongregationen mit abgegrenztem Geschäftsbereich (sechs für den Kirchenstaat, die anderen für gesamtkirchliche, italienische und römische Aufgaben). Besondere Bedeutung hatte zunächst die Congregatio pro erectione ecclesiarum et provisionibus consistorialibus (später: Sacra Congregatio Consistorialis), der die Vorbereitung der im Konsistorium zu entscheidenden Belange oblag. Allein das Konsistorium sank bald zu einer mehr formalen Rolle ab. Auch die traditionsreichen Ämter der Kurie wurden von den mächtig aufstrebenden Kongregationen mehr und mehr in den Schatten gestellt. Selbst die päpstlichen Gerichte bekamen die Konkurrenz der Kongregationen zu spüren, weil diese sich in steigendem Ausmaß mit Gerichtssachen befassten. Sie bedienten sich dabei des von Clemens V. (Kapitel 2 in Clementinen 2, 1) geschaffenen summarischen Gerichtsverfahrens und waren dadurch den an das ordentliche Prozessverfahren gebundenen Gerichten überlegen. Die Sacra Congregatio Concilii wurde zum Hauptkonkurrenten der ⁄Rota Romana.

Unter den Neuerrichtungen nach Sixtus V. ragt die 1622 von Gregor XV. geschaffene Congregatio de Propaganda Fide hervor – nach *Pastor Bonus* (1988) heißt sie nur noch Congregatio pro Gentium Evangelizatione. Die Anfänge dieser Kongregation reichen weiter zurück und sind mit der Sorge des Apostolischen Stuhls für die Missionstätigkeit verknüpft. Unter Pius IX. (1862) wurde eine Congregatio de propaganda Fide pro negotiis ritus orientalis geschaffen und dem Präfekten der Propaganda Fide unterstellt; die derzeitige Congregatio pro Ecclesiis Orientalibus geht als selbstständige Kongregation auf Benedikt XV. (Motu Proprio *Dei providentia* vom 1.5.1917) zurück.

Pius X. errichtete für den klösterlichen Bereich die Religiosenkongregation und schuf durch Abzweigung aus dem Geschäftsbereich der Sacra Congregatio Concilii die Sakramentenkongregation. Die Anzahl der Kongregationen unterlag im Lauf der Zeit starken Schwankungen. Um die Mitte des 19. Jh. waren es fast 30, beim Amtsantritt Pius' X. noch 21; dieser beschränkte sie auf elf. Abgesehen vom Wegfall der für den Kirchenstaat zuständigen Kongregationen ist für diese Konzentration charakteristisch, dass der bei einzelnen Kongregationen bisher auf Rom oder Italien eingeschränkte Zuständigkeitsbereich auf die ganze lateinische Kirche ausgedehnt wurde.

2. *Geltendes Recht.* Die gegenwärtige Organisation der Kongregationen beruht auf der Kurienreform Johannes Pauls II. mit der Apostolischen Konstitution *Pastor Bonus* vom 28.6.1988, den Ausführungsbestimmungen *Regolamento Generale della Curia Romana* vom 4.2.1992 und für einige Kongregationen auf besonderen Organisationsakten. Die Kongregationen sind kollegial verfasst. Mitglieder der Kongregationen sind Kardinäle und (Diözesan-) Bischöfe, deren Zahl vom Papst bestimmt wird und die vom Papst berufen werden. Jede Kongregation wird von einem Kardinal als Präfekten geleitet (Propräfekt genannt, wenn und solange er noch nicht zum Kardinal kreiert ist). Wichtige Funktionen obliegen dem Sekretär im Rang eines Erzbischofs und den hauptamtlichen höheren Mitarbeitern. Jede Kongregation hat als Berater Konsultoren (Theologen, Kanonisten oder andere Fachleute). Die Kongregationen sind vornehmlich oberste Verwaltungsbehörden. Gesetzgeberische Befugnisse kommen den Kongregationen nur in Einzelfällen und mit besonderer Approbation des Papstes zu. Einige Kongregationen besitzen noch judikative Kompetenzen. Alle Entscheidungen von größerem Gewicht sind dem Papst zur Bestätigung vorzulegen (ausgenommen jene, für die ein Spezialmandat erteilt wurde); dies geschieht in regelmäßig stattfindenden Audienzen. Die Form der Bestätigung ist entweder allgemein oder speziell ("in forma specifica"). Innerhalb der Kongregation gibt es die (in der Regel) einmal jährlich stattfindende Plenarsitzung zur Beratung grundlegender Fragen, zu der alle Mitglieder zu laden sind. Zur ordentlichen Sitzung werden alle in Rom wohnenden Mitglieder zusammengerufen. Den Kongress bilden die Leiter und die wichtigsten Mitarbeiter. Darüber hinaus ist eine übergreifende Zusammenarbeit zwischen den Dikasterien vorgesehen. Gegebenenfalls werden "Ständige Interdikasterielle Kommissionen" eingerichtet (2000 bestehen fünf derartige Kommissionen: AnPont 2000, 1292 ff.). Auf Weisung des Papstes werden mehrmals jährlich die leitenden Kardinäle zur Beratung zusammengerufen. Mit der Erledigung des Apostolischen Stuhls scheiden die Präfekten und die Mitglieder der Kongregationen aus dem Amt; die Sekretäre führen die ordentlichen Amtsgeschäfte weiter. Laut *Pastor Bonus* bestehen neun Kongregationen mit folgenden Aufgabenschwerpunkten:

a) *Kongregation für die Glaubenslehre* (Congregatio pro Doctrina Fidei). Ihr obliegt es, die Wahrheit der Lehren von Glaube und Sitten zu fördern und zu schützen; sie ist zuständig für das Privilegium fidei und hat strafrechtliche Gewalt bei Delikten gegen den Glauben und bei schwerwiegenden Verfehlungen gegen die Sitten oder bei der Feier der Sakramente.

b) *Kongregation für die Orientalischen Kirchen* (Congregatio pro Ecclesiis Orientalibus). Sie ist zuständig für administrative Belange der orientalischen Kirchen, z. B. Bischofsernennungen, Organisation der teilkirchlichen Strukturen, Fünfjahresberichte und / Ad-limina-Besuche.

c) *Kongregation für den Gottesdienst und die Sakramentenordnung* (Congregatio de Cultu Divino et Disciplina Sacramentorum). Sie behandelt liturgische Angelegenheiten und Sakramentenspendung, Weihenichtigkeit, Dispensen von den Pflichten des Diakonats und Presbyterats sowie Dispensen bezüglich des Matrimonium ratum et non consumatum.

d) *Kongregation für die Selig- und Heiligsprechungsprozesse* (Congregatio de Causis Sanctorum). Sie unterstützt auch die Diözesanbischöfe bei Selig- und Heiligsprechungsverfahren und überprüft die Befürwortbarkeit des Ansuchens.

e) *Kongregation für die Bischöfe* (Congregatio pro Episcopis). Sie ist zuständig für die Teilkirchen und die Bischöfe, die Bischofsernennungen, den bischöflichen Dienst, die apostolischen Visitationen; auch zuständig für die Personalprälaturen.

f) *Kongregation für die Evangelisierung der Völker* (Congregatio pro Gentium Evangelizatione). Sie leitet und koordiniert die missionarische Tätigkeit der katholischen Kirche.

g) *Kongregation für den Klerus* (Congregatio pro Clericis). Ihre Zuständigkeit erstreckt sich auf Leben und Dienst des Weltklerus (Priester und Diakone), auf die religiöse Unterweisung sowie auf Fragen der Vermögensverwaltung.

h) *Kongregation für die Institute des gottgeweihten Lebens und für die Gemeinschaften apostolischen Lebens* (Congregatio pro Institutis vitae consecratae et Societatibus vitae apostolicae). Sie befindet über die Belange der Religiosen, Säkularinstitute, des apostolischen Lebens, der Eremiten und der gottgeweihten Jungfrauen.

i) *Kongregation für das katholische Bildungswesen* (Congregatio de Institutione Catholica). In drei Abteilungen obliegen ihr folgende Aufgaben: 1) Seminarien, 2) kirchliche und katholische Universitäten und Fakultäten sowie 3) katholische Schulen und sonstige Bildungseinrichtungen.

▨ Quellen: Constitutio Apostolica ‚Pastor bonus' de Romana Curia: AAS 80 (1988) 841–934; Regolamento generale della Curia Romana: AAS 84 (1992) 201–267.

▨ Literatur: VatL 401–422; HKKR². – N. DEL RE: La Curia Romana. Rom 1970; P.A. BONNET – C. GULLO: La Curia Romana nella Costituzione Apostolica ‚Pastor Bonus'. Vatikanstadt 1990; ANPONT 2000, 1245–91 1936–46. *Johannes O. Ritter*

Konklave / Papstwahl.

Konkordat

1. Begriff · 2. Geschichte · 3. Rechtsnatur · 4. Vertragspartner, Verfahren bei Abschluss und Beendigung.

1. *Begriff.* Unter einem Konkordat wird ein zweiseitiger völkerrechtlicher Vertrag zwischen dem / Heiligen Stuhl und einem Staat verstanden, der die dauernde Regelung sämtlicher oder auch nur eines Teils der beiden Konkordatspartner gemeinsam berührenden kirchlichen und staatskirchenrechtlichen Angelegenheiten zum Ziel hat.

In der Konkordatspraxis werden nur diejenigen Verträge zwischen dem Heiligen Stuhl und einem Staat als Konkordat (Conventio sollemnis) bezeichnet, in denen eine umfassende oder jedenfalls mehrere bedeutsame Sachbereiche betreffende Regelung erfolgt ist. Teilvereinbarungen, Konkordatsergänzungen oder provisorische Regelungen werden als „Vereinbarung" (Conventio, Accordo, Accordo concordatario, Notenwechsel, Protokoll, Agreement oder in Einzelfällen auch als Modus vivendi) bezeichnet. Ungeachtet der variierenden Terminologie und des unterschiedlichen Grades an Feierlichkeit beim Abschluss des Vertrags kommt sämtlichen genannten konkordatären Abmachungen, die konkordatsterminologisch mit dem Oberbegriff „Conventiones" (= Vereinbarungen; vgl. c. 3 CIC) zusammengefasst werden, derselbe Grad an Geltung, Bindungsverpflichtung und Bestandskraft zu. Keine Konkordate im strengen Sinn sind Verträge zwischen einem Staat und den Bischöfen eines Landes, die nur mit Zustimmung des Heiligen Stuhls abgeschlossen werden können.

2. *Geschichte.* Die Konkordatsgeschichte unterscheidet zwischen „Friedenskonkordaten" (Concordata pacis), deren Abschluss gleichzeitig einen Friedensvertrag zwischen Staat und Kirche darstellt – den historischen Prototyp eines Friedenskonkordats bildet das Wormser Konkordat von 1122 zwischen Papst Calixtus II. und Kaiser Heinrich V., durch das der Investiturstreit beigelegt wurde –, ferner „Freundschaftskonkordaten" (Concordata amicitiae) zur Bekräftigung eines bereits bestehenden Freundschaftsverhältnisses und schließlich „Defensivkonkordaten" zur Verteidigung der Rechte und der Freiheit der Kirche (Concordata defensionis iurium et libertatis Ecclesiae), wenn ein Bruch der Beziehungen zwischen Staat und Kirche verhindert oder eine grundlegende Neuordnung des Verhältnisses vereinbart werden soll.

Zu den historisch bedeutsamen Konkordaten gehören die von Papst Martin V. 1418 auf dem Konzil von Konstanz in Form von Päpstlichen Bullen mit den Konzilsnationen abgeschlossenen Konkordate; ferner die so genannten deutschen „Fürstenkonkordate" von 1447 und das Wiener Konkordat von 1448 über die Verleihung kirchlicher Ämter und die vom Gallikanismus beeinflussten französischen Konkordate von 1472 und 1516. Ein Defensivkonkordat war auch das zwischen Papst Pius VII. und Napoleon abgeschlossene Konkordat vom 15.7. 1801, dessen Geltung durch die nachträglich vom französischen Staat einseitig erlassenen so genannten „Organischen Artikel" weitgehend eingeschränkt wurde; ferner das dem Napoleonischen Konkordat nachgebildete Bayerische Konkordat vom 5.6.1817, dessen Geltung nach französischem Vorbild durch das vom Königreich Bayern einseitig erlassene spätere Religionsedikt ebenfalls eingeschränkt wurde. Die Neuordnung der kirchlichen Verhältnisse in der nachnapoleonischen Zeit erfolgte in Preußen (1821), in den Staaten der Oberrheinischen Kirchenprovinz (1821/27) und in Hannover (1824) durch so genannte „Zirkumskriptionsbullen", die zwischen dem Heiligen Stuhl und den Staaten vereinbart, anschließend vom Papst erlassen und von den Staaten in deren Gesetzblättern als Staatsgesetze verkündet wurden. Mit Österreich kam 1855 ein umfassendes Konkordat zustande, das in der Zeit des Kulturkampfs staatlicherseits gekündigt wurde, aber faktisch bis zum Ende der Habsburgermonarchie 1918 in Geltung blieb. In der nach dem Ersten Weltkrieg zur Neuordnung der kirchlichen Verhältnisse unter Pius XI. (1922–39) einsetzenden „Konkordatsära" kam es zum Abschluss der Konkordate mit Lettland (1922), Polen (1925), Rumänien, Litauen und der Tschechoslowakei (1927). Die seit 1870 schwelende Römische Frage wurde durch die zwischen dem Heiligen Stuhl und dem Königreich Italien am 11.2.1929 abgeschlossenen ∕Lateranverträge (Staatsvertrag, Finanzvertrag und Konkordat) einer Lösung zugeführt. Das Bayerische Konkordat vom 29.3.1924 bildete in Deutschland den Prototyp einer neuen konkordatären Regelung des Verhältnisses von Kirche und Staat. Dem Vorbild des Bayerischen Konkordats folgten die Konkordate mit Preußen (1929) und Baden (1932). Einen ausgesprochenen Defensivcharakter hatte das zwischen dem Heiligen Stuhl und Hitler-Deutschland am 20.7.1933 abgeschlossene Reichskonkordat; es bot der katholischen Kirche in der Zeit des Nationalsozialismus von 1933–45 trotz aller Verfolgungen und Anfeindungen immerhin eine rechtliche, wenn auch gegenüber dem nationalsozialistischen Unrechtsstaat schwache Basis zur Verteidigung ihrer Rechte. Das Reichskonkordat wurde vom Bundesverfassungsgericht durch Urteil vom 26.3.1957 als gültig zustande gekommen und fortgeltend anerkannt. Unter der Herrschaft des Grundgesetzes wurde das Reichskonkordat infolge der Auswechslung des „verfassungsrechtlichen Hintergrundes" zu einem Freundschaftskonkordat. Unter Papst Pius XII. (1939–58) kam es infolge des Zweiten Weltkrieges nur zu wenigen Konkordatsabschlüssen: Portugal (1940), umfassendes Konkordat mit Spanien (27.8.1953), Dominikanische Republik (1954). Das Zweite Vatikanische Konzil bildet für die Konkordatspolitik des Heiligen Stuhls eine bedeutsame Zäsur. Die Kirche forderte weithin mit Er-

folg die Beseitigung aller staatlichen Einflussrechte bei der Besetzung von Bischofsstühlen und anderen kirchlichen Ämtern. Die Staaten wurden aufgefordert, auf Privilegien, d. h. auf Vorschlags-, Ernennungs- oder Benennungsrechte bei der Besetzung von Bischofsstühlen, zu verzichten. In der nachkonziliaren Ära kam es zu Konkordaten mit Venezuela (1964), Argentinien (1966), Kolumbien (1973), Spanien (1976), Peru (1980), Haiti und Italien (1984); auch mit den beiden damals kommunistischen Staaten Ungarn (1964) und Jugoslawien (1966) sowie mit Tunesien (1964) und Marokko (1986) wurde zum Schutz der Religionsfreiheit der Katholiken ein Modus vivendi erzielt. Unter Papst Johannes Paul II. (seit 1978) wurden bis zum 1.1.1996 insgesamt 26 konkordatäre Verträge abgeschlossen, mehr als unter jedem anderen Papst. Am 30.12.1994 kam ein „Grundlagenvertrag" zwischen dem Heiligen Stuhl und dem Staat Israel zustande, der zur Aufnahme gegenseitiger diplomatischer Beziehungen geführt hat (AAS 86 [1994] 716–729). Die neuere Entwicklung zeigt, dass die Konkordate nach wie vor das beste Mittel darstellen, um in denjenigen Staaten, in denen aufgrund der historischen Entwicklung und der staatskirchenrechtlichen Gegebenheiten eine vertragliche Kooperation zwischen Staat und Kirche möglich ist, eine auf Dauer angelegte Friedensordnung zu schaffen.

3. *Rechtsnatur.* Es ist heute unbestritten, dass Konkordate völkerrechtliche Verträge zwischen dem Heiligen Stuhl und einem Staat sind. Die im Mittelalter auf kirchlicher Seite vertretene so genannte kurialistische „Privilegientheorie", die auf der Vorstellung einer Superiorität der Kirche über die Staatenwelt be-

ruhte und in den Konkordaten vom Papst gewährte widerrufliche Privilegien erblickte, ist spätestens seit Papst Leo XIII. (1878–1903) auch in der Theorie aufgegeben. Gleiches gilt für die von staatlicher Seite vertretene so genannte „Legaltheorie", die sich aus dem absolutistischen Staatskirchentum der Aufklärungszeit und aus dem Staatsdenken der protestantischen Staaten und deren landesherrlichem Kirchenregiment entwickelt hatte. Danach wurden noch im 19. Jh. Konkordate als einseitige und staatlicherseits jederzeit aufhebbare Staatsgesetze angesehen. Diese Auffassung wurde in der Kulturkampfzeit und auch noch später von protestantischen Staats- und Kirchenrechtslehrern, wie Paul Hinschius, Rudolph Sohm und Ulrich Stutz vertreten. Nach heutiger allgemeiner Auffassung und Praxis sind die Konkordate völkerrechtliche Verträge im strengen Sinn, die auf der Ebene der Gleichordnung zwischen Kirche und Staat geschlossen werden. Die Auffassung, dass es sich bei den Konkordaten wegen ihres spezifischen Inhalts um Verträge sui generis handle, hat sich in der Praxis nicht durchgesetzt. Diese Meinung wollte in dem Bestreben nach Angleichung aller Vereinbarungen zwischen dem Staat und sämtlichen Religionsgesellschaften die Konkordate in dem besonderen Rechtsbereich der staatlich-kirchlichen Beziehungen als ein einzigartiges Phänomen ansehen. Heute gilt: „An der Zurechnung der Konkordate zum Völkerrecht ist in Übereinstimmung mit der Staatspraxis festzuhalten" (U. Scheuner: Handbuch des Staatskirchenrechts 333). Dabei ist nicht zu verkennen, dass die Konkordate im Hinblick auf das Wiener Übereinkommen über das Recht der Verträge vom 23.5.1969 Besonder-

heiten aufweisen. Vertragspartner auf kirchlicher Seite ist nicht ein „Staat", sondern der Heilige Stuhl als Gesamtbezeichnung für die katholische Kirche.

4. *Vertragspartner, Verfahren bei Abschluss und Beendigung.* Für den Abschluss, den Bestand und die Beendigung der Konkordate gelten die Regeln des Völkerrechts. Auf die Konkordate finden die Bestimmungen des Allgemeinen Völkervertragsrechts, wie es im Wiener Übereinkommen vom 25.3.1969 für Verträge zwischen den Staaten niedergelegt wurde, entsprechende Anwendung: Vertragsverhandlungen, im Fall der Einigung Paraphierung (abgekürzte Unterschrift der Unterhändler), Unterzeichnung (Vertragsabschluss), Zustimmung des Parlaments (in der Regel in der Form des Gesetzes), Ratifikation durch das zuständige Vertretungs- oder Abschlussorgan (Staatsoberhaupt, Staatsregierung), seitens des Heiligen Stuhls Unterzeichnung durch den Papst, Austausch der beiderseitigen Annahmeerklärungen (Ratifikationsurkunden).

Die Konkordate enthalten in allen Fällen eine so genannte „Freundschaftsklausel" mit der Verpflichtung der Partner, bei künftigen Meinungsverschiedenheiten über die Auslegung oder Anwendung einer Vertragsbestimmung im gemeinsamen Einvernehmen eine freundschaftliche Lösung herbeizuführen (vgl. Art. 33 Absatz 2 Reichskonkordat).

Befristungs- und Kündigungsklauseln wie in Art. 20 des Konkordats mit Lettland (1922) bzw. in Art. 23 Absatz 2 des Konkordats mit Rumänien (1927) sind ungewöhnlich. Die Beendigung eines Konkordats erfolgt in ordentlicher Weise durch gegenseitige Übereinkunft, in außerordentlicher Weise kann das Konkordat erlöschen wegen Untergangs eines Vertragspartners, wegen Herausbildung eines gegenteiligen Gewohnheitsrechts oder dauernder Nichtanwendung („desuetudo"). Eine rechtswidrige Lösung eines Konkordats bildet der Konkordatsbruch, d.h. die bewusste Verletzung einer oder aller vertraglichen Pflichten. Der Konkordatsbruch verstößt gegen den naturrechtlichen Satz „Pacta sunt servanda", er führt nicht zum selbsttätigen Erlöschen des Konkordats, befreit aber den Vertragspartner von jeder Verpflichtung und gibt ihm zugleich das Recht, das Vertragsverhältnis zu beenden. Die Konkordatspraxis kennt zahlreiche Fälle einer einseitigen staatlichen Lossagung, wie z. B. im Falle des Napoleonischen Konkordats durch Frankreich im Jahre 1905.

▨ Quellen: A. MERCATI: Raccolta di concordati su materie ecclesiastiche tra la Santa Sede e le Autorità Civili, Bd. 1: 1098–1914, Bd. 2: 1915–54. Vatikanstadt 1954; L. SCHÖPPE (Hg.): Konkordate seit 1800. Originaltext und deutsche Übersetzung. Frankfurt (Main) 1964; DERSELBE: Neue Konkordate und konkordatäre Vereinbarungen. Abschlüsse in den Jahren 1956 bis 1969. Hamburg 1970; C. CORRAL SALVADOR – J. GIMÉNEZ Y MARTÍNEZ DE CARVAJAL (Hg.): Concordatos vigentes, 2 Bde. Madrid 1981.

▨ Literatur: Handbuch des Staatskirchenrechts der Bundesrepublik Deutschland, hg. v. E. FRIESENHAHN U.A., Bd. 2. Berlin 1975, 299–344; 2. Auflage, hg. v. J. LISTL – D. PIRSON, Bd. 2. Berlin 1995, 217–250; HKG 7, 179–229; TRE 19, 462–471. – U. STUTZ: Konkordat und Codex. Berlin 1930; J. HECKEL: Der Vertrag des Freistaates Preußen mit den evangelischen Landeskirchen vom 11.5.1931. Zu seiner Ratifikation am 29.6.1931: Theologische Blätter 11 (1932) 193–204; H. WAGNON: Concordats et droit international. Gembloux 1935; H. BARION: Konkordat und Codex: FS U. Stutz. Stuttgart 1938, 371–388; DERSELBE: Über doppelsprachige Konkordate: Deutsche Rechtswissenschaft 5 (1940) 226– 249; J.H. KAISER: Die Politische Klausel der Konkordate. Berlin 1949; A. OTTAVIANI – I. DAMIZIA: Institutiones Iuris Publici Ecclesiastici, 2 Bde. Vatikanstadt ⁴1958–60; D. PIRSON: Der Kirchenvertrag als Gestaltungsform der Rechtsbeziehungen zwischen Staat und Kirche: FS H. Liermann. Erlangen 1964, 177–195; A. HOLLERBACH: Die neuere Entwicklung des Konkordatsrechts: Jahrbuch des öffentlichen Rechts der Gegenwart Neue Folge 17 (1968) 117–163; H. REIS: Konkordat und Kirchenvertrag in der Staatsverfassung: ebd. 165–394; G. LAJOLO: I. Concordati moderni. Brescia 1968; H.E. FEINE: Kirchliche Rechtsgeschichte, Bd. 1: Die katholische Kirche. Weimar ⁵1972; U. SCHEUNER: Kirchenverträge in ihrem Verhältnis zu Staatsgesetz und Staatsverfassung: DERSELBE: Schriften zum Staatskirchenrecht. Berlin 1973, 355–372; DERSELBE: Evangelische Kirchenverträge I und II: ebd. 337–346; DERSELBE: Konkordat: ebd. 347–354; H.F. KÖCK: Die völkerrechtliche Stellung des Heiligen Stuhls. Berlin 1975; H.E. CARDINALE: The Holy See and the international order. London – Worcester 1976; R. MINNERATH: L'église et les états concordataires (1846–1981). Paris 1983; H.F. KÖCK: Rechtliche und politische Aspekte von Konkordaten. Berlin 1983; J. LISTL: Die Konkordate und Kirchenverträge in der BRD, Bd. 1. ebd. 1987, Einleitung, 3–23; J.-B. D'ONORIO U.A. (Hg.): Le Saint-Siège dans les relations internationales. Paris 1989.

Joseph Listl

Konsistorium.

Das Päpstliche Konsistorium ist eng mit der Geschichte des ⁄Kardinalskollegiums verbunden. Seit dem 11. Jh. profilierten sich die Kardinäle zu einer einflussreichen Institution der Gesamtkirche, die am Regierungshandeln der Päpste mitwirkte. Konsistorium meinte ursprünglich die feierliche, öffentliche Gerichtsverhandlung, an der neben Kardinälen auch andere teilnahmen; in erweiterter Bedeutung ist die Beratung des Papstes durch die an der Kurie versammelten Kardinäle gemeint. Mit der Institutionalisierung der Kardinalskongregationen im 16. Jh. (↗Kongregationen) trat das Konsistorium in den Hintergrund und diente als feierliches Forum für die Vornahme päpstlicher Regierungsakte und bereits getroffener Entscheidungen. Der CIC sieht die beratende Vollversammlung der Kardinäle unter dem Vorsitz des Papstes in Form des ordentlichen Konsistoriums (Teilnehmer sind die in Rom anwesenden Kardinäle) für schwerwiegende Angelegenheiten und gewisse feierliche Akte und des außerordentlichen Konsistoriums (Teilnehmer sind alle Kardinäle) für besonders schwerwiegende Materien vor. Öffentlich sind jene Konsistorien, die nur zeremonielle Bedeutung haben. An ihnen können neben Kardinälen auch Prälaten, Gesandte und geladene Gäste teilnehmen (c. 353).

◼ Literatur: DDC 4, 353–356; VATL 428f. – W. MALECZEK: Papst und Kardinalskolleg von 1191 bis 1216. Wien 1984; Código de derecho canónico. Valencia ⁴1993, 184–189.

Herbert Kalb

Konzil

1. Geschichtliche Entwicklung • 2. Gegenwärtige Rechtslage.

1. Geschichtliche Entwicklung. a) *Gestalt und Wesen:* Die seit frühester Zeit (in Kleinasien und Rom seit dem Ende des 2. Jh. u. a. in Zusammenhang mit Osterfeststreit und Montanismus, in Nordafrika seit der Mitte des 3. Jh. im Gefolge des Ketzertaufstreits) zum Leben der Kirche gehörenden Konzilien sind in ihrer äußeren Gestalt stark vom jeweiligen kulturellen Kontext bestimmt: Im gelehrten Alexandrien besteht das Konzil z. Z. des Origenes im Lehrdisput des häresieverdächtigen Bischofs mit dem Didaskalos der Kirche; im Afrika Cyprians ist es

von der Vorgehensweise des römischen Senats geprägt. Im Bereich der Germanenvölker kommen deren spezielle Rechtsvorstellungen zur Geltung. Im 15. Jh. werden im Westen korporative Leitungsgremien der italienischen Stadtstaaten und Universitäten zum Modell (Repräsentation). Auch der moderne Parlamentarismus bleibt nicht ohne Wirkung auf die konkrete Verfahrensweise. – Trotz äußeren Wandels ist jedoch ein gemeinsames Wesen erkennbar: Cyprians „in unum convenire" bezeichnet nicht nur das äußere, sondern auch das innere, vom Heiligen Geist gewirkte „Zusammenkommen", die „unanimitas", den Konsens, und zwar näherhin den vertikalen und den horizontalen, den mit den früheren Konzilien und den unter den zum Konzil Versammelten: „consensio antiquitatis et universitatis" (Vinzenz von Lérins, Commonitorium 33). Über das mittelalterliche Kirchenrecht gelangte die patristische Vorstellung des Konzils als Konsens ins 15. Jh. und inspirierte die ausdrückliche Reflexion der Konziliaristen über das Wesen des Konzils (Nikolaus von Kues, Johannes von Segovia, Johannes von Ragusa). Sosehr in den folgenden Jahrhunderten die genaueren Modalitäten des das Konzil konstituierenden Konsenses (Abstimmung nach Köpfen, Ständen, Nationen; Mehrheit oder Einstimmigkeit; Rolle des Papstes dabei usw.) umstritten sind, hält sich die Grundidee bis heute.

b) *Umfang und Autorität:* Entstanden aus der Notwendigkeit, gemeinsame Fragen des Glaubens oder der Kirchenordnung gemeinsam zu lösen, entsprechen die Konzilien jeweils dem Organisationsgrad der Kirche. Am Anfang standen informelle Treffen benachbarter Bischöfe; mit der Bildung größerer Kirchenprovinzen entstand die Provinzialsynode. Afrika kannte das alle afrikanischen Provinzen umfassende „concilium plenarium". Die Ausbildung der Patriarchate brachte die Patriarchalsynode, die Entstehung der Reichskirche unter Kaiser Konstantin dem Großen die Reichsoder ökumenische Synode, die Ausbreitung des Christentums in den germanischen Königreichen die unter den Königen tagende, später so genannte Nationalsynode. Auch auf der untersten Ebene der kirchlichen Hierarchie bildeten sich Konzilien, die später so genannten Diözesansynoden. – Fragt man nach der speziellen Autorität dieser Synoden verschiedenen Umfangs, so sind Vorstellungen aus späterer Zeit zu vermeiden. Die begriffliche Gegenüberstellung zweier wesentlich verschiedener Kategorien von Konzilien – ökumenischen und partikularen bzw. lokalen – ist im Osten nicht vor dem 6., im Westen im Grunde erst im 12. Jh. bezeugt. Dabei ist das ökumenische Konzil wesentlich die vom Kaiser einberufene Höchstinstanz zur Entscheidung von Glaubensfragen. Das Neue, das das erste ökumenische Konzil brachte, besteht darin, dass der tendenzielle Anspruch aller Konzilien, geistgeschenkte Wahrheit zu lehren, jetzt zu einem prinzipiellen wird. Anerkannt wurde dieser Anspruch freilich noch nicht sofort gegenüber dem Konzil von Nizäa (325), sondern erst nach einem längeren Prozess, in dem sich die Einsicht durchsetzte, dass die Kirche in der Lage sein müsse, nicht nur ein für allemal, wie in Nizäa geschehen, sondern immer wieder, wenn es nötig ist, den Glauben vor Verfälschung zu bewahren. Für diese den ökumenischen Konzilien jetzt zugeschriebene Fä-

higkeit kennt die alte Kirche noch nicht den Begriff ↗ „Unfehlbarkeit". Dieser missverständliche Terminus kommt in Bezug auf Konzilien erst im 14. Jh. in den Auseinandersetzungen um die dem Papst eigene Autorität auf und hat den polemischen Sinn, den Papst dem Konzil unterzuordnen. Förmlich verteidigt wird die Unfehlbarkeit der ökumenischen Konzilien dann v. a. von Basler Konziliaristen. In Reaktion auf Martin Luthers ausdrückliche Ablehnung wird sie zu einem Grundaxiom katholischer Theologie.

c) *Ökumenizität und Rezeption:* Während nicht wenige der altkirchlichen so genannten Partikularsynoden ökumenisch rezipiert wurden, gab es umgekehrt mehrere ökumenisch gefeierte Synoden, die von der Kirche nicht angenommen wurden. Die heute in der römisch-katholischen Kirche geltende Liste der ökumenischen Konzilien [s. u. g)] dokumentiert die herausragende Rolle des Römischen Stuhls bei deren Rezeption: Gelangten in der alten Kirche nur solche Konzilien auf diese Liste, die mindestens nachträglich die Zustimmung des Papstes gefunden hatten, so geschah dies später entweder durch einen unter der Führung des Papsttums entstandenen Konsens der Theologen und Historiker, bestimmten Konzilien den Rang eines ökumenischen Konzils zuzuerkennen, oder durch die direkte Entscheidung des Papstes, ein ökumenisches Konzil zu feiern. Nach dem Bruch mit der Ostkirche hatte die Westkirche zunächst lange gezögert, einige ihrer eigenen Generalsynoden den gemeinsam mit den Griechen gefeierten ökumenischen Konzilien beizuzählen. Eine erste, über die altkirchliche hinausgehende Liste brachte das Konzil von Konstanz durch die Hinzuzählung von Lateranense IV, Lyon II und Vienne. Unter den verschiedenen von Historikern und Theologen der Gegenreformation unternommenen Versuchen, eine Gesamtliste der ökumenischen Konzilien aufzustellen, setzte sich schließlich die von Robert Bellarmin erstellte, im Wesentlichen bis heute geltende durch.

d) *Papst und Konzil:* Die schon im 2. und 3. Jh. zwischen römischen Bischöfen und so genannten Partikularsynoden anderer Kirchen (Osterfest- und Häretikertaufstreit) ausgetragenen Auseinandersetzungen enthalten im Kern schon den Konflikt um die Kirchenführung, der zum offenen Ausbruch kommen musste, sobald beide Größen, Konzil und Papsttum, zur vollen Entfaltung gelangt sein würden. Zwar sind auf den Reichskonzilien von Ephesus (431 und 449) und Chalcedon (451) schon deutliche Anzeichen einer Rivalität beider Größen zu erkennen, aber es bleibt aufgrund der kirchlichen Führungsrolle des Kaisers für die Zeit der alten Kirche noch das labile Gleichgewicht zwischen päpstlicher und konziliarer Führung der Kirche erhalten. Nach der Emanzipation des Papsttums zunächst vom griechischen, dann vom westlichen Kaiser war der Frage nach der Höchstinstanz in der Kirche auf die Dauer nicht mehr auszuweichen. Je nachdem, ob zugunsten des Papstes oder des Konzils entschieden wird, werden die konkreten Fragen der Einberufung, des Vorsitzes, des Bestätigungsrechts und überhaupt des Begriffs eines ökumenischen Konzils sehr unterschiedlich beantwortet. Probleme dieser Art machen den Hauptinhalt der die Konzilien betreffenden theologischen Literatur der letzten Jahrhunderte aus.

e) *Häufigkeit und Notwendigkeit:* Eine adäquate Erfassung des Phäno-mens Konzil muss sich v. a. vor einer Fixierung auf die so genannten ökumenischen Konzilien hüten: bevor diese im 4. Jh. aufkamen, gab es auf unteren Ebenen längst ein blühendes Konzilsleben. Die ökumenischen Konzilien sind bei aller Bedeutung, die einzelne von ihnen für die Kirche haben, Ausnahmen und stellen nur einen schmalen Ausschnitt aus der Gesamtwirklichkeit dar. Dass Konzilien auf Ebenen unterhalb des ökumenischen Konzils zum normalen Leben der Kirche gehören, bezeugen die hohe Zahl der historisch belegten Konzilien im Lauf der Kirchengeschichte und die auf ökumenischen Konzilien immer wieder eingeschärfte Vorschrift zu regelmäßiger Versammlung von Synoden auf unteren Ebenen. Die Vorschrift des Konzils von Konstanz (Dekret *Frequens*), auch ökumenische Konzilien regelmäßig, nämlich alle zehn Jahre, zu feiern, scheiterte nicht nur am Widerstand des Papsttums, sondern auch an der praktischen Durchführbarkeit. Gegenüber der von Gallikanern behaupteten absoluten Notwendigkeit der ökumenischen Konzilien verteidigten die propäpstlichen Theologen immer eine bloß relative.

f) *Orthodoxe und protestantische Sicht:* Mit dem Auseinanderbrechen der Kircheneinheit ging auch eine einheitliche Sicht der Konzilien verloren. Die Ostkirche feierte zwar auch nach 1054 noch einige außerordentliche Patriarchalkonzilien, aber keine ökumenische Synode mehr, so dass es bei der Siebenzahl der ökumenischen Konzilien blieb. Gegenüber der römischen Kirche bestand die orthodoxe immer erstens auf der grundsätzlichen Gleichstellung aller fünf Patriarchen auf dem Konzil (Pentarchie), zweitens bis zum Ende des byzantinischen Reichs auf dem

Einberufungsrecht des Kaisers und drittens auf der Notwendigkeit ökumenischer Konzilien zur Entscheidung wichtiger Fragen. – Was die protestantische Sicht angeht, so verwarfen Luther und Johannes Calvin zwar die Unfehlbarkeit der Konzilien, lehnten diese aber nicht grundsätzlich ab, sondern nur in der vom Papst beherrschten Form. Während es bei den Reformierten zur Ausbildung synodaler Strukturen, ja zur gelegentlichen Abhaltung von Konzilien kam (Dordrechter Synode 1618/19), erlosch das Konzilswesen bei den Lutheranern nach einem einzigen konzilsartigen Unternehmen (Homberger Synode 1526) völlig. Zwar kennt die lutherische Orthodoxie einen „locus de synodis", aber die Theorie wurde nie in die Praxis umgesetzt.

g) *Von der römisch-katholischen Kirche anerkannte ökumenische Konzilien:* 1) Nizäa I (325); 2) Konstantinopel I (381); 3) Ephesus (431); 4) Chalcedon (451); 5) Konstantinopel II (553); 6) Konstatinopel III (680/681); 7) Nizäa II (787); 8) Konstantinopel IV (869/870); 9) Lateran I (1123); 10) Lateran II (1139); 11) Lateran III (1179); 12) Lateran IV (1215); 13) Lyon I (1245); 14) Lyon II (1274); 15) Vienne (1311/1312); 16) Konstanz (1414–18); 17) Basel-Ferrara-Florenz-Rom (1431–45); 18) Lateran V (1512–17); 19) Trient (1545–63); 20) Vatikan I (1869/70); 21) Vatikan II (1962–65).

Literatur: *Zu a) – e):* – B. Botte (Hg.): Das Konzil und die Konzile. Stuttgart 1962; H.J. Sieben: Die Konzilsidee der Alten Kirche. Paderborn 1979; M. Woytowytsch: Papsttum und Konzile von den Anfängen bis zu Leo I. (440–461). Stuttgart 1981; H.J. Sieben: Traktate und Theorien zum Konzil. Frankfurt (Main) 1983; derselbe: Die Konzilsidee des lateinischen Mittelalters. Paderborn 1984; derselbe: Die katholische Konzilsidee von der Reformation bis zur Aufklärung. ebd. 1988; derselbe: Die Partikularsynode. Frankfurt (Main) 1990; derselbe: Katholische Konzilsidee im 19. und 20.Jh. Paderborn 1993; J. Helmrath: Locus concilii: AHC 27/28 (1995–96) 593–662; H.J. Sieben: Vom Apostel-Konzil bis zum Ersten Vatikanum. Paderborn 1996; K. Schatz: Allgemeine Konzilien – Brennpunkte der Kirchengeschichte. ebd. 1997; J. Laudage: Ritual und Recht auf päpstlichen Reformkonzilien (1049–1123): AHC 29 (1997) 287–334; N.H. Minnich: The voice of theologians in general councils from Pisa to Trent: Theological Studies 59 (1998) 420–441; H.J. Sieben: Von angeblich oder wirklich gefälschten, von erfundenen und vorfabrizierten Konzilien: Theologie und Philosophie 74 (1999) 17–47. – *Zeitschrift:* AHC 1 (1969) ff. – *Zu f):* ODB 1, 540–543; EKL³ 2, 1430–40. – H.J. Margull (Hg.): Die ökumenischen Konzilien der Christenheit. Stuttgart 1961; P. Meinhold: Konzile der Kirche in evangelischer Sicht. ebd. 1962; J. Meyendorff: Die orthodoxe Kirche gestern und heute. Salzburg 1963, 35–46; Ch. Tecklenburg-Johns: Luthers Konzilsidee in ihrer historischen Bedingtheit und ihrem reformatorischen Neuansatz. Berlin 1966. – *Zu g):* Histoire des conciles d'après les documents originaux, ed. v. C.J. von Hefele, übersetzt von H. Leclercq, 9 Bde. Paris 1907–21; Geschichte der ökumenischen Konzilien, 12 Bde. Mainz 1963–87; W. Brandmüller (Hg.): Konziliengeschichte, 2 Reihen, Bd. 1ff. Paderborn 1980ff.; H. Jedin: Kleine Konziliengeschichte. Freiburg ⁵1991; G. Alberigo (Hg.): Geschichte der Konzilien. Düsseldorf 1993; K. Schatz: Allgemeine Konzilien – Brennpunkte der Kirchengeschichte. Paderborn 1997.

Hermann Josef Sieben

2. Gegenwärtige Rechtslage. Die geltenden Normen für ein ökumenisches Konzil finden sich im Art. „Bischofskollegium" des CIC (cc. 336–341). Dadurch bringt das kirchliche Recht zum Ausdruck, dass das Bischofskollegium mit dem Papst Träger „höchster und voller Gewalt" in der Kirche ist (c. 336) und das ökumenische Konzil eine Form, in der dieses „in feierlicher Weise" seine

„Gewalt im Hinblick auf die Gesamtkirche" ausübt (c. 337 § 1). Infolgedessen gehören von Rechts wegen „alle und nur die Bischöfe, die Glieder des Bischofskollegiums sind", zum „ökumenischen Konzil mit entscheidendem Stimmrecht" (c. 339 § 1). Es können auch Nichtbischöfe zum ökumenischen Konzil berufen werden, deren Stellung dann näher zu bestimmen ist (c. 339 § 2). Ohne Papst kann es kein ökumenisches Konzil geben (c. 340). Nur er kann es einberufen, unterbrechen und fortführen, auflösen sowie dessen Dekrete genehmigen (c. 338 § 1). Außer für das ökumenische Konzil sind im CIC Normen erlassen für das „Plenarkonzil", das alle „Teilkirchen ein und derselben Bischofskonferenz" umfasst (c. 439 § 1), und für das „Provinzialkonzil" „der verschiedenen Teilkirchen ein und derselben Kirchenprovinz" (c. 440 § 1). Wie beim ökumenischen Konzil haben auch bei diesen „Partikularkonzilien" nur die Bischöfe Stimmrecht (c. 443 § 1), alle Übrigen nehmen beratend teil (c. 443 § 3).

▨ Literatur: HKKR 266–272; MKCIC, Einführung vor cc. 336–341 und cc. 439–446.

Ludwig Schick

Kurie ∕Römische Kurie.

Lateran

1. Basilika · 2. Baptisterium · 3. Stadtpalast.

Das Gebiet im Südosten Roms an der Aurelianischen Mauer erhielt den Namen Lateran von den hier gelegenen Stadtpalästen der römischen Adelsfamilie der Laterani, die bis in das späte 4. Jh. bestanden.

1. Die *Basilika* San Giovanni in Laterano ist als „mater et caput omnium ecclesiarum" (Mutter und Haupt aller Kirchen) die Bischofskirche des Papstes und die erste Patriarchalbasilika der Christenheit. Die Basilica Lateranensis (so z. B. Hieronymus, ep. 77, 4 nach ihrer Lage) wurde als römische Bischofskirche und erster offizieller christlicher Kultbau von Kaiser Konstantin gegründet und dem Salvator geweiht zum Dank für den Sieg (312) über Maxentius an der Milvischen Brücke. Der Kaiser übereignete der römischen Gemeinde als Grundstück für den Bau der Kirche die Kaserne einer kaiserlichen Gardetruppe am östlichen Rand des Caelius (Reste unter der Kirche). Die Randlage der Bischofskirche ist somit v. a. durch den kaiserlichen Besitz bedingt, der sich bis zum severischen Palatium Sessorianum im Osten erstreckte. Die Basilica Constantiniana (so in Quellen der ausgehenden Antike), die weitgehend unter dem barocken Umbau Francesco Borrominis von San Giovanni in Laterano erhalten ist, war eine fünfschiffige, säulengestützte Halle, die nach dem Brauch antiker Kultbauten von Ost nach West ausgerichtet war und damit die Anlage der heutigen Basilika bestimmt. Die Lateranbasilika, deren Bautypus bestimmend für den christlichen Kultbau geblieben ist, stellt den für den christlichen Kult adaptierten Typus der profanen römischen Basilika als Versammlungshalle dar. Das 90 m lange Mittelschiff mit einer Architravkolonnade von je 16 Säulen wird von je zwei niedrigen Seitenschiffen flankiert, die durch Arkadenkolonnaden von 21 Säulen getrennt werden. Beide Seitenschiffe deckt ein einheitliches Pultdach ab. Die inneren Seitenschiffe begleiten das Mittelschiff in ganzer Länge, die kürzeren äußeren Seitenschiffe aber enden im Westen an je einem über die Flucht der Kirche ausgreifenden, quer liegenden kapellenartigen Anbau. Das heutige

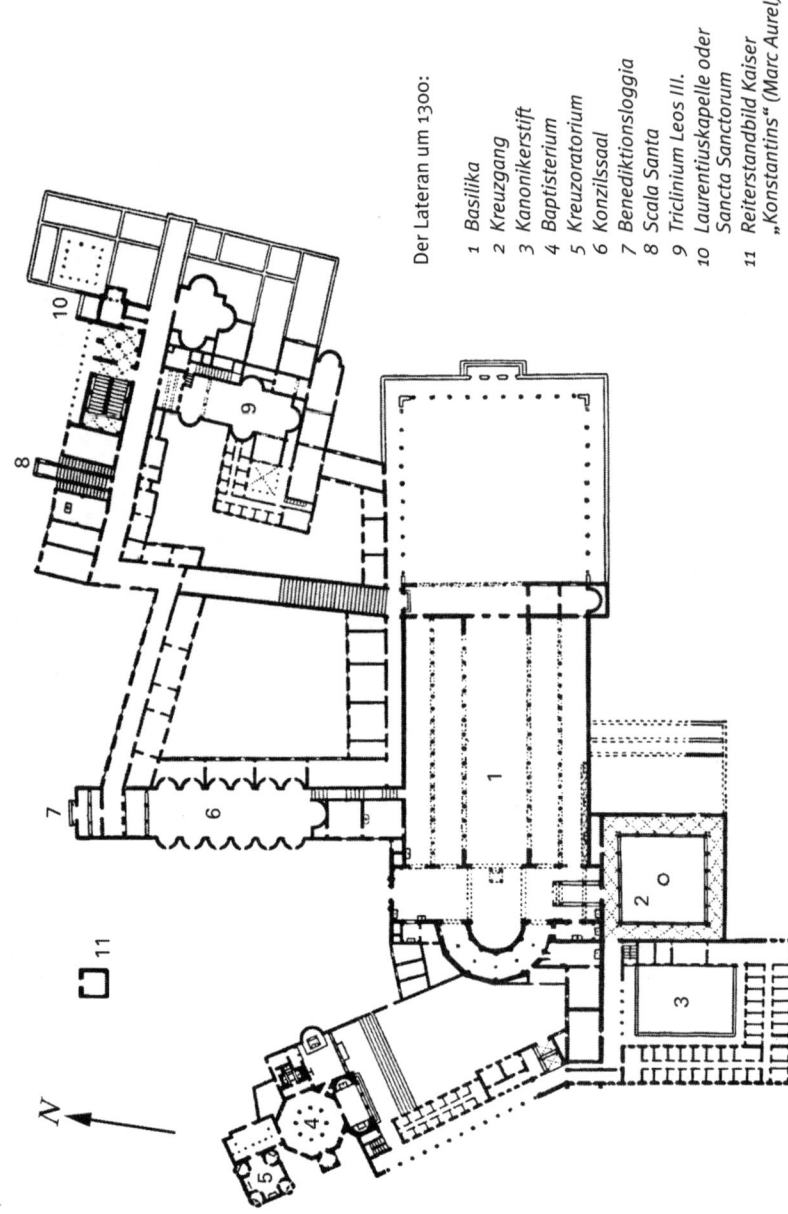

Der Lateran um 1300:

1 Basilika
2 Kreuzgang
3 Kanonikerstift
4 Baptisterium
5 Kreuzoratorium
6 Konzilssaal
7 Benediktionsloggia
8 Scala Santa
9 Triclinium Leos III.
10 Laurentiuskapelle oder
   Sancta Sanctorum
11 Reiterstandbild Kaiser
   „Konstantins" (Marc Aurel)

N

Querhaus an dieser Stelle ist mittelalterlich. Die heutige, mit dem vorgelegten Chor 1886 errichtete Apsis ersetzt die antike Apsis, die unmittelbar an das Mittelschiff anschloss. Wohl im 5. Jh. wurde um diese Apsis ein Umgang angelegt, der den Zugang zu dem von Konstantin im Nordwesten der Basilika errichteten Baptisterium vermittelte. Durch die großen Fenster im Obergaden des Mittelschiffs über jedem Interkolumnium fiel helles Licht in den Festsaal. Auch die Apsis war von Fenstern durchbrochen. In den Außenwänden der Basilika sorgten Fenster für die Beleuchtung der Seitenschiffe, deren innere kein direktes Licht empfingen. Die Raumteile der Halle waren also durch die Lichtführung differenziert. Die Fassade im Osten hatte wohl drei große Fenster und drei in das Mittelschiff führende Portale. Vielleicht befand sich vor dem Eingang noch ein Atrium. Die in der römischen Bautradition aufgeführten, nur 80 cm starken Mauern trugen einen hölzernen Dachstuhl. Der Außenbau war schmucklos. Die Lateranbasilika folgte darin den großen Nutzbauten der späten Kaiserzeit (u. a. den Thermen). Auch in der Gliederung des Baues, dessen differenzierte Raumgestalt sich in der Zuordnung der Volumina im Außenbau ausdrückt, schließt sich die Basilica Constantiniana den spätantiken Nutzbauten an. Im Gegensatz zum Äußeren war das Innere der Basilika mit großer Pracht ausgestattet: 16 rote Granitsäulen mit weißen Marmorkapitellen standen im Mittelschiff, 21 grüne Marmorsäulen auf Postamenten aus weißem Marmor in den Seitenschiffen. Der Fußboden und eine Wandverkleidung aus bunten Marmorplatten vervollständigten den Schmuck. Seit dem 5. Jh. sind für die Obergadenwände des Mittelschiffs Wandbilder mit typologisch aufeinander bezogenen Szenen aus dem Alten und Neuen Testament belegt. Solcherart setzte die Basilica Constantiniana den Ausstattungsluxus kaiserzeitlicher und spätantiker Großbauten fort. Vergoldete Balken des offenen Dachstuhls oder vergoldete Kassettendecken gehörten ebenfalls zum aufwendigen Interieur. Die Apsiskalotte schmückte ein goldenes Mosaik (vielleicht noch ohne figürliche Motive). Figürliche Motive fanden sich wohl erst in dem vom Heermeister Flavius Felix 428/430 erneuerten Mosaik. Der antike Grundbestand (Thron Christi, Triumphkreuz, akklamierende Apostel) wird nach mittelalterlichen Erneuerungen (Leo III., 796–816; 1288–94 durch Iacopo Torriti und Camerino) wohl noch in dem 1884/86 in die neue Apsis umgesetzten Mosaik zu erkennen sein. Basen, Schäfte und Kapitelle der konstantinischen Kirche entstammen älteren kaiserzeitlichen Bauten: Diese so genannten Spolien sind im Wechsel verschiedener Kapitelltypen paarig quer zur Längsachse des Mittelschiffs eingesetzt worden. In Durchbrechung des klassischen Formprinzips wird hier in der christlichen Basilika die traditionelle Reihung gleichwertiger Glieder in der Kolonnade durch die akzentuierende Setzung abgelöst. Durch das Mittelschiff zog sich ein etwa 3 m breiter abgeschrankter Gang für den feierlichen liturgischen Einzug und Auszug des Bischofs. Die Basilika bot so den monumentalen Rahmen für eine feierliche Liturgie, die sich nun in Anlehnung an Formen staatlicher und kaiserlicher Repräsentanz ausbildete. Entsprechend nimmt das Presbyterium fast ein Fünftel des Baues ein: Es wird durch die kapellenartigen Annexbauten im Westen noch besonders betont.

Hier standen die von Konstantin gestifteten goldenen Räucherständer und das silberne Fastigium, eine monumentale Giebelarchitektur mit den Statuen Christi, der Apostel sowie von Engeln, das das Presbyterium zum Mittelschiff abschloss: Vier Bronzesäulen und ein kaiserzeitliches, vergoldetes bronzenes Kapitell dieses Fastigiums sind in dem Sakramentsaltar Clemens' VIII. (1592–1605) im ersten Querhaus wieder verwendet. Sieben silberne, von Konstantin gestiftete Altäre dienten in den quer gelagerten Kapellen an der Grenze zum Gemeinderaum dem Offertoriumsritus.

Die Basilika wurde mehrfach durch Erdbeben und Brände beschädigt und wieder restauriert, so u. a. von Leo dem Großen (Mitte 5. Jh.), Hadrian I. (8. Jh.), Sergius III. (905), Clemens V. (1308). 1291 erhielt die Basilika von Nikolaus IV. nach dem Vorbild von ⁄Sankt Peter ein Querhaus. 1362–69 war nach dem Bericht Francesco Petrarcas der Bau ohne Dach und wurde von Urban V. (1362–70) restauriert. Gregor XI. legte 1370–78 dem nördlichen Querhaus eine Fassade vor (von Pius IV. 1562–67 vollendet). Die vergoldete Kassettendecke wurde unter Pius IV. (Entwurf von Pirro Ligorio) eingezogen. 1431–47 wurde die Basilika wiederum restauriert (Fresken von Gentile da Fabriano und Pisanello). Innozenz X. beauftragte 1650 Francesco Borromini mit der grundlegenden Erneuerung des Baues. Die antiken Säulen, im Mittelalter bereits teilweise in Pfeiler eingeschlossen, wurden mit Doppelpfeilern ummantelt, und in deren Nischen die grünen Säulen der Seitenschiffkolonnaden der konstantinischen Basilika versetzt. 1735 wurde unter Clemens XII. die heutige Fassade errichtet. Die Bronzetüren des Mittelschiffs stammen aus der Curia am Forum Romanum.

2. Das konstantinische *Baptisterium* wurde von Sixtus II. (432–440) erneuert. Im Umgang des noch bestehenden oktogonalen Baues stehen acht Porphyrsäulen mit Spolienkapitellen, die den Obergaden tragen. In der biapsidalen Vorhalle befinden sich Reste der antiken marmornen Wandverkleidung und ein Apsismosaik mit Weinrankengeschlinge (Grün, Gold, blauer Grund). Papst Hilarus (461–468) fügte die Kapellen Johannes' des Evangelisten (Gewölbemosaik des 5. Jh., Bronzetüren von 1196) und Johannes' des Täufers (antike Bronzetüren, Porphyrsäulen) hinzu. 640 baute Johannes IV. die Kapelle des heiligen Venantius an, die Mosaiken des 7. Jh. enthält.

3. Die Auffassung, dass Konstantin den *Stadtpalast* seiner Frau Fausta dem römischen Bischof übereignet habe, beruht auf der Fehldeutung einer Stelle bei Optatus von Mileve (Contra Parmenianum 1, 21). Die durch archäologische Untersuchungen erschlossenen antiken Stadtpaläste dieser Region Roms lassen sich aufgrund historischer und archäologischer Kriterien nicht mit dem Bischofspalast identifizieren. Nachrichten über und auch Reste des nördlich der Basilika gelegenen alten „Patriarchiums" haben sich erst seit frühmittelalterlicher Zeit erhalten: Leo III. errichtete (Ende 8. Jh.) Empfangshallen und das große (68 m lange) Triclinium. Reste sind in und unter der Scala Sancta (ehemalige Palastkapelle) im Norden des heutigen Palastes erhalten, zusammen mit dem Mosaik (Christus und Apostel, Karl der Große und Christus, Papst Silvester und Kons-

tantin) an der Südfassade. Seit dem 9. Jh. erweiterte sich der Palast ständig um Gebäude unterschiedlicher Funktion nach dem Vorbild der Konstantinopler Kaiserpaläste. Während des Avignonischen Exils (1305–1376) brannten Palast und Basilika ab. Von Sixtus V. 1586 abgebrochen und bis 1598 von Domenico Fontana nach dem Vorbild des Palazzo Farnese neu errichtet. Nach der Übersiedlung der Päpste in den Vatikan (1377) beherbergte der Palast seit 1605 Kanoniker, seit 1623 ein Hospital, seit 1844 päpstliche Museen und seit 1967 das Vikariat von Rom.

▓ Literatur: VATL 440f. 665–670. – PH. LAUER: Le palais du Lateran. Paris 1911; W. BUCHOWIECKI: Handbuch der Kirchen Roms, Bd. 1. Wiesbaden 1967, 61–88; E. NASH: Convenerunt in domum Faustae in Laterano S. Optati Milevitani: RQ 71 (1976) 1–21; J. WILPERT–W.N. SCHUMACHER: Die römischen Mosaiken der kirchlichen Bauten vom IV.–XIII.Jh. Freiburg 1976, 19–30 38 45 91–95 (Tafel 25–27) 321 (Tafel 80–81); R. KRAUTHEIMER U.A.: Corpus Basilicarum Christianarum Romae, Bd. 5. Vatikanstadt 1977, 1–92; H. BRANDENBURG: Roms frühchristliche Basiliken des 4.Jh. München 1979, 22–54; R. KRAUTHEIMER: Rom. ebd. 1987; C. PIETRANGELI: Il Lateran. Frankfurt 1989; V. SANTA MARIA SCRINARI: Il Lateran imperiale, Bd. 1: Dalle Aedes Laterani alla Domus Faustae. Vatikanstadt 1991; H. BRANDENBURG: Die konstantinischen Kirchen in Rom: Mousikos aner. FS M. Wegner. Bonn 1992, 33–39; F. LOMBARDI: Roma, Chiese, Conventi, Chiostri. Inventario. Rom 1993, 38f.; P. LIVERANI: Note di topografia lateranense: Bulletino della Commissione Archeologica Comunale di Roma 95 (1993) 143–153; S. DE BLAAUW: Cultus et Decor, Bd. 1. Vatikanstadt 1994, 110–331; H. BRANDENBURG: Kirchenbau und Liturgie: Divitiae Aegypti. FS M. Krause. Wiesbaden 1995, 36–43; DERSELBE: Antike Spolien in der Architektur des Mittelalters, hg. v. J. POESCHKE. München 1996, 18f.; P. LIVERANI: Dalle aedes Laterani al patriarchio Lateranense: Rivista di archeologia cristiana 75 (1999) 521–549.Hugo Brandenburg

Lateranverträge, am 11.2.1929 zwischen dem ╱Heiligen Stuhl und Italien abgeschlossen; sie beendeten die bei Auflösung des ╱Kirchenstaates 1870 entstandene Römische Frage. 1919 wurden die Verhandlungsgrundlagen und zwischen 1926 und 1929 der Inhalt der Lateranverträge erarbeitet: 1. *Staatsvertrag.* Er gründete den Staat der Vatikanstadt (╱Vatikanstaat), der dem Papst als Garantie der Unabhängigkeit seines Hirtenamtes dient, anerkannte die Souveränität des Heiligen Stuhls auf internationalem Gebiet, bestätigte die katholische Religion als Staatsreligion und nannte Rom Hauptstadt Italiens. – 2. *Konkordat.* Es regelte die Kirche-Staat-Beziehungen (Garantie freier Ausübung geistlicher Gewalt, staatlicher Schutz christlicher Ehe und religiöser Gemeinschaften, Stellung und Besoldung des Klerus). – 3. *Finanzabkommen.* 750 Millionen Lire in bar und eine Milliarde Lire in Staatstiteln nahm der Heilige Stuhl als Entschädigung für den Verlust des Kirchenstaates und als Basis eigener wirtschaftlicher Tätigkeit an.

1984 revidierte ein Konkordat die Lateranverträge. Es legte u. a. religiösen Pluralismus und die Neuordnung staatlicher Leistungen an Priester und kirchliche Einrichtungen fest.

▓ Quellen: AAS 21 (1929) 209–295, 77 (1985) 521–578; F. PACELLI: Diario della Conciliazione. Vatikanstadt 1959.

▓ Literatur: P. SCOPPOLA: La Chiesa e il fascismo. Bari ²1971; G. SPADOLINI: La questione del Concordato. Florenz 1976; L. CARLEN: 50 Jahre Lateranverträge: Civitas 34 (1978/79) 273–280; K. REPGEN: Pius XI. und das faschistische Italien: W. PÖLS (Hg.): Staat und Gesellschaft im politischen Wandel. Stuttgart 1979, 331–359; M. MORGANTE: Il Concordato tra la Santa Sede e la Repubblica italiana. Mailand 1988.

Hartmut Benz

Liber censuum Ecclesiae Romanae,

Zusammenstellung verschiedener Texte die römischen Kirche betreffend unter Benutzung älterer Vorlagen des Apostolischen Kämmerers Cencio Savelli (später Honorius III.) von 1192, benannt nach der Liste der regelmäßigen Abgaben an den Heiligen Stuhl, die in der Originalhandschrift u. a. Folgendem vorangeht: Exemtionsliste für Bistümer und Klöster; Liber de mirabilibus urbis Romae; Ordo Romanus; Kaiserkrönungsordo; Papstchroniken; Chartular des Heiligen Stuhls. Das Original bzw. die Abschrift war in Kuriengebrauch bis Eugen IV., wie Nachträge beweisen.

▪ Ausgabe: P. Fabre – L. Duchesne, 2 Bde. Paris 1889–1910, ed. v. G. Mollat. ³1952.
▪ Literatur: LMA 5, 1941f.; VatL 458f. – P. Fabre: Étude sur le Liber censuum de l'Église romaine. Paris 1892; V. Pfaff: Die Einnahmen der römischen Kurie am Ende des 12.Jh.: Vierteljahrschrift für Sozial- und Wirtschaftsgeschichte 40 (1953) 97–118; derselbe: Der Liber censuum von 1192: ebd. 44 (1957) 78–96 105–120 220–242 325–351; R. Elze: Der Liber censuum des Cencius (Codex Vaticanus latinus 8486) von 1192–1228: Bullario dell'Archivio paleografico italiano Nuova Seria 2–3 (1956–1957) 251–270; T. Schmidt: Die älteste Überlieferung von Cencius' Ordo Romanus: QFIAB 60 (1980) 511–522; Th. Montecchi Palazzi: Cencius Camerarius und la formation du Liber censuum de 1192: Mélanges de l'École Française de Rome. Moyen-âge, Temps modernes 96 (1984) 49–93.

Uta-Renate Blumenthal

Liber diurnus Romanorum Pontificum,

die älteste Formelsammlung (etwa 100 Formeln) für Papsturkunden. Erhalten sind drei in karolingischer Minuskel geschriebene Pergamentcodices (V, C und A) sowie größere Exzerpte in der Kanonessammlungen des Deusdedit (Ratgeber Gregors VII. und Urbans II.). Entstehungszeit, Schriftheimat, Aufbau, Abgrenzung von Schichten, Umfang und Intensität der Benutzung und Funktion („Schulbuch" zur Ausbildung päpstlicher Notare oder tatsächlich in Gebrauch stehendes Formelbuch) werden kontrovers diskutiert. ∕Päpstliches Urkundenwesen.

▪ Literatur: LMA 5, 1946f.; VatL 459f. – H. Foerster: Liber diurnus Romanorum pontificum. Bern 1958; Liber diurnus. Studien und Forschungen von L. Santifaller, hg. v. H. Zimmermann. Stuttgart 1976; H.-H. Kortüm: Zur päpstlichen Urkundensprache im frühen Mittelalter. Sigmaringen 1995, 312ff.

Herbert Kalb

Liber Pontificalis,

vorwiegend unter der Bezeichnung „Gesta" oder „Chronica pontificum" überlieferte und aufgrund eines vorangestellten Briefwechsels zwischen Damasus I. und Hieronymus zunächst vielfach Ersterem zugeschriebene Sammlung von biographischen Abrissen der Päpste, die bis zum Ausgang des Mittelalters als Quelle grundlegend blieb und zeitweise sogar offiziellen Charakter hatte. Der prinzipiell stereotype Aufbau seiner Abschnitte (Papstname, Herkunft, Pontifikatsdauer, Rechtsakte, Bautätigkeit, Ordinationen, wichtige Zeitereignisse, Tod, Begräbnisstätte, Sedisvakanz) zielte auf Verdeutlichung der lückenlosen Sukzession gleichförmiger Amtsführungen und wirkte damit auch typenbildend für die Historiographie anderer (kirchlicher) Institutionen. Bedingt insbesondere durch Anliegen politischer Propaganda (z. B. bei Stephan II. in Auseinandersetzung mit den Langobarden; bei Päpsten der Kirchenreform oder des Abendländischen Schismas) oder etwa durch das negative Erscheinungsbild eines Papstes (z. B. Sergius II.) wurde indes bei einigen Pontifikaten dieses Raster zugunsten ausführlicher und durchaus auch parteiischer Lebensbeschreibungen aufgesprengt. Der LP war kein Werk aus einem Guss, vielmehr Ergebnis einer seriellen Kompilation, die sich schließlich im 15. Jh. als ein historisches Kompendium aus zahlreichen Fortsetzungs- und Versatzstücken zeigte. Der älteste Teil dürfte bis zum Pontifikat Felix' IV. (526–530) gereicht haben (so Louis Duchesne; Theodor Mommsen: bis Anfang des 7. Jh.); er wurde geschlossen abgefasst und stützte sich chronographisch auf bereits vorhandene Papstlisten (/Chronograph vom Jahre 354 und so genannter „Index"). Die nächste Partie umgriff die Zeit bis Felix V.; ihre Autoren waren Kuriale (vermutlich aus dem päpstlichen Vestiarium), die zunächst die Viten gruppenweise fortsetzten, dann diese zeitgenössisch (teilweise noch während eines Pontifikats begonnen) anfügten. Nachdem der gleichsam „amtliche" Charakter eine immense Verbreitung in der gesamten westlichen Christenheit bewirkt hatte, erfolgte im 10. Jh. ein Abbruch der laufenden Ergänzungen. Erst Pandulf, Kardinaldiakon unter Anaklet II., griff den LP sowohl mit Kürzungen wie auch mit Einschüben wieder auf und führte ihn mindestens bis Honorius II. fort; erhalten ist davon allerdings nur eine weitere Redigierung (1142) durch Petrus Guillelmus, Bibliothekar in Saint Gilles. Ähnlich wie die „Gesta pontificum Romanorum" (bis 1178) des Kardinals Boso, die ebenfalls an den LP anknüpften, geriet diese Fassung zunächst in Vergessenheit. Petrus Boherius, Bischof von Orvieto, zog sie zu Beginn des Abendländischen Schismas erneut heran und versah sie mit einem vornehmlich kanonistischen und kirchenpolitischen Glossenapparat. Daneben fand sie eine Fortsetzung erst wieder bis zunächst Johannes XXII. (überliefert im Codex Vallicellianus C 79) in Form einer Ergänzung aus den mittlerweile führenden Werken Martins von Troppau und Bernardus' Guidonis. Dann wurde sie, darauf aufbauend und in einigen Überlieferungssträngen mit reichen Hinzufügungen versehen, schließlich während des Pontifikats Eugens IV. bis Martin V. weitergeführt, wobei man jedoch für die Zeit von Benedikt XII. bis Innozenz VI. auf eine bereits vorhandene Fortsetzung des Bernardus Guidonis zurückgriff (überliefert im Codex Vaticanus latinus 2040) und erst für die Epoche des Abendländischen Schismas eine eigenständige und detailreiche, aber auch parteiische Darstellung brachte. Am Ende des 15. Jh. wurde der LP durch die nach humanistischem Geschmack verfasste /Papstgeschichte des Bartolomeo Platina ersetzt.

▓ Ausgabe: TH. MOMMSEN: MGH.Gesta pontificum I. Berlin 1898; L. DUCHESNE – C. VOGEL: Le LP, 3 Bde. Paris ²1955–57; U. PREROVSKÝ: LP nella recensione di Pietro Guglielmo e del car. Pandolfo, glossario da Pietro Bohier, 3 Bde. (Studia Gratiana 21–23). Rom 1978.

▓ Literatur: LMA 5, 1946f.; VATL 460f. – G. BILLANOVICH: Gli umanisti e le chronache medioevali: Italia medioevale e umanistica, Bd. 1. Padua 1958, 103–137; A. BRACKMANN: Der LP: DERSELBE: Gesammelte Aufsätze. Darmstadt ²1967, 382–396; O. BERTOLINI: Il ‚LP‘: La storiografia altomedioevale. Spoleto 1970, 387–455; G. MELVILLE: De gestis sive statutis Romanorum pontificum: AHP 9 (1971) 377–400; H. GEERTMANN: More veterum. Groningen 1975; ZIMMERMANN PT; D.M. DELIYANNIS: A biblical model for serial biography. The ‚Book of Kings‘ and the Roman ‚LP‘: Revue bénédictine 107 (1997) 15–23; P. SCHREINER: Der LP und Byzanz: Forschungen zur Reichs-, Papst- und Landesgeschichte. FS P. Herde. Stuttgart 1998, 33–48. *Gert Melville*

Nepotismus, polemischer Begriff des 17. Jh. für Verwandte der Päpste, dann für die Praxis ihrer Begünstigung, heute allgemein für Bevorzugung von Machthabern nahe stehenden Personen bei der Vergabe von Stellen und Vorteilen. In einer durch Familie und Klientel organisierten Gesellschaft legitim, korrupt erst im Zeichen von Leistungsgesellschaft und abstrakter Organisation. Für Thomas von Aquin gehörte Versorgung von Verwandten durch Machthaber zur Gerechtigkeit (Summa theologiae II-II quaestio 101) und bei gleicher Würdigkeit durften sie wegen größerer Zuverlässigkeit bei der Ämtervergabe bevorzugt werden (II-II quaestio 63). Der Nepotismus des Spätmittelalters und der frühen Neuzeit besaß also Herrschaftsfunktion für den Machthaber und Versorgungsfunktion für dessen Verwandte in unterschiedlicher Mischung und war kein immer wieder aufbrechendes „Krebsgeschwür" der Papst- und Kirchengeschichte, sondern normal und nützlich. Kritik erfolgte nur wegen Gefährdung des Kirchengutes, besonders bei Exzessen. Während die Zölibat die Vererbung von Benefizien verhindern sollte, bedeutete Nepotismus informelles Neffenrecht, und „plenitudo potestatis" erlaubte Päpsten Exzesse auf Kosten des Kardinalskollegiums. Auch über das Verbot durch das Konzil von Trient (sessio XXV de reformatione 1) setzten sich Päpste unter Berufung auf ihre Vollgewalt hinweg. Aber die Hoffnung, selbst zum Zug zu kommen, führte zur Akzeptanz des Nepotismus durch Kardinäle und Kapitel. Mit der politischen und finanziellen Krise der Papstherrschaft unter Urban VIII. setzte die kritische Diskussion über dieses System ein, die mit der Bulle *Romanum decet Pontifi-* cem Innozenz' XII. 1692 zur Abschaffung des institutionellen Nepotismus führte, denn erst jetzt waren die Kardinäle bereit, sich für die Zukunft darauf festzulegen. Informell und in begrenztem Umfang lebte der Nepotismus aber weiter, um mit Pius VI., Leo XIII. und noch Pius XII. neue, relativ exzessive Höhepunkte zu erreichen.

Literatur: LMA 6, 1093f. – G. LETI: Il nipotismo di Roma. Amsterdam 1667; (C. SFONDRATO:) Nepotismus theologice expensus. ohne Ort ohne Jahr (1692); J. GRISAR: Päpstliche Finanzen, Nepotismus und Kirchenrecht unter Urban VIII.: Miscellanea Historiae Pontificae 7/14 (1943) 205–366; W. REINHARD: Papstfinanz und Nepotismus, 2 Bde. Stuttgart 1974; DERSELBE: Nepotismus: Zeitschrift für Kirchengeschichte 86 (1975) 145–185; A.I. MENNITI: Il tramonto della Curia nepista. Papi nipoti e burocrazia curiale tra XVI e XVII secolo. Rom 1999; S. CAROCCI: Il nepotismo nel medioevo. ebd. 1999. *Wolfgang Reinhard*

Nuntiaturberichte, ursprünglich Kunstbegriff des 19. Jh. für Berichte päpstlicher Diplomaten zur Reformation, bezeichnet heute den gesamten Schriftverkehr zwischen ordentlichen ∕Nuntien sowie außerordentlichen Gesandten (u. a. Legaten; ∕Päpstliches Gesandtschaftswesen) und dem Staatssekretariat sowie anderen römischen Behörden (besonders den ∕Kongregationen), einschließlich der anfangs erteilten Hauptinstruktion und Jurisdiktionsvollmacht sowie gegebenenfalls des Abschlussberichts (Finalrelation). Seit dem späteren 16. Jh. wurde wöchentlich eine Depesche („[di-]spaccio") aus mehreren, nach Sachbetreffen getrennten, Briefen gewechselt, das politisch wichtigste chiffriert („cifra"). Die Nuntiaturberichte sind zentrale Quellen für Reformation und nachtridentinische Erneuerung, besonders in Brüssel, Graz,

Köln und Luzern, seit dem 17.Jh. hauptsächlich für die Kirche-Staat-Beziehungen. Tendenziell sinkt der Quellenwert vom 16. zum 19.Jh., während die Menge zunimmt. Daher existieren zahlreiche Volleditionen für das 16. und frühe 17.Jh., für die spätere Zeit hingegen nur Auswahleditionen von Schlüsseldokumenten (Hauptinstruktionen) und zu bestimmten Themen oder Regestensammlungen. Bearbeitung und Edition begann nach Öffnung des Vatikanischen Archivs 1881, national getrennt seit 1888 durch das Preußische bzw. Deutsche Historische Institut (NBD: Kaiser 1530–59, 1572–85, 1629ff.), das Österreichische Historische Institut (Kaiser 1560–72, Graz) und die Görres-Gesellschaft (NBD[G]: ursprünglich 1585–1605, seit 1584 Köln), dazu seit 1895 Schweizer, seit 1923 tschechoslowakische Editionen (Kaiser 1592–1628) und seit 1924 belgische Reggesten (Brüssel und Köln). Weiter wichtig „Nunziature d'Italia", „Acta Nuntiaturae Gallicae" und „Acta Nuntiaturae Polonae". Ins 19.Jh. haben v.a. die Belgier, Franzosen, Portugiesen und Spanier ausgegriffen. Mit der neuen Reihe „Instructiones Pontificum Romanorum" (bisher Hauptinstruktionen Clemens' VIII., Pauls V. und Gregors XV. 1592–1623) wird ein verheißungsvoller neuer Weg für die Nuntiaturberichte des 17./18.Jh. eingeschlagen.

Editionen: NBD; NBD(G); A. BUES: Acta Nuntiaturae Polonae: Zeitschrift für Ostforschung 41 (1992) 386–398.

Literatur: H. LUTZ u.A.: Nuntiaturberichte und Nuntiaturforschung: QFIAB 53 (1973) 152–275, separat: Tübingen 1976; G. LUTZ: Die Nuntiaturberichte und ihre Editionen: Das Deutsche Historische Institut in Rom 1888–1988, hg. v. R. ELZE–A. ESCH. Tübingen 1990, 87–121 271ff.; M.F. FELDKAMP: Die Erforschung der Kölner Nuntiatur: AHP 28 (1990) 201–283; Kurie und Politik.

Stand und Perspektiven der Nuntiaturberichtsforschung, hg. v. A. KOLLER. Tübingen 1998. *Wolfgang Reinhard*

Nuntius /Päpstliches Gesandtschaftswesen.

Orientalisches Institut /Päpstliche Institute.

Osservatore Romano (italienisch L'Osservatore romano; „Der römische Beobachter"), vatikanische Tageszeitung für Politik und Religion, die dem Heiligen Stuhl untersteht (vgl. Apostolische Konstitution *Pastor Bonus* Art. 191); erscheint seit dem 1.7.1861, nach dem Zweiten Weltkrieg auch in sechs Wochen- (1949 französisch, 1950 italienisch, 1968 englisch, 1969 spanisch, 1970 portugiesisch, 1971 deutsch) und einer Monatsausgabe (1980 polnisch).

Literatur: EC 9, 422f.; NCE 10, 808f.; CATH 10, 319f.; VATL 520ff. – D. HANSCHE: Zur Geschichte des Osservatore Romano: Communicatio Socialis 3 (1970) 13–23 99–109; L'Attività della Santa Sede nel 1996. Vatikanstadt 1997, 1064–69; ANPONT 2000, 1381f. 1985. *Franz Kalde*

Pallium bezeichnet zunächst den mantelartigen Überwurf, wie ihn in Rom v.a. die Philosophen trugen; oft kontabuliert, d.h. zur Schärpe zusammengedreht, um die Schultern geschlungen. Die Kleiderordnung des Kaisers Theodosius von 382 (Codex Theodosianus XIV, 10, 1) sah für die Beamten bei hoheitlichen Tätigkeiten das Tragen von „pallia discoloria" vor. Dieses Hoheitsabzeichen wurde augenscheinlich vom Kaiser auch dem Papst verliehen, der es an hervorragende Bischöfe seines Patriarchats weiterverlieh; seit dem 9.Jh. Insigne aller Erzbischöfe. Heute eine ringförmig über dem Messgewand getragene Wollstola, von der vorn und rückwärts je ein bleibe-

schwertes Endstück herabhängt; mit
sechs schwarzen Seidenkreuzen ge-
schmückt, früher mit drei Nadeln
am Messgewand befestigt; gesegnet
am Vorabend des Festes Peter und
Paul, in der Confessio aufbewahrt.
Der Erzbischof trägt es innerhalb
seiner Metropolie als Zeichen der
Gemeinschaft mit dem Heiligen
Stuhl zur festlichen Messfeier und
bei einigen mit einer Messe verbundenen Weihungen.

▧ Literatur: LMA 6, 1643f.; VATL 533f. – J.
BRAUN: Die liturgische Gewandung im Occident und Orient. Freiburg 1907, 620–676;
L. DUCHESNE: Les origines du culte chréti-
en. Paris ⁵1925, 404–410; O. ENGELS: Der
Pontifikatsantritt und seine Zeichen: Settimane di studio, Bd. 2. Spoleto 1987, 707–
766; M. BASSO: La nicchia dei palli: No-
titiae 230/231 (1985) 497–519.

Rupert Berger

Papst, Papsttum

1. Begriff und Ursprung · 2. Alte Kirche ·
3. Mittelalter · 4. Neuzeit und Gegenwart.

1. Begriff und Ursprung. Papst (griechisch πάππας, lateinisch „papa",
Vater) ist heute die übliche Bezeichnung für den Bischof von Rom als
Inhaber des universalkirchlichen Petrusamtes und Haupt der katholischen Kirche. Der Titel stammt aus
dem griechischen Bereich, wo er zunächst auch Äbte und Bischöfe, seit
dem 5. Jh. sowohl den Bischof von
Rom wie die übrigen Patriarchen
bezeichnet. In Rom taucht er zuerst
auf einem Grabstein der zweiten
Hälfte des 4. Jh. auf („sub Liberio
papa"); seit dem 5. Jh. ist er im Westen den römischen Bischöfen vorbehalten. Von der gregorianischen
Zeit an setzt er sich im üblichen
Sprachgebrauch neben anderen ge-
bräuchlichen Termini (Pontifex Maximus, Servus servorum Dei, im Mittelalter auch Apostolicus, seit Innozenz III. Vicarius Christi; /Päpstliche
Titulaturen) als Kurzformel für den

Inhaber des /Petrusamtes durch,
wenngleich in der strengen theolo-
gisch-lehramtlichen Terminologie
„Bischof von Rom" (Pontifex Romanus) die offizielle Bezeichnung
bleibt. Ebenso kommt seit dem
11. Jh. die Bezeichnung „papatus",
Papsttum, für die Institution auf. –
Nach katholischer Glaubensüber-
zeugung, wie diese v. a. im Ersten
Vatikanischen Konzil dogmatisch fixiert wurde, gründet das Papsttum
in den neutestamentlichen Verheißungen und Zusagen Jesu an Simon /Petrus (Mt 16,16–19; Lk
22,31 f.; Joh 21,15–19) und der Sukzession der römischen Bischöfe in
diesem Amt Petri. „Stiftung" des
Papsttums durch Jesus Christus und
Sukzession im Petrusamt können
freilich nicht ungeschichtlich-fixi-
stisch verstanden werden. Denn ein
explizites Bewusstsein der Nachfolge Petri im Bischof von Rom ist
selbst in Rom frühestens in der Mitte des 3. Jh. fassbar (Cyprian von
Karthago, ep. 75) und prägt erst im
4./5. Jh. das Amtsverständnis der römischen Bischöfe. In den übrigen
Kirche setzt es sich noch langsamer,
im Osten nur sporadisch und fallwei-
se durch. Hinzu kommt, dass in Rom
das Amt des Einzelbischofs, der sich
von dem Kollegium der Presbyter
abhob, wahrscheinlich vor Anicet
(um 155–166) noch nicht existierte
(1. Clemensbrief; Ignatius von Antiochien, Römerbrief). Wohl kann
als wahrscheinlich gelten, dass Petrus nach Rom gekommen ist und
dort (ebenso wie Paulus) in der
Christenverfolgung unter Kaiser
Nero (64–67) das Martyrium (durch
Kreuzigung) erlitten hat. Sicher,
speziell durch die Ausgrabungen unter /Sankt Peter erwiesen, ist allein
die Verehrung des /Petrusgrabes auf
dem Vatikanischen Hügel durch die
römische Gemeinde spätestens um

die Mitte des 2. Jh. Für die sich erst langsam (und keineswegs geradlinig) herausbildende Zentralstellung der römischen Gemeinde innerhalb der altkirchlichen Communio aller Kirchen ist diese Petrustradition (noch nicht Petrusnachfolge des römischen Bischofs) ein wesentlicher Faktor neben anderen. Sie verbindet sich mit der ebenso bedeutsamen Paulustradition zur Doppelapostolizität der römischen Kirche (Petrus und Paulus als die beiden Koryphäen, die durch ihr Martyrium ihr Glaubenszeugnis der römischen Kirche überliefert haben) sowie mit der faktischen Zentralstellung Roms als Reichshauptstadt, schließlich (seit dem 4. Jh.) mit geschichtlichen Erfahrungen, die ein kirchliches Einheitszentrum notwendig erscheinen ließen. Erst aus diesen verschiedenen Faktoren zusammen ist das konkrete Petrusamt erwachsen. Die Berufung auf die neutestamentlichen Petrusstellen, insbesondere Mt 16,18, ist insofern nachträglich; sie hat deshalb jedoch nicht „ideologischen" Charakter, da es mit der Kirche als geschichtlicher Größe gegeben ist, dass „wesentliche" Einrichtungen erst durch das Medium konkreter geschichtlicher Erfahrung in ihrer Notwendigkeit erkannt, dann jedoch nicht einfach neu geschaffen, sondern (als ansatzweise bereits gegeben) im Neuen Testament und der kirchlichen Überlieferung „gefunden" werden. Dies gilt erst recht für ein gesamtkirchliches Einheitsamt, das in seiner Notwendigkeit eine Vielzahl geschichtlicher Erfahrungen voraussetzt, die erst in Jahrhunderten gemacht werden konnten. Erst dann konnten die neutestamentlichen Petrustexte als „aktuell" für das gegenwärtige Amt des Bischofs von Rom verstanden werden.

2. *Alte Kirche.* Kann zunächst weder von einem eigentlichen Papstamt noch von einer „Überordnung" der römischen Gemeinde über andere Kirchen die Rede sein, so doch schon, soweit wir blicken können, von einer religiös-geistlichen Bedeutsamkeit der römischen Kirche. Diese ist nicht in juridischen Kategorien fassbar, drückt sich jedoch in einer besonderen brüderlichen (auch mahnenden) Verantwortung und Mitsorge für andere Kirchen aus (1. Clemensbrief; Ignatius von Antiochien, Römerbrief; Eusebius von Caesarea, Historia ecclesiastica IV, 23; Abercius-Inschrift, um 200). Im Rahmen der Hervorhebung des Bischofsamtes als Garant der apostolischen παράδοσις und speziell der „apostolischen Kirchen (Sitze)" gegen die Gnosis gewinnen Rom und sein Bischof kraft seiner doppelten (petrinisch-paulinischen) Tradition seit dem Ende des 2. Jh. eine spezielle, freilich keineswegs ausschließliche Bedeutung für die Feststellung der rechten Glaubensüberlieferung (Irenaeus von Lyon, Adversus haereses III, 3, 1–2; Tertullian, De praescriptione haereticorum 36, 1–4). Wo römische Bischöfe freilich unter Berufung auf diese privilegierte Tradition versuchen, den römischen Standpunkt auch gegen abweichende „apostolische" Traditionen anderer Kirchen durchzusetzen, wie im Osterfeststreit (um 195) und im Häretikertaufstreit (255/256), gelingt dies nicht, jedenfalls nicht kurzfristig. Immerhin hat die römische Lehrtradition eine beachtliche Langzeitwirkung und setzt sich fast immer auf Dauer durch. Seit dem 3. Jh. wird, zumal bei Spaltungen, die Communio mit der römischen Kirche besonders wichtig; Rom erringt innerhalb des Netzes der Communio einen exponierten Rang, welcher bei den

römischen Bischöfen in einer speziellen Verantwortung aus petrinisch-paulinischem Charisma wurzelt, anderseits nicht prinzipiell abgehoben ist von der allgemeinen Solidarität und brüderlichen Verantwortung aller Kirchen und Bischöfe füreinander (so bei Cyprian, ep. 68, 3; aber auch noch 341 Julius von Rom: Athanasius, Apologia contra Arianos, 35). Außerdem teilt Rom diese Funktion weitgehend mit den beiden übrigen „Hauptkirchen" (später Patriarchaten) Antiochien und Alexandrien. Die im Allgemeinen (mit Schwankungen bei Liberius) entschieden antiarianische Haltung der römischen Bischöfe im 4. Jh. stärkte ihre Stellung bei den Vertretern der nizänischen Orthodoxie. Anderseits trug die rigid „streng-nizänische" Politik besonders von Damasus und sein Unverständnis gegenüber den „Jung-Nizänern" dazu bei, im Osten (Basilius von Caesarea, ep. 239, 2) und speziell in dem zu patriarchalem Rang aufrückenden Sitz Konstantinopel (erste Rangerhöhung auf dem Konzil 381) Widerstände und antirömische Ressentiments zu wecken. Die Verlegung der Reichshauptstadt in den Osten durch Konstantin den Großen (330 nach Konstantinopel) bedeutete einerseits auf die Dauer Befreiung des Papstes von kaiserlichem Druck und Ermöglichung einer selbstständigen Stellung gegenüber der staatlichen Gewalt. Anderseits wurde dadurch im Bischof und Patriarchen der neuen Hauptstadt ein gefährlicher Konkurrent geschaffen, v.a. von dem Moment an, da die übrigen östlichen Patriarchen kein Gegengewicht mehr bildeten.

In Selbstverständnis und Anspruch der römischen Bischöfe kommt es seit der zweiten Hälfte des 4. Jh., v. a. unter den entschiedenen und tatkräftigen Vertretern Damasus (366–384), Siricius (384–399), Innozenz I. (402–417) und Leo I. dem Großen (440–461) zu einem massiven Schub in Richtung einer „juridischen" Fassung der bislang eher geistlich-charismatischen bzw. von der Paradosis bestimmten Primatsidee. Aus dem gesamten Ideenkomplex der petrinisch-paulinischen Apostolizität wird jetzt besonders die Petrusnachfolge des römischen Bischofs (als Erbe und – so bei Leo – „Stellvertreter" Petri, damit Inhaber seiner Vollmachten) herausgelöst und unter Berufung auf sie der Anspruch auf Leitung der Gesamtkirche („sollicitudo omnium ecclesiarum") erhoben; im Petrusbild tritt das Motiv Petri als Gesetzgeber (Mose des Neuen Bundes) hervor. Hintergrund ist einmal das Eindringen spezifisch römisch-imperialer Leitvorstellungen in die Kirche infolge der Christianisierung Roms und seiner politischen Führungsschicht seit dem 4. Jh.: an die Stelle des Rom der Paradosis, welches bezeugt, tritt Rom als „caput mundi", das der Welt die Gesetze gibt. Dem entspricht auf der anderen Seite das Führungsbedürfnis besonders der missionarisch wachsenden Kirchen des Westens, für die Rom einzige „apostolische Kirche" war.

Dabei war die Durchsetzung römischer Primatsansprüche selbst in den Kirchen des Westens weit mehr Programm als Realität. Von eigentlicher päpstlicher Kirchenregierung konnte außerhalb der römischen Kirchenprovinz (der Italia suburbicaria) keine Rede sein. Zwar hatte schon das Konzil von Serdika (342) unter Berufung auf die „memoria Petri" Rom als Appellations- (besser Revisions-)Instanz bei Absetzung von Bischöfen anerkannt; bis dies sich im Abendland allgemein durchsetzte, brauchte es jedoch sieben Jahrhunderte. In Norditalien, Gallien, Illyricum und Griechenland (letztere bis zum 8. Jh. zum römischen Patriarchat gehörig) wurden nicht selten Anfragen nach Rom über Probleme des Glaubens und der kirchlichen Ordnung gerichtet. Dies geschah jedoch sehr partiell; auch Glaubensdefinitionen erfolgten daneben noch selbstständig durch Partikularkonzilien. Dies galt erst recht für die nordafrikanische Kirche, welche Rom (in Lehrfragen) eine größere „auctoritas" (gleichsam als der älteren Schwesterkirche), jedoch keine (rechtlich übergeordnete) „potestas" zuerkannte und v. a. jurisdiktionelle Autonomie beanspruchte (Verbot von Appellationen nach Rom auf den Konzilien von Karthago 419 und 424).

Was die Ausübung des Primats gegenüber dem Osten betrifft, so fällt diese weitgehend zusammen mit dem Verhältnis Roms zu den Konzilien. Auf dem ersten ökumenischen Konzil von Nizäa (325) war der römische Bischof durch Presbyter vertreten, eine Sonderrolle Roms ist jedoch aus den Quellen nicht erkennbar. Im Zuge der arianischen Wirren und des Kampfes um die Geltung von Nizäa wird von Rom (zuerst 371 oder 372) der Anspruch erhoben, Konzilien hätten keine Geltung ohne die Zustimmung des römischen Bischofs. Von nun an geht die Hauptlinie päpstlicher Konzilspolitik in die Richtung einer klaren „Kontinuitätslinie": d. h. konsequentes Festhalten an den einmal anerkannten Konzilien (zunächst Nizäa) und ihren Beschlüssen zugleich mit Zurückweisung der ihnen widerstreitenden. Eine bedeutende Rolle spielte der Papst (Coelestin I.) auf dem Konzil von Ephesus (431), wo Rom im Bund mit Alexandrien

(Cyrill) gegen Konstantinopel und Antiochien eine einseitige Einigungschristologie unterstützte. Leo, theologisch eigenständiger und mehr die Anliegen der anderen Partei berücksichtigend, verwarf das zweite Konzil von Ephesus (die „Räubersynode" 449), auf welchem Alexandrien (jetzt Dioskur), auch gegen römischen Protest, die Linie des Konzils von 431 radikalisierte. Das Konzil von Chalcedon (451), unter maßgeblicher Beteiligung Leos bzw. seiner Legaten abgehalten, stellt einen gewissen Höhepunkt der Anerkennung römischer Lehrautorität im Osten dar: sein Lehrschreiben (Tomus Leonis) wurde anerkannt als Kerygma der Kathedra Petri, die im römischen Sitz präsent ist. Jurisdiktionell zeigten sich freilich die Grenzen des Primats im c. 28 des Konzils, der (unter Berufung auf das Prinzip des politischen Ranges) Konstantinopel zum zweiten kirchlichen Sitz aufwertete. Leo protestierte dagegen unter Berufung auf die unumstößliche Reihenfolge der „drei petrinischen Sitze" (Rom, Alexandrien, Antiochien), konnte jedoch nicht verhindern, dass dieser Beschluss in Geltung blieb und Konstantinopel zum zweiten Sitz wurde.

Literatur: W. MARSCHALL: Karthago und Rom. Stuttgart 1971; P.P. JOANNOU: Die Ostkirche und die Cathedra Petri im 4.Jh. ebd. 1972 (dazu kritisch der gleichnamige Aufsatz von W. DE VRIES: Orientalia christiana periodica 40 [1974] 114–144); W. GROTZ: Die Stellung der Römischen Kirche anhand frühchristl. Quellen: AHP 13 (1975) 7–64 (dazu kritisch: P. STOCKMEIER: Römische Kirche und Petrusamt im Licht frühchristlicher Zeugnisse: ebd. 14 [1976] 357–372); CH. PIETRI: Roma christiana, 2 Bde. Rom 1976; M. WOJTOWYCH: Papsttum und Konzile von den Anfängen bis zu Leo I. Stuttgart 1981 (dazu kritisch der gleichnamige Aufsatz von S.O. HORN: AHC 17 [1985] 9–17); V. TWOMEY: Apostolikos Thronos. The Primacy of Rome ... in the Church History of Eusebius and ... Athanasius the Great. Münster 1982 (dazu kritisch die Rezension von H.J. SIEBEN: Theologie und Philosophie 58 [1983] 257–260); S.O. HORN: Petrou Kathedra. Der Bischof von Rom und die Synoden von Ephesus (449) und Chalcedon. Paderborn 1982; Il primato del vescovo di Roma nel primo millennio, hg. v. M. MACCARRONE. Vatikanstadt 1991; R. MINNERATH: De Jérusalem à Rome. Pierre et l'unité de l'église apostolique. Paris 1994; R. DAVIS: Pre-Constantinian chronology. The Roman bishopric from AD 258 to 314: Journal of Theological Studies 48 (1997) 439–470. *Klaus Schatz*

3. *Mittelalter.* Bis zur Mitte des 8. Jh. gehörte Rom zum östlichen Kaiserreich: Einer Novelle Justinians I. folgend, stellte Gregor I. die vier ökumenischen Konzilien den Evangelien gleich. Konflikte mit Herrschern führten zu wichtigen Lehren (494 Zwei-Gewalten-Lehre, 502 Symmachianische Fälschung) und zu Martyrern (Johannes I., Martin I.). Zu willfährige Päpste galten teilweise als Häretiker (Vigilius, Pelagius I., Honorius I.). Doch für Agatho und andere Päpste hatte die römische Kirche den rechten Glauben nie verlassen, für sie war Petrus der Garant der Ökumene. Mit Gregor II. begann die Loslösung von Byzanz als Reaktion auf kaiserliche Maßnahmen (Besteuerung und Enteignung römischer Patrimonien, Unterstellung von Süditalien, Sizilien und Illyricum unter den Patriarchen von Konstantinopel; Bilderstreit). Trotz aller östlichen Prägung (Diakonien, Feste und Kunst, Herkunft der Oberschicht) überwog in Rom das lateinische Element: in den Sammlungen von Liturgie und Recht, im Choral, im ∕Liber Pontificalis, in päpstlichen Schriften, besonders denen Gregors I. Dieser erschloss mit der angelsächsischen Mission dem Papsttum ein neues

Betätigungsfeld, wichtig besonders seit 664 (Synode von Whitby): Das Papsttum erhielt die Chance, mit Hilfe der „Barbaren" seine Ansprüche wenigstens im Westen durchzusetzen – in einer Zeit, als nicht nur Byzanz, sondern auch (nach der islamischen Eroberung) die ehemals selbstständigen Kirchen in Nordafrika und Spanien nicht mehr berücksichtigt zu werden brauchten. Die Mission und Reform im Frankenreich durch Angelsachsen nach römischen Direktiven und die Lösung des Papstes von Byzanz führten zu einer neuen Allianz, nunmehr zwischen Rom und den Franken (ab 750/751). Schon in dieser Epoche wurde ein Phänomen deutlich, das bis in die Neuzeit fortwirkte: die Wahl eines neuen Papstes aus der Opposition gegen den soeben verstorbenen – trotz der Diskontinuität von Papst zu Papst ein Hinweis auf die Kontinuität des Amtes.

Bis zur Mitte des 11. Jh. dominierten fortan erst fränkische, dann deutsche Kaiser Rom und das Papsttum, selbst in die Glaubenslehre betreffenden Fragen (Bilderstreit; Filioque) griffen sie ein, obwohl um 760 die Konstantinische Schenkung ein kaiserfreies Papsttum propagieren wollte. Anderseits förderten die Karolinger die Sicherheit (∕Kirchenstaat; Leostadt) des Papsttums und dessen Ansehen: Sie gliederten ihre Reichskirche in Kirchenprovinzen, deren Erzbischöfe zur Amtsausübung vom Papst das Pallium benötigten. Um 850 entstanden im Frankenreich die Pseudo-Isidorischen Dekretalen mit dem Ziel, in Abwehr zu großer erzbischöflicher Macht zugunsten der Suffragane im Endergebnis die innerkirchliche Position des Papstes zu stärken; v. a. seit dem 11. Jh. war diese trotz vieler Fälschungen für echt gehaltene Sammlung wichtig für den Nachweis päpstlicher Ansprüche. Diesen förderlich waren Überführungen römischer Reliquien ins Frankenreich sowie die dortige Adaption und Umformung römischer Sammlungen von Liturgie und Kirchenrecht. Schon in der späteren Karolingerzeit, erst recht seit dem 10. Jh. bestärkten päpstliche Legaten und Synoden (zuweilen gleichrangig präsidiert von Papst und Kaiser) sowie Schutz- und Exemtionsprivilegien für Klöster den päpstlichen Einfluss. Bereits Nikolaus I. hatte mit seiner Vorstellung vom päpstlichen Primat eine Stellung beansprucht, die später Gregor VII. betonte; seit den Ottonen waren organisatorische Maßnahmen oder Reform der Kirche ohne Beteiligung des Papstes nicht mehr möglich. Allerdings bezog sich sein Einwirken nur auf Italien, Frankreich (und Katalonien), Deutschland und dessen Einflussbereiche (Böhmen, Polen, Ungarn). In Rom selbst lebte das alte, von der byzantinischen Epoche geprägte Selbstverständnis weiter: keinem Papst seit der Mitte des 8. Jh. wurde liturgisches Gedenken zuteil; Franken und Deutsche waren unbeliebt. Doch wandelte sich auch Rom: Der ⁄Lateran wurde noch stärker als zuvor als Zentrum Roms und des Kirchenstaates betont; gleichzeitig nahm der Einfluss römischer Familien auf das Papsttum zu, so dass fortan römische Interessen oft das Papsttum leiteten und der ⁄Nepotismus eine Konstante des Papsttums wurde. Davon war auch 896/897 die so genannte „Leichensynode" geprägt; der von ihr entfesselte Kampf zwischen Formosianern und Antiformosianern („Saeculum obscurum") führte zum Bruch mit dem alten Kirchenrecht; künftig konnte

auch ein Bischof trotz der spirituellen Ehe mit seiner Ortskirche als Papst den römischen Bischofsstuhl besteigen. Bis zum frühen 14. Jh. waren die Päpste Leiter der „Universalkirche". Realiter umfasste diese nur die lateinische Kirche, denn seit dem frühen 12. Jh. verfestigte sich das aus dem Vorfall von 1054 erwachsene Morgenländische Schisma. Daran änderten auch die Kreuzzüge nichts, weil die dort eingesetzten neuen lateinischen Patriarchen von den östlichen Christen nicht akzeptiert werden konnten. Aber es intensivierte den nicht durchsetzbaren Anspruch, das Haupt aller Christen zu sein, bis zur Konstitution *Unam sanctam* (1302) Bonifatius' VIII. Zur Autoritätssteigerung des Papsttums hatte zuvor schon der so genannte Investiturstreit beigetragen, nicht zuletzt, weil viele Reformansätze erst durchsetzungsfähig wurden, nachdem sie in Rom gebündelt waren und von dort dann wirkungsvoll ausstrahlen konnten. Wenn auch Gregors VII. *Dictatus Papae* (1075) nicht überschätzt werden sollte, so waren oder wurden viele seiner Sätze Realität. Seit Urban II. wurde die Zweigewaltenlehre zugunsten des Papsttums ausgelegt und seit dem 12. Jh. durch die Zweischwertertheorie (festgeschrieben in *Unam sanctam*) verschärft. Dispensen von der Norm und Urteile aufgrund von Appellationen, seit dem 13. Jh. Nomination und Translation von Bischöfen zeigten das Papsttum als Leitung der Kirche in der Praxis, desgleichen Konzilien, Legaten und Nuntien oder delegierte Richter. Diese Praxis formte die neuen Sammlungen des Kirchenrechts; doch provozierte sie auch Kritik, die außerdem Anstoß an der häufigen Vermengung von Kirchenpolitik und familiären Interessen vieler Päpste nahm: das Attentat von Anagni (1303) erschien als Menetekel für die päpstliche Hybris.

Seit 1316 weilten die Päpste für sechzig Jahre im so genannten Avignonischen Exil und bauten die Stadt ∕Avignon zu einer ansehnlichen Residenz aus. Erstmals seit dem Investiturstreit gab es eine lokale Kontinuität in der Verwaltung. Dies trug besonders dazu bei, die Kirche fiskalisch zu nutzen, was die Kritik an der Kurie erheblich steigerte, zumal diese noch stimuliert wurde durch Probleme der Glaubenslehre (Armutsstreit; Visio beatifica), den Streit mit Kaiser Ludwig dem Bayern und die oft profranzösische Haltung der Päpste im Hundertjährigen Krieg. Schon vor, erst recht im Abendländischen Schisma seit 1378 trug die Kritik zu Ansätzen des Konziliarismus und schließlich zur Erklärung der Suprematie des Konzils über den Papst in Basel bei. Ein Erfolg des Konzils von Konstanz war die Reduktion fiskalischer Rechte des Papsttums. Durch Schisma und Konzilien erhielt die Tendenz zum Landeskirchentum starken Auftrieb. Mit den Kirchenunionen von Florenz (1439) und dem Ende des Basler Konzils (1447/49) mit seinen exzessiven Vorstellungen über die Kirchenverfassung begann der Umschwung zugunsten des Papsttums. Zwar wurden konziliare Reformvorstellungen auch in Rom tradiert (später wichtig für das Konzil von Trient), doch herrschten restaurative Tendenzen vor. Nach dem Vorbild Avignons wurde Rom als Residenz ausgebaut (mit dem Vatikan als Zentrum); die Päpste sicherten und erweiterten den ∕Kirchenstaat, förderten Humanismus und Renaissance als Landesherren.

Außerhalb des Kirchenstaates wurde päpstliches Wirken von den Herrschern eingeschränkt. Mangel an Reformeifer, Handel mit Ämtern, Ablässen und Romprivilegien, oft unmoralischer Lebenswandel riefen Kritik hervor. Folge: Am Ende des Mittelalters galt der Papst zwar als Leiter der lateinischen Kirche, doch durchsetzen konnte das Papsttum seine Ansprüche lediglich gegenüber Empfängern von Privilegien, geistlichen Karrieristen und den Untertanen im Kirchenstaat.

■ Literatur: CASPAR; BERTOLINI; P. BREZZI: Roma e l'impero medioevale (774–1252). Bologna 1947; ZIMMERMANN PT; ZIMMERMANN J; M. PACAUT: La papauté, des origines au concile de Trente. Paris 1976; W. ULLMANN: Kurze Geschichte des Papsttums im Mittelalter. Berlin 1978; G. BARRACLOUGH: The Medieval Papacy. London 1968, Nachdruck ebd. 1979; RICHARDS; GKG Bd. 11; C. MORRIS: The Papal Monarchy. The western church from 1050 to 1250. Oxford 1989; I.S. ROBINSON: The Papacy 1073–1198. Continuity and innovation. Cambridge 1990; R. SCHIEFFER: Die Beziehungen karolingischer Synoden zum Papsttum: AHC 27/28 (1995–96) 147–163; BORGOLTE; B. SCHIMMELPFENNIG: Das Papsttum von der Antike bis zur Renaissance. Darmstadt 1984, ⁴1996; TH. PRÜGL: Der häretische Papst und seine Immunität im Mittelalter: Münchener theologische Zeitschrift 47 (1996) 197–215; A. MELLONI: I fondamenti del regime di cristianità al Lionese I (13. luglio 1245): Cristianesimo nella storia 18 (1997) 61–76; W. HARTMANN: Zur Autorität des Papsttums im karolingischen Frankenreich: Mönchtum – Kirche – Herrschaft. Sigmaringen 1998, 113–132; B. GUILLEMAIN: Les papes d'Avignon 1309–1376. Paris 1998; S. CAVALLOTTO: Concilio e papato: Protestantismo 54 (1999) 367–372; P.G. CARON: L'interpretazione della Lettera gelasiana nel pensiero e nell'azione dei papi del duecento: FS P. Bellini. Catanzaro 1999, 161–174; P. DELOGU: The papacy, Rome and the wider world in the seventh and eighth centuries: Early medieval Rome and the Christian West. FS D.A. Bullough. Leiden u.a. 2000, 197–220; J. MIETHKE: De potestate papae. Die päpstliche Amtskonzeption im Widerstreit der politischen Theorie von Thomas von Aquin bis Wilhelm von Ockham. Tübingen 2000.

Bernhard Schimmelpfennig

4. Neuzeit und Gegenwart. An der Wende vom Mittelalter zur Neuzeit verkannten Päpste und ↗römische Kurie das Ausmaß der Entfremdung zu Rom, die in weiten Teilen des abendländischen Christenheit seit Jahrhunderten gewachsen war. In der schwelenden Krise löste das Auftreten Martin Luthers – anlässlich der ärgerlichen Ablassverkündigung zum Neubau der römischen Peterskirche – Ende 1517 die größte Katastrophe für Papsttum und Kirche aus: die schroff feindselige Trennung des germanischen Nordens und großer Teile Mittel- und Osteuropas in der protestantischen Reformation. Damit versank die universale Geltung des Papsttums. Stärkster Anwalt für alte Kirche und Papsttum war zunächst Kaiser Karl V., von den Päpsten eher gehindert als gefördert, besonders in der Bemühung um ein Konzil. Die entscheidende, nicht mehr revidierbare Abwendung fast halb Europas erfolgte unter Clemens VII. und in den Anfängen der Amtszeit Pauls III. Nach dem frühen Scheitern Hadrians VI. leitete der Pontifikat Pauls III. die Wende ein. Der ungeheure Schock verhalf schließlich der innerkirchlichen Erneuerung auch an der verweltlichten Kurie zum Durchbruch. Das Konzil von Trient (1545–63), geleitet vom päpstlichen Präsidenten, wurde Hauptgrundlage der Katholischen Reform, mit der sich die Gegenreformation verband. Mit den Reformpäpsten Pius V., Gregor XIII. und Sixtus V. übernahm das Papsttum entschieden die Führung der Erneuerung, fortgeführt von Clemens VIII., Paul V. und Gregor XV., unterstützt besonders von neuen Orden (Jesuiten, Kapuziner), den sich

regenerierenden alten Orden und in enger Verbindung mit den katholischen politischen Mächten. Dabei wurden bis zum Westfälischen Frieden (1648) in allen konfessionellen Lagern politische Mittel entschieden eingesetzt, vielfach mit großer Härte. Die nachreformatorische, nachtridentinische Kirche war in jeder Hinsicht kleiner geworden. Als Reaktion auf den reformatorischen Angriff kam es in der verstärkt „romanischen" Kirche zum weiteren Ausbau der römischen Zentralisation (ständige Nuntiaturen [↗Päpstliches Gesandtschaftswesen]; ↗Ad-limina-Besuche) und der Unterscheidungslehren. Mit Errichtung der Propagandakongregation (1622) übernahm das Papsttum die Leitung der aufblühenden Weltmission, getragen besonders von den großen Orden (Jesuiten, Dominikaner, Franziskaner, Kapuziner) und den Patronatsmächten Spanien und Portugal. Doch trat bereits im Dreißigjährigen Krieg (Urban VIII., Innozenz X., Alexander VII.) des 17./18. Jh. die fortschreitende politische Schwäche des Papsttums zutage.

In der Epoche vom Westfälischen Frieden bis zur Französischen Revolution, in der wachsenden Säkularisicrung der abendländischen Welt musste ein innerlich gefestigtes, hoch stehendes Papsttum den weiteren Rückgang seines Einflusses auch in den katholischen Staaten hinnehmen. Das Zeitalter des Barock zeigte religiöse Vitalität in vielen Bereichen, doch gab es gleichzeitig harte Auseinandersetzungen mit dem Fürsten- und Staatsabsolutismus, mit antikirchlichen und antipäpstlichen Zügen der Aufklärung, mit dem Gallikanismus in Frankreich, dem Episkopalismus (Febronianismus) in der deutschen Reichskirche, dem

Josephinismus der Habsburger Lande, im Streit um Jansenismus, Moralsysteme und Missionsmethoden. Um politische Konflikte zu vermeiden, erhoben die Kardinäle zwar redliche, aber meist wenig profilierte Päpste. Große Ausnahmen waren Innozenz XI., Benedikt XIV., in gewissem Sinn auch Innozenz XII. Die unter schwerem politischen Druck erfolgte Aufhebung der Jesuiten durch Clemens XIV. (1773), deren lange Vorgeschichte und der praktisch vergebliche Bittgang Pius' VI. zu Kaiser Joseph II. nach Wien (1782) zeigten aller Welt die politische Ohnmacht des Papsttums. Das 19. Jh. bzw. die Epoche von der Französischen Revolution bis zum Kriegsausbruch 1914 wurde eingeleitet vom Zusammenbruch der alten Ordnung, verbunden mit tiefster äußerer Demütigung des Papsttums durch Revolution und Napoleon (Verlust des Kirchenstaates, Gefangensetzung Pius' VI. und Pius' VII.). Das harte, würdig ertragene Los brachte aber dem Papsttum neues Ansehen. Unterstützt zunächst durch die Politik der Restauration und die romantische Bewegung, vollzog sich im 19. Jh. eine innerkirchliche Erneuerung, die auch dem Papsttum steigendes innerkirchliches Gewicht verschaffte. Die Verschiedenartigkeit der geistigen und politischen Strömungen (Liberalismus, Ultramontanismus, Neuscholastik) führte freilich zu leidenschaftlichen politischen, innerkirchlichen und auch theologischen Auseinandersetzungen schon unter Leo XII., zunehmend verschärft unter Gregor XVI. und Pius IX. Die als reaktionär empfundene, streng zentralistische Kirchenpolitik dieser Päpste belastete das Verhältnis zu den europäischen Verfassungsstaaten, erhöhte die Spannungen im 1815 restaurierten Kirchenstaat und innerhalb der geistig führenden Schichten. Gerade in den romanischen Ländern wurde ein Großteil der gebildeten Katholiken Papsttum und Kirche entfremdet. Die theologischen und kirchenpolitischen Kämpfe gipfelten im Streit um den *Syllabus* Pius' IX. (1864) und um das Erste Vatikanische Konzil (1869/70), in dessen Brennpunkt die Umschreibung des päpstlichen Primats stand. Mitten im Zusammenbruch der weltlichen Macht des Papsttums (Ende des Kirchenstaates 1870) wurde die Geschlossenheit der Kirche im Papsttum dokumentiert. Die Klärung des Verhältnisses Papst – Bischöfe blieb als theologische Aufgabe bestehen. Der diplomatisch-versöhnlichen Art Leos XIII. gelang es, einen beträchtlichen Teil der Verstörungen zum Frieden zu bringen und sachgerechte Beziehungen zur modernen Welt und ihren Problemen anzubahnen. Dennoch brach um die Wende vom 19. zum 20. Jh. die stets schwelende Auseinandersetzung um das christliche Zeugnis in der modernen Welt erneut offen aus. Im Pontifikat des unpolitischen, auf religiöse Erneuerung und innerkirchliche Reform bedachten Pius X. trat der Streit offen zutage, verbunden mit den Schlagworten Reformkatholizismus, Modernismus und Integralismus.

Nach schweren diplomatischen Fehlgriffen und innerkirchlichen Verstörungen unter Pius X. leitete der Pontifikat Benedikts XV. eine Zeit nötiger Beruhigung ein, stand aber völlig im Schatten des Ersten Weltkrieges und seiner Folgen. In die Zukunft wiesen die Herausgabe des CIC 1917/18 (mit betonter Zentralisierung; Neufassung 1983 durch Johannes Paul II.) und die Abkehr von der Europäisierung der Weltmission (Enzyklika *Maximum illud*

1919). Pius XI. bemühte sich um kirchliche Konsolidierung der von Krieg und Revolutionen erschütterten Länder (zahlreiche ∕Konkordate; besonders Bereinigung der seit 1870 offenen „Römischen Frage" durch die ∕Lateranverträge 1929, die den souveränen Vatikanstaat schufen). Die Konfrontierung mit den christentumsfeindlichen totalitären Systemen (Kommunismus und Bolschewismus, Faschismus, Nationalsozialismus) stellten ihn und seinen Nachfolger Pius XII., noch verstärkt im Zweiten Weltkrieg und durch dessen Auswirkungen, vor ungeheure Schwierigkeiten. Die Regierung Johannes' XXIII. und seines Nachfolgers Paul VI. ließ die Bemühung um ein zeitgerechtes Verständnis des Petrusamtes in Kirche und Welt deutlich sichtbar werden, besonders in der Förderung der Einheit aller Christen, in der Gewinnung des Friedens und sozialer Gerechtigkeit, und um ein klares Zeugnis christlichen Glaubens und christlicher Verantwortung in der Welt. Deutlichster Ausdruck dafür wurde das Zweite Vatikanische Konzil (1962–65). Ungeachtet unterschiedlicher Strömungen und mancher Rückschläge bleibt die Zielsetzung des Konzils bestimmend (Johannes Paul I., Johannes Paul II.).

▨ Literatur: TRE 25, 647–676. – PASTOR; SCHMIDLIN; GKG Bd. 12; H. FUHRMANN: Papstgeschichtsschreibung: A. ESCH –J. PETERSEN (Hg.): Geschichte und Geschichtswissenschaft in der Kultur Italiens und Deutschlands. Tübingen 1989, 141–191; G. ZIZOLA: Les papes du XXᵉ siècle. Paris 1996; J.I. SARANYANA: Balance de los pontificados del siglo XX: Anuario de historia de iglesia 6 (1997) 23–28; F.J. COPPA: The Modern Papacy since 1789. London 1998; M. LIENHARD: Les réformateurs protestants du XVIᵉ siècle et la papauté: Positions luthériennes 46 (1998) 157–173; G. SCHWAIGER: Papsttum und Päpste im 20.Jh. von Leo XIII. zu Johannes Paul II. München 1999; PH. KOEPPEL (Hg.): Papes et papauté au XVIIIᵉ siècle. Paris 1999; Il ministero del Papa in prospettiva ecumenica. Mailand 1999; A.D. WRIGHT: The Early Modern Papacy from the Council of Trent to the French Revolution, 1564–1789. London 2000.

Georg Schwaiger

Papstbriefe sind seit ältester Zeit bekannt als Ausdruck des Bestrebens, geistliche Autorität über die Stadt Rom und ihren näheren Umkreis hinaus zur Geltung zu bringen, häufig als Reaktion auf rechtliche und theologische Anfragen aus anderen Kirchen. Die Form entspricht dem allgemeinen Briefstil, woraus sich mit der Zeit auch die Papsturkunde (∕Päpstliches Urkundenwesen) in ihren verschiedenen Spielarten entwickelt hat; fließende Übergänge bestehen zumal zu den einfacheren Gattungen, also den Litterae, seit dem 12./13.Jh. den Litterae cum filo canapis oder Litterae clausae mit päpstlicher Bleibulle, seit dem späten 14.Jh. auch den Sekretbriefen oder Breven, beglaubigt durch das Fischerringsiegel (∕Fischerring). Überliefert sind Papstbriefe bis ins Hochmittelalter selten durch das Archiv des Empfängers, häufiger dagegen durch den Eintrag von Konzepten oder Kopien in die ∕Papstregister, v.a. jedoch seit dem späten 4.Jh. durch die Sammlung der Texte als juristische Musterentscheidungen (∕Dekretalensammlungen) oder zum Zweck der historisch-kirchenpolitischen Dokumentation (Beispiele: Collectio Avellana; Codex Carolinus). Auch die Fälschungen Pseudo-Isidors bestehen formal großenteils aus Papstbriefen. Erst in der Neuzeit aufgekommen sind allgemeine Lehrschreiben in Gestalt der ∕Enzyklika.

▨ Literatur: P. RABIKAUSKAS: Diplomatica Pontificia. Rom ⁴1980; G. MAY: Ego N.N. Catholicae Ecclesiae Episcopus. Berlin 1995;

TH. FRENZ: Papsturkunden des Mittelalters und der Neuzeit. Stuttgart ²2000.

Rudolf Schieffer

Papstfabeln, von Ignaz von Döllinger 1863 erstmals zusammengestelltes Überlieferungsgut über die Päpste des ersten Jahrtausends, so über den unhistorischen Engländer ╱Cyriacus, der im 3. Jh. seines Amtes entsagte, um das Martyrium der Elftausend Jungfrauen zu teilen; über ╱Marcellinus, der sich nach Verleugnung des Christentums auf einer erfundenen Synode von Sinuessa 303 selbst absetzte; über Silvester I. als Täufer Kaiser Konstantins des Großen in Rom und Empfänger der Konstantinischen Schenkung; über den angeblich orthodoxen, in Wahrheit arianischen Liberius-Gegner Felix (II.); über den im Acacianischen Schisma um Ausgleich bemühten und deshalb verketzerten Gelasiusnachfolger Anastasius II. (496–498); über den angeblich vom ikonoklastischen Byzanz abgefallenen Gregor II.; v. a. aber über die seit dem 13. Jh. bezeugte Päpstin ╱Johanna (angeblich um 855) sowie über Silvester II., der mit dem Teufel paktiert haben soll. Wenn Döllinger auch die Nichtbeachtung der Causa Honorius' I. im Mittelalter einbezieht, zeigt dies, wieviel interkonfessioneller Diskussionsstoff über das Papsttum in Traditionen dieser Art auch für die Folgezeit verborgen lag und aufgegriffen wurde.

▨ Literatur: LMA 6, 1685f. – I. VON DÖLLINGER: Die Papstfabeln des Mittelalters. München ²1890; ZIMMERMANN PT.

Anna-Dorothee von den Brincken

Papstgeschichtsschreibung ist, der Stellung und Bedeutung des Papsttums in der Geschichte entsprechend, Teil der Kirchengeschichtsschreibung und der Geschichts-

schreibung allgemein. Am Anfang stand die Aufstellung von Sukzessionsreihen und -katalogen bei Hegesipp, Irenaeus von Lyon, Eusebius von Caesarea u. a.: Aus theologischem Interesse bemühte man sich in der Auseinandersetzung mit Gnosis und Häresie, für die „apostolischen Kirchen" (Tertullian, De praescriptione haereticorum 36, 1; Irenaeus von Lyon, Adversus haereses III, 1, 1) die Rechtgläubigkeit der Überlieferung in der Nachfolge der Apostel (διαδοχή, παράδοσις) zu erweisen, getragen von den Bischöfen, Rom an der Spitze. Die älteste römische Bischofsliste, die vielleicht auf Hegesipp zurückgeht, überliefert um 180 Irenaeus (ebd. III, 3, 1 ff.). Die Weiterbildung der Sukzessionsreihen zu Bischofslisten war das Werk der christlichen Chronographie seit dem 3. Jh., damit der Versuch, mittels synchronistischer Listen von Herrschern, Konsuln, Olympiaden usw. ein Schema zeitlicher Abfolge und damit genauere Pontifikatszeiten zu gewinnen (Sextus Julius Africanus, Hippolyt von Rom, besonders Eusebius). Erstmals bringt der „Catalogus Liberianus" (im ╱Chronographen von 354) durch Synchronismus mit den römischen Konsularfasten eine geschlossene Chronologie der römischen Bischöfe (bis ins erste Drittel des 3. Jh., ohne Überlieferungswert). Er bildete den ältesten Teil des ╱„Liber Pontificalis", der, in vielen Handschriften verbreitet, eine Art offiziöse Papstgeschichtsschreibung im Mittelalter darstellte. Noch nicht systematisch untersucht sind die zahlreichen Papstlisten in chronikalischen und kanonistischen Handschriften des Hoch- und Spätmittelalters. Als konstituierende Urkunde der Papstherrschaft galt dem Mittelalter (mit wenigen Ausnahmen) bis zur Humanistenzeit die Konstantinische Schenkung mit der Silvesterlegende, während sich das Papsttum erst seit der Kirchenreform des 11./12. Jh. und dem damit verbundenen, stärker auf Rom zentrierten Kirchenverständnis den Fälschungen Pseudo-Isidors öffnete. Die theologische Reflexion über die Kirche setzte im Abendland in größerem Umfang erst im Hoch- und Spätmittelalter ein – nach dem Kampf der „zwei Gewalten" im Investiturstreit –, jetzt in Verbindung mit dem päpstlichen ∕Primat. Der neu gewonnenen Geltung des Sacerdotium entsprechend wird Kirchengeschichte bei Johannes von Salisbury († 1180), Martin von Troppau († 1278), Bartholomäus von Lucca († 1326/27) u. a. weithin Papstgeschichte, auch beim wenig originellen, parteilichen Bartolomeo Platina (Liber de vita Christi et pontificum. Venedig 1479), mit dem, in humanistischer Manier, die mittelalterliche Papstgeschichtsschreibung schließt. Soweit die mittelalterliche Chronistik sich nicht mehr fast ausschließlich auf den LP stützte, blieb sie dem heilsgeschichtlich-erbaulichen Schema der Weltalter verhaftet und unkritisch Fabeln (∕Papstfabeln) und Legenden geöffnet. Neben der quasioffiziösen gab es vereinzelt auch im Mittelalter eine kritische Papstgeschichtsschreibung, so in den häufig von Parteileidenschaften geprägten Streitschriften in den Kämpfen „beider Gewalten" und in teilweise radikalen Schriften des Spätmittelalters zu Geltung und Reform des Papsttums. Die bedeutendsten kirchengeschichtlichen Werke des 14./15. Jh. entstanden zu den bewegenden zeitgeschichtlichen Themen Konziliarismus, Abendländisches Schisma und Reformkonzilien, die auch ein Stück Papstgeschichtsschreibung sind. Nur vereinzelt und wenig wirksam wurde die Verankerung des päpstlichen Primats in der Heiligen Schrift in Frage gestellt, z. B. bei Marsilius von Padua († um 1343). Erst die Reformation brachte den grundlegenden Wandel: Der Protestantismus verwarf nicht nur das Papsttum als göttliche Stiftung, sondern sah vielfach in ihm eine Gefahr für das Seelenheil. Davon sind geprägt Martin Luthers Spätschrift „Wider das Papsttum zu Rom, vom Teufel gestiftet" (1545), Matthias Flacius und die „Historia ecclesiastica" der Magdeburger Centuriatoren. Ihnen stellte Caesar Baronius die „Annales ecclesiastici" (bis 1198; Erstausgabe Rom 1588–1607; mehrere Fortsetzungen) entgegen. Der literarische Austausch war abgebrochen, einseitige Polemik und Apologetik bestimmten auf Jahrhunderte die katholische und protestantische Kirchengeschichtsschreibung, die in wesentlichen Teilen Papstgeschichtsschreibung war (Robert Bellarmin; Francisco Torres; David Blondel u. a.). Nennenswerte Papstgeschichten sind bis ins 19. Jh. nicht entstanden; Kirchengeschichten mit betonter Papstgeschichtsschreibung verfassten u. a. Alonso Chacón und Onofrio Panvinio; gallikanisch-jansenistisch beeinflusst sind die Kirchengeschichten von Sébastien Le Nain de Tillemont und Claude Fleury; dazu das Hauptwerk „Vitae paparum Avenionensium" des Étienne Baluze (Paris 1693, hg. v. G. Mollat, 4 Bde. ebd. 1914– 1927). Dennoch führten kritischer Sinn und philologisches Interesse gleichzeitig zu den Anfängen einer wissenschaftlichen Papstgeschichtsschreibung der Neuzeit, auf katholischer Seite zunächst in der Quellenkritik und Hagiographie mit systematischer Sammlung und diplomatischen Untersuchungen der

Quellen selbst, besonders durch Mauriner und Bollandisten. Als Frucht sind der „Conatus chronico-historicus ad catalogum Pontificum" des Daniel Papebroch (Antwerpen 1685), die oft aufgelegte, zuletzt von Andreas Thiel (Braunsberg 1868) weitergeführte Sammlung der „Pontificum Romanorum Epistulae" des Pierre Coustant (Paris 1721) und die verschiedenen Ausgaben des ⁄„Bullarium Romanum". Zu diesem Bereich gehören auch die von Johannes Matthias Watterich herausgegebenen „Vitae Pontificum Romanorum ab coaequalibus conscriptae" (2 Bde. Leipzig 1862).

Eine gewaltige Erweiterung erfuhren die Quellen zur Geschichte des Papsttums und dessen Beziehungen zu den einzelnen Ländern durch große Editionen seit dem 19. Jh., besonders seit Öffnung des ⁄Vatikanischen Geheimarchivs durch Leo XIII. (1881; zurzeit zugänglich bis zum Tod Benedikts XV., 1922) (s. u. Quellen). Sammlung und Herausgabe der ⁄Papsturkunden des Mittelalters (vor Beginn der kontinuierlichen Registerüberlieferung im Jahr 1198) nach den einzelnen Ländern, begründet und zunächst geleitet von Paul Fridolin Kehr (1896), wofür ihm Pius XI. 1931 die Errichtung der „Piusstiftung für Papsturkunden und mittelalterliche Geschichtsforschung" ermöglichte („Regesta Pontificum Romanorum" [RPR], gegliedert in die Abteilungen „Italia Pontificia" [RPR. IP], „Germania Pontificia" [RPR. GP], „Gallia Pontificia", „Anglia Pontificia", „Hispania Pontificia", „Hungaria Pontificia", „Scandinavia Pontificia", „Africa Pontificia", [„America Pontificia"], „Oriens Pontificius"; Bericht jährlich im „Deutschen Archiv für Erforschung des Mittelalters"), während die ⁄Papstregister (seit 1198) vom Österreichischen Kulturinstitut in Rom bzw. von der Bibliothèque des Écoles françaises d'Athènes et de Rome vorbereitet bzw. seit 1884 herausgegeben werden. Besonders für die Zeit der Reformation und Gegenreformation wurde die Herausgabe der ⁄Nuntiaturberichte bedeutsam.

Das neu erwachte wissenschaftliche Bewusstsein kam u. a. der offiziellen Papstliste im ⁄Annuario Pontificio (1947 ff.) zugute und baute fortschreitend konfessionelle Polemik und falsche Apologetik bzw. Panegyrik der Kirchen- und Papstgeschichtsschreibung ab. Die entscheidende Wende leitete Leopold von Ranke ein (Die römischen Päpste, 3 Bde., Berlin 1834–39), der zwar noch nicht das Vatikanische Archiv, wohl aber große europäische Archive benützen konnte. „Sein Werk mit dem Schwergewicht auf der romanischen Gegenreformation umfasst zwar nur drei Jahrhunderte und betont allzu sehr die diplomatisch-politische Rolle der Päpste, ist aber ein Meisterstück psychologischer Geschichtsschreibung, objektiven Strebens und künstlerischer Form, das in der Folgezeit nicht mehr erreicht wurde" (Hermann Tüchle). Eine wissenschaftliche Papstgeschichte ist von einem Einzelnen nicht zu leisten, bedeutende protestantische und katholische Historiker haben nur Teile gemeistert.

Quellen (Ausgaben): MGH; RPR(J); RPR(P); ACO; LP; Liber censuum Ecclesiae Romanae, hg. v. P. Fabre – L. Duchesne, 3 Bde. Paris 1889–1952; Liber diurnus Romanorum Pontificum, hg. v. Th. Sickel. Wien 1889, H. Foerster. Bern 1958; Acta Pontificum Romanorum, hg. v. J. von Pflugk-Harttung, 3 Bde. Tübingen 1881–88.

Literatur: Papstgeschichten (s. auch die Auswahlbibliographie S. 13*f.): Caspar (bis Mitte 8.Jh.; Torso aus dem Nachlass: Das Papsttum unter fränkischer Herrschaft. Darmstadt 1956 [bis 800]); HALLER (von bedeutender Gestaltungskraft, antirömisch); SEPPELT (umfassendstes katholisches Werk; aus dem gedruckt vorliegenden Schrifttum; nüchtern, zuverlässig; dazu die knappe, solide Darstellung: F.X. SEPPELT – G. SCHWAIGER: Geschichte der Päpste. Von den Anfängen bis zur Gegenwart. München 1964); PASTOR (mit reichen archivalischen Quellen; viele Neuauflagen und Übersetzungen; dazu als wertvolle Dokumentation: A. HAIDACHER: Geschichte der Päpste in Bildern. Heidelberg 1965); SCHMIDLIN (Fortführung von Pastor mit geringerer Formkraft); ZIMMERMANN PA; ZIMMERMANN PT; G. BARRACLOUGH: The Medieval Papacy. London 1968, Nachdruck ebd. 1979; M. PACAUT: La papauté, des origines au concile de Trente. Paris 1976; RICHARDS; H. FUHRMANN: Von Petrus zu Johannes Paul II. München 1980, ²1984 (Quellen, Literatur, Forschungsstand), italienisch: Storia dei papi ... Bari 1992; B. SCHIMMELPFENNIG: Das Papsttum von der Antike bis zur Renaissance. Darmstadt 1984, ⁴1996; M. GRESCHAT (Hg.): Das Papsttum, 2 Bde. Stuttgart 1985 (überarbeitet und z.T. verändert: M. GRESCHAT – E. GUERRIERO [Hg.]: Storia dei papi. Mailand 1994); C. MORRIS: The Papal Monarchy. The western church from 1050 to 1250. Oxford 1989; I.S. ROBINSON: The Papacy 1073–1198. Continuity and innovation. Cambridge 1990; K. SCHATZ: Der päpstliche Primat. Würzburg 1990, italienisch: Il primato del papa. Brescia 1996; Il primato del vescovo di Roma nel primo millennio. Rom 1991; M. MACCARRONE (Hg.): Romana ecclesia. Cathedra Petri, 2 Bde. Rom 1991. – Reihen: Miscellanea Historiae Pontificiae, Bd. 1ff. Rom 1939ff.; PuP. – Zeitschrift: AHP 1 (1963) ff. – Lexika: J.N.D. KELLY: The Oxford Dictionary of Popes. Oxford 1986, deutsche Ausgabe: Reclams Lexikon der Päpste. Stuttgart 1988; Dictionnaire des papes. Turnhout 1994; DHP (mit internationalen Fachleuten). – Zum Thema Papstgeschichtsschreibung: TH. FRENZ: Papsturkunden des Mittelalters und der Neuzeit. Stuttgart ²2000, italienisch: I documenti pontefici nel Medioevo e nel'Età Moderna. Rom 1989; H. FUHRMANN: Papstgeschichtsschreibung. Grundlinien und Etappen: A. ESCH – J. PETERSEN (Hg.): Geschichte und Geschichtswissenschaft in der

Kultur Italiens und Deutschlands. Tübingen 1989, 141–191 (beste Übersicht und Einführung). – Die umfassendste *Bibliographie* bringen laufend AHP, Revue d'histoire ecclésiastique und Deutsches Archiv für Erforschung des Mittelalters. ∕ Papst, Papsttum.   *Georg Schwaiger*

Päpstliche Akademien. In der Tradition der seit dem Zeitalter des Humanismus in Italien entstehenden Akademien kam es auch im päpstlichen Rom zu entsprechenden Gründungen.

1. Die bedeutendste ist heute die *Pontificia Accademia delle Scienze.* Sie geht auf die 1603 gegründete Accademia dei Lincei zurück und wurde 1847 durch Pius IX. zur Pontificia Accademia dei Nuovi Lincei umgewandelt. Pius XI. wies ihr 1922 die Casina Pius' IV. in den Vatikanischen Gärten als Sitz zu. Derselbe Papst gab ihr 1936 den heutigen Namen. Sie untersteht dem Papst persönlich, trägt internationalen Charakter und zählt achtzig ordentliche sowie weitere Ehrenmitglieder aus dem Bereich von Mathematik, Natur- und Humanwissenschaften und ist nicht auf Katholiken beschränkt. Sie veranstaltet in unregelmäßiger Folge Kongresse aus diesen Wissenschaftsbereichen. Ihr Ziel ist die Ehrung und Förderung der Forschung.

2. Die 1718 päpstlich approbierte und 1956 neu gegründete *Pontificia Accademia di Teologia* dient der Pflege des authentischen katholischen Glaubens.

3. Die 1810 gegründete (seit 1829 *Pontificia) Accademia Romana di Archeologia* dient der Förderung der Christlichen Archäologie und der Christlichen Kunstgeschichte. Ihr Präsident war 1871–94 der um die Entwicklung der Christlichen Archäologie hochverdiente Giovanni Battista de'Rossi.

4. Die 1542/43 gegründete (seit 1861 *Pontificia*) *Insigne Accademia di Belle Arti e Lettere dei Virtuosi al Pantheon* hat das Studium, die Pflege und Vervollkommnung der Schönen Künste zum Ziel.

5. Die 1835 gegründete (seit 1864 *Pontificia*) *Accademia dell'Immacolata* dient der Förderung und Koordinierung der Studien zur Vertiefung des marianischen Dogmas.

6. Die 1879 von Leo XIII. gegründete *Pontificia Accademia di S. Tommaso d'Aquino* wurde 1934 mit der 1801 gegründeten *Accademia di Religione Cattolica* vereint. Sie dient der Förderung thomistischer Studien.

7. Die 1946 gegründete *Pontificia Accademia Mariana Internazionale* dient der Förderung der Mariologie.

8. Die 1994 gegründete *Pontificia Accademia delle Scienze Sociali* dient der Förderung der sozialen, ökonomischen, politischen und Rechtswissenschaften im Licht der Soziallehre der Kirche.

9. Die ebenfalls 1994 gegründete *Pontificia Accademia per la Vita* hat die Förderung und Verteidigung des Lebens zum Ziel.

10. Das 1879 gegründete Collegium Cultorum Martyrum (seit 1995 *Pontificia Accademia „Cultorum Martyrum"*) dient der Förderung des Martyrerkultes und des Studiums der Katakomben.

Die so genannte „Pontificia Accademia Ecclesiastica" bildet dagegen trotz ihres Namens keine Akademie im hier gemeinten Sinn, sondern ist den römischen Kollegien zuzurechnen.

▨ Literatur: EC 1, 165–183; VatL 10–16 147f. – G.B.Marini-Bettòlo: The activity of the Pontifical Academy of Sciences 1936–86. Vatikanstadt ²1987; C. Pietrangeli: La Pontificia Accademia Romana di Archeologia: P. Vian (Hg.): Speculum mundi. Roma centro internazionale di ricerche umanistiche.

Rom 1992; R. Ladous: Des Nobel au Vatican. La fondation de l'Accadémie Pontificale des Sciences. Paris 1994; AnPont 2000, 1876–93 2018–24.   *Erwin Gatz*

Päpstliche Ehrengarde ∕ Päpstliche Nobelgarde.

Päpstliche Ehrentitel ∕ Päpstliche Orden.

Päpstliche Familie (Familia Pontificia), aus dem Päpstlichen Hofstaat hervorgegangene und mit dem Motu Proprio *Pontificalis Domus* vom 28.3.1968 von Paul VI. stark reformierte Gruppe von Klerikern und Laien, die neben der Cappella Pontificia und der Cappella Musicale Pontificia der Präfektur des ∕ Päpstlichen Hauses zugeordnet sind und zumeist dem Papst bestimmte Dienste leisten. Mitglieder der Päpstlichen Familie sind der Substitut des Staatssekretariats, der Sekretär für die Beziehungen zu den Staaten, der Almosenier Seiner Heiligkeit, der Präsident der Päpstlichen Diplomatenakademie, der Theologe des Päpstlichen Hauses, die sieben wirklichen Protonotare und diejenigen ehrenhalber, die Päpstlichen Zeremoniare, die Ehrenprälaten Seiner Heiligkeit, die Kapläne Seiner Heiligkeit sowie der Prediger des Päpstlichen Hauses. Als Laien gehören der Päpstlichen Familie u. a. die ∕ Thronassistenten, der Sonderdelegat der Päpstlichen Kommission für den Staat der Vatikanstadt, der Kommandant der Päpstlichen ∕ Schweizergarde, der Präsident der ∕ Päpstlichen Akademie der Wissenschaften, die ∕ Päpstlichen Kammerherren, die Mitglieder des Päpstlichen Haushalts sowie die Mitarbeiter der Anticamera an.

▨ Literatur: VatL 211f.; AnPont 2000, 1346ff. 1966–72.   *Martin Hülskamp*

Päpstliche Insignien sind besondere Ausführungen bischöflicher Insignien; zu ihnen zählen der päpstliche Thron, die ⁄ Tiara, der päpstliche Hirtenstab (als gerade auslaufende ferula), der ⁄ Fischerring („anulus piscatoris") und besondere päpstliche Gewänder. *Bruno Steimer*

Päpstliche Institute, selbstständige oder an kirchlich-wissenschaftliche Einrichtungen angeschlossene Lehr- und Forschungsanstalten.
1. *Bibelinstitut* (Pontificio Istituto Biblico). Es sollte als Gründung Pius' X. (7.5.1909) angesichts des Fortschritts der evangelischen Exegese der katholischen Bibelwissenschaft weltweite Impulse geben. Unter der Leitung der Jesuiten (Leopold Fonck) wurde eine Filiale in Jerusalem gegründet (1.7.1927) und im akademischen Jahr 1932/33 zusätzlich zur biblischen Fakultät eine orientalistische eingerichtet. Durch das Zweite Vatikanische Konzil (*Dei Verbum* 1965) stieg die Zahl der Studierenden um fast hundert Prozent (1959: 200; 1969: 380 Studierende aus allen Erdteilen); gemäß der Apostolischen Konstitution *Sapientia christiana* (15.4.1979) werden speziell die biblischen Sprachen und Hilfswissenschaften (biblische Zeitgeschichte, Archäologie ...) doziert. Die beiden Fakultäten haben das Recht, alle akademischen Grade zu erteilen; bisher (2000) haben über 6500 Studierende erfolgreich an dieser unmittelbar dem Papst unterstehenden Universität das biblische Spezialstudium (Bakkalaureat, Lizentiat, Doktorat, Laurea [Habilitation]) absolviert. Der internationale Ruf von Professoren wird immer größer: Augustin Bea (1881–1968), Stanislas Lyonnet (1902–68), Max Zerwick (1901–75), Carlo Martini (*1927; seit 1979 Erzbischof von

Mailand), Ignace De la Potterie, Albert Vanhoye. Das Bibelinstitut ist Herausgeber der Zeitschriften „Biblica" (1920ff.), „Verbum Domini" (1921ff.) und „Orientalia" (1920–30; neue Reihe: 1932ff.); in der wissenschaftlichen Fachwelt von besonderer Bedeutung ist der „Elenchus Bibliographicus Biblicus" (1920ff.; seit 1984 „Elenchus of Biblical Bibliography") von Peter Nober (1912–1980) und Robert North.

▨ Literatur: Acta Pontificii Instituti Biblici. Rom 1909f.; A. BEA: Pontificii Inst. Bibl. prima quinque lustra. ebd. 1934; 75° Anniversario della fondazione del Pontificio Istituto Biblico: Biblica 65 (1984) 429–437; G. MARTINA: A novant'anni dalla fondazione del Pontificio Istituto Biblico: AHP 37 (1999) 129–160; ANPONT 2000, 1835.
Hubert Ritt

2. *Orientalisches Institut* (Pontificio Istituto Orientale), als höhere Lehranstalt für christliche orientalische Fragen am 15.10.1917 von Benedikt XV. mit den gleichen Zielsetzung wie die Kongregation für die Orientalischen Kirchen gegründet. 1920 Befugnis zur Verleihung akademischer Grade. 1922 von Pius XI. dem Jesuitenorden anvertraut, zuerst am Sitz des Päpstlichen Bibelinstituts (s. o. 1.), autonom am jetzigen Standort (Piazza Santa Maria Maggiore) seit 1926. Erster Jesuitenrektor war Bischof Michel-Joseph d'Herbigny. Als großer Gönner der einzigartigen Bibliothek erwies sich Pius XI., der die Ankaufsreisen von Cyrille Korolevskij und Eugène Tisserant (1923–24) unterstützte. 1971 Errichtung der Fakultät für orientalisches Kirchenrecht. Publikationen: „Orientalia Christiana", ab 1935 aufgeteilt in „Orientalia Christiana Periodica" und „Orientalia Christiana Analecta", seit 1992 auch die Reihe „Kanonika". Bedeutende Professo-

ren: Theologie: Martin Jugie, Bernhard Schultze, Theophilus Spáčil, Georges Dejaifve; Liturgie: Alfons Raes; Spiritualität: Irénée Hausherr; Kirchenrecht: Emil Herman; Christliche Archäologie: Guillaume de Jerphanion; Syrologie: Ignacio Ortiz de Urbina; Edition der Florentiner Konzilsakten (Monographien: Georg Hofmann, Joseph Gill, Johannes Krajcar, Wilhelm de Vries).

▨ Literatur: DHGE 25, 1333–36. – Orientalia Christiana Periodica 33 (1967) 5–46 (C. Korolevskij) 303–350 (A. Raes); The Pontifical Oriental Institute: the First Seventyfive Years 1917–92, hg. v. E. FARRUGIA. Rom 1993; Il 75° anniversario del Pontificio Istituto Orientale. Atti delle celebrazioni giubilari 15–17 ottobre 1992, hg. v. R. TAFT–J.L. DUGAN (Orientalia Christiana Analecta 244). Rom 1994; V. POGGI: I primi professori del PIO (ebd. 251). ebd. 1996, 217–244; DERSELBE: Per la storia del Pontificio Istituto Orientale (ebd. 263). ebd. 2000; ANPONT 2000, 1835. *Vincenzo Poggi*

3. *Missionsinstitut* (Pontificio Istituto Missioni Estere, P. I. M. E.), entstanden 1926 aus dem Zusammenschluss der Missionsinstitute von Mailand (gegründet von Monsignore Angelo Ramazzotti und 1850 durch die Bischöfe der Lombardei unter dem Namen Seminario Lombardo per le Missioni Estere errichtet) und Rom (1871 gegründet von Monsignore Pietro Avanzini und 1874 durch Pius IX. unter dem Namen Pontificio Seminario dei Santi Apostoli Pietro e Paolo per le Missioni Estere kanonisch errichtet). Beide hatten als Zielsetzung die Vorbereitung und Aussendung von Weltpriestern in die Mission und waren der Sacra Congregatio de Propaganda Fide unterstellt. Das Mailänder Institut nahm auch Laien auf, und die Weltpriester blieben in den jeweiligen Diözesen inkardiniert.

Die Missionare aus Mailand arbeiteten zunächst in Melanesien-Mikronesien, wo 1855 in Woodlark der selige Martyrer Giovanni Mazzucconi ermordet wurde; dann in Indien, Bengalen, Hongkong, Birma und China. Die Missionare aus Rom evangelisierten den Süden von Shensi (China), wo 1900 der selige Alberico Crescitelli das Martyrium erlitt; viele von ihnen gingen in bereits bestehende Ortskirchen in Amerika, Australien und Europa, um dem Priestermangel abzuhelfen. Nach dem Zusammenschluss 1926 weitete das P. I. M. E. seine apostolische Tätigkeit auf Afrika, Brasilien sowie weitere Länder in Asien aus. Gegenwärtig wirkt es in 15 Nationen.

Heute ist das P. I. M. E. eine Gesellschaft des Apostolischen Lebens. Seine Zielsetzung ist die Missionstätigkeit im Sinn von *Ad Gentes* und *Redemptoris missio*. Seine Mitglieder sind Priester und Laien, die sich durch ein Versprechen für die lebenslange missionarische Tätigkeit verpflichten; als „associati" (Assoziierte) werden auch Priester und Laien aufgenommen, die ein zeitlich befristetes missionarisches Engagement übernehmen. Das Institut ist international. Aus langer Tradition ist es auf dem Gebiet der kulturellen Arbeit und der missionarischen Animation tätig, wobei sich Pater Paolo Manna, der Gründer der Unione Missionaria del Clero, und der Missionshistoriker Pater Giovanni Battista Tragella besonders ausgezeichnet haben.

▨ Literatur: G.B. TRAGELLA: Le Missioni Estere di Milano nel quadro degli avvenimenti contemporanei, 3 Bde., P.I.M.E. Mailand 1950–1963; C. SUIGO: Pio IX e la fondazione del primo Istituto missionario italiano, P.I.M.E. Rom 1978; P. GHEDDO: PIME, una proposta per la missione EMI. Bologna 1989; ANPONT 2000, 1570f. *Domenico Colombo*

4. *Pontifical Institute of Mediaeval Studies*. Es hat seinen Sitz auf dem

Campus des Saint Michael's College der Universität Toronto (Kanada). Ursprünglich als Institute of Mediaeval Studies 1929 von Étienne Gilson, Gerald Phelan und Henry Carr (Congregatio Sancti Basilii) gegründet, wurde es kirchenrechtlich als päpstliches Institut am 18.10.1939 durch Pius XII. errichtet. Als Institut päpstlichen Rechts verleiht es die akademischen Grade des Lizentiaten (M. S. L.) und des Doktors (M. S. D.) der Mediävistik (Mediaeval Studies). Seine 100000 Bde. umfassende Bibliothek beherbergt eine der hervorragendsten Sammlungen aus dem Bereich des Mittelalters in Nordamerika. Mit etwa 200 Publikationen aus allen Gebieten der Mittelalterforschung ist der Verlag des Instituts der zweitgrößte Universitätsverlag Kanadas. Er gibt seit 1939 auch das Jahrbuch „Mediaeval Studies" heraus.

Stephen D. Dumont

5. *Sonstige* (nach AnPont 2000).
a) Pontificio Istituto di Musica Sacra (Rom, gegründet 1911); – b) Pontificio Istituto di Archeologia Cristiana (Rom, gegründet 1925); – c) Pontificio Istituto di Spiritualità „Teresianum" (Rom, gegründet 1935); – d) Pontificio Istituto di Studi Arabi e d'Islamistica (Rom, gegründet 1960); – e) Pontificio Istituto Superiore di Latinità (Rom, gegründet 1964); – f) Pontificio Istituto „Regina Mundi" (Rom, gegründet 1970); – g) Pontifical Institute of Theology and Philosophy (Alwaye [Indien], gegründet 1972); – h) Pontifical Oriental Institute of Religious Studies (Kottayam [Indien], gegründet 1982); – i) Pontificio Istituto „Giovanni Paolo II" per Studi su Matrimonio e Famiglia (Rom, gegründet 1982); – j) Saint Peter's Pontifical Institute (Bangalore [Indien], gegründet 1985).

Bruno Steimer

Päpstliche Kammerherren, nach der Neuordnung des ∕ Päpstlichen Hauses durch das Motu Proprio *Pontificalis Domus* vom 28.3.1968 unter Paul VI. wurden die bis dahin bestehenden Klassen der Päpstlichen Kammerherren für Geistliche („Wirkliche Geheimkämmerer", sonstige „Geheimkämmerer", „Ehrenkämmerer" und „Ehrenkämmerer außerhalb Roms") und Laien („Wirkliche Geheimkämmerer", sonstige „Geheimkämmerer" und „Ehrenkämmerer") abgeschafft bzw. z.T. in neue Titulaturen und Funktionen überführt. Während der Dienst von Geistlichen im Päpstlichen Haus nun von zwei „Prelati di anticamera" wahrgenommen wird und die Ehrentitel „Hausprälat" und „Überzähliger Geheimkämmerer" in „Ehrenprälat Seiner Heiligkeit" und „Kaplan Seiner Heiligkeit" geändert wurden (∕ Päpstliche Orden), lebt die von Laien ausgeübte Funktion der Päpstlichen Kammerherren in den „Gentiluomini di Sua Santità" fort. Diese werden aufgrund besonderer Verdienste um den Heiligen Stuhl und somit unabhängig vom Herkommen ernannt und bilden ein von der Präfektur des Päpstlichen Hauses abhängiges Kollegium mit der Aufgabe, Ehrendienste bei päpstlichen liturgischen Funktionen sowie beim Empfang von zu besonderen Audienzen zugelassenen Persönlichkeiten zu erfüllen. Sie sind Mitglieder der ∕ Päpstlichen Familie.
▨ Literatur: VATL 189f. 244ff.

Martin Hülskamp

Päpstliche Kanzlei (Cancellaria Apostolica), als ältestes Dikasterium der ∕ römischen Kurie anzusehen, zurückgehend auf die notarii Sanctae Romanae Ecclesiae mit dem Leiter Primicerius und dessen Stellvertreter Secundicerius im 4. Jh.

Sie besorgten die Erstellung der päpstlichen Schriftstücke und Urkunden. Als „scrinarii" versahen sie Archivarbeiten. Ins 13. Jh. reichen die ersten sicheren Hinweise für die Cancelleria Apostolica zurück. Die Behörde wurde von Innozenz III. neu geordnet und ihre Kompetenzen erweitert. Für die päpstlichen Schreiben wurde meist ein Bleisiegel verwendet, darüber hinaus kam der Päpstlichen Kanzlei die Verwahrung des ⁄Fischerrings zu. Als im 15. Jh. das Sekretariat für die Breven eingerichtet wurde, verlor die Päpstliche Kanzlei wieder einige Befugnisse. Nach der Kurienreform durch Pius X. erhielt sie die Zuständigkeit für die Apostolischen Schreiben (c. 260 CIC/1917). Die Inhaber leitender Funktionen innerhalb der Päpstlichen Kanzlei wurden unter den Amtstiteln Bibliothecarius, Cancellarius und Vicecancellarius zu Kardinälen ernannt, deren letzter, Luigi Traglia, am 31.3.1973 aus dem Amt schied. Nach dem Zweiten Vatikanischen Konzil hatte Paul VI. in der Kurienreform *Regimini Ecclesiae Universae* die Kompetenzen der Päpstlichen Kanzlei zunächst erweitert (als einziges Büro, das für die Versendung Apostolischer Schreiben zuständig war), sie aber dann mit *Quo aptius* vom 27.2.1973 aufgelöst. Die Päpstliche Kanzlei hatte vor der Auflösung folgende personelle Ausstattung: neben dem Kardinal einen Stellvertreter, Regent genannt, das Kollegium der Apostolischen Protonotare, zwei Adjutanten, je einen Archivar und Protokollar, drei Schreiber, wovon einer auch für die Siegel zuständig war. Die Päpstliche Kanzlei ist im nach ihr benannten Palazzo della Cancelleria untergebracht gewesen. Nach ihrer Auflösung wurde dem Staats-

sekretariat zunächst noch ein eigenes Büro mit der Bezeichnung Cancellaria Litterarum Apostolicarum eingegliedert, das heute ebenfalls der Vergangenheit angehört. Johannes Paul II. hat in der Kurienreform von 1988 (*Pastor Bonus* Art. 42 und 43) die klassischen Aufgaben der Päpstlichen Kanzlei dem ⁄Staatssekretariat belassen. Sie werden von der ersten Sektion für die allgemeinen Angelegenheiten wahrgenommen, die auch das Bleisiegel und den Fischerring verwahrt.

▧ Quellen: ,Regimini Ecclesiae Universae': AAS 59 (1967) 885–928; Motu Proprio ,Quo aptius': AAS 65 (1973) 113–116; ,Pastor Bonus', Constitutio Apostolica de Romana Curia: AAS 80 (1988) 841–934; Regolamento generale della Curia Romana: AAS 84 (1992) 201–267.

▧ Literatur: VATL 369f. – N. DEL RE: La Curia Romana. Rom 1970; P.A. BONNET–C. GULLO: La Curia Romana nella Costituzione Apostolica ,Pastor Bonus'. Vatikanstadt 1990.   *Johannes O. Ritter*

Päpstliche Kapelle, lateinisch „cappella papalis", italienisch „Cappella Papale" oder „Cappella Pontificia".

1) Bezeichnung für den in der Regel vom Papst als „Haupt der katholischen Religion" gehaltenen Gottesdienst an hohen Feiertagen und zu besonderen Anlässen, z.B. Heiligsprechungen mit Teilnahme bestimmter Personen [s.u. 2)]. Die aufwendige, seit dem 15. Jh. fast unverändert gebliebene Liturgie wurde stark durch Elemente des höfischen Zeremoniells bestimmt (z.B. fürstliche ⁄Thronassistenten, Benutzung von Silbertrompeten, Vorkosten der Gaben). Im Zuge des Zweiten Vatikanischen Konzils wurde die Päpstliche Kapelle reformiert: Vom Ritus her unterscheidet sie sich nun nicht mehr von anderen Papstfeiern.

2) Teil des ⁄Päpstlichen Hauses, eine genau umschriebene Gruppe

von Bischöfen, Priestern und Laien, welche diesem Gottesdienst auf besonderen Plätzen beiwohnt. Ihre Zusammensetzung wurde durch das Motu Proprio *Pontificalis Domus* Pauls VI. vom 28.3.1968 neu geordnet, das aktuelle Verzeichnis ist dem /Annuario Pontificio zu entnehmen.

▨ Literatur: VATL 111f. – Motu Proprio ‚Pontificalis Domus': AAS 60 (1968) 305–315; Nachkonziliare Dokumentation n. 10. Trier 1968, 252–273; A. BUGNINI: Die Liturgiereform 1948–75: Zeugnis und Testament. Freiburg 1988, 841–854; ANPONT 2000, 1344f. 1964. *Marc Retterath*

Päpstliche Kommissionen (Commissiones Pontificiae) sind Organe, derzeit fünf, der /römischen Kurie (hier nicht erwähnt werden die in Kongregationen eingegliederten Kommissionen).
1. *Päpstliche Kommission für die Kulturgüter der Kirche* (Pontificia Commissione per i Beni Culturali della Chiesa). Als Nachfolgerin der Päpstlichen Kommission für die Erhaltung des künstlerischen und geschichtlichen Erbes von Johannes Paul II. am 25.3.1993 als selbstständige Kommission eingerichtet; geleitet von einem Präsidenten im Rang eines Erzbischofs.
2. *Päpstliche Kommission für kirchliche Archäologie* (Pontificia Commissione di Archeologia Sacra). Am 6.1.1852 von Pius IX. gegründet; zuständig für Friedhöfe, christliche Katakomben in Italien und die Gedenkstätten der frühen Christenheit.
3. *Päpstliche Bibelkommission* (Pontificia Commissione Biblica). Unter Leo XIII. am 30.10.1902 für die Förderung der biblischen Studien eingesetzt, wurde sie unter Paul VI. neu geordnet; Präsident ist der Präfekt der Glaubenskongregation.
4. *Päpstliche Kommission für die Revision und Verbesserung der Vul-*

gata (Pontificia Commissione per la Revisione ed Emendazione della Volgata). Von Pius X. am 21.11.1907 eingesetzt, um eine kritische Ausgabe der Vulgata zu erstellen. Johannes Paul II. erteilte am 15.1.1984 den Auftrag einer Neubearbeitung des ganzen Alten Testamentes.
5. *Päpstliche Kommission „Ecclesia Dei".* Von Johannes Paul II. am 2.7.1988 eingesetzt, um Anhänger von Marcel Lefebvre zur Communio mit Papst und römisch-katholischer Kirche zu führen.

▨ Quellen: ‚Pastor Bonus', Constitutio Apostolica de Romana Curia: AAS 80 (1988) 841–934.
▨ Literatur: VATL 389–401; ANPONT 2000, 1353–60 1976ff. *Johannes O. Ritter*

Päpstliche Kuriere (lateinisch „cursores", Läufer, Eilboten), Laienbedienstete des Papstes, die zur /Päpstlichen Kapelle gehörten und die Aufgabe hatten, den Mitgliedern des /Päpstlichen Hauses die Einladungen zu den Konsistorien und den feierlichen Gottesdiensten des Papstes zu überbringen. Papst Paul VI. hat im Zuge der Kurienreform auch die Päpstlichen Kuriere abgeschafft (Motu Proprio *Pontificalis Domus* vom 28.3.1968, Art. 6, § 4).

▨ Literatur: DIZEC 1, 797. *Joseph Weier*

Päpstliche Nobelgarde. In der Nachfolge eines 1798 untergegangenen Reitercorps 1801 von Pius VII. gegründet und zumeist aus Adligen des Kirchenstaates bestehend, versah sie Schutz- und Ehrendienste für die Päpste. Verschiedentlich, zuletzt unter Johannes XXIII., reformiert und von Paul VI. in Päpstliche Ehrengarde umbenannt, wurde sie von diesem am 14.9.1970 zusammen mit der Päpstlichen Palastgarde und der /Päpstlichen Polizei aufgelöst, da die „noch existierenden Corps nicht mehr den Bedürfnissen entsprechen, derentwegen sie gegründet wurden" (AAS 61 [1970] 587).

▓ Literatur: VATL 187ff. *Martin Hülskamp*

Päpstliche Orden. Für Laien verleiht der Papst aufgrund persönlicher Verdienste, aber auch im Rahmen diplomatischer Gepflogenheiten Verdienstorden (Ordini Equestri Pontifici; Ritterorden) und Ehrenzeichen gemäß folgender Rangordnung:
1. *Christusorden* (Ordine Supremo del Cristo), gestiftet von Johannes XXII. am 14.3.1319.
2. *Orden vom Goldenen Sporn* (Ordine dello Speron d'Oro), Stiftungsdatum unbekannt, erneuert von Pius X. am 7.2.1905; 1. und 2. werden nur in einer Klasse verliehen.
3. *Piusorden* (Ordine Piano) (in vier Klassen), gestiftet von Pius IX. am 17.6.1847, neu geordnet von Pius XII. am 11.11.1939 und 25.12.1957.
4. *Gregoriusorden* (Ordine di San Gregorio Magno) (in drei Klassen), gestiftet von Gregor XVI. am 1.9.1831, erneuert von Pius X. am 7.2.1905.
5. *Silvesterorden* (Ordine di San Silvestro Papa) (in drei Klassen), gestiftet von Gregor XVI. am 31.10.1841, neu geordnet von Pius X. am 7.2.1905. Seit dem 2.6.1993 werden der Silvester-, der Gregorius- und der Piusorden in drei Klassen auch an Frauen verliehen: Dama, Dama di Commenda con Placca und Dama di Gran Croce. Ehrenzeichen sind das von Leo XIII. gestiftete Kreuz „Pro Ecclesia et Pontifice" und die Verdienstmedaille „Benemerenti".

Für Kleriker werden Ehrentitel in folgender Rangordnung verliehen: 1. *Apostolischer Protonotar supra numerum*, 2. *Ehrenprälat*, 3. *Kaplan Seiner Heiligkeit*. Die Anrede für alle drei lautet italienisch „Mon-signore". Die übrigen romanischen Sprachen verfahren entsprechend; das Deutsche tituliert die beiden ersten „Prälat" und nur den letzteren „Monsignore" (/ Päpstliche Familie).

▓ Literatur: VATL 659f.; ANPONT 2000, 1372f. 1982. *Winfried Schulz*

Päpstliche Ostpolitik bezeichnet die unter den Päpsten Johannes XXIII. und Paul VI. einsetzenden Bemühungen um einen Dialog mit den Staaten des Ostblocks. Ziel der Päpste war es, den Ortskirchen in diesen Staaten größeren Bewegungsraum zu verschaffen, dabei aber keine weltanschaulichen Konzessionen zu machen.

Der Heilige Stuhl war seit Pius XI. mit der kommunistischen Religionspolitik in der Sowjetunion konfrontiert. Dieser hoffte zunächst auf ein Konkordat und damit auf Rechtsgarantien für die Katholiken, gab diesen Plan dann aber auf und ging unter der Gewaltherrschaft Stalins seit 1930 zur Offensive über. 1937 verurteilte er mit der Enzyklika *Divini Redemptoris* die kommunistische Weltanschauung. Einschneidender traf die kommunistische Religionspolitik die katholische Kirche nach dem Zweiten Weltkrieg, als unter dem Schutz der UdSSR in allen besetzten Ländern außer Österreich Volksdemokratien etabliert wurden, die langfristig die Eliminierung von Kirche und Christentum in ihrem Machtbereich anstrebten. Dabei variierte ihre Taktik zwischen brutaler Repression und dem Versuch einer Instrumentalisierung der Kirche. Der Druck nahm zwar mit dem Ende des Stalinismus ab, doch blieb die kirchliche Lage generell prekär. Pius XII. prangerte die kommunistische Kirchen- und Christenverfolgung an und ließ keinen Zweifel an der Unvereinbarkeit von Christentum und Kommunismus. Auf diesem Standpunkt verharrte er angesichts der anhaltenden Verfolgungen und Menschenrechtsverletzungen während seines ganzen Pontifikats. Unter Johannes XXIII. wandelte sich im Kontext der allgemeinen Entspannung der Ost-West-Beziehungen auch die päpstliche Ostpolitik, und Paul VI. ging zur diplomatischen Offensive über, ohne die grundsätzliche Linie seiner Vorgänger aufzugeben. Er setzte nicht länger auf Abgrenzung, sondern auf Dialog und versuchte, der Kirche größeren Spielraum zu verschaffen, ohne weltanschauliche Konzessionen zu machen. Sein engster Mitarbeiter wurde dabei Agostino Casaroli. Erstes Ziel des Papstes waren die Wiederbesetzung der vakanten Bistümer und der freie Kontakt der Bischöfe mit dem Heiligen Stuhl sowie eine Revitalisierung des kirchlichen Lebens. Zu ersten Vereinbarungen kam es mit Ungarn (1964) und Jugoslawien (1966), das 1970 wieder diplomatische Beziehungen mit dem Heiligen Stuhl aufnahm. Die Verhandlungen mit den anderen Staaten, insbesondere mit der Tschechoslowakei, gestalteten sich schwieriger und waren von staatlicher Seite durch eine Politik des Hinhaltens bei fortwährender unauffälliger Repression gekennzeichnet. Geringeren Handlungsbedarf gab es in Polen und in der DDR, deren Kirchen über intakte Strukturen verfügten und von den Kardinälen Stefan Wyszyński und Alfred Bengsch mit fester Hand geführt wurden. Kritiker der Ostpolitik Pauls VI. beanstandeten, dass dieser den betreffenden Regierungen zu große Konzessionen mache. Dem Heilkigen Stuhl gelang es, in die Schlussakte der „Konferenz für Sicherheit und Zusammenarbeit in

Europa" (KSZE) 1975 die Respektierung der Grundrechte der Menschen und damit auch der Religionsfreiheit einzubringen.

Als der Krakauer Kardinal Karol Wojtyła im Oktober 1978 zum Papst gewählt wurde und als Johannes Paul II. die Leitung der katholischen Kirche übernahm, war die Macht des sowjetrussischen Imperiums äußerlich noch ungebrochen. Aufgrund seiner langen Erfahrung im Umgang mit der kommunistischen Herrschaft und seiner Einsicht in deren Schwäche gewann die päpstliche Ostpolitik unter Johannes Paul II. wieder mehr den Charakter einer Fundamentalopposition gegen die kommunistische Doktrin. Es ging ihm weniger darum, sich mit dem Kommunismus zu arrangieren, vielmehr legte er den Akzent mehr auf grundsätzliche Veränderungen, für die die Zeit nach seiner Überzeugung reif war. Während seines ersten Besuchs in seiner Heimat 1979 drängten sich Millionen von Polen zu ihm. Dies bereitete psychologisch den Boden für den 1980 folgenden Streik der Danziger Werftarbeiter und die Gründung der freien Gewerkschaft „Solidarność" unter Łech Wałęsa. Anders als bei den früheren Erhebungen (DDR 1953, Ungarn 1956, Tschechoslowakei 1968), schlug die Sowjetunion den Aufstand nicht gewaltsam nieder. Sie überließ dies der polnischen Staatsführung unter General Wojciech Jaruzelski, der im Dezember das Kriegsrecht über Polen verhängte und die Anführer von „Solidarność" internierte. Dadurch wurde aber der Wiederstand nicht gebrochen. Johannes Paul II. entfaltete in dieser Zeit lebhafte diplomatische Aktivitäten, durch die er mäßigend sowohl auf die Solidaritätsbewegung als auch auf die sowjetische und polnische Staatsführung einwirkte. Der Entspannungsprozess erhielt ab 1985 durch die Politik Michail Gorbačëvs neue Dynamik. Er führte seit 1989 zu freien Wahlen und zum Ende der kommunistischen Herrschaft in Osteuropa, 1990 zur deutschen Wiedervereinigung und 1991 zur Auflösung der Sowjetunion sowie zum Untergang der sozialistischen Regimes. Der Beitrag der päpstlichen Ostpolitik daran bestand v. a. in der diplomatischen Unterstützung der Freiheitsbewegung. Seit dem Ende der kommunistischen Ära konzentrierte sich die päpstliche Ostpolitik auf die Wiederherstellung der Hierarchie und die Aushandlung von Rechtsgarantien für das kirchliche Wirken unter Verzicht auf eine Rückkehr zum Status quo ante. Der Papst selbst suchte durch Pastoralreisen in fast alle vormals kommunistischen Staaten die Katholiken zu ermutigen.

■ Literatur: DHP 1237ff. – A. Riccardi: Il Vaticano e Mosca. Rom 1992; A. Stehle: Geheimdiplomatie im Vatikan. Die Päpste und die Kommunisten. Zürich 1993; H.J. Hallier: Der Heilige Stuhl und die deutsche Frage: RQ 90 (1995) 237–255; K.-J. Hummel (Hg.): Vatikanische Ostpolitik unter Johannes XXIII. und Paul VI. 1958–78. Paderborn u.a. 1999; J. Pilvousek: Katholische Bischofskonferenz und Vatikan: Kirchliche Zeitgeschichte 12 (1999) 488–511; H. Meier: Bemerkungen zur vatikanischen Ostpolitik 1958–78: FS M. Heckel. Tübingen 1999, 151–157; E. Gatz (Hg.): Kirche und Katholizismus seit 1945, Bd. 2. Paderborn u.a. 1999 (Länderartikel). *Erwin Gatz*

Päpstliche Polizei. Als Corpo dei Carabinieri 1816 zur Wahrung der öffentlichen Ordnung im ∕Kirchenstaat mit 2280 Mann unter Pius VII. gegründet und unter Pius IX. 1851 in Gendarmeria Pontificia umbenannt, bestand sie über 1870 hinaus und wurde 1970 aufgelöst. Heute versieht der Corpo di Vigilanza (Wach-

dienst) Sicherheits- und Ordnungsdienste in der Vatikanstadt (AAS, Supplement 62 [1991] 9ff.).

■ Literatur: VatL 835f.; AnPont 2000, 1467.
Martin Hülskamp

Päpstliche Räte. An der ∕römischen Kurie bestehen elf Räte, die ursprünglich als eigenständige Sekretariate, Räte und Kommissionen errichtet worden waren. Die Apostolische Konstitution *Pastor Bonus* (28.6.1988) bezeichnet sie einheitlich als Räte (lateinisch „consilium") (vgl. nn. 131–170).

1. *Päpstlicher Laienrat* (Pontificium Consilium pro Laicis) (nn. 131–134), von Papst Paul VI. gemäß *Apostolicam Actuositatem* 26 am 6.1.1967 durch das Motu Proprio *Catholicam Christi Ecclesiam* gegründet. Ihm steht ein Kardinal vor, den ein Vizepräsident im Bischofsrang unterstützt. Neben geistlichen Würdenträgern werden profilierte Laien aus aller Welt als Mitglieder berufen; sie sollen die Laien an sich und die Laienvereinigungen fördern und unterstützen bei der Erfüllung ihrer Aufgaben in Kirche und Welt, v. a. bei der Durchdringung der weltlichen Strukturen mit dem Geist des Evangeliums; darüber hinaus sollen sie die Aktivitäten der Laien in den verschiedenen Nationen koordinieren. Der Päpstliche Laienrat besitzt die Kompetenz, internationale Vereine von Laien zu gründen, zu approbieren und deren Statuten anzuerkennen; er gibt eine Zeitschrift sowie einen Informations- und einen Dokumentationsdienst „Laien heute" (29 [Rom 1983] ff.) heraus.
Ludwig Schick

2. *Päpstlicher Rat zur Förderung der Einheit der Christen* (Pontificium Consilium ad Unitatem Christianorum fovendam). 1960 als „Sekretariat für die Einheit der Christen" er-

richtet, 1988 als eigenes Dikasterium der römischen Kurie angegliedert. Der Rat soll u. a. geeignete Initiativen auf dem ökumenischen Sektor ergreifen sowie die den Ökumenismus betreffenden Dekrete des Zweiten Vatikanischen Konzils in die Praxis umsetzen; er gibt die Zeitschriften „Dokumentationsdienst", „Service d'information" und „Information Service" heraus.
3. *Päpstlicher Rat für die Familie* (Pontificium Consilium pro Familia). 1973 als Komitee gleichen Namens gegründet, seit 1988 als eigenes Dikasterium der römischen Kurie angegliedert. Zum umfangreichen Aufgabenfeld des Rates gehören Familienpastoral, Familientheologie und -katechese, Familien- und Ehespiritualität sowie Förderung und Wahrung von Familien- und Kinderrechten.
4. *Päpstlicher Rat „Iustitia et Pax"* (Pontificium Consilium de Iustitia et Pace). 1967 gemeinsam mit dem Laienrat (s. o. 1.) als Studienkommission „Gerechtigkeit und Frieden" errichtet, seit 1988 jetzige Rechtsform. Hauptziel des Rates ist die Förderung von Gerechtigkeit und Frieden gemäß dem Evangelium und der Soziallehre der Kirche.
5. *Päpstlicher Rat „Cor Unum"* (Pontificium Consilium „Cor Unum"). 1971 in der jetzigen Form gegründet, 1988 als eigenes Dikasterium der römischen Kurie angegliedert. Wichtige Aufgaben des Rates: Förderung christlicher Nächstenliebe und evangelischen Zeugnisgebens, insbesondere für Völker in Not, bei Katastrophen- und Unglücksfällen. Dem Rat sind die Stiftungen „Johannes Paul II. für die Sahelzone" und „Populorum Progressio" zugeordnet.
6. *Päpstlicher Rat für die Seelsorge an Menschen unterwegs* (Pontifi-

cium Consilium de Spirituali Migrantium atque Itinerantium Cura). 1970 als Kommission gegründet, seit 1988 als eigenes Dikasterium der römischen Kurie angegliedert. Aufgaben: Seelsorge für Emigranten, Asylsuchende, Flüchtlinge, in einem weiteren Sinn für alle Menschen, die mobil sein müssen, aber auch für Pilger und Touristen.
7. *Päpstlicher Rat für die Seelsorge im Gesundheitsdienst* (Pontificium Consilium pro Valetudinis Administris). 1985 als Kommission im Päpstlichen Rat für die Laien (s. o. 1.) eingerichtet, 1988 in ein eigenständiges Consilium überführt. Aufgaben des Rates sind u. a. Stellungnahmen zu Fragen des Gesundheitswesens und der Gesundheitspolitik sowie der Kontakt zu den verschiedenen, im Gesundheitswesen tätigen katholischen Gruppen und Organisationen.
8. *Päpstlicher Rat für die Gesetzestexte* (Pontificium Consilium de Legum Textibus). 1917 als „Kommission für die authentische Interpretation des CIC" gegründet, 1963 in eine neue „Päpstliche Kommission für die Revision des Kirchenrechts" überführt, die wiederum nach der Promulgierung des CIC/1983 in die „Päpstliche Kommission für die authentische Interpretation des Codex" umgewandelt wurde. Diese Kommission wurde 1988 in den bezeichneten Rat überführt. Er hat neben der Interpretation des CIC und (seit 1990) des CCEO auch Entscheidungen darüber zu fällen, ob sich von untergeordneten Organen erlassene Bestimmungen mit den Universalgesetzen der Kirche in Übereinstimmung befinden (*Pastor Bonus* n. 158). Der Rat veröffentlicht die Zeitschrift „Communicationes", die auch Dokumente und offizielle Schriftstücke enthält.

9. *Päpstlicher Rat für den interreligiösen Dialog* (Pontificium Consilium pro Dialogo inter Religiones). 1964 als „Sekretariat für die Nichtchristen" gegründet, 1988 in die bestehende Rechtsform überführt. Aufgaben: Förderung und Regelung der Kontakte zu nichtchristlichen Religionen. Dem Rat ist die 1974 errichtete „Kommission für die religiösen Beziehungen zu den Muslimen" angegliedert.

10. *Päpstlicher Rat für die Kultur* (Pontificium Consilium de Cultura). 1993 durch Vereinigung des 1982 entstandenen gleichnamigen Dikasteriums mit dem 1965 entstandenen (und 1988 dem Rat unterstellten) „Sekretariat für die Nichtglaubenden" errichtet, dabei in zwei Sektionen aufgeteilt: „Glaube und Kultur" (Aufgabe: Koordinierung von kulturellen Aktivitäten und Initiativen des Heiligen Stuhls, Ortskirchen und katholischen Organisationen) und „Dialog mit den Kulturen" (Aufgabe: Studium des Atheismus, Dialog mit Nichtglaubenden). Dem Rat ist seit 1995 der „Koordinierungsrat der Päpstlichen Akademien" angegliedert.

11. *Päpstlicher Rat für die sozialen Kommunikationsmittel* (Medienrat; Pontificium Consilium de Communicationibus Socialibus). Die Ursprünge des Medienrates gehen auf Gründungen 1948 und 1952 zurück sowie auf die 1964 errichtete „Päpstliche Kommission für die soziale Kommunikation", die 1988 in die jetzige Rechtsform überführt wurde. Zu den Aufgaben des Rates gehören u. a.: Einflussnahme auf die Kommunikationsmedien (Printmedien, Film, Hörfunk, Fernsehen), auch die katholischen.

▓ Quellen: Apostolische Konstitution ‚Pastor Bonus' AAS 80 (1988) 841–912.
▓ Literatur: VATL 642–650. – L.A. DORN: Der

Papst und die Kurie. Freiburg 1989; A. BONNET–C. GULLO (Hg.): La Curia Romana nella Cost. Ap. ‚Pastor Bonus'. Vatikanstadt 1990; Interreligious dialogue. The official teaching of the Catholic Church (1963–95). Pontifical Council for Interreligious Dialogue, hg. v. F. GIOIA. Boston 1997; ANPONT 2000, 1302–36 1951–59. *Bruno Steimer*

Päpstliche Titulaturen. Im Päpstlichen Jahrbuch (AnPont 2000, 27*) werden für den Papst nacheinander folgende Titel aufgezählt, die z. T. auch in den kirchlichen Gesetzbüchern Verwendung finden.

1. *Bischof von Rom.* Der Papst ist zuallererst Bischof einer Ortskirche, der „Bischof der Kirche von Rom" (c. 331 CIC; c. 43 CCEO). Als Bischof gehört der Papst zum Bischofskollegium, als Bischof von Rom ist er „Haupt des Bischofskollegiums", eine Bezeichnung, die auf das Zweite Vatikanische Konzil zurückgeht (vgl. *Lumen Gentium* 22; 25, 2).

2. *Stellvertreter Jesu Christi,* ein Titel, der ins 5. Jh. zurückreicht und ursprünglich auch auf Bischöfe und Priester bezogen wurde. Der Papst ist „Vicarius Jesu Christi" für die Gesamtkirche (vgl. *Lumen Gentium* 18, 2), der einzelne Bischof hingegen in der ihm anvertrauten Teilkirche (27, 1). Mit der ausschließlichen Verwendung des Titels für den Papst ist demgegenüber im CIC eine Verengung erfolgt (anders jedoch nach c. 178 CCEO).

3. *Nachfolger des Fürsten der Apostel.* Der Papst ist, schlichter ausgedrückt, „Nachfolger des Petrus" (c. 330 CIC; c. 42 CCEO). Der Titel „successor Petri" ist eng mit dem Bischofstitel verbunden, insofern er auf die doppelte Funktion des Petrus (Erster des Apostelkollegiums, Bischof von Rom) zu beziehen ist.

4. *Höchster Pontifex der Gesamtkirche.* Der Begriff „Pontifex", der

römisch-vorchristlicher Zeit entstammt, wurde gegen Ende des 4. Jh. als Synonym für Bischof gebraucht und in der Wendung „Summus Pontifex" insbesondere den Metropoliten, später ausschließlich dem Papst zugesprochen. Der Titel bringt die höchste Autorität zum Ausdruck, die der Papst in der Kirche innehat (vgl. z. B. c. 336 CIC), wenngleich er nach *Lumen Gentium* 21, 1 allein Christus vorbehalten ist; häufiger wird deshalb vom „Romanus Pontifex" (vgl. cc. 332–334 CIC; cc. 44–46 CCEO) gesprochen, ein Titel, der zugleich die Bindung des Papstamtes an eine konkrete Ortskirche anzeigt. Stärker den seelsorglichen Dienst unterstreichend wird die universalkirchliche Stellung des Papstes auch mit „Hirt der ganzen Kirche" („universae Ecclesiae his in sacris Pastor") (c. 331 CIC; c. 43 CCEO; *Lumen Gentium* 22, 2) wiedergegeben.

5. *Patriarch des Abendlandes,* ein reiner Ehrentitel, der in der lateinischen Kirche keinerlei Leitungsvollmacht mit sich bringt (c. 438 CIC); in den unierten Ostkirchen ist hingegen die Würde eines Patriarchen mit Leitungsvollmacht verbunden (vgl. c. 78 CCEO).

6. *Primas von Italien,* ein reiner Ehrentitel wie der zuvor genannte (vgl. c. 438 CIC).

7. *Erzbischof und Metropolit der römischen Provinz.* Der Papst steht der römischen Kirchenprovinz vor, womit gemäß cc. 435–437 CIC besondere Rechte und Pflichten gegeben sind.

8. *Souverän des Staates der Vatikanstadt.* In diesem Titel kommt die Unabhängigkeit des Papstes gegenüber weltlichen Mächten zum Ausdruck, die durch ein eigenes Staatsgebiet gewährleistet wird.

9. *Diener der Diener Gottes.* Die Formel „Servus servorum Dei", als Papsttitel erstmals von Gregor I. (590–604) verwendet, weist das Papstamt als Dienst aus und steht noch heute zu Beginn wichtiger päpstlicher Dokumente.

Der Titel / „Papst", von griechisch πάππα(ς) und lateinisch „papa", Vater, abgeleitet und ursprünglich für Äbte, Bischöfe und Patriarchen verwendet, wurde in der westlichen Kirche seit dem ausgehenden christlichen Altertum immer stärker dem Bischof von Rom vorbehalten und ist der heute geläufige Titel, mit dem der Bischof von Rom bezeichnet wird und sich selbst bezeichnet. Nicht selten werden (auch in Anreden) Titel gebraucht, die bedenklichen Übertreibungen unterliegen. Nach einem Vorschlag der /internationalen Theologenkommission verdienen folgende Titel einen Vorzug: Papa, Sanctus Pater, Episcopus Romanus, Successor Petri, Supremus Ecclesiae Pastor (vgl. Congar 543).

Literatur: HKKR 254–257; MKCIC c. 331; Y. CONGAR: Titel, welche für den Papst verwendet werden: Concilium. Internationale Zeitschrift für Theologie 11 (1975) 538–544. *Peter Krämer*

Päpstliche Universitäten, Hochschulen und Fakultäten. Das Recht einer kirchlichen Hochschule (Universität, Fakultät, Institut), sich „päpstlich" („pontificius") zu nennen, gründet, abgesehen von einer im Gewohnheitsrecht beruhenden Befugnis, in besonderer Verleihung durch den Apostolischen Stuhl. Dieses Recht wird entweder zugleich mit der Errichtung der Hochschule oder erst nachträglich verliehen, weil die Hochschule vom Papst gegründet und getragen wird. Als Ehrentitel wird die Bezeichnung „päpstlich" verliehen, weil aus gegebenem Anlass die Bedeutung der

Hochschule hervorgehoben oder ihre Verdienste anerkannt werden sollen oder der Titel für erstrebenswert gehalten und deshalb beantragt wird. Gleichwohl werden kirchliche Hochschulen öfters unreflektiert als „päpstlich" bezeichnet. Kanonische Errichtung oder Approbation durch den Apostolischen Stuhl, Verleihung des Promotionsrechts, Bindung an das allgemeinkirchliche (päpstliche) Recht oder an die Aufsicht des Apostolischen Stuhls berechtigen, die Hochschule als päpstlichen Rechts zu bezeichnen, jedoch noch nicht zur Führung der Bezeichnung „päpstlich". Die Bezeichnung „katholisch" darf nur mit Zustimmung der zuständigen kirchlichen Autorität geführt werden (c. 808 CIC; vgl. c. 216 CIC; c. 19 CCEO).

Eine in den Entwürfen für die Apostolische Konstitution *Ex corde Ecclesiae* über die katholische Universität vom 15.8.1990 vorgesehene Aussage über den Titel „päpstlich" wurde in die Endfassung nicht aufgenommen.

Nach dem AnPont 2000 gibt es in Rom sechs Universitäten (Gregoriana [Jesuiten], Lateranense, Urbaniana, Angelicum [Dominikaner], Salesiana [Salesianer], Santa Croce [Opus Dei]) und elf weitere Hochschulen (unter anderem Anselmianum [Benediktiner], Antonianum [Franziskaner]) mit dem Titel „päpstlich"; von 51 katholischen Universitäten führen 18 diesen Titel; von 68 kirchlichen Fakultäten zehn.

Der Namenszusatz „päpstlich" bei den Päpstlichen Akademien und anderen Institutionen des kirchlichen Bildungswesens ist in gleicher Weise zu werten.

▓ Literatur: H. Schmitz: Kirchliche Hochschulen – Päpstliche Hochschulen?: Trierer Theologische Zeitschrift 81 (1972) 310–315, abgedruckt in DERSELBE: Studien zum kirchlichen Hochschulrecht (Forschungen zur Kirchenrechtswissenschaft 8). Würzburg 1990, 201–206; J. AMMER: Zum Recht der ‚Katholischen Universität' (ebd. 17). ebd. 1994, 81 170 182 251 273 297; AN-PONT 2000, 1833–93 1904–20.

Heribert Schmitz

Päpstliche Werke, Hilfswerke des Heiligen Stuhls.

1. *Päpstliches Werk für geistliche Berufe* (PWB; Pontificia Opera delle Vocazioni Sacerdotali). Neben bereits bestehenden diözesanen Priesterhilfswerken gründete Maria Immaculata, Herzogin von Sachsen, 1926 in Freiburg das „Frauenhilfswerk für Priesterberufe" als Laienorganisation zur Förderung und Unterstützung von Priesterkandidaten; 1939 verboten. Diese Initiative aufgreifend, errichtete Pius XII. 1941 für die Weltkirche das „Päpstliche Werk für Priesterberufe" (PWP). Nach 1945 Aggregation des Frauenhilfswerks und anderer Priesterhilfswerke; 1955 Errichtung des „Päpstlichen Werks für Ordensberufe" (PWO). Die Deutsche Bischofskonferenz beschloss 1965 die Zusammenlegung von PWP und PWO und die Umbenennung in PWB; Errichtung von „Diözesanstellen Berufe der Kirche" und des „Informationszentrums Berufe der Kirche" (IBK) in Freiburg (1967). Analoge Zentren in Österreich: „Canisiuswerk – Zentrum für geistliche Berufe" in Wien (1970); in der Schweiz: Arbeitsstelle „Information Kirchliche Berufe" (IKB, 1971) in Zürich mit „Gebetsgemeinschaft geistliche Berufe".

Basis des PWB, das der Kongregation für das Katholische Bildungswesen eingegliedert ist, sind diözesane Mitgliederwerke, die in Gebetsgruppen das Anliegen um Berufungen lebendig halten. Das PWB will heute die Berufungspastoral in die Gesamtseelsorge verstärkt einbinden, geistliche Berufungen fördern und das Gebetsapostolat in den Gemeinden stärken (monatlicher Gebetstag und Weltgebetstag für geistliche Berufe).

Quellen: AAS 33 (1941) 479; 47 (1955) 266.

Literatur: VATL 840f. – E. VON SCHÖNAU: Eine königliche Frau und ihr Werk. Freiburg 1951; A. SCHULDIS: Werk aller Werke. ebd. ²1955; R. SCHMUCKER: Das Gebet hat große Kraft. Zur Gründungsgeschichte des Frauenhilfswerkes. ebd. 1996; ANPONT 2000, 1291. *Robert Schmucker*

2. Päpstliche Missionswerke.
a) Vier ursprünglich private kirchliche Vereinigungen zur Förderung der katholischen Weltmission erhielten 1922 [1), 2), 3)] bzw. 1956 [4)] den Status von offiziellen „päpstlichen" Missionswerken, deren Gestalt zuletzt durch die Statuten vom 26.6.1980 festgelegt wurde.

1) Das *Päpstliche Werk der Glaubensverbreitung* (PWG; Pontificium Opus Missionale a Propagatione Fidei), gegründet 1822 in Lyon von einer Gruppe von Laien um Marie-Pauline Jaricot, in Deutschland eingeführt als „Franziskus-Xaverius-Missionsverein" (Aachen) bzw. „Ludwig-Missionsverein" (München), hat als Zielsetzung die allgemeine missionarische Bewusstseinsbildung, die spirituelle und materielle Missionshilfe sowie die Förderung des Austauschs zwischen den Ortskirchen. In Deutschland, Österreich und der Schweiz hat das Werk den Namen „Missio" angenommen. Als besondere Aktionszeit ist nach den Statuten der Monat Oktober mit dem Weltmissionssonntag vorgesehen.

2) Das *Päpstliche Werk vom Heiligen Apostel Petrus* (PWP; Pontificium Opus Missionale a Sancto Petro Apostolo), gegründet 1889 von Stephanie und Jeanne Bigard in Caen, dient der Förderung einheimischer Priester- und Ordensberufe durch Information, Gebet und finanzielle Hilfe für Priesterseminare und Ordensnoviziate.

3) Das *Päpstliche Werk der Heiligen Kindheit oder Missionarischen Kindheit* (PMK; Pontificium Opus Missionale a Sancta Infantia), gegründet 1843 von Mgr. Charles de Forbin-Janson, Bischof von Nancy, in Deutschland seit 1846 in Aachen („Kindheit-Jesu-Verein"), hat die Aufgabe, „bei den Kindern ein universales Missionsbewußtsein zu wecken und sie anzuleiten, dass sie ihren Glauben mitteilen und mit den Kindern der Regionen und Kirchen, die in dieser Hinsicht schlechter gestellt sind, auch ihre materiellen Mittel teilen" (Statuten n. 17). In Deutschland führt das Kindermissionswerk zusammen mit dem Bund Deutscher Katholischer Jugend die jährliche Sternsingeraktion durch.

4) Die *Päpstliche Missionsvereinigung der Priester und Ordensleute* (Unio; Pontificia Unio Missionalis), früher „Priestermissionsbund", gegründet 1916 durch Paolo Manna (Päpstliches Institut für auswärtige Missionen) in Mailand, hat als Ziel, „die missionarische Bildung und Information der Priester, Ordensleute, Mitglieder von Säkularinstituten, Priesteramtskandidaten und Novizen sowie anderer Personen im pastoralen Dienst der Kirche" zu fördern (Statuten n. 23).

Nach den Statuten von 1980 bilden die vier Werke *„eine Institution ...,* die der Kongregation für die Evangelisierung der Völker untersteht" (n. 31). In den einzelnen Ländern werden sie geleitet von einem Nationaldirektor (in Deutschland zwei: Aachen und München) zusammen mit dem Gremium der Diözesandirektoren (Nationalrat). Die zentrale Leitung wird von einem obersten Leitungskomitee und einem höheren Rat aller vier Werke wahrgenommen. Die durch Spenden, Mitgliedsbeiträge und Kollekten gesammelten Gelder – ausgenommen die streng zweckgebundenen Spenden – fließen in einen zentralen Solidaritätsfonds in Rom und werden dort unter Mitwirkung auch der Nationaldirektoren aus der „Dritten Welt" an die ärmeren Kirchen verteilt. In Deutschland sind das PWP und die Unio in die Missionszentralen Aachen und München integriert. Das PMK hat für ganz Deutschland eine eigene Zentrale in Aachen. Die Statuten von 1980 betonen neben dem päpstlichen auch den bischöflichen Charakter dieser Werke: „Sie sind eine Institution sowohl der Weltkirche als auch jeder Teilkirche" und somit „die offizielle Organisation einer weltweiten missionarischen Zusammenarbeit", die „unter allen innerkirchlichen Hilfswerken stets den ersten Rang einnehmen" müssen (vgl. auch c. 791, 2° CIC).

b) Der in Deutschland 1893 von Katharina Schynse gegründeten „Missionsvereinigung katholischer Frauen und Jungfrauen" (Name von 1902) wurde 1942 von Pius XII. der Ehrentitel „päpstlich" zuerkannt, und ihre Statuten wurden mit der Bezeichnung des Vereins als *Päpstliches Missionswerk der Frauen in Deutschland* 1970 von der Kongregation für die Evangelisierung der Völker approbiert. Das Werk unterstützt die Feier der Liturgie in Afrika, Asien, Lateinamerika und Osteuropa, insbesondere durch die Bereitstellung inkulturierter liturgischer Geräte und Gewänder, und hilft dort Frauen, die unter besonderen Menschenrechtsverletzungen leiden. Es hat eine diözesane Struktur mit Sitz der Leitung in Koblenz-Pfaffenhofen.

▪ Literatur: *Zu a):* VATL 489f. – A. OLICHON: Les origines françaises de l'œuvre Pontificale de Saint Pierre Apôtre. Paris 1929; F. BAEUMKER: Dr. Heinrich Hahn. Aachen 1930; W. MATHÄSER: Der Ludwig-Missionsverein. München 1939; La Pontificia Unione Missionaria del Clero, Vade-Mecum. Rom 1963; Œuvres Pontificales Missionnaires de la Propagation de la Foi et de Saint Pierre Apôtre, Vademecum. ebd. 1964; W. JANSEN: Das Päpstliche Missionswerk der Kinder in Deutschland. Mönchengladbach 1970; Statuten der Päpstlichen Missionswerke 26.6.1980 (Verlautbarungen des Apostolischen Stuhls 26). Bonn 1980; J. LÓPEZ GAY: The New Statutes of the Pontifical Mission-Aid Societies: Bibliographia Missionaria 1980. Vatikanstadt 1981; ANPONT 2000, 1277ff. – *Zu b):* B. ARENS: Die katholischen Missionsvereine. Freiburg 1922; G. KUMMER: Die Leopoldinenstiftung (1829–1914). Wien 1966; Geschichte des kirchlichen Lebens in den deutschsprachigen Ländern seit dem Ende des 18.Jh., Bd. 3: Katholiken in der Minderheit, hg. v. E. GATZ. Freiburg 1993, 215–313.

Ludwig Wiedenmann

Päpstlicher Segen. 1. *Historisch.* Ein päpstlicher Segen wurde zum ersten Mal 1300 (erstes ∕Heiliges Jahr) von Bonifatius VIII. dem Volk gespendet, 1525 von Clemens VII. mit vollkommenem Jubiläumsablass verbunden, wird seither als Segen ∕ „urbi et orbi" (für die Stadt [Rom] und den Erdkreis) in feierlicher Form an Weihnachten und Ostern (vom Balkon der Peterskirche aus) erteilt, sonst in einfacher Form seit Clemens XIII. (1761) zweimal, seit Pius XII. (1943) dreimal im Jahr von den Erzbischöfen und Bischöfen. Priestern wird die Vollmacht für bestimmte Anlässe gegeben (z. B. Abschluss von Exerzitien und Volksmissionen) und seit Benedikt XIV. bei der Spendung der Wegzehrung.

Literatur: G. MORONI: Dizionario di erudizione storico-ecclesiastica, Bd. 5. Venedig 1840, 74–77; A. ADAM–R. BERGER: Pastoralliturgisches Handlexikon. Freiburg ⁵1990, 399f.; VATL 719f. – Die Feier der Krankensakramente. Solothurn u.a. ²1994, III, n. 32; IV, n. 12. *Anton Thaler*

2. Kirchenrechtlich. Den päpstlichen Segen (Benedictio Apostolica seu Papalis), verbunden mit einem vollkommenen Ablass, erteilt der Papst feierlich „urbi et orbi" oder (z. B. bei Audienzen) in einfacher Form. Ihn können Diözesanbischöfe und andere Vorsteher von Teilkirchen dreimal im Jahr erteilen (Enchiridion indulgentiarum, Norm 10, § 2). Der Empfang von päpstlichem Segen und Ablass ist seit 1967 über das Radio, seit 1985 auch über das Fernsehen möglich. Priester können nur noch den päpstlichen Segen mit Ablass in der Sterbestunde erteilen (c. 530 n. 3 CIC); weitergehende Vollmachten für Priester (päpstlicher Segen bei Volksmissionen, Exerzitien) und Privilegien für Ordenspriester (c. 915 CIC/1917) wurden 1967 (Ablassreform) aufgehoben. (Formel: Caeremoniale Episcoporum Clementis VIII Pontificis Maximi iussu editum; Die Feier der Krankensakramente.)

Literatur: VATL 719f.; MKCIC.

Heinrich J.F. Reinhardt

Päpstliches Geheimnis (Secretum pontificium). Durch die mit päpstlicher Approbation (4.2.1974) ergangene Instruktion des /Staatssekretariates über das Secretum pontificium wurden die bis dahin für das Secretum Sancti Officii geltenden Vorschriften abgelöst. Der besonders strengen Geheimhaltungspflicht des päpstlichen Geheimnisses unterliegen verschiedene Agenden der /römischen Kurie, so beispielsweise die Vorbereitung von Kardinalskreierungen und Bischofsernennungen sowie die Verfahren der Glaubenskongregation zum Schutz des Glaubens und des Bußsakramentes. Nicht nur der Papst, sondern auch Kurialdikasterien vorstehende Kardinäle und päpstliche Gesandte können Angelegenheiten (z. B. wichtige Dokumente oder die Vorbereitung solcher) unter den Schutz des Secretum pontificium stellen. Im Fall seiner Verletzung wird die Bestrafung durch eine eigens zu bildende Kommission festgelegt. Auch das Disziplinarrecht der römischen Kurie enthält eine einschlägige Strafnorm.

Literatur: H. SCHWENDENWEIN: Secretum Pontificium: Ex aequo et bono. FS W.M. Plöchl. Innsbruck 1977, 295–306.

Hugo Schwendenwein

Päpstliches Gesandtschaftswesen.
1. Historisch. Innerhalb von Religionsgemeinschaften hat sich lediglich in der christlichen bzw. römisch-katholischen Kirche ein Gesandtschaftswesen herausgebildet, und zwar bevor sich ein solches im zwischenstaatlichen Verkehr entwickelte. Es entstand im Zuge der Ausbildung des Jurisdiktionsvorranges des Bischofs von Rom und hatte zunächst eher innerkirchliche Bedeutung. Allerdings unterhielten die Bischöfe von Rom bereits vom 5.– 7. Jh. Gesandte, die so genannten „apocrisiarii" (lateinisch; die eine Antwort überbringen [auch „responsales" oder „responsores"]), beim kaiserlichen Hof in Konstantinopel bzw. beim Exarchen in Ravenna. Seit dem 4. Jh. vertraten Gesandte (lateinisch „legati a latere", Legaten von der Seite [des Bischofs von Rom]) mit zeitlich begrenztem Auftrag die Interessen des römischen Bischofs auf teilkirchlichen Synoden und Konzilien. Eine dritte Form des kirchlichen Gesandten stellte im Al-

tertum der Apostolische Vikar dar, der mit Vollmacht des römischen Bischofs als Obermetropolit ein größeres Kirchengebiet leitete. Aus dieser Figur entwickelte sich im frühen Mittelalter der Missionslegat (z. B. Augustinus [Apostel Englands], Bonifatius, Willibrord, Ansgar), der in der Regel von einem festen Amtssitz aus nichtchristliche Gebiete selbst sowie mit Hilfe von ihm Beauftragter missionierte. Gelegentlich wurde dieser Gesandtentyp in der Figur des geborenen Gesandten („legatus natus") kontinuiert. Legati nati waren zumeist die Primasse oder die Bischöfe herausragender Bistümer (Canterbury, Gnesen, Köln, Lund, Reims, Salzburg, York, zeitweise Mainz, Trier, alternierend Toledo und Tarragona, Pisa [für Korsika], Torres [für Sardinien und Korsika], zudem die lateinischen Patriarchen von Konstantinopel, Antiochien und Jerusalem). Der Titel eines Legatus natus, der dem Träger der Krone Ungarns zustand, war immer reiner Ehrentitel. Die Normannenfürsten in Unteritalien und später die spanischen Könige beanspruchten diesen Titel. Das Dekretalenrecht unterschied zwischen Legati a latere und Legati nati, die stets Bischöfe waren. Hinzu tritt die Figur des Legatus missus. Dieser ist ein einfacher Gesandter des Apostolischen Stuhls zur Erfüllung einzelner Aufgaben, oft nur ein Kleriker unteren Ranges. Da den Legaten aufgrund des Dekretalenrechts („titulus de officio legati": X 1.30 und VI° 1.15) ordentliche stellvertretende Gewalt zukam, griffen sie in alle Bereiche der bischöflichen Hoheitsgewalt ein (so genannte „konkurrierende Jurisdiktion"). Während des Abendländischen Schismas erfüllten Legaten auch wieder gemischte Funktionen, da sie von den Päpsten

und Gegenpäpsten zu weltlichen Herrschern entsandt wurden. Seit Mitte des 15. Jh. kam es aus handelspolitischen Interessen, insbesondere der Republik Venedig, zum Aufbau eines ständigen Gesandtschaftswesens zwischen den italienischen Stadt- und Kleinstaaten. Zugleich wurde in Westeuropa eine derartige Einrichtung durch das Entstehen der Nationalstaaten gefördert. Die Päpste sind nur zögernd von ihrem alten und bewährten Legatenwesen zum System ständiger Gesandtschaften übergegangen. Die ständigen päpstlichen Gesandten neuen Stils wurden ∕Nuntien („nuntii"), die Vertretung selbst Nuntiatur genannt. Welche päpstliche Vertretung als erste den Namen Nuntiatur verdient (in Spanien seit 1450 oder Venedig seit 1500) ist strittig. Kontrovers wird auch diskutiert, ob die Päpste dabei dem Beispiel der übrigen italienischen Staaten folgten oder die so genannten „Kollektoren" (seit Beginn des 13. Jh. Eintreiber von Abgaben an die Päpste) Vorstufen der Nuntien waren; fest steht, dass die Übertragung diplomatischer Aufgaben an Kollektoren selten erfolgt ist. Bereits vor dem Konzil von Trient unterhielten die Päpste in zahlreichen Ländern ständige Nuntiaturen. Das Konzil brachte einige Klarstellungen im Hinblick auf die konkurrierende Jurisdiktion. Allerdings erscheinen die Maßnahmen des Konzils als im Ansatz verfehlt, da die Bischöfe zu päpstlichen Delegaten erklärt wurden. Das Konzil bestimmte weiterhin, dass die päpstlichen Gesandten nur noch in dringenden Ausnahmefällen in die Jurisdiktion des Ortsbischofs eingreifen durften. Die noch heute geltenden innerkirchlichen Aufgaben der Nuntien wurden in Trient festgelegt (Informierung der Kurie; Mitwirkung bei der Tauglichkeitsuntersuchung von Kandidaten für das bischöfliche Amt). 1572 bestanden päpstliche Gesandtschaften in Florenz, Neapel, Turin und Venedig sowie in Frankreich, Portugal und Spanien, ferner Vertretungen beim Kaiser und in Polen. Kurz danach kamen im Zuge der Gegenreformation Nuntien im Rheinland (Köln), in den Alpenländern (Oberdeutsche Nuntiatur; Graz; Luzern) sowie in Brüssel hinzu. Die genannten innerkirchlichen Kompetenzen der Nuntien führten in verschiedenen Ländern insbesondere im 17. Jh. zu wiederholten Auseinandersetzungen um die Nuntiaturgerichtsbarkeit und im 18. Jh. um die päpstlichen Gesandten überhaupt (Münchner Nuntiaturstreit 1784/85; Emser Punktation 1786). Die drei Legateninstitute blieben nach der Einführung der Nuntien erhalten. Da nur sie im damaligen geschriebenen kirchlichen Recht (CIC) enthalten waren, wurden sie auch weiterhin von den Autoren ausführlich kommentiert. Wohl aus den Legati missi entwickelten sich nach dem Tridentinum die Legati ordinarii, die als Statthalter der Päpste die Regionen des Kirchenstaates verwalteten. Nach 1560 bildete sich eine Rangordnung unter den Nuntiaturen aus: „Große" Nuntiaturen waren die in Madrid, Paris und beim Kaiser, die übrigen galten als „kleine" Nuntiaturen. Auf die Rechte der Nuntien hatte dies keinen Einfluss, doch wurden die Nuntien der „großen" Nuntiaturen nach Ablauf ihrer Dienstzeit in der Regel zu Kardinälen ernannt. Sie hießen dann Pronuntien (seit 1965 heißen Pronuntien päpstliche Gesandte bei Staaten, in denen dieser nicht automatisch Doyen des diplomatischen Corps ist). Internuntius war im 16. Jh. der kommissarische Leiter

einer Nuntiatur, später ein Gesandter in autonomen Teilgebieten, seit dem 19. Jh. sind es Gesandte im engeren Sinn. Im Rangreglement des Wiener Kongresses (1815) wurden die Legaten und Nuntien den Botschaftern weltlicher Mächte gleichgestellt. Ferner hat es das so genannte ständige Doyenat der Nuntien in den katholischen Ländern anerkannt (beides befestigt durch die Wiener Konvention von 1961). Der CIC/1917 nennt den Legatus a latere (c. 266) sowie Legaten mit dem Titel von Nuntien und Internuntien (c. 267 § 1) (ferner unzutreffend den Apostolischen Delegaten [c. 267 § 2]). Die Legati nati werden indirekt in c. 270 erwähnt.

▨ Literatur: Lexikon für Theologie und Kirche, 2. Auflage, hg. v. J. Höfer – K. Rahner, Bd. 4. Freiburg 1960, 766–773; C. Andresen – G. Denzler: Wörterbuch der Kirchengeschichte. München 1982, 238ff.; LMA 4, 1370ff.; VatL 178–181. – W. Plöchl: Geschichte des Kirchenrechts, Bd. 1–3. Wien ²1960–70; P. Gerbore: Formen und Stile der Diplomatie. Reinbek 1964; K. Walf: Die Entwicklung des päpstlichen Gesandtschaftswesens in dem Zeitabschnitt zwischen Dekretalenrecht und Wiener Kongreß (1159–1815). München 1966; H.E. Feine: Kirchliche Rechtsgeschichte, Bd. 1: Die katholische Kirche. Weimar ⁵1972; P. Blet: Histoire de la Représentation diplomatique du St-Siège. Vatikanstadt 1982; P.C. Kent: Papal diplomacy in the modern age. Westport u.a. 1994; E. Lebec: Histoire secrète de la diplomatie vaticane. Paris 1997; Ma T. Salminen: In the pope's clothes. Legatine representation and apostolical insignia in high medieval Europe: Roma, magistra mundi. FS L.E. Boyle, Bd. 3. Louvain-la-Neuve 1998, 339–354; F.G. Brambilla: Il servizio diplomatico della Santa Sede: Ambrosius 76 (2000) 343–357; G.B. Re: Paolo VI e la diplomazia: ebd. 359–369.

Knut Walf

2. *Geltendes Recht.* Gemäß dem Dekret des Zweiten Vatikanischen Konzils *Christus Dominus* 9 hat

Paul VI. mit dem Motu Proprio *Sollicitudo omnium ecclesiarum* (SOE) vom 24.6.1969 (AAS 61 [1969] 473–484) das Gesandtschaftswesen neu geordnet. Die programmatische Arenga, d.h. die Sorge des Papstes um die Teilkirchen und die Verbindung zwischen Papst und Bischöfen, wird im ersten Teil SOE ausführlich begründet. Der zweite Teil SOE ist die Hauptquelle für die cc. 362–367. Gemäß c. 20 in Verbindung mit c. 6 § 1 n. 3 bleibt SOE als Sondergesetz weiter in Kraft. Primäre Aufgabe des Gesandtschaftswesens ist dessen innerkirchliche Dienstfunktion. Erst in zweiter Linie folgt es den Vorgaben des internationalen Rechts, wenn der päpstliche Gesandte diplomatischen Status genießt. Dabei erfolgt die diplomatische Anerkennung, auf die besonders junge Staaten großen Wert legen, seitens des ⁄Heiligen Stuhls durch gegenseitige Akkreditierung sowohl im Namen der Kirche (c. 362) als auch kraft der souveränen Völkerrechtssubjektivität des ⁄Vatikanstaates.

a) *Innerkirchliche Aufgaben* sind v.a.: über die Lage der Teilkirche zu berichten; die Bischöfe unter Wahrung ihrer eigenständigen Leitungsgewalt zu unterstützen; obwohl ausdrücklich nicht Mitglieder der Bischofskonferenz (c. 450 § 2), mit dieser engen Kontakt zu pflegen; bei den Bischofsernennungen gemäß c. 377 § 3 in Verbindung mit den Normen in AAS 64 (1972) 386–391 den Informativprozess über geeignete Kandidaten zu führen; die Sorge des Papstes für das betreffende Land zu bezeugen und gute Beziehungen zu den anderen kirchlichen Gemeinschaften und nichtchristlichen Religionen zu pflegen.

b) *Diplomatische Aufgaben* betreffen päpstliche Gesandte immer dann, wenn sie die völkerrechtliche Vertretung des Heiligen Stuhls ausüben. Anders als die Apostolischen Delegaten und Visitatoren, deren Legation nur für die Ortskirche erfolgt, sind ⁄Nuntius, Pronuntius, Internuntius oder gegebenenfalls Geschäftsträger beim Staat in der Regel durch Überreichung ihres Beglaubigungsschreibens an das Staatsoberhaupt akkreditiert. Ihnen kommt v.a. zu, das Verhältnis des Apostolischen Stuhls zu den staatlichen Autoritäten zu fördern sowie die Beziehungen zwischen Kirche und Staat durch den Abschluss und die Durchführung von Konkordaten und ähnlichen Verträgen zu pflegen. Hierbei sind die Ortsbischöfe gegebenenfalls um Rat zu fragen und über den Stand laufender Verhandlungen in Kenntnis zu setzen. Aufgrund Art. 3 des Staatsgrundgesetzes vom 7.6.1929 gehört zu den Aufgaben des päpstlichen Gesandten die diplomatische Vertretung des Vatikanstaates beim Empfängerstaat. Die Vertretung des Heiligen Stuhls bei internationalen Organisationen und dessen Teilnahme an internationalen Konferenzen erfolgt entweder als oberstes Leitungsorgan der Kirche oder namens des souveränen Vatikanstaates oder gegebenenfalls aufgrund doppelter Rechtspersonalität.– Im Jahr 2000 war der Heilige Stuhl bei 169 Staaten durch eine Apostolische Nuntiatur vertreten, außerdem bei der Europäischen Union sowie weiteren 15 internationalen Regierungsorganisationen und neun Nicht-Regierungs-Organisationen.

▧ Literatur: Staatslexikon. Recht – Wirtschaft – Gesellschaft, hg. v. der Görres-Gesellschaft, Bd. 4. Freiburg ⁷1988, 288ff. – K. GANZER – H. SCHMITZ: Motuproprio über die Aufgaben der Legaten des römischen Papstes (Nachkonziliare Dokumentation 21). Trier 1970; M. OLIVERI: Natura e funzioni dei Legati Pontifici nella storia e nel contesto ecclesiologico del Vaticanum II. Turin 1979; W. SCHULZ: Leggi e disposizioni usuali dello Stato della Città del Vaticano, 2 Bde. Rom 1981–82; MKCIC cc. 362–367; ANPONT 2000, 1399–1430 1995f.

Winfried Schulz

Päpstliches Haus, von Paul VI. im Motu Proprio *Pontificalis Domus* vom 28.3.1968 wieder aufgegriffene Bezeichnung für den päpstlichen Hofstaat, dessen Wurzeln bis in die konstantinische Zeit zurückgehen und über dessen Funktionsträger der /Liber Pontificalis Julius' I. Auskunft gibt: Primicerius notariorum (aus dem der heutige /Kardinalstaatssekretär hervorgegangen ist), Servantes locum Sanctae Sedis Apostolicae, Secundarius notariorum, Ararius, Sacellarius, Protoscriniarius, Vestararius, Cubicularius und Bibliothecarius. Auch über 1870 hinaus hat der im Wesentlichen unveränderte Päpstliche Hof, an dem die seit Nikolaus III. namentlich bekannten Mitglieder der /Päpstlichen Familie zunehmende Bedeutung gewannen, bestanden und für den Papst in seiner doppelten Funktion als Oberhaupt der Kirche und als Souverän im Sinn des Völkerrechts Dienst getan. Die Funktionen innerhalb des Päpstlichen Hauses, das aus Geistlichen und Laien besteht, die der /Päpstlichen Kapelle und der Päpstlichen Familie angehören, koordiniert die Präfektur des Päpstlichen Hauses, die für alle nicht im strengen Sinn liturgischen Funktionen des Papstes, wie Audienzen und Reisen, zuständig ist.

▦ Literatur: VATL 114f. *Martin Hülskamp*

Päpstliches Konsistorium /Konsistorium.

Päpstliches Urkundenwesen.

1. *Papsturkunden.* Schon die ältesten Bischöfe von Rom verfassten Briefe und stellten Urkunden aus, jedoch sind diese Urkunden nur kopial überliefert. Originale sind erst seit 788/819 erhalten. Spätestens seit der Konstantinischen Wende orientierte sich die Organisation der /römischen Kurie am Vorbild der staatlichen Behörden, so dass man auch schon sehr früh von einer Registerführung (/Papstregister) ausgehen kann; ältestes im Original erhaltenes Register ist dasjenige Gregors VII. Themen und Umfang der Urkundstätigkeit entwickelten sich gemäß der kirchengeschichtlichen Situation des Papsttums: die Kirchenreform des 11. Jh., die Entwicklung des Kirchenrechts vom 12. Jh. an und die Zentralisierungstendenzen der Avignonischen Zeit führten zu ständiger Steigerung der Aktivität, die ihren Höhepunkt im späten 15. Jh. fand, in der Neuzeit aber wieder etwas zurückging. Die ausstellenden Behörden erlebten in dieser Zeit einen starken Wandel, und der Geschäftsgang komplizierte sich ständig; die äußeren und inneren Merkmale der Urkunden blieben dagegen erstaunlich stabil.

Als Siegel diente die Bleibulle (/Bullarium); sie wurde entweder mit Büscheln aus Seidenfäden (feierliche und einfache Privilegien, Litterae cum serico, Bullen, Konsistorialbullen) oder mit Hanffäden (Litterae cum filo canapis, Litterae clausae) angehängt; die Wahl der Fäden bedingte auch Unterschiede der äußeren Merkmale und hing teilweise vom Rechtsinhalt der Urkunde ab. Goldsiegel kamen nur ganz selten in der Neuzeit vor. Das in Wachs geprägte /Fischerring-Siegel diente zur Beglaubigung der Sekretbriefe und der Breven (nachgewiesen seit 1390). Im 19. Jh. wurde daneben der Farbstempel eingeführt. Unbesiegelt blieben das Motu Proprio (seit dem späten 15. Jh.) und die Suppliken.

Der Beschreibstoff der Urkunden war zunächst der Papyrus (bis 1057), abgelöst vom Pergament (seit 1007). Für die Suppliken wurde in der Regel Papier verwendet. Die Schrift war zunächst die schwer lesbare so genannte römische Kuriale (bis 1123), seit 971 abgelöst durch die kuriale (karolingische) Minuskel; diese wandelte sich im 14. Jh. zur gotischen Schrift und entartete seit dem 17. Jh. zur Scrittura bollatica (1878 durch Leo XIII. abgeschafft). Die Breven werden seit Eugen IV. in humanistischer Schrift geschrieben. Für die Formulierungen in den Urkunden galten die Regeln des „stilus curiae", der u. a. bestimmte Anredeformen und ehrende Prädikate vorschrieb. Es sind zahlreiche Formularbehelfe überliefert.

Andere Gesichtspunkte für die Einteilung der Urkunden sind: a) die Veranlassung: Urkunden, die die Kurie aus eigenem Antrieb ausstellte (Litterae de curia), und Urkunden, die von Bittstellern beantragt wurden (Litterae communes); b) der Inhalt: Urkunden, die eine Gnade erwiesen oder eine Erlaubnis gaben (Litterae gratiae), und Urkunden, die ein Urteil fällten oder einen Befehl erteilten (Litterae iusticiae); c) im 12. und 13. Jh. die Art der Genehmigung: Urkunden, die vor dem Papst verlesen wurden (Litterae legendae), und Urkunden, bei denen dies nicht erforderlich war (Litterae dandae); d) die Gebühren: taxierte Urkunden und Urkunden, die gratis ergingen.

Eine eigentliche Kanzleiorganisation (/Päpstliche Kanzlei) ist in der ältesten Zeit noch nicht zu erkennen: verschiedene Würdenträger des päpstlichen Hofs fungierten als Datare, römische Notare als Schreiber. Im 9. und 10. Jh. erlangte der Bibliothekar, im 11. Jh. der Kanzler die

führende Rolle, den seit 1216 der Vizekanzler (seit dem 14. Jh. ein Kardinal) ablöste; den Kanzlertitel führte erst Pius X. wieder ein. Den Kanzleileiter unterstützten die Notare, die vom 13. Jh. an durch (zunächst privat beschäftigte) Hilfskräfte (Abbreviatoren und Skriptoren) unterstützt wurden; von Bedeutung waren auch die Prokuratoren der Bittsteller. Die Hilfskräfte traten allmählich in ein amtliches Verhältnis zur Kanzlei und wurden dann vom Vizekanzler bzw. vom Papst selbst angestellt. Eine Sonderrolle übernahmen seit spätavignonischer Zeit die Sekretäre, aus denen die Sekretariate (v. a. das /Staatssekretariat) hervorgingen; sie expedierten hauptsächlich die Breven. Aus den Beamten, die mit der Prüfung der Suppliken betraut waren, entstanden /Apostolische Signatur und /Apostolische Datarie. Im 14. und 15. Jh. nahm das Kanzleipersonal stark zu; gegen Ende des 15. Jh. waren etwa 500 Personen beschäftigt. Vom 15. Jh. an, v. a. seit Sixtus IV., wurden alle Stellen der Kanzlei in käufliche Ämter (Officia venalia vacabilia) umgewandelt und in Kollegien zusammengefasst. Die Bedeutung der Kanzlei im Vergleich zu den Sekretariaten und der Datarie ging vom 16. Jh. an stark zurück; 1973 löste sie Paul VI. auf.

Ein Geschäftsgang bei der Ausstellung der Urkunden bildete sich gewohnheitsmäßig heraus; Organisation und Improvisation hielten sich die Waage. Die Päpste regelten nur bei Bedarf einzelne Fragen, meist zur Abstellung von Missbräuchen; auch größere Reformkonstitutionen (z. B. Johannes' XXII.) wirkten nur begrenzt wirksam. Umfassende „regolamenti" gab es erst im 20. Jh. (Die so genannten Kanzleiregeln ordnen die Genehmigungspraxis der Kurie,

nicht den Geschäftsgang.) Wichtigste
Quellen für den Geschäftsgang sind
die Kanzleivermerke auf den Urkunden; in zweiter Linie kommen auch
die Eidesformeln der Bediensteten
und Dienstvorschriften in Frage.
Der Expeditionsweg bestand aus
zwei Schritten: der Genehmigung
der Bitte und der Ausstellung der
Urkunde. Die Bitten mussten bis
1216 persönlich und mündlich vorgetragen werden; danach war Stell-
vertretung durch einen Prokurator
erlaubt. Im 14. Jh. wurden die schriftlichen Suppliken üblich, die durch
einen schriftlichen Vermerk des
Papstes, des Vizekanzlers oder (seit
Eugen IV.) eines Referendars ge-
nehmigt („signiert") wurden. Die
genehmigten Suppliken wurden in
den Supplikenregistern (erhalten
seit 1342) registriert. Auch die
∕Apostolische Poenitentiarie genehmigte Suppliken, die in eigenen Re-
gistern verzeichnet wurden. In bestimmten Fällen konnte vom 15. Jh.
an die Supplik als Urkundenersatz
dienen (sola signatura gültige Supplik), so dass die Ausstellung einer
besiegelten Urkunde unterblieb. Bei
der Übertragung von Bistümern und
Abteien übernahm die Konsistorial-
zedel und -kontrazedel die Rolle der
Supplik.
Die Ausstellung der Urkunde erfolgte in fünf Schritten: Konzept,
Reinschrift, Kontrolle der Reinschrift, Besiegelung, Registrierung.
Je nach Expeditionsweg waren beim
ersten und dritten Schritt unterschiedliche Bedienstete beteiligt;
die Registrierung war zunächst freiwillig, wurde im 14. Jh. obligato-
risch, unterblieb aber bis ins 16. Jh.
bei den einfachen Litterae iusticiae.
Es wurden vier, in Ausnahmefällen
fünf Taxen gleicher Höhe erhoben,
die bei der Reinschrift festgesetzt
wurden und teils zur Entlohnung des

Personals dienten (Taxe für Konzept
und Reinschrift), teils der ∕Aposto-
lischen Kammer zufielen (Siegel und
Register); dazu kamen Nebengebüh-
ren und Trinkgelder. Arme Bittsteller
erhielten (teilweise) Taxbefreiung.
Es gab zahlreiche Möglichkeiten,
die Expedition zu beschleunigen
und Vorschriften zu umgehen. Einen
ähnlichen Geschäftsgang mit eigenem Personal durchliefen die Urkunden, die die Poenitentiarie im
Namen des Papstes ausstellte.
In fast allen Archiven der Welt
sind Papsturkunden überliefert. Sie
werden der Forschung zugänglich
gemacht durch offiziöse Sammlungen (Bullarien) und durch Publikationen, die nach zeitlichen, inhaltlichen oder regionalen Gesichtspunk-
ten bestimmt werden. Umfassende
Projekte gibt es für die Zeit bis 1198
(so genannte „Pius-Stiftung", auch
„Göttinger Papsturkundenwerk"
genannt) und die Zeit von 1198 bis
1417 (so genannter „Censimento").
Die Erschließung der Registerüberlieferung des ∕Vatikanischen Geheimarchivs betreiben die österreichischen (Innozenz III.), französischen (Register bis zum Ende der
avignonischen Zeit) und deutschen
Historischen Institute in Rom („Repertorium Germanicum").
2. *Konzilsurkunden.* Die Reformkonzilien des 15. Jh. (Pisa, Konstanz,
Basel, Pisa II) stellten Urkunden in
eigenem Namen aus, die den Papsturkunden nachgebildet waren, jedoch charakteristische Änderungen
im Formular aufwiesen. Vor allem
das Konzil von Basel baute eine eigene Kanzlei auf, die mehrere tausend Urkunden expedierte und eigene Register führte.
3. *Urkunden der kurialen Behörden.* Vom 15. Jh. an stellten die kurialen Behörden auch Urkunden im eigenen Namen aus, besonders die

Apostolische Kammer. Diese Urkunden folgten formal und stilistisch dem päpstlichen Vorbild. Abweichend davon waren die Siegel (des Behördenleiters oder der Behörde selbst), wächserne Spitzovalsiegel, die oft auch mit Pergamentstreifen angehängt wurden. Über den Geschäftsgang ist nichts bekannt. Die Apostolische Kammer urkundete auch in der Form des Notariatsinstruments. Die Urkunden der Inquisition sind erst unzureichend erforscht.

4. *Kardinalsurkunden.* Die Kardinäle urkundeten gelegentlich in der Sedisvakanz als Kollegium. In avignonischer Zeit sowie im 15. Jh. stellten Gruppen von Kardinälen repräsentative Ablassurkunden aus, die häufig künstlerisch verziert und für die Ablasspropaganda verwendet wurden. Diese Urkunden sind formal und stilistisch den Papsturkunden nachgebildet, tragen aber die Siegel jedes einzelnen Kardinals. Die Urkunden der Kardinalslegaten folgen ebenfalls dem Vorbild der Papsturkunden; mitunter begleitet den Legaten eine eigene Kanzlei, die der päpstliche Kanzlei organisatorisch nachgebildet ist.

■ Literatur: TH. FRENZ: Papsturkunden des Mittelalters und der Neuzeit. Stuttgart 1986, ²2000, italienisch: I documenti pontifici nel medioevo e nell'età moderna. Vatikanstadt 1989. – *Übergreifende Arbeiten:* DHP 39–46; LMA 6, 1688–91. – H. BRESSLAU: Handbuch der Urkundenlehre für Deutschland und Italien. Berlin Bd. 1 ²1911, ³1958, ⁴1969; Bd. 2 ²1915/31, ³1958, ⁴1968; Bd. 3 (Register) ³1960; L. SCHMITZ-KALLENBERG: Die Lehre von den Papsturkunden: A. MEISTER: Grundriß der Geschichtswissenschaft, Bd. 1/2. ebd. ²1913, 56–116; A. DE BOUARD: Manuel de diplomatique française et pontificale, 2 Bde. Paris 1929–48; P. HERDE: Beiträge zum päpstlichen Kanzlei- und Urkundenwesen im 13. Jh. Kallmünz ²1967; P. RABIKAUSKAS: Diplomatica Pontificia. Rom ²1968, ³1972, ⁴1980; TH. FRENZ: Die Kanzlei der Päpste

der Hochrenaissance 1471–1527 (Bibliothek des Deutschen Historischen Instituts in Rom 63). Tübingen 1986. – *Zu Einzelfragen:* Historisches Wörterbuch der Rhetorik, hg. v. G. UEDING – W. JENS, Bd. 4. Tübingen 1998, 1536–41. – H. BURGER: Beiträge zur Geschichte der äußeren Merkmale der Papsturkunden im späteren Mittelalter: Archiv für Urkundenforschung 12 (1931/32) 206–243; K.A. FINK: Untersuchung über die päpstlichen Breven des 15. Jh.: RQ 43 (1935) 55–86 und vor 179; P. RABIKAUSKAS: Die römische Kuriale in der päpstlichen Kanzlei. Rom 1958; P. HERDE: Audientia litterarum contradictarum, 2 Bde. Tübingen 1970; L. SANTIFALLER: Liber Diurnus. Stuttgart 1976; TH. FRENZ: Littera Sancti Petri. Zur Schrift der neuzeitlichen Papsturkunden 1550–1878: Archiv für Diplomatik, Schriftgeschichte, Siegel- und Wappenkunde 24 (1978) 443–515; DERSELBE: Die Urkunden des Konzils von Basel: Lectiones eruditorum extraneorum in facultate philosophica universitatis Carolinae Pragensis factae, Fasciculus 2 (1993) 7–26; S. WEISS: Die Urkunden der päpstlichen Legaten von Leo IX. bis zu Coelestin III. (1049–1198). Köln 1995; L. SCHMUGG – P. HERSPERGER – B. WIGGENHAUSER: Die Supplikenregister der päpstlichen Pönitentiarie aus der Zeit Pius' II. (1458–64). Tübingen 1996. – *Abbildungen:* A. BRACKMANN: Papsturkunden. Leipzig – Berlin 1914, aus: G. SEELIGER: Urkunden und Siegel in Nachbildungen für den akademischen Gebrauch, Bd. 2. Leipzig 1914; G. BATTELLI: Acta Pontificum. Vatikanstadt ²1965. – *Editionen:* S. TH. FRENZ: Papsturkunden (wie oben) 86ff., dazu ergänzend: ZIMMERMANN PU: Repertorium Poenitentiariae Germanicum: Verzeichnis der in den Supplikenregistern der Pönitentiarie ... vorkommenden Personen, Kirchen und Orte des Deutschen Reiches. Tübingen 1996ff. *Thomas Frenz*

Papstliste. Die älteste römische Bischofsliste, die vielleicht auf Hegesipp (um 160) zurückgeht, überliefert um 180 Irenaeus von Lyon (Adversus haereses III, 3, 1–3); sie reicht bis Eleutherus (174?–189?) und bewahrt bis zur vollen Durchsetzung des Monepiskopats in Rom (um

150) wohl die Erinnerung an die leitenden Episkopen der römischen Gemeinde. Es geht bei Hegesipp um die römischen „Gewährsmänner der apostolischen Tradition und reinen Lehre" (Eusebius von Caesara, Historia ecclesiastica IV, 22, 2f.). Die von Eusebius benützte Papstliste (bis auf Marcellinus, † 304) geht wahrscheinlich auf Sextus Julius Africanus zurück. Die Weiterbildung der Sukzessionsreihen zu Bischofslisten war das Werk der christlichen Chronographie seit dem 3. Jh., damit der Versuch, durch synchronistischen Einbau genauere römische Pontifikatszeiten zu gewinnen (Sextus Julius Africanus, Hippolyt von Rom, besonders Eusebius). Erstmals bringt der Catalogus Liberianus (im /Chronographen von 354) durch Synchronismus mit den römischen Konsularfasten eine geschlossene Chronologie der römischen Bischöfe (bis 235 künstlich geschaffen, von geringem historischen Wert). Spätere Papstlisten bringen Fortsetzungen, so Epiphanius von Salamis (Adversus haereses 27, 6), Optatus von Mileve (Contra Parmenianum Donatistam 2, 3), Hieronymus (Chronicon ad annum post natum Abraham), Augustinus (ep. 53, 2), Prosper Tiro von Aquitanien (Papstliste bis Leo I.), Theodoret von Cyrus (fast vollständige Papstliste von Marcellinus bis Coelestin I.), Sokrates (Namen und Regierungszeiten seit Damasus). Der Catalogus Liberianus bildete den ältesten Teil des /Liber Pontificalis. Noch nicht systematisch untersucht sind die Papstlisten in chronikalischen und kanonistischen Handschriften des Hoch- und Spätmittelalters. Bestimmend blieb im Allgemeinen die Papstliste des LP; den Stand ihrer Zeit spiegeln die (häufig übernommenen und fortgesetzten) Papstli-

sten des Martin von Troppau († 1278) und Bartolomeo Platina († 1481). Über manche Päpste und Gegenpäpste, auch über die zwei bzw. drei Papstreihen im Abendländischen Schisma (1378–1417) gab es seit dem Mittelalter bis zur Gegenwart unterschiedliche Beurteilungen. Größere Sicherheit brachte in vielen Fällen die historisch-kritische Forschung seit dem 16./17. Jh., doch bis heute ist sie auch begleitet von dogmatisch-apologetischer Ausdeutung. Beträchtlichen Einfluss übten auch die in der römischen Basilika San Paolo fuori le mura angebrachten (Anfänge zweite Hälfte des 5. Jh.), nach dem Brand (1823) restaurierten Medaillons der „legitimen" Päpste (wo u. a. die beiden Päpste der Pisaner Reihe des Abendländischen Schismas enthalten sind); „La Gerarchia cattolica" von 1873–1903 brachte z. B. diese Papstliste; für die Jahrgänge 1904 und 1905 fertigte Franz Ehrle eine neue Liste gemäß der Ausgabe des LP von Louis Duchesne, doch mit dogmatisch bedingten Änderungen. Das /Annuario Pontificio brachte 1913–46 wieder die Papstliste aus San Paolo. Seit 1947 steht hier die von Angelo Mercati bearbeitete Papstliste („colle correzioni opportune secondo i risultati della scienza storica fino ad oggi": AnPont 2000, 7*), die durchaus historisch-kritisch verbesserungsfähig bleibt.

Der Kirchenhistoriker muss darauf verzichten, die Zahl der zweifellos „rechtmäßigen" Päpste genau festzulegen, weshalb in der folgenden Liste auf eine fortlaufende Zählung verzichtet wird. Zuweilen muss offen bleiben, ob der einzelne Papst den Päpsten oder den /Gegenpäpsten oder keiner der beiden Kategorien zuzurechnen ist. Diese Schwierigkeit gründet v. a. darin, dass streckenweise keine völlig eindeutige, allgemeine Übereinstimmung darüber auszumachen ist, unter welchen Umständen Wahl und Weihe des Bischofs von Rom – oder auch dessen Pontifikatsende – gültig waren. Einsetzung und Entfernung zahlreicher Päpste sind unter irregulärer Einwirkung (teilweise weltlicher Kräfte) erfolgt; Quellen über den Wahlvorgang sind vielfach dürftig oder einseitig. Mindestens bis zum Papstwahldekret Nikolaus' II. (1059; /Papstwahl) ist die Bischofsweihe und die päpstliche Inthronisation das für den Amtsantritt entscheidende Datum und nicht schon die Wahl, in welcher Form sie auch immer erfolgt sein mochte.

In der Papstliste (s.o. 15*f.) sind die mit * bezeichneten Namen – mit den genannten Einschränkungen – nicht als rechtmäßig anerkannte Bischöfe von Rom zu betrachten. Für die genauen Daten und einzelne besondere Schwierigkeiten vgl. die Einzelartikel zu den in der Liste genannten Namen, die im ersten Teil dieses Lexikons bis auf einzelne Gegenpäpste vollständig enthalten sind.

■ Quellen: LP 1, 13–18; 2, IX–XXIII; 3 (Register).

■ Literatur: Vgl. die verschiedenen Gesamtdarstellungen. – EC 9, 751-768; VatL 535–540. – K.A. Fink: Zur Beurteilung des Großen Abendländischen Schismas: Zeitschrift für Kirchengeschichte 73 (1962) 335–343; Zimmermann Pt 211–219; H. Grotefend: Taschenbuch der Zeitrechnung des deutschen Mittelalters und der Neuzeit. Hannover ¹²1982, 122–129; M.E. Stoller: The Emergence of the Term Antipapa in Medieval Usage: AHP 23 (1985) 43–61; Borgolte; AnPont 2000, 7*–24*. /Papst; /Papstgeschichtsschreibung. *Georg Schwaiger*

Papstmesse, die feierliche Missa papalis, die sich von einem Pontifikalamt durch aufwendige zeremonielle Besonderheiten z.T. höfischer Provenienz (/Tiara, /Sedia gestatoria, Huldigung, Praegustatio, Kommunion mittels der Fistula) unterschied, entspricht nach dem Zweiten Vatikanischen Konzil der Gestalt der feierlichen Bischofsmesse (vgl. Caeremoniale Episcoporum 1984, pars II); beibehalten wurden gegebenenfalls die Verkündigung des Evangeliums auch in griechischer Sprache und der Brauch, Hostie und Kelch bei der Elevation in drei Richtungen zu zeigen.

■ Literatur: VatL 543f. – A. Hudal: Missa papalis. Rom 1925; J. Brinktrine: Die feierliche Papstmesse. ebd. ²1950; V. Fantuzzi: Celebrazioni liturgiche pontificie, radio e TV: La civiltà cattolica 150 (1999) 168–180; J. Castellano Cervera: Il cammino delle celebrazioni liturgiche pontificie: Rivista liturgica 87 (2000) 85–102. *Andreas Heinz*

Papstnamen. Dass ein zum Papst Erwählter einen neuen Namen annahm, geschah anfänglich v.a. in Fällen, in welchen der bisherige heidnisch (Mercurius = Johannes II.), politisch vorbelastet (Octavianus = Johannes XII.) oder vulgär (Os porci = Sergius IV.) war. Petrus war als Papstname verpönt. Seit der Mitte des 11. Jh. wurde mit steigender Betonung der weltweiten Aufgaben des Papsttums eine Namensänderung üblich, zunächst wegen der Spannung zum bisherigen außerrömischen Bischofsamt, das die Päpste seit Clemens II. zunächst beizubehalten pflegten, später um zu betonen, dass sie durch die Erhebung auf den Stuhl Petri „neue Menschen" würden. Eine Beziehung zum monastischen Namenswechsel ist unwahrscheinlich. Anfangs scheint die Verkündigung des Papstnamens ein Vorrecht des Archidiakons gewesen zu sein. In der Regel dokumentiert die Namenswahl die Berufung auf Amtsführung und -verständnis eines Vorgängers, eine individuelle Bindung an einen früheren Papst (Verwandtschaft, Förderung) oder die Anrufung eines Tagesheiligen der Wahl. Nach 1046 führten nur drei Päpste ihren Taufnamen weiter (Julius II., Hadrian VI., Marcellus II.).

Literatur: LMA 6, 1686f.; VATL 544. – R.L. POOLE: The Names and Numbers of Medieval Popes: Studies in Chronology and History. Oxford 1934, 156–171; F. KRÄMER: Über die Anfänge und die Beweggründe der Papstnamensänderung im Mittelalter: RQ 51 (1956) 148–188; W. GOEZ: Zur Erhebung und ersten Absetzung Papst Gregors VII.: RQ 63 (1968) 134–139 (keine Selbstwahl des Namens); DERSELBE: Papa qui et episcopus: AHP 8 (1970) 27–59; B.-U. HERGEMÖLLER: Die Geschichte der Papstnamen. Münster 1980; M. GUERRA GOMEZ: Los nombres del Papa. Estudio filológico-teológico de varios nombres del Papa en los primeros siglos del cristianismo. Burgos 1982; M. MOLARONI: Pio I e Pio II: Fortuita coincidenza di un nome?: Studi e materiali di storia delle religioni 65 (1999) 199–218.

Werner Goez

Papstregister. Nach dem Vorbild der römischen, besonders der kaiserlichen Behörden (Commentarii, Gesta, Regesta) behielten die Päpste sehr früh (belegt wohl bereits Mitte des 4. Jh.) Abschriften ihrer auslaufenden Schreiben (/Papstbriefe) – zunächst geordnet nach Indiktionsjahren – zurück (die Kanonisten u. a. als Quellen ihrer Sammlungen dienten); in entsprechenden Papyrusrotuli, später in Codices aus Pergament und seit dem 14. Jh. zunehmend auf Papier wurden zuweilen auch einlaufende Korrespondenzen, Aufzeichnungen und anderes aufgenommen. Fortlaufend (trotz Lücken) erhalten (heute mit wenigen Ausnahmen im /Vatikanischen Geheimarchiv) ist die Serie erst seit Innozenz III. (1198) (mehr als 20000 Bände, z. T. bis in die neueste Zeit); die früheren Originalregister sind außer der Abschrift des 11. Jh. (in

Beneventana) eines Registers Johannes' VIII. (Registra Vaticana 1; 876–882) und Gregors VII. (Registra Vaticana 2, wahrscheinlich Original) zuletzt wohl in den römischen Wirren des 13. Jh. vernichtet worden. Registriert wurde auf Wunsch und Kosten des Petenten oder aus Interesse der Kurie (Kurialbriefe). Die Einträge erfolgten zumeist von den Konzepten, daneben auch den Originalen. Im 13. Jh. ist die Reihenfolge nach Pontifikatsjahren grob chronologisch, mit Nachträgen und Zusammenfassungen bestimmter Gruppen von Briefen, als in kalligraphischen Codices Konzeptbündel oft erst nach Monaten in einem Zug abgeschrieben wurden. Damals wurden kaum mehr als zehn bis zwanzig Prozent der auslaufenden Urkunden registriert; es fehlen oft wichtige Kurialbriefe; die Praxis änderte sich von Pontifikat zu Pontifikat. Seit Innozenz IV. wurden die Litterae curiales getrennt von den gewöhnlichen (Litterae communes) in eigenen Lagen zusammengefasst. Daneben gab es Spezialregister (besonders das Innozenz' III. über den deutschen Thronstreit; Registra Vaticana 6) und einzelne „Kammerregister", die vornehmlich Angelegenheiten des Kirchenstaates und der päpstlichen Finanzen betrafen. In Avignon traten bedeutende Änderungen ein. Die Kanzleiregister wurden zunächst auf Papier geführt, sodann, chronologisch und inhaltlich geordnet, auf Pergament kopiert; seit der Mitte des Pontifikats Innozenz' VI. erfolgten solche Abschriften nur noch teilweise, später nicht mehr. Dazu kamen seit Johannes XXII. die in der „camera secreta" des Papstes auf Pergament angelegten Sekretregister, die seit Gregor XI. von den Sekretären geführt wurden. Daneben legte die /Apostolische Kammer seit der Mitte des 14. Jh. eigene Register auf Pergament an, was auch den Sekretären oblag, so dass sie sich mit den Sekretregistern überschnitten. Vorlagen waren jetzt bei den Litterae communes wohl meist die Originale, bei den Kammer- und Sekretregistern die Konzepte. Von Benedikt XII. an wurden die Bittschriften der Petenten in den Supplikenregistern auf Papier registriert. Seit Beginn des 15. Jh. sind auch solche der ∕Apostolischen Poenitentiarie erhalten (aber keine der ausgehenden Briefe). Nach Beendigung des Abendländischen Schismas wurden die Register auf Papier geschrieben.

Nach heutiger Einteilung umfassen die Registra Vaticana die Register auf Pergament seit den Anfängen, die Sekret- und Kammerregister; die Registra Avenionensia bestehen vornehmlich aus Kanzleiregistern auf Papier der avignonischen Zeit. Die Kanzleiregister seit Bonifatius IX. (1389) wurden im 19. Jh. im Lateran verwahrt und heißen daher Registra Lateranensia. Seit Paul II. (1470) sind auch Brevenregister, seit 1575 daneben Registra (audientie litterarum) contradictarum erhalten. Die verschiedenen Registerserien entsprechen besonders seit dem 15. Jh. vielfach unterschiedlichen Geschäftsgängen bei der Ausstellung der Urkunden.

▨ Ausgabe: L. SANTIFALLER: Neueditionen mittelalterlicher Königs- und Papsturkunden. Wien 1958, 37–43.

▨ Literatur: LMA 6, 1687f.; VATL 652f. – H. BRESSLAU: Handbuch der Urkundenlehre für Deutschland und Italien, Bd. 1. Leipzig ²1912, 104–124; F. BOCK: Einführung in das Registerwesen des avignonischen Papsttums (QFIAB 31). Rom 1941 (Tafeln); K.A. FINK: Das Vatikanische Archiv. ebd. ²1951, 34–45 80; M. GIUSTI: Studi sui registri di bolle papali. Vatikanstadt 1968; E. PÁSZTOR: Per la storia dei registri pontifici nel Duecento: AHP 6 (1968) 71–112; H. DIENER: Die großen Registerserien im Vatikanischen Archiv (1378–1523): QFIAB 51 (1971) 305–308, separat Tübingen 1972; L.E. BOYLE: A Survey of the Vatican Archives and of its Medieval Holdings. Toronto 1972, 50f. 63f. 103–156; O. HAGENEDER: Die päpstlichen Register des 13. und 14.Jh.: Annali della scuola speciale per archivisti e bibliotecari dell'Università di Roma 12 (1972) 45–76; E. PÁSZTOR: I registri camerali di lettere pontificie del secolo XIII: AHP 11 (1973) 7–83; P. HERDE: Die ,Registra contradictarum' des Vatikanischen Archivs (1575–1799): Paläographia, Diplomatica et Archivistica. FS G. Battelli, Bd. 2. Rom 1979, 407–444; P. RABIKAUSKAS: Diplomatica pontificia. ebd. 41980, 66–75 107f. 125–136; M. GIUSTI: Inventario dei registri vaticani. Vatikanstadt 1981; H. HOBERG: Das Vatikanische Archiv seit 1950: RQ 77 (1982) 148f.; TH. FRENZ: Die Kanzlei der Päpste der Hochrenaissance 1471–1527. Tübingen 1986; L. SCHMUGGE U.A.: Die Supplikenregister der päpstlichen Pönitentiarie aus der Zeit Pius' II. (1458–64). ebd. 1996; P.N. ZUTSHI: The registers of common letters of Pope Urban V (1362–70) and Gregory IX (1370–78): Journal of ecclesiastical history 51 (2000) 497–508; TH. FRENZ: Papsturkunden des Mittelalters und der Neuzeit. Stuttgart ²2000. *Peter Herde*

Papsturkunden ∕Päpstliches Urkundenwesen.

Papstwahl. 1. *Geschichte.* Nach katholischer Auffassung hat Christus selbst den Apostel ∕Petrus als höchsten Hirten der Christenheit und ersten Bischof Roms eingesetzt. Die ältesten Quellen über die Papstwahl lassen erkennen, dass die Wahl der Nachfolger Petri, wie damals allgemein bei Bischofserhebungen üblich, durch Klerus und Volk der Reichshauptstadt geschah. Nur zeitweise gab es Ansätze zur Designation durch den Amtsinhaber (so Bonifatius II.). Der Erwählte durfte noch nicht Bischof sein; zumeist erhob man stadtrömische Diakone, deren

Konsekration durch die Nachbarbischöfe erfolgte, schon frühzeitig in erster Linie durch den Bischof von Ostia. Vom 4. bis ins frühe 8. Jh. beanspruchte der römische Kaiser ein Bestätigungsrecht, mehrfach vertreten durch den Exarchen von Ravenna. Einen Treueid des Neuerwählten vor der Weihe verlangte zuerst Kaiser Lothar I. (Constitutio Romana, 824). Faktisch entschied im Frühmittelalter und frühem Hochmittelalter indessen zumeist der stadtrömische Adel die Papstwahl, obwohl Otto I. 962 den Römern das Versprechen abnahm, keinen Papst ohne kaiserliche Zustimmung zu erheben. Wiederholt haben er, Otto III. und namentlich Heinrich III. bestimmt, wer Papst wurde. Ansätze zu einer normativen Ordnung der Papstwahl begannen, als Nikolaus II. – schon wegen der Notwendigkeit, seine auswärts erfolgte Wahl nachträglich zu legitimieren – auf der römischen Aprilsynode 1059 das vielumstrittene „Papstwahldekret" erließ, das zwar niemals in vollem Umfang praktiziert wurde, aber der Zukunft die Richtung wies: Die Papstwahl eines Nichtrömers ist rechtens, auch wenn sie außerhalb Roms erfolgt und der Erwählte bereits Bischof war; sie obliegt zunächst den Kardinalbischöfen, denen die Kardinalpriester, der Klerus und das Volk von Rom zuzustimmen haben. Obwohl sich das Dekret nicht zentral gegen die Krone wandte, marginalisierte es auf Dauer die Mitwirkung des Königs bzw. Kaisers. Seit der Verfälschung im Umkreis des Gegenpapstes Clemens III., in der die (1059 nicht eigens erwähnten) Kardinaldiakone ebenfalls zu den Papstwählern gezählt sind, wurde die Papstwahl zum Exklusivrecht des ⟋Kardinalskollegiums, das sich nicht zuletzt dadurch verfestigte. 1130 oblag ihm erstmals die alleinige Papstwahl. Doch die Schismen von 1130 und namentlich von 1159 ließen ein verstärktes Bedürfnis nach rechtlicher Abklärung dringlich werden, zumal der Begriff „pars melior et sanior", der bei strittiger Papstwahl als entscheidend angesehen wurde, interpretationsbedürftig war. Deshalb erließ Alexander III. 1179 (drittes Laterankonzil) die Dekretale Licet de vitanda: Papst ist, wer von mindestens zwei Dritteln der Kardinäle, deren Gesamtzahl noch nicht normiert war, gewählt wurde. Die Regelung bewährte sich, obwohl sich die Bildung einer qualifizierten Mehrheit oft lange hinzog, weshalb es 1241 erstmals zu einer Papstwahl im Konklave kam, bei dem der römische Senator Matteo Rosso Orsini die Kardinäle gewaltsam in die Ruinen des Septizoniums einsperrte. Entsprechende Erfahrungen veranlassten Gregor X. 1274 auf dem zweiten Konzil von Lyon, mit der Dekretale Ubi periculum maius das Konklave als rechtliche Erfordernis einzuführen: Nach bestimmter Frist werden die Kardinäle möglichst am Sterbeort des letzten Papstes in einem geeigneten Raum eingeschlossen, in dem sie zunehmend Beschränkungen in der Verpflegung unterworfen sind, bis die Wahl getätigt ist. Trotz oder wegen der rigiden, im römischen Sommer bisweilen lebensbedrohenden Ordnung kam es wiederholt zur Sprengung des Konklaves und zu unerträglich langen Sedisvakanzen, die über zwanzig Monate dauern konnten (1241–43, 1268–71). Veränderungen in der Zeit der Reformkonzilien, die insbesondere eine Erweiterung des Kreises der Papstwähler betrafen, da das Exklusivrecht der Kardinäle kritisiert wurde, bewährten sich nicht; hingegen wurde manche Papstwahl durch den Akzess entschieden, bei dem sich Kardinäle entgegen ihrer ursprünglichen Stimmabgabe nachträglich der Majorität anschlossen, wenn damit die Zweidrittel-Mehrheit erreicht wurde. Als Wahlmodi galten, durch Gregor XV. 1621 abschließend geregelt: die Wahl durch mündliche Stimmabgabe oder Stimmzettel („electio per scrutinium", erstmals 1198 klar bezeugt), durch Wahlmänner aus dem Kreis der Kardinäle, die einen bevollmächtigten Ausschuss bildeten („electio per compromissum"), oder eine formlose Spontanwahl durch gleichsam pfingstliche Einmütigkeit der Wähler („electio quasi per inspirationem"). Niemals als rechtens anerkannt war das Ius exclusivae, das dennoch von einigen katholischen Staaten beansprucht und 1823 wie 1903 tatsächlich praktiziert wurde: durch das Veto staatlicherseits beauftragter Kardinäle bestimmte Personae non gratae von der Papstwahl auszuschließen; 1904 wurde es durch die Apostolische Konstitution *Commissum Nobis* zusammen mit dem Akzess verboten, da bei letzterem die Gefahr simonistischer Praktiken oder Gefälligkeitswahlen bestand.

▨ Literatur: LMA 6, 1691ff.; VATL 422ff. – P. HINSCHIUS: System des katholischen Kirchenrechts, Bd. 1. Berlin 1869, Nachdruck Graz 1959, 217–294; H. FUHRMANN: Die Wahl des Papstes: Geschichte in Wissenschaft und Unterricht 9 (1958) 762–780; H. KRAUSE: Das Papstwahldekret von 1059 und seine Rolle im Investiturstreit. Rom 1960; H.E. FEINE: Kirchliche Rechtsgeschichte, Bd. 1: Die katholische Kirche. Weimar ⁵1872; G. MAY: Das Papstwahlrecht in seiner jüngsten Entwicklung: Ex aequo et bono. FS W.M. Plöchl. Innsbruck 1977, 231–262; P. HERDE: Die Entwicklung der Papstwahl im 13.Jh.: Österreichisches Archiv für Kirchenrecht 32 (1981) 11–41; D. JASPER: Das Papstwahldekret von 1059. Sigmaringen 1986; B. SCHIMMELPFENNIG: Papst- und Bischofswahlen seit dem 12.Jh.: Wahlen und Wählen im Mittelalter, hg. v. R.

SCHNEIDER – H. ZIMMERMANN. ebd. 1990, 173–195; L. SCHMUGGE: Bischofs- und Papstwahlen im Mittelalter: Internationale katholische Zeitschrift ‚Communio' 25 (1996) 116–122; J. LENZENWEGER: Papstwahlen von 1914 und 1922: In factis mysterium legere. FS I. Rogger. Bologna 1999, 187–194; F.A. BURKLE-YOUNG: Papal elections in the age of transition (1878–1922). Lanham 2000. *Werner Goez*

2. Geltendes Recht. Wird der Apostolische Stuhl durch Tod oder Amtsverzicht des Stelleninhabers (vgl. c. 332 § 2 CIC; c. 44 § 2 CCEO) vakant, ist eine Papstwahl notwendig, die in der Apostolischen Konstitution *Universi dominici gregis* Johannes Pauls II. vom 22.2.1996 (AAS 88 [1996] 305–343) näher geregelt ist. Hierin wird (wie auch in c. 349 CIC) an dem ausschließlichen Papstwahlrecht des Kardinalskollegiums festgehalten (n. 33); damit haben sich Bestrebungen, den Wählerkreis (etwa auf Mitglieder einer Bischofssynode) zu erweitern, nicht durchgesetzt. Inhaltlich deckt sich die Konstitution weitgehend mit der Regelung der Papstwahl durch Paul VI. (vgl. Apostolische Konstitution *Romano Pontifici eligendo* vom 1.10. 1975: AAS 67 [1975] 609–645). Während der Vakanz („Vacante Sede Apostolica") kommen dem Kardinalskollegium bestimmte Leitungsfunktionen zu, ohne dass an der Leitung der Gesamtkirche etwas geändert werden dürfte (nn. 1–4, c. 335 CIC; c. 77 CCEO). Wahlberechtigt sind nur jene Kardinäle, die bei Eintritt der Vakanz das 80. Lebensjahr noch nicht vollendet haben. Zur Wahl versammeln sich die Kardinäle im Konklave (s. o. 1.); hierfür ist die ⟋Sixtinische Kapelle vorgesehen (n. 50). Um weltliche Einflussnahmen auszuschließen und die Geheimhaltung aller Wahlvorgänge sicherzustellen, ist eine Vielzahl an

Strafbestimmungen normiert und eine Kontaktnahme der Kardinäle mit der Außenwelt untersagt (vgl. nn. 55–61 78–83). Zur Wahl des Papstes ist eine Zweidrittel-Mehrheit erforderlich; ist die Zahl der an der Wahl teilnehmenden Kardinäle nicht durch drei teilbar, muss eine weitere Stimme hinzugerechnet werden (n. 62). Nach 33 erfolglosen Wahlgängen kann das Kardinalskollegium beschließen, dass fortan eine absolute Mehrheit genügt oder dass eine Stichwahl zwischen den beiden Kandidaten stattfindet, die die meisten Stimmen auf sich vereinigen konnten (nn. 74f.). In Abänderung der Regelung von 1975 ist eine Wahl durch Akklamation bzw. Inspiration oder durch Beauftragung eines kleineren Wahlgremiums nicht mehr zulässig (vgl. n. 62). Ist der zum Papst Gewählte bereits Bischof, so besitzt er mit Annahme der Wahl die Fülle der päpstlichen Vollmacht (n. 88). Wird hingegen ein Nichtbischof zum Papst gewählt, muss er unverzüglich zum Bischof geweiht werden (c. 332 § 1 CIC; c. 44 § 1 CCEO) und erlangt erst mit der Bischofsweihe die Fülle der päpstlichen Vollmacht. Hierdurch wird deutlich, dass das Papstamt im Bischofsamt verwurzelt ist und von diesem nicht gelöst werden kann.

Literatur: P. KRÄMER: Kirchenrecht, Bd. 2. Stuttgart u.a. 1992, 103ff.; J.J. FOSTER: The election of the Roman Pontiff: The Jurist 56 (1996) 691–705; W. AYMANS – K. MÖRS-DORF: Kanonisches Recht. Lehrbuch aufgrund des CIC, Bd. 2. Paderborn u.a. ¹³1997, §63 BI b; G. GHIRLANDA: Accettazione della legittima elezione e consecrazione episcopale del romano pontefice secondo la Cost. Ap. ‚Universi dominici gregis' di Giovanni Paolo II: Periodica de re canonica 86 (1997) 615–656; K. SCHLAICH: Einige Beobachtungen zum Recht der Papstwahl: FS M. Heckel. Tübingen 1999, 237–250.

Peter Krämer

Papstwappen. Der erste Papst, von dem zeitgenössische Wappendarstellungen erhalten sind, ist Bonifatius VIII. Bis 1969 fanden sich Abbildungen von Papstwappen zurückgehend bis auf Innozenz III. im ↗Annuario Pontificio, meist als nachträgliche Zuteilung der von den Familien des Papstes geführten Wappen. Charakteristisch für Papstwappen ist (wie für kirchliche Wappen überhaupt), dass in der Regel auf eine Helmzier verzichtet wird. Seit dem 15. Jh. haben sich als heraldische Stilelemente durchgesetzt: zwei Schlüssel gekreuzt, durch eine über oder hinter dem Wappenschild geführte rote Quastenkordel verbunden, darüber die schwebende ↗Tiara; die Farbe des (heraldisch) linken Löseschlüssels ist golden, die des rechten Bindeschlüssels silbern.

Literatur: LMA 4, 2145; 8, 2034; VATL 837.– B.B. HEIM: Heraldy in the Catholic Church. Gerrads Cross ²1981. *Toni Diederich*

Peterspfennig (Obulus, Denarius oder Census Sancti Petri), Gottesdienstkollekte am Fest der heiligen Petrus und Paulus (29.6.) oder am vorhergehenden oder folgenden Sonntag in allen Pfarreien der Welt, zur Erfüllung der Aufgaben des ↗Heiligen Stuhls bestimmt (↗Finanzwesen des Apostolischen Stuhls). Der Peterspfennig, im CIC nicht genannt, findet sich im „Directorium de pastorali ministerio Episcoporum" der Bischofskongregation vom 22.2.1973 (n. 46). Der Peterspfennig ist von den Gaben der Bistümer aufgrund c. 1271 CIC zu unterscheiden. – Bereits im 8. Jh. wird in England, später u.a. in Skandinavien und Polen ein Peterspfennig an den Heiligen Stuhl abgeführt; diese Zahlungen hören im Zeitalter der Reformation auf. Der französische Publizist Charles-René de Montalembert organisierte 1859 eine Spende der Gläubigen an den Papst; Initiativen in anderen Ländern (u. a. in Deutschland und Österreich) folgten.

■ Literatur: DDC 4, 1121ff.; RGG³ 5, 243; DMC 1, 86ff.; NCE 11, 235; HKKR 879f.; HDRG 3, 1638f.; Evangelisches Kirchenlexikon, hg. v. E. FAHLBUSCH U.A., Bd. 3. Göttingen ³1992, 1142; LMA 6, 1942; VATL 568f. – H. BENZ: Finanzen und Finanzpolitik des Heiligen Stuhls. Stuttgart 1993, 79–85; F. KALDE: Kirchlicher Finanzausgleich. Würzburg 1993, 78ff. *Franz Kalde*

Petrusamt

1. Biblisch-theologisch • 2. Systematisch-theologisch • 3. Ökumenisch.

1. *Biblisch-theologisch.* Der heutige theologische Sprachgebrauch von einem Petrusamt setzt schon die „Nachfolge des Petrus" im Sinn eines universalkirchlichen Hirtenamtes (vgl. Joh 21,15 ff.) voraus. Im Neuen Testament ist allerdings weder von einer „Nachfolge des Petrus" noch von einem in diesem Sinn ausgeübten Petrusamt die Rede. Zu unterscheiden ist dieser Umstand von der Tatsache, dass in späterer Zeit für die Begründung eines Amts der Nachfolge des Apostels ↗Petrus, bezogen auf den Bischof von Rom, die Petrustradition des Neuen Testaments und darin besonders das Jesuswort an Petrus Mt 16,17 ff. gezielt herangezogen wurde. Die neutestamentlichen Zeugnisse können allerdings nach heutigem historisch-kritischen Verständnis nicht ohne Beachtung ihres ursprünglichen Textsinns in die Sachdiskussion um das Petrusamt eingeführt werden. Daher ist eher nach möglichen Anhaltspunkten in den neutestamentlichen Texten für eine theologische Angemessenheit eines Petrusamtes zu fragen, und zwar in der doppelten Hinsicht auf die besondere Stellung des Petrus in der vor- und nachösterlichen

Jüngerschaft Jesu [a)] und auf deren Wirkungsgeschichte auch über die Lebenszeit des Petrus hinaus [b)].

a) Nach dem durchgehenden Zeugnis der Evangelien ist die Berufung des „Simon Barjona" (Mt 16,17) in die Nachfolge Jesu schon früh mit der aramäischen Namengebung „Kephas" (Joh 1,42), gräzisiert „Petros", verbunden gewesen. Ihm kommt schon innerhalb der Jüngerschaft des irdischen Jesus eine herausragende Bedeutung zu: Simon gehört zu den Erstberufenen; in den Zwölferlisten wird er an erster Stelle genannt. In entscheidenden Situationen ist er der Sprecher des Jüngerkreises, so besonders beim „Messiasbekenntnis" (Mk 8,29 Parallelen; vgl. Joh 6,68f.); ihn spricht Jesus an auf sein Versagen bei der Passion, aber auch auf seine Umkehr und Berufung zur „Stärkung deiner Brüder" (Lk 22,31–34). Dem entspricht die Ersterscheinung des Auferstandenen vor Simon (Petrus) (Lk 22,31; vgl. 1 Kor 15,5) sowie sein Auftreten als Sprecher im nachösterlichen Jüngerkreis bzw. in der „Urgemeinde" (Apg 1,15–26; 2,14–42 u. ö., besonders 15,6–29; vgl. Gal 1,18; 2,6–10). Dieser Befund verweist auf die besondere Autorität, die Petrus aufgrund seiner Berufung und Beauftragung durch Jesus zukommt und die sich elementar in dem Jesuslogion Mt 16,17 ff. niedergeschlagen hat. Die Gründung der Kirche auf „Petros" – unter Betonung des metaphorischen Gehalts dieses Namens – und der ihm übertragene Binde- und Lösevollmacht (vgl. jedoch auch Mt 18,18) lassen über das matthäische Ekklesia hinaus an seine Bedeutung für die *eine* universale Kirche in der Koinonia der verschiedenen Gemeinden in der weiteren Geschichte der frühen Christenheit denken, auch wenn diese zunächst noch nicht über ein institutionelles Amt der Einheit der Kirche verfügte.

b) Die grundlegende Bedeutung des Petrus für die Kirche Jesu Christi und ihre innere und äußere Einheit werden indirekt schon von Paulus bezeugt, so im Bericht über seine erste Begegnung mit Kephas (Gal 1,18) und besonders über den so genannten „Antiochenischen Zwischenfall" (2,11–14), wobei er Petrus wegen seines „Zurückweichens" vor „denen aus der Beschneidung" (Vers 12) und wegen der Konsequenzen für die so in Frage gestellte Gemeinschaft von Juden- und Heidenchristen tadelte. Gerade von Petrus erwartete er das Feststehen zur „Wahrheit des Evangeliums" (Vers 14). Dass dieser hier wie schon früher (Apostelkonzil) eher „eine vermittelnde Rolle" (Luz 470) spielte, kommt freilich im Text nicht in den Blick. Dem entspricht es, dass Petrus in der nachapostolischen Zeit nicht so sehr als theologischer Lehrer – wie besonders Paulus –, sondern als Ermahner und Prediger der Lehre Jesu in Erinnerung blieb. Mit 1/2 Petr hat die alte Kirche zwei Petrus zugeschriebene Zeugnisse bewahrt, mit denen in seinem Namen den Gemeinden „in der Diaspora" (1 Petr 1,1) Mut zugesprochen wird, damit sie in den „Prüfungen" (1,6; 4,13) bestehen. 2 Petr erweist sich als ein ausgesprochen „katholisches", universal adressiertes Mahnschreiben an die Christen zur Bewahrung der erlangten Berufung. Für Markus wurde Petrus schließlich nach der Überlieferung des Papias zum Gewährsmann seines Evangeliums, bei dessen Niederschrift er sich auf die Lehrverkündigung des Petrus in Rom stützte (Eusebius von Caesarea, Historia ecclesiastica III, 39, 3 ff.; Irenaeus von Lyon, Adversus haereses III, 1, 1).

Literatur: Exegetisches Wörterbuch zum Neuen Testament, hg. v. H.R. BALZ – G. SCHNEIDER, Bd. 2. Stuttgart 1992, 193–201; TRE 26, 263–273. – G. DENZLER U.A.: Zum Thema Petrusamt und Papsttum. Stuttgart 1970; W. TRILLING: Zum Petrusamt im Neuen Testament: Theologische Quartalschrift 151 (1971) 110–133; A. VÖGTLE: Messiasbekenntnis und Petrusverheißung: Das Evangelium und die Evangelien. Düsseldorf 1971, 137–170; Peter in the New Testament. A Collaborative Assessment by Protestant and Roman Catholic Scholars, hg. v. R.E. BROWN U.A. Minneapolis 1973, deutsch: Der Petrus der Bibel. Stuttgart 1976; J. BLANK: Neutestamentliche Petrus-Typologie und Petrusamt: Concilium. Internationale Zeitschrift für Theologie 9 (1973) 173–179; P. HOFFMANN: Der Petrusprimat im Matthäusevangelium: Neues Testament und Kirche. FS R. Schnackenburg. Freiburg 1974, 94–114; F. MUSSNER: Petrus und Paulus – Pole der Einheit. ebd. 1976; R. PESCH: Simon-Petrus. Stuttgart 1980; J. BLANK: Petrus und Petrusamt im Neuen Testament (1979); DERSELBE: Vom Urchristentum zur Kirche. München 1982, 89–146; J. GNILKA: Das Matthäusevangelium, Bd. 2. Freiburg 1988, 71–80; U. LUZ: Das Evangelium nach Matthäus, Bd. 2. Zürich 1990, 467–483; D. O'BRIAN: Thou art Peter: Cross Currents 46 (1996) 379–387; U. WILCKENS: Joh 21,15–23 als Grundtext zum Thema ‚Petrusdienst': Wege zum Einverständnis. FS Ch. Demke. Leipzig 1997, 318–333; M. DIEFENBACH: Ökumenische Probleme infolge johanneischer Auslegung. Eine wirkungs- und rezeptionsgeschichtliche Betrachtung des johanneischen Petrusbildes: Catholica 52 (Münster 1998) 44–66; M. BENEDETTI: Petrus und das Papstamt: Semotica biblica. FS E. Güttgemanns. Hamburg 1999, 108–124; J.M. VAN CANGH: Le rôle de Pierre dans le Nouveau Testament: Changer la papauté?, hg. v. P. TIHON. Paris 2000, 41–62; R. PESCH: Die biblischen Grundlagen des Primats. Freiburg 2001.   *Karl Kertelge*

2. *Systematisch-theologisch.* Mit Petrusamt (Petrusdienst, -funktion) wird die Aufgabe in der und für die Gesamtkirche bezeichnet, die sich auf jene Verheißungen Christi an Petrus gründet, welche nach kirchli-

cher Interpretation seine Sonderstellung unter den Aposteln hervorheben und damit über seine historische Person hinaus konstituieren.

Das Petrusamt ist somit ein ekklesiologischer Grundaspekt, der mit dem Kirchesein untrennbar („de iure divino") verbunden und daher ekklesiologisch zu bestimmen ist. In der Geschichte ist er erhalten, verwirklicht und ausgefaltet im Papsttum, das im Bischof von Rom konkretisiert wird. Petrusamt und Papsttum sind also untrennbar verbunden, jedoch nicht identisch, sofern in den geschichtlichen Vollzug des Petrusamtes nicht notwendig alle kulturellen und juristischen Gestaltungen und Ausformungen des Papsttums eingehen müssen und innerhalb einer bleibend reformbedürftigen Glaubensgemeinschaft Fehlformen der Amtsausübung nicht auszuschließen sind. Unter diesem Aspekt ist das Petrusamt kritische Instanz für die jeweiligen Inhaber und Grund für die prinzipielle Legitimität von Pontifikatskritik in Anmahnung des Petrusamtes. Material besitzt der Inhaber der römischen Kathedra aufgrund der strukturellen Sukzession zum Erstapostel die oberste Leitung (/ Jurisdiktionsprimat) und, darin eingeschlossen, die oberste Lehrkompetenz (/ Unfehlbarkeit) bezüglich der Universalkirche; beide werden formal bestimmt durch die definitorischen und theologisch-ekklesiologischen Abgrenzungen wie Anerkennung der Existenz und Kompetenz des Bischofskollegiums, Bewahrung des Ortskirchenprinzips, Einbindung in das Glaubensverstehen der Gesamtkirche und in die apostolische Tradition. Die Wahrnehmung des Petrusamtes ist mithin primär eine pastorale Aufgabe und Pflicht, die sich realisiert in der Sorge für die Wahr-

heit der Lehre, die Überlieferung des ganzen Evangeliums, die Bewahrung und Anerkennung der katholischen Fülle, die Einheit der römisch-katholischen Ortskirchen auf der Basis des gleichen Glaubens, die Einigung der Kirchen der christlichen Ökumene, das Gespräch mit den anderen Religionen. Dem entsprechen fundamental die genannten Kompetenzen als Voraussetzung der Aktivität, aber auch die Pflicht des Trägers des Petrusamtes zur Beachtung der Prinzipien von Katholizität, Synodalität und Subsidiarität, die wie das Petrusamt zum Wesen der Kirche gehören.

Literatur: G. DENZLER U.A.: Zum Thema Petrusamt und Papsttum. Stuttgart 1970; R.E. BROWN U.A. (Hg.): Der Papst und die Bibel. Eine ökumenische Untersuchung. Düsseldorf 1972; A. BRANDENBURG–H.J. URBAN (Hg.): Petrus und Papst, 2 Bde. Münster 1977; K. LEHMANN (Hg.): Das Petrusamt. München–Zürich 1982; Das Papsttum als Petrusdienst: Münchener theologische Zeitschrift 38 (1987) 3–109; Das Papstamt. Anspruch und Widerspruch, hg. v. J.A. Möhler-Institut. Paderborn 1996. / Primat.

Wolfgang Beinert

3. *Ökumenisch.* Das strikte Nein zum Papstamt bildete lange Zeit geradezu das einigende Band der nicht-römischen Kirchen. Vor allem durch die Dogmatisierung seines universalen / Jurisdiktionsprimats und seiner / Unfehlbarkeit auf dem Ersten Vatikanischen Konzil schien endgültig jede Chance auf Verständigung genommen. Bedingt durch die veränderte Situation seit Eintritt der römisch-katholischen Kirche in die ökumenische Bewegung mit dem Zweiten Vatikanischen Konzil einerseits sowie ermöglicht durch gemeinsame exegetische und historische Einsichten andererseits wird die Frage des Petrusdienstes auch in verschiedenen bilateralen ökumenischen Dialogkommissionen (beson-

ders römisch-katholisch/lutherisch; römisch-katholisch/anglikanisch) im größeren Kontext des Kirchen- und Amtsverständnisses angesprochen. Zur ökumenischen Annäherung gehört auf lutherischer Seite das wachsende Bewusstsein von der Notwendigkeit eines Dienstes an der universalkirchlichen Einheit und die Möglichkeit, diesen im Petrusamt des Bischofs von Rom anzuerkennen, vorausgesetzt, dass es unter dem Evangelium eine grundlegende theologische und praktische Erneuerung erfährt. Auch katholischerseits unterscheidet man zwischen dem ⁄Papsttum als geschichtlicher Ausgestaltung des Petrusdienstes und dem Petrusamt als dessen theologischem Gehalt (s. o. 2.) und ist zur Überprüfung und Reform der geschichtlichen Gestalt des Papsttums im Licht des biblischen und altkirchlichen Ursprungs bereit. Diese Bereitschaft hat Johannes Paul II. durch sein Gesprächsangebot an die nichtkatholischen Kirchen über sein Amt in der Ökumene-Enzyklika *Ut unum sint* (1995, nn. 95 f.) offiziell bekräftigt. Soll das Petrusamt zukünftig für alle Kirchen der christlichen Ökumene als Dienst universalkirchlicher Einheit transparent und annehmbar werden, so muss sich die Neugestaltung auf der Grundlage der im Vaticanum II wieder zur Geltung gebrachten Communio-Ekklesiologie und ihrer Prinzipien vollziehen, wie: Anerkennung der legitimen Vielfalt ortskirchlichen Lebens sowie kollegialer und synodaler Strukturen; Verwirklichung des Grundsatzes der Subsidiarität (Dokumente wachsender Übereinstimmung 1, 266 352). Schließlich ist die Unterscheidung und Entflechtung von Funktionen, die dem Bischof von Rom über das eigentliche Petrusamt hinaus zugewachsen sind

(Patriarch des Abendlands oder Bischof der römischen Ortskirche), notwendig. Dies erscheint auch mit Blick auf eine Verständigung mit den orthodoxen Kirchen, die einen Primat des Bischofs von Rom als „Ehrenprimat" innerhalb einander rechtlich gleichgestellter Patriarchate anerkennen, als unverzichtbar.

▨ Literatur: TRE 25, 676–695. – J. RATZINGER (Hg.): Dienst an der Einheit. Düsseldorf 1978; V. VON ARISTI U.A.: Das Papstamt – Dienst oder Hindernis für die Ökumene? Regensburg 1985; W. KLAUSNITZER: Das Papstamt im Disput zwischen Lutheranern und Katholiken. Innsbruck 1987; P. HÜNERMANN (Hg.): Papstamt und Ökumene. Regensburg 1997; J.F. PUGLISI (Hg.): Petrine ministry and the unity of the Church. ‚Toward a patient and fraternal dialogue'. Symposium Celebrating the 100th Anniversary of the Foundation of the Society of the Atonement, Rome, December 4–6, 1997. Collegeville 1999; J.R. QUINN: The Reform of the Papacy. New York 1999, deutsch Die Reform des Papsttums. Freiburg 2001.   *Michael Kappes*

Petrusgrab

1. Lage • 2. Denkmal • 3. Deutung.

1. *Lage.* Am Fuß des hügeligen, „Vaticanum" (⁄Vatikan) genannten Gebiets jenseits des nordwestlichen Tiberufers, außerhalb der antiken Stadt Rom, besaßen die Kaiser Caligula und Nero Gartenanlagen, wohl eine Villa, zu der auch ein Circus gehörte. Zwei Überlandstraßen, die Via Cornelia und die Via Triumphalis, führten, Rom verlassend, über den Pons Neronis durch dieses Gebiet nach Südetrurien. Wie üblich wurden diese Straßen außerhalb der Stadt von Friedhöfen gesäumt, von denen verschiedene Areale (1.–4. Jh.) auf dem Gebiet des heutigen ⁄Vatikanstaates aufgedeckt wurden. Eine Inschrift an einem Grabbau des frühen 2. Jh. der Nekropole, die in den Jahren 1940–49 unter ⁄Sankt

Peter teilweise freigelegt wurde, besagt, dass dieses Grab „iuxta circum Neronis" (neben dem Circus des Nero) erbaut wurde. Die Lage dieses Circus ist durch Grabungen der letzten Jahrzehnte und durch den ursprünglichen Standort des Obelisken unmittelbar südlich der heutigen Basilika, der im Jahr 1587 von dort auf den Petersplatz versetzt wurde, bekannt: Der Circus befand sich am Fuß des Vatikanischen Hügels, etwa 600 m lang von West nach Ost sich erstreckend und annähernd parallel zur heutigen Petersbasilika ausgerichtet, die seinen nördlichen Teil überbaut. In dieser Anlage scheinen nach dem römischen Historiker Tacitus (Annales XV, 44 ff.) um die Jahre 64–67 in einer Verfolgungsmaßnahme zahlreiche Christen hingerichtet worden zu sein. Die Nennung des ∕Petrus als römischen Martyrer im 1. Clemensbrief (1, 5–6; vgl. Ignatius von Antiochien, Ep. ad Romanos 4, 3; Dionysius von Korinth bei Eusebius von Caesarea, Historia ecclesiastica II, 25, 8; Ascensio Jesaiae IV, 25, 8) und in anderen Quellen (Petrus-Apokalypse 14, 4) belegen die Überlieferung vom Martyrertod Petrus' in Rom vom Ende des 1. Jh. an, der somit eine hohe historische Wahrscheinlichkeit besitzt, wenn auch die Verbindung des Martyriums mit der bei Tacitus (Annales XV, 44, 6–9) bezeugten neronischen Verfolgung und der Hinrichtung im Circus durch die Quellen nicht gesichert ist. Nach Eusebius (ebd. II, 25, 7) wird jedoch schon um das Jahr 200 von dem römischen Presbyter Gaius wohl das Petrusgrab (genannt τρόπαιον, Siegesmal) am Vatikan bezeugt, und der ∕Liber Pontificalis belegt die Tradition, dass das Grab, über dem Konstantin die Basilika am Vatikan errichten ließ (LP XXIII, 17 ff.), sich neben dem Ort des

Martyriums und dem Palast des Nero befand (I, 1–16). Der durch die römische Grabinschrift der Nekropole unter Sankt Peter und die Grabungen bezeugte Circus am Vatikan dürfte somit die Martyriumsstätte des Petrus sein, in dessen Nähe sich nach der Tradition auch sein Grab befand. 2. *Denkmal.* Bei der Herrichtung des Grabes Pius' XI. in den Grotten von Sankt Peter kamen 1939 antike Mauern zum Vorschein. Die in den Jahren 1940–49 und 1953–57 erfolgten Grabungen haben zwischen den Fundamentmauern der konstantinischen Petersbasilika unter der Kuppel der heutigen Kirche eine von Westen nach Osten den Hügelabhang hinaufsteigende römische Nekropole, die vom frühen 2. bis zum Anfang des 4. Jh. genutzt wurde, auf einer Länge von etwa 65 m aufgedeckt. Zwischen den an einer Gräberstraße gelegenen monumentalen Grabbauten, die im Wesentlichen bis auf einige christliche Gräber des 3. und frühen 4. Jh. heidnisch sind, liegt ein kleines unbebautes Areal (das von den Ausgräbern so genannte „campo P") mit Abmessungen von etwa 3,40 m × 7,50 m, das ursprünglich vielleicht ein den Hang hinaufziehender Weg war, in dem zahlreiche einfache Bodenbestattungen festgestellt wurden, die z. T. von der roten Mauer überbaut worden, also älter als diese sind, während wiederum andere dem späteren 2. oder 3. Jh. angehören dürften. Im Osten und Süden wird das Areal von monumentalen Grabbauten des 2. Jh. und im Westen von der Stützmauer eines Treppenzugangs zu weiteren Grabbauten (R, R¹) und einer etwas höher gelegenen Zisterne begrenzt, die ebenfalls bald in einen Grabbau umgewandelt wurde. An diese durch einen Münzfund und Ziegelstempel um 147 bis 161 datierte rot verputzte Stützmauer ist im Osten ein kleines, vielleicht gleichzeitig mit der Mauer entstandenes Monument von etwa 2,30 m Höhe angelehnt, das sich vor eine Nische in der roten Mauer legt. Eine vorkragende Marmorplatte oder Gebälk im oberen Bereich der Nische wird von zwei 1,40 m hohen Säulchen getragen. Ein Ausbruch über dieser Konstruktion könnte als weitere Nische gedeutet werden, doch muss die Rekonstruktion des oberen Aufbaus des Denkmals, das eine Art Ädikula darstellte, und auch die Höhe der roten Mauer darüber hypothetisch bleiben. Eine roh gehauene Eintiefung (Nische nach Auffassung der Ausgräber) unter dem Bodenniveau der Ädikula im Fundamentbereich der roten Mauer legt sich über einen unregelmäßigen, nicht deutlich definierten Hohlraum von lediglich 100 cm × 80 cm Umfang im Erdreich. An dieser Stelle, die im Süden nur von zwei dürftigen Mäuerchen begrenzt war, vermuten die Ausgräber sowie andere Gelehrte das ursprüngliche Petrusgrab, auch wenn die Maße des Hohlraums und die Befunde denen eines, gleichwohl einfachen, Grabes nicht entsprechen. Wenn auch materielle Spuren eines Grabes nicht erhalten sind, so ist doch sicher, dass die Nische in der roten Mauer und vielleicht auch gleichzeitig die Ädikula um die Mitte des 2. Jh. als Petrusmemoria angelegt wurden, da sie im 3. Jh. durch bauliche Maßnahmen (Mauern g und s der Grabungspublikation) gesichert und mit Pilgerinschriften und Anrufungen des Apostels durch die Besucher versehen wurden. Die Existenz der Memoria an dieser Stelle dürfte wohl auch verhindert haben, dass der Campo P überbaut worden ist, wohl aber zahlreiche weitere Gräber im Umkreis der Memoria

angelegt wurden. Die ungebrochene Tradition der Petrusgedenkstätte veranlasste schließlich Konstantin bald nach 320, die Ädikula zum kultischen Mittelpunkt der dem Apostelfürsten errichteten Basilika zu machen. Der Kaiser ließ zu beiden Seiten der Ädikula die rote Mauer abbrechen und die umliegenden Grabbauten zuschütten und soweit niederlegen, dass das Denkmal über den Fußboden der über der Nekropole errichteten Basilika herausragen konnte. Gleichzeitig wurde die Ädikula – wie in den Grotten (Kapelle Clemens' VIII.) noch heute zu sehen ist – mit kostbaren Pavonazetto-Marmorplatten, die von Porphyrstreifen gerahmt werden, verkleidet. Dem besonderen Aufwand in der Ausstattung entsprach auch die beherrschende Lage des Monuments vor der Apsis in einem eigens dafür errichteten Raum, dem lichtdurchfluteten Querhaus, das der der Eucharistie vorbehaltenen Festhalle, der fünfschiffigen konstantinischen Basilika, im Westen vorgelagert war. Die kostbare Ausstattung der Ädikula, die noch durch einen Baldachin mit reliefierten römischen Marmorsäulen vervollständigt wurde, und die Tatsache, dass die Basilika nach der Memoria ausgerichtet wurde und als erste Querschiffbasilika eine besondere bauliche Gestalt erhielt, um das Denkmal architektonisch besonders hervorzuheben, machen deutlich, dass in der Tradition der christlichen Gemeinde Roms von der Mitte des 2. Jh. bis in konstantinische Zeit das ständig unterhaltene und verehrte (vgl. die Graffiti) Monument als Petrusgrab-Memoria galt.

3. *Deutung.* Ob sich das ursprüngliche Grab des Apostels auch an eben dieser Stelle unter der Memoria befand, muss nicht nur aufgrund

des archäologischen Befundes zweifelhaft bleiben: Die Ädikula liegt in der Reihe der Grabbauten, die seit dem frühen 2. Jh. über und, wie die genannte Inschrift in der nördlichen Grabreihe lehrt, unmittelbar neben den nördlichen Sitzreihen des aufgelassenen Circus errichtet wurden, also an einer Stelle unmittelbar am Rand der Anlage, an der der Apostel nach der Hinrichtung schwerlich begraben werden konnte. Zudem setzt die Martyrerverehrung an den Gräbern erst im Lauf des 3. Jh. in Rom ein. Klärung könnte hier allein der archäologische Befund schaffen. Dieser indes wird in den Publikationen nicht sachgerecht wiedergegeben, da die Grabungen nicht nach methodischen Grundsätzen unter Beachtung der Stratigraphie durchgeführt worden sind und die der Grabungspublikation (Esplorazioni) beigegebenen Zeichnungen und Pläne eher den Charakter interpretierender Skizzen als auswertbarer, maßstabsgerechter Dokumentierungen der Grabungs- und Baubefunde tragen. So wird man aufgrund der publizierten Befunde annehmen müssen, dass sich das Petrusgrab an einer nicht näher zu bestimmenden Stelle in dem Areal nördlich des Circus am Abhang des Hügels befand. Als das Areal seit dem frühen 2. Jh. nach der Auflassung des Circus von monumentalen Grabmälern überbaut wurde, errichtete die christliche Gemeinde Roms an der Stützmauer über einer noch freigebliebenen Fläche die Ädikula als Memorie, um in der Nähe der Stätte des Martyriums des Apostels und seines Grabes das Gedächtnis Petrus' zu bewahren. Von Gregor dem Großen wurde um 600 nach dem zeitgenössischen Verständnis des Martyriumskultes die Ädikula in ein Podium eingeschlossen, um nunmehr den Altar unmittelbar über dem als Grabmonument Petrus' verstandenen Denkmal errichten zu können. Die von Gregor in diesem Podium angelegte Ringkrypta in der Apsis des konstantinischen Baus erlaubt den Pilgern auch heute noch von der rückwärtigen westlichen Seite den Zugang zum Monument. Calixtus II. (1119–24) erneuerte den Altar über der Ädikula. Beim Bau der neuen Petersbasilika (1506–1626) wurde die Memoria in das auf dem Fußbodenniveau der konstantinischen Basilika liegende Untergeschoss von Sankt Peter, die so genannten Grotten, eingeschlossen und ist dort in der Confessio mit seiner (als Palliennische bezeichneten) Frontnische in der mittelalterlichen Ausschmückung sichtbar und der Verehrung zugänglich. Clemens VIII. (1592–1605) ließ den heutigen Hauptaltar des Neubaus von Sankt Peter auf einem Stufenpodium über dem Denkmal und den älteren Altären errichten, während der bronzene Baldachin Giovanni Lorenzo Berninis (1633) sich mit den tordierten Säulen formal an den Baldachin Konstantins über der Memoria anschließt. So ist die Ädikula als Memoria Petri, die in einer seit der Mitte des 2. Jh. ungebrochenen Tradition der Verehrung bis heute ihre Wirkkraft zeigt, neben dem Grab Christi in der Grabeskirche zu Jerusalem die bedeutendste Memoria der Christenheit und geschichtlich das bedeutendste archäologische Denkmal überhaupt.

■ Literatur: VatL 577–580. – B.M. APOLLONJ-GHETTI U.A.: Esplorazioni sotto la confessione di San Pietro in Vaticano, eseguite negli anni 1940–49, 2 Bde. Vatikanstadt 1951; A. VON GERKAN: Kritische Studie zu den Ausgrabungen unter der Peterskirche in Rom: Zeitschrift für Geschichte und Kunst des Trierer Landes 22 (1954) 26–55; TH. KLAUSER: Die römische Petrus-Tradition im Lichte der neuen Ausgrabungen unter der Peterskirche. Köln 1956; J.M.C. TOYNBEE – J.B. WARD PERKINS: The Shrine of Saint Peter and the Vatican Excavations. London 1957; A. PRANDI: La zona archeologica della Confessio Vaticana. I monumenti del II secolo. Vatikanstadt 1957; M. GUARDUCCI: I graffiti sotto la Confessione di San Pietro in Vaticano, 3 Bde. ebd. 1958; A. VON GERKAN: Zu den Problemen des Petrusgrabes: Jahrbuch für Antike und Christentum 1 (1958) 79–93; DERSELBE: Petrus in Vaticano et in Catacumbas: ebd. 5 (1962) 23–32; A.A. DE MARCO: The Tomb of Saint Peter. Vatikanstadt 1964; M. GUARDUCCI: Le reliquie di Pietro sotto la Confessione della basilica vaticana. ebd. 1965; E. KIRSCHBAUM: Die Gräber der Apostelfürsten, Nachtrag von E. Dassmann. Frankfurt (Main) ³1974; E. DINKLER: Petrus und Paulus in Rom. Die literarische und archäologische Frage nach den Tropaia ton apostolon: Gymnasium 87 (1980) 1–37; M. GUARDUCCI: Pietro in Vaticano: Archeologia Classica 36 (1984) 266–269; K. GAERTNER – H. MIELSCH – H. VON HESBERG: Die heidnische Nekropole unter St. Peter in Rom, 2 Bde. Vatikanstadt 1986–96; F.J. FINK: Das Petrusgrab in Rom. Innsbruck 1988; P. LIVERANI: Preesistenze archeologiche. La necropoli vaticana e la tomba dell'apostolo. Il circo di Caligola. L'obelisco: La basilica di San Pietro, hg. v. C. PIETRANGELI. Vatikanstadt 1989, 18–38; M. CECCHELLI: Il complesso culturale vaticano dalla fondazione costantiniana ai lavori eseguiti fino al pontificato di Gregorio Magno (anno 604): ebd. 39–56 325f.; M. GUARDUCCI: La tomba di San Pietro. Una straordinaria vicenda. Mailand 1989; A. FERRUA: La tomba di San Pietro: La civiltà cattolica 141 (1990) 460–467; DERSELBE: La tomba di San Pietro. Bari 1991, 325–329; Aufstieg und Niedergang der römischen Welt, hg. v. H. TEMPORINI – W. HAASE, Teil II, Bd. 26/1. Berlin – New York 1991, 539–595; H.G. THÜMMEL: Die Archäologie der Petrusmemorie in Rom: Boreas 16 (1993) 97–113; P. SILVAN: From the Tomb to the Dome. The Architectural Evolution of the ‚Memorial‘ to the Apostle Peter: Ausstellungskatalog ‚Vatican Treasures. 2000 Years of Art and Culture in the Vatican and Italy‘. Mailand 1993, 27ff.; L. REEKMANS: De opgraving onder de St. Pietersbasiliek op de Vatikaan: Mededelingen van de Koninklijk Academie van België Klasse der Letteren 56 (1994) 1–20; S. DE BLAAUW: Cultus et Decor. Liturgia e architettura nella Roma tardoantica e medievale, Bd. 2. Vatikanstadt 1994, 470–479; La tomba di san Pietro. Restauro e illuminazione della necropoli vaticana. Restoration and enlighting of Vatican Necropolis, hg. v. A. SPERANDIO. Mailand 1999; L. BIANCHI: Ad limina Petri. Spazio e memoria della Roma cristiana. Rom 1999.

Hugo Brandenburg

P.I.M.E. / Päpstliche Institute.

Pontifex Maximus / Päpstliche Titulaturen.

Primat

1. Historisch-theologisch • 2. Systematisch-theologisch • 3. Kirchenrechtlich • 4. Ökumenisch.

1. *Historisch-theologisch.* Die Existenz eines römischen Bischofs ist sicher erst seit 235 (Amtsverzicht des Pontianus) bezeugt, doch kommt ein Vorrang der römischen Gemeinde für Lehrfeststellung und -sicherung als (einziger westlicher) Apostelsitz und Hüterin der Gräber von Petrus und Paulus (und Martyriumsstätte des Evangelisten Johannes) in frühen Texten deutlich zum Ausdruck (1. Clemensbrief 5, 3–7; Ignatius von Antiochien, Ep. ad Romanos, inscriptiones; Irenaeus von Lyon, Adversus haereses III, 3, 1), der noch im 3.Jh. mit Kompetenzansprüchen der Ortsbischöfe (Stephan I., Miltiades) untermauert und im 4.Jh., unterstützt durch die politische und kulturelle Bedeutung der Reichshauptstadt, unter Berufung auf die Petrusnachfolge ausgebaut und in Glaubensstreitigkeiten als entscheidend anerkannt wird. Die ausschlaggebenden Lehrentwicklungen des Altertums gehen aber nicht von römischen Bischöfen aus, sondern von den ökumenischen Konzilien unter

Teilnahme päpstlicher Legaten, die vom (oströmischen) Kaiser einberufen werden und auch über päpstliche Lehren (Chalcedon 451) und Taten (Honoriusprozess 681) befinden. Von einem eigentlichen Primatsanspruch kann erst ab der zweiten Hälfte des 4. Jh. gesprochen werden (Damasus I. [366–384]; und v. a. Leo I. [440–461] theologisch; Gelasius I. [492–496] politisch); seit Gregor I. (590–604) ist er für das Abendland endgültig gesichert. Gestützt durch die Petrusverehrung der Germanen und die Reformbewegungen des 10./11. Jh. beanspruchen und erhalten (durch die oft uneinigen Bischöfe) die frühmittelalterlichen Päpste kanonistische (Privilegienwesen, Appellationen, Bistumserrichtungen) und politische Vorrechte (Kaiserkrönungen von 800–1530, Förderung des Patrimonium Petri durch die Karolinger), unterstützt seit Leo IX. (1049–54) durch das / Kardinalskollegium (Regierungsapparat, seit 1059 auch Papstwahlgremium) und die / römische Kurie (Zentralbehörde). Im Mittelalter erreicht der Primatsgedanke einen ersten Höhepunkt im *Dictatus Papae* Gregors VII. (1075) mit der kategorischen Festlegung des universalen / Jurisdiktionsprimats („plenitudo potestatis") gegenüber den kirchlichen Teilgewalten (Bischöfe), die seitdem ihre Ansprüche auf (relative) Eigenständigkeit (s. u. 2.) erfolglos zu wahren suchen, aber auch unter dem Stichwort „libertas ecclesiae" gegenüber den weltlichen Gewalten (Kaiser, Fürsten), denen jedoch bereits im Hochmittelalter rudimentär, in der Neuzeit ganz die Emanzipation gelingt. Die Bettelorden des 13. Jh. verfechten entschieden die primatialen Ansprüche des sich seit dem 12. Jh. (Innozenz III.) als „vicarius Christi" (nicht mehr:

„Petri"; / Päpstliche Titulaturen) verstehenden Papstes. Bonifatius VIII. formuliert 1302 *(Unam sanctam)* die Primatsanerkennung als Heilsvoraussetzung für alle Menschen. Im Spätmittelalter rufen der Ausbau des päpstlichen Zentralismus und das Abendländische Schisma das Verlangen nach „Reform von Haupt und Gliedern" hervor (Wilhelm von Ockham, John Wyclif, Jan Hus, Martin Luther, Jean Calvin), ein Verlangen, das wegen der damit oft verbundenen Bestreitung des Primats das Misstrauen der Päpste gegen fällige Sacherklärungen weckte und so im Gefolge der Gegenreformation absolutistische Tendenzen stärkte (Liturgievereinheitlichung, Nuntiaturwesen, Catechismus Romanus, Sanctum Officium, / Ad-limina-Besuche). Das nachhaltig durch die Französische Revolution und den Säkularismus der Neuzeit ausgelöste Sicherheitsdenken kirchlicher Reformkreise führt endgültig im 19. Jh. zum ekklesiologischen, auf den Primat zentrierten Sichtbarkeitsdenken (B. A. Cappellari [Gregor XVI.]: Il trionfo della Santa Sede. Venedig 1799; J. de Maistre: Du Pape. Lyon 1819; Papstverehrung des Ultramontanismus) mit dem zweiten Höhepunkt des Primatsgedankens in der dogmatischen Festschreibung des Jurisdiktionsprinzips des Ersten Vatikanischen Konzils (DH 3053–64) und dessen rigoroser Anwendung (Verurteilungen des Modernismus 1907, 1910; vorher schon im *Syllabus* 1864). Ein neues Primatsverständnis sucht erst Johannes XXIII. (1958–63) mit Wertschätzung des Bischofskollegiums und einem pastoral verstandenen Lehramt. Das Zweite Vatikanische Konzil ruft ungeachtet seiner das Vaticanum I ergänzenden Bischofstheologie (Kollegialitätsprinzip) verschärfend dessen Primatslehre ins Gedächtnis (DH 4146f.; vgl. Nota praevia DH 4353–59), die im CIC/1983 kanonistisch entfaltet (cc. 330–367) und im Pontifikat Johannes Pauls II. theologisch wie faktisch realisiert, in der Enzyklika *Ut unum sint* (1995) aber auch bezüglich der Ausübungsgestalt als veränderbar erklärt wird.

▨ Literatur: TRE 25, 647–695; LMA 6, 1667–1685; 7, 210f. – G. Thils: La primauté pontificale. Gembloux 1972; G. Schwaiger: Päpstlicher Primat und Autorität der Allgemeinen Konzilien im Spiegel der Geschichte. Paderborn 1977; A. Carrasco-Ruoco: Le primat de l'évêque du Rome. Fribourg 1990; K. Schatz: Der päpstliche Primat. Würzburg 1990; Il primato del Vescovo di Roma nel primo millennio, hg. v. M. Maccarrone. Vatikanstadt 1991; A. Garuti: S. Pietro unico titolare del primato. A proposito del decreto del S. Uffizio del 24 gennaio 1647. Bologna 1993; P. Rodriguez: La constitución dogmática ‚Pastor aeternus' leida desde la encíclica ‚Ut omnes unum sint': Analecta Cracoviensia 29 (1997) 319–336; A.T. Hack: Zur römischen Doppelapostolizität: Hagiographica 4 (1997) 9–33; R. Weigand: Rom und Konstantinopel. Forschungen zur Reichs-, Papst- und Landesgeschichte. FS P. Herde. Stuttgart 1998, 201–210; Il primato del successore di Pietro. Atti del Simposio Teologico, Roma, dicembre 1996. Vatikanstadt 1998; A. Carrasco Rouco: Der päpstliche Primat und das Zweite Vatikanum: Internationale katholische Zeitschrift ‚Communio' 27 (1998) 310–329; V. Peri: Sinodi, patriarcati e primato romano dal primo al terzo millenario: Il ministero del Papa in prospettiva ecumenica, Atti del colloquio Milano 16–18 aprile 1998. Mailand 1999, 51–97; S.K. Ray: Upon this rock. St. Peter and the primacy of Rome in scripture and the early church. San Francisco 1999; W. Henn: The honor of my brothers. A short history of the relation between the pope and the bishops. New York 2000.

2. *Systematisch-theologisch.* Der Primat ist Teil der theologisch begründeten und kanonistisch geregelten Verfassungswirklichkeit der römisch-katholischen Kirche, zu deren Strukturprinzipien im Rahmen der ekklesialen Communio außerdem die kollegial verfasste bischöfliche Hierarchie, das synodale Prinzip, das Teilkirchenprinzip und die Mitverantwortung aller Getauften gehören. Er ist daher innerhalb und unter Wahrung dieser Kirchengestalt zu realisieren und zu interpretieren, welche wie er selbst auf den Stifterwillen Jesu Christi (daher: „ius divinum") zurückzuführen ist. Näherhin wird Primat bestimmt als höchste, allgemeine, volle und unmittelbare ordentliche Leitungsgewalt über die Gesamtkirche und jeden Gläubigen (╱Jurisdiktionsprimat, „primatus iurisdictionis"); er ist zu unterscheiden von einer bloßen Oberaufsicht („primatus inspectionis", „directionis") und einem Ehrenvorrang („primatus honoris") in der Kirche. Der historische Träger dieser Vollmacht ist der ╱Papst kraft seiner Stellung als Bischof von Rom, sofern er in der Nachfolge des Erstapostels Petrus der Inhaber aller Vorrechte zu sein beansprucht, die diesem zu seinem besonderen Dienst in der und für die Kirche von Christus verliehen worden sind. Dogmatisch wurde der Primat endgültig definiert auf dem Vaticanum I (DH 3053–64) und präzisiert auf dem Vaticanum II (DH 4146f. in Verbindung mit der zu den Konzilsakten gehörenden Nota praevia: DH 4353–59). Er schließt die lehramtliche Infallibilität (╱Unfehlbarkeit) in Glaubens- und Sittenfragen ein (DH 3074).

Der Primat kann im strengen Sinn historisch-kritisch kaum begründet werden, da eine historische Nachfolgekontinuität zwischen dem biblischen Petrus und dem römischen Bischof nicht nachweisbar ist. Wohl

625

aber lässt er sich in ein Kirchenverständnis integrieren, das aus der Dynamik der Entwicklung (s. o. 1.) auf strukturelle Identität zwischen dem Petrusamt und der Wesensgestalt seiner Verwirklichung im historischen Papsttum schließt. Insofern geht dieses tatsächlich auf die christologisch gegebene Grundgestalt der Kirche zurück und ist so „göttlichen Rechts". Die unausweichlich geschichtliche Ausformung dieser Grundgestalt bedingt unterschiedliche Manifestationen des Primats, die „menschlichen Rechts" sind; über deren jeweilige Konformität mit dem Petrusamt entscheidet allein die Konformität mit allen Daten der Ekklesiologie und der Lebenswelt, die ethische Valenz, die Förderung des Amtsauftrags usw. Eine ein für alle Mal vorgezeichnete Gestalt des Primats gibt es mithin nicht, vielmehr nur eine bleibende Aufgabe: „das immer neue Maßnehmen am Ursprung für Begriff und Wirklichkeit des Primats" (J. Ratzinger: Lexikon für Theologie und Kirche 761).

Theologisch dient der Primat der Garantie und Darstellung der kirchlichen Einheit, ist also innerhalb dieser Zielsetzung auszuüben. Da diese Einheit primär nicht administrativ, sondern geistlich ist, d. h. da sie das Volk Gottes in der Gemeinschaft des Leibes Christi unter dem geistvermittelten Wort Gottes halten soll, ist auch die Ausübung des Primats von dieser Vorgabe bestimmt; sie kann in dieser Welt freilich nicht anders als in rechtlicher Ordnung erreicht werden. Konkret muss die Förderung der Einheit die Wahrung der Katholizität mit den Prinzipien der Kollegialität, Subsidiarität und Pluralität der Lebens- und (theologischen) Denkformen einschließen, da Einheit wie Katholizität Wesens-eigenschaften der Kirche sind. Grenzen des Jurisdiktionsprimats sind daher (neben der Einbindung in den Glauben der Kirche) die Pflichten und Rechte aller Gläubigen einschließlich der Laien (cc. 208–231 CIC) und das gleichermaßen durch „göttliches Recht" bestehende und der Einheit dienende Bischofskollegium, dem darum (nur) zusammen mit dem Papst oberste Leitungs- und Lehrvollmacht eignet, und zwar dergestalt, dass der Papst zwar den Primat in eigenen u. selbstständigen Akten ausüben kann, immer aber in Repräsentanz der Gesamtkirche, also nicht gegen die oder unter völliger Ausschaltung der Bischöfe (vgl. DH 3050 4146f.).

Literatur: Lexikon für Theologie und Kirche, hg. v. J. HÖFER – K. RAHNER, Bd. 8. Freiburg ²1963, 761ff.; Handbuch der Ökumenik, hg. v. H.J. URBAN – H. WAGNER, Bd. 3/2. Paderborn 1987, 131–147; Neues Handbuch theologischer Grundbegriffe, neue Auflage, hg. v. P. EICHER, Bd. 4. München ²1992, 167–183; Evangelisches Kirchenlexikon, hg. v. E. FAHLBUSCH U.A., Bd. 3. Göttingen ³1992, 1016–33. – Arbeitsgemeinschaft ökumenischer Universitätsinstitute (Hg.): Papsttum als ökumenische Frage. München – Mainz 1979; J. TILLARD: L'évêque de Rome. Paris 1982; G. GRANFIELD: Das Papsttum. Münster 1984; K. LEHMANN (Hg.): Das Petrusamt. ebd. 1984; G. GRANFIELD: The Limits of Papacy. New York 1987; W. BEINERT (Hg.): Glaubenszugänge. Paderborn 1995, Bd. 1, 131–155; Bd. 2, 560–573; P. COLLINS: Papal power. A proposal for change in Catholicism's third millenium. London 1997; J.R. QUINN: The Exercise of the Primacy. New York 1998; M.J. BUCKLEY: Papal Primacy and the Episcopate. ebd. 1998; H.J. POTTMEYER: Die Rolle des Papsttums im dritten Jahrtausend. Freiburg 1999. *Wolfgang Beinert*

3. *Kirchenrechtlich.* Nach allgemein geltendem Recht wird mit Primat die Vorrangstellung des Papstes in der Kirche bezeichnet. Ohne den Begriff selbst zu gebrauchen, wird

diese in cc. 331–333 CIC und cc. 43–45 CCEO näher umschrieben: Als Hirt der Gesamtkirche verfügt der Papst kraft seines Amtes über höchste, volle, unmittelbare und universale Gewalt, die er immer frei ausüben kann; die Gewalt des Papstes bezieht sich nicht nur auf die Gesamtkirche, sondern auch auf alle Teilkirchen und deren Verbände und ist darauf ausgerichtet, die eigenberechtigte, ordentliche und unmittelbare Gewalt zu stärken und zu schützen, die den Bischöfen in den ihnen anvertrauten Teilkirchen zukommt. Unter ausdrücklicher Verwendung dieses Begriffs ist vom Primat in c. 591 CIC (Recht des Papstes, Ordensinstitute der bischöflichen Leitung zu entziehen) die Rede, außerdem in c. 1273 CIC und c. 1059 CCEO (oberste Verwaltung und Verfügung über Kirchengüter) sowie in c. 1417 §1 CIC (Recht des Gläubigen, seine Streit- oder Strafsache unmittelbar dem Heiligen Stuhl vorzulegen); wenn hier und an anderen Stellen vom Heiligen oder Apostolischen Stuhl („Sancta Sedes", „Sedes Apostolica") gesprochen wird, so sind gemäß c. 361 CIC darunter nicht nur der Papst, sondern auch verschiedene Einrichtungen der ∕römischen Kurie zu verstehen.

Der Primat ist sakramental verankert, insofern die Bischofsweihe unerlässliche Voraussetzung für das Papstamt ist. Nur zusammen mit der Bischofsweihe bewirkt die Annahme der rechtmäßig erfolgten ∕Papstwahl, dass der zum Papst Gewählte volle und höchste Gewalt in der Kirche erhält. Wird ein Nichtbischof zum Papst gewählt, muss er unverzüglich die Bischofsweihe empfangen (vgl. c. 332 §2 CIC; c. 44 §2 CCEO); daraus folgt, dass er vorher das Papstamt noch gar nicht innehat. Die sakramentale Verankerung des

Primats lässt sich auch dadurch verdeutlichen, dass die päpstliche Vollmacht als eine wahrhaft bischöfliche („vere episcopalis": c. 218 §2 CIC/1917) zu charakterisieren ist. Als Bischof einer bestimmten Teilkirche, der Kirche von Rom (c. 331 CIC/1983; c. 43 CCEO), hat der Papst die primatiale Gewalt inne; diese Bindung an eine bestimmte Teilkirche ist nicht zufällig, sondern letzte Konsequenz aus der Lehre, dass die Kirche keine monistische Größe darstellt, sondern in und aus vielen Teilkirchen besteht (vgl. c. 368 CIC; *Lumen Gentium* 23, 1).

Der Primat des Papstes muss vor zwei Fehlinterpretationen geschützt werden. Einerseits handelt es sich nicht um einen bloßen Ehrenprimat (vgl. c. 218 §1 CIC/1917), sondern um einen rechtlich relevanten Vorrang, der v. a. in der authentischen und letztverbindlichen Vorlage des Glaubens (vgl. c. 749 CIC/1983) sowie in den verschiedenen, Gesetzgebung, Verwaltung und Rechtsprechung betreffenden Leitungsfunktionen zum Tragen kommt. Anderseits ist die dem Papst historisch zugewachsene Machtfülle nicht wesensnotwendig mit dem Primat verbunden. Die päpstliche Primatialgewalt birgt die Gefahr eines zu großen Zentralismus in sich. Eine Dezentralisierung scheint geboten zu sein und ist rechtlich auch möglich, wie die unterschiedliche Ausprägung des Verhältnisses zwischen Universal- und Partikularkirche in dem Gesetzbuch für den lateinischen und dem für den orientalischen Rechtskreis zeigt. Der Kernbereich der päpstlichen Primatialgewalt liegt darin, die Authentizität des Wortes und der Sakramente zu gewährleisten und dadurch eine Einheit stiftende Funktion in der kirchlichen Communio wahrzunehmen; am ehesten kann dies wohl erreicht werden, wenn von einer Mehrstufigkeit im Rechtssystem ausgegangen wird, die den einzelnen Teilkirchen und Teilkirchenverbänden eine größere Eigenständigkeit sichert. Auch wenn der Papst aufgrund der Primatialgewalt das Recht hat, entsprechend den Zeiterfordernissen zu entscheiden, wann er persönlich und wann er kollegial handelt (vgl. c. 333 § 2 CIC; c. 45 § 2 CCEO), verweist der Primat auf die Mitverantwortung aller Bischöfe und auf die Eigenverantwortung der Teilkirchen.

▨ Literatur: K. MÖRSDORF: Schriften zum Kanonischen Recht, hg. v. W. AYMANS U.A. Paderborn u.a. 1989, 241–255 322–338; P. KRÄMER: Kirchenrecht, Bd. 2. Stuttgart u.a. 1992, 99–103; H.J. REINHARDT: Zur Frage der (Selbst-) Beschränkung des päpstlichen Jurisdiktionsprimats im Hinblick auf die nichtkatholischen Christen: Catholica 57 (Münster 1997) 255–263; J.I. ARRIETA: Primado, episcopado y communión eclesial: Ius canonicum 38 (1998) 59–85; J. MACAREAVEY: The primacy of the Bishop of Rome. A canonical reflection in response to ,Ut unum sint': Studia canonica 34 (2000) 119–154.   *Peter Krämer*

4. Ökumenisch. a) Orthodoxe Kirche: Erst im 12./13. Jh.

wurde der päpstliche Primat infolge der Wahrnehmung des realen /Jurisdiktionsprimats Roms über die gesamte Christenheit, wie er sich gerade in den Kreuzzügen zeigte, zum theologischen Kontroversthema. Zwar kennen die griechischen und orientalischen Kirchen von jeher eine besondere Dignität bestimmter Bischofssitze, die aus speziellen apostolischen Ortstraditionen herrühren, doch hat diese nicht zur Bildung beherrschender hierarchischer Zentren geführt, wie dies etwa für Jerusalem oder Ephesus zu erwarten gewesen wäre. Vielmehr folgt deren Errichtung den geopolitischen Strukturen und ihren Veränderungen

(Alexandrien, Antiochien, Konstantinopel). Der späte Rückgriff auf apostolische Ätiologien in Alexandrien (Petrus-Schüler Markus) oder Konstantinopel („Erstberufener" Andreas) wirkt als Zierrat oder nicht allzu ernst gemeinte Replik auf Roms ebenfalls eher verbal-metaphorisch empfundene petrinische Begründung seines Primats. Umso selbstverständlicher wird der römischen Gemeinde und ihrem Bischof ein Primat – kein übergeordneter Supremat – innerhalb der Gesamtkirche zugebilligt, der sich von der einzigartigen politischen Stellung dieser Stadt in den ersten drei Jahrhunderten herleitet. Er wird über diese Zeit hinaus kanonisch-synodal bereitwillig anerkannt und festgeschrieben (c. 3 des ersten Konzils von Konstantinopel; c. 28 des Chalcedonense) und gilt, für den Fall der Wiederherstellung der Glaubens- und Kircheneinheit, bis heute. Dies hat jedoch nichts mit einer besonderen und exklusiven Petrusnachfolge der römischen Päpste zu tun, die bereits Bischof Firmilian von Caesarea (Kappadokien) in einem Schreiben an Cyprian von Karthago (ep. 75,17) ablehnt. Johannes Chrysostomus schreibt das /Petrusamt vielmehr ausdrücklich jedem Bischof für seine Ortskirche zu (De sacerdotio II, 1 f.). Augustinus betont seinerseits gegenüber den Donatisten, dass die katholischen Christen allerorts zuvorderst auf ihre Einheit mit der Kirche von Jerusalem zu achten hätten, von der die Verkündigung des Heils ihren Anfang genommen hat (Homilia 2, 2 f. in 1 Iohannem).

▨ Literatur: M. JUGIE: Theologia dogmatica Christianorum orientalium ab ecclesia catholica dissidentium, Bd. 4. Paris 1931, 320–423; N. AFANASSIEFF U.A.: La primauté de Pierre dans l'Église Orthodoxe. Neuchâtel 1960, deutsch Zürich 1961; F.

DVORNIK: Byzance et la primauté Romaine. Paris 1964, deutsch Stuttgart 1966; J. DARROUZÈS: Les documents byzantins du XIIᵉ siècle sur la primauté Romaine: Revue des études byzantines 23 (1965) 42–88; J. SPITERIS: La critica bizantina del primato romano nel secolo XII. Rom 1979; BISCHOF VASILIOS [Tsiopanas] VON ARISTI U.A.: Das Papstamt. Dienst oder Hindernis für die Ökumene? Regensburg 1985; A. RAUCH – P. IMHOF (Hg.): Das Dienstamt der Einheit in der Kirche. Primat – Patriarchat – Papsttum. Sankt Ottilien 1991; D. PAPANDREU: Petrusdienst und Primat: Theologische Quartalschrift 178 (1998) 97–111; A. GARUTI: Primato del Vescovo di Roma e dialogo Cattolico-Ortodosso: Antonianum 73 (1998) 3–42; C. DAVEY: Statements on primacy and universal primacy by representatives of the Orthodox Church: One in Christ 35 (1999) 378–382; E. MACMANUS: Aspects of primacy according to two Orthodox theologians (Afanassieff, Zizioulas): ebd. 36 (2000) 234–250.　　*Peter Plank*

b) *Kirchen der Reformation:* Die Reformation setzt nicht mit einem Angriff auf den Primat als solchen ein, auch wenn das von Seiten der Gegner so gesehen wird. Martin Luthers erklärte Bereitschaft zum Gehorsam gegenüber dem Papst weicht erst dann einer sich radikalisierenden Kritik, als klar wird, dass die reformatorischen Anliegen in Rom auf Ablehnung stoßen. Dabei taucht bei ihm schon bald – zuerst als Sorge (seit Dezember 1518), dann als Überzeugung (seit Oktober 1520) – der Gedanke auf, der Papst sei der „Antichrist" (2 Thess 2,4). Seitdem ist dieses Verdikt ein konstantes Element reformatorischer Polemik, das auch in die lutherische Bekenntnisschriften Eingang findet. Den theologischen Kern dieses apokalyptisch-endzeitlichen Verdikts bilden v. a. drei Vorwürfe: der Papst mache sich zum „Richter über die Schrift"; er setze „neue Artikel des Glaubens"; der Gehorsam ihm gegenüber werde als „heilsnotwendig" er-

klärt. Dennoch zeigt sich wiederholt bei Luther, deutlicher noch bei Philipp Melanchthon eine gewisse Offenheit für ein Papsttum, das „das Evangelium zulässt" (Melanchthon) und auf das jene Vorwürfe nicht mehr zutreffen. – Das Primats- und Unfehlbarkeitsdogma von 1870 wurde von der evangelischen Theologie als definitive Bestätigung der reformatorischen Polemik verstanden. Nunmehr sei in der Primatsfrage „die Tür ins Schloss gefallen" (P. Brunner: Kerygma und Dogma 13 [1967] 182).

Der gegenwärtige katholisch-lutherische Dialog, der die Primatsfrage gelegentlich thematisiert hat (USA; Deutschland), sieht das nicht mehr so. Die Frage nach dem päpstlichen Primat als einem „Dienst an der universalen Einheit der Kirche" ist wieder offen. Der Kern der evangelischen Erwartungen ist, dass der Primat „durch theologische Reinterpretation und praktische Umstrukturierung dem Primat des Evangeliums untergeordnet wird" (Malta-Bericht 1972).

Literatur: J.-J. VON ALLMEN: La primauté de l'Église de Pierre et de Paul. Fribourg – Paris 1977; H.H. SCOTT: Luther and the Papacy. Philadelphia 1981; W. KLAUSNITZER: Das Papstamt im Disput zwischen Lutheranern und Katholiken. Innsbruck – Wien 1987, H. MEYER: Das Papsttum bei Luther und in den lutherischen Bekenntnisschriften: Lehrverurteilungen – kirchentrennend?, hg. v. W. PANNENBERG, Bd. 3. Freiburg – Göttingen 1990, 306–328; Johann-Adam-Möhler-Institut (Hg.): Das Papstamt. Anspruch und Widerspruch. Zum Stand des ökumenischen Dialogs über das Papstamt. Münster 1996; P. HÜNERMANN (Hg.): Papstamt und Ökumene. Zum Petrusdienst an der Einheit aller Getauften. Regensburg 1997; H. DÖRING: Ökumene vor dem Ziel. Neuried 1998; M. LIENHARD: Les réformateurs protestants du XVIᵉ siècle et la papauté: Positions luthériennes 46 (1998) 157–173; W. PANNENBERG: Evangelische Überlegungen zum Petrusdienst des römischen Bischofs: Internationale katholische Zeitschrift ‚Communio' 27 (1998) 345–358; O.H. PESCH: Petrusdienst im 21.Jh. Eine ökumenische Perspektive: Communio viatorum 40 (1998) 145–162; V. LEPPIN: Luthers Antichristverständnis vor dem Hintergrund der mittelalterlichen Konzeptionen: Kerygma und Dogma 45 (1999) 48–63; A. GARUTI: Primato del Vescovo di Roma e dialogo Cattolico-Lutterano: Antonianum 74 (1999) 379–430 587–626.

Harding Meyer

Radio Vaticana. Im Zuge der ⁄Lateranverträge gab Pius XI. 1929 dem italienischen Rundfunkpionier Guglielmo Marconi den Auftrag, einen Vatikansender zu bauen (Eröffnung 12.2.1931). Erster Direktor war der Jesuit Giuseppe Gianfranceschi. Seit der Gründung stellt die Gesellschaft Jesu den Gesamtdirektor, den technischen und den Programmdirektor. Bis 1939 gab es keine Programme, sondern lediglich Ansprachen und Botschaften des Papstes sowie Übertragungen von Gottesdiensten und Feiern. Mittlerweile produziert Radio Vaticana Sendungen in 38 Sprachen. Die drei Säulen des Senders bilden: aktuelle Informationen über kirchliches Tagesgeschehen in aller Welt, theologisch-kirchliche Bildungsarbeit sowie spirituelle Hilfe für den Glauben. Inhaltlich untersteht der Sender dem ⁄Staatssekretariat, finanziell der Finanzverwaltung des Vatikans. Werbung und Gebühren gibt es nicht.

Radio Vaticana hat rund 400 Mitarbeiter, die aus dem jeweiligen Programmzielland kommen. Es ist auf drei Wellenbändern zu hören: Kurz-, Mittel- und Ultrakurzwelle. Seit 1993 werden die Sendungen auch über Satellit ausgestrahlt.

Literatur: VATL 634f. – R. TUCCI: 50 Jahre Radio Vatikan: Funk-Korrespondenz n. 7 vom 11.2.1981, Beilage Kirche und Rundfunk, Seite B1–B10; ANPONT 2000, 1385–88 1986.

Wolfgang Pütz

Rom
1. Historisch · 2. Kunstgeschichtlich · 3. Bistum.

Rom (lateinisch und italienisch: Roma), Stadt am Unterlauf des Tiber und an den südlichen Ausläufern des Hügellandes von Latium; in der Antike Hauptstadt des Imperium Romanum, Sitz des ⁄Papstes, seit Mitte des 8.Jh. Mittelpunkt des ⁄Kirchenstaates, seit 1870 Hauptstadt Italiens.

1. Historisch. Die Bedeutung Roms als Stadt des heiligen ⁄Petrus und der Martyrer sowie als kirchliches Zentrum des Westens stand seit der Spätantike nicht mehr in Frage. Aber erst Gregor I. dem Großen gelang es, die die Völker überspannende Einheit der Kirche des Westens stärker zur Geltung zu bringen. In seiner Zeit verfiel zwar die Macht des byzantinischen Reiches, doch erkannte Gregor den Kaiser loyal an. Die Entwicklung zwang ihn, in Mittelitalien staatliche Aufgaben zu übernehmen. Daher trat an die Stelle der staatlichen immer stärker die kirchliche Verwaltung, so für die Versorgung Roms mit Getreide aus den kirchlichen Besitzungen. Auch das äußere Bild der Stadt wandelte sich, wenngleich nicht durch kirchliche Großbauten, sondern durch die oft in ehemaligen Getreidespeichern eingerichteten Diakonien. Von großer Tragweite war, dass Gregor eine Brücke zu den aufsteigenden germanischen Völkern schlug, die Langobarden und Westgoten für die römische Kirche gewann und 596 den Prior Augustinus mit vierzig Gefährten zu den Angelsachsen sandte. Die sich bildende Kirche in England schloss sich wie später die von Bonifatius (Winfrith) organisierte fränkische Kirche eng an Rom an, das v. a. nach dem Fall Jerusalems an die Araber (638) Ziel eines Pilgerstroms wurde, der seit dem 7. Jh. das Gesicht des Borgo, des Viertels bei ⁄Sankt Peter, wandelte. Erst jetzt wurden auch Tempel, die schon über 200 Jahre geschlossen waren, zu Kirchen umgestaltet, so 609 das Pantheon (Sancta Maria ad Martyres). 625–629 wurde im Senatsgebäude eine Kirche eingerichtet (Sanctus Hadrianus), und auch das Forum wurde nun zu einem christlich geprägten Areal.

Angesichts des byzantinischen Machtverfalls und der Langobardengefahr verband sich das Papsttum 754 mit den Franken und erhielt durch die Pippinische Schenkung Mittelitalien, während Stephan II. Pippin dem Jüngeren den Titel eines „Patricius Romanorum" verlieh. Seitdem wurde Rom zugleich weltliche Hauptstadt des Papsttums mit dem heiligen Petrus als fiktivem Eigentümer, und im Bewusstsein des Abendlandes verschmolzen Kirche, Rom und Papsttum immer mehr. Die Geschichte des Papsttums war seitdem großenteils auch die Geschichte Roms. Damals entstand die gefälschte Urkunde der Konstantinischen Schenkung, die bis ins 15. Jh. zur Untermauerung des päpstlichen Herrschaftsanspruchs herangezogen wurde. Von 760 bis 860 kam es zu großen Bauunternehmungen wie der Ummauerung des Borgo (seitdem: Leostadt) und der Wiederherstellung von Wasserleitungen, gleichzeitig aber auch zum Aufstieg des stadtrömischen Adels, der ab dem späten 9. Jh. die Vorherrschaft über das Papsttum gewann. Erst Kaiser Heinrich III. gelang es 1046 auf der Synode von Sutri, dies zu korrigieren.

Mit den Reformpäpsten, deren wichtigster Vertreter Gregor VII. im

Dictatus Papae (1075) den päpstlichen ⁄Jurisdiktionsprimat und die Irrtumslosigkeit der römischen Kirche vertrat, begann nach schweren Kämpfen mit dem Kaisertum der Aufstieg des Papsttums zur geistlichen Führungsmacht der westlichen Kirche. Der wachsende Austausch zwischen den Völkern brachte seitdem auch Rom einen neuen Stellenwert. Die Gregorianische Reform strebte nach Wiederherstellung der altchristlichen Ordnung, führte aber zum weiteren Aufstieg des Papsttums und zur Romorientierung der westlichen Kirchen.

Ein zentrales Anliegen der Gregorianischen Reform war die Wiederherstellung der Bischofswahlen, doch führten nun Wahlstreitigkeiten häufig zur Appellation an den Heiligen Stuhl und damit zur Bedeutungssteigerung Roms. Ähnliche Folgen hatten die seit Innozenz III. dem Papst vorbehaltene ⁄Kanonisation, die seit 1123 stattfindenden Generalkonzilien unter päpstlicher Leitung und die Förderung der mit dem Aufstieg der Städte einhergehenden geistlichen Bewegungen, besonders der Mendikanten, die sich dem Papst unterstellten und ihre Generalate in Rom errichteten. Gregor VII. wünschte eine entschiedene Romorientierung und die Führung der Gesamtkirche durch den Papst. Es fehlte jedoch nicht an Kritikern, die wie Bernhard von Clairvaux vor einer zu starken Verrechtlichung warnten. Der päpstliche Anspruch stieß auch auf Vorbehalte seitens der Stadt Rom, die ihrerseits den Anspruch erhob, Hauptstadt und Herrin der Welt zu sein, obwohl ihr nicht einmal der Aufstieg zur freien Kommune gelang. 1143 kam es immerhin zur Bestellung eines Senats, und 1188 einigten sich Papst und Bürgerschaft auf den Status einer Kommune unter päpstlicher Oberhoheit. Seitdem schuf sich der Adel Stadtburgen, von denen aus er ganze Stadtviertel kontrollierte. Spannungen zwischen den Adelsfamilien blieben bis ins 15. Jh. eine Konstante der Stadtgeschichte, so dass die Päpste im 13. Jh. häufig in anderen Städten des Kirchenstaates (↗Anagni, ↗Viterbo) residierten. Nachdem das erste ↗Heilige Jahr 1300 noch einmal das Ansehen des Papsttums und Roms gezeigt hatte, löste der übersteigerte Führungsanspruch Bonifatius' VIII. eine Krise aus, die mit der Übersiedlung von Papst und Kurie nach Frankreich (Avignonisches Exil) zum Niedergang Roms führte, das mit dem Papst seine tragende Mitte verlor. Bemühungen Cola di Rienzos (1313–54) um Autonomie für Rom und Oberhoheit über den Papst führten nicht zum Ziel. Obwohl die Päpste sich in ↗Avignon eine Residenz und eine effiziente Verwaltung schufen, verblasste die Erinnerung an Rom nicht. Sie wurde u. a. durch Birgitta von Schweden und Katharina von Siena wach gehalten. 1376 kehrte Gregor XI. nach Rom zurück, doch erholte sich die Stadt wegen des Großen Abendländischen Schismas noch nicht. Bonifatius IX. gelang es allerdings, die päpstliche Oberhoheit durchzusetzen und damit die Umwandlung Roms zur Stadt der Päpste einzuleiten. Alle späteren Adelsverschwörungen konnten die päpstliche Herrschaft nicht mehr ernstlich gefährden. Rom hielt freilich mit seinen um 1400 etwa 20000 Einwohnern keinen Vergleich mit den blühenden oberitalienischen Städten aus. Dem 1417 gewählten Papst der wieder geeinten Christenheit, Martin V., gelang es nur mit Mühe und großer Verspätung, in seine Stadt zu gelangen. Er veranlasste einzelne Restaurierungsarbeiten,

doch setzten diese erst um die Mitte des 15. Jh. nach der Beilegung des Baseler Konzilsschismas in großem Umfang ein. Nun ermöglichten die wieder reichlich nach Rom fließenden Geldmittel einschneidende urbanistische Maßnahmen. Die Adelsburgen wurden beseitigt, und an die Stelle der Wohntürme traten Paläste („palazzi"). Straßen wurden restauriert, Tiberbrücken erbaut, v. a. aber die Papstresidenz endgültig an den ↗Vatikan verlegt. Dazu kam die Kunstförderung durch Mitglieder des päpstlichen Hofes und anderer kirchlicher Gruppen. Zusätzliche Impulse brachte die Zuwanderung in die aufsteigende Stadt. Der Zustrom von Menschen und Geld ermöglichte nicht nur die Schaffung neuer Bauten und Kunstwerke, sondern er führte unter Nikolaus V. auch zur Verbindung von Papsttum und Humanismus. Dadurch stieg Rom zu einem Zentrum der Renaissance und der Kunst auf, das unter Julius II. Florenz überflügelte. Nikolaus V. entwickelte erstmals ein Gesamtkonzept für den Borgo, der nunmehr Sitz der Papstresidenz war. Dabei stützte er sich auf die von dem Architekturtheoretiker Leon Battista Alberti entwickelte Theorie der idealen Stadt. Seitdem begann der sich über Jahrhunderte hinziehende Ausbau von Petersdom, Apostolischem Palast, ↗Engelsburg und Hospital vom Heiligen Geist.

Die Idee von der Bedeutung Roms fand ihren Niederschlag auch in der Dichtung. Dabei ging das Mittelalter von der Gewissheit der historischen Bedeutung der Stadt aus, die sich seit dem frühen Mittelalter als riesiges Trümmerfeld darbot. Die mittelalterliche Romdichtung äußerte freilich auch herbe Kritik an der Kurie, die sie am Ideal der großen Vergangenheit maß.

Die Wallfahrt nach Rom wurde von den Päpsten der Reformzeit durch Schutzbestimmungen für Pilger und Pilgerhospize unterstützt. Seit dem späten Mittelalter betrieben viele Pilger zugleich geschäftliche Angelegenheiten an der Kurie. Der Austausch zwischen Rom und den Ländern der lateinischen Christenheit sowie der damit verbundene Geldzufluss ermöglichten jenes immense Kunstschaffen, das im Bau von Neu-Sankt Peter (seit 1506) gipfelte, mit der Verwüstung der Stadt durch die Söldnertruppen Karls V. im Sacco di Roma (1527) jedoch vorerst ein abruptes Ende fand.

Nach dem Bedeutungsverlust, den die Reformation vorübergehend für Rom brachte, wurde die Stadt, seitdem sich die Päpste an die Spitze der katholischen Erneuerung stellten, zum Zentrum der bei der alten Kirche verbliebenen Länder. In Rom entstanden bedeutende Reformorden, v. a. die Gesellschaft Jesu (1540), die maßgeblichen Einfluss auf die Formierung der nachtridentinischen Konfessionskirche gewannen. Auch setzte nun der Ausbau der Stadt zum kirchlichen Studienzentrum ein. 1551 gründete Ignatius von Loyola das Collegio Romano, aus dem die Gregoriana hervorging, und 1552 das Collegium Germanicum als erstes römisches Ausländerseminar. Die Bedeutung Roms für die nachtridentinische Kirche wuchs ferner durch die seit Gregor XIII. ausgebauten ständigen Gesandtschaften (/Päpstliches Gesandtschaftswesen) sowie unter Sixtus V. durch die Neuordnung des /Kardinalskollegiums (1586) und den Umbau der /römischen Kurie zu einer effizienten und modernen Behörde (1588). Sixtus V. ließ Roms Aufgabe als Zentrum der katholischen Christenheit urbanistisch darstellen durch die Anlage neuer Straßen, v. a. der Via Sistina, als Hinführung zu den großen Basiliken, durch die Umwidmung antiker Siegessäulen und Obelisken zu christlichen Monumenten, durch die Einrichtung der /Vatikanischen Bibliothek für die Sammlung der Zeugnisse christlicher Tradition und der Vatikanischen Druckerei für die Bereitstellung normativer Editionen. 1575 und 1600 zeigten die Heiligen Jahre, dass das Papsttum und mit ihm Rom ihren Platz in der katholisch gebliebenen Welt behauptet hatten. Die nachtridentinische Romorientierung ruhte dabei nicht mehr auf fiskalischem, sondern auf religiösem Grund. Im 17. Jh. verlor die Reform zwar an Schwung, und unter Urban VIII. kam die Gegenreformation zum Stillstand, während Rom nun zur barocken Metropole Europas aufstieg. Seine Faszination reichte weit über die katholische Christenheit hinaus und machte es zum Ziel von Bildungsreisen, während der Wallfahrtsgedanke hinter die Beschäftigung mit der Antike zurücktrat. Seit dem 18. Jh. begann zudem die Auflockerung der konfessionellen Abschottung. Auch die Präsenz von Ausländern in Rom nahm zu, denn neben die Zuwanderer traten immer mehr Fremde, die nur für begrenzte Zeit blieben und durch ein gemeinsames Bildungsideal, durch internationale Kontakte und kulturelle Interessen verbunden waren. Auch kam es nun zum effizienten Schutz und zur Erschließung des antiken Denkmälerbestands (Johann Joachim Winckelmann). Im Gegensatz zum kulturellen Aufstieg sank seit dem 18. Jh. die kirchliche Bedeutung Roms, da sich die Päpste gegenüber dem seit dem 15. Jh. erstarkten Staatskirchentum nicht durchzusetzen vermochten, und angesichts der Auswirkungen der

Französischen Revolution schien Roms kirchliche Bedeutung zu erlöschen. Beim Abschluss des französischen Konkordats von 1801 zeigte sich jedoch die Unentbehrlichkeit des Papsttums und damit Roms für eine kirchliche Neuordnung. Während der Romgedanke im 18. Jh. säkularisiert war, vollzog sich nach der Niederlage Napoleons ein Klimawechsel. Vor dem Hintergrund der Wende von der Aufklärung zur Restauration kam es angesichts der allenthalben herrschenden staatlichen Kirchenhoheit unter den Katholiken zu einer umso stärkeren Orientierung nach Rom und zum Papsttum als höchster kirchlicher und moralischer Instanz (Ultramontanismus). Das Rom des 19. Jh. zog über die Konfessionsgrenzen hinweg mehr Gelehrte, Künstler und Reisende an als je zuvor. Dabei zeigte sich eine deutliche Verschiebung von religiösen zu kunsthistorischen Interessen. Aus der Stadt der Martyrer wurde dadurch immer mehr die christliche Kunstmetropole, deren aktive Schaffenskraft freilich erlahmte. Stattdessen trat die Forschung in den Vordergrund. Die Entwicklung der Christlichen Archäologie zur wissenschaftlichen Disziplin und die Öffnung des ⁄Vatikanischen Geheimarchivs (1881) fügten sich in diese Entwicklung. Dadurch wurde Rom mit seinen nun zahlreichen wissenschaftlichen Instituten zu einem wichtigen Platz der internationalen Forschung auf den Gebieten von Archäologie, Geschichte und Kunstgeschichte. Von nicht zu unterschätzender Bedeutung war schließlich der infolge veränderter Verkehrsverhältnisse wachsende Andrang von Reisenden und Pilgern, der im 20. Jh. in den Massentourismus überging und die persönliche Begegnung mit dem Papst zur Alltäglichkeit werden ließ. Der Zustrom erreichte in den Heiligen Jahren besondere Höhepunkte. Angesichts der Gefährdung des Kirchenstaates durch die italienische Einheitsbewegung und der nachlassenden Unterstützung durch die Staaten setzten die Päpste seit Pius IX. auf die katholischen Massen und betrieben schon deshalb intensive Kontakte, z. B. durch Audienzen.

Nach dem Untergang des Kirchenstaates (1870) und der Eingliederung Roms in das Königreich Italien wurde das Wirken des Papstes nicht behindert, doch vollzog sich ein einschneidender Wandel Roms, indem die Kirche, u. a. durch die Säkularisation der Klöster, aus vielen öffentlichen Bereichen verdrängt wurde. Rom sollte auch urbanistisch als Hauptstadt des geeinten Italien dargestellt werden. So wurden für die anwachsende Bevölkerung (1870: 220000; 1911: 500000 Einwohner) neue Stadtviertel, ferner repräsentative Behördenbauten und Denkmäler mit gelegentlich antiklerikaler Spitze (Giordano Bruno auf dem Campo de' Fiori) errichtet. Dem fielen vierzig Prozent des alten Baubestandes zum Opfer. Rom verlor dadurch zwar nicht sein kirchliches Gepräge, doch wurde es weltlicher. Es wurde keine Industriestadt, wohl aber doppelte Hauptstadt mit staatlichen wie päpstlichen Zentralbehörden und einem doppelten ⁄diplomatischen Korps. Die beide Seiten belastende „Römische Frage" wurde erst 1929 durch die ⁄Lateranverträge mit der Gründung des ⁄Vatikanstaats beigelegt. In faschistischer Zeit erfolgten weitere Eingriffe in die traditionelle Bausubstanz, die auf die Freilegung antiker Bauten, die Schaffung repräsentativer Straßen (Via dei Fori Imperiali, Via della Conciliazione) oder auf die

Anlage neuer Stadtviertel hinausliefen. Nach dem Zweiten Weltkrieg erfuhr Rom einen neuen Wachstumsschub, u. a. durch die Zuwanderung aus den süditalienischen Provinzen (2000: drei Millionen, Provinz Rom 3,8 Millionen Einwohner), und zugleich noch einmal eine Verdichtung der kirchlichen Präsenz durch neue Ordensgeneralate und Studienhäuser. Damit stieg die kirchliche Internationalisierung. Die Neufassung des italienischen Konkordats von 1983 verzichtete in Würdigung der fortschreitenden Pluralisierung auf die Unterstreichung des sakralen Charakters der Ewigen Stadt, wie ihn das Konkordat von 1929 noch konstatiert hatte („carattere sacro della Città Eterna"). Die Errichtung der großen Moschee (1995) signalisierte schließlich das Ende der konfessionellen Geschlossenheit.

▧ Literatur: LMA 7, 967–97; TRE 29, 191–206. – F. GREGOROVIUS: Geschichte der Stadt Rom im Mittelalter, 8 Bde. Stuttgart 1859–72; Istituto di studi Romani (Hg.): Storia di Roma, Bd. 10–31. Bologna 1947–1987; AHP (fortlaufende Bibliographie); J. PETERSEN: Rom als Hauptstadt des geeinten Italien 1870–1914: QFIAB 63 (1984) 261–283; R. KRAUTHEIMER: The Rome of Alexander VII 1655–67. Princeton 1985; R. SCHIFFMANN: Roma felix. Aspekte der städtebaulichen Gestaltung Roms unter Papst Sixtus V. Frankfurt (Main) u.a. 1985; R. KRAUTHEIMER: Rom. Schicksal einer Stadt 312–1308. München 1987; P. VIAN (Hg.): Speculum mundi. Roma centro internazionale di ricerche umanistiche. Rom 1993; S.GENSINI (Hg.): Roma capitale (1447–1527). Pisa 1994; K. HERBERS: Rom im Frankenreich: Mönchtum – Kirche – Herrschaft. FS J. Semmler. Sigmaringen 1998, 133–169; G. SPOLETINI: Roma 2000. Le due anime di Roma. Rom 1998; G. SIGNOROTTO (Hg.): La corte di Roma tra Cinque e Seicento. ebd. 1998; J.M.H. SMITH (Hg.): Early medieval Rome and the Christian West. FS D.A. Bullough. Leiden u.a. 2000.

Erwin Gatz

2. *Kunstgeschichtlich.* Die überragende Bedeutung Roms in der Kunstgeschichte erklärt sich durch das einzigartige Zusammentreffen besonderer Bedingungen: Die päpstliche Kurie und die in ihrem Umfeld tätige und sich ständig wandelnde Auftraggeberschaft, bestehend aus Kardinälen, Prälaten, Nepoten- und Adelsfamilien, Gesandtschaften und Ordensniederlassungen, ziehen Künstler aus ganz Europa nach Rom und verschaffen ihnen sowohl sakrale (Titular-, Ordens- und Pfarrkirchen, Familienkapellen, Grabmäler, Altäre) als auch profane Aufträge (kommunale Bauten, Privatpaläste, Villen und deren Ausstattung). Hinzu kommt das Pilgerwesen: Die aus den Katakomben in die Stadtkirchen transferierten Reliquien müssen angemessen zugänglich gemacht werden; nicht zuletzt mit den Spenden der Pilger werden die Stationskirchen instand gesetzt und erneuert (seit 1300 besonders zu den Heiligen Jahren); der Ausbau der Pilgerwege ist ein Schwerpunkt der Urbanistik Roms. – Den Künstlern bieten die oft jahrhundertealten Kulte und Lokaltraditionen sowie die erhaltenen Werke der heidnischen und frühchristlichen Antike ein reiches Repertoire, aus dem sie formal, inhaltlich und sogar materiell schöpfen (Wiederverwendung von Spolien und wertvollen Baustoffen). Daher sind die Wurzeln der Kunst Roms nicht selten in Rom selbst zu suchen.

Als Sitz des Papstes, als Krönungsort der Kaiser und als ideeller Mittelpunkt des Reiches prägt Rom die Kunst des Abendlandes. So wird im Kirchenbau des Mittelalters der römische Typus der dreischiffigen Basilika üblich. Vielerorts baut man bewusst „more romano" (Verbreitung der Ringkrypta und des Atriums; Nachbildung von Querhaus bzw. Westapsis von Alt-/Sankt Peter, z.B. in Saint-Denis, Seligenstadt, Fulda, Hersfeld, Assisi). Man nimmt symbolisch oder urbanistisch auf Rom und seine Hauptkirchen Bezug (z.B. in Aachen, Köln, Konstanz, Bamberg, Fulda). – In der Renaissance wird Rom zur Schule der Künstler und zu einem Zentrum der Kunsttheorie (Gründung der „Accademia di San Luca" 1577). Gegenstand des Studiums sind zunächst die Antiken, die gesammelt und ausgestellt werden (Stiftung der kommunalen Sammlung auf dem Kapitol durch Sixtus IV. 1471, Einrichtung des vatikanischen Belvedere mit dem 1506 gefundenen „Laokoon"), später die Kunstwerke der Hochrenaissance (Fresken Raffaels und Michelangelos, Fassadenmalereien des Polidoro da Caravaggio), seit dem 17. Jh. auch die Landschaft der römischen Campagna. Im 18. und 19. Jh. wird ein Romaufenthalt für junge Künstler („Prix de Rome" der französischen Akademie) und den bildungsreisenden Adel („Grand Tour") allgemein üblich. – Als Sitz bedeutender Museen (/Vatikanische Museen, Villa Borghese), Archive, Bibliotheken und internationaler Institute (z.B. der deutschen „Bibliotheca Hertziana") ist Rom heute ein Zentrum der kunsthistorischen Forschung.

Baukunst: Die Kirchenbauten der Karolingerzeit orientieren sich in Typus, Bautechnik, liturgischer Disposition und Ausstattung vornehmlich an frühchristlichen Vorbildern (Santa Prassede, San Marco, Santa Maria in Domnica). Im ganzen Mittelalter hält Rom an der flachgedeckten Säulenbasilika fest, nur vereinzelt tritt ein Stützenwechsel byzantinischer Art auf (Santa Maria in Cosmedin). Höhepunkte

dieser retrospektiven Architektur sind die im 12. Jh. errichteten Kirchenbauten San Crisogono und Santa Maria in Trastevere. Das 12. und 13. Jh. kennzeichnet allgemein ein mit antiken Motiven spielender, dekorationsfreudiger Baustil, in dem v.a. Glockentürme, Kreuzgänge und Vorhallen errichtet werden. Beliebt sind Marmorarbeiten mit eingelegten farbigen Mustern, mit denen insbesondere die so genannten „Cosmaten" zahlreiche Kirchen ausstatten (Fußböden, Kanzeln, Altäre, Chorschranken, Ziborien und Osterleuchter). Nur in den neuen Ordenskirchen Santa Maria in Aracoeli (Franziskaner) und Santa Maria sopra Minerva (Dominikaner) kommt die Gotik zum Zug. Die Verlegung der Kurie nach Avignon (1309–77) und das Abendländische Schisma (1378–1418) bringen die Bautätigkeit in Rom fast völlig zum Erliegen. Unter Martin V. (Wiederherstellung von San Giovanni in Laterano; /Lateran), Nikolaus V. (Beginn eines tonnengewölbten Kapitelschores für San Pietro [/Sankt Peter] durch Bernardo Rossellino), Paul II. (Palazzo Venezia, Vorhalle von San Marco) und Sixtus IV. (Santa Maria del Popolo, San Agostino, Palazzo della Cancelleria) beginnt die Renaissance, doch erst mit Donato Bramante eignet sie sich das antike Vokabular vollkommen an („Tempietto" bei San Pietro in Montorio, 1504). Sein Hauptwerk ist der 1506 begonnene Neubau von San Pietro, wo er die voluminösen Pfeiler und Wölbungsformen der antiken Thermensäle aufgreift und die Vierung mit einer das Pantheon an Höhe übertreffenden Kuppel bekrönt. Um die Vollendung dieses Riesenbauwerks ringen die bedeutendsten Architekten des 16. Jh. (Raffael, Baldassare Peruzzi, Antonio da Sangallo der Jüngere, Michelangelo, Giacomo Vignola, Giacomo della Porta). Ihre Kirchen-, Palast- und Villenbauten prägen das Rom der frühen Neuzeit; an die Kirchen werden eigenständige Grabkapellen angebaut (Santa Maria del Popolo, Cappella Chigi [Raffael]; Santa Maria Maggiore, Cappella Sforza [Michelangelo], Sistina [unter Sixtus V.] und Paolina [unter Paul V.]); vorhandene Seitenkapellen werden zunehmend reicher, z. T. systematisch ausgestattet. Strengere, wuchtigere Formen kennzeichnen die neuen Bauten nach dem Tridentinum, z. B. die Kirchen der Reformorden (Il Gesù, San Andrea della Valle, Chiesa Nuova, San Carlo ai Catinari), die „Sapienza" genannte Universität, das Collegio Romano der Jesuiten. Auch der Typus der römischen Kirchenfassade (Santo Spirito in Sassia) wird in seiner plastischen Wirkung gesteigert (Santa Caterina dei Funari; Il Gesù; Santa Susanna und San Pietro [beide von Carlo Maderno]). Diese Entwicklung erfasst im 17. Jh. auch den Innenraum, der, ganz auf den Betrachter hin konzipiert, oft mit kurvierten Wänden umgeben und einheitlich dekoriert wird: Unter Urban VIII., Innozenz X. und Alexander VII. entstehen die für ganz Europa vorbildlichen Bauten des Hochbarock (Francesco Borromini: San Carlo alle Quattro Fontane, San Ivo alla Sapienza; Pietro da Cortona: Santi Luca e Martina, Fassade und Vorplatz von Santa Maria della Pace; Giovanni Lorenzo Bernini: San Andrea al Quirinale; Carlo Rainaldi: Santa Maria in Campitelli). Mit dem gleichen Formenrepertoire arbeitet noch das 18. Jh., das einzelne Bauten und städtebauliche Lösungen von internationalem Rang hervorbringt (Carlo Fontana: Fassade von San Marcello al Corso;

Alessandro Galilei: Fassade von San Giovanni in Laterano; Ferdinando Fuga: Fassade von Santa Maria Maggiore; Niccolò Salvi: Fontana di Trevi; Scalinata della Trinità dei Monti [Spanische Treppe]).

Literatur: Le chiese di Roma illustrate. Rom 1923–97; Guide rionali di Roma. ebd. 1967–94. – R. Lanciani: Storia degli scavi di Roma. ebd. 1902–12; Corpus Basilicarum Christianarum Romae, hg. v. R. Krautheimer, 5 Bde. Vatikanstadt 1937–80; M. Armellini: Le chiese di Roma. ebd. ²1942; L. Bruhns: Die Kunst der Stadt Rom. Wien 1951; A.A. Frutaz: Le piante di Roma. Rom 1962; V. Golzio–G. Zander: Le chiese di Roma dal XI al XVI secolo. ebd. 1963; P. Portoghesi: Roma barocca. ebd. 1966; W. Buchowiecki: Handbuch der Kirchen Roms, 3 Bde. Wien 1967–97; P. Portoghesi: Roma del Rinascimento. Rom 1971; F. Haskell: Patrons and Painters. London ²1980; R. Krautheimer: Rome, profile of a city 312–1308. Princeton 1980; A. Blunt: Guide to baroque Rome. London 1982; T. Magnuson: Rome in the age of Bernini. Stockholm 1982; R. Krautheimer: The Rome of Alexander VII, 1655–1667. Princeton 1985; Ph. Bober–R. Rubinstein: Renaissance artists and antique sculpture. London 1986; U. Fischer-Pace: Kunstdenkmäler in Rom. Darmstadt 1988; C. D'Onofrio: Visitiamo Roma mille anni fa. Rom 1988; S. de Blaauw: Cultus et Decor. Vatikanstadt 1994; J. Garms: Vedute di Roma. Neapel 1995; L. Partridge: Renaissance in Rom. Köln 1996; S.F. Ostrow: Art and spirituality in Counter-Reformation Rome. The Sistine and Pauline chapels in S. Maria Maggiore. Cambridge 1996. *Martin Raspe*

3. *Bistum*. Das Bistum Rom („Urbs seu Romana") nimmt unter allen Bistümern der Welt als Sitz des Papstes, der Bischof von Rom und zugleich Oberhaupt der katholischen Kirche ist, eine Sonderstellung ein. Dies betrifft nicht nur die Person des Papstes in seiner Doppelfunktion, sondern das ganze kirchliche Rom, in dem neben den Einrichtungen der Ortskirche mit ihren Pfarreien und Instituten auch zahlreiche im Dienst der /römischen Kurie oder der Weltkirche stehende Priester und Institutionen ihren Sitz haben. Sie leisten zwar subsidiär dem Bistum Rom Hilfe, doch liegt ihre primäre Aufgabe auf anderen Gebieten. Als weitere Elemente kirchlicher Präsenz kommen die /päpstlichen Universitäten und Hochschulen mit etwa 1000 Professoren und 10000 Studenten unterschiedlicher Herkunft und Vorbildung, ferner die große Zahl von Ordenshäusern, insbesondere von Generalaten, hinzu. Auch sie stehen allenfalls subsidiär im Dienst der Ortskirche. 1958 wurden 58% der römischen Pfarreien von Orden betreut. Diese internationale Vielfalt ist interessant und anregend, macht aber die gemeinsame Arbeit nicht leicht. Angesichts des Anwachsens der Bevölkerung (1955: 1,84 Millionen; 2000: 2,9 Millionen) hat das Bistum Rom besonderen Wert auf den Ausbau der Pfarreien (1900: 58; 1955: 155; 2000: 329) und der Kirchen (1971–90: 74 Neubauten) gelegt. Sie sind mit ihren zugehörigen Einrichtungen oft wichtige Begegnungsstätten für die betreffenden Stadtteile.

Unter Innozenz III. ist 1198 erstmals ein päpstlicher Vikar für das Bistum Rom bezeugt, doch gewann das Vikariat erst seit der Katholischen Reform ein klares Profil. Paul IV. bestimmte 1558, dass sein Inhaber stets ein Kardinal sei. Seitdem ist die Liste der Kardinalvikare bezeugt. Nachdem Pius X. das Vikariat 1912 neu gegliedert hatte, erfolgte 1977 durch Paul VI. eine weitgehende Umgestaltung. Seitdem hat das Vikariat seinen Sitz im /Lateranpalast. Die Vollmachten des Kardinalvikars gehen weit über die eines Generalvikars hinaus.

Das Bistum umfasst den größten Teil der Stadt Rom: 881 km²; 2000: etwa 2,67 Millionen Katholiken (97%) in 329 Pfarreien; von den 800 Diözesanpriestern leben 680 in Rom, außerdem 835 Priester auswärtiger Diözesen, etwa 5000 Ordenspriester und 21500 Ordensschwestern.

▨ Literatur: A. RICCARDI: Roma ‚città sacra‘? Dalla conciliazione all' operazione Sturzo. Mailand 1979; F. IOZZELLI: Roma religiosa all'inizio del Novecento. Rom 1985; Guida alle nuove chiese di Roma. ebd. 1990; L. FIORANI: Un vescovo e la sua diocesi. Pio IX, ‚primo pastore e parroco‘ di Roma: Achille Ratti – Pape Pie XI, Sammel-Bd., hg. v. der École française de Rome. ebd. 1996, 423–497; La diocesi di Roma 1996/1997. ebd. 1996; ANPONT 2000, 1 635 1472–79. – *Zeitschrift*: Ricerche per la storia religiosa di Roma 1 (1977) ff. *Erwin Gatz*

Römische Kurie

1. Geschichte · 2. Heutiger Stand · 3. Struktur.

Die römische Kurie ist die Gesamtheit der Behörden und Einrichtungen, die dem Papst bei der Ausübung seines höchsten Hirtenamtes Hilfe leisten zum Wohl und Dienst der Gesamtkirche und der Teilkirchen, wodurch die Einheit im Glauben und die Gemeinschaft des Gottesvolkes gestärkt werden und die der Kirche eigene Sendung in der Welt gefördert wird (Art. 1 der Apostolischen Konstitution *Pastor Bonus*). Papst und römische Kurie zusammen bilden den Apostolischen Stuhl (Sedes Apostolica), der kraft Wesens Rechtssubjekt ist (c. 361 CIC).

1. *Geschichte.* Der römische Bischof hatte ursprünglich den Klerus und die Regionardiakone zur Seite. Nach und nach entstanden die Iudices de clero (Pfalzrichter). Hofstaat und Zentralverwaltung durchliefen die Stadien des Episcopium, Patriarchium und Palatium Lateranense. Seit dem 11. Jh. traten die Bischöfe der suburbikarischen Bistümer im-

mer stärker in Erscheinung als Mitarbeiter des Papstes, denen bald die übrigen Kardinäle folgten; sie übten die ständige Beratung im Konsistorium. Für die Finanzverwaltung entstand die ╱Apostolische Kammer. Seit Urban II. ist „curia" übliche Bezeichnung für die päpstliche Zentralverwaltung, die in der Folgezeit wuchs und sich differenzierte. Seit Ende des 11. Jh. entwickelte sich die ╱Päpstliche Kapelle. Als nächste, vertraute Umgebung des Papstes diente die ╱Päpstliche Familie. Die wichtigste Behörde der römischen Kurie war die ╱Päpstliche Kanzlei. Unter Innozenz III. entstand die ╱Apostolische Poenitentiarie. Seit Clemens IV. ist die Gerichtsbehörde der Audientia sacri palatii (╱Rota) ausgebildet. Alexander IV. suchte die Finanzierung der römischen Kurie durch Einführung des Servitium commune bzw. minutum zu sichern. In ╱Avignon stieg der Kämmerer zum einflussreichsten Beamten auf. Im 15. Jh. gliederte sich aus der Kammer die ╱Apostolische Datarie aus. Paul III. setzte 1542 eine Kardinalskongregation ein, die zu einer ständigen Einrichtung wurde und unter Sixtus V. den Namen Congregatio Sanctae Inquisitionis erhielt. Ihr folgten weitere ständige römische ╱Kongregationen, bis Sixtus V. 1588 insgesamt 15 Behörden dieser Art schuf. Neben sie trat das ╱Staatssekretariat. Im 17. Jh. kamen die Kongregationen für die Glaubensverbreitung und das Ablass- und Reliquienwesen hinzu. Pius X. nahm zu Beginn des 20. Jh. eine Reorganisation der römischen Kurie vor, die eine straffere Gliederung, klare Zuständigkeiten und Trennung von Gerichtsbarkeit und Verwaltung zum Ziel hatte. Die 1814 gegründete Kongregegation für die außerordentlichen kirchlichen Angelegen-

heiten erhielt eine erweiterte Kompetenz. Auf dem Vaticanum II traten Bestrebungen auf, die römische Kurie nicht nur als Werkzeug des Papstes, sondern auch des Bischofskollegiums zu begreifen, die jedoch nicht durchdrangen. Paul VI. erweiterte die römische Kurie durch Einrichtungen wie Sekretariate und Räte und machte das Staatssekretariat zur wichtigsten Behörde. Er ordnete die Aufnahme von Bischöfen in die Kongregationen an. Johannes Paul II. setzte mit der Apostolischen Konstitution *Pastor Bonus* vom 28.6.1988 einen vorläufigen Schlussstrich unter die Organisation der römischen Kurie.

2. *Heutiger Stand.* Die römische Kurie besteht aus den Behörden (Dikasterien) des Staatssekretariats, der Kongregationen, der Gerichte, der Räte und Ämter. Die Behörden sind unter sich rechtlich gleichrangig; jede von ihnen soll ihre eigene Ordnung erhalten.

Das Staatssekretariat ist das zentrale Dikasterium der römischen Kurie. Die erste Abteilung erledigt alle Angelegenheiten, welche den täglichen Dienst des Papstes betreffen und die außerhalb der ordentlichen Zuständigkeit der römischen Kurie sowie der sonstigen Einrichtungen des Apostolischen Stuhls liegen; sie hat die Beziehungen mit den übrigen Behörden der römischen Kurie zu pflegen. Der zweiten Abteilung obliegt die Pflege der Beziehungen der Kirche zu den Staaten, der Abschluss von Konkordaten und anderen Verträgen sowie die Besetzung von Bischofsstühlen in besonderen Umständen.

Die neun Kongregationen sind für die Glaubenslehre, die Ostkirchen, den Gottesdienst und die Sakramente, die Heiligsprechung, die Bischöfe, die Glaubensverbreitung, die Kleriker, die Einrichtungen des geweihten Lebens und die Gesellschaften des apostolischen Lebens, die Seminarien und Studieneinrichtungen zuständig; sie sind kollegial verfasste Behörden.

Die elf Räte (/Päpstliche Räte) dienen in erster Linie der Information, dem Gedankenaustausch, der Kontaktpflege und der Raterteilung, dürfen aber auch im Rahmen ihrer Kompetenz Verwaltungsakte setzen. Der Rat für die Interpretation von Gesetzestexten interpretiert authentisch alle Gesetze, die in höchster kirchlicher Autorität ergangen sind, überprüft Ausführungs- und Verwaltungsverordnungen der übrigen Behörden auf ihre Übereinstimmung mit dem Gesetz und ebenso die überprüfungsbedürftigen Beschlüsse der Bischofskonferenzen. Ein (von der römischen Kurie unabhängiger) Rat von (2000) 13 Kardinälen berät den Papst in den wirtschaftlichen Angelegenheiten des Heiligen Stuhls.

Zu den Gerichten zählen herkömmlich die Apostolische Poenitentiarie, die jedoch eigentlich eine monokratisch verfasste Behörde mit Gnaden erweisender Tätigkeit ist, die /Apostolische Signatur, die höchstes Gericht der Kirche und zugleich oberste Gerichtsverwaltungsbehörde ist, und die römische Rota, das ordentliche Gericht des Papstes für die Annahme von Berufungen.

(Monokratisch verfasste) Ämter sind die Apostolische Kammer, die Vermögensverwaltung des Heiligen Stuhls (/Finanzwesen) und die Präfektur für die Wirtschaftsangelegenheiten des Heiligen Stuhls. Sonstige Einrichtungen der römischen Kurie, d. h. Ämter, die nicht Dikasterien sind, sind die Präfektur des Päpstlichen Hauses und das Amt für die liturgischen Feiern des Papstes, fer-

ner das Zentralarbeitsamt und das statistische Amt. Dem Heiligen Stuhl lediglich verbundene Einrichtungen sind u. a. das /Vatikanische Geheimarchiv, die /Vatikanische Bibliothek und die /Päpstlichen Akademien.

3. *Struktur.* Die Behörden der römischen Kurie bestehen überwiegend aus einem Kardinalpräfekten oder Erzbischofpräses als Leiter, einer Gruppe von Kardinälen und einigen Bischöfen, denen ein Sekretär zur Seite steht. Dazu treten Konsultoren, höhere Bedienstete und weitere Beamte. Die Mitglieder (Kardinäle und Bischöfe), der Sekretär und die höheren Bediensteten sowie die Konsultoren werden für fünf Jahre ernannt. Die an der Spitze stehenden Kardinäle haben mit vollendetem 75. Lebensjahr den Verzicht anzubieten; die übrigen Leiter und die Sekretäre verlieren die Zugehörigkeit zu der Behörde mit dem vollendeten 75. Lebensjahr, die Mitglieder mit vollendetem 80. Lebensjahr. Beim Tod des Papstes erlöschen die Ämter aller Leiter und Mitglieder, den Kämmerer der Heiligen Römischen Kirche und den Großpoenitentiar ausgenommen. Die ordentlichen Angelegenheiten werden von den Sekretären weitergeführt.

Die /Kardinäle gehören als Berater des Papstes zur römischen Kurie. Ihnen bleibt die Leitung der wichtigsten Behörden anvertraut. Das Kardinalskollegium als solches tritt jedoch bei der Regierung der Gesamtkirche kaum noch in Erscheinung. Die unersetzliche Rolle des /Konsistoriums als Ort kontroverser Beratung ist verloren gegangen.

Der Dienst der römischen Kurie ist Teilnahme an der Sendung des Papstes; sie ist das Werkzeug, das der Papst benötigt und dessen er sich bedient zur Ausübung der Aufgaben des Hirten der Gesamtkirche. Römische Kurie und Papst stehen zueinander im Verhältnis der Repräsentation; ihre Behörden handeln im Rahmen ihrer Zuständigkeit im Namen und in der Autorität des Papstes. Die ordentliche Gewalt der Behörden der römischen Kurie ist eine stellvertretende. Die römische Kurie hat nur die Gewalt, die ihr der Papst überträgt. Einen selbstständigen Willen neben dem Papst oder gegen ihn darf sie nicht entwickeln. Nicht alle Behörden haben teil an der Jurisdiktionsgewalt des Papstes. Ämter, welche die Ausübung der Jurisdiktionsgewalt verlangen, sind Geweihten vorbehalten. Die Behörden der römischen Kurie haben grundsätzlich allein Verwaltungskompetenz, abgesehen von den Gerichten und der Kongregation für die Glaubenslehre. In der Zeit der /Sedisvakanz leitet das Kardinalskollegium die römische Kurie mit Beschränkung auf die ordentlichen und unaufschiebbaren Angelegenheiten.

Die Behörden behandeln Angelegenheiten, die wegen ihrer besonderen Bedeutung kraft ihres Wesens oder durch das Recht dem Apostolischen Stuhl vorbehalten sind, solche, welche die Kompetenzen der Einzelbischöfe oder ihrer Zusammenschlüsse überschreiten, und jene, die ihnen vom Papst anvertraut oder von den Gläubigen an den Apostolischen Stuhl gebracht werden. Die wichtigsten Angelegenheiten jeder Behörde sind der Vollversammlung, die einmal im Jahr tagt, vorbehalten. Zu den häufiger stattfindenden ordentlichen Sitzungen sind nur die in Rom weilenden Mitglieder einzuladen. Die Kompetenz der Behörden bestimmt sich grundsätzlich nach dem zu behandelnden Gegenstand. Angele-

genheiten, welche die Zuständigkeit mehrerer Behörden berühren, sind gemeinsam zu prüfen. Wo häufige gegenseitige Konsultation erforderlich ist, können zwischenbehördliche Kommissionen gebildet werden. Mehrmals im Jahr findet eine Versammlung der Kardinäle, die Behörden vorstehen, statt, um gewichtige Fragen zu prüfen, die Arbeiten zu ordnen und Mitteilungen auszutauschen. Allgemeine Dokumente sind vor der Veröffentlichung beteiligten Behörden zugänglich zu machen. Entscheidungen größeren Gewichts sind dem Papst zur Einwilligung vorzulegen, ausgenommen solche der Gerichte. Gesetze und Allgemeindekrete mit Gesetzeskraft bedürfen der besonderen Einwilligung („specifica approbatio") des Papstes. Kompetenzkonflikte unter den Behörden werden von der Apostolischen Signatur entschieden. Der Geschäftsgang der römischen Kurie richtet sich nach dem allgemeinen und dem besonderen Ordo servandus jeder Behörde.

Die römische Kurie dient der Communio hierarchica und ecclesialis; sie ist auf enge Zusammenarbeit mit den Teilkirchen und Bischofskonferenzen verwiesen. Die Bischöfe pflegen bei ihren Romaufenthalten (/Ad-limina-Besuche) Kontakt mit den Behörden der Kurie.

Quellen: Ordo servandus in SS. Congregationibus, Tribunalibus, Officiis Romanae Curiae vom 29.9.1908: AAS 1 (1909) 36–108; Apostolische Konstitution ‚Sapienti consilio' vom 29.6.1908: ebd. 7–19; cc. 242–264 CIC/1917; Lumen gentium 8 und 18–27; Christus Dominus 9–10; Apostolische Konstitution ‚Regimini Ecclesiae universae' vom 15.8.1967: AAS 59 (1967) 885–928; Apostolische Konstitution ‚Pastor Bonus' vom 28.6.1988: AAS 80 (1988) 841–934; Ordinatio Officii Laboris vom 30.9.1994: AAS 84 (1992) 841–855; Apostolische Konstitution ‚Universi Dominici gregis' vom 22.2.1996: AAS 88 (1996) 305–343; Regolamento generale della Curia Romana: AAS 60 (1968) 129–176, 84 (1992) 201–267, 91 (1999) 630–699.

■ Literatur: DTHC 3, 1931–83; LMA 5, 1583–1588; TRE 20, 343–352; HKKR²; VatL 433–438. – H. SCHMITZ: Kurienreform, 2 Bde. Trier 1968–76; I. GORDON: De curia romana renovata. Renovatio ‚desiderata' et renovatio ‚facta' conferuntur: Periodica de re morali canonica liturgica 58 (1969) 59–116; P. HERDE: Audientia litterarum contradictarum, 2 Teile. Tübingen 1970; G. DELGADO: La Curia romana. El gobierno central de la Iglesia. Pamplona 1973; A. THERME: Le Synode des Évêques et la Curie romaine: L'année canonique 27 (1983) 55–66; L. PÁSZTOR: La Segreteria di Stato e il suo archivo, 2 Bde. Stuttgart 1984–85; Ch. Schuchard: Die Deutschen an der päpstlichen Kurie im späten Mittelalter (1378–1447). Tübingen 1987; J.I. ARRIETA: La reforma de la Curia Romana (Comentario a la Constitución Apostólica ‚Pastor bonus'): Ius Canonicum 29 (1989) 186–204; DERSELBE: Principios informadores de la Constitución Apostólica ‚Pastor bonus': ebd. 30 (1990) 59–81; A. VIANA: La potestad de los dicasterios de la Curia Romana: ebd. 83–114; A. CATTANEO: Der ekklesiologische Ort der Römischen Kurie nach der Apostolischen Konstitution ‚Pastor bonus': Fides et Ius. FS G. May. Regensburg 1991, 109–118; F.J. URRUTIA: Quondam habeatur approbatio ‚in forma specifica': Periodica de re canonica 80 (1991) 3–17; A. VIANA: El regolamento generale de la Curia Romana (4.2. 1992): Ius Canonicum 32 (1992) 501–529; G. MAY: Ego N.N. Catholicae Ecclesiae Episcopus. Berlin 1995; F. D'OSTILIO: Il diritto amministrativo della chiesa. Vatikanstadt 1995; F. ZANCHINI DiCASTIGLIONCHIO: Neue Tendenzen der Kompetenz in der römischen Kurie: Concilium 32 (1996) 454–461; E. MEUTHEN: Reiche, Kirchen und Kurie im späten Mittelalter: Historische Zeitschrift 265 (1997) 597–637; N. DEL RE: La Curia Romana. Rom ⁴1998; E. PÁSZTOR: Onus apostolicae sedis. Curia Romana e cardinalato nei secoli XI–XV. Rom 1999; A. VIANA: ‚Approbatio in forma specifica'. El regolamento general de la Curia Romana de 1999: Ius Canonicum 40 (2000) 209–228.

Georg May

Rota (Romana Rota, Sacra Romana Rota), wichtigstes Gericht des Apostolischen Stuhls. Der Name „Rota" (lateinisch: Rad, Kreis) geht vermutlich auf den im weltlichen und kirchlichen Zeremoniell bestehenden Brauch zurück, durch kreisrunde Einlagen im Boden (häufig aus Porphyr) einen hervorgehobenen Ort zum Vollzug von bedeutsamen Riten oder Rechtsakten zu schaffen. Seit dem frühen Mittelalter gab es auch in ∕Sankt Peter in Rom solche Platten. Wichtige Gerichtssachen wurden als Rotaangelegenheiten betrachtet. Andere Deutungen leiten den Namen von einem runden Tisch zur Ablage der Gesetzbücher oder von dem Rotationsprinzip bei der Bildung der einzelnen kollegialen Gerichtshöfe der Rota her.

1. Geschichte. Die historischen Wurzeln der Rota liegen in der ∕Päpstlichen Kanzlei des hohen Mittelalters, der neben dem (Vize-)Kanzler und dem Auditor contradictorum die vermutlich erstmals von Lucius III. (1181–85) eingesetzten Cappellani papae angehörten, deren Aufgaben in der Untersuchung von einzelnen Gerichtssachen bestand; unter Innozenz III. erhielten sie 1212 auch die Kompetenz zur Urteilsfällung. Die anfängliche Beschränkung auf die Aufgaben eines Untersuchungsrichters lebt in der Bezeichnung Auditor für die Richter der heutigen Rota fort. Seit Mitte des 13. Jh. bildeten die Cappellani ein ständiges Gericht (ohne eigentlichen amtlichen Namen, lediglich generell als Sacrum palatium apostolicum bezeichnet), das gegen Ende desselben Jahrhunderts kollegial arbeitete (Sacri palatii apostolici causarum auditores) und seit Anfang des 14. Jh. in Kammern eingeteilt war. Johannes XXII. erließ 1331 die erste umfassende Ordnung. Spätestens

seit Ende des 15. Jh. fungierte die ursprünglich nur für kirchliche Angelegenheiten zuständige Rota auch
als Berufungsinstanz für weltliche
Prozesse im ⁄ Kirchenstaat. Die Blütezeit der Rota war das 15. und
16. Jh. Nach der Errichtung ständiger Kardinalskongregationen durch
Sixtus V. 1588 (⁄ Kongregationen)
übernahmen diese weithin auch die
Zuständigkeit für kirchliche Prozesse und minderten die Bedeutung der
Rota, die faktisch nur noch oberstes
Berufungsgericht für (weltliche)
Verfahren aus dem Kirchenstaat
wurde (gesetzliche Regelung 1834
durch Gregor XVI.). Mit der Aufhebung des Kirchenstaates erlosch die
Rota. 1908 wurde das Gericht bei
der Kurienreform Pius' X. wieder
errichtet (AAS 1 [1909] 15) und
durch eine (auch die ⁄ Apostolische
Signatur betreffende) „Lex propria"
(ebd. 20–35) und durch detaillierte
„Regulae" (AAS 2 [1910] 783–850)
neu geordnet. Damit wurde die Rota Berufungsgericht für kirchliche
Rechtsstreitigkeiten aus der ganzen
Welt. Novellierungen der Rotaord-
nung, die 1934 (AAS 26 [1934] 449–
491), 1969 (X. Ochoa: Leges Ecclesiae post Codicem Iuris Canonici edi-
tae, 4, 5550–58) und 1982 (AAS 74
[1982] 490–517) durchgeführt wurden, tangierten das Gericht nicht in
seiner Grundfunktion und -struktur.
2. *Geltende Ordnung.* Nach den
seit dem 1.10.1994 geltenden Normen (AAS 86 [1994] 508–540) ist
die Rota ein wie bisher kollegial
verfasstes und international besetz-
tes Gericht, das aus vom Papst ernannten Richtern (Auditoren) unter
Leitung eines (aus dem Kreis der
Rotarichter) päpstlich bestellten
Dekans als „primus inter pares" besteht. Die Richter müssen Priester
sein; ihre Zahl ist nicht festgelegt
(2000: 20, inklusive Dekan). Die

übrigen Gerichtsämter (Promotor,
Defensor usw.) können mit Laien
besetzt werden. Die Rota ist primär
Berufungsgericht und zuständig für
Verfahren, die von untergeordneten
Gerichten in erster oder zweiter Instanz entschieden wurden. Für bestimmte Sachen hat sie ordentliche
Kompetenz in erster Instanz; daneben ist päpstliche Zuweisung von
Verfahren oder Avocatio durch den
Dekan möglich (cc. 1443–1444 CIC;
c. 1065 CCEO; Apostolische Konstitution *Pastor Bonus* [AAS 80
(1988) 841–934] Art. 128f., Rotan-
ormen [s. o.] Art. 52). Die Entscheidungen der Rota (veröffentlicht als
„Decisiones seu sententiae selec-
tae"; „Decreta selecta") und die
jährlichen Rotaansprachen des Papstes haben richtungweisenden Anspruch für die Rechtsprechung aller
kirchlichen Gerichte. An der Rota
wird ein dreijähriger Kurs zur Ausbildung künftigen Gerichtsperso-
nals durchgeführt („Studio rotale").

Literatur: DMC 4, 153ff.; HDRG 4, 1148–54; CATH 13, 130ff.; Enciclopedia del diritto, Bd. 41. Varese 1989, 137–151; LMA 1, 1193f.; VatL 661ff. – D. Bernino: Il Tribunale della Santa Rota Romana. Rom 1717; F.E. Schneider: Die Römische Rota. Paderborn 1914; N. Del Re: La Curia Romana. Rom ³1970, 243–259 592–596; P.A. Bonnet: La competenza del Tribunale della Rota romana e del Supremo Tribunale della Segnatura Apostolica: Ius Ecclesiae 7 (1995) 3–37; A. Stankiewicz: Rilievi procedurali nel nuovo ‚Ordo iudiciarius' della Rota romana: ebd. 65–87; J.L. Acebal Luján: Normas del Tribunal de la Rota Romana: Revista Españo-la de Derecho Canónico 52 (1995) 231–279; S. Haering: Die neue Ordnung der Römischen Rota aus dem Jahr 1994: De processibus matrimonialibus 2 (1995) 89–115; Le ‚normae' del Tribunale della Rota Romana, hg. v. P.A. Bonnet–C. Gullo. Vatikanstadt 1997; S. Haering: Die Neuordnung der Römischen Rota (1994) im wis-senschaftlichen Schrifttum. Ein Literatur-bericht: De processibus matrimonialibus 6

(1999) 181–192; ANPONT 2000, 1298–1301 1949f. – *Zeitschrift:* Quaderni Studio Rotale 1 (1987) ff. *Stephan Haering*

Sankt Peter. Die Grabeskirche des Apostels ∕Petrus ist das zentrale Heiligtum der römisch-katholischen Kirche, seit dem frühen Mittelalter die wichtigste Pilgerstätte des Abendlandes, seit dem 14. Jh. der entscheidende Aktionsraum des Papsttums (Palastkirche) und spiritueller Mittelpunkt des ∕Vatikans. Aus der einzigartigen Stellung der Kirche ergaben sich die Leitgedanken für Architektur und Ausstattung, die nahezu durchgängig der Bezug auf die Tradition sowie die deutliche Herausstellung zentraler Glaubensgewissheiten und des päpstlichen ∕Primats blieben.

An der Stelle des heutigen Baues befand sich seit der Gründung durch Kaiser Konstantin (um 320) eine fünfschiffige Basilika (Alt-Sankt Peter) mit ausladendem Querhaus, großer Apsis als westlichem sowie Narthex, Vorhof und breiter Freitreppe als östlichem Abschluss. An den südlichen Querarm schlossen sich zwei Rundbauten an, die Honorius- und die Andreasrotunde; letztere diente bis zu ihrem Abriss im 18. Jh. als Sakristei. Im 5. Jh. ließ Leo der Große die Wände des Mittelschiffs mit Fresken versehen; das dabei verwendete Schema – Szenen aus Altem und Neuem Testament in typologischer Entsprechung – wurde zum Vorbild für zahllose Kirchenausmalungen der Folgejahrhunderte. Am Apsisansatz im Querhaus befand sich von Beginn an der Hochaltar über dem ∕Petrusgrab. Unter Gregor dem Großen wurde um 600 der direkte Bezug des Altars auf das Apostelgrab stärker betont und eine Ringkrypta für den Zugang der Gläubigen zum Grab angelegt. In

der ersten Hälfte des 14. Jh. fand die letzte mittelalterliche Ausstattungskampagne statt; die Hauptwerke, das Stefaneschi-Polyptychon und das Navicella-Mosaik, wurden dabei von Giotto und seiner Werkstatt ausgeführt.

Wechselvoll und langwierig gestaltete sich das Baugeschehen von Neu-Sankt Peter. Die Vorgeschichte bilden Mitte des 15. Jh. die Maßnahmen unter Nikolaus V. Wegen der Baufälligkeit der alten Basilika, aus zeremoniellen und liturgischen Erwägungen und möglicherweise auch als „Befreiungsschlag" angesichts der mit Grabmälern und Altären übervollen Basilika wurden 1451/52 die Konsolidierung des Langhauses sowie die Neuerrichtung von Querhaus und Chor beschlossen. Unter der Leitung von Bernardo Rossellino und wahrscheinlich unter Beteiligung Leon Battista Albertis wurde mit dem Chor begonnen, der aber nicht über die Grundmauern hinausgelangte. Hier setzt die charakteristische Diskrepanz von Planungs- und Baugeschichte ein; der tatsächliche Fortgang der Arbeiten ist von nun an relativ leicht nachzuverfolgen, während die Diskussion um die zahlreichen Projekte keineswegs abgeschlossen ist. Fest steht jedoch, dass im 16. Jh. Donato Bramante und Michelangelo das Aussehen des Neubaus durch ihre visionären Entwürfe bestimmt haben. Den Grundstein für den Neubau der Westpartie legte 1506 Julius II., der den Rossellino-Chor weiterführen und dort vielleicht sein eigenes Grabmal aufstellen lassen wollte. Das lateinische Kreuz als architektonische Grundform sollte aber respektiert werden, wie auch die Weiterführung der unter Pius II. 1464 begonnenen Benediktionsloggia neben der alten Fassade zeigt. Hingegen scheint Julius'

Baumeister Bramante zunächst einen Zentralbau favorisiert zu haben, während er in späteren Jahren eine Synthese aus zentraler Kreuzkuppelkirche und basilikalem Longitudinalbau erstrebte. Für die Vierung kombinierte er frei stehende, innen diagonal abgeschrägte Pfeiler mit einer Kuppel über Pendentifs. Ohne nennenswerte Wirkung blieben die Entwürfe von Fra Giocondo, Giuliano da Sangallo und Raffael, der 1514 zum Nachfolger Bramantes als Architekt von Sankt Peter berufen wurde. Ihm folgte 1521 Antonio da Sangallo der Jüngere (mit Baldassare Peruzzi), der 1538 das Fußbodenniveau um etwa 3,20 m anheben ließ; darunter wurden gegen Ende des 16. Jh. die so genannten Vatikanischen Grotten angelegt. Sangallos verwirrend kleinteiliges und in antiquarischen Details sich verlierendes Modell für den Neubau (1538–1544) wurde von Michelangelo (seit 1546) verworfen. Der seit 1549 mit umfassenden Vollmachten ausgestattete Künstler kehrte zur Idee eines Zentralbaus zurück und legte das definitive Aussehen von Kuppelraum, Westtribuna, südlichem und nördlichem Kreuzarm fest. Durch die Verkürzung des Chorabschlusses sollte die Peterskirche „im Umfang kleiner, in der Wirkung aber umso größer" werden (Giorgio Vasari). Bei Michelangelos Tod 1564 war der von 16 Säulenpaaren umstandene Tambour fertig gestellt; die doppelschalige Kuppel mit aufgesteiltem Kontur wurde erst 1588–93 von Giacomo della Porta unter Mitwirkung von Domenico Fontana vollendet (Höhe: 132,5 m; Durchmesser: 42 m). Wegen der funktionalen Mängel und der drohenden Profanierung des durch die Tradition geheiligten Bodens von Alt-Sankt Peter regte sich seit dem späten 16. Jh. Widerstand

gegen eine Vollendung als Zentralbau. 1606 erhielt Carlo Maderno den Auftrag für das Langhaus, das sich in drei Jochen organisch aus der Vierung heraus entwickelt und von einem kassettierten Tonnengewölbe über mächtigen Pfeilern überspannt wird. Der dem Langhaus vorgeschaltete Narthex stellte die Verbindung zum Apostolischen Palast her. 1612 war die Travertinfassade vollendet; die neue Basilika erreichte damit ihre heutige Länge von 211,5 m. An die Stelle des wohl von Michelangelo geplanten Säulenportikus setzte Maderno eine vielfach durchbrochene Front mit kräftig vortretenden Halbsäulenvorlagen und Benediktionsloggia als Mittelakzent. 1612–14 wurde nachträglich mit der Anfügung der nie vollendeten Glockentürme begonnen, was sich auf die Proportionen der Fassade ungünstig auswirkte. Gleichwohl ist ihr Effekt durch die schiere Größe der Bauglieder überwältigend. Obwohl dreischiffig, erhielt die neue Kirche nach Art des Vorgängerbaus fünf Portale. Für das Mittelportal wurden die Bronzetüren des Filarete (1433–45) aus Alt-Sankt Peter wieder verwendet.

Den Anfang der Ausstattung des ursprünglich rein weißen Kircheninneren machte die von Gregor XIII. in Auftrag gegebene, 1574–78 von Della Porta errichtete Cappella Gregoriana im Geviert zwischen östlichem und südlichem Kreuzarm, die durch das Zusammenwirken von vergoldetem Stuck, Mosaik und Buntmarmorinkrustation ein überaus prächtiges Aussehen erhielt. Da die Kapelle keinen abgeschirmten Bereich darstellt, konnten ihr Dekorationssystem und ihre Farbigkeit auf die umliegenden Räume übergreifen. Ein analoges Programm erhielt der Zwillingsbau im Nordosten, die Cappella Clementina (1583–1601). Beide Kapellen wurden nach Entwurf von Giacomo Vignola mit Kuppeln geschlossen, wodurch der seit Bramante erstrebte Mehrkuppelaspekt zumindest teilweise verwirklicht wurde. Clemens VIII. ließ die Hauptkuppel und die Pendentifs mit Mosaiken versehen (zwischen den Rippen eine Deesis mit Aposteln und Heiligen, darüber Engel mit den Leidenswerkzeugen, in der Laterne Gottvater, von Giuseppe Cesari, 1593–1612; in den Pendentifs die vier Evangelisten, von Giovanni de'Vecchi und Cesare Nebbia, 1598–1601); des weiteren gab er 1599 einen Petruszyklus für sechs neue Altäre in Auftrag. Auch der Schriftzug nach Mt 16,18 („TV ES PETRVS ...") im unteren Kuppelarchitrav muss in das klementinische Ausstattungsprogramm mit einbezogen werden, das v. a. die apostolische Sukzession betont. Der petrinische Bilderkreis, den Paul V. Anfang des 17. Jh. erweiterte (in der Vorhalle Mosaiken mit Szenen aus dem Leben Petri und 32 Sitzstatuen heiliger Päpste, an der Fassade Relief mit der Schlüsselübergabe von Ambrogio Buonvicino, 1612–14), hatte sein natürliches Zentrum im Grab des Apostels. Unter Clemens VIII. wurde diese Stelle durch den Hochaltar bezeichnet (Weihe der Altarmensa 1594). Statt der genauen Mitte der Vierung wurde ihm somit eine leicht exzentrische Position zugewiesen, wodurch im Sinn der frühchristlichen Tradition eine Trennung von Grab und Altar vermieden wurde. 1615 vollendete Maderno die offene Confessio unter dem Hochaltar. Über ihm hatte Clemens VIII. das erste frei stehende Ziborium errichten lassen; es folgten mehrere provisorische Baldachine, bevor Giovanni Lorenzo Bernini 1624 mit der definitiven Gestaltung von Hochaltar und Vierung betraut wurde. Sein 1633 vollendeter, 28,5 m hoher Bronzebaldachin ist ideell und formal an die Vorgänger angelehnt, aber von völlig neuartiger Großartigkeit und Kühnheit in Konzeption und Materialbehandlung. Von den Nischen der Kuppelpfeiler aus schauen die kolossalen Statuen des Longinus (Bernini) und des Apostels Andreas (François Duquesnoy) die Wiederkunft Christi und sind zugleich geschichtliche Zeugen der Passion, die sich im eucharistischen Geheimnis erneuert, und Nachfolger im Martyrium. Die anderen beiden Vierungsnischen besetzen die Statuen der Kaiserin Helena (Andrea Bolgi) und der Veronika (Francesco Mochi). Die Wahl dieser vier Heiligen, die durch ihre Biographien mit dem Opfertod Christi verbunden sind, war durch die Verbringung ihrer Reliquien in die Vierung schon seit 1605 vorgegeben; diese werden in den Reliefs der oberen Pfeilernischen vergegenwärtigt. Der Bezug auf den Ort der Passion wird durch die gewundenen Baldachinsäulen verstärkt, die auf die legendären Säulen des Salomotempels anspielen. Indem sie außerdem die konstantinischen Ziboriumsäulen nachahmen, bezeugen sie die ununterbrochene Kontinuität des ↗Petrusamtes. Einseitig politische Deutungen als „Herrschaftszeichen" werden der universalen Aussage des Monuments nicht gerecht und gehen an den primären Absichten der Vierungsgestaltung sicher vorbei. Neben dem Baldachin gab Urban VIII., der die Basilika 1626 feierlich konsekrierte, bei den führenden Malern Roms (Giovanni Lanfranco, Domenichino, Guido Reni, Andrea Sacchi, Petrus da Cortona, Nicolas Poussin u. a.) Bilder für sämtliche Altäre in Auftrag, von denen während seines Pontifikats über ein Dutzend entstanden. Dem kongenialen Zusammenspiel zwischen diesem Papst bzw. seinen Nachfolgern und Bernini ist es zu verdanken, dass der Gesamtraum seit den Jahren nach 1620 Zug um Zug planmäßig ausgestattet wurde. Auf die Ausstattung der Vierung folgten das Grabmal Urbans VIII. (1628–47), das zusammen mit dem Grabmal Pauls III. in der Westtribuna aufgestellt wurde, ferner das Grabmal der Markgräfin Mathilde von Tuszien (1633–44), das Relief „Pasce oves meas" über dem Mittelportal (1633–46), die Dekoration von Pfeilern und Arkadenzwickeln des Langhauses mit Brustbildern heiliger Päpste und Allegorien der christlichen Tugenden (1645–48), der Kathedraaltar (1656–66), die Reiterstatue Kaiser Konstantins (1654–1668), die Scala Regia (1663–66) und die Gestaltung des gewaltigen Petersplatzes, dem Bernini durch Umstellen mit zwei von der Basilika ausgehenden Kolonnadenarmen einen ovalen Grundriss verlieh (1656–1671). Platz und Kirche bilden ein von anthropomorphen Vorstellungen geprägtes Ganzes (Umarmung der Menschheit durch Christus bzw. seinen Stellvertreter). Der Obelisk aus dem so genannten Neronischen Circus, in dem Petrus das Martyrium erlitten haben soll, wird umgedeutet zu einem christlichen Siegeszeichen; er stand schon seit 1585 an dieser Stelle. Die 96 Heiligenfiguren auf dem inneren Ring der Kolonnaden sind größtenteils von Bernini selbst entworfen. Durch seine Eingriffe kam es zur Überlagerung von petrinischem und christologischem Programm, die der Kathedraaltar in der Westtribuna wie ein Schlussstein zur Einheit führt. Den römischen Bischofsthron ins Mystische überhö-

hend, schwebt die Kathedra zugleich als der Leere Thron der Offenbarung (Etimasia) herab. Über ihr teilt sich der Heilige Geist, dargestellt im Zentrum einer Engels- und Wolkengloriole, der ganzen Christenheit mit, repräsentiert durch die lateinischen und griechischen Kirchenväter in der unteren Zone.

Das Gesamtprogramm von Sankt Peter ist nicht einheitlich geplant worden, sondern entstand in vielen Schritten und nicht selten aufgrund von Ad-hoc-Entscheidungen. Die Ausdeutung als visualisiertes Glaubensbekenntnis (Hans Sedlmayr) wirkt daher gezwungen. Andererseits scheint es, dass tatsächlich „dogmatische" und „historische" Ikonologie zusammengewirkt haben. In der Ausstattung ergänzen sich abstrakte Lehrsätze und konkrete geschichtliche Überlieferung. Die Vorgaben durch die Architektur verschmolz Bernini mit den eigenen Schöpfungen zu einer umfassenden Ekklesiologie, in der sowohl die kontingente Gestalt wie die transzendente Bestimmung der Kirche anschaulich wird. Ihre Geschichtlichkeit (Scala Regia/Vorhalle/Langhaus) mündet in die liturgische Gegenwart (Hochaltar/Vierung) vor der eschatologischen Folie der Wiederkunft Christi (Kuppel/Apsis). Das Bildprogramm führt vom Historischen über das Gegenwärtige zum Kommenden und beschwört die Einheit der Kirche im Zeichen ihres apostolischen Garanten.

Die wichtigsten Ausstattungsstücke außer den genannten sind ebenfalls plastische Werke: Bronzestatue des heiligen Petrus, wahrscheinlich ein Werk von Arnolfo di Cambio (um 1300); Grabmal Innozenz' VIII. von Antonio Pollaiuolo (1484–98); Pietàgruppe von Michelangelo (1499); Altarrelief mit der Begegnung zwischen Leo dem Großen und Attila von Alessandro Algardi (1646–53); Grabmal Alexanders VII. von Bernini (1671–78); Engel und Tabernakel der Sakramentskapelle von Bernini (1673–75).

▓ Literatur: VATL 561–571. – PH. BONANNI: Numismata summorum pontificum templi Vaticani fabricam indicantia. Rom 1696; T. ALPHARANUS: De Basilicae Vaticanae antiquissima et nova structura. ebd. 1914; H. SEDLMAYR: Der Bilderkreis von Neu Sankt Peter in Rom: Epochen und Werke, Bd. 2. Wien–München 1960, 7–46; H. SIEBENHÜNER: Umrisse zur Geschichte der Ausstattung von Sankt Peter in Rom von Paul III. bis Paul V. (1547–1606): FS H. Sedlmayr. München 1962, 229–320; W. BUCHOWIECKI: Handbuch der Kirchen Roms, Bd. 1. Wien 1967, 103–213; H. THELEN: Zur Entstehungsgeschichte der Hochaltar-Architektur von Sankt Peter in Rom. Berlin 1967; I. LAVIN: Bernini and the Crossing of Saint Peter's. New York 1968; G. GRIMALDI: Descrizione della basilica antica di San Pietro in Vaticano. Vatikanstadt 1972; E. FRANCIA: Storia della costruzione del nuovo San Pietro. Rom Bd. 1 1977, Bd. 2 1989; A. ARBEITER: Alt-Sankt Peter in Geschichte und Wissenschaft. Berlin 1986; F. GRAF WOLFF METTERNICH–CH. THOENES: Die frühen Sankt Peter-Entwürfe 1505–14. Tübingen 1987; La Basilica di San Pietro, hg. v. C. PIETRANGELI. Florenz 1989; S. SCHÜTZE: Beobachtungen zu Idee und Gestalt der Ausstattung von Neu-Sankt Peter unter Urban VIII.: Römisches Jahrbuch der Bibliotheca Hertziana 1994, 213–287; CH. THOENES: Neue Beobachtungen an Bramantes Sankt Peter-Entwürfen: Münchner Jahrbuch der bildenden Kunst 1994, 109–132; CH.L. FROMMEL: Die Baugeschichte von Sankt Peter bis zu Paul III.: Architekturmodelle der Renaissance. Berlin 1995, 74–100; CH. THOENES: Sankt Peter 1534–46: ebd. 101–109; San Pietro: Arte e Storia nella Basilica Vaticana, hg. v. G. ROCCHI COOPMANS DE YOLDI. Bergamo 1996; W.CH. KIRWIN: Powers Matchless. New York 1997; L. RICE: The Altars and Altarpieces of New Saint Peter's. ebd. 1997; G. SPAGNESI (Hg.): L'architettura della Basilica di San Pietro. Atti del Convegno 1995. Rom 1997; D. CASALINO: La

basilica di San Pietro in Vaticano. Florenz 1999; H. BREDEKAMP: Sankt Peter in Rom und das Prinzip der produktiven Zerstörung. Bau und Abbau von Bramante bis Bernini. Berlin 2000.

Damian Dombrowski

Schlüsselgewalt. 1. Historisch.

Schlüsselgewalt (lateinisch „potestas clavium, claves"; parallel: „potestas ligandi" bzw. „solvendi" [Binde- und Lösegewalt]) ist ein metaphorischer Ausdruck für die auf verschiedenen Ebenen und durch verschiedene Träger in der Kirche ausgeübte Verfügungsgewalt in geistlichen Dingen. Er geht zurück auf die antike, auch biblische Vorstellung von an sich verschlossenen, durch einen bevollmächtigten Schlüsselträger aber zugänglich gemachten Jenseitsbereichen (Himmel, Unterwelt). Dieser ist nach Offb 1, 14 Christus als der in der Dynastie des Schlüsselinhabers David (3, 7f.; vgl. Jes 22, 22) verheißene Messias. Laut Mt 16, 19 übergibt Christus „die Schlüssel des Himmelreiches" dem Petrus zusammen mit der auch den anderen Jüngern (Mt 18, 18) verliehenen Binde- und Lösegewalt: Dieser kann den Zutritt zum Gottesreich also nicht bloß (als „Himmelspförtner") überwachen, sondern auch regulieren. Lk 11, 52 ist von den „Schlüsseln der Erkenntnis" die Rede; unklar ist, ob es sich dabei um Schlüssel zur Erkenntnis (Genitivus objectivus) handelt oder ob die Erkenntnis selber Schlüssel ist (Genitivus subjectivus). Aus diesen Elementen entwickeln sich im Lauf von Kirchen- und Theologiegeschichte unter der Kennmarke Schlüsselgewalt die Konzeptionen der geistlichen Gewalt, die es in der Glaubensgemeinschaft gibt: sakramentale Vollmacht (Bußwesen und Ablass), richterliche Befugnisse

(Exkommunikation, Bann), Lehr- und Leitungsmacht (Amt), Umgang der Gläubigen miteinander („correctio fraterna").

a) *Patristik:* Da Mt 16,19 anfangs von Joh 20,23 her gedeutet wird, erscheint Schlüsselgewalt zunächst als Sündenvergebungsgewalt, die den geistlichen Menschen verliehen ist (Augustinus: Tractatus in Iohannem 50, 12; 121, 4; 124, 5; Sermones 295, 2f.). Die damit gegebene Spannung zwischen dem pneumatischen und judizialen Moment wird oft thematisiert (z. B. Origenes, Commentarius in Matthaeum 12, 14; Hieronymus, Commentarius in Matthaeum 16, 19; Ambrosius, De paenitentia 7, 33). In der Auseinandersetzung mit Tertullian (nur Geistbegabte haben Schlüsselgewalt: De pudicitia 21, 9f.) setzt sich mit Cyprian (ep. 33, 1) die Konzentration der Schlüsselgewalt auf den Bischof und seine Presbyter durch. Schlüsselgewalt ist nun sakramentale wie außersakramentale Amtsgewalt. Sie ist seit dem 4. Jh. v. a. in der petrinisch-päpstlichen Prärogative zusammengefasst, da der römische Bischof sich nun als direkter Nachfolger Petri und damit auch seiner Schlüsselgewalt versteht (erstmals Stephan I.: vgl. Cyprian, ep. 75, 17). Ausdrückliche „Legitimationsurkunde" für die Schlüsselgewalt als primatiale Gewaltenfülle ist der Brief des Clemens an Jakobus: Petrus hat dem Clemens mit der Übertragung des römischen Bischofsamtes auch die Vollmacht nach Mt 16,18ff. übertragen. Leo I. interpretiert Schlüsselgewalt als Hirtengewalt, die in der Petrusrepräsentation das Heilswirken Christi offenbart (ep. 10; Sermones 4, 3).

b) *Mittelalter:* Schlüsselgewalt ist, in Weiterentwicklung der patristischen Vorentscheidungen: 1) Die im Bußsakrament ausgeübte richterli-che Vollmacht (Petrus Lombardus, Sententiae IV, 18). Die von Thomas von Aquin (Summa theologiae III, 17ff.) ausgebaute Lehre wird dann vom Konzil von Trient rezipierend definiert: Bei der Lossprechung üben Bischöfe und Priester eine „potestas" aus (DH 1670 1703). Mit Blick auf Lk 11,52 ist ein Unterscheidungswissen („discretio") der sündhaften Akte zur Ausübung der Schlüsselgewalt erforderlich (vgl. Gratian, Decretum I, distinctio 22, 2: daher auch zwei Schlüssel). Umstritten bleibt im Mittelalter, ob die Schlüsselgewalt deklaratorisch die Vergebung Gottes manifest macht (Frühscholastik) oder sakramentalinstrumental daran beteiligt ist (Thomas). Umstritten bleibt auch das Verhältnis von Weihe- und Jurisdiktionsgewalt im Vollzug der Schlüsselgewalt. Die von Johannes Duns Scotus entwickelte Theorie von den zwei Vergebungswegen (sakramental; außersakramental durch vollkommene Reue) stellt die Universalität der Schlüsselgewalt in Frage. – 2) Die Schlüsselgewalt wird mit zunehmender Entfaltung der Papsttheologie zum Inbegriff der Gewaltenfülle („plenitudo potestatis"), die dem römischen Bischof in der Universalkirche zukommt. Er wird zum Urheber aller Formen der Schlüsselgewalt einschließlich der Kompetenz (ab 11. Jh.), den sündigen Herrscher abzusetzen und dessen Untertanen vom Treueid zu entbinden (Gregor VII., Absetzungssentenz gegen Heinrich IV. [1076]). Ob diese „Weltmonarchie" (Franciscus de Maironis) wirklich aus der biblischen Schlüsselgewalt folge, wird im 14. Jh. diskutiert.

c) *Neuzeit:* In der Reformation spielt vom Ansatz Martin Luthers her die Schlüsselgewalt in beiden Formen eine wichtige Rolle in der

Auseinandersetzung. Luther hält die Schlüsselgewalt neben Taufe und Abendmahl für ein Kennzeichen der Kirche. Die „Schlüssel" sind christusgegebene „Ampt und Gewalt" („officium et potestas") zur Vergebung aller, auch der geheimen Sünden (Schmalkaldische Artikel III, 7). Nach Philipp Melanchthon sind sie allen Kirchengliedern verliehen (De potestate papae: Bekenntnisschriften der evangelisch-lutherischen Kirche 478 491). Das Konzil von Trient bekräftigt die traditionelle katholische Lehre (s. o.) mit besonderer Akzentuierung der Berechtigung der Schlüssegewaltträger kraft ihrer Vollmacht, auch zu „binden" (DH 1692 1715). In der Neuscholastik versteht man sie als die unbeschränkte päpstliche Vollmacht in Gesetzgebung, Verwaltung und Jurisdiktion, in welcher auch die Sündenvergebungsgewalt beschlossen ist (vgl. D. Palmieri: De Romano Pontifice. Rom 1891). Seit dem 19. Jh. verliert die Metapher an Bedeutung. Im Zweiten Vatikanischen Konzil spielt sie ebenso wenig eine Rolle wie im CIC, wo sie nur einmal beiläufig im Bußkontext erwähnt wird (c. 988 § 1).

2. *Systematisch-theologisch.* Auch wenn der theologische Begriff Schlüsselgewalt sich kaum mehr, wie bis ins 19. Jh. hinein, in den einschlägigen kanonistischen Handbüchern findet, haben doch die einst darunter figurierenden Problemanzeigen unverändert theologische Bedeutung: u. a. Verfassung und Ämter der Kirche, Verhältnis der Befugnisse von Primat und Episkopat, Kompetenz und Mitwirkungsrechte aller Kirchenglieder in der Glaubensgemeinschaft, sakramentale Interzession der Kirche im Heilsvollzug, Gemeindeordnung und Gemeindedisziplin, Lehrverfahren, Lehrzucht (Lehrbeanstandungsverfahren). Als

prinzipieller Regelungsfaktor der unter dem Begriff Schlüsselgewalt zusammengefassten Aspekte der kirchlichen Verfassung kann benannt werden: Der Terminus weist als analoger Begriff, der ursprünglich und kraft eigenen Rechts nur Christus zukommt, darauf hin, dass 1) alle in der Kirche ausgeübte Vollmacht nur sekundär und in Bindung an den primären Träger der Schlüssel, in diesem Fall aber tatsächlich ekklesiologisch legitim ist; dass 2) die Glieder der Kirche so weit an der Schlüsselgewalt beteiligt sind, als aus dieser Anbindung das Christuszeugnis gegeben wird, d. h. unter Umständen auch Nichtamtsträgern im Bereich des geistlichen Zuspruchs zukommen kann; und dass 3) die Zielmarke der Ausrichtung dieser Gewalt mit jener des Christuswirkens identisch zu sein hat, also den Zugang zu Gott, das Heil der Menschen (gerade im Fall des „Bindens") anstreben muss. Notwendigkeit und Umfang der Schlüsselgewalt folgen aus den Erfordernissen dieses Ziels und aus der Notwendigkeit der amtlichen Institutionalität der Kirche.

Literatur: Evangelisches Kirchenlexikon, hg. v. E. FAHLBUSCH U.A., Bd. 4. Göttingen ³1996, 81ff. – L. HÖDL: Die Geschichte der scholastischen Literatur und Theologie der Schlüsselgewalt. Marburg 1960; H. VON CAMPENHAUSEN: Kirchliches Amt und geistliche Vollmacht. Tübingen ²1963; B. TIERNEY: Origins of Papal Infallibility. Leiden 1972; S.E. HANSEN: Forgiving and retaining sin. A study to the text of John 20:23: Horizons in Biblical Theology 19 (1997) 24–32.

Wolfgang Beinert

Schweizergarde.

Die Päpstliche Schweizergarde (Cohors Helvetica) ist eine ausschließlich aus katholischen Schweizern bestehende päpstliche Leib-, Palast- und Ehrengarde. Nachdem die Päpste seit dem 15. Jh.

wiederholt schweizerische Truppen in ihre Dienste genommen hatten, errichtete Julius II. 1506 eine feste Garde von 200 Mann. Die Garde war im Verlauf ihrer Geschichte von unterschiedlicher Größe, zählte aber nie mehr als 250 Mann. Heute liegt ihre Stärke bei 100 Gardisten. Sie bestand ihre Probe, als sie beim Sacco di Roma 1527 Clemens VII. verteidigte und ihm die Flucht in die /Engelsburg ermöglichte. Dabei fielen mit ihrem Hauptmann Kaspar Röist 147 Gardisten; 42 retteten sich in die Engelsburg. Erst Paul III. stellte gegen Ende seines Pontifikats die Garde wieder her, indem er mit den schweizerischen Urkantonen unter der Führung Luzerns einen Vertrag über die Bereitstellung von Gardisten abschloss. Diese kamen lange Zeit ausschließlich aus den Ur-, heute dagegen aus allen schweizerischen Kantonen. Folglich sind auch nicht mehr alle Gardisten deutschsprachig. Seit Paul III. besteht die Garde – außer kurzfristigen Unterbrechungen im 19. Jh. – bis heute ununterbrochen fort. Während Paul VI. 1970 die /Päpstliche Nobelgarde, die Palatingarde und das Gendarmeriekorps auflöste, blieb die Schweizergarde bestehen. Sie tut ihren Dienst heute an den Haupteingängen des /Vatikanstaates und im Apostolischen Palast einschließlich /Castelgandolfos, bei päpstlichen Audienzen und Gottesdiensten und als Ehrendienst beim Empfang hoher Besucher. Bedingungen für den Eintritt für mindestens zwei Dienstjahre sind die Absolvierung der schweizerischen Rekrutenschule (militärische Grundausbildung) und lediger Stand (nur Offiziere können beim Eintritt verheiratet sein). Die festliche Uniform in Rot-Gelb-Blau greift die heraldischen Farben der Medicipäpste auf.

Literatur: DHP 718f.; VATL 715ff. – P.-M. KRIEG: Die Schweizer Garde in Rom. Luzern 1960; ANPONT 2000, 1371 1981.

Erwin Gatz

Sedia gestatoria. Ein Tragsessel oder -thron, der in der Spätantike dazu diente, einen hohen Amtsträger durch Emporheben und Herumtragen der umstehenden Menschenmenge zu präsentieren. Im frühen Mittelalter Übernahme ins päpstliche und gelegentlich bischöfliche Zeremoniell. Mehrere Sediari pontifici trugen die Sedia gestatoria mit dem darauf sitzenden Papst auf den Schultern zu liturgischen Feiern oder anderen Versammlungen. Auf beiden Seiten der Sedia gestatoria wurden dazu die „flabelli" (liturgische Fächer) getragen, die Paul VI. 1963 abschaffte. Die Funktion der nicht mehr benutzten Sedia gestatoria erfüllt heute ein spezielles Fahrzeug („Papamobil").

Literatur: LMA 8, 1665f.; VATL 717.

Klaus Peter Dannecker

Sedisvakanz, Zeitspanne zwischen dem Ende eines Pontifikats und der Wahl eines neuen Papstes. Erledigungsgründe sind Amtsverzicht (Benedikt IX., Gregor VI., Coelestin V., Gregor XII.) oder Tod (c. 332 §2 CIC). Die rechtliche Regelung der Sedisvakanz bildet derzeit die Apostolische Konstitution *Universi Dominici Gregis* (AAS 88 [1996] 305–343). Beim Tod des Papstes erlöschen die Ämter aller Leiter der römischen Dikasterien, den Kämmerer der Heiligen Römischen Kirche, den Großpoenitentiar sowie den Generalvikar der Diözese Rom ausgenommen. Die ordentlichen Angelegenheiten werden von den Sekretären weitergeführt. Der Grundsatz „Sede vacante nihil innovetur" verbietet die Schaffung von Präjudizien für den Nachfolger (c. 335 CIC). Mit der Annahme der Wahl eines zum Papst gewählten Bischofs endet die Sedisvakanz; wenn der Gewählte noch nicht Bischof ist, ist er sofort zum Bischof zu weihen (c. 332 § 1).

▪ Literatur: VATL 718f. – J.H. PROVOST: ‚De sede apostolica impedita' due to incapacity: Cristianesimo nella storia. FS G. Alberigo. Bologna 1996, 101–130. *Bruno Steimer*

Sekretariate des Apostolischen Stuhls oder in der römischen Kurie.

Nach der Neuordnung der ∕römischen Kurie durch die Apostolische Konstitution *Sapienti consilio* vom 29.6.1908 bestanden an ihr als selbstständige Ämter („officia") neben dem ∕Staatssekretariat das Sekretariat der Breven an fürstliche Personen und das Sekretariat der lateinischen Briefe. Den beiden letzteren kam es zu, besondere päpstliche Dokumente in lateinischer Sprache auszufertigen (vgl. c. 264 CIC/1917); beide entfielen im Zuge der umfassenden Kurienreform durch die Apostolische Konstitution *Regimini Ecclesiae Universae* vom 15.8.1967. Diese machte das Staatssekretariat zur zentralen Verwaltungsbehörde und errichtete im Ergebnis des Zweiten Vatikanischen Konzils drei neue Sekretariate: „für die Einheit der Christen", „für die Nichtchristen" und „für die Nichtglaubenden". Diese Sekretariate stellten einen neuen Behördentyp dar, der zwar in seiner rechtlichen Struktur den Kongregationen ähnelte, in seiner Zweckbestimmung aber weniger Verwaltungs- als vielmehr pastoralen Aufgaben diente. Mit der erneuten Reform der römischen Kurie durch die Apostolische Konstitution *Pastor Bonus* vom 28.6.1988 wurden diese drei Sekretariate in ∕„Päpstliche Räte" umgewandelt. Damit haben sie ihren ursprünglich provisorischen Charakter

verloren und zählen nun – zusammen mit den übrigen neun Päpstlichen Räten – zu den (untereinander rechtlich gleichgestellten) Dikasterien der römischen Kurie.

▪ Literatur: VATL 720ff. – W. AYMANS–K. MÖRSDORF: Kanonisches Recht. Lehrbuch aufgrund des CIC, Bd. 2. Paderborn u.a. ¹³1997, 244–261. *Konrad Hartelt*

Sixtinische Kapelle, päpstliche Hauskapelle im ∕Vatikan; ab 1473 im Auftrag Sixtus' IV.

wohl von Giovannino de'Dolci erbaut und am 15.8.1483 geweiht; gelängter, schlicht kubischer, dreigeschossiger Backsteinbau, parallel zur südlich benachbarten Peterskirche ausgerichtet, ursprünglich mit wehrhaften Zinnen bekränzt; die Kapelle im zweiten Geschoss, ein Saal mit Rundbogenfenstern und flacher Tonnenwölbung mit Stichkappen, erhielt bis 1484 Chorschranken, Sängerkanzel und Fußboden aus Marmor; um 1481 wurden die Wände in drei übereinander liegenden Zonen von Sandro Botticelli, Domenico Ghirlandaio, Cosimo Rosselli und Perugino freskiert; zuunterst gemalte Teppiche, darüber auf breiten Feldern – gerahmt von fingierten Pilastern – Szenen aus dem Leben des Mose in typologischer Gegenüberstellung zum Leben Jesu, in der Fensterzone ganzfigurige Papstporträts; 1508–12 schuf Michelangelo für Julius II. Deckenfresken mit Szenen aus Genesis, Propheten, Sibyllen und Ignudi in einem gemalten Architekturgerüst; 1536–41 folgte die dramatische Darstellung des Jüngsten Gerichts an der Altarwand. Für die Langwände entwarf Raffael ab 1515 Wandteppiche mit Szenen aus dem Leben des Petrus und Paulus (heute Pinacoteca Vaticana; Kartons in Victoria and Albert Museum, London). Vollständig restauriert in den Jahren 1980–94.

▨ Literatur: VatL 733–740. – E. Steinmann: Die Sixtinische Kapelle, 2 Bde. München 1901–05; Ch. de Tolnay: Michelangelo, Bd. 2: The Sistine Chapel. Princeton 1945; R. Salvini: La Cappella Sistina. Mailand 1965; F. Hartt–G. Colalucci: Michelangelo. La Cappella Sistina, 3 Bde. ebd. 1989–1990; R. Richmond: Michelangelo und die Sixtinische Kapelle. Freiburg 1993; H. Pfeiffer: Gemalte Theologie in der Sixtinischen Kapelle: AHP 28 (1990) 99–160, 31 (1993) 69–108, 33 (1995) 91–116, 35 (1997) 49–88, 37 (1999) 85–127; L. Bestmann: Michelangelos Sixtinische Kapelle. München 1999.

Candida Syndikus

Staatssekretariat (Secretaria Status; Art. 39–47 *Pastor Bonus*, vgl. Art. 83–85 Regolamento Generale della Curia Romana) ist die Bezeichnung für die dem Papst direkt zuarbeitende Behörde der /römischen Kurie.

Aufgrund der umfassenden Kompetenzen kann das Staatssekretariat als die zentrale Oberbehörde der römischen Kurie bezeichnet werden. Es wird geleitet vom /Kardinalstaatssekretär, der in einem besonders engen Vertrauensverhältnis zum Papst steht; aus diesem Grund erlischt seit jeher sein Amt mit dem Tod des Papstes.

1. Geschichte. Das Staatssekretariat geht zurück auf die Tätigkeit der päpstlichen Sekretäre für die politische und finanzpolitische Korrespondenz des Papstes, die im 15. Jh. einem Geheimsekretär („secretarius secretus") übertragen wurde, der 1487 dem Papst unmittelbar unterstellt, erstmals 1550, in Rom ab 1605 auch als Staatssekretär bezeichnet wurde und seit 1644 stets Kardinal war. Der Machtkampf mit dem Kardinalnepoten, der Leiter der Politik war, endete 1692 mit der Abschaffung dieses Amtes; seither versah der Staatssekretär auch dessen Funktionen sowie die inneren Angelegenheiten des Kirchenstaates. Das

Staatssekretariat hat sich als Behörde des Kardinalstaatssekretärs in wechselvoller Geschichte zur bedeutendsten Behörde der römischen Kurie entwickelt (vgl. zuletzt Kurienreform 1908, CIC/1917, Kurienreform 1967, Aufhebung der /Päpstlichen Kanzlei 1973 und des Rates für die öffentlichen Angelegenheiten der Kirche 1988 und Übertragung von deren Aufgaben an das Staatssekretariat).

2. Geltendes Recht. Das Staatssekretariat ist in zwei Abteilungen mit historisch bedingter unterschiedlicher Organisationsstruktur ohne klare Kompetenzabgrenzung gegliedert: Die Sektion I für die allgemeinen Angelegenheiten (unter Leitung des Substituten mit einem Assessor) ist gleichsam die „Staatskanzlei" des Papstes. Sie ist das zentrale Handlungsinstrument des Papstes mit übergreifenden Zuständigkeiten und umfassendem Koordinierungsauftrag; sie hat auch die Schlüsselfunktion in der innerkurialen Personalpolitik. Zu ihren Aufgaben gehören u. a.: Angelegenheiten, welche die ordentliche Zuständigkeit der anderen Behörden übersteigen; Leitung des /Päpstlichen Gesandtschaftswesens; Beziehungen zu den Gesandten der weltlichen Staaten (/Diplomatisches Korps); Sorge für Repräsentation und Tätigkeit des Apostolischen Stuhls bei den internationalen Instituten sowie für die internationalen katholischen Einrichtungen. Der Sektion I obliegen ferner Herstellung und Versand der päpstlichen Dokumente, die Herausgabe der /Acta Apostolicae Sedis (AAS) und die Bekanntmachung der offiziellen Nachrichten durch das Presseamt des /Heiligen Stuhls (Sala Stampa della Santa Sede). Ihrer Aufsicht sind unterstellt: Der /Osservatore Romano, /Radio Vaticana und das vatikanische Fernsehzentrum. Angegliedert ist das Zentralamt für kirchliche Statistik. – Die Sektion II für die Beziehungen zu den Staaten (unter Leitung des Sekretärs mit einem Subsekretär und einem Gremium von Kardinälen und Bischöfen) ist gleichsam das „Außenamt" des Papstes. Zu ihrem Aufgabenbereich gehören u.a. die politischen Fragen und die diplomatischen Beziehungen zu den Staatsregierungen (einschließlich der Konkordatsangelegenheiten).

Aufgabe des Kardinalstaatssekretärs ist ferner, auf Weisung des Papstes die Versammlung der leitenden Kardinäle der römischen Kurie zur Beratung schwerwiegender Fragen zur Koordinierung der Arbeit und zur gegenseitigen Information wie zur Beschlussfassung mehrmals jährlich einzuberufen, den Kardinalsrat für die organisatorischen und ökonomischen Angelegenheiten des Apostolischen Stuhls, der 1981 eingerichtet wurde und zweimal jährlich zu tagen pflegt (/Finanzwesen), einzuberufen und zu leiten sowie bei Bedarf und mit vorheriger Zustimmung des Papstes die Leiter mehrerer Kurienbehörden zur Beratung zusammenzurufen.

Quellen: Johannes Paul II.: Apostolische Konstitution ‚Pastor Bonus' vom 28.6. 1988: AAS 80 (1988) 841–934, Korrekturen: AAS 87 (1995) 588. – Regolamento Generale della Curia Romana: AAS 84 (1992) 201–243, 91 (1999) 630–699.

Literatur: Zu 1.: VatL 752ff. – A. Kraus: Secretarius und Sekretariat. Der Ursprung der Institution des Staatssekretariats und ihr Einfluß auf die Entwicklung moderner Regierungsformen in Europa: RQ 55 (1960) 43–84; J. Semmler: Das Päpstliche Staatssekretariat in den Pontifikaten Pauls V. und Gregors XV. 1605–23: Forschungen zur Geschichte des Päpstlichen Staatssekretariats, Bd. 2 (RQ Supplementheft 33). Rom 1969; AnPont 2000, 1933f. – Zu 2.: MKCIC

c. 360; HKKR² 370f. – W. Aymans – K. Mörsdorf: Kanonisches Recht. Lehrbuch aufgrund des CIC, Bd. 2. Paderborn u.a. ¹³1997, 248f.; A. Kraus: Das Päpstliche Staatssekretariat unter Urban VIII.: AHP 33 (1995) 117–167; AnPont 2000, 1237–41.

Heribert Schmitz

Thronassistenten, bis ins 3. Jh. zurückreichend und seit Mitte des 17. Jh. als Kollegium verfasste Gemeinschaft von Priestern und Laien, die bei päpstlichen Zeremonien dessen Thron umgeben. Während der Titel an Geistliche nicht mehr vergeben wird, versehen die früher wie heute zumeist aus dem römischen Adel kommenden Thronassistenten gemäß dem Motu Proprio *Pontificalis Domus* von 1968 (AAS 60 [1968] 305–315) ihren Ehrendienst unter Leitung des Präfekten des /Päpstlichen Hauses bei feierlichen liturgischen und sonstigen Anlässen.

Literatur: VatL 779f.; AnPont 2000, 1969.

Martin Hülskamp

Tiara, seit dem 4. Jh. bezeugte außerliturgische Kopfbedeckung der Päpste, deren Ursprung wie bei der Mitra in der phrygischen, aufrecht stehenden Zipfelmütze gesehen wird. Diese sowohl priesterlich als auch herrscherlich-triumphal verstandene Krone erfuhr im Lauf der Zeit ihre dreistufige und daher als „triregnum" bezeichnete Ausgestaltung, um die päpstliche Autorität in ihren drei Gewalten zu dokumentieren. Diesen Ausdruck universaler Vollmacht als „Vater der Fürsten und Könige, Lenker der Welt und Stellvertreter Christi auf Erden" (Pontifikale Romanum 1596) legte Paul VI. nach seiner eigenen Krönung 1963 ab und ersetzte die Tiara bei liturgischen Anlässen fortan durch die Mitra, wobei seitdem dem neuerwählten Papst bei der Übernahme seines Amtes das Pallium als

Zeichen seiner universalen bischöflichen Autorität umgelegt wird.

■ Literatur: VATL 78of. – B. SIRCH: Der Ursprung der bischöflichen Mitra und päpstlichen Tiara. Sankt Ottilien 1975.

Martin Hülskamp

Titelkirchen, heute den Kardinalpriestern zugewiesene Kirchen. Laut ⁄Liber Pontificalis teilte bereits Clemens von Rom (88–97) die Kirchen von Rom in sieben Regionen ein, die in Titelkirchen untergliedert waren. Der LP schreibt die Zuteilung von Titelkirchen an römische Presbyter auch den Päpsten Evaristus (101?– 107?), Dionysius (259?–268?) und Marcellus I. (307?–309?), der angeblich die Zahl der Titelkirchen auf 25 erhöht hat, zu. Für den Beginn des 4. Jh. sind aber nur 18 Titelkirchen nachweisbar, sieben weitere wurden im selben Jahrhundert errichtet. Die Zahl 25 war also erst um 400 erreicht. Alle anderen römischen Kirchen waren in gewissem Sinn den Titelkirchen unterstellt, da sie von ihnen aus versorgt wurden. Die Gesamtheit der Titelkirchen bildete die Kirche von Rom.

Der Ursprung der Bezeichnung Titelkirche (lat. „titulus ecclesiae") ist nicht geklärt. Folgende Thesen wurden diesbezüglich aufgestellt: a) sie gab dem Kardinal den Titel; b) sie geht auf den Namen des Eigentümers, der in einer Inschrift am römischen Wohnhaus angebracht war, zurück; c) sie wurde jenen römischen Presbytern als „Titel" zugewiesen, die zum Dienst an der Kirche von Rom bestimmt waren. Die letztgenannte These deckt sich am weitesten mit dem Befund der antiken und juristischen Quellen. Die Titelkirchen waren Vorläufer der Pfarreien im heutigen Sinn. Fraglich ist, ob die Presbyter und die übrigen Kleriker an den Titelkirchen auf ihre Titelkirche geweiht, dort oder auf die römische Kirche intituliert wurden. Die Titelpresbyter hatten über die gemeinrechtlichen Befugnisse als Mitglieder des bischöflichen Presbyteriums hinaus das Recht zu taufen (seit 402/403 bei Santa Anastasia durch ein Baptisterium nachgewiesen, dann San Vitale, Santa Sabina, San Lorenzo in Lucina usw.), das Bußsakrament zu spenden und das Recht zur Eucharistiefeier. Die Titelpriester versahen schon seit dem 4. Jh. den Gottesdienst an den Coemeterialbasiliken, der später nur den drei großen Grabeskirchen von San Pietro in Vaticano, San Paolo fuori le mura und San Lorenzo fuori le mura erhalten blieb. Die Titelkirchen waren Filialen der vom Papst geleiteten Kirche von Rom, deren Verwaltungszentrum seit dem 4. Jh. der ⁄Lateran war. Die mit der Leitung der Titelkirchen beauftragten Presbyter (Presbyteri titulorum) wurden später zu den Presbyteri cardinales (sc. den einer Bischofskirche [„cardo", Angelpunkt] zugehörigen Presbytern; ⁄Kardinal), im Unterschied zu den Presbyteri parochiales der suburbikarischen Kirchen. Sie nahmen an der Papstliturgie teil, durften selbst jedoch nur zelebrieren, wenn sie zuvor das Fermentum erhalten hatten, das sie zum Zeichen der Gemeinschaft mit dem Papst in den Kelch legten. Ab dem 6. Jh. und insbesondere in den ersten Jahrzehnten des 8. Jh. betrafen die Änderungen in der stadtrömischen Kirchenverfassung in erster Linie diese römischen Presbyteri titulorum. Nur der jeweilige Presbyter prior einer Titelkirche verblieb im Presbyterium des Bischofs von Rom. Damit war der Terminus „cardinalis" in Rom auf Priester anwendbar geworden, wurde sogar so sehr zum Nomen genericum für diese Presbyteri priores der Titelkirchen, dass bis ins 12. Jh. Cardinalis allein genommen in der Regel nur Kardinalpriester bedeutete. Im 12. Jh. (Alexander III.) hatten die Kardinalpriester auch quasibischöfliche Rechte in ihren Titelkirchen. Die ältesten bekannten Titelkirchengebäude (Basiliken) sind seit der zweiten Hälfte des 4. Jh. u. a. Santa Pudenziana, San Pietro in Vincoli, Santa Cecilia, Santa Sabina sowie der Titulus Pammachii (Santi Giovanni e Paolo). Die meisten Titelkirchen scheinen in der Zeit Konstantins errichtet worden zu sein.

Über die Titelkirchen sind wir auch informiert durch die römischen Synoden von 499 (erstes sicheres Verzeichnis) und 595, den Katalog von Salzburg (karolingische Zeit), die Liste des Anonymus von Einsiedeln (9. Jh.) und den Katalog Leos III. (795–816) im LP. Ein Verzeichnis von Pietro Mallio aus der Zeit Alexanders III. (1159–81) gibt 28 Titelkirchen an, sieben für jede der vier Patriarchalkirchen. Für San Pietro sind dies: Santa Maria in Trastevere, San Crisogono, Santa Cecilia, Santa Anastasia, San Lorenzo in Damaso, San Marco, Santi Martino e Silvestro; für San Paolo: Santa Sabina, Santi Nereo e Achilleo, Santa Prisca, San Sisto, Santa Balbina, San Marcello, Santa Susanna; für Santa Maria Maggiore: Santi XII Apostoli, San Ciriaco in Thermis, San Eusebio, Santa Pudenziana, San Vitale, Santi Marcellino e Pietro, San Clemente; für San Lorenzo: Santa Prassede, San Pietro in Vincoli, San Lorenzo in Lucina, Santa Croce in Gerusalemme, San Stefano in Celio Monte (San Stefano Rotondo), Santi Giovanni e Paolo, Santi Quattro Coronati. Später entstanden mit der steigenden Zahl von Kardinalpriestern weitere Titelkirchen.

Literatur: DACL 14, 2883–95; EC 12, 152–158; LMA 8, 814f. – P. HINSCHIUS: Das Kirchenrecht der Katholiken und Protestanten in Deutschland, Bd. 1. Nürnberg 1869, 309ff.; J.P. KIRSCH: Die römischen Titelkirchen im Altertum. Paderborn 1918, Nachdruck New York 1967; A. KALSBACH: Die Umwandlung des heidnischen in das christliche römische Stadtbild: Scientia Sacra. FS K.J. Schulte. Köln 1935, 71–83; V. MONACHINO: La cura pastorale a Milano, Cartagine e Roma nel secolo IV. Rom 1947; R. VIELLIARD: Recherches sur les origines de la Rome chrétienne. ebd. ²1959; G. MATTHIAE: Le chiese di Roma del IV. al X. secolo. Bologna 1962, 54–77; C.G. FÜRST: Cardinalis. München 1967, passim; F. GUIDOBALDI: L'inserimento delle Chiese Titolari nel tessuto urbano preesistente: Quaeritur inventus colitur. FS U.M. Fasola, Bd. 1. Vatikanstadt 1989, 381–396; L. REEKMANS: L'implantation monumentale chrétienne dans le paysage urbain de Rome de 300 à 850: Actes du XIᵉ Congrès international d' archéologie chrétienne. Rom 1989, 861–915, hier 867–872; C. PIETRI: Régions ecclésiastiques et paroisses romaines: ebd. 1035–67; R. WEIGAND: Unbekannte Dekretalen zum Kardinalskollegium: FS A.M. Stickler. Rom 1992, 612–617.

Richard Puza

Unfehlbarkeit

1. Biblischer Befund · 2. Theologie- und dogmengeschichtlich · 3. Systematisch-theologisch.

Unfehlbarkeit (lateinisch „infallibilitas", Infallibilität) bezeichnet formal den erkenntnistheoretischen Aspekt des Glaubens an die Unzerstörbarkeit („indefectibilitas") der vom Heiligen Geist zur Verkündigung des Evangeliums geleiteten Kirche Jesu Christi, material das Charisma, das unter festgelegten Bedingungen der Gesamtkirche und qualifizierten Gliedern (Papst und Bischöfe mit dem Papst) gegeben ist, irrtumsfrei Lehraussagen so zu machen, dass diese unveränderlich (irreformabel), weil wahr, sind („inerrantia", Irrtumslosigkeit).

1. *Biblischer Befund.* Das Neue Testament hat nicht das Wort, aber im Ansatz die Sache: In Mt 16,18; 28,20; Joh 16,13 ist die Überzeugung festgehalten, dass die Kirche aufgrund ihrer Verwurzelung im göttlichen Heilsplan (vgl. die neutestamentlichen Bilder Volk Gottes, Leib Christi, Tempel des Heiligen Geistes) nicht vernichtet werden kann. Da ihre Aufgabe wesentlich die Weitergabe des Christuszeugnisses ist, muss sie „Fundament der Wahrheit" (1 Tim 3,15) sein und den Glauben (v. a. dessen christologische Grundlage) irrtumslos bekunden (vgl. 1 Joh 2,22; 4,2.15; 5,1.5). Paulus ist überzeugt, dies untrüglich tun zu können (Gal 1,6ff.11 f.), da seine Botschaft im Wort Christi selbst gründet (Röm 10,10.17; vgl. 1 Kor 9,15 f.). Das Wort, das die Gemeinde in der Verkündigung hört, ist Gottes, nicht der Menschen Wort (1 Tim 2,13; vgl. 2 Tim 2,19).

2. *Theologie- und dogmengeschichtlich.* Die Überzeugung von der Inerranz (der Begriff Unfehlbarkeit wird bis ins 14. Jh. Gott vorbehalten) der Gesamtkirche bezieht sich auf deren Glaubensregel, die Dekrete der (ersten vier) ökumenischen Konzilien (vgl. DH 265) und den im syn- und diachronen Konsens begründeten Glauben (Irenaeus von Lyon, Adversus haereses III, 4, 1; Vinzenz von Lérins, Commonitorium 2, 3). Der Glaube bleibt in der ganzen Kirche über alle Spaltungen hinweg erhalten (Thomas von Aquin, Summa theologiae II-II, 1, 2.10; Quodlibet 9, 1, 7; Martin Luther, De servo arbitrio: WA 18,649 f.; *Lumen Gentium* 12). Differenzen entstehen, ob und inwieweit Inerranz institutionell-juridisch konkretisierbar ist. Sehr früh (vgl. Röm 1,8) wird der Gemeinde von Rom (nicht dem Bischof, dessen Abfall in Häre-

sie und Schisma als möglich angesehen wird) besondere Glaubenstreue zugeschrieben (so z. B. Theodoret von Cyrus, ep. 116: Formula fidei Hormisdae: DH 363 ff.), u. a. (seit dem 7. Jh. besonders) als tragender Säule der Pentarchie. Seit dem 12. Jh. (Mendikantenstreit) arbeiten Theologen und Kanonisten (v. a. aus den Bettelorden) die aktive, determinierende und letztentscheidende Rolle des Papstes bei Glaubensangelegenheiten heraus, weil er den Glauben als Haupt der Kirche ausspricht; andernfalls würde er aufhören, Papst zu sein (Bonaventura, De perfectione evangelica 2, 2, 5; Thomas von Aquin, Summa theologiae II-II, 1, 10; Decretum Gratiani II, 24, 11, 12; Petrus Johannis Olivi); nach Hervaeus Natalis und Antonin von Florenz (Summa III, 22, 3) kann der Papst zwar „ex proprio motu", jedoch nicht „utens consilio [Variante: concilio] et requirens adiutorium universalis ecclesiae" irren. Im Konziliarismusstreit konzentriert sich die Unfehlbarkeit auf den Papst als einzigen Garanten der Wahrheit in Umkehrung der bisherigen Relationen: Nicht mehr ist er unfehlbar, weil es die Kirche ist, sondern diese ist unfehlbar wegen des Papstes. Episkopalistische Strömungen (Episkopalismus, Gallikanismus, Johann Nikolaus von Hontheim, Jansenismus) vertreten in konziliaristischer Tradition die Unfehlbarkeit der Gesamtkirche. Mit dem Zerfall des Gallikanismus infolge der Französischen Revolution und durch das ultramontane Sicherheitsdenken im 19. Jh. werden Bestrebungen vorherrschend, die zur Stärkung der Souveränität des Papstes auf Dogmatisierung seiner Unfehlbarkeit dringen (z. B. Joseph-Marie de Maistre, Bartolomeo Alberto Cappellari [der spätere Gregor XVI.], Henry

Edward Manning, Ignaz von Senestrey). Ein Hauptgrund ist die Hoffnung auf rasche verbindliche Entscheidungen bei Irritationen der Glaubensgemeinschaft. Auf dem Ersten Vatikanischen Konzil erfolgte nach Vorziehung des Tractandums aus der umfassenden Kirchenkonstitution und lebhaften Debatten am 18.7.1870 die Erklärung der Unfehlbarkeit als Glaubenssatz (*Pastor Aeternus;* DH 3065–74) bei Abwesenheit der Minorität (etwa 20% [140] Bischöfe): Der römische Papst besitzt die Prärogative der Unfehlbarkeit, wenn er „ex cathedra" spricht (Kathedralentscheidungen: mit oberster Lehrautorität, in Glaubens- und Sittenangelegenheiten, verpflichtend für die Gesamtkirche, mit ausdrücklichem definitorischem Wollen und abschließendem [definitivem] Urteil). Der Bezug zur Gesamtkirche ist indirekt angesprochen: In der Vergangenheit habe sich der Papst aller Mittel zur Vergewisserung des Offenbarungszusammenhangs seiner Lehre bedient (DH 3069). Für die genaue Interpretation der Definition wurde bedeutungsvoll die „Relatio" von Bischof Vinzenz Gasser (11.7.1870). Im Anschluss ans Konzil setzte ein Prozess der „schleichenden Infallibilisierung" ein: Mit dem Anwachsen der päpstlichen Lehrautorität (Enzykliken) wächst die Neigung, ihren Äußerungen definitiven Charakter zuzuerkennen. Das Zweite Vaticanum (DH 4131 4149f.) bindet die Unfehlbarkeit des Papstes deutlicher in die der Gesamtkirche (über das Bischofskollegium) ein. Die nachkonziliare Lehrentwicklung (Erklärung der Glaubenskongregation *Mysterium ecclesiae* von 1973; c. 749 CIC; *Professio fidei et iusiurandum fidelitatis* von 1989; Instruktion der Glaubenskongregation *Do-*

num veritatis von 1990; Motu Proprio *Ad tuendam fidem* mit Kommentar der Glaubenskongregation von 1998) unterscheidet klar zwischen Primärobjekt der Unfehlbarkeit (in der Offenbarung enthaltene Wahrheiten) und deren Sekundärobjekt (logisch oder historisch mit dem Primärobjekt zu dessen Auslegung bzw. Sicherung verbunden: DH 4536) und erweitert die unfehlbare Lehrkompetenz von Papst und ordentlichem Lehramt auf „definitive" Lehren aus dem sekundären Lehrbereich, auch wenn die formale Kennzeichnung solcher Lehren auf die Vorlage beschränkt bleibt und die Verbindung zum Primärobjekt nicht mehr genannt wird (zweiter Zusatz zur Professio fidei).

Den Bischöfen eignet Unfehlbarkeit stets nur in Einheit mit und unter dem Papst (Communio hierarchica), wenn sie sich, auf dem Konzil versammelt, als Lehrer und Richter an die Gesamtkirche wenden oder in der alltäglichen Ausübung ihres Lehramtes autoritativ und definitiv eine Lehre als zum Glaubensgut oder zu dessen Auslegung gehörig erklären. Es genügt also nicht eine allgemeine Übereinstimmung in einer Lehre; sie muss „als endgültig verpflichtend" („tamquam definitive tenendam") (DH 4149) vorgetragen werden. Ein „unfehlbares" ordentliches Lehramt des Papstes existiert nicht. Legt der Papst aber mit definitiver Absicht eine Lehre ohne Widerspruch seitens der Bischöfe vor, kann der Eindruck entstehen, dass der Episkopat mit Inhalt und Geltungskraft einverstanden ist und sie als Teil des eigenen ordentlichen Lehramtes betrachtet; sie würde damit faktisch als unfehlbar gelten. Der Papst bräuchte dies dann nur noch festzustellen. Alles in allem aber gilt: Eine Lehre kann nur dann als unfehlbar definiert werden, „wenn dies offensichtlich feststeht" („manifesto constiterit") (c. 749 § 3 CIC).

3. *Systematisch-theologisch.* Ist die Kirche als ganze das zwischen Gott und den Menschen und zwischen den Menschen untereinander Einheit stiftende Sakrament gerade aufgrund der Verkündigung des Evangeliums (*Lumen Gentium* 1), dann bedarf sie als Zurüstung für diese heilsgeschichtliche Aufgabe des „untrüglichen Wahrheits- und Glaubenscharismas" (DH 3071) zur unbedingt verlässlichen, d. h. irrtumsfreien Darlegung der Glaubensbotschaft, da diese, falls substantiell verfälscht, nicht mehr heilschaffend wäre. Diese Zurüstung ist nur praktikabel, wenn sie an kirchlich handlungsfähige Formen und Institutionen geknüpft ist. Solche sind (in spezifischer Teilhabe an der Unfehlbarkeit) Heilige Schrift (*Dei Verbum* 11) und Tradition (ebd. 9) als Größen der Vergangenheit, der sich im Glaubenskonsens äußernde Sensus fidelium (*Lumen Gentium* 12) unter besonderer Berücksichtigung der wissenschaftlichen Theologie (*Dei Verbum* 24) sowie das Lehramt von Papst und Bischöfen (*Lumen Gentium* 25) als je heute wirkende Instanzen. Unfehlbarkeit ist somit die sich dialogisch-kommunional in Entscheidung über und Rezeption von Glaubensinhalten (einschließlich der sie ins Leben übersetzenden Sittenlehren) vollziehende Teilhabe der Kirche am prophetischen Verkündigungsamt Christi. Letztgarant ist der Heilige Geist. Unfehlbarkeit ist daher nicht identisch mit der Verleihung der Fülle der Wahrheit und ihres vollendeten Ausdrucks: Weil der Geist weht, wo und wann er will, existiert Heilswahrheit auch außerhalb der Kirche (*Unitatis Redintegratio* 3; *Nostra Aetate* 2), so wie umgekehrt die kirchliche Wahrheit in den nicht ihre sakramentalen Aufgaben wesentlich tangierenden Erkenntnissen und Entscheidungen irrtumsfähig und zeitgebunden bleibt (DH 4539). Infallible Definitionen können daher verbesserungs- und ergänzungsfähig sein; immer bleiben sie zu interpretieren. Sie sind deswegen abhängig von der Rezeption durch die Glaubensgemeinschaft; sie kann fehlen, sofern diese darin nicht, nicht auf beste oder nicht auf hinreichend plausible Weise den kirchlichen Glauben zu erkennen vermag. In jedem Fall bleibt die infallible Entscheidung offen für tiefere Einsicht im weiteren Gang der Geschichte; sie spiegelt, wenn auch sachlich irrtumslos, stets nur den Erkenntnisstand der Formulierungssituation wider. Selbstredend ist die Zuerkennung der Unfehlbarkeit kein Urteil über den moralischen oder intellektuellen Status der Subjekte, sondern lediglich auf den Glaubensbereich beschränkt. Am deutlichsten wird Unfehlbarkeit beansprucht vom Amt, mit besonderem Schwerpunkt auf dem /Primat des Papstes, da es sich ausdrücklich in den Dienst an der Einheit und Glaubensverlässlichkeit des Christentums gestellt weiß. Dieser Auftrag ist daher auch Kriterium für die Ausübung der Vollmacht: Sie ist relativ, d. h. an den Glauben der Gesamtkirche rückgebunden, sofern das Amt nicht über besondere Erleuchtungen und Wissensquellen verfügt und nichts anderes tun darf als diesen Glauben verbindlich und in Treue zum Überkommenen zu erklären (*Dei Verbum* 10), und sie ist strukturiert, d. h. sie hat die konservative (nicht kreative) Funktion, dann und dort, aber nur dann und dort, und mit dem Einsatz tätig zu werden, wenn, wo und im Maße wie das Glaubensgut gefährdet ist. Dies

ist auch der Grund, weshalb das Lehramt sich mit allen ihm verfügbaren Mitteln des faktischen Glaubens der Kirche vergewissern muss.

In diesem Kontext hat die Unfehlbarkeit des Papstes repräsentative und letztinstanzliche Notwendigkeit innerhalb der Einheit der einen Kirche und des einen, jedoch gegliederten Lehramtes. „In ‚personaler‘ Konkretheit repräsentiert der Papst nichts anderes als die ‚universale, Untrüglichkeit der Kirche, welche die Bischöfe mit ihm zusammen auf ‚kollegiale‘ Weise verkörpern“ (Kehl 365). Das kann nicht in fortlaufenden, „tagespolitisch“ veranlassten Entscheidungen geschehen, sondern ist zu denken als Notstandsregelung, wenn Einheit und Glauben der Kirche bedroht sind (DH 3115f.) und die oberste Autorität als solche (also nicht sofern der Papst Privattheologe ist, als Patriarch des Abendlandes, Primas von Italien oder Bischof von Rom handelt oder sich nur an einzelne Personen[-Gruppen] in der Kirche wendet) in Aktion für die ganze Glaubensgemeinschaft treten muss. Aus diesem Grund kann die Unfehlbarkeit des Papstes nicht an juridische Bedingungen geknüpft werden, sondern ist „ex sese, non autem ex consensu ecclesiae“ (DH 3074) gültig, womit antigallikanisch die nachfolgende Ratifizierung durch das Kollegium der Bischöfe gemeint ist (Rechtsgrund). Die Pflicht des Papstes zur Übereinstimmung mit dem Glauben der Gesamtkirche (Erkenntnisgrund der Entscheidung) bleibt davon unberührt. Seinem Recht auf verbindliche Entscheidungen entspricht der Gehorsam der Gläubigen; sind jene mit dem Anspruch der Unfehlbarkeit gefällt, äußert dieser sich in der „fides divina“ (dem Wort Gottes wird Zustimmung geleistet) „et catholica“ (durch das Zeugnis der Kirche) (DH 3011). Im Fall der Zustimmung zu Lehren aus dem Sekundärbereich ruht diese auf der Lehre von der Unfehlbarkeit der Kirche und dem Glauben an den besonderen Beistand des Geistes für das Lehramt (Kommentar der Glaubenskongregation zu Ad tuendam fidem). Diese Lehren sind de „fide tenendae“. Nach dem 1998 eingeführten c. 750 § 2 CIC „widersetzt sich … der Lehre der katholischen Kirche“, wer solche definitiv zu haltenden Sätze „ablehnt“. Doch kann Gehorsam aufgrund der genannten Bedingtheit unfehlbarer Entscheidungen selbst nicht unbedingt sein: „Wo weder Einmütigkeit der Gesamtkirche vorliegt noch ein klares Zeugnis in den Quellen gegeben ist, da ist auch eine verbindliche Entscheidung nicht möglich; würde sie formal gefällt, so fehlten ihre Bedingungen, und damit müsste die Frage nach ihrer Legitimität erhoben werden“, eine Frage, welche das Recht zur „Kritik an päpstlichen Äußerungen … möglich und nötig“ sein lässt (Ratzinger 144).

■ Literatur: Handbuch der Fundamentaltheologie, hg. v. W. KERN–H.J. POTTMEYER–M. SECKLER, Bd. 4. Freiburg 1988, 153–178. – J. RATZINGER: Das neue Volk Gottes. Düsseldorf 1969; H. KÜNG: Unfehlbar? Eine Anfrage. Zürich 1970; B. TIERNEY: Origins of Papal Infallibility 1150–1350. Leiden 1974; F.X. BANTLE: Unfehlbarkeit der Kirche in Aufklärung und Romantik. Freiburg 1976; G. THILS: Primauté et infaillibilité du Pontife Romain à Vatican I. Löwen 1980; U. HORST: Unfehlbarkeit und Geschichte. Mainz 1982; F.A. SULLIVAN: Magisterium. Dublin 1983; J.R. DIONNE: The Papacy and the Church. New York 1987; P. GRANFIELD: The Limits of the Papacy. ebd. 1987; K. SCHATZ: Der päpstliche Primat. Würzburg 1990; G. THILS–TH. SCHNEIDER: Glaubensbekenntnis und Treueid. Mainz 1990; M. KEHL: Die Kirche. Würzburg 1992; P. SCHARR: Consensus fidelium. ebd. 1992;

J.P. BOYLE: Church Teaching Authority. London 1994; S.Y. MIZE: The Common-Sense Argument for Papal Infallibility: Theological Studies 57 (1996) 242–263; N. LÜDECKE: Die Grundnormen des katholischen Lehrrechts. Würzburg 1997; L.J. WELCH: The infallibility of the ordinary universal magisterium. A critique of sone recent observations: The Heythorp Journal 39 (1998) 18–36; G. CALABRESE: L'infallibilità del Papa: Ricerche teologiche 10 (1999) 209–254; P. KNAUER: Nicht unfehlbare Glaubenslehre, aber doch definitive kirchliche Lehre?: Zeitschrift für katholische Theologie 122 (2000) 60–74. *Wolfgang Beinert*

Urbi et orbi, eine von der ∕römischen Kurie für bestimmte Dokumente verwendete Formel, um anzuzeigen, dass diese sowohl die Stadt Rom (lateinisch „urbs") wie auch den gesamten katholischen Erdkreis (lateinisch „orbis") betreffen. Die Promulgation einiger Dekrete von Kongregationen der ∕römischen Kurie, besonders der Kongregation für die Selig- und Heiligsprechungsprozesse, sowie die Verkündung besonderer Ablässe erfolgt „Urbi et orbi". Der Öffentlichkeit ist die Formel v. a. bekannt durch Spendungen des feierlichen ∕Päpstlichen Segens zu besonderen Gelegenheiten, wie bei der Vorstellung des neugewählten Papstes oder zu Ostern und Weihnachten von der Loggia von ∕Sankt Peter aus.

▓ Literatur: VATL 800. *Josef Ammer*

Vatikan bezeichnet im alltäglichen Sprachgebrauch sowohl den Sitz des Papstes und der ∕römischen Kurie wie auch den ∕Vatikanstaat.

1. *Geschichte.* Der Name Vatikan stammt von dem auf dem rechten Tiberufer in Rom gelegenen Vatikanischen Hügel („mons vaticanus"), an dessen Abhang seit dem 2. Jh. das ∕Petrusgrab verehrt wird. Über letzterem ließ Konstantin I. der Große

die Basilika Alt-∕Sankt Peter erbauen. Nördlich davon befinden sich seit dem 15. Jh. die päpstliche Residenz und zentrale Behörden der römischen Kurie.

In der Antike wurde das Gebiet von der Via Aurelia nova, der Via Cornelia und der Via Triumphalis durchzogen. Hier befanden sich ausgedehnte Gräberfelder sowie der Circus des Caligula-Nero. In ihm starben nach Tacitus im Jahre 64 unter Nero römische Christen als angebliche Brandstifter. Sie werden als die ersten Martyrer der Kirche von Rom verehrt. Die Päpste erhielten ihre Residenz nicht bei Alt-Sankt Peter, sondern bei San Giovanni in Laterano (∕Lateran). Sankt Peter, das wie alle Nekropolen und Coemeterialbasiliken außerhalb der Stadt lag, entwickelte sich zum Pilgerziel, dessen Bedeutung noch stieg, seitdem die Jerusalemwallfahrt nach dem Fall der Stadt 614/ 638 schwieriger geworden war. In dem nun als „Borgo" bezeichneten Bereich um Sankt Peter entstand im frühen Mittelalter eine Fülle von Kirchen, Kapellen und landsmannschaftlichen Hospizien („scholae"). Eine päpstliche Nebenresidenz bei Sankt Peter ist 498 erstmals bezeugt. Leo III. ließ dann für den Besuch Karls des Großen bei Sankt Peter einen noch im 12. Jh. bezeugten Palast erbauen. Unter Leo IV. wurde 847–853 der Borgo angesichts der Sarazenengefahr mit einer Mauer umgeben, die in Teilen noch erhalten ist. Seitdem heißt der Borgo auch „Città Leonina". Er besaß einen eigenen Rechtsstatus, war aber Teil der Stadt Rom, mit der er durch die von der ∕Engelsburg kontrollierte Engelsbrücke verbunden war. Als im 12. Jh. die Residenz im Lateran nicht mehr ausreichend gesichert war, residierten die Päpste zeitweise bei

697

Sankt Peter und im 13. Jh. häufig in ⁄Anagni, ⁄Viterbo, Orvieto und Perugia. Die ältesten Teile des heutigen Apostolischen Palastes gehen auf Innozenz III. zurück.

Eine neue Entwicklung setzte nach dem Konzil von Konstanz, der Überwindung des Abendländischen Schismas und dem Wiederaufstieg des Papsttums ein, als die Päpste um die Mitte des 15. Jh. ihre Residenz vom Lateran nach Sankt Peter verlegten. Mit ihnen kamen ihr Hof und große Teile der Kurie an den Vatikan. Dadurch erhielt dieser ein neues Gepräge, zumal nun der Ausbau der Vatikanischen Paläste, die bis zum 17. Jh. zur größten Palastanlage der Welt wurden, und von Neu-Sankt Peter begann. Dazu gehörte auch der Ausbau der Engelsburg als päpstliche Festung, die durch einen Fluchtgang mit dem Vatikanischen Palast verbunden wurde, ferner das für seine Zeit vorbildliche Hospital vom Heiligen Geist. Der Borgo blieb bis zum Untergang des ⁄Kirchenstaates der Stadtteil der Päpste. Dennoch votierte seine Bevölkerung nach der Besetzung Roms durch die italienischen Truppen 1871 mehrheitlich für den Anschluss an das Königreich Italien. Die Erhebung Roms zur Hauptstadt Italiens leitete in der Umgebung des Vatikans eine lebhafte Bautätigkeit ein, so dass dieser schließlich von neuen Stadtteilen umgeben war.

▨ Literatur: LMA 8, 1429f.; TRE 29, 357–379. – F. CASTAGNOLI: Il Vaticano nell'antichità classica. Vatikanstadt 1992. *Erwin Gatz*

2. *Baugeschichte.* Den geistigen und materiellen Ausgangspunkt des vatikanischen Baukomplexes bildete die Basilika von Sankt Peter. Nördlich davon ließ Leo IV. unter dem Eindruck des Sarazeneneinfalls 846 eine befestigte Vorstadt anlegen (Città Leonina), auf die sich die Bau-

maßnahmen der folgenden Jahrhunderte konzentrierten. In ihrem Innern war die päpstliche Festung in die Curia inferior und die Curia superior gegliedert. Der „untere" Palast befand sich auf dem Niveau des alten Vorplatzes und diente Verwaltungszwecken; er fiel im 17. Jh. dem Neubau von Kirche und Vorplatz zum Opfer. Der höher gelegene, in den Grundzügen seiner mittelalterlichen Anlage noch erkennbare „obere" Palast bildete die eigentliche Residenz. Im späten 13. Jh. begann Nikolaus III. hier mit dem Bau einer zitadellenartigen Anlage, was in dem von Parteikämpfen zerrissenen Rom des Mittelalters als Vorsichtsmaßnahme zu verstehen ist. Gleichwohl bilden die unter Nikolaus entstandenen Bauabschnitte – errichtet wurden der Südflügel und ein Teil des Ostflügels – die ältesten Teile des Gebäudekomplexes um den späteren Papageienhof und damit den Nukleus aller weiteren vatikanischen Palastbauten. Der dreigeschossige Ostflügel erhielt bereits eine loggiengeschmückte Fassade mit Blick auf die Stadt Rom. Als der Vatikan nach dem Avignonischen Exil zum neuen Hauptsitz des Apostolischen Stuhls bestimmt wurde, waren die alten Räumlichkeiten weder den repräsentativen und zeremoniellen Anforderungen noch dem administrativen Umfang gewachsen. Die architektonische Neuorganisation der Residenz wurde allerdings erst nach Beendigung des Abendländischen Schismas systematisch vorangetrieben. Der Humanistenpapst Nikolaus V. beauftragte vermutlich Bernardo Rossellino mit der Erweiterung des Palastes um den Nordflügel; seine Privatkapelle (Cappella Nicolina) ließ er in einem aus der Zeit Innozenz' III. stammenden Turm einrichten und mit Fresken von Fra

Angelico ausstatten. Das dem Vatikan vorgelagerte Borgoviertel wurde städtebaulich auf die päpstliche Residenz hin ausgerichtet. Pius II. begann mit dem Bau der Benediktionsloggia neben Sankt Peter, die zwar religiöse Funktion hatte, doch zugleich die zum Vorplatz gerichtete Fassade des unteren Palastes darstellte; mit ihr setzt ein neuer, an der Antike orientierter Baustil ein, der zum Festungscharakter der bisherigen vatikanischen Bauten in merklichem Gegensatz steht. Unter Sixtus IV. wurde der Papageienhof durch den Bau des Westflügels geschlossen; der ∕ Vatikanischen Bibliothek wurden neue Räumlichkeiten im Erdgeschoss des Nordflügels zugewiesen. Der Name dieses Papstes ist v. a. mit der Capella Maior verbunden, die nach ihm als Cappella Sistina (∕ Sixtinische Kapelle) bezeichnet wird. Unter Innozenz VIII. begann sich das Palastareal weiter nach Norden auszudehnen. Auf dem Monte San Egidio wurde nach Plänen von Antonio Pollaiuolo oder Baccio Pontelli das Vatikanische Belvedere ausgeführt. Der Hof dieser zwischen mittelalterlichen Elementen und Renaissancebauformen merkwürdig unentschiedenen Villenarchitektur nahm Anfang des 16. Jh. die erste vatikanische Antikensammlung auf; an den Bildwerken (u. a. Apoll vom Belvedere, Laokoon) schulten sich unzählige Maler und Bildhauer. Von etwa 1500 an bereicherten die Renaissancepäpste den Palast um Meisterwerke von Weltrang. Alexander VI. bestimmte das nach seinem Familiennamen benannte Appartamento Borgia im ersten Stock des Nordflügels zu seiner Wohnung und ließ sie durch Bernardo Pinturicchio stuckieren und freskieren. Seine Nachfolger Julius II. und Leo X. wollten den Vatikan in eine Residenz nach dem Vorbild der kaiserzeitlich-römischen Antike verwandeln. Die päpstlichen Gemächer (Stanzen) wurden in den zweiten Stock verlegt und von Raffael ab 1508 mit Fresken ausgestattet, die größte Berühmtheit erlangten (u. a. Schule von Athen, Disputa, Parnass, Borgobrand). Nach Entwürfen Raffaels, aber erst nach dessen Tod im Jahr 1520, malten seine Schüler die Sala di Costantino aus, mit der die Raumflucht der Stanzen nach Osten hin abschließt. Der angrenzenden, zur Stadt Rom hingewandten Seite des Palastes wurde eine neue Fassade in Form von drei übereinander liegenden Loggien vorgeblendet. Sie wurde 1509 von Bramante begonnen und von Raffael weitergeführt; seine Schüler versahen die mittlere Loggia mit Stukkaturen, Grotesken und Fresken biblischen Inhalts. Zwei weitere Inkunabeln der Hochrenaissance schuf Raffael mit der Loggetta und der Stufetta (Bad) des Kardinals Bernardo Dovizi da Bibbiena im dritten Stock des Palastes, wo gleichfalls Techniken und ornamentale Motive aus der neronischen Domus Aurea wiederauflebten. Das gewaltigste Projekt jener Zeit war der von Bramante entworfene Belvederehof; mit einer Länge von 300 m, von Portiken umstellt und dreifach terrassiert, sollte er sich mit den kaiserlichen Bauten des Palatins messen. Bramante errichtete nur einen Teil des östlichen Korridors; sein Werk wurde von Raffael und Antonio da Sangallo dem Jüngeren fortgesetzt. Piro Ligorio gestaltete die Exedra im Nordabschluss als Nische von kolossalen Ausmaßen („Nicchione") und begann mit dem Westkorridor, der von Ottavio Mascarino 1585 vollendet wurde. Das Obergeschoss nahm die 120 m lange Galerie der Landkarten auf; an ihrem Nordende ließ Gregor XIII. dem Korridor den Turm der Winde aufsetzen, die erste Sternwarte des Vatikan. Um die Bibliothek zu erweitern, teilte Sixtus V. den Belvederehof durch einen Quertrakt; der obere Teil wird seither, nach einem bronzenen Pinienzapfen aus Alt-Sankt Peter, als Cortile della Pigna bezeichnet. Unterdessen war Sangallo von Paul III. mit der Umgestaltung der Südwestzone des Palastes beauftragt worden. Dabei entstand mit der Sala Regia ein repräsentativer Empfangssaal (Fresken von Giorgio Vasari u. a.) sowie die Cappella Paolina, in der Michelangelo 1542–50 seinen letzten großen Freskenauftrag ausführte (Kreuzigung Petri, Bekehrung Pauli). Inmitten der Vatikanischen Gärten, die sich westlich von Sankt Peter erstrecken, errichtete Ligorio 1558–63 die Casina Pauls IV.; der kleine Villenbau ist überreich mit manieristischem Dekor versehen (außen antikisierende Stuckarbeiten, innen Fresken von Federigo Zuccari, Santi di Tito, Federigo Barocci). Am Palast wurde der Loggienprospekt Bramantes und Raffaels von Ligorio, Martino Longhi dem Älteren und Mascarino in östliche Richtung fortgeführt, womit die mittelalterliche Umgebung der Fassade verblendet und die Anlage des Damasushofes begründet wurde. 1589/90 errichtete Domenico Fontana im Nordosten eine neue Wohnresidenz, den Palast Sixtus' V., mit dessen Westfassade der Damasushof auf nunmehr drei Seiten von Loggien umfasst wurde; die noch offene Flanke wurde Mitte des 19. Jh. durch einen eingeschossigen Portikus geschlossen. In dem neuen Palast wurde unter Clemens VIII. die Sala Clementina eingerichtet, die das majestätische Vestibül der bis heute vom Papst genutzten Wohnräume bildet. Der Baukomplex im Norden der Basilika war nunmehr zu einem gewissen Abschluss gekommen. Die Verbindung zwischen Palast und Basilika indes blieb so lange ungelöst, bis Giovanni Lorenzo Bernini 1663–66 mit einer Prachttreppe (Scala Regia) auf engem Raum eine großzügig wirkende Verbindung zwischen dem Narthex von Sankt Peter und der Sala Regia im Obergeschoss des Palastes herstellte. Im 18. Jh. bildete das Museo Pio-Clementino die Keimzelle der ∕Vatikanischen Museen, die seitdem den Hauptteil der Bautätigkeit im Norden des vatikanischen Areals ausmachten. Im Süden der Basilika bcfindet sich, halb verborgen zwischen dem Palast des Heiligen Offiziums und dem ∕Campo Santo Teutonico, die unter Paul VI. von Pier Luigi Nervi in modernen Formen errichtete Audienzhalle (1971 eingeweiht). Der konkave Fußboden und das lichtdurchlässige Gewölbe bilden ein linsenförmiges Raumvolumen aus, das bis zu 12000 Besuchern Platz bietet.

▨ Literatur: VATL 812–820. – D. REDIG DE CAMPOS: I Palazzi Vaticani. Bologna 1967; DERSELBE: Der Apostolische Palast: Der Vatikan und das christliche Rom. Vatikanstadt 1975; Il Palazzo Apostolico Vaticano, hg. v. C. PIETRANGELI. Florenz 1992; P.N. PAGLIARA: Der Vatikanische Palast: Ausstellungskatalog ,Hochrenaissance im Vatikan.' Ostfildern 1999, 207–226.

Damian Dombrowski

Vatikanische Bibliothek (Bibliotheca Apostolica Vaticana).

Die Vatikanische Bibliothek wurde von Nikolaus V. begründet; er erwarb etwa 1250 Handschriften; Sixtus IV. gab ihr 1475 in Platina den ersten selbstständigen Leiter. Seit 1550 wird der Bibliothecarius Sanctae Romanae Ecclesiae dem Kardinalskollegium entnommen. Ihm wurden mit der Zeit ein erster und zweiter Kustos,

Scriptores, Präfekt und Vizepräfekt unterstellt. Sixtus V. ließ 1588 durch Domenico Fontana den Bibliotheksraum (Sala Sistina) schaffen. 1623 kam als Geschenk Maximilians von Bayern die Heidelberger Bibliotheca Palatina hinzu, 1657 die Bibliothek der Herzöge von Urbino (Bibliotheca Urbinates), 1690 die der Königin Christine von Schweden (Bibliotheca Reginae Christinae). Clemens XI. bildete u. a. aus den Sammlungen Abrahams Ecchellensis sowie mit den von Elias Assemani in Syrien und Ägypten gekauften Handschriften die Abteilung Bibliotheca Orientalis Clementina. Benedikt XIV. erwarb die Privatbibliothek des Marchese Alessandro Gregorio Capponi (1746) und des Kardinals Pietro Ottoboni (1748) (Bibliotheca Capponiana und Ottoboniana). Nach dem Vertrag von Colentino (1797) erlitt die Vatikanische Bibliothek erhebliche Verluste. Der größte Teil der Werke wurde 1815 von Paris zurückgegeben. Pius IX., der die Bibliothek von Giuseppe Mezzofanti erwarb, ließ die Bibliotheksräume erneuern. Unter Leo XIII. konnte der damalige Kardinal-Bibliothekar Franz Ehrle als Präfekt der Vatikanischen Bibliothek die Familienbibliotheken der Borghese (1891), Barberini (1902) und jene des Kardinals Stefano Borgia (1902) erwerben. Unter Benedikt XV. wurde die Bibliotheca Rossiana (1921) und unter Pius XI. wurden u. a. die Sammlungen der Häuser Chigi (1923) und Ferrajoli (1926) erworben und die Kataloge neu geordnet. Unter Pius XII. und Johannes XXIII. wurden die Bestände der Vatikanischen Bibliothek entsprechend erweitert (Kapitelarchiv von Sankt Peter, 1940; Federico Patetta, 1945) und die Katalogisierung der Handschriften fortgesetzt. Die Erweiterung der Räume

wurde unter Paul VI. (neues Zeitschriftendepot) und Johannes Paul II. (unterirdisches Handschriftendepot, neuer Druckschriftenkatalog) fortgeführt, Mitte der neunziger Jahre des 20. Jh. wurden die vier Bereiche (Hand- und Druckschriften, Museum, Münzkabinett) automatisiert; seit 1934 ist eine Schule für Bibliothekskunde angeschlossen; in der Vatikanischen Bibliothek befinden sich ein Fotolabor und eine Restaurierungswerkstätte. Die von der Vatikanischen Bibliothek herausgegebene wissenschaftliche Reihe „Studi e testi" (seit 1900) ist auf etwa 400 Nummern angewachsen. Heute besitzt die Vatikanische Bibliothek etwa 150000 Handschriften, 8300 Inkunabeln und 1,6 Millionen Bücher.

Literatur: VATL 802ff. – J. BIGNAMI ODIER: La Bibliothèque Vaticane de Sixte IV à Pie XI. Vatikanstadt 1973; P. DENICOLÒ: Biblioteca Apostolica Vaticana. Florenz 1985; W. BERSCHIN: Die Palatina in der Vaticana. Stuttgart 1992; CH. GRAFINGER: Die Ausleihe vatikanischer Handschriften und Druckwerke (1563–1700). Vatikanstadt 1993; A. MANFREDI: I codici di Nicolò V. ebd. 1994; CH. GRAFINGER: Beiträge zur Geschichte. der Bibliotheca Vaticana. ebd. 1997; M. CERESA: Bibliografia dei fondi manoscritti della Biblioteca Vaticana 1986–1990. Vatikanstadt 1998; ANPONT 2000, 1376–79 1984f. *Raffaele Farina*

Vatikanische Museen

1. Vatikanische Museen · 2. Vatikanische Pinakothek.

1. *Vatikanische Museen.* Die Aufstellung berühmter antiker Bildwerke (u. a. Apoll, Laokoon) im Hof der Villa Belvedere durch die Päpste der Hochrenaissance markiert den Beginn der vatikanischen Kunstsammlungen. Institutionell wurden die Vatikanischen Museen jedoch erst im 18. Jh. begründet. Die räumlichen Voraussetzungen schufen Clemens XI. und Clemens XII., indem

sie die Portiken des Hofs zwischen Belvedere und Apostolischem Palast in geschlossene Galerien umwandelten. Dort richtete Benedikt XIV. ein Museum für antike Inschriften und das Museum der /Vatikanischen Bibliothek ein. Clemens XIII. gründete das Museo Profano unter der Leitung Johann Joachim Winckelmanns (seit 1763), das mit der „Aldobrandinischen Hochzeit" ein Meisterwerk klassischer Malerei besaß. Alessandro Dori und Michelangelo Simonetti bauten 1771–73 im Auftrag Clemens' XIV. den Belvederekomplex um, wobei mehrere Skulpturengalerien entstanden. Der alte Statuenhof wurde zu einem achteckigen Atrium umgestaltet. Pius VI. ließ Erweiterungsbauten im neoklassischen Stil errichten, die über eine monumentale Treppenrampe (Scala Simonetti) mit dem Museo Profano verbunden wurden. Die neu entstandene Anlage wurde 1787 als Museo Pio-Clementino eröffnet. Den Eingang errichtete Giulio Camporese 1792/93 als Kuppelbau auf quadratischem Grundriss (Atrio dei Quattro Cancelli, im Obergeschoß die kreisrunde Sala della Biga). Unter napoleonischer Herrschaft wurden die wichtigsten Stücke der Vatikanischen Museen nach Paris transportiert; Pius VII. suchte die Verluste durch Neuerwerbungen abzumildern und legte diese Arbeit 1802 in die Hände Antonio Canovas. Sie verlief so erfolgreich, dass bereits 1807 im östlichen Flügel des Cortile della Pigna das Museo Chiaramonti installiert wurde. In diesen Hof zog Raffaele Stern 1822 einen Quertrakt (Braccio Nuovo) ein, nachdem die 1816 aus Frankreich zurückgekehrten Kunstwerke erneut Raumprobleme verursacht hatten. Gregor XVI. dehnte das Sammelinteresse auf die Etrus-

kologie und Ägyptologie aus; zu Seiten der großen Exedra des Cortile della Pigna eröffneten 1837 das Museo Gregoriano Etrusco und 1839 das Museo Gregoriano Egizio. Derselbe Papst ließ 1844 wegen Platzmangels ein weiteres Antikenmuseum im /Lateran einrichten (Museo Profano Gregoriano); Pius IX. gründete dort 1854 das Museo Pio Cristiano für frühchristliche Kunst, Pius XI. 1926 das missionarisch-volkskundliche Museum. Für diese drei Sammlungen ließ Johannes XXIII. einen modernen Museumsbau neben der Vatikanischen Pinakothek errichten. 1932 entstand der neue Zugangsbereich zu den Vatikanischen Museen einschließlich der eleganten Treppe in Form einer Doppelspirale. Die jüngste Erweiterung ist die ausschließlich aus Schenkungen bestehende Sammlung moderner religiöser Kunst, die Paul VI. im Verfolg einer Initiative Pius' XII. in der Pinakothek einrichten ließ.

▨ Literatur: VatL 229–236 497–508. – Die Vatikanischen Museen: Der Vatikan und das christliche Rom. Vatikanstadt 1975, 166–305; C. PIETRANGELI: I Musei Vaticani. Rom 1985, englisch Rom 1993; Bildkatalog der Skulpturen des Vatikanischen Museums, hg. v. von B. ANDREAE, Bd. 1ff. Berlin u.a. 1995ff.; Il Cortile delle Statue, hg. v. M. WINNER – B. ANDRAE – C. PIETRANGELI. Mainz 1998.

2. *Vatikanische Pinakothek.* Die heutige Sammlung der Gemälde, Wandteppiche und Ikonen entstand im Zuge einer allgemeinen Neuordnung der Vatikanischen Museen (s.o. 1.) nach der Rückgabe der von Napoleon entwendeten Kulturgüter. Nachdem die mehrheitlich aus Kirchen und Klöstern des Kirchenstaates stammenden Bilder innerhalb des Apostolischen Palastes viele Male umgezogen waren (zuletzt 1909 in den Westflügel des Belvederehofs), erhielten sie unter

Pius XI. ein eigenes Gebäude zugewiesen. Die /Lateranverträge hatten die Hoheit des /Vatikans über seine Kunstschätze anerkannt, ihn aber auch zu deren öffentlicher Präsentation verpflichtet. 1929–32 errichtete Luca Beltrami in den Vatikanischen Gärten westlich der bestehenden Museen ein dreistöckiges Gebäude im Stil eines eleganten Eklektizismus, in das neben der Gemäldesammlung auch Forschungs- und Restaurierungseinrichtungen einzogen. Die 18 Säle der Vatikanischen Pinakothek enthalten in chronologischer Ordnung Werke aller bedeutenden italienischen Schulen seit dem Mittelalter und insbesondere der Renaissance. Als hervorragende Meister sind Giotto di Bondone (Stefaneschi-Altar), Melozzo da Forlì, Perugino und Leonardo da Vinci mit Meisterwerken vertreten. Den Höhepunkt bilden die Altarwerke Raffaels (Marienkrönung, Madonna di Foligno, Transfiguration). Darüber hinaus sind Tizian, Federigo Barocci, Guido Reni, Domenichino, Michelangelo da Caravaggio (Grablegung) und Nicolas Poussin zu nennen.

▨ Literatur: VATL 807ff. – C. PIETRANGELI: Die Gemälde des Vatikan. München 1996.

Damian Dombrowski

Vatikanisches Geheimarchiv. Seit den ersten Jahrhunderten sorgten die Päpste für die sichere Aufbewahrung wichtiger Schriften (Akten der Martyrer, Konzilsakten usw.). Die Bedeutung der /Päpstlichen Kanzlei und die zunehmende Differenzierung kurialer Aufgaben führten zur Entstehung mehrerer päpstlicher Archive, die sich in Inhalt, Bedeutung und Organisation unterschieden. Das eigentliche Vatikanische Geheimarchiv entwickelte sich ab 1612 durch Zusammenführung von

Archivbeständen, zunächst aus der Bibliotheca Secreta, der /Engelsburg und der /Apostolischen Kammer. Die Archivalien ließ Napoleon I. 1810 nach Paris bringen; 1815–1817 kamen sie mit schweren Verlusten zurück. Als Leo XIII. 1880 das Vatikanische Archiv der wissenschaftlichen Forschung öffnete, blieb seine Hauptaufgabe, dem Papst und seiner Kurie als Verwaltungsarchiv zu dienen, bestehen. Der Name Vatikanisches Geheimarchiv (Archivio Segreto Vaticano) erinnert an die bis ins 18. Jh. enger gefasste Funktion des Archivs, das trotz fortschreitender Öffnung (zuletzt Freigabe der Bestände bis zum 22.1.1922 durch Johannes Paul II.) auch heute kein öffentliches Archiv im engeren Sinn ist. Der universale Charakter und die immensen Amtsbuch- und Aktenbestände – darunter z. B. 7365 Suplikenregister für die Jahre 1342–1899 – machen das Vatikanische Archiv zum wichtigsten Zentralarchiv der Gesamtkirche (daneben u. a. ein umfangreiches Archiv bei der Propagandakongregation). Seit 1884 ist dem Vatikanischen Archiv eine eigene Archivschule (Scuola Vaticana di Paleografia, Diplomatica e Archivistica) angegliedert. Der Erforschung widmen sich seit Öffnung des Vatikanischen Archivs etliche ausländische Institute, so das Österreichische Historische Institut (gegründet 1881), das Deutsche Historische Institut (gegründet 1888 als Preußisches Historisches Institut) und das Historische Institut der Görres-Gesellschaft (gegründet 1888).

▨ Literatur: VATL 242f. – K.A. FINK: Das Vatikanische Archiv. Rom ²1951; A. PALESTRA – A. CICERI: Lineamenti di Archivistica Ecclesiastica. Mailand 1965; S. DUCA – S. UND S. FAMILIA: Enchiridion Archivorum Ecclesiasticorum. Vatikanstadt 1966; S. DUCA – B. PANDŽIĆ: Archivistica Ecclesiastica. ebd.

Der Vatikanstaat:

1 / Sankt Peter
2 / Petersplatz
3 / Sixtinische Kapelle
4 / Cortile di San Damaso
5 / Apostolischer Palast
6 / Schweizergarde
7 / Porta Sant'Anna
8 / Osservatore Romano
9 / Belvedere Palast
10 / Vatikanische Museen
11 / Vatikanische Pinakothek
12 / Vatikanische Bibliothek
13 / Cortile della Pigna
14 / Cortile del Belvedere
15 / Casina Pius' IV. (/ Päpstliche Akademie der Wissenschaften)
16 / Governatorat
17 / Sendestation
18 / Rota
19 / Sakristei
20 / Campo Santo Teutonico
21 / Audienzhalle
22 / Palazzo Sant'Ufficio

N

0 m   200

1967; J. GADILLE: Guide des archives diocésaines en France. Lyon 1971; L.E. BOYLE: A survey of the Vatican Archives and its medieval holdings. Toronto 1972; M. GIUSTI: Das Vatikanische Geheimarchiv: Der Vatikan und das christliche Rom. Vatikanstadt 1975, 335–353; L. CHUDOBA: Gli archivi ecclesiastici in Austria: Archiva Ecclesiae 18–21 (1975–78) 85–106; E.G. FRANZ: Einführung in die Archivkunde. Darmstadt ³1990; Führer durch die Bistumsarchive der katholischen Kirche in Deutschland. Siegburg ²1991; S.M. PAGANO: Una discutibile ,guida' degli Archivi Vaticani: AHP 37 (1999) 191–201; ANPONT 2000, 1374 1983.

Toni Diederich

Vatikanstaat. Nachdem 1870 das Königreich Italien den Rest des ∕Kirchenstaates besetzt, Rom zur Hauptstadt des geeinten Italiens gemacht und der Papst sich als „Gefangener" im Vatikan erklärt hatte, wurde die „Römische Frage" 1929 durch den Abschluss der ∕Lateranverträge gelöst und der Staat der Vatikanstadt (Stato della Città del Vaticano [SCV]) als kleinster Staat der Welt (0,44 km²) geschaffen. Er setzt nicht den Kirchenstaat fort, sondern ist eine Neugründung. Von italienischem Staatsgebiet umgeben, umfasst er im Wesentlichen ∕Sankt Peter mit dem Petersplatz, die Vatikanischen Paläste (∕Vatikan) und die Vatikanischen Gärten. Außerdem genießen die in der Stadt ∕Rom oder ihrer Umgebung liegenden Patriarchalbasiliken, die Amtsgebäude der ∕römischen Kurie sowie die päpstliche Sommerresidenz ∕Castelgandolfo das Privileg der Exterritorialität. Der SCV dient den Aufgaben des Papstes bzw. des ∕Heiligen Stuhls in völkerrechtlicher Hinsicht und untermauert die geistliche Souveränität des Papstes. Er hat die Staatsform einer Wahlmonarchie, in der der Papst die gesetzgebende, richterliche und ausführende Gewalt besitzt. Diese wird z. T. durch ihn selbst, z. T. durch delegierte Organe ausgeübt, darunter die 1939 gegründete Päpstliche Kommission für den SCV, der der Governatorato untersteht. Als souveräner Staat besitzt der SCV eigene Organe der Rechtspflege und der Polizei sowie eine eigene kirchliche Verwaltung (Pfarreien Sankt Peter, Sankt Anna). Die Bevölkerung des SCV liegt bei weniger als 1000 Personen verschiedener Nationalität. Der SCV besitzt eine eigene Flagge (gelb-weiß mit gekreuzten Schlüsseln und ∕Tiara), ein eigenes Wappen, eine Hymne und eigene Post. Er gibt Münzen heraus, die von der italienischen Münze geprägt werden und auch in Italien gelten. Das Gebiet des SCV gilt als neutral und unverletzlich. Es steht mit seinen Kulturgütern seit 1958 unter dem Schutz der Konvention von Den Haag und im Fall eines bewaffneten Konflikts unter dem des Generaldirektors der Vereinten Nationen. 1982 wurde der gesamte SCV in die Liste des Weltkulturerbes aufgenommen.

Literatur: VATL 747–751; TRE 29, 357–379. – H.F. KÖCK: Die völkerrechtliche Stellung des Heiligen Stuhles. Berlin 1975; E. GALLINA: Il Vaticano è di tutti: straordinari riconoscimenti internazionali della Città del Vaticano e dei Beni extraterritoriali. Vatikanstadt 1991; K. SONNE U.A. (Hg.): Der Vatikan als Staatsorganisation. München 1995; Der Staat der Vatikanstadt, der Heilige Stuhl und die Römische Kurie in den Schriften von W. Schulz. FS F.X. Walter. Frankfurt (Main) 1999; ANPONT 2000, 1458–71. – *Bibliographie:* Vatican City State, ed. v. M.J. WALSH. Oxford 1983.

Erwin Gatz

Verlautbarungen des Apostolischen Stuhls, Sammelbezeichnung für eine Vielzahl von verschiedenartigen Äußerungen, Bekundungen, Kundmachungen oder Erlassen, die vom Papst selbst, vom /Heiligen Stuhl oder von der /römischen Kurie in Text, Ton oder Bild mit unterschiedlichem Charakter hinsichtlich Inhalt, Form und Verbindlichkeit ergehen. Sie sind an unterschiedliche Adressaten gerichtet (nicht nur innerkirchlich: an die ganze Kirche, an einen Teilbereich [z. B. Teilkirche] oder an einen näher bestimmten Personenkreis, sondern auch außerkirchlich: an alle Menschen, an die ganze Welt).

In inhaltlicher Sicht kann man folgende Arten unterscheiden: „einfache" Äußerungen im Sinn von Information, Erklärung oder Stellungnahme, solche öffentlicher oder nichtöffentlichen, hoheitlicher oder nichthoheitlicher Art, Lehräußerungen (zu Glaubens- und Sittenfragen), und zwar des authentischen ordentlichen oder außerordentlichen Lehramtes in feierlicher oder nichtfeierlicher Form, verbindliche unfehlbare (vgl. cc. 749–750 CIC) oder verbindliche, aber nicht unfehlbare Äußerungen (vgl. cc. 752–754 CIC) und rechtliche Verlautbarungen des Apostolischen Stuhls (Rechtsnormen verschiedenen Grades oder solche rechtsgeschäftlicher, rechtsgeschäftsähnlicher oder nichtrechtsgeschäftlicher Art).

Die Verlautbarungen des Apostolischen Stuhls werden unterschiedlich bezeichnet: Constitutio Apostolica (meist Verlautbarung von größerer Bedeutung), Litterae decretales, Litterae apostolicae (gegebenenfalls „sub plumbo datae"; „motu proprio datae"; Motu Proprio), Epistulae (die vorgenannten Gruppen sind namentlich in Art. 42 von *Pastor Bonus* aufgeführt); Litterae encyclicae und Epistula encyclica, Adhortatio Apostolica (mit dem Zusatz „postsynodalis" als Verlautbarung zur abschließenden Aus-

wertung der Ergebnisse einer Bischofssynode); Decretum, Instructio, Ordinatio, Normae, Regulae, Directorium (generale), Declaratio, Notificatio, Communicatio, Litterae circulares (Rundschreiben); Rescriptum (ex Audientia SS.mi), Responsum (ad propositum dubium), Dubium, Monitum, Notae directivae, Epistula; Homilia (Predigt) und Allocutio (Ansprache) (v. a. bei den wöchentlichen Generalaudienzen, bei den Papstreisen und anlässlich des Rombesuchs der Bischöfe); Nuntius (Botschaft; gegebenenfalls „gratulatorius" [Glückwunsch], „televisificus", „scripto datus"); Conventio (Concordatum, Modus vivendi, Litterae mutuo datae [Notenwechsel]).

Die Verlautbarungen des Apostolischen Stuhls haben unterschiedliche äußere Form: Bulle, Breve, Epistula, Litterae simplices, Chirographum seu litterae autographae (Handschreiben).

Mangels offizieller Festlegung und fehlender einheitlicher Terminologie kann aus der verwendeten Bezeichnung oder aus der äußeren Form nicht ohne weiteres auf Stellenwert, Gewicht oder Verbindlichkeit geschlossen werden; v. a. die Sachaussage entscheidet. Auch die in den Indices der /Acta Apostolicae Sedis (Index generalis actorum; Index documentorum chronologico ordine digestus) vorfindliche Reihenfolge hat nur eingeschränkte Aussagekraft über die Bedeutung der Verlautbarungen.

Die Verlautbarungen des Apostolischen Stuhls sind nicht immer publiziert. Sie werden z. T. auch in (meist nichtamtlicher) Übersetzung veröffentlicht. Authentisch und verbindlich ist in der Regel der lateinische Text. Publikationsorgane sind die AAS und L'/Osservatore Romano (religiös-politische Tageszeitung), desweiteren das ↗Annuario Pontificio (Päpstliches Jahrbuch), L'Attività della Santa Sede, Annuarium Statisticum Ecclesiae (Statistisches Jahrbuch). Verlautbarungen des Apostolischen Stuhls werden gegebenenfalls in einer Pressekonferenz vorgestellt (Presseamt des Apostolischen Stuhls, Sala Stampa della Santa Sede). In der Beibehaltung der traditionellen vielfältigen Bezeichnungen zeigt sich die Kraft der Tradition, Wünsche nach einer Formtypik scheiterten bisher daran.

▨ Literatur: G. MICHIELS: Normae generales Juris Canonici. Commentarius libri I CIC, Bd. 1. Paris u.a. ²1949, 213–220; L. WÄCHTER: Gesetz im kanonischen Recht. Sankt Ottilien 1989; F.G. MORRISEY: Papal and Curial Pronouncements: Their Canonical Significance in Light of the 1983 Code of Canon Law. Ottawa ²1995; DERSELBE: Les documents pontificaux et de la Curie: leur portée canonique à la lumière du Code de droit canonique 1983. ebd. 1992; H. GROTE: Was verlautbart Rom wie? Eine Dokumentenkunde für die Praxis. Göttingen 1995; J. GEHR: Die rechtliche Qualifikation der Beschlüsse des Zweiten Vatikanischen Konzils. Sankt Ottilien 1997.

Heribert Schmitz

Vexillum Sancti Petri, vom Papst gesegnete Fahne, verliehen an Fürsten, um damit einen Krieg zum Heiligen Krieg bzw. zum Kreuzzug zu erklären und lehnsrechtliche Ansprüche zu begründen; erste Belege dafür gibt es bereits um die Mitte des 11. Jh. (Benedikt IX., Leo IX., Alexander II.). Die Geschichte des Vexillums mündet schließlich in das Ehrenamt des Vexillifer Ecclesiae (italienisch „Gonfaloniere", Standartenträger), das der Papst (erstmals Bonifatius VIII.) bis ins 19. Jh. an hoch gestellte Laien übertrug.

▨ Literatur: LMA 8, 1607; VATL 754f.

Bruno Steimer

Viterbo, Stadt in Latium. Im Jahre 787 schenkten die Franken das Territorium dem Papst, und es bildete den Kern des späteren Patrimonium Petri (↗Kirchenstaat). Im 13. Jh. war Viterbo häufig Aufenthaltsort von Päpsten (1266 Beginn der Errichtung eines Papstpalastes) und in der zweiten Hälfte des 13. Jh. fanden hier fünf Konklave (↗Papstwahl) statt, darunter das längste der Geschichte (1268–71).

▨ Literatur: LMA 8, 1121f. 1771f. *Maria Lupi*

Zelanti (von griechisch ζῆλος, Eifer), in der Historiographie der Papstgeschichte verwendete Bezeichnung für betont konservative Gruppierungen unter den Vertretern der Hierarchie. Ihnen stehen die „Moderati" als gemäßigte und die „Liberali" als für neue Entwicklungen aufgeschlossene Gruppe gegenüber. Die Bezeichnungen spielen besonders bei den Konklaven eine Rolle.

Klaus Ganzer